UTB **2262**

Eine Arbeitsgemeinschaft der Verlage

Beltz Verlag Weinheim und Basel
Böhlau Verlag Köln · Weimar · Wien
Wilhelm Fink Verlag München
A. Francke Verlag Tübingen und Basel
Paul Haupt Verlag Bern · Stuttgart · Wien
Verlag Leske + Budrich · Opladen
Lucius & Lucius Verlagsgesellschaft Stuttgart
Mohr Siebeck Tübingen
C.F. Müller Heidelberg
Quelle & Meyer Verlag Wiebelsheim
Ernst Reinhardt Verlag München und Basel
Ferdinand Schöningh Verlag Paderborn · München · Wien · Zürich
Eugen Ulmer Verlag Stuttgart
Vandenhoeck & Ruprecht Göttingen
WUV Wien

Irmgard Scheitler

Deutschsprachige Gegenwartsprosa seit 1970

A. Francke Verlag Tübingen und Basel

Irmgard Scheitler geb. in München; Studium der Germanistik, Katholischen Theologie und Byzantinistik; Promotion in München, Habilitation in Dresden; Privatdozentin für Neuere Deutsche Literatur an der Universität Würzburg.

Die Deutsche Bibliothek – CIP-Einheitsaufnahme

Scheitler, Irmgard:
Deutschsprachige Gegenwartsprosa seit 1970 / Irmgard Scheitler –
Tübingen ; Basel : Francke, 2001
    (UTB für Wissenschaft ; 2262)
    ISBN 3–8252–2262–4 (UTB)
    ISBN 3–7720–2977–9 (Francke)

© 2001 · A. Francke Verlag Tübingen und Basel
Dischingerweg 5 · D-72070 Tübingen
ISBN 3–7720–2977–9

Einbandgestaltung: Atelier Reichert, Stuttgart
Satz: Nagel, Reutlingen
Druck und Bindung: Pustet, Regensburg
Printed in Germany

ISBN 3–8252–2262–4 (UTB-Bestellnummer)

Vorwort

Dieses Buch ist aus dem akademischen Unterricht entstanden und daher zunächst als Orientierungshilfe für Philologiestudenten gedacht. Daneben möchte es allen, die sich für Gegenwartsliteratur interessieren, ein Wegweiser durch das Dickicht der neuen deutschsprachigen Prosa sein.

Mit den 30 Jahren seit 1970 ist ein großer Zeitraum abgesteckt, wenn man "das schnelle Altern der neuesten Literatur"[1] bedenkt. "La modernité, c'est le transitoire, le fugitif, le contingent" (Charles Baudelaire).[2] Literatur, die vor 15 Jahren aufregend war, ist heute nicht mehr aktuell, aber sie ist auch nicht alt genug, um kanonisiert, kodifiziert und literaturwissenschaftlich aufgearbeitet zu sein. So kommt es, daß schon in Vergessenheit zu geraten droht, was noch gar nicht richtig entdeckt ist. Ziel des vorliegenden Buches ist es, durch Darstellung von Schreibtraditionen, Gattungen und Themen die Prosa der letzten drei Jahrzehnte überschaubar zu machen, Interpretationszugänge zu schaffen und – dies vor allem – zur eigenen Lektüre anzuregen. Übergeordnete Fragestellungen und Verständnismuster sollen dem Leser über das vorliegende Textkorpus hinaus zur selbständigen Analyse verhelfen. Diesem Ziel dient vornehmlich das Einleitungskapitel, das seinerseits aber nicht nur theoretisieren will, sondern seine Thesen an einem konkreten Roman erläutert. Diese kleine Theorie der Gegenwartsprosa versteht sich freilich nicht als Einführung in die Narratologie. Grundlagenkenntnisse auf dem Gebiet der Erzähltheorie mußten vielmehr vorausgesetzt werden. Wer sich weniger für Theorie interessiert, kann dieses erste Kapitel überschlagen; der nachfolgende Hauptteil läßt sich auch für sich genommen lesen.

Eine Überblicksdarstellung wie die vorliegende kann selbstverständlich weder die seit 1970 erschienene Literatur insgesamt berücksichtigen, noch kann sie die Forschungsliteratur vollständig aufarbeiten. Die angeführten Titel werden demjenigen eine Starthilfe sein, der weitersuchen will. Angesichts der Fülle der Einzelinterpretationen habe ich darauf verzichtet, Sekundärliteratur zu den einzelnen Autoren und ihren Werken anzugeben, um Anmerkungen und Literaturanhang nicht zu überfrachten. Dies bedeutet nicht, daß Spezialliteratur nicht berücksichtigt worden wäre. Allerdings habe ich bewußt vermieden, in die argumentative Diskussion mit anderen Auslegungen einzutreten.

---

1   So der Titel von Essays zu deutschsprachigen Texten zwischen 1968–1984. Hg. v. J. Hörisch u. H. Winkels. Düsseldorf: Claassen 1985.
2   *Œuvres complètes*, éd. M.A. Ruff, Paris: Éd. du Seuil 1968, S. 553.

Bei der Niederschrift dachte ich vor allem an meine Würzburger Studenten, die sich mühsam durch den Kanon der großen Werke kämpfen und darüber wenig Zeit für die Gegenwartsliteratur finden. Einige von ihnen nahmen sich trotzdem semesterlang mit mir Neuerscheinungen vor. Ihnen wie allen meinen Hörern und den Teilnehmern an meinen Seminaren sei für viele Anregungen herzlich gedankt.

Weil dieses Buch dazu aufmuntern will, nicht nur bewährte Literatur in die Hand zu nehmen, ist es allen gewidmet, denen es vielleicht zu einem Leseerlebnis verhilft.

Würzburg und Eichstätt, im Juli 2001   Irmgard Scheitler

Inhalt

Anhang

Erzähltheorie der Gegenwartsprosa
am Beispiel von Dieter Kühns Roman
Beethoven und der schwarze Geiger

Seit Hofmannsthals Lord Chandos den Verlust der Fähigkeit, "über irgend etwas zusammenhängend zu denken oder zu sprechen",[1] konstatierte, hat die moderne Literatur immer weniger zusammenhängende Geschichten erzählt – eine Entwicklung, die in Hildesheimers Wort vom "Ende der Fiktionen"[2] (1975) ihren konsequenten Höhepunkt gefunden hat. Hildesheimer bekennt seinen Widerwillen gegen erfundene Geschichten, gegen geschlossene Romane,[3] für die er in unserer Welt keinen Platz mehr sieht. Er leistet Widerstand gegen eine Literatur, die so tut, als ließe sich noch Kommunikation durch Erzählen herstellen und als gäbe es noch eine referentielle Literatur, d.h. Texte, die sich auf eine allen bekannte Außenwelt beziehen. In einer Welt der "non-existence of collective reality"[4] existiert keine gemeinsame Basis mehr für gemeinsames Erfinden und Verstehen von Geschichten – so diagnostiziert Hildesheimer und benennt damit klarsichtig ein Faktum, das für weite Bereiche der Gegenwartsliteratur bestimmend ist.

Nehmen wir als Gegenbeispiel ein Werk wie Fontanes *Effi Briest* und gestatten uns um der schärferen Konturierung willen eine etwas vereinfachte Sicht: Fontane präsentiert in seinem Roman einen Weltausschnitt oder ein Modell von Welt, in das der Leser mit den ersten Sätzen eintaucht und das er während seiner Lektüre nicht zu verlassen braucht, denn diese Romanwelt operiert mit dem, was dem Leser plausibel erscheinen kann, und ist in sich stimmig und geschlossen. Innerhalb seiner konstruierten Welt diskutiert der Roman am Beispiel von individuellen Problemen der fiktiven Figuren exemplarische Fragen von mehr oder weniger zeitgebundenem Charakter. Ob er für diese Probleme eine Lösung anbietet, mag dahingestellt bleiben; jedenfalls enthält der Text dank auktorialer Eingriffe wie Rezeptionslenkung und Fokussierung einen starken Appell an den Leser, Situationen und Konstellation von der Art der dargestellten als problemträchtig zu erkennen und nach Lösungswegen zu streben. Dieser Appell kann nur vermittelt werden, weil Autor und Leser im wesentlichen die gleichen Werte

---

1   Hugo von Hofmannsthal: Ein Brief. In: *Erzählungen. Erfundene Gespräche und Briefe. Reisen.* Frankfurt a.M.: S. Fischer 1979, S. 465.
2   The End of Fiction. In: *Merkur* 30 (1976), S. 57–70 (vom Autor besorgte deutsche Übersetzung eines Vortrages aus d.J. 1975.) Englische Fassung in: *Das Ende der Fiktionen. Reden aus fünfundzwanzig Jahren.* Frankfurt a.M.: Suhrkamp 1984, S. 103–122.
3   "Fiction" bedeutet im Englischen sowohl Roman als auch Fiktion.
4   (Wie Anm. 2), S. 119.

hochhalten, die z.B. im Falle von *Effi Briest* im Konflikt zwischen Ehe und Selbstverwirklichung aufeinanderprallen. Autor und Leser stehen in einer Welt, die
ihnen wenigstens prinzipiell begreifbar und überschaubar erscheint – einer Welt
übrigens, die weitgehend mit einem konkreten Staatsgebilde, Preußen, identisch
ist – und gehen davon aus, daß Konflikte bewältigt werden sollen und können.

Diese Voraussetzungen sind nicht mehr vorhanden. Da für das einzelne
Individuum die Welt undurchschaubar geworden ist, lehnen auch Autoren es ab,
die Welt als eine verfügbare in Erzählungen einzufangen, die sich als "Modell
von Welt" präsentieren.[5] Da nirgends mehr Verläßlichkeit zu erwarten ist und da
man im Grunde kaum etwas über sich selbst weiß, wird auch die Illusion von
einem allwissenden, treulich berichtenden Autor absurd. In einer Gesellschaft,
die vom Pluralismus zur Wertfreiheit fortgeschritten ist, sollte auktoriale Sympathielenkung nicht mehr einengen. Angesichts von Identitätsverlust und
Brüchigkeit des Ich lassen sich keine konsistenten Figuren mehr herzeigen. Wo
der Zufall regiert, wird auch eine konsequent und final erzählte Geschichte
unmöglich. Der Roman muß notwendig seine Funktion exemplarischer Problem-
bewältigung einbüßen. Auch von der Hoffnung, eine Verbesserung von Zuständen durch Literatur herbeiführen zu können, hat sich die Gemeinde der Autoren
und Leser weitgehend entfernt, obwohl es in diesem Punkt in den letzten Jahrzehnten verschiedene Tendenzen gab.

Wesentliche Merkmale der heutigen Literatur sind inzwischen seit 100 Jahren
geläufig. Die Erzählrevolutionen seit der sog. Moderne zersetzten Stück für Stück
die Einheit eines Textes und die epische Illusion. Verloren ging die sog. Welthaltigkeit zugunsten von Innenperspektive und stream of consciousness, der allwissende Erzähler wurde von einer Fülle von Perspektiven abgelöst, an die Stelle
der Geschlossenheit trat das offene Ende, an die Stelle der Einheitlichkeit die
Montage. Mit dem Abschied von realistischer Darstellung büßte das Erzählen
Linearität, Konsistenz und Mimesis ein. Sprachskepsis, ja der Zweifel an der
Übereinstimmung von Zeichen und Bezeichnetem überhaupt schienen der
Literatur den Boden zu entziehen: ihre Verankerung in der Welt. Mit dem
fortschreitenden Verzicht auf Rezeptionslenkung durch den Erzähler entfiel auch
der moralische Aspekt: die Vermittlung von Werten, v.a. durch ein Werte bestäti-
gendes Ende. Statt dessen suchte sich Literatur eine andere Basis: sich selbst und
ihr eigenes Verfahren.

Die Moderne ist irreversibel, auch wenn manchmal von ihrer Überwindung
durch die Postmoderne gesprochen wurde. Inzwischen ist es allgemeiner
Konsens, daß 'Postmoderne', was immer damit gemeint sei, kein Epochen-
begriff sein kann.[6] Ja, es ist mehr und mehr beliebt geworden, 'postmoderne'

---

5 Vgl. Alain Robbe-Grillet: Über ein paar veraltete Begriffe (1957). In: *Argumente für einen
   neuen Roman. Essays.* München: Hanser 1965, S. 25–49, hier S. 33: "Als die Intelligibili-
   tät der Welt nicht in Frage stand, war Erzählen kein Problem."
6 Dies betonte freilich schon einer der Väter der Postmoderne, Umberto Eco: "Ich glaube
   indessen, daß 'postmodern' keine zeitlich begrenzbare Strömung ist, sondern eine

Verfahrensweisen bis ins 18. Jahrhundert und früher zurückzuverfolgen.[7] Bereits von ihrem Selbstverständnis her eignet sich die Postmoderne nicht als Antithese, will sie doch das Denken in Dualismen überwinden und statt dessen für Kompromisse werben. Wollen wir also unsere "postmoderne Moderne"[8] schlagwortartig einfangen, könnte man sie beschreiben als Bereitschaft zu Mischung von Stilen und Ansichten, zu Pluralität und Synkretismus. Dogmatismus und Lehrhaftigkeit, ja sogar Kritik, Aufklärung und Utopie liegen ihr fern; Spiel und Ornament, Phantastik und Magie, Autoreflexivität, Mehrfachkodierung, Zitat und Eklektizismus sind ihre Kennzeichen; statt über den Zerfall der Werte und Weltbilder zu trauern, feiert die Postmoderne die Vielfalt der Diskurse.

Trotz ihrer Unschärfe sind die Überlegungen zur Postmoderne, die nun schon seit einem Vierteljahrhundert Philosophie und Philologie beschäftigen, nicht unnütz. Tatsächlich dürften sie nicht nur Schreibweisen analysiert, sondern sogar produziert haben. Die früher vielbeklagte Trennung von Literaturproduktion und Literaturkritik ist nämlich nicht mehr gültig. Sehr viele der heutigen Schriftsteller sind selbst Literaturwissenschaftler, interessieren sich für Theorie und halten Poetikvorlesungen. Die wiederholte Rede von einer musealen Literatur dürfte nicht nur die Leser angeregt haben, nach Zitaten, Nachahmungen und Déjà-vu-Erlebnissen zu suchen, sondern auch Autoren ermutigt haben, mit Sprachstilen, Gattungserwartungen und Schreibweisen zu spielen. Der Literaturwissenschaft kommt die postmoderne Freude am Pastiche, der Verzicht auf unbedingte Originalität entgegen, kann sie doch in altbewährter Weise nach Vorlagen suchen.[9] Der Leser fühlt sich u.U. überfordert. Ein Teil des Spiels geht ihm verloren, wenn er die Zitate nicht erkennt. Literatur droht eine Sache für Spezialisten zu werden. Dies gilt umso mehr, als es heute keinen allen gemeinsamen Wissenskanon und Kulturschatz mehr gibt, auf den zurückgegriffen werden könnte.

Es gibt aber noch andere Sperren, die sich dem Leser in den Weg stellen und ihm Gegenwartsliteratur hermetisch zu verschließen scheinen. Hierher gehört die Abwesenheit eines Leitfadens, einer Leitfigur oder einer Erzählinstanz, das 'Verschwinden' des Autors. Haben wir uns durch die Erfahrungen langer Jahre an das Fehlen einer linearen Chronologie, an Sprünge, ja an Widersprüche gewöhnt, so bereitet das, was die 'Mit-Autorschaft des Lesers' genannt wird (vgl. unten 5. Abschnitt), das Fehlen einer Geschichte und ihre Substituierung durch Varianten, denn doch Irritationen. Damit eng verknüpft ist die Verabschiedung von scheinbar unverrückbaren Axiomen: Personenidentität, Trennung von

---

Geisteshaltung oder, genauer gesagt, eine Vorgehensweise, ein Kunstwollen." In: *Nachschrift zum "Namen der Rose"*. München: dtv 1986, S. 77.

7 Vgl. Mirjam Sprenger: *Modernes Erzählen. Metafiktion im deutschsprachigen Roman der Gegenwart*. Stuttgart: Metzler 1999.

8 Vgl. den Buchtitel von Wolfgang Welsch: *Unsere postmoderne Moderne*. Weinheim: VCH Acta Humaniora 1987.

9 Die Fülle der Untersuchungen, die über Christoph Ransmayrs *Die letzte Welt* erschienen sind, erklärt sich nicht zuletzt dadurch, daß sich die Fachwissenschaft hier auf bekanntem Terrain befand.

Belebtem und Unbelebtem, Identität der Zeit. Tatsächlich führen diese Merkmale nur konsequent weiter, was Schöne Literatur immer schon war: Fiktion, Kunst. Die anachronistische Vermischung von Zeit ist kategorial nichts anderes als die illusionistische 'Vergegenwärtigung' von Vergangenem im Historischen Trauerspiel, als das Überspringen von Jahren durch ein "Sehr viel später" im Roman. Wenn in Gert Jonkes Prosa Gebäude wie Personen dargestellt werden, so kann man dies als die konsequente Weiterführung der alten Stilform der personificatio betrachten. Und wenn Figuren nicht mehr 'Personen' darstellen, wenn sie 'flach' werden,[10] ihre Identität wechseln oder gar ineinander verfließen, so sollten wir uns an die auswechselbaren Typen der Commedia dell'arte oder die Doppelgängerfiguren der Romantik erinnern. Gegenwartsliteratur verfolgt konsequent ihren Kunstcharakter und legt ihn bloß; darin bleibt sie in der von der Moderne um 1900 angestoßenen Bewegung. War dieser der Gegensatz von Kunst und Leben freilich noch ein Leidwesen, das allenfalls im Übersprung von Leid zu Lust dekadent genossen werden konnte, so hat sich Gegenwartsliteratur in einer Welt von Arabesken, Zitaten und Selbstzitaten problemlos eingerichtet.

Dieses Kapitel möchte Wege zur Gegenwartsprosa bahnen und konkrete Lesehilfen geben. Erkenntnis über die Struktur eines Textes ist kein 'Zusätzliches' zur Erkenntnis von 'Inhalt'. Vielmehr erschließt sich der Kosmos eines Romans – der nicht (mehr) identisch ist mit dem Kosmos unserer subjektiven Erfahrung – nur in seiner Struktur. Was und Wie der Erzählung sind nicht zu trennen, da der Erzählgegenstand in seiner Reinform, das 'signifié' (de Saussure) des Textes, nicht vorliegt, sondern nur sein 'signifiant'. Der Text, 'discourse' (Genette), die Gestalt eines Stücks Prosa, ist die Erscheinungsform seiner Botschaft und die einzige, die existiert.[11] Nicht nur eine Theorie des Erzählens aber soll Zweck unserer Bemühungen sein, sondern eigentlich eine Beobachtung des Lesens. Unsere Leseerfahrung, sei es Freude, Befriedigung, Irritation oder Unverständnis, ist der eigentliche Weg zur Erkenntnis des Textes. Beim Lesen versuchen wir, das Gelesene in uns bekannte kulturelle, kognitive und pragmatische Muster und Erfahrungen einzupassen.[12] Wo sich der Text sperrt, sollten wir aufmerksam werden. Hier liegen die Einfallstore zu dem uns Unbekannten, Neuen, das er enthält.

---

10 Die Bezeichnungen 'flat character' bzw. 'round character', flache, bzw. runde Figur, die in der Folge benützt werden, stammen von E.M. Forster: *Aspects of the novel*. London: Arnold 1927; als Taschenbuch wieder: Harmondsworth: Penguin 1974.

11 Vgl. auch: Umberto Eco: *Das offene Kunstwerk*. Frankfurt a.M. 1977 (= suhrkamp taschenbuch wissenschaft 222), S. 271: "Der einzige *Inhalt* eines Kunstwerks wird somit *seine Art, die Welt zu sehen* und zu beurteilen, ausgedrückt in einem *Gestaltungsmodus*, und auf dieser Ebene muß dann auch die Untersuchung der Beziehungen zwischen Kunst und Welt geführt werden."

12 Vgl. Jonathan Culler: *Structuralist poetics. Structuralism, linguistics and the study of literature*. London: Routledge & Kegan Paul 1975.

Theoriebildung und Analyse bedeuten Vereinfachung von Komplexem und Trennung von Verflochtenem. Wiederholungen und Überschneidungen in den einzelnen Abschnitten werden daher unvermeidlich sein, weil eine einzelne strukturelle Verschiebung in einem Erzählgebäude verschiedene Konventionen zum Einsturz bringen kann. Nimmt man etwa den allwissenden Erzähler weg, so betrifft das die Perspektivierung und die Konsistenz der Geschichte. Hinzu kommt der bekannte und unvermeidliche Zirkel, daß nämlich das Verständnis der Teile mit dem Verständnis des Ganzen zusammenhängt, also voraussetzt, was erst erarbeitet werden muß. Aussagen über Erzählstrukturen sind keine *ge*fundenen, sondern *er*fundene Regeln, die sich an konkreten Texten bewähren müssen.[13] Erst dann taugen sie. All diese Schwierigkeiten haben es vernünftig scheinen lassen, auf reine Theorie zu verzichten, und statt dessen analytische Fragestellungen am Beispiel eines Romans zu entwickeln.

Der Roman *Beethoven und der schwarze Geiger* von Dieter Kühn wurde 1990 erstveröffentlicht. 1996 erschien als Fischer-Taschenbuch eine überarbeitete, etwas kürzere Fassung, die im weiteren die Textgrundlage sein wird. Im Roman geht es um folgendes: Im südenglischen Brighton lebt der als Geigenvirtuose und Komponist beim englischen Prinzregenten tätige George Bridgetower, Sohn eines schwarzen Vaters und einer weißen, wohl polnischen Mutter. Bridgetower war es, dem Beethoven bei einer Begegnung in Wien die später Rodolphe Kreutzer gewidmete Sonate op. 47 zuerst zugeeignet hat. Der spätere Entzug dieser Widmung sitzt Bridgetower als Stachel im Fleisch. Um Beethoven für sich zu gewinnen und sich ihm wert zu machen, plant er eine Afrikareise mit dem inzwischen fast tauben Komponisten. Bridgetower konzipiert das Exposé zu dieser Reise in Brighton; er will es Beethoven in Wien vorlegen und den Komponisten durch den attraktiven Plan zu der Reise überreden, die in der Rückwidmung der Sonate ihre Krönung finden soll. – Und dies ist Bridgetowers Entwurf, der den Hauptteil des Textes ausmacht: Die imaginierte Reise nach Afrika beginnt in Genua. Auf dem Schiff befinden sich außer Beethoven und Bridgetower noch ein Maskierter mit seinem Dudelsack spielenden schottischen Bediensteten sowie Charlotte, eine junge Deutsche, mit Johanna, ihrer Tante. Zwischen Charlotte, die sich von ihrem Mann getrennt hat und zu ihrem Vater nach Westafrika unterwegs ist, und Beethoven spinnt sich eine Liebesgeschichte an. In Kap Verde angekommen, genießen die beiden Musiker zunächst die Gastfreundschaft von Charlottes Vater und reisen dann ins Landesinnere. Der Text bricht unvollendet ab; auch in bezug auf die Liebe zwischen Beethoven und Charlotte bleibt alles offen.

---

13 Vgl. Nelson Goodman: *Weisen der Welterzeugung*. Frankfurt a.M.: Suhrkamp 1984, S. 37: "Das Erkennen von Strukturen besteht in hohem Maß darin, sie zu erfinden und aufzuprägen. Begreifen und Schöpfen gehen Hand in Hand."

1. ABSCHNITT:
Fiktion

Diese kursorische Inhaltsangabe zeigt bereits, daß *Beethoven und der schwarze Geiger* Fiktion mit historisch nachprüfbaren Daten mischt – ein Verfahren, das Kühn schon in früheren Werken angewandt hat. So spielt er z.B. in seinem Napoleonbuch *N* (1970/1973) verschiedene mögliche Werdegänge seines Helden durch. Nur eine Variante ist die historisch richtige. Einem Leser mit sicheren Geschichtskenntnissen wird der ironische Charakter der verschiedenen Möglichkeiten sogleich deutlich werden, ein anderer wird hier und da vielleicht stutzen, denn der Text präsentiert seine Alternativen wie Fakten. Eine ganz andere Strategie der Verbindung von Fakten und Fiktion verfolgen Kühns historische Biographien *Ich Wolkenstein* (1977/1980) oder *Clara Schumann. Klavier* (1996). Hier werden fiktive Zusätze stets genau gekennzeichnet. Der Erzähler rechtfertigt sich für nicht sicher belegbare Darstellungen und ist bemüht, sie zu erklären. Dazu gibt er Einblick in seine schriftstellerische Werkstatt: Ein mit dem Text der historischen Biographie parallel laufender Erzählstrang berichtet von den Anstrengungen des Biographen, seinem Objekt nahezukommen, und diskutiert Forschungsmeinungen. Der Leser soll das Fiktive vom Faktischen trennen und die Plausibilität des Fiktiven selbst prüfen können. – In *Beethoven und der schwarze Geiger* reflektiert Bridgetower, durch dessen Augen wir die Geschichte sehen, seine Texterstellung. Gleichzeitig aber nimmt er das in *N* praktizierte Verfahren der Textvarianten wieder auf.

Im 6. Kapitel des Hauptteils lassen sich eine ganze Reihe von Beispielen für das Verfahren der sog. Werkstattgespräche nachlesen, und dort soll auch nach den literaturgeschichtlichen Hintergründen gefragt werden.[14] Hier geht es um die Frage nach dem Fiktionscharakter von solch doppelter Buchführung. Fällt der Leser in den Passagen, in denen ein Erzähler Auskunft über sein Verfahren und seine Absichten gibt, aus der Fiktion heraus? Diese Meinung wurde in der Literaturwissenschaft vehement vertreten.[15]

Der in den Text eingebaute Hinweis auf den Fiktionscharakter gewisser Passagen oder des ganzen Buches ist nicht neu. Bis ins 16. Jahrhundert existierte der Brauch, daß der Erzähler seinen eigenen Namen am Schluß nennt. Damit kennzeichnet er das Erzählte eindeutig als ein Erzähltes, Erdichtetes.[16] In der

---

14 Kühn zählt zu den Pionieren, vgl. den historischen Roman *Die Präsidentin* (zuerst 1973).

15 Allen voran J.H. Petersen: *Erzählsysteme. Eine Poetik epischer Texte*. Stuttgart u. Weimar: Metzler 1993, S. 33, der sagt, der Leser werde durch Illusionsbrüche "aus der fiktionalen Welt hinausgedrängt und auf den Boden der Wirklichkeit versetzt". Zur Kritik an J.H. Petersens Thesen vgl. Birgit Stolt: "Dichtersprache ist Spielsprache" (Johan Huizinga). In: *Euphorion* 89 (1995), S. 71–94. In seiner Erwiderung auf Stolt (Über Fiktionalität und fiktionales Erzählen, ebd., S. 95–115) spricht Petersen dann sogar von einem Bewußtseinswandel bei Werkstattgesprächen u.ä.: Aus dem "Fiktionalleser" werde ein "Realleser" (S. 99f., wieder S. 103).

16 Vgl.: "Das aus dem schwanck kein unrat wachs,// Pit und pegert mit fleis Hans Sachs" – Schluß von Hans Sachsens Schwankerzählung *Sant Petter mit den lanczknechten im himel*.

Literatur des 18. und 19. Jahrhunderts finden wir häufig Formulierungen, die Erzähler und Leser in ein gemeinsames "wir" zusammenspannen. Die Rede ist von "unserem Helden" oder "unserer Geschichte". Goethe leitet seine *Wahlverwandtschaften* in dieser grammatischen Form ein: "Eduard – so nennen wir einen Baron im besten Mannesalter". Besonders die Biedermeierzeit liebte Leserapostrophen, die Erzähler und Rezipienten möglichst nahe zusammenrücken und die gemütvolle Situation mündlichen Berichtens in einer Erzählrunde evozieren.[17] Thomas Mann hat dieses Stilmittel in seinen Josephsbüchern vielfach angewendet. Noch deutlicher wird er in *Der Erwählte*: "Wer also läutet die Glocken Roms? – Der Geist der Erzählung". Es macht kaum mehr einen qualitativen Unterschied, wenn dieser "Geist der Erzählung", den Thomas Mann in eine Figur einkleidet, bei Max Frisch (*Mein Name sei Gantenbein*) "ich" sagt: "Ich stelle mir vor". All diese Formeln, Einwürfe und Anreden verdeutlichen dem Leser, daß er es mit etwas Gemachtem, Erfundenem zu tun hat. Paradoxerweise gehören zu den Hinweisen auf den Fiktionscharakter einer Erzählung auch Wahrheitsbeteuerungen. Durch ihren ironischen Charakter erreichen sie nämlich das Gegenteil von dem, was sie vorgeben. Der Stammvater des neuhochdeutschen Romans, Christoph Martin Wieland, hat im Vorwort seiner *Geschichte des Agathon* ("Über das Historische im Agathon") unumwunden zugestanden, daß sein Buch zwar wegen einiger historischer Fakten "Geschichte" sei, aber "unter die Werke der Einbildungskraft" gehöre.[18] Ungeachtet dessen leitet der Roman das 6. Kapitel des 1. Buches mit der traditionellen (ironischen) Wahrheitsbeteuerung ein: "Da wir uns zum unverbrüchlichen Gesetze gemacht haben, in dieser Geschichte alles sorgfältig zu vermeiden, was gegen die historische Wahrheit derselben einigen gerechten Verdacht erwecken könnte [...]"

Alle diese Hinweise auf den Fiktionscharakter, seien sie nun direkt oder ironisch, zerstören die epische Illusion.[19] Einen Teil dieser Strategien hat jüngst Mirjam Sprenger als "Metafiktion" beschrieben.[20] Wertvoll an diesem – ansonsten wenig präzisen – Begriff scheint mir, daß er die Vorstellung verschiedener Fiktionsebenen, eines Fiktionsreliefs hervorruft. Dieses Denkmodell nämlich scheint mir den beschriebenen Phänomenen als Erklärung am besten zu dienen. J.H. Peterson[21] vertritt im Unterschied dazu die Ansicht, ein Text wie *Mein Name*

---

17 Vgl. Wilhelm Hauff: Die Bettlerin vom Pont des Arts. In: *Sämtliche Werke.* Hg. v. S. v. Steinsdorff. Bd. 2: Märchen, Novellen. München: Winkler 1970, S. 336–433, hier S. 336: "Denket euch einen ältlichen, großen, hageren Mann mit schwärzlich grauen Haaren [...]."

18 Christoph Martin Wieland: *Geschichte des Agathon und Agathon und Hippias, ein Gespräch im Elysium* (1799). München: dtv 1983, S. 20.

19 Aus diesem Grunde waren Leserapostrophen im Realismus verpönt.

20 Siehe oben Anm. 7. Sprenger faßt unter Metafiktion freilich ganz verschiedene Strategien wie Enttäuschung der Gattungserwartung, Einblicke in die Schreibwerkstatt, Autoreferentialität oder Thomas Bernhards Reden aus zweiter Hand zusammen. Dies kann aber m.E. nicht für den Begriff gewinnen.

21 *Erzählsysteme* (wie Anm. 15), S. 113ff. Über Fiktionalität (wie Anm. 15). *Der deutsche Roman der Moderne. Grundlegung – Typologie – Entwicklung.* Stuttgart: Metzler 1991, S. 225ff.

sei Gantenbein verlasse an Stellen wie "Ich stelle mir vor" die Ebene der Fiktionalität und kehre kurzfristig in die Wirklichkeitsebene zurück. Der Text weise also einen doppelten ontologischen Status auf. Diese These scheint mir den Sachverhalt nicht recht zu fassen. Was dazu verleitet, in Aussagen wie "Ich stelle mir vor" oder "In meinem Bewußtsein längst schon das neue Buchprojekt"[22] Wirklichkeitsaussagen zu sehen, ist die Redeform: Man nimmt hinter dem "Ich" den tatsächlichen Autor an. Nun liegt aber in *Beethoven und der schwarze Geiger* ein Text vor, der sein Entstehen mindestens ebenso intensiv diskutiert wie Kühns Wolkensteinbuch, Frischs *Gantenbein* oder Härtlings *Hölderlin*. Nur ist der "Autor" hier als Romanfigur kenntlich: Bridgetower. Daß er nicht "ich" sagt, sondern von sich in der 3. Person spricht, ist angesichts der eindeutigen Perspektivierung durch den Erzähler sekundär. Ob im *Gantenbein* oder in *Beethoven und der schwarze Geiger* – beide Male problematisiert ein 'Autor' seinen Schreibprozeß. Warum sollte es sich einmal um fiktive Aussagen, einmal aber um Wirklichkeitsaussagen handeln? Könnte nicht auch der "ich"-sagende 'Autor' vom Leser als Figur wahrgenommen werden? Mir scheint es günstiger, auch bei Werkstatt-Diskussionen nicht den realen Autor des Buches in historischer Person hören zu wollen. Zögern wir doch auch sonst, einen Ich-Sprecher mit dem realen Schriftsteller zu identifizieren. Die Verwendung der 1. Person Plural in Leserapostrophen ("wir wollen …") oder Vereinnahmung des Lesers in eine Erzählgemeinde ("unser Held") ordnen wir selbstverständlich als literarische Floskeln ein.[23]

Für den ontologischen Status der Fiktionalität entscheidend ist, daß eine Aussage nicht hinterfragbar oder nicht hinterfragenswert ist, weil eine Frage nach ihrem Wahrheitsgehalt ins Leere liefe. Es kommt keinem erfahrenen Leser in den Sinn, in einem als Roman erkennbaren Buch nachzufragen, ob Effi Briest wirklich dieses Kleid angehabt habe, oder dem Erzähler Lügenhaftigkeit vorzuwerfen, weil er etwas als geschehen erzählt, was nie geschehen ist.[24] Andererseits ist die von hingerissenen Lesern immer wieder gestellte Frage, ob es denn so habe kommen müssen, ob Effi, ob Innstetten sich nicht hätten anders verhalten können, rasch als logischer Irrtum nachzuweisen, der aber sehr entschuldbar wird, eben weil der Roman eine so perfekte Illusion errichtet hat.[25]

---

22 Dieter Kühn: *Ich Wolkenstein*. Frankfurt a.M.: Insel 1980 (= it 497), S. 9.

23 Diese Schreibweise ist bei Adalbert Stifter außerordentlich häufig. Auch läßt sich bei ihm ein Fiktionsrelief beobachten: Vgl. die schrittweise Vertiefung des Fiktionsgrads am Anfang seiner Erzählungen *Granit* oder *Der Hochwald*.

24 Den fiktiven Status zu erkennen, gehört zum kulturell erworbenen 'stummen Wissen'. Bereits in Wielands *Die Abentheuer des Don Sylvio von Rosalva* erweist sich der "Held" als ausgemachter Tor, weil er den fiktiven Charakter eines Feenmärchens nicht erkennt. Es muß ihm erst erklärt werden, daß "diese ganze Geschichte von meiner eigenen Erfindung ist", was ihn dazu bringt, dem Erfinder Unwahrhaftigkeit vorzuwerfen. C.M. Wielands *Sämmtliche Werke*. XII. Bd., Leipzig: Göschen 1795, S. 288.

25 J.H. Petersen, *Erzählsysteme* (vgl. Anm. 15) unterscheidet zwischen Fiktion (dem Ausgedachten) und Fiktionalität (dem Romansystem), zwischen fiktiv und fiktional. Dies führt zu Fügungen wie "fiktional wahr". Um solche Paradoxien zu vermeiden, verwen-

Romane und Erzählungen enthalten Fiktionssignale und 'Wahrheits'-Signale, Referenzen; letztere dienen dazu, die fiktive Welt glaubwürdig zu machen, sie sind tragende Säulen des Illusionsgebäudes. Fiktionalitätssignale können sich auf so vergleichsweise Geringfügiges wie die Präsentation als Buch der Schönen Literatur, den Untertitel "Roman", Einleitungsformeln oder Leserapostrophen beschränken. Als 'Wahrheits'-Signale dienen großteils Wirklichkeitsreferenzen: Effi Briests Welt ist die wiedererkennbare historische Welt des ausgehenden 19. Jahrhunderts. Namen, Orte, Landschaften, zitierte Kunstwerke sind der Wirklichkeit entnommen. Fontane zögert nicht, Berliner Geschäfte, Lokale oder bekannte Markenartikel beim Namen zu nennen. Die Charaktere seines Romans gleichen zeitgenössischen, ihre Lebensbedingungen sind historisch durchaus wahrscheinlich.[26]

Signale erlangen dann besondere Bedeutung, wenn der ontologische Status zweifelhaft ist. Dies betrifft z.B. autobiographische Prosa. Der Streit um die Zuverlässigkeit der von Stephan Hermlin in *Abendlicht* gemachten Aussagen hätte sich durch den Untertitel "Erzählung" vermeiden lassen (vgl. unten Kap. 5). Andererseits weiß der Leser aufgrund seiner Leseerfahrung, explizite Wahrheitsversicherungen als 'Tarnung' zu dechiffrieren, so z.B. die in Romanen häufig anzutreffende Versicherung, Verbürgtes aufzuzeichnen oder aufgefundene alte Papiere zu edieren (die sog. Herausgeberfiktion). Anfälliger ist der Leser gegen Bildmaterial, das zu seiner Täuschung in den Text eingelegt wurde, wie Hildesheimers Roman *Marbot* oder Alexander Kluges *Schlachtbeschreibung* gezeigt haben (vgl. Kap. 6 und 3). Ähnlich verhält es sich mit Fußnoten, die zur Beglaubigung dienen sollen, weil sie Signale für Wissenschaftlichkeit darstellen.[27]

Die Leseerfahrung lehrt, daß Irritationen dann auftreten, wenn sich die Signale widersprechen. Wir akzeptieren Märchen und Fabeln, selbst wenn sie basale Referenz vermissen lassen (Tiere sprechen, Figuren wechseln ihre Identität). Ein Buch aber wie Kühns *Beethoven und der schwarze Geiger* verunsichert den Leser. Vielleicht wird er zunächst *alles* für Erfindung halten, um den ontologischen Status einzuebnen und es sich so leichter zu machen. Tatsächlich aber verarbeitet der Roman eine Menge von Fakten. Diese jedoch sprengen nicht den Fiktionalitätscharakter des Romans als ganzem, sind sie doch in einen fiktiven Zusammenhang eingeordnet. Paradoxerweise aber stören sie die Illusion, und

---

de ich für den vom Roman errichteten Status, in dem der Leser für die Zeit seiner Lektüre das Dargebotene für "wahr" hält, den Terminus "Illusion".

26 Daß Fontane in *Effi Briest* ein wirkliches Ereignis verwenden konnte, mag ihm die Konstruktion einer wahrscheinlichen Geschichte erleichtert haben, ist aber keinerlei Bedingung.

27 Fußnoten, "gelehrte" Einleitungen und Kommentare finden sich schon bei Jean Paul; in der Gegenwartsliteratur haben sie Konjunktur: Irmtraud Morgner: *Die wundersamen Reisen Gustavs des Weltfahrers* (1972). Wolfgang Hildesheimer: *Marbot* (1981). Fritz Rudolf Fries: *Alexanders neue Welten* (1983). Anne Duden: *Das Judasschaf* (1985). Helmut Krausser: *Melodien* (1993). Die Funktion dieser Fußnoten ist ganz unterschiedlich und reicht von informativ bis zu ironisch-parodistisch.

dies, obwohl es sich um Wirklichkeitsreferenzen handelt. Während in einem realistischen Roman wie *Effi Briest* Wirklichkeitsreferenzen die Illusion stützten, bewirken sie im Falle von *Beethoven und der schwarze Geiger* das Gegenteil.

Wiewohl insgesamt fiktional, lassen sich doch verschiedene Ebenen der Fiktionalität im Text ausmachen. Da ist einmal die Ebene des George Bridgetower, der in Brighton als Geiger lebt und von seinem Dienst und von seiner Liebe berichtet. Auf dieser Ebene wird zwar nicht linear, aber direkt erzählt, ohne Einschaltung von Reflexion und Werkstatt. Anders verhält es sich auf der Erzählebene Schiffs- und Afrikareise. Hier haben wir mehrere Türen zu durchschreiten: Bridgetower berichtet eigentlich nicht von der *Reise*, sondern von der Herstellung eines Reise-*Konzepts*, das den Zweck verfolgt, Beethoven zu der Reise zu motivieren und auf dieses Ziel hin abgestimmt ist. Der Schriftsteller Bridgetower schreibt und beschreibt sich schreibend; Leser und Schriftsteller sind – so möchte der Text vorspiegeln – jeweils auf dem gleichen Stand bei diesem work in progress.

Wichtig ist die Voraussetzung, unter der diese Skizze entsteht: Es wird nichts Geschehenes beschrieben; daher ist der Fortgang unsicher. Die Skizze verfolgt einen Zweck; daher richtet sich der Gang der Erzählung nach diesem Zweck: Überzeugungsarbeit zu leisten. Bridgetower will überzeugen, aber nicht nur seinen Hauptrezipienten Beethoven, vielmehr will er nach seiner Gewohnheit von Jugend auf (so die fiktionale Vorgabe) alle seine Zuhörer überzeugen. Nicht das Wahre, sondern das Wahrscheinliche und Interessante will er auftischen (vgl. S. 114); daher ersinnt er verschiedene Varianten von Episoden auf der Reise, von Erklärungen über die Herkunft seiner Eltern, über die Umstände des Entzugs der Widmung der Kreutzersonate etc. Daß dieses Verfahren Auswirkungen auf die Konsistenz und die Linearität des Textes haben muß, versteht sich.

Der Charakter eines work in progress wird durch Werkstatt-Diskussionen und Überlegungen zur wahrscheinlichen Akzeptanz gewisser Aussagen bekräftigt.[28] Trotzdem aber läßt die Erzählweise des Romans immer wieder vergessen, daß keine Reise beschrieben, sondern der Plan zu einer Reise notiert wird. Der Erzähler Bridgetower greift zu Formeln, die dem Leser aus seiner Leseerfahrung mit realistischen und illusionistischen Romanen geläufig sind. So stilisiert er sich etwa als "Chronist" der Reise (S. 120) – ein Glaubwürdigkeit und somit Illusion stiftendes Verfahren, dessen sich z.B. auch die Erzählkunst Adalbert Stifters bedient. In gleicher Weise spricht er von seinem "Beobachten" (S. 33) auf Schiff, statt von seiner Imagination. Auch andere Figuren zimmern an dieser Illusion. So begründet die Romanfigur Beethoven einen Bericht an George mit den Worten, dieser müsse "hier informiert sein, auch für sein geplantes Buch" (S. 78). Denkt man zuende, was hier durch Sprache angerichtet wird, so könnte

---

28 Vgl. S. 18–20: "Von einem Fürstenvater in Abessinien ließe sich gut erzählen [...]. Daß sein Vater jedoch ein guter Musiker war oder zumindest, daß er musizieren konnte, dies wird sofort plausibel erscheinen [...]. Als besonders wirkungsvoll erwies es, erweist es sich, wenn er von seinem Vater als dem Sklavenjungen erzählt".

einem schwindlig werden. Ein (natürlich von der impliziten Erzählinstanz erfundener) Erzähler denkt sich einen Reiseplan aus, um aufgrund dieses Plans die Reise unternehmen zu können, die er hernach beschreiben möchte. Zugleich aber gebraucht er in diesem Reiseplan Formulierungen, die suggerieren, er unternähme die Reise eben und gedenke später, sie zu beschreiben. Er schiebt also die Stadien (Plan, Reise, Beschreibung) eine Station weiter. – Freilich steht der Erzähler nicht an, sein eigenes Verfahren auch wieder bloßzulegen, die Tatsache nämlich, daß er durch Sprache eine illusionäre 'Wirklichkeit' kreiert. So äußert der Erzähler die Hoffnung, sich "mit dieser Reise [...] ein Anrecht auf neue biographische Wirklichkeit" zu verschaffen (S. 214). An anderer Stelle liest man: "Wenn man so etwas mit Entschiedenheit formuliert, wird sich die Realität an den Entwurf halten, mit geringem Spielraum." (S. 278, vgl. 349).

Die Sprachkünste des Erzählers Bridgetower haben zur Folge, daß der Leser stellenweise in eine tiefere Fiktionsebene sinkt: er glaubt, eine Reisebeschreibung vor sich zu haben. Aus dieser Illusion wird er herausgerissen durch Überlegungen zur Schreibstrategie wie "Wichtiger als eine Beschreibung des bevorstehenden Seegefechts werden Beethovens Reaktionen sein" (S. 48). Solche Wechsel geschehen mitunter recht unvermittelt. Auch der Schauplatzwechsel, weg von der Reise und zurück nach Brighton als dem Wohnort Bridgetowers, bewirkt eine Veränderung im Fiktionsniveau. Sie ist dem Fiktionsrelief vergleichbar, das bei einer Rahmenerzählung im Übergang vom Rahmen (der auch hier häufig eine Schriftstellergeschichte präsentiert) zur Binnenerzählung entsteht. Ebensowenig wie der Rahmen einer Erzählung wirkliche Wirklichkeit darstellt, sondern vielmehr eine andere Fiktionsebene, ebensowenig bedeuten Bridgetowers Durchbrechungen der Reiseillusion eine Veränderung des ontologischen Status. Auf dem Schiff, in Brighton oder in Afrika, ob Illusion oder Illusionsbruch – stets handelt es sich um fiktive Welten.

Diese Schreibart fordert dem Leser eigene Entscheidungen (z.B. zwischen Varianten) und eigenes Urteil (z.B. über Plausibilität und Zumutbarkeit oder über die bis zum Ende unsichere Identität einer Hauptfigur, des "Maskierten") ab, wobei unsicher bleibt, ob der Erzähler Bridgetower sich dieser oder jener Erzählvariante anschließen wird. Wenn diese Erzählstrategie ganz bewußt die geschlossene Geschichte vermeidet, so folgt sie hier der in der zeitgenössischen Diskussion weithin akzeptierten Auffassung, in einer undurchschaubaren Welt seien nur undurchschaubare Erzählungen möglich.

Epische Illusion hat etwas Zwingendes an sich. Sie verführt den Leser, dem Schein zu glauben, ihn wider besseres Wissen für die Zeit der Lektüre für Wirklichkeit zu nehmen. Diesen Zwang zu durchbrechen und dem Leser seine Freiheit wiederzugeben, war schon die Absicht der romantischen Ironie. Sie sieht im Miteinander von Illusionierung und Desillusionierung gleichsam eine Potenzierung der Poesie. Weit davon entfernt, die eigene Künstlichkeit zu verbergen, enthüllt sie sie vielmehr bewußt. Aber auch in der jüngeren Vergangenheit gibt es Beispiele bewußter Illusionsdurchbrechung, v.a. bei Thomas Mann. In *Beethoven und der schwarze Geiger* ist schon die zugrundeliegende Idee (Beethovens afrikanische Reise) so grotesk, daß von Glaubwürdigkeit keine Rede sein kann. Ungeachtet dessen verarbeitet der Text eine Fülle von historischen Fakten sowie von vorgefundenem, bereits sprachlich geformtem Material. Dieses Phänomen, das als Intertextualität bezeichnet wird, hat er mit vielen Prosawerken der Gegenwartsliteratur gemeinsam. Romane der jüngsten Jahre sind häufig Literatur aus Literatur, sie verarbeiten einzelne Werke aus der Literaturgeschichte (Ransmayrs *Die letzte Welt* – Ovids *Metamorphosen*) oder auch einen ganzen Schatz von Zitaten und Anspielungen, sie schöpfen aus Lebensläufen, historischen Ereignissen oder anderen – meist schriftlich fixierten – Kulturgütern. Dabei geht es nicht (wie in Ulrich Plenzdorfs *Die neuen Leiden des jungen W.*, 1972) um Parallelen oder Analogien, also um Kontinuität in der Intention, sondern rein um das Material, das die Vorlage, der Prätext zur Verfügung stellt. Dieses wird dekonstruiert und neu zusammengesetzt. Man hat diese Schreibweise für postmodern erklärt und als Zeichen dafür gewertet, daß in einer Welt, in der alles schon gesagt ist, die Erfindung von Neuem sinnlos wird. Freilich hat dieses literarische Spiel eine lange Tradition. Bereits einer der ersten großen Romane, Cervantes' *Don Quixote*, ist Literatur aus Literatur, insofern er sich auf die damals beliebten Ritterromane (als seinen Prätext) bezieht und sie verulkt. Andererseits beherrschte und behinderte das Gefühl, daß in der Literatur alles schon gesagt sei, schon die Romantiker und die Schriftsteller der Restaurationszeit, die deshalb ihre Zuflucht zu Intertextualität nahmen. Möglicherweise hängt die heute zu beobachtende Zurückhaltung im freien Erfinden zusammen mit der Skepsis gegenüber der Fiktion als Nachschöpfung von Realität. "Denn wir wissen immer weniger, was wir eigentlich unter Realität zu verstehen haben."[29] Sicherer scheint da der Boden von vorgefundenen Bildungsgütern, von recherchierbaren Fakten, denen neue Aspekte abgewonnen werden können. *Beethoven und der schwarze Geiger* entnimmt sein Material im wesentlichen der Musikgeschichtsschreibung und den Beethoven-Biographien. Dazu kommen die Reisebeschreibungen des schottischen Arztes und Forschers Mungo Park (1771–1806) über seine Expeditionen zum Niger, *Travels in the interior of Africa* (1799) und *The journal of a mission to the interior of Africa in the year 1805* (posth. 1815). Aber auch *Anton Reiser*, ein 1785–1794 erschienener autobiographischer Roman von Karl Philipp Moritz, wird häufig zitiert. Da Kühns Roman nicht der Originalitätsverpflichtung huldigt, versteckt er seine Quellen nicht. Trotzdem wird es nur den Spezialisten interessieren, die zerstreuten Glieder der verwendeten Textcorpora zusammenzusuchen.

---

29 W. Hildesheimer: *The End of Fiction* (wie Anm. 2), S. 63.

<table>
<tr><td>

2. ABSCHNITT:
Fabel und Geschichte

</td></tr>
</table>

Der herkömmliche Roman erzählt eine Geschichte. Dem Erzähltext, wie er sich zur Lektüre darbietet, liegt ein Erzählgegenstand zugrunde, eine Fabel (story, plot). Genauer gesagt läßt sich diese Fabel aus dem präsentierten Text (narratio, discourse) abstrahieren; sie existiert nämlich nur auf einer ideellen Ebene und stellt die Summe der Handlungen eines Romans in ihrer logischen Verknüpfung dar.[30] Damit ist die Fabel mehr als der Stoff, nämlich geordneter, gegliederter und in Zusammenhänge gebrachter Stoff.[31] Die Fabel braucht nicht linear und vollständig erzählt zu werden. Rückblenden können Versäumtes nachtragen, Prolepsen greifen vor, manches wird stillschweigend übergangen oder nur kurz gestreift, während anderes durch die Breite der Erzählung besonderes Gewicht bekommt. Der Text (discourse), die Niederschrift der Geschichte, setzt also eigene Akzente. In ihrem Umfang und ihrer Substanz können Text und Fabel erheblich differieren. Fontane faßt die Fabel seines Romans *Der Stechlin* so zusammen: "zum Schluß stirbt ein Alter, und zwei Junge heiraten sich; – das ist so ziemlich alles, was auf 500 Seiten geschieht."[32]

Aufgabe des Lesers ist es, aus dem potentiellen Wirrwarr des Textes die Fabel herauszulesen. Dies gelingt ihm in der Regel, denn die meisten Texte befriedigen die Lese- und Gattungserfahrungen des Rezipienten, aufgrund derer er gewisse Ereignisschritte erwartet: Konflikte, Ver- und Entwirrungen, Überraschungen, Spannungen und Lösungen. Rückblickendes Erzählen, die Voraussetzung also, daß das, was erzählt wird, irgendwann geschehen sei, unterstützt beim Leser die Hoffnung, am Ende zu einer Auflösung zu finden.

Beethoven und der schwarze Geiger ist nicht rückblickend erzählt, sondern als vorausschauende Phantasie konzipiert. Der Roman hat keinen Schluß, sondern er endet offen. Die ihn bewegenden Motive sind zwar klar herausgearbeitet, aber die Handlung tritt auf der Stelle. Statt Fortschritt findet man Wiederholung. Schlimmer noch: Die Summe der Handlungen ist nicht auf eine logisch verknüpfte Reihe zu bringen. Tatsächlich hat man große Probleme, eine befriedigen-

---

30 Die Frage nach dem Wie und Was des Erzählens unterliegt verschiedensten Interpretationen mit verwirrender Terminologie. Matias Martinez/Michael Scheffel: *Einführung in die Erzähltheorie* (München: Beck 1999) bieten auf S. 26 eine Übersicht über nicht weniger als 19 verschiedene Ansätze, von denen jeder seine eigene Terminologie hat. Ohne sich auf die in diesen Ansätzen enthaltenen feinen Unterscheidungen einzulassen, ist es auf jeden Fall sinnvoll, zwischen 1. einem Stoff als der ungefügten Summe der Motive, 2. einer Fabel, als der logischen Verknüpfung und 3. dem Text zu unterscheiden.

31 Es kommt öfter vor, daß ein und derselbe Stoff, z.B. ein Mythos, für mehrere Dichtungen verwendet wird. In der Regel unterscheiden sich dann die Fabeln, z.B. die Motivationen, die Figurenkonstellationen, die Schlüsse. – Erzählerische Besonderheiten stellen Texte dar, in denen mehrere Fabeln vorkommen, z.B. E.T.A. Hoffmanns *Kater Murr* oder Hans Wollschlägers *Herzgewächse* bzw. Texte, die gar keine Fabel haben wie z.B. Gerold Späths *Commedia*, ein Buch, das Episoden aneinanderreiht.

32 An Adolf Hoffmann, Mai/Juni 1897. In: *Theodor Fontane. Der Dichter über sein Werk.* Hg. v. R. Brinkmann. München: dtv 1977, Bd. 2, S. 474.

de Fabel aus diesem Roman herauszuziehen (die oben gegebene Inhaltsangabe vereinfacht!); schuld daran sind mehrere Faktoren:

1. Die Varianten (z.B.: hatte Beethoven ein Bratsche oder ein Horn bei sich?) lassen keine lineare und eindeutige Fabel zu.

2. Es wird mit vielen Zeitebenen operiert (z.B. die Zeit der Väter und Großväter, das Wien der ersten Aufführung der Kreutzersonate, Bridgetower in Brighton vor und während der Niederschrift, die Reise, die Aushändigung der Reiseskizze), ohne daß das Erstellen einer chronologischen Ordnung möglich wäre, weil einige Ebenen virtuell bzw. utopisch sind.

3. Der Text mischt Fiktion und Nicht-Fiktion und zwar so, daß Widersprüche zu kulturellem Wissen entstehen (Beethoven war nicht in Afrika, kann keine atonale Musik konzipiert haben).

4. Der Text mischt selbst auf der Ebene der Reiseerzählung Berichte ("George geht in der düsteren Kajüte zum Fenster" S. 96) und Projekte ("Und er dachte vor, was er im Reisebuch ausführen wird: Daß dieser Brunnenschacht in eine Tiefe führt ..." S. 233).

5. Die Geschichte changiert; sie steht unsicher zwischen ihrer postulierten Vorläufigkeit, dem Skizzieren von Zukünftigem und dem Erzählen bzw. Protokollieren von Ereignissen.

6. Die Figuren haben keine klaren Identitäten. ("Und George: hinter halb geschlossenen Augen sieht er den Sänger, den er als Großvater 'adoptiert' hat, und der singt, eine Geige spielend, die er auf den Oberschenkel stützt. George fragt sich, jäh: Warum schreibt er sich diese Rolle nicht selbst auf den Leib?!" S. 340).

7. Anfang und Ende der Fabel sind unsicher (Anfang: Die erzähllogisch wichtigen Vorgeschichten der Hauptpersonen werden erst konstituiert. Ende: Gehört die auf S. 185 imaginierte Übergabe des Manuskripts an Beethoven noch zur Fabel?)

8. Handlungsmotive sind mitunter unklar und werden innerhalb des discourse nicht aufgelöst (Was hat Beethoven gegen den Maskierten, hinter dem sich Lichnowsky erahnen läßt? Ist Lichnowsky insgeheim der Drahtzieher der Geschichte?).

9. Erzählteile sind unsicher (Findet ein Seegefecht statt? Wird Beethoven Vater?).

Daß sich aus dem Gelesenen nur mit großer Mühe eine adäquate Fabel herausdestillieren läßt, verunsichert den Rezipienten. In solchen Fällen sagt man: Ich kann mir keinen Reim darauf machen, ich habe es nicht verstanden, was soll das? Damit trifft man aber nicht den Kern der Sache. Sehr wohl hat man den Text verstanden. Aber der Wille, unter allen Umständen ein logisches Gerüst und eine fortschreitende Handlung in ihm zu finden, ließ sich nicht durchsetzen.

Kriminalromane etwa sind sofort zugänglich, denn sie sind meist mit Hilfe von einfachen Paarungen (Inspektor – Verbrecher), stereotypen Handlungsschritten und oft auch archetypischen Oppositionen (gut – böse) konstruiert. In *Beethoven und der schwarze Geiger* muß man sich mit dem zufriedengeben, was der Text anbietet. Ist der Leser offen und beweglich genug, so wird ihm der Text selbst vielleicht einen Ausgleich anbieten. In gewisser Weise kann die Überlegung helfen, die Welt präsentiere sich auch nicht "in der Gestalt gut konstruierter Geschichten mit zentraler Thematik, richtigen Anfängen, Mittelteilen und Schlüssen und einer Kohärenz, die uns erlaubt, in jedem Anfang bereits das 'Ende' zu erkennen".[33] Dies ist aber kein Hinweis mit zwingender Logik, denn hinter der Argumentation "die Welt ist wirr, also dürfen Romane auch wirr sein" steht das Axiom, Erzähltexte bildeten in jedem Fall Wirklichkeit ab – eine unbegründete Annahme. So bleibt nichts, als sich mit einem Text mit defizienter Fabel abzufinden.

3. ABSCHNITT: Erzählzeit und erzählte Zeit

Mit dieser Differenzierung ist gemeint, daß wir es bei einer Erzählung mit zwei Zeitfaktoren zu tun haben: Zum einen handelt es sich um den zeitlichen Umfang des Erzählten (erzählte Zeit) und zum anderen um die Zeitrelationen innerhalb des Erzählvorgangs und um die Erzähldauer, die auf bestimmte Abschnitte verwendet wird (Erzählzeit). Es liegt auf der Hand, daß zwischen Erzählzeit und erzählter Zeit große Differenzen auftreten können. Christa Wolfs *Störfall* (1993) verwendet ca. 160 Seiten auf die Darstellung eines einzigen Tages; bei Peter Härtlings *Niembsch* (1964) reicht der gleiche Umfang für ein ganzes Leben. Vorwiegend szenische Darstellung mit vielen Gesprächen erfordert viel Zeit, noch mehr verschiebt sich bei Reflexionen und Innenschau das Gewicht auf die Erzähldauer. Andererseits kann die Erzählinstanz durch Bemerkungen wie "10 Jahre später" große Etappen überspringen.

Alle diese Differenzierungskriterien sind für *Beethoven und der schwarze Geiger* nur von beschränkter Bedeutung. Das Problem besteht in der Erzählvorgabe. Es wird nicht rückblickend erzählt, sondern in die Zukunft phantasiert. Auf diese Weise treten auf der fiktionalen Ebene noch weitere Parameter hinzu: der Umfang der dem Erzähler zur Verfügung stehenden Zeit und der Umfang der projektierten erzählten Zeit. Der Erzähler hat nur eine festgesetzte Frist für die Niederschrift seiner Phantasien zur Verfügung, im wesentlichen die Sommerzeit in Brighton; im Mai hat er begonnen, im Herbst müßte er fertig sein. Die Logik der Fiktion macht plausibel, daß die Zeit drängt und Kürzungen im Reiseentwurf nötig werden:

---

33 Hayden White: Die Bedeutung der Narrativität in der Darstellung von Wirklichkeit. In: Ders.: *Die Bedeutung der Form. Erzählstrukturen in der Geschichtsschreibung.* Frankfurt a.M.: Fischer Taschenbuch 1990, S. 11–39, hier S. 38.

> Anschließend die Rückfahrt auf der Southern Cross – hier wird er im Entwurf
> am ehesten abkürzen können, abkürzen müssen; eine detailliert entworfene
> Meeresfahrt könnte so viele Schreibzeit fordern, daß er mit der Niederschrift
> des Entwurfs gefährdet, was er über den Entwurf realisieren will: eine Reise
> der beiden Komponisten nach Afrika. (S. 202f.)

Mit diesen sehr kurzen Worten ist ein weiter Bogen geschlagen; er dürfte mehrere Jahre umfassen. Da *Beethoven und der schwarze Geiger* mitten in Afrika abbricht,
unterscheidet sich der zeitliche Umfang des Erzählten wesentlich von dem, was
projektiert war. Es fehlen nicht nur Teile der Skizze, sondern auch die Erzählung
von deren Wirkung auf Beethoven und der eigentliche Reisebericht. Fraglich ist
nur, ob all das Genannte mit zum Umfang der Geschichte gehört. Es ist nämlich
nur Gegenstand von Mitteilung, nicht von eigentlicher Erzählung. Äußerst
knapp wird hier eine große Zeitspanne erfaßt – ganz anders als sonst im Romantext.

Beethoven und der schwarze Geiger befindet sich in einem relativ ausgewogenen
Verhältnis zwischen Erzählzeit und erzählter Zeit. Die große Zahl von wiedergegebenen Gesprächen, von theatralischen Szenen (z.B. S. 27, 122, 154) erlaubt es,
ihn als überwiegend szenisch erzählt zu charakterisieren. Zahlreiche Reflexionen
und Musikbeschreibungen dehnen den Text. Die Chronologie des 'Erlebten'
deckt sich, ähnlich wie in einer Reisebeschreibung, weitgehend mit der Erzählung. Dieser Eindruck ergibt sich, wenn der Leser um des gewohnten progres-
siven Lesens willen die unzähligen Analepsen und Prolepsen ausblendet. Tatsächlich nämlich ist der Text voll von weit vorgreifenden Überlegungen zu dem
zu schreibenden Reisebuch, von Hoffnungen auf sehr viel spätere Ereignisse und
Rückblenden auf sehr viel frühere Erfahrungen. Der nicht rückschauend Berichtende, sondern phantasierende Erzähler verfügt zwar nicht über die Details
seiner Erzählung, diese muß er erst entwickeln; sehr wohl aber steht sein Plan in
großen Zügen fest und dieser Umstand führt zu wiederholten, die Erzählchronologie empfindlich störenden Zeitsprüngen, die nicht erzählerische Willkür,
sondern für die spezifische Art der Textkonstituierung unentbehrlich sind. So
braucht der Erzähler z.B. die Rückblenden als Steinbruch für die zu entwickelnde
Erzählung, weil er aus diesen Erinnerungen sein Material bezieht. Beethovens
Leben in Afrika wird seinem Leben in Wien nachgebildet. Bridgetowers erinnerte
Erfahrungen mit seiner Geliebten Jennifer dienen als Vorbild für die Liebesgeschichte zwischen Charlotte und Beethoven. Andererseits werden Vorgeschichten aus dem gerade 'Erlebten' gesponnen. Diese Analepsen – ob als erinnert oder als fabuliert gekennzeichnet – reichen zurück bis zu den Großeltern,
bei Beethoven sogar noch weiter. Genau genommen verlieren sie sich im Falle
Bridgetowers im Mythisch-Zeitlosen. So ist die Geschichte eigentlich nach
beiden Zeiten offen: Zurück dehnt sie sich in die unsichere afrikanische Ur-
vergangenheit Bridgetowers aus, nach vorne ist sie ins Phantastische einer
Afrikareise Beethovens und einer Rückwidmung der Kreutzersonate ausge-
spannt. Der Phantasie sind keine Grenzen gesetzt.

Ein wesentliches Hindernis für das Verständnis des Romans bei erstmaligem Lesen ist die Makro-Chronologie seiner Anlage. Der Text ist in zwei etwa gleich große narrative Blöcke geteilt: Der erste Teil "Übers Meer ins heiße Afrika" (S. 7–179) behandelt die Schiffsreise, der zweite Teil "Nun sind wir ja in Afrika" (S. 207–368) den Aufenthalt dort. Dazwischen schiebt sich das "Zwischenspiel Sonata mulattica", das für das Verständnis der Erzählsituation, der epischen Kommunikation entscheidend ist. Hier nämlich wird verdeutlicht, was bisher mehr erraten werden mußte: Bridgetowers Rolle als phantasierender Erzähler mit festem Standort Brighton. Diese Erkenntnis erst macht die Chronologie des Textes als imaginäre deutlich: Alles ist in die Zukunft hinein erzählt.

Eigentlich stellt dieser Zwischenteil die eigentliche Zeit-Basis der beiden Hauptteile dar. Keineswegs aber begleiten die Brighton-Erzählungen die Reise-Erzählungen, mit denen Bridgetower im Mai begonnen hat. Vielmehr umfaßt das "Zwischenspiel" nur eine kurze Spanne, vielleicht 14 Tage, gegen Ende der Saison (S. 190) bis zum Frühherbst (S. 201). Kaum einmal wird ein Zeitsprung zwischen den Erzähleinheiten vermerkt. Einmal nur heißt es: "Am nächsten Tag ist George wieder ..." (S. 210). Hat man sich insbesondere bei allen Prolepsen und Werkstattgesprächen nach Brighton versetzt zu fühlen, zu dem dort schreibenden Bridgetower? Diese intellektuelle Anstrengung ist wohl kaum zu erwarten. Bridgetower in Brighton entschwindet dem Leser während der Lektüre der beiden Hauptteile. Er stellt sich ihn auf dem Schiff vor, in Afrika und tauscht den statischen, imaginierenden Erzähler gegen eine agierende Figur aus, die sowohl im inneren Kommunikationssystem mitspielt als auch den Vermittler nach außen, den Erzähler abgibt.

Die Zeit, während derer Bridgetower in Brighton gezeigt wird, ist also kurz. Die erzählte Zeit hingegen, in die sich dieser Bridgetower in Pro- und Analepsen hineindenkt, ist sehr umfangreich. In diesem Zwischenteil kommen wesentliche Erinnerungen zur Sprache, v.a. an die Uraufführung der Kreutzersonate (S. 197–199), und der gesamte Reiseplan der zweiten Hälfte wird vorgelegt (S. 202f.).

Eine besondere Schwierigkeit für die Chronologie stellt das Präsens als Leittempus von *Beethoven und der schwarze Geiger* dar. Diese Vorgabe macht Zeitsprünge schwierig, weil sich Formulierungen wie "Einige Tage/Wochen später" verbieten. Die behelfsmäßigen Zeitangaben bieten wenig chronologischen Anhalt, können Zeit nicht recht raffen und lassen wenig Schlüsse zu auf die Binnenzeit. "Ja, er hat viel gelesen in diesen Tagen" (S. 40). "Drei Tage ohne Sichtkontakt" (S. 92). "Dabei hatte er in den letzten Tagen gedacht" (S. 138).

Dauer, Ordnung und Frequenz gilt es zu beachten bei der Untersuchung des Zeitgerüsts eines Erzähltextes. Überraschenderweise hat dieser letzte Punkt, der sonst am unwichtigsten zu sein pflegt,[34] für *Beethoven und der schwarze Geiger* eine

---

34 Gängig sind die mehrfache Erzählung derselben Szene aus verschiedenen Perspektiven oder die stereotype Wiederholung mit ironischer oder komischer Wirkung.

große Bedeutung. An Wiederholungen läßt sich die Entstehung der Fiktion ablesen. Erzählmotive, ganze Sätze, Elemente von Personenbeschreibungen kehren wieder und demonstrieren, daß die epische Kommunikationsgrundlage des Textes nicht die Wiedergabe von etwas 'Geschehenem' ist, sondern das Entstehen von Fiktion. Wie ein Netz von Beziehungen legen sich die Wiederholungen über den Text. Besonders das wiederkehrende Wergzupfen im ersten und das ständige Hirsestampfen im zweiten Teil erwecken den Eindruck von Statik, drücken dem Text als Leitmotive ihren Stempel auf (vgl. unten 9. Abschnitt).

| 4. Abschnitt: **Referenz und Autoreferenz** |

Neben der textimmanenten zeitlichen Ausdehnung, wie wir sie im letzten Abschnitt betrachtet haben, spielt auch das Verhältnis einer Erzählung zu Raum und Zeit der außertextlichen Wirklichkeit eine Rolle. Die Verankerung in den raum-zeitlichen Bezügen der Wirklichkeit trägt wesentlich zum mimetischen Charakter und zum Entstehen der epischen Illusion bei. Sie ist aber keine notwendige Voraussetzung, wie man an Science Fiction-Romanen, Sagen und Märchen sieht – Gattungen, die nicht den Raum-Zeit-Bezügen unserer Erfahrung entsprechen. Die Toleranz des Rezipienten gegenüber Befremdlichem ist das Ergebnis von Leseerfahrung und hat sich in den letzten Jahrzehnten signifikant gewandelt. Tiefenpsychologisch beeinflußte Literatur machte die Leserschaft mit Reisen in Seelenlandschaften vertraut, die Wiederbelebung mythologischer Stoffe hat sie gegen Anachronismen abgehärtet. Schon bei der Lektüre romantischer Literatur muß der Leser fließende Übergänge hin zum Märchenhaften, Wunderbaren akzeptieren. Wenn in Christoph Ransmayrs *Die letzte Welt* die Akteure eines Romans zugleich Figuren von bereits erzählten Geschichten sind und diese Geschichten zugleich nachleben und nacherzählen, so setzt dies alle Identitätsaxiome außer Kraft. Aber auch in E.T.A. Hoffmanns *Prinzessin Brambilla* spricht eine der Figuren ihre Mitakteure auf eine Geschichte an, "in der wir selbst vorkommen und mitspielen".[35]

In *Beethoven und der schwarze Geiger* gibt es eine Reihe von Textstellen, die auf tatsächliche Wirkungsstätten und Wohnorte von historischen Personen, Beethoven, Bridgetower, Lichnowsky etc., rekurrieren: Wien, Teplitz, London, Brighton, Dresden. Der Kontext aber entwertet den Referenzcharakter dieser geographischen Angaben. Beethovens Wien mit seiner Mölker Bastei ist gegen Beethoven auf dem Odongo-Hügel austauschbar (dessen Name auf S. 280 als Bridgetowers Vorname auftaucht!). Geographische Angaben wie Kap Verde, das Lehmziegelfort Ndakaru (gemeint ist das heutige Dakar), die Insel Gorée, die Flüsse Senegal und Niger, Angaben, die sonst zur Wahrscheinlichkeit des Romans beitragen würden, verlieren im Zusammenhang mit den Namen Beethoven

---

35 Prinzessin Brambilla. In: *Sämtliche Werke in 6 Bänden*. Hg. v. W. Segebrecht u. H. Steinecke. Bd. 3. Frankfurt a.M.: Dt. Klassiker-Vlg. 1985, S. 892.

und Karl von Lichnowsky an Wirklichkeitsreferenz. Das gleiche gilt für die Zeit-
bezüge. Die Romanfigur Beethoven bleibt zwar nominell im frühen 19. Jahrhundert, was auch der Lebenszeit des historischen Augustus Bridgetower entspricht, aber der Roman läßt den historischen Charakter vermissen. Nun könnte
man freilich einwenden, daß der ganze Text nur eine Phantasie Bridgetowers
und keine historische Erzählung ist. Dieser Einwand bleibt aber blaß angesichts
der Tatsache, daß in diesem Text *erzählt wird*, daß er Phantasien lebendig werden
und eine fiktive Welt entstehen läßt. Diese Welt aber stimmt nicht mit den
Fakten unseres historischen Wissens überein und ist in sich brüchig. Darüber
hinaus agieren die Figuren selbst anachronistisch. Sie sprechen und denken, als
ob sie in der Jetztzeit und nicht damals agierten. Afrikanisches Selbstbewußtsein
und Zivilisationskritik, Emanzipation der Frau, Atonalität in der Musik – die
Akteure leben nach Vorstellungen des 20. Jahrhunderts. Nun ist es freilich nicht
so, als stünden diese Anachronismen ohne jeden Bezug zur historischen Wirklichkeit da. Vielmehr werden sie aus dieser heraus entwickelt als das Ergebnis von "Transponieren" und "Interpolieren" (S. 186). Der Erzähler bietet als
Beethovens Definition von Liebe an: "Liebe als Wunsch, die geliebte Person
möge sich entfalten" (S. 284). Diese Definition verdankt sich ursprünglich der
Erfahrung des Erzählers (S. 187), wird dann aber Beethoven in den Mund gelegt.
Legitimiert wird diese Übertragung durch die Übereinstimmung mit dem Charakter des historischen Beethoven: "Ein Satz, der sich auf Beethoven überschreiben
ließe im Reisebuch. Da würde sich unter Lesern bestimmt die Meinung bilden,
dieser Satz passe zu Beethoven, der sei eines Beethoven würdig" (S. 187).

Während etwa Fontanes Roman *Effi Briest* seine fiktive Welt in Nachahmung
(Mimesis) der vorhandenen Welt und Welterfahrung erschafft, wählt *Beethoven
und der schwarze Geiger* andere Quellen für seine Geschichten. Es ist angemessen,
hier von Geschicht*en* im Plural zu sprechen, denn der Roman ist stark episodisch
angelegt. Was George Bridgetower erzählt, gibt er als erfunden zu erkennen und
läßt auch Quellen durchschimmern. Für die Episoden der Afrikareise ist es z.B.
die Lektüre von Mungo Park (vgl. S. 202). Was für den Afrika-Teil innerhalb der
Logik des Roman plausibel ist – schließlich war George nie in Afrika, kann sich
also nicht auf eigene Anschauung stützen –, gilt genau genommen für den
Roman als ganzen: Keiner von uns lebte im 19. Jahrhundert, und wir alle, Autor
wie Leser, sind für unsere Vorstellungen von dieser Zeit auf andere Quellen als
unsere Erfahrung angewiesen. Ein um illusionäre Geschlossenheit bemühter
Roman würde diese triviale und banal klingende Wahrheit vollkommen vergessen machen. Das Schreibverfahren in *Beethoven und der schwarze Geiger* legt sie
bloß.

Der Leser kann das Entstehen von Episoden wie auch das von Figuren mitverfolgen. So läßt sich etwa als durchgehendes Motiv für Bridgetowers Handeln
und Denken die Aufwertung seiner Person feststellen. Diese sucht er vornehmlich über eine Annäherung an Beethoven. Der Leser kann nun beobachten, wie
er das Bild seines Vaters (zunächst auf S. 18ff. nach historischen Quellen gezeichnet) so korrigiert, daß es Beethovens Vater gleicht (S. 193ff.). Schon früher

(S. 38) hatte George die Absicht geäußert, die Großväter zusammenzurücken, seinen Großvater zu einer Figur zu machen, "so mächtig, so imposant" wie Beethovens Großvater. Über den ganzen Roman hinweg läßt sich die Konstituierung des schwarzen Großvaters mitverfolgen, dessen Bild aus einer Reihe von Elementen nach und nach zusammengesetzt wird (S. 19, 37f., 55f., 320f.). Auch andere Figuren lassen sich textgenetisch zurückverfolgen. Die Figur des Schweizer Pädagogen P., gemeint ist Pestalozzi, ein früherer Verehrer von Charlotte, erscheint als Spiegelbild Beethovens (S. 68). Charlottes Ehemann ist ihrem früheren Liebhaber P. nachgebildet (S. 69, 142; vgl. S. 128). Die Schicksale von Beethovens Geliebter Charlotte und Bridgetowers englischer Geliebten Jennifer gleichen sich, so daß sich in der Logik des Romans Bridgetowers Erfindung der Charlotten-Geschichte als Übertragung seiner eigenen Erlebnisse in Brighton darstellt. Auch in kleineren Episoden (z.B. S. 336) läßt sich das Verfahren der Spiegelung oder "Transposition", wie es Bridgetower selbst in Anlehnung an das Transponieren in der Musik nennt (S. 186), nachvollziehen.

Verfolgt der Leser in realistischen Romanen die Schicksale der Figuren, so kann er hier deren Konstituierung beobachten. Der ganze Text läßt sich als fortschreitende Apotheose der Figur des George Augustus Bridgetower lesen (S. 214f.). Deren Profil wird immer deutlicher, immer afrikanischer (S. 279f., 340). Dient ihm seine fortschreitende Profilierung als Beethovenfreund und Komponist zur musikalischen Rehabilitierung, so spielt er sich durch Verwendung von angelesenen Informationen, von klischeehaften Afrika-Bildern und von ökologischen Motiven als Gegenmodell zur dekadenten europäischen Gesellschaft heraus. Indem Bridgetower seinen Reiseentwurf verfaßt, schafft er sich ein "Anrecht auf eine neue biographische Wirklichkeit" (S. 214), er konstituiert sich selbst. Sein Schreiben erschafft seine Lebensgeschichte. Die alte Metapher von der Literatur, die ein Denkmal gegen das Vergessen setzt, wird ironisch verwendet.[36]

Der Text stellt sich dem Leser nicht als fertiges Gebilde vor, sondern entwickelt sich aus seinen eigenen Möglichkeiten heraus. Er bezieht sich auf selbstgeschaffene Voraussetzungen, ist autoreferentiell. Auf 'Wahrheit', die sich "wie auf Nelsons Seekarten in den Koordinaten exakt bestimmen läßt" (S. 56), legt er ebenso wenig Wert wie auf wirklichkeitsnahe Schilderungen. Das Afrikabild bleibt oberflächlich und klischeehaft, es beschränkt sich auf rhythmisches Hirsestampfen und öde Savannen (S. 300, 327). Stereotype spielen eine größere Rolle als realistische und plastische Darstellungen.[37] Verantwortlich für diese Schreibweise ist die Maxime Bridgetowers, nicht Wahrheit zu bringen, sondern das, was seine Zuhörer glauben können – eine vom erzähllogischen Standpunkt aus

---

36 Eine gewisse Ironie liegt auch in der Tatsache, daß der historische Bridgetower, eine weitgehend vergessene Figur, durch diesen Roman wieder ins Bewußtsein gerückt wird.

37 Vgl. z.B. S. 37: Die klischeehafte Vorstellung, ein Schwarzer hätte eine "Naturbegabung für das Spielen von Rhythmen", wird zum Ausgangspunkt einer Vatergeschichte.

ironische Aussage, legt sie doch das Erzählverfahren aller Romane bloß, die ja niemals mit 'Wahrheit', sondern nur mit Wahrscheinlichkeitssignalen und Wirklichkeitsreferenz operieren.

Neben der autoreferentiellen ist noch die intertextuelle Arbeitsweise von *Beethoven und der schwarze Geiger* zu erwähnen. Es fällt auf, daß der Text an wichtigen Stellen die Beschreibung verweigert und statt dessen auf andere literarische Bearbeitungen verweist. Dies gilt nicht nur für die verweigerte Beschreibung der afrikanischen Tierwelt (S. 300), sondern auch für die Beschreibung von Charakteren und von wichtigen psychologischen Vorgängen. Statt fiktiver Nachbildung von Wirklichkeit werden wir auf Vorgefundenes verwiesen. Wenn sich die Romanfigur Beethoven als Odysseus stilisiert (S. 22. 154–163. 307), so werden über diesen Vergleich dem Leser wesentliche Informationen vermittelt, Informationen, die man gewöhnlich aus Erzählerkommentaren oder aus der Selbstdarstellung in der Figurenrede erhält. In *Beethoven und der schwarze Geiger* erreichen die Charakterisierungen der Romanfigur den Leser über den Umweg eines Dritten. In gleicher Weise wird die beginnende Liebesbeziehung zwischen Beethoven und Charlotte nicht erzählt, sondern durch gemeinsame *Anton Reiser*-Leseerfahrungen angedeutet (S. 40–43). Für das Ende der Liebe oder doch deren tiefe Krise steht wieder ein Buch, Spinozas Philosophie (S. 314–316). Ein direktes Übermitteln der großen Gefühle an den Leser verweigert der Roman. Er versteckt es hinter Literatur.

5. ABSCHNITT: Erzählinstanz, Perspektive, Erzählweise

Nachdem jede Erzählung einen Erzähler haben muß, schien es in der Literaturgeschichte lange selbstverständlich, daß dieser sich zeigte, sei es, daß er gewissermaßen in eigener Person auftritt wie Ovid am Ende der *Metamorphosen*[38] oder (man verzeihe die Zusammenstellung) der Trivialschriftsteller Heinrich Clauren[39], sei es, daß er sich am Rande des Textes (zu Anfang, am Schluß) als Geschichtenerzähler stilisiert wie etwa Berthold Auerbach[40] oder sei es, daß er sich mit Kommentaren als

---

38 "Habe vollbracht nun ein Werk, das nicht Jupiters Zorn, das nicht Schwert noch Feuer wird können zerstören und nicht das gefräßige Alter." Buch XV, Schluß. In deutsche Hexameter übertragen v. Erich Rösch. Hg. v. N. Holzberg. Zürich/Düsseldorf: Artemis & Winkler 1996, S. 599.
39 "Die Resultate dessen, was meine geringe Kunst vermogt, sieht hier der freundliche Leser vor sich." *Liebe und Irrthum*. Nordhausen: Landgraf 1827, S. 264.
40 *Berthold Auerbachs gesammelte Schriften*. 1., neu durchgesehene Gesammtausgabe. 1. Bd. Stuttgart/Augsburg: Cotta 1857: *Schwarzwälder Dorfgeschichten*. I. Bd. Der Tolpatsch, S. 3f.: "Ich sehe dich vor mir, guter Tolpatsch, in deiner leibhaften Gestalt […]. Jetzt aber, nimm mir's nicht übel, lieber Tolpatsch, und mach dich wieder fort. Ich kann dir deine Geschichte nicht so in's Gesicht hinein erzählen; sei ruhig, ich werde dir nichts Böses nachsagen, wenn ich auch per 'Er' von dir spreche."

Lenker des Textes in seine Erzählung einschaltet.[41] Der Realismus hingegen setzte neue Maßstäbe, indem er das "Hineinreden des Schriftstellers" für überflüssig und erzähltechnisch falsch erklärte.[42] An die Stelle des "auktorial" (in Stanzels Terminologie) eingreifenden Erzählers sollte der Text selbst treten. Ausgehend vom Erzählideal eines hinter dem Text verschwindenden Autors zog Roland Barthes für die Moderne und den Nouveau Roman die Linie bis zum "Tod des Autors". Barthes freilich entthronte den Autor nicht zugunsten des Textes, sondern zugunsten des Lesers. Der Leser stifte eigentlich den Text, so die Quintessenz seines Beitrags: "la naissance du lecteur doit se payer de la mort de l'auteur."[43] Ungefähr zur Entstehungszeit von Barthes' Essay legte die Rezeptionsästhetik die Bedeutung des "impliziten Lesers" frei[44] und machte damit auf ein ganz wesentliches Moment für Textentstehung und Textverständnis aufmerksam.

Freilich gibt es schon in der klassischen Moderne einen Widerstand gegen das neutrale Erzählen und die damit verbundene perfekte epische Illusion. In Thomas Manns bereits erwähnter ironischer Desillusionierung gibt sich der Autor als Verfertiger des Textes zu erkennen. Erst recht konstituiert sich in den sog. Werkstattgesprächen ein 'Autor' als Sprecher, als Figur. Er versteckt weder die subjektive Bedingtheit des Textes, noch seine eigene, sondern stellt beides zur Debatte. Dies hat den Vorteil, daß der 'Autor' schon von der Erzähllogik her nicht allwissend zu sein braucht.

Ist nämlich entgegen der Behauptung vom Tod oder gar der Exekutierung des Erzählers dieser sehr lebendig, so wurde jedenfalls der allwissende Erzähler begraben. Ob der Leser auf der Ebene von Werkstattgesprächen dem Verfertigen des Textes beiwohnt, ob sich der Leser wie bei Thomas Bernhard mit unzuverläs-

---

41 Diese nehmen gern den Charakter allgemeiner Erklärungen an, stehen also ein wenig außerhalb der fiktiven Welt der Geschichte und bezeugen somit die übergeordnete Stellung der – in Franz K. Stanzels Terminologie (*Theorie des Erzählens*. Göttingen: Vandenhoeck & Ruprecht [4]1989) – auktorialen Erzählinstanz; vgl. Goethe: *Novelle*: "Nachdem sie sich an dem Anblick ersättigt, oder vielmehr, wie es uns bei dem Umblick auf so hoher Stelle zu geschehen pflegt, erst recht verlangend geworden nach einer weitern, weniger begrenzten Aussicht [...]" (dtv-Gesamtausgabe. Bd. 20. München: dtv 1962, S. 148).

42 Fontane in einem Brief an seinen Kollegen Friedrich Spielhagen vom 15. 2. 1896. Der Schriftsteller, so Fontane, müsse sich "des Urtheilens, des Predigens, des klug- und weiseseins" enthalten. Th. Fontane: *Der Dichter über sein Werk* (wie Anm. 32) Bd. 2, S. 456f. Spielhagen hatte in einem Essay (*Einst und jetzt*, 1896) Goethes *Wahlverwandtschaften* und *Effi Briest* erzähltechnisch verglichen und darin die Technik des alten Goethe mit seinen Erzählerkommentaren für veraltet erklärt. Vgl. auch Spielhagen: *Beiträge zur Theorie und Technik des Romans*. Leipzig: Staackmann 1883.

43 La mort de l'auteur (1968). In: *Le bruissement de la langue. Essais critiques IV*. Paris: Éd. du Seuil 1984, S. 61–67, hier S. 67.

44 Wolfgang Iser: *Der implizite Leser. Kommunikationsformen von Bunyan bis Beckett*. München: Fink 1972.

siger Figurenrede zufrieden geben muß,[45] ob verschiedene und widersprüchliche Perspektiven auftreten,[46] ob sich der Leser zwischen Varianten entscheiden kann[47] oder ob ihm eine nicht eindeutige, nicht konsistente und von keinem Erzähler korrigierte Fabel angeboten wird[48] – in all diesen Fällen fehlt eine Instanz, die souverän im Besitz der Geschichte wäre, sie dem Leser mitteilen und erklären könnte. Gleichsam in Wechselwirkung mit den Entdeckungen der Literaturwissenschaft (Rezeptionsästhetik) wurde der Leser in der Folge bei der Konstitution des Textes immer mehr gefordert.

In *Beethoven und der schwarze Geiger* gibt es eine Figur, in deren Kopf die Skizze der projektierten Reise entsteht, einen 'Erzähler'. Es versteht sich, daß hinter diesem eine eigentliche Erzählinstanz existieren muß, die alle Figuren geschaffen hat und nicht mit einer davon identisch ist. Bridgetower ist zugleich Hauptfigur *und* Wahrnehmender, derjenige also, der die Perspektive bestimmt; aufgrund dessen müßte er von sich selbst in der 1. Person sprechen. Irritierenderweise spricht diese Stimme, die eindeutig Bridgetowers Stimme ist, von sich selbst stets nur als "Er". Selbst in sonst wörtlich wiedergegebenen Gesprächen wird das "Ich" vermieden. Dazu kommt ein weiteres irritierendes Element: Die Identität des 'Erzählers' ist – wie wir gesehen haben – ungewiß und soll sich erst während des Schreibens präzisieren. Dies macht ihn, zumal in Hinblick auf seine Erinnerungen, zu einem unzuverlässigen Berichterstatter. Da er in mancher Hinsicht seine eigene Unsicherheit offen zugibt, wird der Leser mißtrauisch; nur durch Verifizierung mit Hilfe textexterner Daten und Fakten läßt sich ersehen, wieweit Bridgetowers Verläßlichkeit geht. Dieses Verifizierungsverfahren ist eigentlich für einen fiktiven Text ganz sinnlos (vgl. oben 1. Abschnitt), in diesem Fall der "Faktion" oder "Halbfiktion"[49] aber durchaus angebracht.

Bridgetower unterscheidet sich auch deshalb von herkömmlichen Erzählern, weil er seine Geschichte – von kurzen, in Brighton oder Wien spielenden Passagen abgesehen – nicht retrospektiv erzählt. Nimmt man es freilich genau und sieht von der üblichen epischen Täuschung ab, so erzählen fiktive Texte grundsätzlich nicht wirklich retrospektiv, denn was sie erzählen, hat nie stattgefunden. Wir haben es mit einem Text zu tun, der diese sonst hingenommene Selbstverständlichkeit erzähllogisch bloßlegt. Der niemals 'reale' Erzählgegenstand wird in unserem Fall auch durch die nominelle Erzählvoraussetzung ent-realisiert: Statt auf eine fertige Handlung zurückzuschauen, schaut Bridgetower auf ein

---

45 Bernhards Erzähler ziehen sich hinter Figurenrede zurück. Sie geben Reden anderer Figuren in meist indirekter Rede wieder und schränken sogar noch weiter ein: "Es ist möglich, daß ...", Man weiß nicht genau ...", Vielleicht ...", "Vermutlich ...".

46 Vgl. Uwe Johnson: *Jahrestage* (1970–1988). Noch ausgeprägter in Dieter Kühn: *Ausflüge im Fesselballon* (1977).

47 Vgl. Alfred Andersch: *Winterspelt* (1974).

48 Vgl. Klaus Hoffer: *Bei den Bieresch* (1983).

49 Vgl. den Titel des Artikels von Markus Schwering: Halbfiktion und musikalische Form. Zu Dieter Kühns *Beethoven und der schwarze Geiger*. In: *Dieter Kühn*. Hg. v. W. Klüppelholz u. H. Scheuer. Frankfurt a.M. 1992 (= st 2113), S. 249–265.

noch zu schreibendes Buch voraus. Dies würde an und für sich noch nicht notwendig den Verzicht auf den allwissenden Erzähler zur Folge haben, im Gegenteil. Bridgetower könnte sich in die Figuren hineindenken, sind doch alle Geschehnisse Früchte seiner Phantasie. Davon kann aber keine Rede sein. Die Perspektive ist sehr konsequent beschränkt auf eine Figur, die die Reisenden beobachtet und nur das weiß, was sie sieht oder berichtet bekommt.

Der Erzähler Bridgetower ist also zugleich eine in die Handlung integrierte Figur, Mitakteur im sog. inneren Kommunikationssystem. Daß er trotz dieser Doppelfunktion nicht "Ich" sagt, sondern "Er",[50] hat in der Gegenwartsliteratur Präzedenzfälle, und zwar in der autobiographischen Literatur. Obgleich hier "Ich" zu erwarten wäre, findet man autobiographische Literatur in der Er-Form; die grammatische Person, die im Laufe der Erzählung wechseln kann, hat keinen Einfluß auf die Perspektive oder die logische Identität des Sprechers. Das "Er" bewirkt aber eine emotionale Distanz: Der Sprecher, indem er von sich in der dritten Person spricht, distanziert sich von sich selbst (vgl. unten Kap. 5). In autobiographischer Prosa kann dies anzeigen, daß der Sprecher nicht über die Zeiten hinweg mit sich identisch ist. In unserem Fall liegt es nahe, die Er-Form als Konsequenz von George Bridgetowers Mangel an Identität zu erklären. Zu einer Identität, die sich erst konstituieren muß, paßt schlecht die 1. Person Singular.

Bridgetower imaginiert die Reise. Wie einen Film läßt er sie ablaufen und beschreibt die Bilder – diesen Eindruck gewinnt der Leser, da der Roman überwiegend szenisch erzählt ist. Dies bedeutet: Beschreibungen von Geschehnissen und Figurenreden nehmen breitesten Raum ein; Erzählerkommentare zur

---

50 Die Forschungsliteratur hat zu dem Problem Ich-/Er-Erzählung immer noch nicht den Stein der Weisen gefunden. Längst von der Erzählpraxis überholt sind die Ausführungen Käte Hamburgers, die quasi den Anfang der deutschen Erzählforschung bilden. Demgegenüber brachte Stanzels Typenkreis (*Die typischen Erzählsituationen im Roman.* Stuttgart: Braumüller 1969, S. 163) aus auktorialem, personalem und Ich-Roman zwar einen wesentlichen Fortschritt, vermischt aber die Fokussierung (durch wessen Augen wird gesehen?) mit dem grammatischen Sprecher der Erzählung (Ich-Sprecher, Er-Sprecher). Auch die Überarbeitung des Systems in *Theorie des Erzählens* (wie Anm. 41) behebt dieses Manko nicht, das durch neuere Entwicklungen in der Primärliteratur besonders spürbar wird. Auch J.H. Petersens 1993 erschienenes Buch *Erzählsysteme* (wie Anm. 15, S. 53–65) bietet keine Lösung an. Für die Gegenwartsliteratur gilt längst nicht mehr axiomatisch, "daß in der Ich-Form der Erzähler (auch) von sich selbst erzählt, der Er-Erzähler hingegen grundsätzlich von anderen" (S. 56) und daß in der Er-Erzählung die "Personalität" des Erzählers verschwindet (S. 57). Tatsache ist, daß die Gegenwartsliteratur mit Ich/ Er/ Du gleich umgehen kann, was Christa Wolfs autobiographischer Roman *Kindheitsmuster* (1976) beweist, in dem das autobiographische Subjekt von sich in allen drei grammatischen Formen spricht. Schon 1973 hatten Peter Härtling mit *Zwettl* und 1975 Max Frisch mit *Montauk* autobiographische Erzählungen vorgelegt, in denen, bei logischer Identität der autobiographischen Figur, ebenfalls zwischen Ich und Er unterschieden wird. Vgl. auch Max Frischs Diskussion von Aussagen in 1. bzw. 3. Person in *Tagebuch 1966–1971. Gesammelte Werke.* Hg. v. H. Mayer unter Mitw. v. W. Schmitz. Bd. VI.1. Frankfurt a.M.: Suhrkamp 1976, S. 286–289 unter dem Titel: "Vom Schreiben in Ich-Form".

Handlung selbst finden sich kaum (wohl aber Erzählerkommentare zur Verfertigung der Fiktion und zur Niederschrift). So muß der Leser – der Rezeptionssituation im Drama vergleichbar – die Charakterbilder der einzelnen Figuren von Episoden ableiten.[51] Beethovens menschlich-warme Züge werden nicht als solche benannt, sondern erweisen sich im Zusammenhang mit seiner individuellen Erzählvariante der Geschichte von Odysseus und den Freiern (S. 161); sein ausgeprägter Gerechtigkeitssinn und sein Harmoniebedürfnis zeigen sich in einer Spielepisode (S. 150ff.); ähnlich werden andere Charakterzüge, sein Ehrgeiz, seine Freiheitsliebe, seine bürgerlich-republikanische Gesinnung, seine Sprunghaftigkeit, seine cholerische Art jeweils szenisch übermittelt und nicht vom Erzähler benannt. Auch der von Fontane gern angewandte Trick, zur Vermeidung von auktorialen Eingriffen die Figuren sich untereinander charakterisieren und kommentieren zu lassen, vermeidet *Beethoven und der schwarze Geiger*. Flachheit der Figurenzeichnung und Eingeschränktheit der Figurenkontakte sind die Folge (vgl. unten 6. Abschnitt).

Die Erzählperspektive wird im ganzen Roman ziemlich einheitlich durchgehalten. Dies ist, insbesondere in der Gegenwartsliteratur, keine Selbstverständlichkeit.[52] George beschränkt sich auf das, was er (nach der Logik der Fiktion) wissen kann. Innensicht ist also nur in bezug auf seine eigene Person möglich. Gefühle anderer Figuren kann er nur im Rahmen von Gesprächsberichten mitteilen; vornehmlich handelt es sich um Beethovens Empfindungen, denn mit diesem finden die meisten Gespräche statt. Wo Bridgetower selbständig Vermutungen anstellt, sich in die Gefühle eines anderen hineindenkt, da kennzeichnet er dies (S. 164f.). Manche für den Handlungsfortschritt wichtige Begebenheiten, z.B. die erste Liebesnacht zwischen Beethoven und Charlotte, können aufgrund dieser Perspektivierung nicht erzählt werden. Solche Aussparungen kennt natürlich auch der von einem allwissenden Erzähler gelenkte

---

51 Vgl. hingegen die Figurencharakterisierungen, die der Erzähler von *Effi Briest* beisteuert und mit denen er besonders in der 2. Hälfte in eigener Person das moralische Urteil des Lesers beeinflußt (während er sich in der 1. Hälfte eher auf die Beschreibung von Empfindungen der Figuren als Quelle für Charakterbilder beschränkt): "Aber wiewohl sie starker Empfindungen fähig war, so war sie doch keine starke Natur; ihr fehlte die Nachhaltigkeit, und alle guten Anwandlungen gingen wieder vorüber. So trieb sie's denn weiter, heute, weil sie's nicht ändern konnte, morgen, weil sie's nicht ändern wollte. Das Verbotene, das Geheimnisvolle hatte seine Macht über sie." Theodor Fontane: *Gesammelte Werke*. 3. Bd. Hg. v. P. Bramböck. München: Nymphenburger 1979, S. 172.

52 In Robert Schindels *Die Nacht der Harlekine* (1994) wechselt die Perspektive zwischen zwei Ich-Sprechern. Auch die Geschichten wechseln: Der Erzähler gleitet immer wieder von der Geschichte, die zu schreiben er den Auftrag hat, in seine eigene Geschichte hinüber. Peter Härtlings *Niembsch* (1964) ist ohne feste Perspektive; weder ist auszumachen, wer gerade spricht, noch können die Vorstellungen des schizophrenen Niembsch einen Anhaltspunkt bieten. – Im herkömmlichen Roman lenkt die Perspektive des Erzählers die Einschätzung, die der Leser gewinnt. Ein klassischer Fall von Perspektivenwechsel liegt aber beim Briefroman vor. Der Leser muß die beiden, womöglich widersprüchlichen Perspektiven zu einem einheitlichen Bild zusammenfügen.

Roman. Fontanes *Unwiederbringlich* übergeht die interessanteste Szene, die Gelegenheit zum Ehebruch, mit der Ellipsenformel "Eine Stunde war vergangen".[53] Der allwissende Erzähler läßt hier bewußt eine Leerstelle. Im Falle des monoperspektivischen Erzählens in *Beethoven und der schwarze Geiger* entspringt die Aussparung nicht der Dezenz des Erzählers, sondern der Erzähllogik. Die Wirkung auf den Leser ist freilich ähnlich wie bei Fontane: Seine Neugier wird durch verweigerte Erzählungen besonders geweckt, und seine Aufmerksamkeit muß sich darauf richten, das Verschwiegene aus Indizien zu erahnen – wie z.B. aus dem ersten "Du" zwischen Beethoven und Charlotte (S. 158).

Auch die von Bridgetower häufig gewährten Einblicke in seine Schreibwerkstatt sind in die Erzähllogik eingebettet, haben wir es doch mit einer Skizze und nicht mit einem fertigen Buch zu tun. Der Text legt Bridgetowers wirkungsorientiertes Erzählen offen:

> – so etwas würde kaum ein Leser des Reisebuchs dem Verfasser verzeihen, sie würden ihm den Vorwurf machen, er hätte den Meister in ein sinnloses Abenteuer gelockt, ihn unnötigen Gefahren ausgeliefert. (S. 306)
>
> So karg, so trocken wie bisher darf die Landschaft sich nicht fortsetzen, nun braucht George eine Zäsur: Naturtheater, veranstaltet von einem der großen Flüsse Afrikas, vom Senegal. (S. 307)

In der Erzählweise des Romans nehmen indirekte Rede, direkte Rede, Redebericht und Gedankenbericht breiten Raum ein; daneben spielen Handlungs- und Situationsbeschreibungen in sparsamem Reportstil eine große Rolle. Bisweilen fühlt man sich an Bühnenanweisungen erinnert. "Roberts nickt den Umstehenden zu, grüßt den Schotten mit halbmilitärischer Geste, geht zum Fallreep. Pfiffe. Er steigt hinunter, Mulligan folgt ihm." (S. 126) Auf eine erzählende Instanz wird hier vorübergehend ganz verzichtet. Das lapidare "Pfiffe", als Einwort-Satz ohne finites Verb aufzufassen, verstärkt diesen Eindruck. Der Text nimmt den Terminus 'szenisches Erzählen' beim Wort: "Higginbotham erhält noch oft genug das Stichwort für einen Auftritt." (S. 27)

So asketisch sich der Erzähler auf die eigene Perspektive festlegt, auf Innensicht beim übrigen Personal verzichtet und darlegt, daß er über die Geschichte selbst nicht vollständig verfügt, so gibt es doch auch Stellen, in denen George nahezu parodistisch den allmächtigen Erzähler mimt. Er ist es, der die Zeichen zum Auftreten und Abtreten erteilt und er kann sogar seinen Ärger über eine Romanfigur dadurch loswerden, daß er ihr das Verdammungsurteil hinwirft: "George wird ihn sowieso nicht mehr erwähnen" (S. 290).

---

53 Theodor Fontane: *Gesammelte Werke* (wie Anm. 51), Bd. 2, S. 202.

| 6. ABSCHNITT: **Personal** | *Beethoven und der schwarze Geiger* hat, wie wir gesehen haben, eine Erzählerfigur, die im inneren Kommunikationssystem mitagiert. Damit – aber auch schon durch den Titel – ist das |

Personal hierarchisiert: Es gibt zwei Haupt- und eine Reihe von Nebenpersonen. Rangordnungen unter dem Personal machen zwar für den Rezipienten Orientierung und Identifikation leichter, sind aber in der Gegenwartsliteratur keine Selbstverständlichkeit. Im Falle von *Beethoven und der schwarze Geiger* ist die Hierarchisierung auch eine Folge der Perspektive. Der Roman ist nicht nur monoperspektivisch, sondern auch nahezu monofokal angelegt: Bridgetowers Interesse richtet sich überproportional stark auf Beethoven. Von ihm verzeichnet er die weitaus meisten Figurenreden. Die Redeanteile der anderen Figuren sind gering. Ebenso verhält es sich mit den Mitteilungen des Erzählers; auch sie nehmen am häufigsten Beethoven ins Visier. Es entspricht der übermächtigen Bedeutung Bridgetowers als Erzähler, daß den anderen Figuren kaum die Möglichkeit gegeben wird, ihre Mitagenten zu charakterisieren. Diese Chance hätten sie nur durch Gespräche mit Bridgetower oder durch Reden, die Bridgetower mithört. Beides ist nicht häufig. Bridgetower unterhält sich zwar hin und wieder mit Johanna, um Informationen über Charlotte einzuziehen, seine anderen Kontakte dienen aber eher der Konstituierung seiner eigenen Identität. Echte Dialoge, die dem Text die Möglichkeit zu dramatischen Situationen, zur Konfrontation der Meinungen, zu spannender Opposition oder Interaktion (vgl. z.B. S. 210–213), v.a. aber zur expliziten und impliziten Figurencharakterisierung liefern könnten, sind eher selten. Daher sieht sich der Leser im wesentlichen auf zwei Informationsquellen verwiesen: Bridgetowers Beobachtungen und Beethovens Mitteilungen an Bridgetower. Zu der primären Perspektive (der Leser sieht alles durch Bridgetowers Augen) kommt eine weitere Sichtweise hinzu: Sie entsteht durch die an Bridgetower gerichteten Berichte Beethovens. Andere Figuren haben kaum eine Chance zur Selbstcharakterisierung, die dem Leser Blicke in ihr Inneres ermöglichen würde. Da sie auch deutlich weniger häufig auftreten als die Protagonisten und wenig Anteil am Text haben, bleiben sie mehr oder weniger farblos.

Unter allen Nebenfiguren kommt Charlotte von Trebnitz die meiste Bedeutung zu. Dies wird schon von Anfang an durch geschickte Rezeptionslenkung klar: Ihr Auftreten läßt am längsten auf sich warten, was Spannung erregt, zumal vorher viel *von* ihr gesprochen wird.[54] Als sie endlich auftritt (S. 39), gilt ihr eine auffallend ausführliche und detaillierte Personenbeschreibung, die in einem Tableau endet: Beethoven und Charlotte an der Reling mit gemeinsamer Blickrichtung. Da sie sich in der Folge meist in ihr Zimmer zurückzieht, wird sie hauptsächlich durch die Berichte Beethovens, also aus zweiter Hand, charakterisiert. Manche Nebenfiguren erscheinen sogar mehrfach perspektivisch gebro-

---

54 Der Leser mag sich an die Erzählstrategie Thomas Manns in *Lotte in Weimar* erinnert fühlen. Hier wird das leibhaftige Auftreten Goethes, um den sich vorher die Gespräche drehten, bis zur Mitte des Romans hinausgezögert.

chen. Charlottes Gatte Christian von Trebnitz wird dem Leser durch die Erzählungen Charlottes und durch Beethovens emotional gefärbte Wiedergabe dieser Erzählungen präsentiert.

Insgesamt bleiben die Nebenfiguren, und damit der Großteil des Personals, flach. Ihr Handeln ist wenig individuell begründet und gleicht mehr vorgefertigten Verhaltensmustern. Der Leser hört sie wenig selber reden, sie präsentieren sich ihm durch Bridgetowers Beobachtungen oder durch Beethovens – unzuverlässige – Berichte. Die Figuren sind nicht fertig; sie konstituieren ihren Charakter, ihre Vergangenheit und ihr Schicksal z.T. vor den Augen des Lesers, meist durch Übertragung von Erzählmotiven (vgl. oben 4. Abschnitt). Daher gleichen sich viele von ihnen: Jennifer ähnelt Charlotte, Charlotte ähnelt Giulietta. Nicht selten werden Figuren indirekt durch die Art ihrer Lektüre charakterisiert: Charlotte hat seelischen Tiefgang, ist kompliziert, weil sie Moritz und Spinoza liest; Beethovens Interesse für Zeitungen, Nelson, Newton und Kant zeigen ihn als aufgeschlossen gegenüber Fortschritt und Naturwissenschaft. Auffallend ist die bereits erwähnte tragende Rolle des psychologischen Romans *Anton Reiser* bei der Charakterisierung v.a. Beethovens und Charlottes.[55] Der Roman von Moritz wird nach der Art des Analogon benützt. Wie Anton Reiser so geht es auch Beethoven und Charlotte um eine psychologische Erfassung ihrer persönlichen Geschichte, haben sie ein tragisches Verhältnis zu einer verständnislosen Umwelt. Wie Anton Reiser klagt Beethoven Sonderrechte für das Genie ein und blickt auf eine elende Kindheit mit einer schlechten Schulbildung zurück. Charlotte teilt mit Anton Reiser mangelhaftes Selbstwertgefühl und Selbstzweifel, wie er kann sie sehr genau über Gefühle sprechen und schreiben (S. 65). All diese Analoga werden natürlich nur dem Leser aufgehen, der Moritz' Roman gut kennt.

Die Darstellung des Personals ist wesentlich für das Entstehen der fiktiven Welt verantwortlich. Geschlossene, möglichst lebensnahe, in ihrer persönlichen Erfahrung faßbare individuelle Figuren gewährleisten Referenz und Illusion. Gewisse Romantypen, besonders der für Deutschland bezeichnende Bildungsroman, sind an entwicklungsfähige, individuelle Figuren gebunden, wie sie seit Lessing und Wieland die Literatur bevölkern.[56] Die Hauptfiguren oder Helden dieser Romane stellen Repräsentanten ihres Zeitalters, ihrer Gesellschaft dar, an ihnen zeigt sich der notwendige Konflikt zwischen dem Einzelnen und dem Allgemeinen, sie dienen dem Leser als Konzentrationspunkte seines Interesses und seiner Identifikation. Der Held oder große Einzelne verkörpert ein Ideal, ist als Leidender Sympathieträger oder dient als Scheusal zur Abschreckung. In jedem Fall erleichtert die Existenz eines Helden das Herausfinden von Sinnangeboten des Textes.

---

55 Da bereits Moritz' *Anton Reiser* Literatur verwertet (Goethes *Werther*, Bürgers *Lenore*, Shakespeares Dramen), ist dieses Verfahren, literarische Figuren durch literarische Figuren zu charakterisieren, ein ironisches Spiel in der 2. Ableitung.

56 Daß die psychologisch wahrscheinliche und lebensnahe Figur freilich kein einmal gefundener Standard war, zeigt das typenhafte Personal in der Romantik.

Vordergründig scheinen in *Beethoven und der schwarze Geiger* durchaus 'Helden' vertreten zu sein. Die beiden Hauptfiguren stellen immerhin Achsen des Textes dar. Dies ist nicht selbstverständlich, denn Büchern wie Späths *Commedia* fehlt auch dieses Kontinuum. Die beiden Protagonisten in unserem Roman spielen sogar auf klassische Heldentypen an. Beethoven repräsentiert den Typus der exzentrischen 'very important person' und Bridgetower vertritt in seiner Eigenschaft als Reisender, Ich-Sucher, Künstler, Detektiv und Entdecker gleich ein ganzes Bündel von Helden-Rollen. Freilich zeigt die Lektüre, daß weder Beethoven noch der schwarze Geiger Bridgetower das Heldenkostüm ausfüllen. Bridgetowers Suche nach der eigenen Identität eröffnet keine neuen Aspekte, keine neuen Sinnangebote, denn sie ist autoreflexiv, dreht sich im Kreis: Er entdeckt nur, was er sich schon ausgedacht hatte, und auch seine Entdeckung ist nur gedacht. Beethoven wiederum ist eine Kopfgeburt des Erzählers. Daß sie wenigstens teilweise in der historischen Wirklichkeit verankert ist, macht den Reiz des Romans aus: Wer erführe nicht gern von den skurrilen Aspekten des Lebens eines genialen Exzentrikers. Andererseits sind diese vermeintlichen Enthüllungen aber so klar als anachronistische Phantasien erkennbar, daß bisweilen der Zusammenhang zwischen der Kunstfigur und dem historischen Komponisten, ja einer Person mit wahrscheinlichem Gepräge, ganz verloren scheint. Damit ist auch dieser Held für das Identifikationsbedürfnis des Lesers weitgehend unbrauchbar.

Die Figurenzeichnung im Roman spiegelt im Laufe der Literaturgeschichte die Entwicklungsschritte der philosophischen Sichtweisen vom Subjekt wider. Der aufgeklärte Optimismus eines Descartes zeichnet sich ebenso ab wie der skeptische Idealismus eines Fichte oder die Psychoanalyse eines Freud. Die Gegenwart sieht den Einzelnen nicht mehr als autonome, konsistente Monade, sondern löst ihn in einzelne Aspekte und Funktionen auf. Das Subjekt zerfällt in die Sichtweisen anderer oder ändert sich mit ihnen, es ist historisch konditioniert und von den umgebenden Diskursen bestimmt. Diese verschiedenen Perspektiven interessieren folgerichtig die Gegenwartsliteratur mehr als psychologische (oder gar moralische) Ausfaserungen. So ergeben sich – im Unterschied zu den bis in die Tiefenschichten der Seele plastisch ausgearbeiteten Figuren eines Fontane oder gar Schnitzler – flache Typen.

Wie an *Beethoven und der schwarze Geiger* zu beobachten, sind auch unvollständig definierte Figuren möglich. Hinter dem Maskierten verbirgt sich Fürst Karl von Lichnowsky, der 1814 (vgl. S. 341) verstorbene Gönner Beethovens, der ihn materiell bedeutend unterstützte (im Roman finanziert er die Reise, vgl. S. 351), der aber zwischen 1806 und 1811 wegen Beethovens Grobheit auf Distanz gegangen war. In seinen historischen Einschaltungen erwähnt der Roman zwar Lichnowsky als für Beethoven und Bridgetower wichtige Gestalt (z.B. S. 62, 197), er bietet aber wenig, was zur Erklärung und Enträtselung von Beethovens Argwohn gegen den Maskierten beitragen würde. Auch das Zerwürfnis zwischen den beiden historischen Figuren wird nicht diskutiert. Der Leser ist auf textexterne Informationen angewiesen.

Nur zwei Figuren sind psychologisch vertieft: George, der Erzähler, und Beethoven, dem das gesamte Interesse des Erzählers gilt.[57] Dieser Umstand trägt wesentlich mit dazu bei, daß der Roman wenig realistisch wirkt. Nur über George besitzen wir Informationen aus erster Hand, authentische Aussagen über Gefühle und Hoffnungen. Einer Plastizität dieser Figur steht freilich im Wege, daß dem Leser zu jeder Zeit deren mangelnde Konsistenz bewußt ist. Runder erscheint Beethoven. Er ist ein mit prägenden Merkmalen deutlich charakterisierter Handlungsträger, der sich selbst beschreiben kann. Darüber hinaus hat er rein statistisch den meisten Kontakt mit anderen Figuren. Beethovens Figur ist dynamisch, verändert, entwickelt sich und ist mehrdimensional. Statt eines Typus haben wir hier einen 'gemischten Charakter' vor uns.

Gleichwohl ist auch diese Figur nicht geschlossen. Widersprüchlichstes mischt sich in dieser Figur, die in eine ihrer historischen Welt grotesk konträre Situation versetzt ist. Allgemein bekannte historische Tatsachen wie Beethovens Aussehen und seine Taubheit behält der Roman bei, aber auch Herkunft, Werke, Wiener Beziehungen stimmen mit der Biographie des Komponisten überein; v.a. legt der Roman großen Wert auf individuelle Eigenheiten, die er bis in die Ebene der Trivialitäten hinunter sehr gründlich recherchiert hat und für kleine Episoden verwendet. Der Roman ist verblüffend detailgetreu. Wesentlicher aber ist das Bild, das er über diese verbürgten Tatsachen hinaus entstehen läßt, das anachronistische Beethoven-Bild. Hier werden eindeutige Akzente gesetzt: Bereits in seinem Essay *Löwenmusik* wendet sich Kühn gegen die Stilisierung Beethovens zu einem Titanen.[58] Folgerichtig bietet der Roman einen entheroisierten Beethoven. Er betont die menschlichen Züge, zeigt Beethoven als Freund, Liebhaber, Bruder, Sohn, als Querkopf und Rheinländer, er überträgt die dem historischen Komponisten eigene Offenheit für Neues auf die fiktive Figur: Der Beethoven des Romans ist sogar an afrikanischen Rhythmen interessiert und wagt atonale Kompositionen.

Da die Anachronismen konstitutiv für die gesamte Erzählung sind, werden sie in deren Verlauf immer weniger wahrgenommen.[59] Nur bisweilen leistet sich der Text einen selbstironischen Hinweis auf sein Verfahren. Dies ist z.B. der Fall, wenn die Romanfigur Bridgetower das wohl bekannteste Diktum der historischen Person Beethoven in leichter Abwandlung zitiert, das dem Heiligenstädter Testament entstammende: "Ich will dem Schicksal in den Rachen greifen". Die Romanfigur Beethoven kommentiert dies mit einem "fast unmäßigen Lachen". "So schlitzohrig eine legendäre Äußerung zu parodieren …!" (S. 117)

---

57 Daß perspektivische Beschränkung nicht psychologische Vertiefung verhindern muß, sieht man an Schnitzlers Monolog-Novelle *Leutnant Gustl*, die trotz ihrer strengen Monoperspektive psychologische Portraits von einer Reihe von Figuren bereitstellt.

58 Löwenmusik (1970) im gleichnamigen Essay-Band, Frankfurt a.M. 1979 (= es 984), S. 51–64.

59 Vgl. den von Kafka in die Prosa eingeführten Gestuswechsel: Gregor Samsas (Franz Kafka: *Die Verwandlung*) Identitätsverlust ist ebenso unerklärlich wie Malinas Verschwinden in der Wand (Ingeborg Bachmann: *Malina*); beides wird aber als Erzählvoraussetzung toleriert.

7. ABSCHNITT:
Konstruktion, Kombination, Segmentierung

Linearität und Finalität waren die Ideale realistischen Erzählens. Frei von allen Widersprüchen, für den Leser nachvollziehbar und klar in ihrer sprachlichen Darstellung sollte die Handlung sich schrittweise entwickeln, und alle Handlungselemente sollten auf ein notwendiges oder doch überzeugendes Ende hinführen. Sprünge in der erzählten Zeit wurden kompositorisch aufgefangen. Wenn es in Fontanes *Unwiederbringlich* heißt: "Nahezu anderthalb Jahre waren seitdem vergangen"[60], so fällt die Ellipse mit dem Anfang eines neuen Abschnitts zusammen. Die Einteilung in Kapitel als solche kann weit mehr darstellen als eine äußerliche Ordnung. Sie bietet eine Lesehilfe, indem sie den Text in Sinneinheiten gliedert. Dies erleichtert dem Leser die Konsistenzbildung und somit das Eintauchen in die Illusion.[61] Einen Extremfall an Orientierungshilfe für den Leser stellen kleine Inhaltsangaben in der Überschrift dar, wie sie in der frühen Neuzeit, noch in Wielands *Agathon* und wieder in Grass' *Rättin* zu finden sind. – Seitdem in der Erzählkunst der Jahrhundertwende Zweifel an Sinn und Wert der Fiktion aufkamen, montierte die Moderne (z.B. Alfred Döblin) in das Fiktionsgebäude Bruchstücke von Wirklichkeit. Diese können so nahtlos eingepaßt sein, daß sie gar nicht als Fremdkörper sichtbar werden. Andererseits hat man auch keine Scheu mehr, Schnittstellen deutlich sichtbar zu machen, seien es montagebedingte oder erzählbedingte Neueinsätze. Scharfen Schnitten beim Film vergleichbar, werden sie ohne Übergang stehengelassen und gefährden die Einheitlichkeit des Erzähltextes.

In der Gegenwartsliteratur sind alle Einteilungs- und Konstruktionsvorgaben verschwunden. Wir begegnen Texten ohne jede Segmentierung, die sich als ein einziger Redefluß ergießen, wie z.B. Alois Brandstetters *Groß in Fahrt* (1998). Andererseits gibt es Texte, die stark durchstrukturiert sind, sich auf mehreren, voneinander abgesetzten Erzählebenen, ja sogar Fiktionsebenen bewegen. So muß sich der Leser z.B. in Dieter Kühns *Goethe zieht in den Krieg* (1999) mit vier Zeitebenen und einer Fülle von Dokumenteinlagen zurechtfinden. Während Kühns Goethebuch seine Dokumente erzählerisch einführt und somit logisch in den Text integriert, schiebt Anne Duden in *Das Judasschaf* (1985) kurze und dokumentarische Texte (durch Kursivdruck gekennzeichnet) zwischen ihre Erzählteile, ohne daß irgendeine Verbindung geschaffen würde. Harte Schnitte, kurze Einblenden, rasche logisch unverbundene Szenenfolgen, wie sie den "operativen Montageroman" (Irmtraud Morgner) kennzeichnen, sind längst nichts besonderes mehr. Bereits 1970 erschien Arno Schmidts Simultanroman *Zettels Traum*, der das bislang axiomatisch geltende Gesetz der Abfolge durch partiturartige Parallelanordnung ersetzte.

---

60 Th. Fontane: *Unwiederbringlich* (wie Anm. 51), 2. Bd., S. 235.
61 Zur Konsistenz als Voraussetzung für das Entstehen von Illusion vgl. Wolfgang Iser: Der Lesevorgang. In: *Rezeptionsästhetik. Theorie und Praxis*. Hg. v. Rainer Warning. München: Fink ²1979 (= UTB 303), S. 253–276, hier S. 264f.

In einem Roman wie *Effi Briest* bietet die zeitliche Achse sozusagen das Rückgrat der Erzählung. Mit Hilfe von Zeitangaben ("Der Tag nach der Hochzeit war ein heller Oktobertag", S. 37) und zeitlich fixierten Handlungsschritten (vor und nach der Hochzeit) kann der Leser die Fabel zusammensetzen. Dies wird ihm durch die Einteilung in in sich zusammenhängende und untereinander logisch abgestimmte Abschnitte oder Kapitel zusätzlich erleichtert.

Beethoven und der schwarze Geiger ist nicht in Kapitel, sondern in drei unterschiedliche lokalisierte Teile eingeteilt. Von der Logik her müßte der Mittelteil, das "Zwischenspiel", unbedingt am Anfang stehen, weil es die Erzählvoraussetzung darstellt. Die Strukturierung innerhalb der drei großen Blöcke besteht nur in drucktechnisch voneinander getrennten Absätzen. Bei jedem dieser Absätze ist ein vollkommener Szenenwechsel möglich. Der Text springt ohne Überleitung oder erklärende Überschrift sogar von einem Erzählniveau ins andere.

Die Erzählforschung hat gezeigt, daß Leser – entweder konstitutionell oder aufgrund ihrer Leseerfahrung – dazu tendieren, Unverbundenes zu verbinden;[62] dies gilt selbst bei so gewagten Textkombinationen wie E.T.A. Hoffmanns *Kater Murr*, wo zwei scheinbar vollkommen verschiedene Geschichten zusammengestellt sind. Diese Bereitschaft zur sinnstiftenden Mitarbeit macht sich *Beethoven und der schwarze Geiger* zunutze. Der Leser vergleicht die Geschichten der verschiedenen Erzählebenen. Er stellt Abhängigkeiten fest und durchschaut die Autoreferentialität des Textes. Logische und kausale Verknüpfungen des vordergründig Unverbundenen liegen nahe. Der Leser wird die wenig attraktive Position Bridgetowers in Brighton als Schreibmotiv erkennen, selbst wenn dies im Text nicht ausgesprochen wird. Der Leser ist als Ko-Autor gefordert.

Auch innerhalb des Erzählstrangs "Reise" gibt es kein Textkontinuum, sondern vielmehr eine Folge von lauter kleinen Bildern. Ähnlich wie in einem Film wechselt der Text mit scharfen Schnitten häufig seine Bildeinstellungen. Rasch aufeinander folgende zeitliche, situative und thematische Sprünge fordern vom Leser, sich schnell umzustellen. Manche dieser Szenen sind nur eine halbe Seite lang, andere erstrecken sich über mehrere Seiten. Durch sprachliche Verkürzung – häufig fehlt das Subjekt – und metaphorische Redeweise ausgerechnet an der Schnittstelle wird dem Leser die Orientierung noch erschwert:

> Auf diesem britischen Segler soll er entweder essen, was auf den Tisch kommt, oder soll es kommentarlos stehenlassen. Fullstop.
> Dringt ein in seine vorafrikanische schwarze Nacht! Ludwig entschuldigt sich, daß er ihn weckt, aber er hat noch nicht eine Minute geschlafen. (S. 126–127)

Von erzählerischer Linearität kann schon deshalb kaum die Rede sein, weil die Szenen oder Erzählfragmente nicht in einer zwingenden zeitlichen Reihenfolge stehen. Viele von ihnen ließen sich gegeneinander austauschen, ähnlich wie

---

62 Vgl. Monika Fludernik: Distorting Language at its Roots: (Late)Modernist and Postmodernist Experiments with Narrative Language. In: *Sprachkunst* 27 (1996) H. 1, S. 109–125.

Szenen in Büchners *Woyzeck*. Grund für diese mangelnde semantische Reihung ist die fehlende zeitliche Ordnung. Zeitangaben sind sehr selten, und die Raffungsformel ("Zehn Tage später") verbietet sich wegen des Leittempus Präsens (vgl. 3. u. 8. Abschnitt). Es ist sehr irritierend für den Leser, der an Zeitangaben gewöhnt ist, sechzehn Seiten nach der Abreise in Genua das Schiff vor Gibraltar zu sehen, ohne daß je vom Verfließen der Zeit die Rede gewesen wäre. Angesichts dieses Mangels an zeitlichen Anhaltspunkten wäre der Leser auf Handlungsschritte zu seiner Orientierung angewiesen. Situative Bestimmungen oder Handlungen, die zu veränderten Situationen führen, gibt es aber nur wenige. Nimmt man Teil I, so sind nur Anfang und Ende der Reise durch Ereignisse bestimmbar. Während der Reise selbst taucht der Leser in ein Orientierungsvakuum ein. Wo Veränderungen vorgekommen zu sein scheinen, unterliegen sie Schwankungen, sind nicht verläßlich. Der insgesamt vorherrschende Mangel an Handlung steht in Wechselwirkung mit dem Mangel an Sequenz und Linearität.

Allerdings schiebt die Autoreferenz der Vertauschbarkeit der Szenen einen Riegel vor. Wo Figuren und Geschichten aus nach und nach eingeführten Elementen zusammengesetzt werden, wird das wahllose Vertauschen aller Szenen unmöglich. Wenn der Text auf S. 26 die Metapher "Obertöne" eingeführt hat, so muß eine Szene wie auf S. 59, die auf diese Metapher anspielt, nachher kommen. Durch diese semantische Notwendigkeit entsteht immerhin Folge. Dem Leser bleibt es überlassen, aus der Wiederkehr des Gleichen oder der Variation von Bekanntem Bedeutungszusammenhänge zu schaffen.

So wenig kontinuierlich und linear sich der Text meistens darstellt, so gut sind doch andererseits die historischen Passagen integriert. Die Vorfälle um die Kreutzersonate (S. 197ff.) erscheinen nicht als Exkurs und Fremdkörper, sondern sind in den Erzählverlauf eingebettet: George erzählt sie als Teil seines Lebens, und er motiviert diese Erzählung, die natürlich Nachhilfeunterricht für den Leser darstellt, als Gedächtnisauffrischung für Beethoven (S. 197). Die historische Einschaltung fügt sich sprachlich und kompositorisch ein. In einem Text, der sonst dem Leser so harte Übergänge zumutet, fällt dies auf und muß seinen Grund haben: Mit dieser sorgfältigen Integration erreicht der Text die von ihm angestrebte Amalgamierung von historischen Fakten und epischer Fiktion. Er leitet an dieser (in die Mitte des Romans positionierten) Kernstelle die Fiktion direkt aus der historischen Wirklichkeit ab, indem er aus ihr die Erzählmotivation gewinnt: "Dokumentation eines Verrats!" (S. 199), Rechtfertigung und Entschädigung Bridgetowers vor der "musikalischen Welt".

Die gewichtigste Störung des Erzählkontinuums bedeuten freilich die Varianten. Sie zeigen, daß weder Geschichte noch Personal fertig konzipiert sind, folglich der Fortgang und der Ausgang ungewiß bleiben müssen. Welche Variante weitergeführt wird, stellt sich oft erst viel später heraus. Die Verbindung dieser Konstruktionsform der Variation mit einem Beethoven-Sujet führt zu einer aparten Parallele: Der historische Beethoven hat die Variationsform in seinen Kompositionen besonders häufig und brillant verwendet, sie gilt geradezu als

seine Spezialität.[63] Sowohl die Kreutzersonate als auch die dem Fürsten Lichnowsky gewidmete Klaviersonate op. 26 enthalten Variationssätze.[64] – Abgesehen von dieser etwas kryptischen Beziehung zwischen der Kompositionsweise
des Beethoven-Romans und der Kompositionsweise des historischen Beethoven
ist die mehrsträngige Textur des Romans von großer Bedeutung für dessen
Wirkung. Sie ist vielleicht das deutlichste Indiz der Künstlichkeit, das wirksamste
Hindernis einer epischen Illusion. Dies gilt – paradoxerweise –, obgleich der
Erzähler George unter den Varianten jeweils die auswählt, die am wahrschein-
lichsten ist, die eben "eine Geschichte ergibt" (S. 244). Gerade seine Überlegungen zur Schreibstrategie wirken illusionszerstörend. Sie fordern den Leser zur
Mitarbeit auf, indem sie dessen Kulturwissen abrufen oder eben diesem auf-
helfen: "Könnte nicht Beethoven ein Instrument mitgenommen haben [...]? Er
hat, zumindest in den Bonner Jahren, verschiedene Instrumente gespielt [...]?"
(S. 23) Die Wahl des Instruments ist hier noch offengelassen. An späterer Stelle
(S. 152) wird sie wiederum thematisiert; nun scheint sich eine Entscheidung
anzubahnen, die sich aber erst gegen Ende des Romans (S. 313) bestätigt. Über
mehrere hundert Seiten gewinnt der Leser keine Sicherheit über diesen Punkt.
Er kann die Geschichte so oder anders weiterdenken; eine Variante jedenfalls
endet blind. – Die eben angeführte Textstelle (S. 23f.) ist auch noch in anderer
Hinsicht aufschlußreich. Sie demonstriert dem Leser, wie Fiktion von der histo-
rischen Wirklichkeit abgeleitet wird, weil sie in ihr abgesichert sein soll. Der
Roman erlaubt sich nun ein kleines Spiel, indem er die von der Wirklichkeit
ausgegangene Fiktion ironisch wieder zur Wirklichkeit zurückkehren läßt:
"George könnte [...] Beethoven dazu motivieren, ein Konzert für Viola und
Orchester zu komponieren – wie viele Bratschisten dieser Welt blieben dann
George für immer dankbar?"(S. 24) Das Fragezeichen indiziert die ironische
Prolepse, die noch dazu ein ontologischer Sprung, ein Sprung in die Wirklichkeit
ist.[65] Sprengen Prolepsen in jedem Fall die Linearität des Erzählens, so verläßt
diese noch dazu das Terrain der Fiktion.

Die Erzählvarianten, so verunsichernd sie auf den Leser wirken mögen, haben
durchaus eine wichtige Funktion. Teils lenken sie die Aufmerksamkeit des Lesers
auf wissenschaftliche Varianten, Spekulationen und Unsicherheiten in der Bio-

---

63 Vgl. *Die Musik in Geschichte und Gegenwart.* Allgemeine Enzyklopädie der Musik. Hg. v.
   Friedrich Blume. Bd. 13. Kassel u.a.: Bärenreiter 1966, Sp. 1296, s. v. Variation (Kurt
   von Fischer). – Wie so häufig gibt der Text selbst einen versteckten Hinweis auf sein
   Konstruktionsprinzip: "Wird sich nun eine große Reihe von Variationen entwickeln mit
   dem verläßlichen, einprägsamen Thema, und Beethoven, von wachsendem Elan
   getragen, erweitert es, verstärkt die Motive? Gibt ihm, George, damit Stichworte zu
   einer rhapsodischen, spätere Leser des geplanten Reisebuchs mitreißenden Beschreibung des phantasierenden Beethoven?" (S. 228)
64 In seinem Essayband *Löwenmusik* (Anm. 58), S. 127 (Exkurs 2) führt Kühn die Klaviersonate op. 26 unter seinen Lieblingsstücken auf.
65 Vgl. S. 185: "Und an einem Tag, der später in Biographien hervorgehoben wird, geht
   Beethoven [...]?" Auch die oben angeführte Zentralstelle S. 197ff. verfährt nach diesem
   Muster.

graphie Beethovens, die der Roman nicht begradigen, sondern stehenlassen will; sie relativieren also das Geschichtsbild des Lesers. Teils operieren sie mit Vorurteilen oder mit allgemein bekannten Informationen; da explizit die Plausibilität als Kriterium genannt wird, sieht der Leser sich hier auf sein eigenes Rezeptionsverhalten angesprochen. Die Varianten sind nur begrenzt austauschbar (im Unterschied etwa zu Heißenbüttels *D'Alemberts Ende*) und auch nicht ohne Schaden wegzulassen (anders als in Späths *Commedia*). Vielmehr kreisen sie zusammen die Geschichte ein, kommentieren sich gegenseitig. Das scheinbare Axiom, eine Geschichte sei um so befriedigender, je geradliniger sie konstruiert ist, unterläuft der Roman mit der These, eine Vielfalt von Möglichkeiten, Erklärungen, Motivationen sei wirkungsvoller als ein linearer Aufbau mit eindeutigen Begründungen. Dieser Meinung jedenfalls ist der Erzähler George:

> Würde ich einen Roman schreiben [...], in dem eine schöne junge Frau in Begleitung ihrer schönen und erstaunlich jungen Tante nach Afrika reist, so würde ich eine ganze Liste von Motivationen entwickeln, denn unkommentiert würde kaum ein Leser die Reise der beiden Frauen als wahrscheinlich hinnehmen. (S. 98)

Bereits seit der Erzählkunst der Jahrhundertwende hat sich der Leser an das Fehlen einer regelgerechten Exposition gewöhnt; nicht nur wird er in medias res geworfen, sondern es bleibt auch seiner Findigkeit überlassen, die Identität der zu Anfang meist sehr mangelhaft vorgestellten Figuren ("er", "sie") zu eruieren. *Beethoven und der schwarze Geiger* nennt zwar die Namen der Protagonisten, von denen immerhin Beethoven als allgemein bekannt vorausgesetzt werden kann, trotzdem dauert es einige Seiten, bis der Leser sich zu Beginn der Lektüre zurechtgefunden hat. Schuld daran ist zum einen die eigenwillige Handhabung der Tempora, die trotz der Klarheit über die Personen, trotz der Angabe des Ortes (Albergo in Genua) keine Hierarchisierung und demzufolge keine Ordnung im Erzählen aufkommen läßt. Nach einem Einleitungssatz im Präteritum erweist sich das Präsens als Leittempus, dann aber erscheint ein Satz im Futur ("Beethoven wird dies alles kaum wahrnehmen", S. 8). Zum anderen verunsichern den Leser die scharfen Abschnittsübergänge, die ihn unvermittelt und ohne Erzählerkommentare an einen anderen Ort versetzen (vom Albergo zum Kai, dann aufs Schiff). Schließlich aber führt der Text schon in seinem dritten Absatz die rätselhafte Figur des Maskierten ein, der schaut, "als lese er ein Erinnerungsschild: Signore Luigi Beethoven ha abitato in questo albergo in Settembre 1813." In dem in sich mehrdeutigen Als-ob dieses Satzes ist eine wesentliche Information verborgen (nämlich: die erzählte Zeit beginnt im September 1813), die der Leser aber in einem so frühen Stadium seiner Lektüre noch gar nicht verarbeiten kann, zumal sie als Rückschau verschlüsselt ist. Bei soviel Unklarheit können wir nicht von einem expositorischen Romananfang sprechen. Erst viele Seiten später (S. 16) erlangt der Leser Aufklärung darüber, wie die schwebenden Tempora und die skizzenhafte Zeichnung der Szenen zu begründen ist: George erwähnt das prospektive Reisebuch. Damit ergibt sich der Entwurfcharakter des Vorliegen-den.[66]

Es erübrigt sich nach all dem Gesagten fast, noch hinzuzufügen, daß *Beethoven und der schwarze Geiger* nicht final erzählt ist. Konstruktionsideal einer finalen Erzählung ist es, alle Motive konsequent zu Ende zu führen. Nun treten in *Beethoven und der schwarze Geiger* aber eine Reihe blinder Motive auf, v.a. die Varianten. Der Text hat aufgrund seiner Vielschichtigkeit verschiedene Erzähl-ziele. Eines davon, Beethovens Einwilligung zur Reise, wird bereits in der Romanmitte (S. 185) antizipiert, freilich nur in Frageform. Der Ausgang der Liebesgeschichte um Beethoven und Charlotte bleibt offen; die Identität des Maskierten und seine Motive werden textimmanent nicht zufriedenstellend klargelegt. Sollte der Leser hier mit Lösungen nach Art eines Kriminalromans gerechnet haben, so wird er enttäuscht (vgl. unten 10. Abschnitt). Explizites Ziel ist die Rehabilitierung Bridgetowers. Sie ist mit der Anlage der Skizze allein schon erreicht, ja dieses Erzählziel ist dem Erzählen immanent. Bezieht man diesen Standpunkt, so können alle übrigen Geschichten (die Reise- oder die Liebesgeschichte) ohne weiteres unvollendet bleiben.

Die Vernachlässigung von Linearität und Finalität, ja von Konsistenz zu-gunsten eines offen dargelegten Spiels mit Varianten erzeugt zwar Irritationen beim Lesen, weil diese Art von Tektonik ungewohnt sein mag, verhindert aber offenbar nicht, daß der Roman *Beethoven und der schwarze Geiger* "verstanden" werden kann. Tatsächlich ergibt sich der Sinn eines Textes weniger aus der linearen Textlektüre, als vielmehr aus der genuinen Leistung des Lesers, aus seinem Vermuten und aus seinem Willen, Sinn vorzufinden. Verstehen heißt hier wie auch sonst, aus einer Vielzahl von Möglichkeiten auswählen und durch Erfahrung das Passende treffen. Eben das demonstriert der Roman, indem er offen mit den Erwartungen und dem Vorwissen des Lesers operiert.

---

[66] Allenfalls wird sich der passionierte Kühn-Leser eher zurechtfinden, indem er sich an *Die Präsidentin* (1973) erinnert, ebenfalls eine Skizze. Eine Skizze für ein prospektives Buch ist neuerdings wieder *Goethe zieht in den Krieg* (1999).

| 8. ABSCHNITT: | Die herkömmliche Narratologie rechnet mit dem Erzähl- |
| **Tempus** | tempus Präteritum. Von Thomas Manns klassischer Formu- |

lierung in seinem "Vorsatz" zum *Zauberberg*[67] über Käte Hamburger[68] bis zu Paul Ricœur[69] und Harald Weinrich[70] galt das Präteritum als das Erzähltempus schlechthin. Angesichts dieser fundamentalen Einstimmigkeit ist es gleich, ob man dem Präteritum jenseits seiner grammatischen Bedeutung primär eine Funktion als Fiktionsindikator zuteilt oder ob man an seiner temporalen Funktion festhält, weil eben nur erzählt werden kann, was schon geschehen ist. In den letzten Jahrzehnten erschienen freilich immer mehr im Präsens erzählte Romane, die sich in dieser Theorie nicht mehr unterbringen ließen.[71] So sah sich auch die Narratologie gezwungen, noch einmal neu nachzudenken.

Das Tempus-Axiom steht nun tatsächlich nicht so fest gegründet, wie es scheint. Seit eh und je ist es geläufig, daß das Präsens an besonders brisanten Stellen das Präteritum als Erzählzeit vertritt; diesem sog. historischen Präsens wurde, vorausgesetzt es ist in ein Präteritum-Erzählen eingebettet, als einziger Ausnahme eine erzählende (diegetische) Funktion zuerkannt. Schon die umgangssprachliche Verwendung des Erzählens im Präsens ohne Tempuswechsel ("Ich sage …") wie auch das vorherrschende Präsenserzählen beim Witz machen es fraglich, ob einzig die Einbettung in ein Präteritum das Präsens zum Erzähltempus qualifiziert. Klassischerweise wird das Präsens als Beschreibungs- und nicht als Erzähltempus angesehen. Doch auch dies gilt schon seit 100 Jahren nicht mehr unangefochten: Die erlebte Rede ist, obwohl im Imperfekt stehend, nicht eigentlich narrativ, sondern beschreibend.[72]

---

67 "Geschichten müssen vergangen sein, und je vergangener, könnte man sagen, desto besser für sie in ihrer Eigenschaft als Geschichten und für den Erzähler, den raunenden Beschwörer des Imperfekts". *Der Zauberberg*. Ungekürzte Sonderausgabe. Frankfurt a.M.: Fischer o.J., S. 1.

68 *Die Logik der Dichtung*. 2. Aufl. Stuttgart: Klett 1968, S. 111 passim rechnet das epische Präteritum zu den wichtigsten "Symptomen der fiktiven Welt". Dabei schreibt Hamburger dem Präteritum nicht eine temporale Wirkweise zu. Das Präteritum versetze den Leser vielmehr in die Zeitlosigkeit der Fiktion, es vergegenwärtige die Handlung.

69 Die phänomenologische Position Paul Ricœurs: "l'aoriste est le temps de l'événement, en dehors de la personne d'un narrateur." *Temps et récit*. Tome II: *La configuration dans le récit de fiction*. Paris : Éd. du Seuil 1984, S. 95.

70 *Tempus. Besprochene und erzählte Welt*. 5. Aufl. Stuttgart: Kohlhammer 1994 ([1]1964). Weinrichs linguistische Theorie unterscheidet, wie schon der Titel sagt, zwischen Besprechen mit den Tempora Präsens, Perfekt und Futur und Erzählen mit den Tempora Präteritum und Plusquamperfekt.

71 Pionierarbeit leistete der französische Nouveau Roman, z.B. Nathalie Sarraute: *Portrait d'un inconnu*, 1948; *Martereau*, 1953; die Romane von Robbe-Grillet sind fast alle im Präsens geschrieben. Wohl aufgrund dieser Erfahrung sieht Gerard Genette in der "gleichzeitigen Narration" kein Problem: *Die Erzählung*. München: Fink 1994, S. 156. Im deutschsprachigen Gebiet sind als prominente frühe Beispiele für Präsenserzählen Max Frischs *Mein Name sei Gantenbein* (1964) und Ingeborg Bachmanns *Malina* (1971) zu nennen.

72 Dies hat v.a. Franz K. Stanzel: Episches Präteritum, erlebte Rede, historisches Präsens. In: *DVjs* 33 (1959), S. 1–12 herausgearbeitet. Stanzel (ebd., S. 9) betont gegen Hambur-

Doch das Problem läßt sich noch mehr auffächern. Stifters *Hochwald* hat eine lange Einleitung im Präsens, in der die Gegend der Erzählung dargestellt wird. Aber bereits in diesem Textstück wird die These vom reinen Beschreiben brüchig. Tatsächlich nämlich ist Stifters Darstellung nicht statisch, wie es einer Beschreibung entspräche. Vielmehr läßt der Text den Leser eine Wanderung durch die zu beschreibenden Gebirge machen. Solche fiktiven Begehungen im Präsens – der Autor wird hier als Führer, der Leser als Begleiter imaginiert – stellen übrigens eine Darstellungsart dar, die in Reisebeschreibungen häufig begegnet. Präsens ist uns ferner aus Reportagen geläufig; auch in ihnen geht es nicht um die Verbalisierung einer statischen Beobachtung, sondern um die Wiedergabe von Vorgängen, freilich aus unmittelbarer Nähe und im unmittelbaren Zusammenhang. Eine weitere Variante stellt der innere Monolog dar. Er steht im Präsens, hat aber, wie Arthur Schnitzlers Novelle *Leutnant Gustl* zeigt, nicht nur eine reflexive, mimetische Funktion, sondern kann auch eine berichtende, diegetische Funktion übernehmen. Es ließe sich von einer Selbst-Reportage sprechen oder von einer gleichsam filmischen, d.h. gleichzeitigen Innenaufnahme.

In den letzten Jahrzehnten trifft man immer häufiger auf Präsenstexte. Trotzdem kann man nicht einfach sagen, Präteritum und Präsens seien austauschbar. Als 1999 Terézia Moras *Seltsame Materie* erschien, befand die Kritik über diese Erzählungen, sie versetzten in einen Zustand von "Beklemmung" und "Eingeschlossensein", sie seien merkwürdig "in der Schwebe".[73] Was die Kritiken nicht registrierten: Wesentlich verantwortlich für diesen emotionalen Eindruck ist das Erzähltempus. Selbst Geschichten mit größerer Spanne von erzählter Zeit stehen durchgehend im Präsens. Dies vermittelt im Fall von *Seltsame Materie* durch die Kombination mit anderen Merkmalen die Stimmung von Enge, Statik, stehengebliebener Zeit. Dazu kommt, daß Präsenserzählen einen Beigeschmack von Sprechen zu sich selbst hat, von innerem Monolog, und das wiederum bewirkt beim Leser zusätzlich die Assoziation von Traumhaftigkeit.

Präsens in erzählender Prosa verschafft dem Leser den Eindruck, unmittelbar zugegen zu sein. Es ist deshalb das geeignete Tempus für ein work in progress. Inzwischen, so scheint es, ist der Präsensroman kein Skandalon mehr. Die Lesergemeinde hat sich daran gewöhnt. Auch ein Buch wie Härtlings *Schumanns Schatten* (1996), das sich nicht mit Werkstattgesprächen beschwert, das fertig recherchiert ist und seine Werkgenese nicht mehr thematisiert, das konsistent und sogar final darstellt, verwendet konsequent das Präsens. Der Leser vergißt im Laufe der Lektüre, daß er Präsens liest. "Präsens wie Imperfekt [sind] in der Moderne gleichermaßen als fiktionale, epische Tempora tauglich geworden",

---

ger die subjektive Bedingtheit und die literaturgeschichtliche Möglichkeit einer Funktionsänderung des historischen Präsens.

73 Vgl. die Kritiken in *NZZ* 9.9.1999, *Die Zeit* 16.9.1999, *Stuttgarter Zeitung* 10.11.1999, *FAZ* 16.10.1999.

konstatiert J.H. Petersen sicher zurecht.[74] Wohl aber wird man festhalten dürfen: Die Erzählung im Präsens besitzt größere Unmittelbarkeit. Sie scheint dem – fiktiven – Geschehen unmittelbar abgelauscht und gerade erst niedergeschrieben. Das Tempus suggeriert, daß keine fertige Geschichte vorliegt, somit noch alles möglich ist. Häufig zeigen daher Präsens-Texte einen mehr hypothetischen Charakter und weniger Eindeutigkeit. Wolfgang Hildesheimers *Tynset* (1965) sei als Beispiel genannt, ein Text, der dem Leser statt einer Geschichte einzelne Phantasien, Ansätze zu Geschichten bietet. Da Wirklichkeit nicht vorausgesetzt wird, beanspruchen diese Phantasien auch nicht, Paradigmen von Wirklichkeit zu sein, sie kennen keine Eindeutigkeit, sondern rücken mehrere Lösungen und Variationen ins Bewußtsein. Geht bei *Tynset* der Verlust von Identität, Referenz und Sinn Hand in Hand mit dem Erzähltempus Präsens, so bietet sich bei Hans Joachim Schädlichs *Tallhover* (1986) die Gegenwartsform an, weil dieser Roman die Zeit überhaupt außer Kraft setzt.

Manche Texte lassen Präsens- und Präteritum-Passagen einander abwechseln und erreichen damit eine besondere Wirkung. Sehr schön läßt sich dies an Klaus Modicks *Der Mann im Mast* (1997) ablesen. Der Roman erzählt in der Ich-Form und im Präteritum von einem Familienurlaub in den USA. Während dieses Aufenthalts schreibt der Ich-Erzähler (er ist Schriftsteller) eine Erzählung, ein Stück Abenteuer-Fiktion im Präsens; der Leser kann bei diesem work in progress Stück für Stück mitverfolgen, wie die Urlaubsgeschichte die Erzählelemente der Abenteuergeschichte hervortreibt. Was der schreibende Ich-Erzähler und Schriftsteller an Kindheitserinnerungen zutage fördert und was er auf der Erzählebene seiner Gegenwart erlebt, findet sich spoliengleich auf der Ebene seiner im Entstehen begriffenen Erzählung wieder. Dadurch wird deren Fiktionscharakter deutlich hervorgehoben.

Auch Dieter Kühns *Ich Wolkenstein* besteht – grob gesprochen – aus zwei Erzählungen: der vom mittelalterlichen Dichter Wolkenstein und der vom zeitgenössischen Autor, der sich auf die Suche nach dem Leben und Schreiben des alten Dichters begibt. Die Recherchiergeschichte steht im Präsens, die historischen Teile hingegen im Präteritum, das freilich oft durch die Möglichkeitsform abgefälscht ist. Daß reine Werkstattgespräche im Präsens stehen, braucht nicht eigens begründet zu werden. Sie tragen ja auch keinen Erzählcharakter, sondern sind eher essayistischer Natur. Freilich fällt in Büchern, in denen Werkstattgespräche einen breiten Raum einnehmen (z.B. Christa Wolf: *Kindheitsmuster* oder Peter Härtling: *Hölderlin*), der Wechsel von Erzählung zu Reflexion auch als ein Tempuswechsel von Präteritum zu Präsens auf. Etwas von diesem Wechsel in den Fiktionsebenen haftet u.U. nun auch dem Tempuswechsel an. Ganz deutlich ist dies in Frischs Roman *Mein Name sei Gantenbein*, der zwischendurch immer wieder ins klassische Erzählen im Präteritum verfällt und eine tiefere Stufe der Fiktionalität bezieht (vgl. oben 1. Abschnitt).

---

74 Erzählen im Präsens. Die Korrektur herrschender Tempus-Theorien durch die poetische Praxis in der Moderne. In: *Euphorion* 86 (1992), H. 1, S. 65–89, hier S. 83.

Zusammenfassend läßt sich sagen: Präsens hat sich in den letzten Jahrzehnten als Leittempus mehr und mehr durchgesetzt und auch die Lesegewohnheiten modifiziert. Trotzdem läßt es sich nicht einfach gegen Präteritum austauschen. Präsens indiziert in der Regel ein Minus an Illusion, Finalität, Stimmigkeit, Geschlossenheit. Dies hängt einerseits zusammen mit der Nähe des Präsenserzählen zum inneren Monolog mit seinem statischen Charakter. Andererseits entsteht durch Präsenserzählen der Eindruck von Unfertigkeit, da der Erzähler nicht über eine Geschichte verfügen kann. Während die Erzählung im Präteritum die natürliche Situation des Erinnerungsberichtes, Geschichtenerzählens oder -vorlesens widerspiegelt, ist die durch Präsenserzählen evozierte diskursive Situation, die Gleichzeitigkeit von Handlung und Bericht, ganz unrealistisch, amimetisch. Erklärungsversuche wie laufende Band-Aufzeichnung, Diktat oder work in progress sind nur schwache Hilfsbrücken. So ist hier also schon im primären Kontakt zwischen Leser und Text ein Illusionsdefizit zu beobachten. Auch sonst sperrt sich Präsenserzählen gegen epische Illusion. Work in progress-Literatur eröffnet die Möglichkeit, Erfindungen zu diskutieren (vgl. Jurek Becker: *Jakob der Lügne*r, 1969) und Varianten anzubieten. Hier nun zeigt die Relation der Tempora ganz neue Spielarten, die weit über die gewohnten, etwa von Weinrich beschriebenen, hinausgehen.

Beethoven und der schwarze Geiger bietet in jeder Hinsicht ein interessantes und innovatives Beispiel für verschiedene der hier angedeuteten Möglichkeiten. Der Roman ist im wesentlichen im Präsens geschrieben. Dies enthebt ihn von vorneherein der Annahme, hier liege eine fertige Geschichte vor. Da der Text mit der Erklärung operiert, seine Handlung werde von George imaginiert, hätte man die futurische Form erwartet. Daß Präsens gewählt ist, hat nichts zu tun mit der im Deutschen gewöhnlichen Ersetzung des Futur durch Präsens. Futur tritt nämlich durchaus auf, freilich in ganz anderer Funktion, wie gleich zu zeigen sein wird.

Da Präsens das Leittempus darstellt, gewinnt Imperfekt den Charakter der Vorzeitigkeit, es wird für Redeberichte (S. 62) und Erinnerungen verwendet (S. 186). Es gibt jedoch auch Stellen, an denen das Präteritum wieder in seine Funktion als traditioneller Fiktionsindikator eingesetzt wird: in jenen Fabulierpassagen nämlich, in denen sich George expressis verbis Geschichten ausdenkt.

> Dieser Großvater, so wird er an Bord erzählen, dürfte ein in seiner Region bekannter Spielmann gewesen sein, der umherzog mit seiner Frau […] und er trat auf vor Häuptlingen […] und er bewegte sich im Tanzschritt […] und tanzend sang und spielte er vor. (S. 19)
> Also erzählte er: Sein Vater schlug als Reiseziel Schottland vor […]. Das erste der Konzerte [war] in einer Burg, die an der Meeresöffnung lag […]. Diese Burg hatte mehrere Fenster […]. In dieser Burg spielte George ein Violinkonzert von Viotti. (S. 114f.).

Der Erzähler Bridgetower entwickelt eine Geschichte, die, von Anfang an als "erfunden" qualifiziert, ihre Fiktionalität womöglich noch mit märchenhaften Motiven unterstreicht. Zu dem traditionellen Erzählcharakter paßt das Präteritum. Hier könnte man einwenden, daß es sich auch um Präteritum als Vorzeitig-keitstempus handeln könnte, als Tempus für Ereignisse, die vor der Gegenwart des in Brighton schreibenden Bridgetower liegen. Der Unterschied zu Rede-berichten (von Gesprächen an Bord) und Erinnerungen (an von George Bridge-tower verbürgt Erlebtes) liegt darin, daß die fabulierten Großvater- und Schott-landgeschichten durch die Einwürfe "wird er an Bord erzählen" und "Also erzählte er" als ad hoc erfunden gekennzeichnet sind. Es handelt sich um Passa-gen mit dem Stempel der Fiktionalität. Dieser Eindruck wird durch das Erzähl-tempus verstärkt.

Komplizierter verhält es sich mit jenen Geschichten, in denen sich Bridge-tower an die Identität seines Vaters herantastet (S. 18ff.). Auf der Suche nach einer Herkunftserklärung probiert der Erzähler mehrere Varianten aus: Der Vater als abessinischer Fürst, der Vater als Kapitän, der Vater und Großvater als Musi-ker. Von diesen Varianten bleibt die erste am schwächsten: Sie beschränkt sich auf eine Szenenbeschreibung im Präsens. Die anderen beiden Varianten jedoch finden zum Präteritum. Damit reihen sie sich – interpretiert man das Tempus als Fiktionspräteritum – entweder bei den plastisch fabulierten Geschichten oder bei den Erinnerungsgeschichten ein, falls man das Präteritum als Vorzeitigkeits-tempus auffaßt. Gleichwohl ist ihre Glaubwürdigkeit von vorneherein gestört durch die Einleitung, die von der Notwendigkeit spricht, plausible Herkunfts-erzählungen zu erfinden, genauer: aus den vorhandenen "Gerüchten" (S. 18) erzählbare Geschichten zu entwickeln. Der in der Beethovenforschung be-wanderte Leser wird diese "Gerüchte" wiedererkennen (vgl. unten 10. Ab-schnitt).

Eine interessante Kombination der Funktionen des Präteritum als Indikator für Fabuliertes und als Vorzeitigkeitstempus in 'verbürgten' Erinnerungsge-schichten bieten die Leseerinnerungen an die *Odyssee* (S. 160) und besonders an *Anton Reiser* (S. 42, 159–161). Nicht nur gehen Beethoven und Charlotte mit der literarischen Figur um wie mit "einer lebendigen, für sie lebendig gewordenen Gestalt" (S. 41). Vielmehr liefert Moritz' Roman – ebenso wie die Anekdoten aus der Beethovenliteratur – die Bausteine für die Erzählfiktion von *Beethoven und der schwarze Geiger*. Folgerichtig werden Leseerinnerungen wie Retrospektiven behandelt. "Besonders auf sie eingewirkt, in ihr nachgewirkt hat diese Episode: Wie Anton Reiser mitternachts aufbrechen mußte, und es begann zu regnen [...] und er ging und ging und ging durch hohes Korn" (S. 42). Diese Passage beginnt im Perfekt als der dem Präsens verschwisterten Zeit und geht dann ins Präteritum über.

Das Problem, die Tempora des Romans in ihrer Funktion nicht genau zu-ordnen zu können, begegnet uns in *Beethoven und der schwarze Geiger* öfters. Nicht nur das Präteritum hat verschiedene Erklärungsmöglichkeiten, auch das Präsens übernimmt verschiedenste Aufgaben, da es neben seiner Funktion als erzählen-des Leittempus auch noch traditionellerweise die 'besprechende' Zeitform für Beschreibungen darstellt und bisweilen als innerer Monolog interpretiert werden kann. So gewinnt der Text einen merkwürdig unbestimmten Charakter. Dieser wird auch dadurch unterstrichen, daß häufig das finite Verb ganz fehlt, die Sätze also oft unvollständig dastehen und jeder temporalen Zuordnung entblößt sind.

Figurenrede nimmt im Roman einen breiten Raum ein. Es gehört zu den Eigentümlichkeiten von *Beethoven und der schwarze Geiger*, daß die Figurenrede nicht durch ein verbum dicendi (z.B.: Charlotte sagte: …) eingeleitet und ganz selten durch Anführungsstriche gekennzeichnet ist. "Blick aufs Meer. Daß die Entfernung so ungeheuer, so unermeßlich ist, hatte sie sich nicht vorstellen können." (S. 101) Hier würde man, da jeder Hinweis auf direkte Rede fehlt, indirekte Rede, also Konjunktiv erwarten: Daß die Entfernung so ungeheuer, so unermeßlich *sei*, *habe* sie sich nicht vorstellen können. So gekennzeichnete indirekte Rede findet man aber kaum, ganz zu schweigen von der regelrechten indirekten Rede mit Inquit-Formel: Charlotte sagte, sie habe sich nicht vorstellen können …. Vielmehr ist der übergangslose Einsatz der Figurenrede die Regel. Der Roman ist durchgehend geprägt von dieser merkwürdig schwebenden Konstruktion, die den Leser zu sorgfältigem Lesen zwingt.

Das Futur, sonst im Deutschen eher ein Stiefkind, kommt in *Beethoven und der schwarze Geiger* zu Ehren, indem es als Unsicherheitstempus eingesetzt wird.[75] Es findet an jenen Stellen Verwendung, an denen der Erzähler den Projektcharakter seiner Niederschrift betonen will, z.B.: "Wichtiger als eine Beschreibung des bevorstehenden Seegefechts werden Beethovens Reaktionen sein." (S. 48) Futur ist dabei nicht als Zukunftsindikator gebraucht, sondern als sog. modales Futur, als Möglichkeitsform ("wird" im Sinne von "wird wohl"). Freilich kann der Text diese Sprechlage nie lange durchhalten. Schon bald gerät die Rede aus der futurischen Möglichkeits- in die präsentische Erzählform, wird somit aus dem Plan zu einer möglichen Reise eine Reiseerzählung. Am längsten hält sich das Futur an einer Stelle, an der sich Bridgetower ein erstes spektakuläres, geographisches Denkmal zu setzen gedenkt:

> So wird er […] einen Esel mieten, und der wird ihn […] auf den Felsen bringen, mit der Geige im Kasten. […] Und er geht mit der Violine auf den Höhenrücken [….] Es muß ein besonders charakteristischer Felsbrocken sein […] der sich nach einer Reisebuch-Beschreibung später leicht auffinden ließe, ein Punkt, der vielleicht sogar markiert würde, beispielsweise mit dem eingemeißelten Hinweis: BRIDGETOWER'S POINT. (S. 44)

Der kurze Ausschnitt zeigt, welch genaue Lektüre erforderlich ist, denn hier – wie häufig in der Gegenwartsliteratur – werden die Tempora in ganz eigener Art und Weise eingesetzt. Während das Futur modalen Charakter besitzt, weist

---

75 In der Regel handelt es sich um Futur I, doch tritt Futur II in der gleichen Funktion auf: "sein Vater wird ihm nie erzählt haben …" (S. 22). – Neben dem modalen Futur begegnen wir auch einem mit diesem verschwisterten zukunftsweisenden Futur, und zwar z.B. an jenen Stellen, an denen Bridgetower seiner Hoffnung auf die Wirkung der Reise Ausdruck verleiht. So heißt es nach der Erfindung der Vatergeschichten: "Wer von nun an weiß, daß er […] einen Vater hat, der von früh auf musiziert hat […] der wird George mit anderen Augen sehen" (S. 37f.).

der Konjunktiv "würde" in die Zukunft. In diesem Sinne findet sich die Möglichkeitsform auch bei Werkstattgesprächen, die in Erzählvarianten münden.

> Könnte Beethoven nicht ein Instrument mitgenommen haben […]. Zum Beispiel
> die Bratsche? Dieses Instrument hat Beethoven im Bonner Hoforchester gespielt.
> Also: Bratsche. Diese Wahl hätte den Vorteil: […] Also: Beethoven kommt mit
> der Bratsche aus der Kajüte, stimmt sie, […], spielt ein paarmal die Tonleiter, das
> setzt sich fort in einer Improvisation […]. Überraschend schnell könnte er sich
> einspielen, und von nun an würde der Klang von Beethovens Bratsche zur Reise
> gehören." (S. 23f.)

Die angeführte Textstelle beginnt als Werkstattüberlegung im Konditionalis,
kehrt dann mit einer Fakten-Erinnerung im Perfekt auf die Erzählebene zurück,
wechselt mit erneutem Konjunktiv wieder in die Werkstatt, spinnt dann aus dem
Faktum eine Fiktion im Erzählpräsens und entlarvt die quasi unter der Hand
entstandene kleine Szene des bratschenspielenden Beethoven als bloße Erzähl-
möglichkeit für die Zukunft, indem wieder Konjunktiv erscheint.

Der zunächst ungewohnte Umgang mit den Tempora eröffnet dem Text
ungewohnte Möglichkeiten, mit Fiktion zu spielen. Der Leser kann am Wechsel
der Tempora (vom Futur zum Präsens bzw. Vorzeitigkeitspräteritum) beobachten, wie aus Vorstellungen Geschichten werden. Dieses Verfahren läuft in seiner
Wirkung parallel zu dem Umgang mit Erzählmotiven: Sie tauchen sporadisch als
Phantasien auf und verdichten sich im weiteren Verlauf zu einer Figur, einer
Episode, sie verlieren ihren hypothetischen Charakter und werden zu einem
Erzählelement im epischen Illusionsgebäude (S. 19, 38, 55f., 321f.). Hier wird der
für jede Fiktionserstellung typische werkgenetische Prozeß offengelegt – konsequenterweise am Beispiel des Entstehens eines Buches, von Bridgetowers Reise-
text. Für den Leser hat dieses Verfahren freilich die Schwierigkeit, daß er keinen
festen Bezugspunkt geboten bekommt. Einmal hat er es mit einem Erzähler zu
tun, der in Brighton an einer Skizze modelliert, einmal mit einem Reisenden, der
seine Beobachtungen in einem Reisetagebuch (S. 336) festhält. Einmal stellen
sich die Episoden als beobachtet dar, einmal als fabuliert. Es wäre für den Leser
leichter, wenn er, wie in Klaus Modicks *Der Mann im Mast* mit Hilfe der Tempora
die Ebenen klar scheiden könnte. Er könnte dann die Brightonebene als Ausgangspunkt ansehen, gleichsam als Rahmen mit dem niedrigsten Fiktionsgrad,
und könnte sich von diesem Standpunkt aus auf die Ebene der Reisefiktion
einlassen. Den verschiedenen Ebenen – der Brightonebene, der Reiseebene und
der Fabulierebene – sind aber keineswegs je eigene Tempora zugeordnet. So
kann sich der Leser nie so recht auf die Geschichte verlassen, zumal ihn der Text
immer wieder auf den Fiktionscharakter verweist und ihn aus der Illusion
verstößt.

Der Einsatz der Tempora in *Beethoven und der schwarze Geiger* ist nicht nur
wegen der Unsicherheit in bezug auf die Fiktionsebenen illusionsstörend; er hat
auch Auswirkungen auf die Chronologie. Um sie zu erstellen, bedarf der Text
eines Referenzpunktes, von dem aus nach vorn und zurück geschaut werden

kann. Da der Leser hier aber keinen einheitlichen Standpunkt beziehen kann, vermag er allenfalls das Erinnerte und im Vorzeitigkeitspräteritum Berichtete klar der Vergangenheit zuzuweisen. Präsens- und Futurerzählungen aber kann er nicht sicher zuordnen. Das "jetzt ist" kann Brighton oder die Reise bedeuten, das "wird sein" kann die Reisegegenwart, die Reisezukunft oder die Zeit nach der Reise meinen. Der Grund für diese Unsicherheit liegt auf der Hand: Es 'gibt' die Reise gar nicht. Freilich 'gibt' es auch das gar nicht, was andere Romane erzählen und seien sie noch so realistisch. *Beethoven und der schwarze Geiger* legt diesen Umstand klar, indem er dem Leser durch die Handhabung der Tempora den Boden unter den Füßen wegzieht.

Die Analyse der Tempora in *Beethoven und der schwarze Geiger* zeigt, wie relativ und werkbezogen erzähltheoretische Feststellungen über das Tempus im Roman sein müssen. Kann in einem primär im Erzählpräteritum verfaßten Text das Erscheinen des Präsens den Fiktionscharakter bloßlegen (Thomas Mann: *Der Erwählte*), so kommt diese Aufgabe in *Beethoven und der schwarze Geiger* dem Futur zu. Stehen in einem konventionell erzählten Roman indirekte Reden im Konjunktiv, so erscheinen sie hier, wo sie einen sehr großen Teil des Textes und der Informationsvermittlung ausmachen, im Indikativ.[76] Der Konjunktiv aber charakterisiert das, was als nur möglich erscheinen soll. Eine Schwierigkeit ergibt sich auch bei der Feststellung von erlebter Rede, da diese ja (auch) grammatikalisch definiert ist, und in der 3. Person und im Präteritum zu erscheinen hat. Da nun aber der gesamte Text in der 3. Person erscheint, kann dies kein Kriterium mehr sein. Ein weiteres Kriterium, das Wegfallen der Inquit-Formel bei erlebter Rede, ist ebenfalls als Unterscheidungsmerkmal hinfällig, da der Roman auch sonst ohne ein verbum dicendi auskommt. Da das Präteritum in *Beethoven und der schwarze Geiger* nicht Leittempus ist, sondern Vorzeitigkeit ausdrückt, begegnen wir Sätzen, die zunächst wie erlebte Rede erscheinen, genau genommen aber als Vorzeitigkeit zu interpretieren sind. Beethoven klagt über Charlottes mangelnde Entschlossenheit ihrem Mann gegenüber:

> Warum ließ sie das alles zu? Sie war sich doch klar darüber, wie dieser Mann sie einengte, verformte, erniedrigte – warum riß, warum reißt sie sich nicht endgültig von ihm los? (S. 283)

Durch die Doppelung (riß – reißt) im letzten Satz wird klar, daß das Präteritum – wie sonst auch – die Vorvergangenheit meint, die Zeit, als Charlotte noch bei ihrem Mann wohnte, das Präsens aber die Reise-Gegenwart.

Waren im traditionellen Roman die Tempora kein Gegenstand großen Interesses, so verdienen sie in der Gegenwartsliteratur besondere Beachtung. Weit davon entfernt, sie beliebig zu handhaben, nützt *Beethoven und der schwarze Geiger* sie in sehr origineller Weise zur Rezeptionslenkung. Die Tempora stellen Bezüge

---

76 Daß der Umfang, den die indirekte Rede einnimmt, nicht zu verhindern braucht, daß sie im Konjunktiv steht, zeigt das Werk Thomas Bernhards; seine zahlreichen aus zweiter Hand erzählten Bücher stehen fast durchgehend im Konjunktiv.

her oder verwirren sie, errichten oder zerstören Illusion. Als Stil- und Konstruktionsmittel sind sie von größter Bedeutung.

9. ABSCHNITT: Sprache Die Sprachgestalt eines Textes stellt eine wichtige Informationsquelle dar. Sie vermittelt dem Leser Botschaften über die fiktive Welt des Erzählten, orientiert ihn (z.B. durch Wiedererkennen von Begriffen) oder befremdet ihn. Auf der Ebene der Komposition des Ganzen bestimmt die Stilhöhe die Grundstimmung, besonders, wenn der Anteil der diegetischen Passagen (die Erzählinstanz spricht) groß ist. Stil- oder Idiomwechsel können verschiedene Erzählstränge voneinander scheiden (vgl. Uwe Johnson: *Jahrestage*). Leitmotive gliedern das Textkorpus. Sondersprachen verschaffen ein besonderes Flair. Individualstile dienen der Figurencharakterisierung. Darüber hinaus kann die Sprachgestalt die Rezeption lenken: Metaphern und Verschlüsselungen fordern das Leserinteresse heraus, Wiederholungen und Leitmotive heben wichtige Informationen hervor. Wortspiele schaffen Lesevergnügen und comic relief.

Beethoven und der schwarze Geiger hat durch seinen hohen Anteil an Figurenrede die Chance, viele verschiedene Individualstile zu präsentieren, ein differenziertes Sprachrelief zu entwickeln. Es versteht sich, daß dies auf Kosten des ruhigen Redeflusses und der einheitlichen Grundstimmung von Texten mit hohem Erzählanteil (z.B. Fontanes oder Stifters Romane) gehen muß. In diesen wirken die Dialoge wie Intarsien in der neutral 'sich selbst' erzählenden Geschichte, in Kühns Roman dagegen bestimmen Reden die Informationsvermittlung. Freilich gibt es hier eine gewisse Abstufung zwischen den Erzählsträngen. Die Texte des "Zwischenspiels" sind weniger differenziert, flacher, denn hier steht George fast alleine als Sprecher da, während die Reiseerzählungen v.a. Beethoven, aber auch andere Figuren (wenngleich meist indirekt), zu Wort kommen lassen.

Von der Möglichkeit, durch sprachliche Besonderheiten die Aufmerksamkeit des Lesers zu erregen, macht der Text reichlich Gebrauch. Bereits der erste Absatz des Romans operiert mit der rezeptionslenkenden Wirkung der Wiederholung: Dreimal erscheint "Afrika" bzw. "afrikanisch" – dieses Adjektiv ist das erste Wort des Romans. Trotz seines wiederholten Auftretens bleibt der Verweis aber für den Leser verwirrend: Er gibt nämlich keinen Aufschluß über den Ort der Erzählung (Genua), sondern bezeichnet ein Sehnsuchtsziel, was der Leser aber zu diesem Zeitpunkt noch nicht wissen kann. Hier wie auch sonst scheint der Roman auf eine zweite Lektüre angelegt. Andere hervorhebende Wiederholungen sind weniger kryptisch. "Versteht nicht", "versteht auch nicht", "versteht auch nicht", "versteht nicht einmal" singt der schwarze Spielmann den weißen Beethoven aus, ein deutlicher Hinweis auf die kulturelle Differenz zwischen Afrikanern und Europäern, der für die letzteren nicht schmeichelhaft ausfällt (S. 320f.). Die Rhetorik kann in besonderen Situationen die Beschreibung unterstützen, ja vertreten. Das ewig Gleiche der afrikanischen Landschaft ist dem Leser bereits durch neunmalige Wiederkehr der "Schirmakazien" in sechs Textzeilen vor Augen geführt worden, bevor das qualifizierende Wort fällt: "Savannen-Einerlei" (S. 327). Mit schonungslos vielen Wiederholungen bringt Beethovens Bericht die Qualen einer durchwachten Nacht (S. 326f.) dem Leser nahe. "Denken" und "Nachdenken" kehren mehrfach wieder, die Zweisamkeit der Liebe wird mit "füreinander", "aufeinander", "zueinander", "miteinander" beschworen, die Angst des Liebenden findet immer wieder die gleichen Worte: "wenn unsere Liebe scheitert ...". Der Musiker nennt diese qualvolle Wiederkehr "ein tödliches Ritornell".

Besonders wegen seines autoreferentiellen Charakters arbeitet *Beethoven und der schwarze Geiger* stark mit Wiederholungen. Sie verschaffen dem Leser das befriedigende Gefühl des Wiedererkennens, des Eingeweihtseins. Aus mehrfacher Wiederkehr eines Motivs entsteht allmählich die Figur des "Großvaters", aus wörtlichen Übertragungen läßt sich die Herkunft einer Figurencharakterisierung ablesen. Manche Wiederholungen gewinnen geradezu leitmotivischen Charakter, und zwar in autoreferentiellem Sinne: Ein Begriff wird sozusagen vor den Augen des Lesers erschaffen und dient dann als Kennwort und Kürzel für einen ganzen Sinnkomplex. Solch ein Leitmotiv ist etwa "Obertonschwingung", ein musikalischer Terminus, der bei seinem ersten Auftreten erotisch konnotiert wird (S. 25f.) und in der Folge stets in bewußter Ausnützung der begrifflichen Unschärfe als Hinweis auf Glück gebraucht werden kann.[77] Das stets wiederkehrende Wergzupfen und Putzen des Decks im 1. Teil des Buches, das monotone Hirsestampfen im 2. Teil trennen nicht nur die beiden Reiseperioden, dienen also der Textgliederung, sondern erwecken auch den vorherrschenden Eindruck der Eintönigkeit.[78]

Vielerorts drängt sich die musikalische Terminologie als Sondersprache in den Vordergrund, wird ironisch in fachfremde Gebiete übertragen (wie oben der Begriff Ritornell). Der musikalische Wortschatz dient als Couleur für den Musikerroman. Er stellt sich damit neben andere Sondersprachen wie die nautische Sprache der Seeleute, Bridgetowers afrikanische Laute, Einsprengsel in verschiedenen europäischen Idiomen. Der Roman macht sich wenig Sorgen, ob der Leser bei diesem Gemisch wird mithalten können.

Sprache dient der Personencharakterisierung. Durch seine ordinäre Ausdrucksweise erscheint Kapitän Flamsteed, dessen schurkische Machenschaften später angedeutet werden, dem Leser schon sehr früh als suspekt (S. 92). Flamsteeds brutales Englisch unterscheidet sich sehr von dem treuherzigen Schottisch des Dudelsackbläsers Higginbotham. Der Maskierte offenbart seine höhere Bildung und seine Zugehörigkeit zum Adel durch zopfig wirkende französische Brocken, auch Flämisch ist an Bord zu hören (S. 57), Bridgetower ist als Musiker im Italienischen zuhause, das auch dem "Signore maschera" als Rück-

---

77 Vgl. S. 33, 360, 491; S. 291: "Obertöne hören" ist als Code etabliert.
78 Diese Elemente kommen in der ersten, ausführlicheren Fassung des Romans von 1990 noch stärker zum Tragen.

zugsgebiet dient. Die Verschiedenheit der Sprachen übermittelt den Eindruck eines bunten Völkergemischs. Am deutlichsten und auffallendsten ist Beethoven durch seine Sprache charakterisiert. Er spricht rheinisches Platt (S. 150f.), rutscht hin und wieder ins Gewöhnliche ab (S. 282), selbst im Zusammenhang mit seinen eigenen Kompositionen (S. 132).[79] Wenn wir oben (6. Anschnitt) festgehalten haben, daß der Roman den Meister seines Nimbus entkleidet, so ist dies nicht zuletzt die Leistung der Sprache. Sie holt den verehrten Genius auf die Ebene des Menschlich-Alltäglichen herunter. Umgekehrt umgibt sich Bridgetower mehr und mehr mit einer Aura. Zunehmend benützt er "afrikanische" Laute, die er seiner eigenen Angabe zufolge dem "Buch eines Missionars [...] mit einem Kapitel über Sprachen der Afrikaner" entnommen hat (S. 202), er stilisiert sich als Farbiger ("musicus mulatticus") und gefällt sich in Italienisch oder Englisch. (S. 198, 200). Fremdsprachige Zitate können, weil sie den Charakter des Originalen tragen, besonders gut als Beglaubigung dienen.[80]

Beethoven und der schwarze Geiger unterliegt wegen seiner monoperspektivischen Konzentration auf Bridgetower der Einschränkung, Gefühle anderer Figuren nur in Figurenrede verbalisieren zu können.[81] Meist geschieht dies mit Hilfe metaphorischer Einkleidung, in essayistischer Allgemeingültigkeit (S. 25f.) oder als Verweis auf Literatur. Dies sind die Stellen, an denen der Text originelle Metaphern findet. Die mehrfach beobachtete Eigenart des Romans, seine Fiktion aus Fakten unmittelbar abzuleiten, läßt sich sogar in diesem Detail nachweisen, z.B. bei den von Beethoven benützten Metaphern. Der historische Beethoven hatte einen schwachen Magen: "Eifersucht als Magenfresser" (S. 129); er war als Schwerhöriger besonders bei hohen Tönen behindert: Glückserfahrung als "Obertonschwingung" (S. 26, vgl. S. 360); er war pockennarbig: "Unglück, das sich mit Narben markiert" (S. 29). Die Bilder stammen meist aus dem Bereich des Körperlichen. Die Sprache des Romans läßt keine Schöngeisterei aufkommen. Selbst auf dem Gebiet der Musik wird das Ätherische vermieden: Beethoven plant eine "Katzenpfoten-Toccata" (S. 146–149).

Abweichungen von der Normalsprache oder von Schreibgewohnheiten fallen dem Leser als erstes in die Augen. Ob der extreme Jugendslang bei Ulrich Plenzdorf, ob Thomas Bernhards Satzwucherungen, ob Christoph Geisers abgerissene

---

79 Der Text kommentiert sich selbst durch den folgenden Dialog zwischen Beethoven und Bridgetower: "'Hast du vielleicht vor, solche Wörter in dein Reisebuch aufzunehmen?' Yes, Sir. 'Mir soll's recht sein, aber machst du es damit auch deinen Lesern recht? Man wird es dir nicht ohne weiteres abnehmen – ein Mulatte aus Galizien, der mich zuweilen rheinisch reden läßt! Krauses Haar, krause Gedanken! wird man sagen'. Er will, um das klarzustellen, George nicht ausreden, rheinische Wörter und Sätze einzubringen, solange sie nur richtig wiedergegeben werden – bitte kein Mulatten-Rheinisch! George soll gefälligst einen Rheinländer konsultieren, der ihm das alles so aufschreibt, wie man es am Rhein zu hören kriegt." S. 60.

80 Vgl. Wolfgang Hildesheimers *Marbot* (1981), ein Buch, das seine Fälschung mit Übersetzungen von englischen "Originalen" tarnt.

81 In seltenen Fällen stellt der Erzähler Bridgetower Spekulationen darüber an, was etwa in Beethoven vor sich gehen könnte, kennzeichnet dies aber sprachlich als Vermutung.

Ellipsen, starke Normabweichungen und stilistische Besonderheiten prägen den Texteindruck primär und nachhaltig. *Beethoven und der schwarze Geiger* irritiert den Leser durch seine ungewöhnliche Behandlung der Figurenreden und erzwingt Aufmerksamkeit (vgl. oben 8. Abschnitt). Indem Figurenreden nicht in der gewohnten Klarheit abgesetzt sind, erscheinen sie nicht als homologe Wiedergabe von wirklichen Reden, sondern offenbaren sich als Bridgetowers Kopfgeburten. Indem andererseits die verbindenden Erzählerkommentare und -einleitungen fehlen, verbietet sich der Eindruck eines gelenkten, sicheren Textes. Der Wechsel von Erzählerrede in Figurenrede erfolgt nicht selten unmarkiert, ohne Anführungszeichen, ohne einleitendes verbum dicendi und ohne den Konjunktiv.

> Beethoven kommt zu erstenmal in seine Kajüte, in das "Naturalienkabinett". Er muß mit George reden! Eigentlich darf er nicht einmal erwähnen, worüber gesprochen, unbedingt gesprochen werden muß, aber er braucht einen Menschen, der ihm zuhört, sonst erstickt er!
> Und Beethoven geht hin und her zwischen dem Fenster, das er nach dem Eintreten geschlossen hat, und der Tür, die fest ins Schloß gedrückt ist. Hände auf dem Rücken, Oberkörper leicht nach vorn, Kopf gesenkt. Charlotte hat sich ihm anvertraut! (S. 61)

In dieser kurzen Passage wendet sich der Text zweimal von der Erzähler- zur Figurenrede. Regelgerecht formuliert, müßte beispielsweise der letzte Satz der zitierten Passage heißen: Charlotte, so sagte Beethoven, habe sich ihm anvertraut! Bezeichnend ist die Verwendung des Pronomens "seine" im ersten Satz. Da beständig Bridgetower als Gewährsmann mitzudenken ist, bezieht sich dieses Possessivum auf ihn und nicht auf das Subjekt Beethoven. Dergleichen stillschweigende Voraussetzungen und Verkürzungen stellen u.U. einen Stolperstein für das Verständnis dar. Der Leser wird jedesmal von neuem gezwungen, die fiktive Berichtssituation zu berücksichtigen.

Häufig begegnen wir Sätzen ohne Prädikat. Sie halten Beziehungen und Perspektiven in der Schwebe, wie das folgende Beispiel zeigt:

> Diesmal muß Johanna von sich erzählen, unbedingt! Ihre Reise nach Afrika: fast eine Flucht! Sie hatte in Wiesbaden den Haushalt ihres Vaters geführt, des Witwers. (S. 70)

Hier ist erst der letzte Satz klar: Bridgetower berichtet von Johannas Erzählung (Normalsprachlich: Sie hätte, so erzählt ihm Johanna, …). Aus wessen Perspektive jedoch der erste Satz gesprochen wird, ob aus Johannas oder Bridgetowers, ist nicht genau zu bestimmen, weil das verbum dicendi (sagte Bridgetower, bzw. sagte Johanna) fehlt. Es fehlt die regulierende Erzählinstanz. Das gleiche gilt für die Aussage, bei Johannas Reise nach Afrika habe es sich fast um eine Flucht gehandelt. Hier ist noch dazu das finite Verb ausgefallen, so daß zusätzlich unsicher ist, ob diese Reise nur zu Beginn Fluchtcharakter hatte oder immer noch. Die Häufigkeit von elliptischen Sätzen unterstützt noch den schwebenden

Charakter des Leittempus Präsens: Steht dieses schon einer klaren Chronologie im Wege, so macht ein Satz ohne Prädikat jede zeitliche Zuordnung unmöglich. Handelt es sich nun also bei "Flucht" um eine Interpretation, die Bridgetower von Johanna erhält, oder um Bridgetowers eigene Sicht? Diese Frage freilich entlarvt die imaginäre Situation, in die wir uns begeben, wenn wir so fragen: Letztlich ist natürlich Johannas Sicht der Dinge diejenige Bridgetowers, weil er sie als Figur erfindet, so wie der Bridgetower des Romans seinerseits eine erfundene Figur darstellt. Dieser Umstand, der unterschwellig für jeden Roman gilt, wird uns in *Beethoven und der schwarze Geiger* klar, wenn wir unseren Irritationen beim Lesen nachgehen.

| 10. ABSCHNITT: |
| **Lesemodelle, Gattungserwartungen** |

Das gern als postmodern bezeichnete Jonglieren der Gegenwartsliteratur mit literarischem Material beschränkt sich nicht nur auf Zitate, Versatzstücke und Anspielungen; auch Gattungen als kodifizierte Leseerwartungen sind Material für dieses ironische Spiel. *Beethoven und der schwarze Geiger* ruft schon durch seinen Titel mögliche Assoziationen wach: an einen Künstlerroman, einen historischen Roman, eine Reisebeschreibung. Das Vexierspiel mit dem "Maskierten" hat zudem Züge eines Kriminalromans.

Der historische Roman,[82] der seit den schriftstellerischen Erfolgen Sir Walter Scotts auch im Deutschland des 19. Jahrhunderts Triumphe nationaler Selbstvergewisserung feierte (Wilhelm Hauff, Willibald Alexis, Luise Mühlbach), verfolgte seit C.F. Meyer, v.a. aber dann seit der Jahrhundertwende (Alfred Döblin, Lion Feuchtwanger, Stefan Zweig) eher schöngeistige Ziele: Der geschichtliche Stoff sollte seelisch vertieft oder kulturgeschichtlich angereichert werden. An historischen Leerstellen – und solche bieten vornehmlich Psychologie und Motivation der Figuren – setzt die Phantasie des Dichters ein, der die historische Wahrheit durch poetische Wahrscheinlichkeit ergänzt. Die Gegenwartsliteratur entdeckte neue Möglichkeiten: Desillusionierung (Günter Grass), stellvertretende Ich-Suche (Christa Wolf), Perspektivierung von unten durch

---

82 Vgl. die immer noch sehr lesenswerten Beiträge von Alfred Döblin: Der historische Roman und wir (1936). In: Ders.: *Aufsätze zur Literatur*. Ausgewählte Werke in Einzelbänden. In Verb. m. den Söhnen des Dichters hg. v. Walter Muschg. Olten u. Freiburg i. Br.: Walter 1963, S. 163–186 und Lion Feuchtwanger: Vom Sinn und Unsinn des historischen Romans (1935). In: Ders.: *Ein Buch nur für meine Freunde*. Frankfurt a.M.: Fischer Taschenbuch 1984, S. 494–501. Ferner die ausgezeichneten Artikel von Ralph Kohpeiß: Wie ein Phönix aus der Asche. Anmerkungen zur Entwicklung des historischen Romans nach 1945. In: *Der deutsche Roman nach 1945*. Hg. v. M. Brauneck. Bamberg: Buchner 1993 (= Themen – Texte – Interpretationen 13), S. 235–261 und Friedrich Vollhardt: Der Eco-Effekt oder: Wie steht es um den "historischen" Roman in der Gegenwartsliteratur? In: *Germanistentreffen Bundesrepublik Deutschland – Türkei. Dokumentation der Tagungsbeiträge*. Hg. v. DAAD. Bonn: DAAD 1994, S. 263–274.

Einbeziehung des historischen Umfelds großer Gestalten (Peter Härtling, Dieter Kühn). Tatsächlich sind historische Stoffe und historische Biographien spätestens seit den 80er Jahren außerordentlich beliebt geworden. Günderrode, Bettine, Kleist, Friedrich II. und Hölderlin, Schumann, Schubert und Mozart wurden zu Romanstoffen. In den meisten dieser Bücher geht es aber nicht mehr um Ergänzung der Geschichte durch die Mittel fiktionaler Einfühlung, sondern um einen Dialog mit dem historischen Gegenstand. Der neue historische Roman ist skeptisch gegenüber der Darstellbarkeit einer 'historischen Wirklichkeit', gegenüber historischer Logik und Finalität. Er neigt daher zur Verwissenschaftlichung, zur Quellenkritik und zur Einbeziehung von Dokumenten einerseits und zur Thematisierung eigenen Problembewußtseins andererseits. Die Gegenwart des Autors und Lesers verschwindet nicht im historischen Sujet, sondern tritt neben dieses. Dies kann entweder geschehen, indem der Autor seine Arbeit dem Leser zur Diskussion stellt (Wolfgang Hildesheimer: *Mozart*), indem der historische Vorwurf anachronistisch als Herausforderung für die Gegenwart gestaltet wird (Christa Wolf: *Kein Ort. Nirgends*) oder indem Gegenwart und Vergangenheit eingeebnet werden (Christoph Ransmayr: *Die letzte Welt*).

Beethoven und der schwarze Geiger vermischt historische Daten mit wahrscheinlicher und unwahrscheinlicher Fiktion auf schier untrennbare Weise. Genauer gesagt, entwickelt der Text die Fiktion aus historischen Bruchstücken. Sein Material entnimmt er dem Leben bzw. den Lebensbeschreibungen der Protagonisten oder anderen literarischen Quellen. Auf Literaturnachweise und Fußnoten, wie sie in anderen historischen Romanen durchaus gegeben werden, verzichtet der Text – sicher nicht nur, weil die fragmentiert verwendeten Elemente eine Menge von Nachweisen erfordert hätten, sondern weil die Raffinesse des fiktionalen Gespinstes dadurch zerrissen worden wäre. Hingegen legt der Text Fährten: Er verstreut Namen, die auf die richtigen Quellen hindeuten: Josephine Brunswick (S. 186) und Giulietta Guicciardi (S. 61) werden als vom historischen Beethoven geliebte Frauen genannt und lassen sich als Vorbilder für die fiktive Charlotte erahnen. Erwähnt werden nicht nur Carlton House und der englische Prince Regent, die Mölker Bastei und Rodolphe Kreutzer als direkte Referenzen, sondern auch Mungo Park und *Anton Reiser* als Quellen. Mit dem Namen Marie-Elisabeth Tellenbach (S. 186) erlaubt sich der Text einen Scherz: Bridgetower erwähnt die moderne Autorin der (umstrittenen) Monographie über Beethovens "Unsterbliche Geliebte"[83] als seine Informantin.

Bemerkenswert ist, daß der Roman auch das historisch Verbürgte in die Grauzone des Unbestimmten und Unwahrscheinlichen hineinzieht. Er wählt nämlich aus dem sonst gut bekannten und verbürgten Leben Beethovens gerade jene Seiten aus, die dunkel oder umstritten sind. Hierzu gehören die Beziehung des Meisters zu Frauen (vgl. das Rätsel um die "unsterbliche Geliebte") ebenso wie der Bruch mit dem Fürsten Karl von Lichnowsky (im Roman der "Maskier-

---

83 *Beethoven und seine "Unsterbliche Geliebte" Josephine Brunswick. Ihr Schicksal und der Einfluß aus Beethovens Werk.* Zürich: Atlantis-Musikbuch-Vlg. 1983.

te"), das kaum mit biographischen Ereignissen auffüllbare Jahr 1813 und v.a. natürlich Bridgetower. Um dessen Person ranken sich in der Sekundärliteratur eine Fülle von biographischen Spekulationen, die sich nun im Roman wiederfinden als Versuche des Protagonisten, seine Identität zu konstituieren.[84] *Beethoven und der schwarze Geiger* füllt also historische Leerstellen nicht durch auktoriale Erfindung auf, wie dies sonst üblich ist, sondern verarbeitet das ganze Spektrum wissenschaftlicher Spekulationen in seinem Text, um dem Leser die Varianten zu demonstrieren und ihn am Entscheidungsprozeß teilnehmen zu lassen. Wichtigstes Kriterium ist dabei die Plausibilität. Die akzeptable und wirkungsvolle Variante ist die richtige. Natürlich fallen auf diese Weise tendenziöse Entscheidungen.

Über dieses Verfahren, Fiktives aus Faktischem herauszuspinnen, läßt der Roman Bridgetower, den Erzähler, selbst Auskunft geben. Bridgetower erklärt, aus der Kenntnis von Beethovens Wiener Ambiente, der Mölker Bastei, die Aufenthalte an Bord und in Afrika entwickeln zu können.

> Sein Entwurf dieser Reise muß einen Saugfuß haben an erfahrener und bezeugter Realität – wie eine Raupe, die sich an einen authentischen Ast klammert, hinten, und mit dem grünen Leib macht sie Suchbewegungen frei hinaus. (S. 185)

Freilich übernimmt der Text nicht einfach historische Zusammenhänge, sondern zerlegt diese in Einzelelemente, die neu zusammengefügt werden. So trägt Beethovens Roman-Liebe zu Charlotte von Trebnitz Züge der verschiedenen Beziehungen des historischen Komponisten zu Frauen, bevorzugt zu Josephine Brunswick. Einzelne, schriftlich überlieferte Elemente werden herausgegriffen und erscheinen dann kontextuell womöglich ganz verändert als Romanmotive. Ob Beethovens Kindheit, seine schwierige Beziehung zu Bruder und Schwägerin, die diversen Beethoven-Anekdoten, ja einzelne Ausdrücke (z.B. die Bezeichnung "Mehlschöberl"[85]), all dies wird zur äußeren und inneren Charakterisierung verwendet und dient dem Text als Referenz. Da ein historischer Roman seine

---

84 Die Spekulationen über die verschiedenen Quellen verzeichnet *Ludwig van Beethovens Leben* von Alexander Thayer, neu bearb. v. H. Riemann. Leipzig: Breitkopf & Härtel 1910, Bd. II, S. 389–398. Hier eine Auswahl, wobei die Seitenangaben in Klammern die Seiten des Romans angeben: Appleby: Sohn eines "Abyssinischen Prinzen" (S. 18), Abbé Vogler: "Bridgetower aus Africa" (S. 214f., 251, 180), Schindler: "amerikanischer Schiffskapitän" (S. 18), Thayer: kein Amerikaner und kein Seemann, sondern "ein schöner Mulatte [...], der Sohn eines afrikanischen Vaters und einer deutschen oder polnischen Mutter" (S. 248). Thayers Beethoven-Buch kann pars pro toto für die anderen Quellen, auch die von Kühn benützten, stehen. Vgl. die Nachweise im einzelnen bei Schwering (wie Anm. 49) und Ulrich Müller: Der "Beethoven-Roman" von Dieter Kühn (1990): Das Mögliche und das Geschehene. In: *Ton – Sprache. Komponisten in der deutschen Literatur*. Hg. v. G. Brandstetter. Bern u.a.: Haupt 1995 (= Facetten der Literatur 5), S. 199–223.

85 Mit "Dein Beethoven, auch Mehlschöberl genannt" unterschrieb Beethoven einen Versöhnungsbrief an Mozarts Lieblingsschüler Johann Nep. Hummel. Vgl. Thayer (wie Anm. 84) Bd. II, S. 129.

Reize aus dem Wiedererkennen von Kulturwissen bezieht, sind diese Signale von größter Wichtigkeit. Selbst wenn der Leser nur einige von ihnen historisch zuordnen kann, so entsteht doch das Fluidum des Vertrauten.

Als historischer Roman betrachtet, ist *Beethoven und der schwarze Geiger* ein Paradox. Er konstruiert mit großem Aufwand aus historischen Elementen ein Wahrscheinlichkeitsambiente, zerstört es aber gleichzeitig durch krasse Anachronismen und durch eine völlig ahistorische Voraussetzung, die Afrikareise. Prüfstein des Gelingens dieses Erzählexperiments wird die (von Bridgetower wiederholt betonte) Plausibilität und demzufolge die Akzeptanz sein, wobei plausibel als Verlängerung des historisch Verbürgten ins Mögliche hinein zu verstehen ist. Der Erzähler Bridgetower nennt dieses Verfahren mit einem musikalischen Ausdruck "transponieren".

Es wäre sicher verkürzt, wollte man behaupten, *Beethoven und der schwarze Geiger* verlege die Probleme eines historischen Romans in die Rezeptionsästhetik. Gleichwohl demonstriert der Roman, daß Gattungen vornehmlich durch Leseerfahrungen und -erwartungen definiert sind. Im Spiel mit Erfüllung und Verweigerung dieser Erwartungen besteht ein Reiz der Lektüre. Hierher gehört auch die in der Gegenwartsliteratur fast schon obligatorische Vermengung verschiedener Textsorten und Leseerwartungen. Paradebeispiel ist Umberto Ecos *Der Name der Rose*, eine Mischung von historischem und Kriminalroman. So läßt sich *Beethoven und der schwarze Geiger* auch als Künstlerroman auffassen. Er trägt die Züge postmoderner Künstlerportraits: Abbau des Nimbus, Vermenschlichung statt Heroisierung, Hervorhebung bislang verschütteter, verkannter, verschwiegener Charakterzüge und die Suche nach Verbindungslinien zur Gegenwart. Der Roman entheroisiert Beethoven, indem er ihn als Dialektsprecher, schlechten Rechner und Bildungs-Autodidakten darstellt. Er betont in der Person seines Helden die Widersprüche zwischen Sehnsucht nach menschlicher Nähe und Bindungsunfähigkeit, er zeigt den verletzlichen und groben, den fortschrittlichen und patriarchalischen Menschen und treibt durch das befremdliche Ambiente diese Züge umso stärker heraus. Er läßt Beethoven Gedanken der Gegenwart denken; z.T. von seiner Umgebung herausgefordert, setzt sich die Figur mit emanzipatorischen, zivilisationskritischen, antikolonialistischen, interkulturellen Ideen auseinander. Die für die Phantasie so beflügelnde Frage "Was wäre, wenn ..." stellt den scheinbar so genau bekannten Komponisten in eine völlig verfremdete Umgebung, nicht um ihn zu desavouieren,[86] sondern um Möglichkeiten aufzuzeigen, die in dieser Figur angelegt sein könnten.

Kennzeichen eines Künstlerromans sind Kunst-, in diesem Fall Musikbeschreibungen, Anspielungen auf Kompositions- und Improvisationspraktiken, der Blick in die Intimsphäre genialer Produktion. Dieses letztere ist aus Gründen der Perspektivierung in *Beethoven und der schwarze Geiger* kaum zu finden: Der

---

86 Dies tut z.B. Thomas Bernhard, der in *Immanuel Kant* (1978) den bekannten Philosophen eine Schiffsreise nach Amerika machen läßt. Bernhards Schauspiel ist ein komödiantischer Denkmalsturz.

Leser kann Beethoven stets nur durch Bridgetowers Augen, also von außen, betrachten. Zudem drückt sich der Text vor diesem in Musikerbiographien so beliebten Thema, indem er den Komponisten recht unproduktiv sein läßt. Aber verschiedene Kompositionsprojekte werden breit dargelegt. Präzise Darstellungen mit fachmännisch exakten Angaben zu Besetzung, Dynamik und Klangqualität[87] lassen das Bild von avantgardistischen Tonsätzen entstehen: "Meeresstille" (S. 146–149) erwägt den Einsatz von Aufführungsfreiheit (Boulez), die Odysseus-Oper (S. 154–163) arbeitet mit neuen Mitteln der Klangerzeugung, mit Sprechgesang, unklassischen Besetzungen und ungewöhnlichen dynamischen Ausdrucksweisen. Wiewohl anachronistisch, hängen diese Projekte doch nicht ganz in der Luft. Auch hier läßt *Beethoven und der schwarze Geiger* als Musikerroman wieder eine Fülle von Anspielungen auf den historischen Beethoven, seine Werke und seine kompositorischen Anliegen einfließen.[88] Sogar der von Polyrhythmik geprägte Kompositionsplan als Niederschlag der Musikerfahrungen auf dem schwarzen Kontinent bekommt eine Bezeichnung, die an das historische Werk anklingt: "Afrikanische Pastorale". (S. 312) Zur rechten Stimmung in einem Musikerroman trägt auch die Vorliebe des Erzählers für musikalische Lexik und Metaphorik bei, etwa wenn Beethoven in seiner Liebesbeziehung "nach dem Allegro der Annäherung nun erst mal ein Adagio" erwartet (S. 216).

Ein unangefochtener Heros vermag nicht zu interessieren; und so zeigen Musikererzählungen lieber ihren Helden in der Krise. In einer solchen befindet sich kompositorisch wie persönlich auch der Beethoven des Romans. Der Text präsentiert einen zwar seiner heroischen Größe entkleideten, aber durch Innovationskraft und Risikofreudigkeit beeindruckenden Beethoven. Obgleich in seiner anachronistischen Fiktion weit über den Rahmen eines konventionellen Künstlerromans hinausgehend, stellt der Roman mit seinem alternativen Beethoven-Bild doch eine Hommage dar und kann auch als Anregung zur Auseinandersetzung mit dem historischen Beethoven gelesen werden.[89]

Neben Künstlerroman und historischem Roman ruft *Beethoven und der schwarze Geiger* auch das Gattungsmuster des Reiseromans bzw. der Reisebeschreibung auf. Mit diesem operiert er vordergründig sogar am meisten, beabsichtigt Bridgetower doch, die gerade unter seinen Händen entstehende Skizze zu einem

---

87 Gegen Musikbeschreibungen als bloße Gefühlsverbalisierungen polemisiert Kühn in seinen Essays Musikbeschreiber (1963/1968) und Löwenmusik (1970). Beide jetzt in dem Essay-Sammelband *Löwenmusik* (wie Anm. 58), S. 25–34, S. 51–64.

88 Näheres dazu bei M. Schwering (wie Anm. 49); Erwin Rotermund: Weltmusik von 1813. Bemerkungen zu den Musikbeschreibungen in Dieter Kühns Roman *Beethoven und der schwarze Geiger*. In: *Artistik und Engagement. Aufsätze zur deutschen Literatur*. Hg. v. B. Spies. Würzburg: Königshausen & Neumann 1994, S. 93–103, Irmgard Scheitler: Musik als Thema und Struktur in deutscher Gegenwartsprosa. In: *Euphorion* 92 (1998), S. 79–102.

89 In seinem Essay Löwenmusik (wie Anm. 58) stellt Kühn heraus, daß von Beethovens Kompositionen gewöhnlich den titanischen Werken, der 5. und 9. Sinfonie und der Missa Solemnis, die größte Bedeutung zugemessen werde. Demgegenüber betont der Roman die Kammermusik und die Opernpläne.

Reisebuch auszubauen, zu einem "Bericht, den er – gleich nach der Rückkehr – in Brighton schreiben, dann in London publizieren will" (S. 16). Reiseberichte entstehen in der Regel durch Redaktion von unterwegs geführten Tagebüchern, Briefen und Notizen. Diese werden formal und ideell verbessert, mit Vorläuferschriften verglichen, evtl. ergänzt und auf das angestrebte Publikum zugeschnitten. Während nun die traditionelle Reisebeschreibung diese redaktionelle Arbeit in ihrem Endprodukt in jeder Weise zu verschleiern sucht, um sich den Anschein größtmöglicher Unmittelbarkeit zu geben, ist *Beethoven und der schwarze Geiger* voll von Überlegungen des schriftstellernden Bridgetower. Er stimmt seinen geplanten Text auf die Erwartungen des Publikums ab: "So etwas würde kaum ein Leser des Reisebuches dem Verfasser verzeihen" (S. 306). Der endgültige Text, so kündigt er an, werde genauer und ausführlicher werden: "Die Kalesche mit dem schwarzen Kutscher unter Laubbäumen, die erst im geplanten Reisebuch benannt werden" (S. 217). Das Reisebuch wird eine gereinigte Fassung darstellen: "er nimmt sich vor, diese Episode nicht aufzunehmen in das geplante Reisebuch" (S. 362). Auch regelrechte Blicke in die Werkstatt werden gewährt:

> Notizen zur geplanten Aussprache mit Ludwig von Beethoven über den Entzug der Widmung der A-Dur-Sonate, damals in Wien. George hat die Noten dieser Komposition an der Rückwand des Arbeitszimmers aufgehängt. (S. 196)

Für die endgültige Fassung wird Literatur herangezogen: "Er hat im Wörterbuch nachgeschlagen, in Donaldson's Royal Circulating Library, um sicherzugehen, daß er diesen Begriff richtig einsetzt" (S. 186). Reisebeschreibungen arbeiten in aller Regel auf dem Fundament ihrer Vorgänger, vergleichen und ergänzen. Bridgetower freilich ist als Reisebeschreiber ohne Autopsie ganz und gar auf Literatur angewiesen. In diesem Sinn ist der Name "Mungo Park", den George (S. 278) einfließen läßt, als Quellenangabe zu verstehen.[90] Aus den Expeditionsberichten dieses berühmten schottischen Arztes und Afrikaforschers übernimmt Bridgetowers Fiktion geographische Angaben, einige Anekdoten und in etwa die Route, die von der Küste zum Nigerbinnendelta führt. *Beethoven und der schwarze Geiger* entrealisiert Mungo Parks sehr anschaulichen Text und konterkariert die Gattungserwartungen: Der Roman ist sehr zurückhaltend in bezug auf Ortsangaben, präzise Wegstrecken erfährt man kaum, auf die Schilderung von Gefahren, Behinderungen und Unfällen, von denen Expeditionsberichte natürlich voll sind, verzichtet der Roman weitgehend. Am auffallendsten ist der fast völlige Verzicht auf Landschaftsbeschreibungen. Die Erwähnung der Ansicht stets gleicher Savannen mit Schirmakazien kann die Erwartungen des Lesers einer Afrikareise nicht befriedigen.

---

90 *Beethoven und der schwarze Geiger* verwendet vornehmlich die erste Reise Mungo Parks: *Travels in the interior of Africa* (1799). Deutsche Ausgabe (gekürzt): *Reisen ins Innerste Afrikas 1795–1806*. Hg. v. H. Pleticha. Mit 20 zeitgenössischen Darstellungen und 2 Karten. Tübingen/Basel: Erdmann 1976.

Eine Reihe von Einzelheiten, die aus Mungo Park übernommen werden, unterzieht der Roman tendenziellen Veränderungen und Ausschmückungen. So karg der Bericht in bezug auf Geographie, Fauna und Flora ist, so voll ist er andererseits von phantastischen, klischeehaften Arabesken. Aus Mungo Parks kühl-distanzierten Bericht von seinem Verhör bei König Ali[91] macht der Roman eine zwölfseitige, farbig ausgeschmückte und spannende Geschichte; die Kompaß-Anekdote, bei Mungo Park eine simple Notlüge, die die dummen Schwarzen überraschend schnell einschüchterte, wird im Roman zu einer Hommage für den Erzähler Bridgetower, zu einem Triumph seiner Erzählkunst (S. 353–358, 361–366). Eine ähnliche Metamorphose macht die Geschichte vom Eier-Essen durch. Das bei Mungo Park erwähnte Gerücht, die Weißen verzehrten Eier roh,[92] wandelt sich in *Beethoven und der schwarze Geiger* (S. 319–321) von einem Beleg für die Unaufgeklärtheit der Schwarzen in einen Beweis für die Unbeholfenheit und Gefühllosigkeit der Weißen. Diese Beispiele zeigen die Tendenzänderung: Mungo Parks kolonialer Text wendet sich um in Kulturkritik und in – ob ihrer stereotypen Ausschmückung – etwas klischeehafte Verherrlichung afrikanischer Urtümlichkeit. Beide Geschichten bedeuten aber auch eine Reverenz für die Erzählkunst. Eine drittes Beispiel baut der Roman zu einer Verherrlichung der Musik aus: Mungo Park verwendet die Geschichte vom Safi (Zauberamulett), das zu schreiben er gebeten wird, als weiteren Beleg für den in Afrika verbreiteten Aberglauben. Gegen eine Mahlzeit als Lohn kritzelt er das Schreibbrett des Schwarzen

> von oben bis unten auf beiden Seiten voll. Um gewiß die ganze Kraft des Zaubers zu besitzen, wusch mein Wirt die Schrift mit etwas Wasser von dem Brett in einen Krug, sprach einige Gebete darüber und schluckte den kraftvollen Trank hinunter. Dann leckte er noch das Brett, bis es ganz trocken war, damit ihn auch nicht ein einziges Wörtchen entwischen könnte.[93]

Beethoven entspricht dem gleichen Wunsch nach einem Safi, indem er den Anfang der Kreutzer-Sonate aufschreibt – eine dramatische Szene, an deren Ende nicht ein Reisgericht, sondern eine fürstliche Belohnung stehen wird (S. 323–325). Nicht nur für den Schwarzen sind Noten eine Geheimschrift, "auch für die meisten Europäer" (S. 323), und so wird der Trank, den der Häuptling umständlich und ehrfurchtsvoll aus der Schrift bereitet, auch für den europäischen Leser zu einem Zaubertrank: Magie der Musik.

Die antikoloniale Stoßrichtung des Textes dient natürlich auch zur Verherrlichung des Mulatten Bridgetower, der, so die stillschweigende Voraussetzung, wegen seiner Hautfarbe von den Beethoven-Biographen stiefmütterlich behandelt wurde. Mit der Tendenz, die eigene Person in den Vordergrund zu stellen, steht Bridgetower in einer Reihe mit zahlreichen Reisebeschreibern. Was

---

91 *Reisen ins Innerste Afrikas* (wie Anm. 90), S. 95.
92 Ebd., S. 144.
93 Ebd., S. 164f.

freilich sonst in Reisetexten als versteckte Intention zwischen den Zeilen herauszuspüren ist, die Selbststilisierung des Autors, das legt *Beethoven und der schwarze Geiger* offen. Ziel und Zweck der Reise ist die Re-Konstruktion der Identität des Erzählers, seine Rehabilitierung vor der Geschichte. Insofern läßt sich der Roman auch im Sinne der uralten Metapher von der Reise als Weg zu sich selbst, als Weg nach Hause lesen, wobei auf psychologische Vertiefung oder metaphysische Konnotation verzichtet wird; der Roman handhabt das Motiv spielerisch: als Suche nach dem Bild des Großvaters.

Erklärtes Ziel der geplanten Reise des Geigers mit dem Meister ist es, diesen zu einer Rückwidmung der zunächst Bridgetower, dann aber Rodolphe Kreutzer dedizierten Sonate op. 47 zu bewegen. Gleichwohl geht es weniger um dieses Ziel als vielmehr um den Weg dorthin. Tatsächlich dringt der Text nie bis zur Vollendung der Reiseskizze, geschweige denn zu deren Übergabe an Beethoven oder gar dem Zustandekommen einer gemeinsamen Reise vor. Die Skizze steht für das endgültige Werk, die Phantasie für die Reise, der Wunsch für die Rückwidmung. Indem Bridgetower seiner Niederschrift die Überzeugungskraft zutraut, Beethoven zu einer für ihn höchst ungewöhnlichen Tour und zur Zurücknahme einer Widmung zu bewegen, beweist er eine sehr hohe Achtung vor der Macht der Literatur. Es ist ein Trick epischer Ironie, daß die Lektüre des Kühnschen Buches tatsächlich jeden Leser dazu bewegen wird, für sein Teil Bridgetower zu rehabilitieren.

Zugleich ironisiert der Text, der ja keine Reise, sondern eine Reisephantasie im Visier hat, das Reisen im Geiste, das armchair-travelling des Lesers einer Reisebeschreibung. Zeitweilig vergißt der Leser tatsächlich den Skizzen- wie auch den Fiktionscharakter des Textes und verfällt in eine Reise-Illusion, aus der er aber in kürzeren Abständen wieder herausgeholt wird. Durch die Erfahrung seiner Manipulierbarkeit wird dem Leser klar, daß er auch in einer faktischen Reisebeschreibung Erfundenes und Wirkliches schlecht auseinanderhalten kann und auf den sog. Autor-Leser-Pakt angewiesen ist, die Versicherung des Autors, seine Beschreibung beruhe auf Autopsie.

Beethoven und der schwarze Geiger macht die Entstehung eines Romans zu seiner erzähllogischen Grundlage. Statt dem Leser die Welt (am Beispiel einer historischen Erzählung oder einer Afrikareise) zu erklären, erklärt er ihm die Genese eines Textes. Aus Schreibkonventionen entwickelt er Motive, aus vorgefundenen Daten Geschichten. Anstatt Wirklichkeit nachzuahmen, legt er sich einen eigenen Steinbruch an, aus dem er, für den Leser transparent, Personal und Handlung konstruiert. Er beutet literarische Quellen aus und färbt sie nach eigenem Belieben ein. Er läßt vor den Augen des Lesers die ontologischen Grenzen verschwimmen und macht ihm mit seinen Paradoxien klar, was Literatur immer selbstverständlich voraussetzt und tut.

1. Einleitung

Pompes funèbres. Jetzt also hören wir es wieder läuten, das Sterbeglöcklein für die Literatur. Kleine sorgfältige Blechkränze werden ihr gewunden. Einladungen hagelt es zur Grablegung. Die Leichenschmäuse sind, wie es heißt, sehr gut besucht: ein Messeschlager. Unter den Trauergästen scheint wenig Schwermut zu herrschen. Eher macht sich eine manische Ausgelassenheit breit, eine angeheiterte Wut. Nur scheinbar stören vereinzelte Grübler im Abseits das Fest. Sie machen ihren Trip auf eigene Faust, sorglos, als hätten sie Tee im Pfeifchen.
Der Leichenzug hinterläßt eine Staubwolke von Theorien, an denen wenig Neues ist. Die Literaten feiern das Ende der Literatur. Die Poeten beweisen sich und andern die Unmöglichkeit, Poesie zu machen. Die Kritiker besingen den definitiven Hinschied der Kritik. Die Sekunden, in denen es Ernst wird, sind selten und verglimmen rasch. Was bleibt, stiftet das Fernsehen: Podiumsdiskussionen über Die Rolle des Schriftstellers in der Gesellschaft.[1]

So beginnt 1968 im *Kursbuch* ein Artikel seines Herausgebers Hans Magnus Enzensberger mit dem Titel: "Gemeinplätze, die Neueste Literatur betreffend." Enzensberger proklamierte hier – ironischerweise in einer bis zum Manierismus literarisierten Sprache – den Tod der Literatur.

Was war los? Nach den von idealistischem Neuanfang oder kultureller Restauration geprägten Nachkriegsjahren hatte sich die deutsche Literatur politisiert. Diese engagierte Dichtung wollte sich nicht länger ins politische Abseits stellen lassen, wie in den fruchtlosen Debatten der 50er Jahre um Wiederbewaffnung und atomare Aufrüstung; sie bekannte sich zu der Überzeugung, einen gesellschaftlichen Auftrag wahrnehmen zu müssen.

Angesichts des politischen und moralischen Zusammenbruchs von 1945 lag es nahe, nationale Identität über den Anschluß an die "gesittete Welt" (Thomas Mann) auf kulturellem Gebiet zu suchen. Die integer gebliebenen älteren Literaten von Thomas Mann bis Werner Bergengruen fühlten sich als das 'bessere Deutschland'; die Jungen wie Heinrich Böll oder Günter Eich wollten nachholen, was das von der internationalen Literaturentwicklung während des NS-Regimes abgeschnittene Deutschland versäumt hatte. Als nach dem Krieg das deutsche Prestige zertrümmert war, sollte wenigstens die Kunst einen Ausgleich schaffen. Das Erscheinen von Günter Grass' Roman *Die Blechtrommel* 1959 markierte nicht nur,

---

1 Hans Magnus Enzensberger: Gemeinplätze, die Neueste Literatur betreffend. In: *Kursbuch* 15 (1968), Nov., S. 187–197, hier S. 187.

wie Enzensberger bissig vermerkt, daß wir Deutschen endlich "das Klassenziel der Weltkultur" erreicht hatten.[2] Sie bezeichnet auch den Übergang zu einer Literatur des Engagements für die Öffentlichkeit. Grass bezog persönlich Stellung für die SPD, mit ihm forderten Martin Walser, Peter Rühmkorf, Wolfdietrich Schnurre, Hans Werner Richter, Siegfried Lenz u.a. die politische "Alternative".[3]

In den 60er Jahre gewann die Linke spürbar an Boden. Symptomatisch waren der Zorn über die Große Koalition, die Forderung nach Mitbestimmung der Basis auf allen Gebieten, die APO, das Hippie-Wesen, die Opposition gegen den Vietnam-Krieg und gegen den Schah von Persien. Das alles erreichte seinen Höhepunkt in der Studentenrevolte 1968. Am 20. August des Vorjahres hatten die Truppen des Warschauer Pakts den Prager Frühling beendet. Die politische Linke in Deutschland war aufs äußerste verletzt.

In der Literatur der späten 60er Jahre wurden die ersten Anzeichen von Hinwendung zu dokumentarischer Literatur deutlich, die Literatur wollte auf die Öffentlichkeit einwirken und endlich den elfenbeinernen Turm verlassen, das Polittheater erlebte seine große Zeit mit Peter Weiss. In der Prosa ging der Trend zum Neuen Realismus. Rolf Dieter Brinkmann schockierte mit der schonungslosen Kraßheit seines ersten Romans *keiner weiß mehr* (1968), in dem bewußt Tabus gebrochen wurden und der außerdem ein illusionsloses Bild der Befindlichkeit 1967 bot, der bleiernen Ruhe vor dem Sturm. Mitglieder der Gruppe 47 unterschrieben Resolutionen. Die Literatur der Arbeitswelt wurde ein beherrschendes Thema. Die *Bottroper Protokolle* erschienen 1968.

Unversehens brach die Gruppe 47 auseinander, gerade als sie auf dem Höhepunkt ihrer Publizität stand. Gärungsprozesse waren schon lange erkennbar. Auf der Tagung 1966 in Princeton kam es zum Eklat zwischen den alten Mitgliedern und Peter Handke. Es handelte sich *auch* um einen Generationenkonflikt, aber *auch* und vielleicht v.a. um eine Trendwende. 1967 traf man sich in Franken. Studenten des SDS aus Erlangen störten massiv und wollten die Gruppenmitglieder zu einer Resolution gegen den Springer-Verlag zwingen. Es kam zu Feindseligkeiten und erstmals zu offenen Polarisierungen. Die nächste Zusammenkunft war für Prag geplant, was durch die politische Katastrophe dort verhindert wurde. Die Prager Kollegen baten Hans Werner Richter, keine Tagung der Gruppe mehr einzuberufen, solange diese Tagung in Prag nicht stattfinden könne. Es fand nie mehr eine statt, nur noch eine Art Abschiedstreffen 1990 in Prag.

Enzensberger urteilte im Rückblick auf die restaurative Ära, Deutschland habe sich immer schon als politisches Niemandsland gezeigt; das Versagen der Politik sei im Land der Dichter und Denker traditionell durch Literatur ausgeglichen worden. Der Literatur wurden, so der *Kursbuch*-Artikel "Entlastungs- und Ersatzfunktionen aufgeladen, denen sie natürlich nicht gewachsen war."[4] Tatsächlich

---

2 Ebd., S. 190.
3 Vgl. *Die Alternative oder Brauchen wir eine neue Regierung.* Hg. v. M. Walser. Frankfurt a.M.: Rowohlt 1961.
4 Gemeinplätze (wie Anm. 1) S. 190.

aber geschah in der im Umkreis der 68er Bewegung entstehenden engagierten Literatur wieder das gleiche. Wieder sprang Literatur in die politische Bresche. Freilich kämpfte sie nun nicht mehr nur mit literarischen Mitteln gegen die Politik; sie ging als Agitprop auf die Straße, wollte mit einer neuen Kunst die Politik erneuern und mit einer neuen Politik die Kunst. Der Ausgang allerdings war bitter. Nicht nur, daß im politischen Alltag die künstlerische Höhe nicht zu halten war, letztlich blieb auch das politische Engagement fruchtlos.

Statt des proklamierten Todes der Kunst und ihres Ersatzes durch Journalismus oder Dokumente konnte eine große deutsche Illustrierte schon bald hämisch konstatieren: "Nun dichten sie wieder!"[5] Meist auf dem Umweg über halbfiktionale Gattungen versuchten die Literaten ihre persönliche Betroffenheit abzuarbeiten. Die sog. authentischen Bücher fanden großes Echo. Hierher gehört auch ein Großteil der zeitweilig geradezu explosiven Produktion von Frauen.

Die enttäuschten Revolutionäre von '68 machten sich bereit für den "langen Marsch durch die Institutionen". Der Verfassungsschutz lebte auf, der Radikalenerlaß (1972) machte Schlagzeilen, fand Echo auch in der Literatur. Peter Schneider schrieb 1975 seine semidokumentarische Geschichte um die Personalakte des Lehrers Kleff: ... *schon bist du ein Verfassungsfeind*, für die er auf eigene Erfahrungen zurückgreifen konnte. Die Fronten verhärteten sich. Auf Böll wurde eine Hetzjagd unternommen. Seine Erzählung *Die verlorene Ehre der Katharina Blum* (1974) setzte fast genau *die* Reaktionen frei, die in ihr beschrieben sind. Böll machte sich mit der Satire *Berichte zur Gesinnungslage der Nation* (1975) und mit *Fürsorgliche Belagerung* (1979) Luft. Aber war dieser Streit nicht schon eine unzeitgemäße Ausnahmeerscheinung? Inzwischen war klar, daß mit der Angst vor dem RAF-Terror der Rückhalt der Linken in der Gesellschaft dahinschwand. Mit dem Ende des Vietnamkrieges entfiel ein weiteres Argument gegen das Establishment. Die ersten Anzeichen der wirtschaftlichen Rezession setzten ein, Numerus clausus und Stellenknappheit sorgten für Einschüchterung. Die Folge war der Rückzug ins Persönliche, die sog. Neue Subjektivität.

Da man keinen gemeinsamen Feind mehr hatte, wurde der Blick frei für das Persönliche und Seelische. Zwischenmenschliche Beziehungskonflikte rückten in den Mittelpunkt des Interesses – freilich nicht so, daß hier Lösungen angeboten worden wären. Vielmehr läßt sich immer mehr Sinnverlust und Hand in Hand damit immer mehr Angst diagnostizieren. Manche der Autoren, die weiterhin an realpolitischen Ideen festhielten und für den Psycho-Trend kein Verständnis aufbrachten, schimpften über "Wehleidigkeit" und "Selbstmitleid".[6] Bald aber sollte die Negativstimmung weit über das Persönliche hinaus Anschub von außen bekommen.

5 Vgl. Peter Schneider: Über den Unterschied von Literatur und Politik. In: *Literaturmagazin* 5 (1976), S. 188–198, hier S. 188.
6 Vgl. Michael Schneider: *Den Kopf verkehrt aufgesetzt oder Die melancholische Linke. Aspekte des Kulturzerfalls in den siebziger Jahren.* Darmstadt/Neuwied: Luchterhand 1981.

Nachrüstung, atomare Bedrohung, Umweltkrise riefen in den frühen und mittleren 80er Jahren eine Art Endzeitstimmung hervor.[7] Dieses kollektive apokalyptische Bewußtsein fand auch in der zeitgenössischen Literatur seinen Niederschlag – und traf auf den heftigen Widerspruch Peter Handkes, der 1983 in *Phantasien der Wiederholung* behauptete: "Sicheres Zeichen, daß einer kein Künstler ist: wenn er das Gerede von der 'Endzeit' mitmacht".[8] Immerhin waren aber ernstzunehmende Leute an diesem "Gerede" mitbeteiligt: Christa Wolf mit ihrem Buch *Kassandra* (1983) und Irmtraud Morgner mit dem Hexenroman *Amanda* (1983). Sarah Kirsch sagte expressis verbis: "Ich verstehe mich als Chronist einer Endzeit".[9] Gerhard Zwerenz zeichnete 1983 in seinem Roman *Der Bunker* (er sollte nach dem Willen des Autors eigentlich *Die letzten Tage der Deutschen* heißen) den Untergang Deutschlands im Atomkrieg.

Bereits Günter Grass' *Butt* hatte apokalyptische Züge, mehr noch schließlich *Die Rättin* (1986). Sie ist so etwas wie die Summe des apokalyptischen Alptraumes. Einen Roman im engeren Sinne bilden diese über 500 Seiten nicht, sondern eine bunte Mischung von historischen Reminiszenzen, Erzählungen, Reflexionen, Anekdoten, Dialogen, Gedichten. Mit hineingepackt ist nicht nur das Problem der globalen Bedrohung durch die Atomkatastrophe, sondern auch noch alles andere, was seinerzeit die Gemüter beunruhigte: Umweltprobleme und Sektenunwesen, Nachrüstung und Papsttum. Bereits nach drei Seiten verläßt der Text das sichere Terrain der Wirklichkeitsreferenz. Die dozierende Ratte übernimmt die Gesprächsführung, Gestalten aus den Grimmschen Märchen und den Grassschen Romanen bevölkern das Buch, Raum und Zeit erweitern sich phantastisch. Das Buch lebt erzählerisch von den apokalyptischen Visionen, gegen die es gleichzeitig protestiert. Während der engagierte Linke Grass gegen die Mythosspinnerei und lähmende Weltuntergangsstimmung seiner Kollegen wettert, geht mit dem Erzähler das Fabulieren und Jonglieren mit mythischen Gestalten und endzeitlichen Sujets durch. Ein der modernen Normalsprache entrücktes Deutsch mit Anklängen an Luther oder die Barockzeit trägt wesentlich zu dem Eindruck des Phantastischen bei, freilich immer mit dem ironischen Beigeschmack, der dem Zitat anhaftet. Die Technik der Kapitelüberschriften von mehreren Zeilen hat Grass aus dem Roman des 17. Jahrhunderts

---

7 Vgl. auch Paul Konrad Kurz: *Apokalyptische Zeit. Zur Literatur der mittleren achtziger Jahre*. Frankfurt a.M.: Knecht 1987. Volker Lilienthal: Irrlichter aus dem Dunkel der Zukunft. Zur neueren deutschen Katastrophenliteratur. In: *Pluralismus und Postmodernismus*. Hg. v. H. Kreuzer. 3. wes. erw. Aufl. Frankfurt a.M. u.a.: Lang 1994, S. 209–243.

8 P. Handke: *Phantasien der Wiederholung*. Frankfurt a.M.: Suhrkamp 1983, S. 89. Erwiderung von Hildesheimer: Endzeit – nur ein Gerede? In: *Die Zeit* 5.12.1986. Wieder in: *Wolfgang Hildesheimer*. Hg. v. V. Jehle. Frankfurt a.M.: Suhrkamp 1989, S. 36–39. – Vgl. auch: Peter Handke: *Kindergeschichte*. Frankfurt a.M.: Suhrkamp 1981, S. 126: "auch die 'Endzeit' war nur ein Hirngespinst".

9 *Stuttgarter Zeitung* 8.11.1983. Auch in: *Deutsche Literatur 1983. Ein Jahresüberblick*. Hg. v. V. Hage. Stuttgart: Reclam 1984, S. 244.

übernommen, benützt sie aber, um den Leser zu mystifizieren, anstatt ihn zu informieren. Doch greifen die a-logischen Assoziationen noch weiter zurück, bis ins Alte Testament und zur Kabbala. Mit der 12-Zahl der Vollendung schließt das Buch:

> DAS ZWÖLFTE KAPITEL, in dem eine Kutsche in die Vergangenheit fährt, zwei alte Herren von dazumal reden, eine andere Damroka schöngelockt ist, Museumsstücke gesammelt und Ratten gemästet werden, eine traurige Nachricht das Geburtstagsfest trübt, Solidarność siegt, doch vom Menschen nichts bleibt und sich die letzte Hoffnung verkrümelt. (S. 465)

1983 stellte die *Stuttgarter Zeitung*[10] namhaften Autoren drei Fragen, die für die Stimmung damals symptomatisch waren:

> 1. Welche Auswirkungen werden die "neuen Medien" auf das Buch haben; wird dessen Einfluß spürbar zurückgehen?
> 2. Befällt Sie angesichts der atomaren Totalbedrohung des menschlichen Lebens nicht manchmal ein Gefühl der Ohnmacht, das bis zur Resignation beim Arbeiten führt?
> 3. Erreicht die Literatur heute noch das Bewußtsein der Menschen, oder, anders gefragt, worauf hoffen Sie, wenn Sie schreiben?

■ Zu Frage 1: Als Bedrohung wurde von den Autoren die Wirkung der Medien nicht empfunden. Man hält das Buch nach wie vor für die bessere Wahl, freilich auch für die Wahl der Besseren. Die schlagendste Begründung lieferte Gerhard Zwerenz: "Ich glaube nicht an den Einfluß von Literatur".[11]

■ Zu Frage 2: Hier stammt die bezeichnendste Antwort von Siegfried Lenz: "Ja. Aber ich schreibe trotzdem weiter".[12]

■ Zu Frage 3: Keiner der Autoren konnte sich dazu aufraffen, eine gesellschafts-verändernde Wirkung seiner Bücher zu erhoffen. Aber alle bekannten sich zum Ethos des Schriftstellers: "meine Pflicht und Schuldigkeit tun, solange und so gut ich es kann" (Martin Gregor-Dellin).[13]

Aus diesen Antworten spricht eine Art trauriger Trotz. Sie klingen vielfach wie resignierte Durchhalteparolen: "Ich hoffe, daß alles so weitergeht" (Gabriele Wohmann).[14] Kein Wunder, daß in den Geschichten, die erzählt werden, auch alles einfach weitergeht, auch wenn man manchmal nicht versteht, warum. Die große Freudigkeit der 60er Jahre war verflogen, aber es wurde weitergeschrieben.

Allerdings nicht von allen. Einer jedenfalls zog radikale Konsequenzen: Wolfgang Hildesheimer verkündete 1984 in einem Interview mit Tilman Jens im *Stern*, fortan wolle er nur mehr malen.

---

10 Ebd., S. 237–246.
11 Ebd. S. 242.
12 Ebd., S. 243.
13 Ebd., S. 246.
14 Ebd., S. 241.

> Wenn ich am Arbeitstisch sitze und Collagen mache oder zeichne, dann verlie-
> re ich das Gefühl für jede Zeit. Wenn ich aber am Schreibtisch sitze und nach-
> denke, dann guckt mich das bare Entsetzen an über unsere Zeit und unsere
> Lage, so daß ich also absolut gelähmt bin [...]. Ich hasse es, als Prophet des
> Unheils bezeichnet zu werden [...]. Nein, ich bin kein Pessimist, eigentlich bin
> ich Realist. [...] Ich glaube, daß in wenigen Generationen der Mensch die Erde
> verlassen wird, das heißt auch der Hildesheimer-Leser. Um es ganz pathetisch
> zu sagen, ich fühle mich um meine Zukunft betrogen. Ich glaube, daß es eine
> Nachwelt, von der die Künstler früher vielleicht einmal träumen konnten,
> nicht mehr geben wird.[15]

Hildesheimer hat für diesen seinen Entschluß üble Kommentare bekommen.
Heiner Müller nannte ihn "etwas ganz Defätistisches". "Wenn ich eine Arbeit
mache, dann mache ich sie doch, weil ich diese Arbeit gern mache, weil ich sie
so gut machen will, wie ich kann [...] ohne Rücksicht auf Folgen, Umstände und
auch auf die Überlebensfähigkeit des Materials". Die lustvolle Untergangsstim-
mung, so Müller, sei überhaupt schuld an der elenden Qualität der Literatur.[16]
– Ob es sich hier nicht einer zu einfach machte, der allenthalben vom Erfolg
verwöhnt war?

In den 80er Jahren bürgerte sich das unzusammenhängende Schreiben ein.
Mehr und mehr kamen Collagen auf den Markt (vgl. Gerhard Roth: *Landläufiger
Tod*, 1984), unverbunden nebeneinanderstehende Textteile, Essayistisches neben
Fiktionalem, Reflexionen neben Zeitungsausschnitten. Felix Philipp Ingolds
Haupts Werk (1984) ist ein Schnipselbuch am äußersten Rand der Les- bzw.
Verwendbarkeit. Michael Buselmeiers *Monologe über das Glück* (1984) wirken im
Vergleich dazu geradezu konservativ. Sie bieten lauter kleine, feinsinnige Geschichten an, voll von literarischen Anspielungen, die meisten durchaus linear,
mal in Ich-, mal in Er-Form erzählt, auch raumzeitlich festzumachen; sie erzählen von Natur- und Leseerlebnissen, von Begebenheiten aus der Studentenrevolte; immer wieder tritt die skurrile Figur Schoppe auf, Buselmeiers alter ego, das
er von Jean Paul geerbt hat. Freilich: Für die Miniaturen einen Sinnzusammenhang zu stiften, bleibt dem Leser überlassen.

Botho Strauß ist mit *Paare Passanten* (1981) einer der wichtigsten Vertreter der
Schnipseltechnik. Dem 'richtigen Erzählen' erteilt er in *Der junge Mann* (1984)
eine Abfuhr.

> Ihnen etwas erzählen? Aber sie können nicht eine Minute lang zuhören!
> Unablässig fallen sie sich gegenseitig ins Wort und eine haltlose Behauptung
> will die andere übertrumpfen. Ihre Unterhaltungen irren dahin, sprunghaft
> und quer, voll fahriger Schnitte, wie ein Abend im TV. [...] Daher macht den
> Erzähler seine Gabe verlegen. Keineswegs weil er nichts erlebt hätte – er kann

---

15 "Der Mensch wird die Erde verlassen." *Stern* 12.4.1984.
16 Interview mit Uwe Wittstock in: *FAZ Magazin* H. 307, 17.1.1986. Wieder in: *Deutsche
   Literatur 1985. Jahresüberblick*. Hg. v. V. Hage. Stuttgart: Reclam 1986, S. 294–302, hier
   S. 295.

schließlich aus dem Geringsten schöpfen, sondern weil er die elementare Situation, jemandem etwas zu erzählen, nicht mehr vorfindet oder ihr nicht mehr trauen kann. Weil er zu tief schon daran gewöhnt ist, daß ihm ohnehin gleich das Wort abgeschnitten wird. (S. 9f.)

Strauß war deshalb heftigen Angriffen ausgesetzt. Der passantisch Schreibende, so Michael Schneider, drücke sich um die Komposition eines Großen, Ganzen, um Konsequenz und Plausibilität, er stopfe zwischen Buchdeckel nur möglichst viel Zeitgeist.[17] Solche Bücher konsumiere man wie eine Peep-Show.

Angesichts solch herber Kritik verwundert es nicht, daß bereits um die Mitte der 80er Jahre jene Debatte um den Wert des Erzählens einsetzte, die in den späten 90er Jahren die Diskussion beherrschen sollte. Als Meilensteine dieses Prozesses und Katalysatoren des Streits der Meinungen können wir zwei Bücher herausgreifen, die freilich ganz verschieden im Duktus sind und auch ganz unterschiedlich beurteilt wurden: Martin Walsers *Brandung* und Patrick Süskinds *Das Parfum*. Sie scheinen symptomatisch genug, um an dieser Stelle nähere Betrachtung zu verdienen.

Martin Walser ist ein Autor, der trotz seiner Berühmtheit in der Literaturszene einen schweren Stand hat – und dies nicht erst seit den bitteren Debatten um sein autobiographisches Werk *Ein springender Brunnen* (1998). Liest man die Kritiken, die er in den 80er Jahren bekam, so hat man den Eindruck, daß er es schon damals niemandem recht machte. Aufgrund seiner vermeintlichen politischen Wandlung ist er den Anhängern aller Richtungen verdächtig. Verdächtig ist er auch schon deshalb, weil er tatsächlich gelesen wird. Akzeptanz durch das Publikum ist eine in der deutschen Literaturszene eher skeptisch betrachtete Errungenschaft. Auch Walsers 1985 erschienenes Buch *Brandung* war erfolgreich. Es ist, was man gerne mit dem Terminus "welthaltig" bezeichnet, daneben genau komponiert, linear und schlüssig erzählt. Die z.T. höhnischen Kritiken für diesen Roman offenbaren die ganze Widersprüchlichkeit des sog. Literaturbetriebes. Die *Stuttgarter Zeitung* (Gerhard Stadelmaier) monierte, Walser sei einer, der seit Jahrzehnten immer genau mit der Zeit geht, oben auf schwimmend, ein literarischer Wendehals und Erfolgstyp. Martin Lüdke griff Walser demgegenüber als einen Verfasser an, dessen Romanstil sich unbekümmert von der Literaturentwicklung der letzten 50 Jahre an der Vormoderne orientiere.[18]

Es ist sicher falsch, wenn man *Brandung* als konventionell erzählt bezeichnen wollte. Der Text verzichtet nämlich weitgehend auf eine vermittelnde Erzählinstanz. Obgleich in Er-Form geschrieben, handelt es sich – wie bei Walser öfter –

---

17 *Nur tote Fische schwimmen mit dem Strom.* Darmstadt/Neuwied: Luchterhand 1984, S. 170.
18 G. Stadelmaier in: *Stuttgarter Zeitung* 17.8.1985. – M. Lüdke in einem Interview mit Walser in: *Buch Journal* (1985), H. 6. Wieder in: *Deutsche Literatur 1985. Jahresüberblick.* Hg. v. V. Hage. Stuttgart: Reclam 1986, S. 256–261, 302–312. Eine Zusammenfassung der verschiedenen, sehr gegensätzlichen Stellungnahmen der Kritik findet sich bei Alexander Mathäs: *Der kalte Krieg in der deutschen Literatur. Der Fall Martin Walser.* New York/Berlin u.a.: Peter Lang 1992 (= German Life and Civilisation 12), S. 167–172.

um einen verkappten Ich-Roman. Die Sichtweise ist streng monoperspektivisch. Der Leser schaut die Welt durch die Augen des Protagonisten Helmut Halm an. Er erfährt unmittelbar Halms Gedanken, Hoffnungen und Ängste, und er gewinnt durch Halms Selbstironie (u.a. durch die Dispute zwischen ER-Halm und ICH-Halm) den Abstand von der Hauptfigur, den er zur selbständigen Beurteilung der Vorgänge braucht. Halm – obgleich perspektivierende Instanz – spielt sich seinerseits nicht als Kommentator auf. Er registriert nur, freilich mit ungemein feinem Sensorium für Einzelheiten und kleinste Nebentöne und mit höchst origineller und anschaulicher Metaphorik. Halm übernimmt also keineswegs – wie vielleicht zu erwarten gewesen wäre – die Erzählerrolle; diese bleibt unbesetzt. An die Stelle des kommentierenden epischen Berichts treten szenische Darstellungen mit direkten und indirekten Reden von oft fast ermüdender Ausführlichkeit, allerdings auch von sehr unmittelbarer Anschaulichkeit. Dank dieser Genauigkeit und unterstützt durch eine größere Zahl von symbolträchtigen Konfigurationen kann sich der Leser auch ohne die Hilfe einer Erzählinstanz ein Urteil bilden, sogar gegen die vordergründige Textevidenz. Dies führt zu Befriedigung beim Lesen. Keineswegs aber hat Walser sich und seine Kunst kompromittiert, indem er ungebührlich Rücksicht auf den "Unterhaltungswert" legte. Jenseits der Diskussion um U- oder E-Literatur[19] ist *Brandung* nicht nur ein gut lesbares, sondern durch seine Konstellation auch interessantes Buch: Helmut Halm, der aus *Ein fliehendes Pferd* bekannte, unter seiner mangelnden Vitalität und seinem unvermeidlichen Altern leidende Lehrer, wird mit dem vollen Leben Kaliforniens, seines Landes Utopia, konfrontiert.

Die ganze Anti-Walser-Kampagne erscheint umso unverständlicher, als man sich bereits zur damaligen Zeit zugegebenermaßen nach lesbarer Literatur und nach griffig Erzähltem sehnte. *Brandung* gibt ein lebhaftes Bild eines amerikanischen Campus, seiner Studenten, seines Lehrkörpers und stellt eine plastische Figur, einen Zeitgenossen, der im Gedächtnis haften bleibt, in den Mittelpunkt. Das Buch konfrontiert mit einem Problem, das weit über die geläufige Midlifecrisis-Diskussion hinausgeht und bietet dem belesenen Rezipienten – ein anderer kommt heute ohnehin nicht mehr in Betracht – obendrein das Vergnügen vieler versteckter Zitate und Allusionen (z.B. auf Goethe, Rilke, Heine, Shakespeare, Faulkner). Freilich ist Walser weder als Erzähler noch als Moralist so unverbindlich wie man es vielleicht gerne mag, noch hat er sich einen jener hochexplosiven Stoffe gesucht, die alle Sinne erregen.

Stimulierende Essenzen finden sich hingegen reichlich in Patrick Süskinds *Das Parfum* (1985). Damit ist dieser langanhaltende Bestseller freilich nicht zureichend beschrieben. *Das Parfum* bietet eine faßliche, bündige, sogar spannende und final erzählte Geschichte, einen 'Helden' und ein zentrales Thema, nämlich

---

19 Bereits bei Erscheinen von *Brief an Lord Liszt* hatte Martin Lüdke dekretiert: "Die Alternative heißt: Literatur oder Unterhaltung. Martin Walser hat sich entschieden." Wer hat Angst vor Martin Walser? In: *Frankfurter Hefte* 38 (1983), H. 1, S. 66–69, hier S. 69.

das Problem von Macht, Verführung und Liebe, sinnfällig gemacht am Beispiel eines Sensoriums, des Geruchssinns. Die Macht dieser sonst unterschätzten Wahrnehmungskraft erscheint bei Süskind ins Märchenhafte gesteigert. Gleichwohl ist dieses Buch alles andere als bloß effekthascherisch, auch wenn die zünftige Literaturkritik es bisweilen in die Ecke der Unterhaltungsliteratur stellen wollte. Trotz seiner phantastischen Übersteigerung und seines historischen Sujets läßt sich seine Grundproblematik durchaus auf unsere Gegenwart anwenden, indem es seinen Protagonisten als extremen Egozentriker vorführt. Tatsächlich sind viele der Hauptfiguren, die die Gegenwartsliteratur bevölkern, in hohem Maße autistisch, einzig von sich selbst fasziniert. In der Regel gilt dieser Narzißmus als Positivum, weil er den Helden psychologisch interessant und stark macht. Demgegenüber kommt, moralisch gesprochen, Süskind das Verdienst zu, das menschenverachtende Potential bloßgelegt zu haben, das in einem Egozentriker stecken kann.

Wahrscheinlich aber geht es an der Absicht des Buches von Süskind vorbei, wenn man ihm eine erzieherische oder aufklärerische Absicht unterschieben wollte. Vermutlich trifft eher Marcel Reich-Ranicki ins Schwarze, wenn er die pädagogische Enthaltsamkeit lobt: Autoren wie Patrick Süskind "wollen uns nicht belehren, sie bilden sich nicht ein, sie könnten die Welt verbessern; es ist ihnen auch nicht daran gelegen, der Kunst neue Wege zu weisen oder die Literatur zu revolutionieren."[20] Solche Sätze wären zehn Jahre früher eine Verunglimpfung gewesen. Im Zuge der neuen Unverbindlichkeit, des postmodernen Spieltriebs, sind sie ein großes Lob.

Der Erfolg von Süskinds Buch liegt darin, daß es verschiedene Leserschichten ansprechen kann, vielerlei Lesarten zuläßt. Es kann vordergründig unterhaltsam als eine Art Krimi und aufsehenerregende "Geschichte eines Mörders" (Untertitel) gelesen werden, und man kann es hintersinnig mit Einbeziehung all seiner vielfältigen Anspielungen und Parodien rezipieren.

Das Parfum ist lesbar als ein historischer Roman, als Geschichte aus dem Frankreich des 18. Jahrhunderts. Exakte Datierungen und zahlreiche Verweise positionieren den Text in jener morbiden vorrevolutionären Epoche, wobei nicht die geschichtlichen Fakten und Ereignisse als solche, sondern eher die historische Patina und zeitliche Entrücktheit wichtig sind.

Gleicherweise kann man das Buch als Künstlerroman in der Tradition der Romantik oder Thomas Manns rezipieren. Die Hauptfigur des Parfumkompositeurs Grenouille kann in seiner Genialität, aber auch in seiner Fragwürdigkeit durchaus neben die klassischen Musiker- oder Malerfiguren der Künstlerromane gestellt werden.

Es ist ein grotesker Roman mit einer makabren Hauptgestalt. Das Scheusal als Romanheld – man fühlt sich an Günter Grass' Oskar erinnert. Der Mensch ohne Geruch ist wie der Mann ohne Schatten (*Schlemihl*), der nicht Fixierbare, sein

---

20 *FAZ* 31.12.1986.

eigener Doppelgänger, "ein monströses Doppelwesen", unheimlich schon bei seiner Geburt. Das Genie ist zugleich die Verkörperung des Unheimlichen – dies alles sind aus der Romantik sattsam bekannte Motive. Grenouille ist zudem a-moralisch und a-politisch, er steht außerhalb der Gesellschaft.

Das Parfum ist auch ein allegorischer Roman, der hinter seinen Sinnes- und Landschaftsbeschwörungen allerlei verbirgt. Spielt die Kannibalismus-Szene nicht auf den griechischen Mythos vom Zerrissenwerden des Orpheus, des Prototyps des Künstlers, an? Ist das Riechwasser, das keine Spuren hinterläßt, nicht eine Allegorie der Geschichtslosigkeit? Hat die Betörung durch Riechen nicht vielfache Vorläufer in Geschichten von Betörung durch Hören, Schauen oder Berühren, also durch andere Sinneswahrnehmungen?

Das Parfum ist schließlich ein parodistischer Roman mit Textzitaten, die aber nicht kenntlich gemacht sind. Es gibt Anspielungen auf Eichendorffs "Mond-nacht", Claudius' "Der Mond ist aufgegangen", Goethes *Faust*, Novalis' *Heinrich von Ofterdingen*, E.T.A. Hoffmanns *Rat Krespel*, Rilkes Gedicht "Der Alchemist", Manns *Doktor Faustus*, Grass' *Blechtrommel*, auf Rimbaud und auf Baudelaires "Le Flacon" und "Parfum exotique", um nur einige zu nennen.

Der Erfolg der Bücher von Walser und Süskind und die z.T. herbe Kritik an ihnen dürfte v.a. darauf zurückzuführen sein, daß beide, ihren literarischen Ansprüchen zum Trotz, auf erzähltheoretische Finessen verzichten und statt dessen konsistent und linear, ja sogar final erzählen. In dieser Hinsicht – und nur in dieser – sind sie "vormodern" geschrieben. Sie sind nicht sprachskeptisch, sie errichten eine epische Illusion, ohne sie anschließend zu durchbrechen oder zu ironisieren, sie legen ihren Fiktionscharakter nicht bloß, springen auch nicht zwischen verschiedenen Fiktionsebenen hin und her. Sie verwir-ren den Leser nicht durch Zeitsprünge, blinde Motive oder parallele Führung mehrerer Erzählstränge. Dies soll nicht heißen, daß die Mitarbeit, die Kombi-nations- und Dechiffrierkunst des Lesers nicht gefragt wären. Die 90er Jahre haben gezeigt, daß gerade die Autoren der jetzigen jüngeren Generation die Doppelbödigkeit einer textinternen Reflexion meiden. Man nennt dies – nicht ganz zutreffend – "Rückkehr zum Erzählen". Ansonsten aber sind weder *Bran-dung*, noch *Das Parfüm* oder gar die Romane und Erzählungen der jungen Erzäh-ler der späten 90er Jahre einfach "vormodern". Von den Erzählforderungen des Realismus lassen sie wesentliches vermissen: Süskinds *Parfum* mangelt es an Plausibilität, Wahrscheinlichkeit, Walsers Buch an einer kommentierenden Erzählinstanz.

Gleichzeitig mit der Debatte um das Erzählen bewegte eine andere, seinerzeit ungleich härter geführte Diskussion die Gemüter der Leser und Autoren: die Frage nach dem Sinn und der Berechtigung neuer irrationaler Tendenzen in der Literatur. Nicht von ungefähr entbrannte diese Kontroverse nach dem Erschei-nen von Handkes indikatorischem Buch *Die Wiederholung*. Michael Schneider stellte im Rahmen der Wiesbadener Literaturtage im Herbst 1986 "Ketzerische Betrachtungen über den gegenwärtigen Literaturbetrieb, die Herren der kriti-schen Zunft und die Säulenheiligen des Feuilletons" an. Darin zieht er gegen den geschichtslosen Mystizismus eines Handke und Strauß zu Felde.[21] Bereits bei der Vortragsreihe der Berliner Akademie der Künste (1985/86) hatte er zu dem Thema "Wie vernünftig kann Literatur sein?" Ähnliches gesagt.[22] Verteidigt wird hier der letzte Rest des Glaubens an die gesellschaftliche Funktion der Literatur; die Verteidiger sehen sich auf verlorenem Posten. Hermann Burger erklärte in seinen Frankfurter Poetik-Vorlesungen, in den 60er Jahren hätten die Schriftsteller verkündet, die Welt müsse verändert werden. "Genügt es nicht, wenn sie mit anderen Augen gesehen wird?"[23] Volker Hage schließlich prägte in der *Zeit* das vielzitierte Wort: "Die Literatur hat ihre öffentliche Rolle aufgegeben. Und mit ihr jeden Anspruch auf Repräsentanz – das gilt für den persönlichen Auftritt des Schriftstellers ebenso wie für dessen Werk."[24]

Immer wieder in neuer Einkleidung stehen sich die Lager gegenüber: Hier die Aufklärer, die für die gesellschaftliche Verantwortung der Literatur plädieren, dort die Vertreter einer sich selbst allein verantwortlichen Kunst. Hier die Realitätsfreunde, die ein größeres Publikum ansprechen wollen, dort die Formalisten und Avantgardisten, denen es um Qualität und Innovation geht. Soweit sind es die bekannten Muster der Querelle des anciens et des modernes. Die Postmoderne aber, die – um ein Buch von Jürgen Habermas[25] zu zitieren, angeblich die "Neue Unübersichtlichkeit" zum Programm erhoben hat, scheint jegliches literaturwissenschaftliche System über den Haufen zu werfen.

Einige der Ideen der Postmoderne sind dem Leser von älterer Literatur längst vertraut, wie das Spiel mit Gattungserwartungen des Lesers oder etwa die illusionszerstörende Thematisierung des eigenen Schreibens (vgl. oben Erzähltheorie, Einleitung). Die Postmoderne geht – wie vielfach schon die Moderne – von der Voraussetzung aus, daß die Wirklichkeit womöglich gar nicht deutbar ist. Wo Deutung und intersubjektives Verstehen problematisch sind, hat die deutende Erzählinstanz ihren Sinn verloren; der Erzähler zieht sich zurück; gleichzeitig schrumpfen die Figuren in ihrer Personalität, ihrer Rundung und Individualität. Nicht von ungefähr war das 19. Jahrhundert, die Zeit als man sehr individualitätsgläubig war, die große Zeit des Romans. Die heutige Kollektivierung und Abstraktion produziert auch im Roman eher Typen und synthetische Figuren, das läßt sich z.B. bei Thomas Bernhard beobachten, aber auch schon bei Joyce und Musil. Die Figuren sind nicht mehr psychologisch vertieft; die Handlung löst sich auf. Zugleich mit dem Kommentator schwindet die ethische Perspektive. Raum-Zeit-Bezüge werden unsicher, Fiktionalität wird problematisch. Es werden keine wahrscheinlichen Gegenwelten mehr geschaffen; statt dessen versucht die

---

21 Vgl. *Deutsche Literatur 1986. Jahresüberblick.* Hg. v. V. Hage. Stuttgart: Reclam 1987, S. 118f.
22 Vgl. *Der Traum der Vernunft. Vom Elend der Aufklärung.* 2. Folge. Darmstadt/Neuwied: Luchterhand 1986. Darin M. Schneider: Wie vernünftig kann Literatur sein?, S. 74–95, bes. S. 86.
23 *Die allmähliche Verfertigung der Idee beim Schreiben.* Frankfurt a.M.: Fischer 1986, S. 104.
24 *Die Zeit* 10.11.1989.
25 *Die neue Unübersichtlichkeit.* Frankfurt a.M.: Suhrkamp 1985.

Prosa – etwa bei Kafka oder Ingeborg Bachmann – allenfalls das vorgefundene Zusammenhanglose, offenbar Sinnlose und Rätselhafte zu dechiffrieren. Schon 1958 schrieb Nathalie Sarraute in den *Akzenten* über das "Zeitalter des Mißtrauens", in dem die Romane nicht mehr von lebensnahen Figuren, sondern nur mehr von Schemen bevölkert sind und in dem kein Autor mehr konsistente Geschichten erfinden will.[26] Benn nennt schon 1944 "Kausalität" ein "sehr dürftiges Zuordnungsverfahren"; im Grunde ließe sich Geschichte nur beschreiben "unter Zuhilfenahme von anekdotischen Reflexen", "als Wochenschau reanimalisierter Welten".[27]

Die Sprache verselbständigt sich, wird autoreferentiell, statt referentiell im Dienst einer Sache zu stehen. Wirklichkeit gibt es vornehmlich in Wörtern; Figuren sind nicht beschreibbar, sondern zitierbar (vgl. Thomas Bernhard). Literatur ist nicht mehr Spiegel der Wirklichkeit, so daß das Leben das eigentliche wäre und die Literatur das Bild; die Literatur vielmehr schafft neue Wirklichkeiten, die mit unseren Erfahrungen kollidieren. Soll es überhaupt Sinnzusammenhänge geben, so hat der Leser sie zu schaffen. Er ist, wie schon der Nouveau Roman betonte, die Hauptperson, deren Mitarbeit gefordert wird.[28]

Hanns-Josef Ortheil hat in einem Beitrag für die *Zeit* 1987 den postmodernen Autor als den eigentlich leser- und kritikerfreundlichen Autor beschrieben: einen, der die Spielregeln zu Beginn auf den Tisch legt und dann mit dem Leser gemeinsam Roman spielt, ein ironisches Spiel, weil die Künstlichkeit der Regeln stets bewußt bleibt.[29] – Das ist, so hübsch es klingt, weder neu noch eigentlich hilfreich. Zu allen Zeiten lagen die Stil- und Gattungsregeln mehr oder weniger offen da, denn Literatur kalkuliert den 'wissenden' Leser immer mit ein. Die Metapher von der Kunst als Spiel stammt schon aus der Antike, und vom Manierismus bis zur Konkreten Poesie wurde das Spielerische, Artifizielle immer wieder einmal besonders betont. Der vielberufene Spielcharakter, die formale Ausrichtung der sog. postmodernen Literatur ist also nur eine Spielart. Ob aufgrund dessen schon eine leserfreundliche, populäre Literatur zu haben ist, wie Ortheil suggeriert, muß stark bezweifelt werden. Gerade dort, wo Literatur auf ihre Künstlichkeit verweist, fordert sie viel von ihren Rezipienten. Dies gilt heute vielleicht umso mehr, als der potentielle Leser durch den dauernden Umgang mit visuellen Medien auf lebensgleiche Illusion programmiert ist. Je anspielungsreicher, künstlicher und konstruierter Literatur ist, desto anstrengender wird sie, wohl auch desto elitärer.

---

26 Das Zeitalter des Mißtrauens. In: *Akzente* 5 (1958), S. 33–44.
27 Die geschichtliche Welt. In: Gottfried Benn: *Sämtliche Werke*. Bd. IV, Prosa 2. Stuttgarter Ausg., hg. in Verb. m. I. Benn von G. Schuster. Stuttgart: Klett-Cotta 1989, S. 368.
28 Vgl. Alain Robbe-Grillet [Diskussionsbeitrag] in: *Akzente* 13 (1966), S. 6f., hier S. 7.
29 Das Lesen – ein Spiel. Postmoderne Literatur? Die Literatur der Zukunft! Auszugsweise in: *Die Zeit* 17.4.1987, vollständig in *Deutsche Literatur 1986. Jahresüberblick*. Hg. v. V. Hage. Stuttgart: Reclam 1987, S. 313–322.

Ortheil nennt drei Beispiele: Wolfgang Hildesheimers *Marbot*, Klaus Hoffers *Bei den Bieresch* (1979.1983), Gerold Späths *Commedia* (1980). Tatsächlich lassen diese Bücher relativ schnell erkennen, welchen Spielregeln sie folgen. Nur – wie viele Leser werden hier mitspielen können oder wollen? *Marbot* ist eine fiktive Biographie, die vom Leser fordert, sein gesamtes Bildungswissen über das 19. Jahrhundert zu aktivieren, *Bei den Bieresch* stellt einen mehrfach verschlüsselten Text über die undurchschaubaren Sitten eines undurchschaubaren Volkes dar, und *Commedia* besteht aus an die 200 Miniatur-Lebensgeschichten und etwa 100 grotesken Gegenstandsbeschreibungen. Populär wie Romane von John Updike, Umberto Eco oder Gabriel García Márquez sind diese Bücher alle nicht und können es auch nicht werden. Wenn angeblich die Postmoderne den Verlust der künstlerischen Aura feiert, so ersetzt sie die künstlerische durch die Bildungsaura: Die intertextuellen Bezüge zu entschlüsseln, ist wahrlich kein populäres Geschäft.

Die Kehrseite der Spielfreudigkeit ist die Weigerung, zu Inhalten Stellung zu beziehen, Literatur als Quelle von Erfahrung und Erkenntnis vorzulegen. Diese Abstinenz kann verstörend wirken; der Vorwurf der Perspektivelosigkeit liegt nahe, der Langeweile, Leere, die nicht nur vorhanden sind, sondern zelebriert werden. Falls sich – wie Lucien Goldmann behauptet – Gesellschaftsstruktur und Romanstruktur entsprechen (Strukturhomologie), so ließe sich diese Erscheinung als Homologie zur gesellschaftlichen Befindlichkeit erklären, zur Fin-de-siècle-Stimmung, zur Hoffnungsarmut, zu Gleichgültigkeit und Zynismus.[30]

Früher trat Literatur vornehmlich unter dem Anspruch auf, beispielhaft Welt und Leben vorzuführen, das richtige Leben zu lehren oder jedenfalls zur Diskussion zu stellen. Kritiker wie Frank Schirrmacher[31] fordern auch von heutigen Autoren, daß sie die Probleme der Gegenwart in ihren Büchern aufgreifen. Man vermißt Großstadtromane, Texte, die zur Umweltproblematik oder zu Problemen des deutsch-deutschen Verhältnisses und der Wiedervereinigung Stellung beziehen – womöglich und am besten endgültig und verbindlich. Nun verzichten aber nicht wenige Vertreter der neuesten Literatur ganz bewußt auf 'Welthaltigkeit', weisen den Anspruch, Literatur müsse Lebensprobleme diskutieren, zurück. Bis vor wenigen Jahren geschah das v.a. aus strukturellen Gründen. Die 80er und frühen 90er Jahre waren theoriebeladen. Nicht nur, daß Nietzsche, Benjamin, Baudrillard und Derrida diskutiert werden – auch die Einbeziehung des Erzählers in den Text, das Problematisieren des eigenen Schreibens kann beschwerend wirken. Der poeta doctus der Gegenwartsliteratur – auffallend viele Autoren sind studierte, ja promovierte Literaturwissenschaftler – schreibt poetologisch bewußt. Nicht wie zu *leben*, sondern wie zu *lesen* sei, wollen uns die Autoren beibringen – so die prägnante Formulierung von Hubert Winkels in einem Artikel in der *Zeit* 1990. Man mag das besondere Bemühen um "sprachbewußte und reflexiv

---

30 Umfrage in der *Zeit* zum Jahresende (26.12.) 1986: Hat die Hoffnung noch eine Zukunft?
31 *FAZ* 10.10.1989.

durchgestaltete Texte"[32] postmodern nennen; das Etikett ist gleichgültig. Den Grund für diese Abkehr vom Inhaltlichen hat schon 1975 Hildesheimer in seinem Essay *The end of fiction* dargelegt: Es gibt keine allgemeinen, folglich auch keine exemplarischen Erfahrungen mehr.[33] Aus dieser Wahrheit freilich lassen sich verschiedenste Schlüsse ziehen. Hildesheimer selbst leitete seinerzeit aus ihr ab, daß es Unsinn sei, noch länger Geschichten zu erzählen. Heute erzählt man, aber man erzählt ohne Verbindlichkeit. Ethische Verantwortung, gesellschaftliches Engagement liegen den jungen Erzählern der späten 90er Jahre ebenso fern wie den theoriefreudigen Literaten der 80er Jahre.

Einerseits wird Literatur erkannt als ein mit den Erbstücken vergangener Generationen überladenes Kunstmedium. "Die Lektüre prägt nicht mehr Wahrnehmung und Empfindung, sie erinnert daran wie einmal Wahrnehmung und Gefühle geprägt worden sind."[34] Sie bewahrt Wörter, Formulierungen, Motive. Botho Strauß spricht von der "Wiederaufbereitung verbrauchten symbolischen Wissens", von "Recycling des Bedeutungsabfalls".[35] Immer mehr wird Literatur aus Literatur gemacht: Ransmayers *Die letzte Welt* verarbeitet Ovids Werk, Jochen Beyses *Der Aufklärungsmacher* verdankt sich Friedrich Nicolai, Christoph Geisers *Das Gefängnis der Wünsche* führt den Goethe der *Italienischen Reise* mit Marquis de Sade zusammen, Günter Grass verwertet in *Ein weites Feld* Schädlich und Fontane, Sten Nadolny knüpft in *Er oder ich* gar an ein eigenes Buch an (*Netzkarte*, 1981).

Andererseits zieht eine neue Erzählnaivität ein, scheinbar abbildende Beschreibungen von Alltagswirklichkeit wie bei Judith Hermanns *Sommerhaus, später* (1998), Thomas Meineckes *Tomboy* (1998), Thomas Brussigs *Am kürzeren Ende der Sonnenallee* (1999), Birgit Vanderbekes *Ich sehe was, was du nicht siehst* (1999). Daß hier das Realistische leicht ins Surreale, ins Märchenhafte umschlägt, scheint mir zu wenig beachtet. Auch ist die Kunstlosigkeit mancher dieser Gebilde (z.B. bei Ingo Schulze mit *Simple Storys*, 1998) ein veritables Kunstprodukt.

Die Literatur der Gegenwart ist alles andere als homogen. Zu ihrer Vielfalt gehört auch Prosa, die nicht so recht in die belletristische Szene paßt: brisant Politisches wie *Abgang* von Peter-Jürgen Boock (1988), selbst ehemaliges RAF-Mitglied und zu lebenslanger Haft verurteilt, Dokumentarisches wie die Reportagen Erich Hackls, Journalistisches wie die Arbeiten von Matthias Horx, Matthias Matussek oder Ilija Trojanow. Und auch was die Zurückhaltung auf volkspädagogischem Gebiet anlangt, so liegen die Dinge nicht so einfach. Zweifellos haben viele Literaten seit den 70er Jahren den Anspruch auf öffentliche Wirksamkeit

---

32 Hubert Winkels: Was ist los mit der deutschen Literatur? In: *Die Zeit* 2.3.1990. Wieder in: *Deutsche Literatur 1989. Jahresüberblick*. Hg. v. F.J. Görtz u.a., Stuttgart: Reclam 1990, S. 287–298, hier S. 293.

33 The End of Fiction. In: *Merkur* 30 (1976), S. 57–70 (vom Autor besorgte dt. Übers. eines engl. Vortrages aus d.J. 1975). Engl. Fassung in: *Das Ende der Fiktionen. Reden aus fünfundzwanzig Jahren*. Frankfurt a.M.: Suhrkamp 1984, S. 103–122.

34 Winkels in *Jahresüberblick* (wie Anm. 32).

35 Ebd., S. 298.

aufgegeben. Den Anspruch auf Erziehung der Seelen vertraten aber gerade die Bewohner des Elfenbeinturms mit umso größerem Nachdruck. Seit den 90er Jahren haben eben diese, nämlich Strauß und Handke, auch politischen Staub aufgewirbelt: Strauß mit seinem Spiegel-Essay *Anschwellender Bocksgesang* vom Februar 1993, Handke mit seinen pro-serbischen Stellungnahmen zum Balkankrieg: *Eine winterliche Reise zu den Flüssen Donau, Save, Morawa und Drina oder Gerechtigkeit für Serbien* (1995/96), *Sommerlicher Nachtrag zu einer winterlichen Reise* (1996), *Unter Tränen fragend* (2000).

Das Fiktionale hat längst aufgehört, die Prosa zu beherrschen. Es gibt vielfältige Mischformen von "Halbfiktion" (Dieter Kühn), daneben haben nicht-fiktionale Schreibweisen Konjunktur. So haben sich neben den Journalen – etwa Max Frischs berühmten Tagebüchern – in den 80er Jahren die Gedankensammlungen nach Art von Lichtenbergs *Sudelbüchern* eingebürgert. Zu erwähnen sind etwa Martin Walsers *Meßmers Gedanken* (1985) als Begleitbuch zu *Brandung*, die *Notizbücher* (1981/82) zu Peter Weiss' *Ästhetik des Widerstands* und die entsprechenden Sammlungen von Peter Handke.[36] Notatenbücher waren eine Zeit lang, wohl wegen ihrer unprätentiösen Vorläufigkeit, die Lieblingskinder mancher Schriftsteller. Unser Zeitalter, so lästerte Thomas Bernhard, sei "als Ganzes" ja schon lange nicht mehr auszuhalten; "nur da, wo wir das Fragment sehen, ist es uns erträglich."[37]

Trotzdem gibt es noch die opera magna: 1900 Seiten umfassen die vier Romanbände *Jahrestage* von Uwe Johnson (1970–1983). Familiengeschichte als Zeitgeschichte manifestiert sich auch im Werk Walter Kempowskis, in dessen Darstellungen sich viele Zeitgenossen wiederfanden (vgl. unten Kap. 3). Kempowski selbst spricht von nicht weniger als einer "Deutschen Chronik". Die Bände decken die Epoche 1900 bis 1957 ab.[38] Das Monumentalwerk des 1982 in Stockholm verstorbenen Peter Weiss, zugleich sein künstlerisches Vermächtnis, die Trilogie *Ästhetik des Widerstands*, erschienen 1975, 1978 und 1981, ist wohl eines der wichtigsten Bücher der zweiten Jahrhunderthälfte.

Kurzgeschichten werden – im Unterschied zu den Jahren nach 1945 – in den letzten drei Jahrzehnten kaum mehr geschrieben; hingegen ist seit den späteren 90er Jahren eine Hochkonjunktur der kürzeren Erzählungen zu beobachten, die vielleicht mit der sog. Wiederentdeckung des Erzählens einhergeht. Den Anfang machte im Herbst 1996 der von Martin Hielscher herausgegebene Sammelband *Wenn der Kater kommt*. Es folgten eine ganze Reihe von Erzählbänden, nicht nur

---

36 *Das Gewicht der Welt. Ein Journal* (1977), *Die Geschichte des Bleistifts* (1982), *Phantasien der Wiederholung* (1983), *Die Lehre der Sainte-Victoire* (1984), *Langsam im Schatten* (1992).
37 *Alte Meister*. Komödie. Frankfurt a.M.: Suhrkamp 1985, S. 41.
38 1971 erschien *Tadellöser & Wolff* (Zeit des "Dritten Reiches"), 1972 *Uns geht's ja noch Gold* (1945–48, Zeit der sowjetischen Besatzung in Rostock; 1948 wird der 18jährige Walter Kempowski verhaftet), 1975 *Ein Kapitel für sich* (1948–56, von der Haft des Verfassers bis zu seiner Abschiebung in die BRD; erweiterte Fassung von *Im Block*, 1969), 1978 *Aus großer Zeit* (1900–1920), 1981 *Schöne Aussicht* (1920–38), 1984 *Herzlich willkommen* (die Jahre nach der Entlassung, 1956 und 1957 in der BRD).

von Autoren der jungen Generation.[39] Auch Ingo Schulzes schon erwähnter, lose
gefügter Roman *Simple Storys* (1998) gehört in gewisser Weise hierher.

Wir haben mit Enzensbergers Proklamation des Todes der Literatur begonnen.
Diese totgesagte Literatur ist aber in den letzten 30 Jahren so lebendig gewesen,
daß man verzweifeln möchte, will man sich in ihrem Wucherfeld zurechtfinden.
Recht behalten hat Enzensberger trotzdem. Illusionslos nämlich hatte er in
seinem Artikel prophezeit, daß Kommerz und Literaturbetrieb auf jeden Fall
überleben.[40] Vielleicht haben die neuen Medien die Leserschaft noch mehr
schrumpfen lassen, vielleicht ist damit die öffentliche Wirksamkeit von Kunst
noch geringer geworden. Immerhin hat es Marcel Reich-Ranicki verstanden,
durch sein "Literarisches Quartett" der Diskussion über Literatur – eigentlich
einer sehr elitären Sache von sehr wenigen Sachverständigen – einen ziemlichen
Unterhaltungswert, sprich: hohe Einschaltquoten, abzugewinnen. Nach der
Sendung werden die Bücher erfahrungsgemäß gut verkauft. Nicht Qualität,
sondern Aufmerksamkeit ist die Leitwährung unserer Wohlstandsgesellschaft.

Stürme in der Kritikerbranche, besonders natürlich Verrisse, werden von der
Feuilleton-lesenden Öffentlichkeit begierig aufgenommen. Da war die Diskussion
um die sog. Stunde Null, der Streit um die Integrität von Autoren der Nachkriegszeit – nicht nur, aber doch immer wieder ausgelöst durch die runden
Geburtstage von Ernst Jünger, zuletzt den 100.; da erregte die wachsende Zahl
der DDR-Emigranten Aufsehen, der PEN-Club machte Schlagzeilen, dann kam
nach der Wende der Ärger um die Berliner Akademie der Künste, schließlich der
Literaturstreit um Christa Wolf und die Kontroverse um die moralische Integrität
der DDR-Literatur. All dies hat Resonanz gefunden. Der Literaturbetrieb ist ganz
offensichtlich viel interessanter als die Literatur selbst. Ihn zu verfolgen, kostet
auch viel weniger Zeit und Konzentration als die Lektüre eines Buches. Deutliches Indiz für das wuchernde "literarische Leben" ist die gleichnamige Rubrik
im "Köttelwesch", Abteilung 20. Jahrhundert nach 1945, die in den letzten
Jahren signifikant angeschwollen ist.[41]

Mit einer großen Menge von Preisen und Stipendien sorgen Öffentliche Hand
und literarische Gesellschaften für Aufmerksamkeit. Daß hier einiges Geld fließt,
darf ruhig auch gesagt werden. Kein Zweifel: Beim Publikmachen helfen auch
weniger selbstlose Kräfte nach. Der Rummel beispielsweise, den die Medien,
vorab das Fernsehen, um den Klagenfurter Ingeborg-Bachmann-Wettbewerb
(seit 2000 "Tage der deutschsprachigen Literatur") machen, ist sogar den Kritikern seit Jahren zuviel geworden. Ins Leben gerufen wurden das Treffen, eine

---

39 Karin Reschke: *Kuschelfisch* (1996), Eckhard Henscheid: *10:9 für Stroh* (1998), Uwe
   Timm: *Nicht morgen, nicht gestern* (1999), Judith Hermann: *Sommerhaus, später* (1999),
   Friedrich Christian Delius: *Die Flatterzunge* (1999), Terézia Mora: *Seltsame Materie* (1999),
   Melitta Breznik: *Figuren* (1999), Julia Franck: *Bauchladen. Geschichten zum Anfassen*
   (2000).

40 Gemeinplätze (wie Anm. 1), S. 188.

41 *Bibliographie der deutschen Sprach- und Literaturwissenschaft.* Begründet v. H.W. Eppel-
   heimer, fortgeführt v. C. Köttelwesch und B. Koßmann. Frankfurt a.M.: Klostermann.

Idee Marcel Reich-Ranickis, als Ersatz für die Gruppe 47. Ein Gruppenbewußtsein irgendeiner Art hat sich aber in Klagenfurt nie entwickeln können; dort nämlich sind die Kritiker die Hauptpersonen, in der Gruppe 47 aber waren es die Autoren. Auch hat sich keine gemeinsame Signatur der bisherigen Preisträger herauskristallisiert. Und auch die Auswirkung des Klagenfurter Ritterschlages ist unsicher. Einige Preisträger wurden auch nach der Preisverleihung nicht bekannt, andere waren es schon vorher, eine ganze Reihe wurden es auch ohne Klagenfurt. Insgesamt dürfte die Bedeutung der Auszeichnung als solcher hinter der Bedeutung der Medienwirksamkeit zurückbleiben.

Alljährlich können sich in Deutschland ca. 750 Literaturpreisträger freuen. Die Dotationen belaufen sich von 60 000 DM für den Büchnerpreis der Deutschen Akademie für Sprache und Dichtung bis zu ein paar Hundert Mark als Förderpreise von literarischen Gesellschaften. Dazu kommen Stadtschreiberstellen, Stipendien, finanzierte Auslandsaufenthalte. All das macht Schlagzeilen, und das ist wesentlich, genauso wichtig wie die verschiedenen Formen der Konsumlenkung durch Kanonbildung: die Bestsellerlisten im *Spiegel*, die Bestenlisten des Südwestfunks[42] oder die Bibliothek der 100 Bücher in der *Zeit*. Literatur scheint ohne Mediengetöse nicht mehr unters Volk zu bringen zu sein. Ein Zeichen setzte Günter Grass bzw. sein Verlag Steidl mit der Werbe- und Verkaufsstrategie von *Ein weites Feld*.

Apropos Verkauf: Ganz so brotlos ist die Kunst nicht, auch nicht, wenn man keinen Preis, keine Landesförderung und keine Stadtschreiberstelle erhalten hat. Daß auf dem Buchmarkt auch Absatzchancen bestehen, beweisen die Verkaufserfolge in den 80er Jahren: Von Patrick Süskinds erstem Roman *Das Parfum* wurden noch im Erscheinungsjahr 1985 mehr als 300.000 Exemplare verkauft. Günter Wallraffs *Ganz unten* ging in den ersten vier Monaten nach seinem Erscheinen 1985 in 1,8 Millionen Exemplaren über den Tresen. Einen Millionen-Absatz hatte auch Michael Endes *Unendliche Geschichte*. Sehr erfolgreich waren aber auch Christa Wolfs *Störfall* (1987) sowie Christoph Ransmayrs *Letzte Welt* (1988).

Enzensberger hatte freilich nicht nur den Tod der Literatur, sondern auch das Ende der Kritik prophezeit.[43] Hat er hierin recht behalten? Manchmal hat man zwar den Eindruck, als sei Gegenwartsliteratur weniger die Sache der Leser, sondern v.a. Angelegenheit der professionellen Literaturkritik. Wieviel aber leistet diese Kritik und was sind ihre Kriterien? Seit Bücher nicht mehr mit der gesellschaftskritischen Elle gemessen werden, scheint auch der letzte Maßstab verloren. Nicht einmal wird man ein Buch verwerfen, weil es vielleicht eine negative gesellschaftliche Wirkung haben könnte. Die Gewaltdiskussion der

---

42 *Die besten Bücher*. 20 Jahre Empfehlungen der deutschsprachigen Literaturkritik. Die "Bestenliste" des SWF. Hg. v. J. Lodemann. Frankfurt a.M.: Suhrkamp 1995.

43 "Für literarische Kunstwerke läßt sich eine wesentliche gesellschaftliche Funktion in unserer Lage nicht angeben. Daraus folgt, daß sich auch keine brauchbaren Kriterien zu ihrer Beurteilung finden lassen." Gemeinplätze (wie Anm. 1), S. 195.

letzten Jahre hat die Fernsehzuschauer auf die Gefahren der Abstumpfung gegen Roheit hingewiesen. Bücher, von denen man annimmt, daß sie nur in die Hände von gebildeten und ethisch gefestigten Personen kommen, haben keine Schelte zu befürchten. Sind gegen die Qualität von Elfriede Jelineks *Die Klavierspielerin* ernsthafte Bedenken laut geworden, weil in diesem Buch aus dem Jahr 1983 sadistische Szenen zu lesen sind? Nimmt jemand an der Blutrünstigkeit von Thomas Hettches *Nox* Anstoß? Wer würde Gert-Peter Eigner einen schlechten Schriftsteller nennen, weil er den Teufel für seine Bücher entdeckt hat? Solcher Kriterien hat die Literaturkritik sich längst entschlagen. Angesichts des ästhetischen Pluralismus lassen sich aber auch Kriterien für die Beurteilung der Schreibkunst als solcher, formale Konventionen nur mehr schwer festmachen, von Normen ganz zu schweigen. Nicht einmal ein Gruppenkonsens gibt dem Kritiker ästhetische Maßstäbe an die Hand, weil es keine entsprechenden Gruppen gibt. Daß das Schlagwort "Postmoderne" nirgends zum normbildenden Kriterienkatalog werden konnte, war zum Glück allen von Anfang an klar.

Da nirgendwo objektiver Anhalt zu finden ist, verlassen sich die Kritiker auf ihren persönlichen Geschmack, pochen auf ihre Erfahrung. Wenn Reich-Ranicki behauptet: "Das interessiert mich nicht", so ist das eine sehr individuelle Äußerung. Die literarische Öffentlichkeit akzeptiert diese persönliche Meinung aber mangels objektiver Wertmaßstäbe als Verdikt. Kritiker verschleiern ihre instrumentelle Hilflosigkeit häufig, indem sie sich einer poetischen Sprache bedienen. Nicht selten ist die Kritik eines Buches glänzender als das Buch selbst. Mit einer literarisierten Besprechung voll von metaphorischen Umschreibungen beweist der Kritiker zwar, daß er selbst ein guter Literat ist bzw. wäre, aber er dient nicht seiner Sache. Griffiger, aber auch angreifbarer sind diejenigen Rezensenten, die selbst eine Norm setzen, ästhetische Relevanz definieren und ein Werk danach beurteilen. Freilich geht dieses Verfahren leicht an dem konkreten Text vorbei, den es beurteilen sollte, weil es nach seinem eigenen Ideal sucht.

In diesen Fehler verfielen einige Kritiker im Zusammenhang mit dem sog. deutsch-deutschen Literaturstreit um Christa Wolf.[44] Die ungewohnt schrillen Töne, die verbissene Ernsthaftigkeit dieser Auseinandersetzung waren erschreckend. Mit einem Mal hatte politische Integrität wieder etwas mit ästhetischer Qualität zu tun, gesellte sich Ideologiekritik wieder zur Literaturkritik. Das Verhältnis zwischen Politik und Literatur wurde im Licht der Abrechnung mit den DDR-Autoren wieder interessant. Anlaß war die 1990 erschienene Erzäh-

---

44 Zum deutsch-deutschen Literaturstreit gibt es inzwischen ein Reihe von Sammelbänden. Aufgrund dieser leicht zugänglichen, lückenlosen Dokumentation wird im folgenden auf Einzelnachweise verzichtet. *Der deutsch-deutsche Literaturstreit oder "Freunde, es spricht sich schlecht mit gebundener Zunge". Analysen und Materialien.* Hg. v. K. Deiritz u. H. Krauss. Hamburg: Luchterhand 1991. *"Es geht nicht um Christa Wolf". Der Literaturstreit im vereinten Deutschland.* Hg. v. Th. Anz. München: edition spangenberg 1991. *Akteneinsicht Christa Wolf. Zerrspiegel und Dialog. Eine Dokumentation.* Hg. v. H. Vinke. Hamburg: Luchterhand 1993.

lung *Was bleibt* von Christa Wolf. Daß Wolf bis zuletzt treue Anhängerin ihres Systems war, wußte jeder. Selbstverständlich hatte sie deswegen auch Vergünstigungen. Nun nahm ihr die Kritik einen Bericht übel, in dem sie einen Tag von Morgen bis Abend erzählt. Sie berichtet von Beschattung, an die sie sich längst gewöhnt habe, von der massiven Beeinträchtigung einer Lesung durch die Geheimpolizei. Wolf zufolge war diese Erzählung zehn Jahre in der Schublade gelegen; sie habe sie schon im Sommer 1979 geschrieben, im November 1989 habe sie sie nur noch überarbeitet.

Der Ärger der bundesdeutschen Kritik gründete darin, daß eine Schriftstellerin, die bekanntermaßen als Hätschelkind der DDR gelten konnte, sich als deren Opfer darstellte. Freilich weiß jeder aufmerksame Beobachter des sozialistischen Staates, daß dieses Regime sich hervorragend darauf verstand, doppelgleisig zu fahren. Privilegien und Unterdrückung mußten sich in dieser Logik keineswegs widersprechen. Inzwischen hat die Einsicht in die Stasi-Akten gezeigt, daß die Autorin zwischen 1959 und 1962 als (weitgehend wertloser) IM tätig war, daß sie andererseits – wie auch ihr Mann Gerhard Wolf – seit 1969 bespitzelt wurde. Diese Überwachung intensivierte sich, als sich die Autorin im Sommer 1978 die Petition gegen die Biermann-Ausbürgerung unterzeichnete. Das im Oktober 1996 erschienene Buch von Joachim Walther *Sicherungsbereich Literatur* über die Stasi-Verbindungen brachte zutage: Christa Wolf berichtete auf insgesamt 130 Blättern an die Stasi über Dinge, die im Grunde allgemein bekannt waren. Die Stasi aber sammelte *über sie* detaillierte Informationen, die 22 oder sogar 24 Bände füllen. Niemand macht sich freilich im nachhinein noch die Mühe, den Streitfall in diesem neuen Licht noch einmal aufzurollen. Und dies umso mehr, als es in Wahrheit vielleicht wirklich nicht um Wolf ging.

Aus menschlicher oder politischer Sicht war es gut verständlich, daß sich Ärger über ihre Stellung als Bevorzugte des Regimes Luft machte – verwunderlich nur, daß dieser Ärger so lange auf sich warten ließ. Offenbar wuchs erst nach der Wende den Beteiligten der nötige Mut zu. Keineswegs wurde Christa Wolf im deutsch-deutschen Streit nur von westlicher Seite angegriffen, sondern auch von östlicher, etwa von Hans Noll. Vollkommen verständlich waren bittere Töne von Reiner Kunze und Wolf Biermann, die wegen ihres konsequenten Verhaltens die DDR hatten verlassen müssen. Aber auf die politische Ebene beschränkte sich der Streit eben nicht, er wendete sich ins Ästhetische. Erkannte das Hohe Gericht der literarischen Kritik (in Person von Ulrich Greiner, Frank Schirrmacher u.a.) bei Wolf auf falsche Einstellung zum totalitären Staat und mangelnden Mut, so war damit zugleich das Verdikt über die Qualität ihrer Schriften gesprochen, die aus falscher Voraussetzung heraus geschrieben seien. Mit der Gleichsetzung von ethischem und ästhetischem Versagen wurde wieder die längst totgeglaubte Gesinnungsästhetik propagiert.

Christa Wolfs *Was bleibt* ist als Erzählung ein Tagesbericht nach der Art von *Störfall* (1993) oder *Juninachmittag* (1965). Keineswegs handelt es sich um ein Buch, das mit den eigenen Leiden prahlt. Es spricht ein selbstkritisches, vorsichtiges Ich, das trotz der Bitterkeit über die Bespitzelung geradezu inständig versucht, die eigenen Peiniger menschlich zu verstehen und politisch zu entschuldigen. Die komplizierte Seelenverfassung des Gläubigen, der wider alle Vernunft um seinen Glauben ringt, wird hier bloßgelegt. Es ist überdies ein sehr genau geschriebenes Buch, das Gefühle in ihrer ganzen Verworrenheit und Widersprüchlichkeit mit feinster Präzision wiedergibt. Ich meine: ein sehr gut geschriebenes Büchlein. Leider hatten einflußreiche Kritiker für die Kompliziertheit dieser Seelenlage kein Sensorium. Weil sie an der moralischen Berechtigung der Gefühle zweifelten, die in dem Büchlein zur Sprache kamen, hatten sie keine Geduld mehr, das schonungslos und erschütternd genau geschriebene Protokoll dieser Gefühle zu lesen. Als ob die Rezipienten von Literatur bislang nach der Berechtigung der Gefühle, die sie zu lesen bekamen, gefragt hätten. Eine genaue Lektüre von *Was bleibt* hätte erbracht, daß das, was hier aufgezeichnet wird, so überzeugend wirkt, daß es gar nicht mehr interessiert, ob die historische Person Christa Wolf nun sachlich gesehen das Recht zu solchen Leiden und Ängsten hatte. Seit Jahren predigt die Literaturkritik die strikte Trennung von historischem Autor und Ich-Sprecher im Buch; warum wird sie nicht auch hier praktiziert?

Der sog. deutsch-deutsche Literaturstreit war kein Streit um Literatur, sondern ein schmerzhaftes Symptom der Trennung von Ost- und Westdeutschland. So wenig zunftgerecht die eine Seite vorging, so wenig die andere. Sachfremd war auch die Argumentation von Walter Jens, der seine Verteidigung von Wolf überschrieb: "Plädoyer gegen die Preisgabe der DDR-Kultur".[45] Damit wurde nun erst recht politisch statt literarisch argumentiert.

Inzwischen ist Gras über die Sache gewachsen, so viel, daß Wolfs 1994 erschienene Essaysammlung *Auf dem Weg nach Tabou* kaum mehr Aufregung hervorrief. In ihr hat sie genau das getan, was sie vielleicht eher hätte bleiben lassen sollen: Sie hat sich politisch geäußert statt poetisch. Diese Sammlung von tagebuchartigen Notizen, Briefen, Reden zeigt sie in beklemmender Weise als die gleiche, die sie vor der Wende war, ungeachtet Wolf Biermanns Ratschlag: "Nur wer sich ändert, bleibt sich treu" (Überschrift seines Artikels in der *Zeit* vom 24.8.1990). *Auf dem Weg nach Tabou* sieht nun viel mehr nach dem aus, was man *Was bleibt* vorgeworfen hat: nach einem Reinwasch-Buch.

Manches spricht dafür, daß der Streit um Christa Wolf und die DDR-Literatur der gesellschaftlichen Relevanz von Literatur doch neuen Auftrieb gegeben hat. In den 90er Jahren gab es wieder mehr politische oder moralische Debatten um Literatur, äußerten sich Schriftsteller zur Tagespolitik. Die heikle Frage nach der Rolle des Schriftstellers in der Gesellschaft, nach Repräsentation und moralischer Instanz ist noch längst nicht vom Tisch; dies beweist die Kontroverse um Martin Walsers Rede anläßlich der Verleihung des Friedenspreises des Deutschen Buchhandels 1998.[46] Die Reaktionen waren so heftig, daß inzwischen eine 680 Seiten

---

45 "Es geht nicht um Christa Wolf" (wie Anm. 44), S. 167.
46 Erfahrungen beim Verfassen einer Sonntagsrede. In: *Friedenspreis des Deutschen Buchhandels 1998*. Martin Walser. Ansprachen aus Anlaß der Verleihung. Frankfurt a.M.: Börsenverein/Vlg. d. Buchhändler-Vereinigung 1998, S. 37–51.

umfassende Dokumentation erscheinen konnte.[47] Von mehreren Diskutanten ist eine literarische Rettung der (übrigens rhetorisch wenig brillanten) Rede versucht worden. Sie betonen z.B. die Literarizität einer über ganze Strecken sich des Potentialis bedienenden Ansprache. Dem läßt sich die Verantwortung des Schriftstellers gegenüber dem Gewicht seines öffentlich gesprochenen Wortes entgegenhalten. Die antike Rhetorik hätte in einem solchen Fall nicht zu unrecht Luzidität des Ausdrucks verlangt. Von diesen stilistischen Fragen abgesehen, scheint der Diskussion das Problem zugrunde zu liegen, ob der Schriftsteller das Sprachrohr oder das Gewissen der Nation zu sein hat, denn beides läßt sich – zumindest vordergründig – nicht immer verbinden. Ohne Frage hat Walser mit seiner jüngsten Rede wieder einmal ein Tabu gebrochen. Während aber früher seine Befürworter und seine Gegner in politisch differenten Lagern zu finden war, ist das heute keineswegs mehr so einfach. Auch Juden und Linksintellektuelle zollten Walser Respekt. Andererseits zeigten die entsetzten Reaktionen von Ignatz Bubis und vielen anderen nur zu deutlich, daß die Zeit für eine Diskussion über die Erinnerung an die Verbrechen des Nazi-Regimes noch nicht gekommen ist. Noch gibt es Betroffene, für die die deutsche Sprache selbst belastet ist (z.B. das von Walser verwendete Verb "wegschauen"), noch gibt es zu viele Traumatisierte, die nicht über ihre Erlebnisse reden können[48] und auf gewisse Formen des Andenkens angewiesen sind. Angesichts ihrer nur allzu verständlichen Verletzbarkeit läßt sich nicht über die Problematik einer Institutionalisierung und Instrumentalisierung von "Gedenken" diskutieren.

Die letzten 30 Jahre deutschsprachige Literatur sind eine Epoche voll faszinierender Entwicklungen und lebhafter Diskussionen. Der sog. Literaturbetrieb war sicher nicht auf den vielbeschworenen elfenbeinernen Turm beschränkt. Der Umgang mit dem gesprochenen und geschriebenen Wort, die Kritikfähigkeit des Denkens und die Einsicht in gesellschaftliche Zusammenhänge sind heute wie ehedem Gegenstand, Ziel und erhofftes Ergebnis der Beschäftigung mit Literatur. Dies ist Grund genug, das Lesen nicht aufzugeben – vom Vergnügen ganz zu schweigen.

---

47 *Die Walser-Bubis-Debatte. Eine Dokumentation.* Hg. v. F. Schirrmacher. Frankfurt a.M.: Suhrkamp 1999.

48 Vgl. Ignatz Bubis im Gespräch mit Korn, Schirrmacher und Walser am 14.2.1998, in: Die Walser-Bubis-Debatte (wie Anm. 47), S. 438–465, hier S. 441: "Es ist eine Zeit, über die ich nicht rede." Dieses Nicht-Sprechen-Können ist ein Phänomen, das sich bei außerordentlich vielen Überlebenden der Schoah beobachten läßt.

2. Realismus

Es gibt keine Literatur mehr. Das, was heute in Deutschland so heißt, wird von niemandem gekauft und gelesen, außer von Lektoren und Rezensenten, den Autoren selbst und einigen letzten, versprengten Bildungsbürgern. Die deutsche Literatur dieser Jahre und Tage ist eine Literatur der peinlichen aber allessagenden Minimalauflagen, die sich in der Regel zwischen mehreren hundert und bestenfalls ein-, zweitausend Exemplaren bewegen. [...] Die Bücher [...], die heute die Belletristik systembildend dokumentieren, sind sperrige, abweisende Ideen- und Wortkonstrukte ohne Sinn für Dramaturgie – [...] ungangbare Ausflüge in die unwichtigen Seelenqualen ihrer unwichtigen Wohlstandsgesellschaft-Autoren.
[...] Die Literatur ist am Ende, sagten sie. Der Roman ist tot. Das Publikum oberflächlich und dumm. Und die Schriftsteller nur noch Totengräber der eigenen Sache.
Die Konsequenz aus diesem defätistischen, uninspirierten Avantgardistendenken war, daß in jahrzehntelanger Knochenarbeit, in einem Exorzismus nach echter Akademikerart, der deutschen Literatur jedes Leben, jedes Stück Wirklichkeit und der Wille zur Außenweltkommunikation ausgetrieben wurden. Und Generationen von jungen Autoren, die bei Verlagen und Kritikern überhaupt noch eine Chance bekommen wollen, paßten sich – bewußt oder unbewußt, aus Opportunismus oder Überzeugung – diesem modischen Wirklichkeitsverbot an und schufen einen Kanon, der ebensoviel Sinnlichkeit hat wie der Stadtplan von Kiel.

Dieses Zitat ist nicht die veränderte Neuauflage von Enzensbergers Kursbuchartikel, sondern ein "Grundsatzprogramm" genannter Beitrag des Schriftstellers Maxim Biller, veröffentlicht in der *Weltwoche* vom 25.7.1991. Er ist überschrieben: *Soviel Sinnlichkeit wie der Stadtplan von Kiel. Warum die neue deutsche Literatur nichts so nötig hat wie den Realismus."*
Realismus als das Heilmittel für die Gegenwartsliteratur – daran glaubt nicht nur Maxim Biller. Was aber bedeutet dieser Terminus überhaupt? Realismus ist eine der meistgebrauchten und unpräzisesten Vokabeln; gemeint sein kann die regulierte Schreibart des sozialistischen Realismus ebenso wie jene Wirklichkeits- und Alltagsnähe, die Biller und die sog. neuen Erzähler anstreben, die Literatur der Arbeitswelt der 68er Generation oder der eher experimentell wirkende "Sprachrealismus" eines Helmut Heißenbüttel. Nicht gemeint ist die idealisierende Naturnachahmung, wie sie der poetische Realismus des 19. Jahrhunderts anstrebte, obwohl dieser für den sozialistischen Realismus Pate stand.

1934 wurde die realistische Schreibart vom 1. Sowjetischen Schriftstellerkongreß zur allein gültigen erhoben. Kennzeichen des sozialistischen Realismus, der die Norm für alle Schriftsteller im sozialistischen Lager sein sollte, sind Lebensechtheit, Einfachheit, inhaltliche Festlegung auf Darstellung des sozialistischen Kampfes um eine bessere Welt, positive Einstellung ('Perspektive'), positives Personal (Held). Dieses Programm war natürlich Diskussionen und Modifikationen ausgesetzt und wurde auch kritisiert. Bereits in den 30er Jahren hatten Ernst Bloch und Bertolt Brecht mit dem "Marx der Ästhetik", Georg Lukács, Kämpfe ausgetragen, und in den 50er und 60er Jahren hatte der Literaturwissenschaftler Hans Mayer vergeblich vor einer Verarmung und Trivialisierung der Literatur durch den Zwang zu einer bestimmten Darstellungsweise gewarnt. Mayers Begriffsprägung von der "sozialistischen Gartenlaube" und seine Klage: "Der Tisch unserer Literatur ist karg gedeckt" wurden zu geflügelten Worten. Weder die Kritik der Intellektuellen noch die leichten Modifizierungen in den 70er Jahren änderten grundsätzlich etwas an der Tatsache, daß die DDR an ihrem Literaturprogramm festhielt. Trotz verschiedener Erweiterungen des Realismusbegriffes bestand im Grund die Verpflichtung zum volkstümlich-einfachen und optimistischen Schreiben fort.

Die Zielvorgaben des sozialistischen Realismus lassen sich an Hermann Kants *Die Aula* erläutern. Daß dieses überaus erfolgreiche Buch schon aus dem Jahr 1966 stammt und mithin nicht mehr in unsere Ära fällt, tut in diesem Fall nichts zur Sache, denn die nachfolgenden Bücher Kants folgten dem gleichen Schema, nur daß sie nicht mehr so flott geschrieben waren. Die oben erwähnten inhaltlichen und stilistischen Vorgaben sind jeweils eingehalten. Kant hat in der *Aula* schlicht, naiv und zeitweilig auch in der kolloquialen Sprache der Arbeiter erzählt ('Einfachheit'); auch die Geschichte ist klar: Es geht um das Schicksal der Arbeiter- und Bauern-Fakultät (ABF) in Greifswald (auch wenn der Ortsname vermieden wird), also um ein sozialistisches Thema ('Lebensechtheit'). Es gibt eine Anzahl positiver Helden aus den Reihen hoher Parteifunktionäre – hier grenzt das Buch nicht selten an Hagiographie. Kontrastierend treten negative Entwicklungen auf, allen voran die Geschichte des Republikflüchtlings "Quasi" Riek. Negative Aspekte stehen grundsätzlich in irgendeiner Verbindung mit dem kapitalistischen Westen. Hingegen erweist sich, daß eine zunächst sehr fragwürdig, ja menschenverachtend wirkende Intrige, die die Partei eingefädelt hatte, zu dem besten Erfolg führte ("Die Partei, die Partei, die hat immer recht"): Die Partei hatte Trullesand, den Freund des Ich-Erzählers Iswall, gegen seine Intention verheiratet und zum Studium der Sinologie nach China geschickt. Dieses Unternehmen, das einzig im Interesse der Partei stand, war freilich zum persönlichen Glück der Betroffenen ausgeschlagen. Auch hier kann man sich religiöser Assoziationen nicht enthalten: Die Partei schreibt gerade auch auf krummen Zeilen. Somit ist der positive Ausgang gesichert.

Kant gelingt nun mit diesem Bericht von den Fährnissen der ABF und dem weiteren Lebensweg ihrer ehemaligen Studenten die Quadratur des Kreises: Er bringt all diese hehren Dinge im leichten Plauderton – die Tradition von Fallada und Kästner ist noch lebendig. Dazu vermeidet er, bei so vielen positiven Gestalten auch noch den Ich-Erzähler allzu strahlend erscheinen zu lassen, hält sich hier vielmehr an die im Sozialismus gepflegte Kultur der Selbstkritik. Iswall – von Beruf Reporter – ist ein selbstironischer, feinfühliger Beobachter und genauer Berichterstatter. Seine Satiren sind im Grunde harmlos und vermeiden geschickt die wirklichen Probleme, erzeugen jedoch zusammen mit dem flapsigen Ton und der burschikosen Jugendlichkeit eine Grundstimmung der Leichtigkeit. Der in diesem Buch herrschende Humor ist getragen von grundsätzlicher Übereinstimmung mit der Gesellschaftsordnung, von der vertrauensvollen Zuversicht, auf dem richtigen Dampfer zu sitzen. Das Buch liest sich leicht und vergnüglich. Trotz seines primären Anliegens, der ABF ein Denkmal zu setzten, wurde es auch im Westen ein großer Erfolg.

Kant hat das Muster des sozialistischen Entwicklungs- und Heldenromans noch mehrfach nachgeschrieben. Vorbildlich für die sog. Wandlungsliteratur, die sozialistische Form der 'Vergangenheitsbewältigung', wurde *Der Aufenthalt* (1977). Kant hat hier die eigenen Kriegserlebnisse im Sinne eines Bildungsromans aufgearbeitet. Der Ich-Erzähler, der Arbeiter Mark Niebuhr, wird wie sein Autor gegen Kriegsende noch eingezogen und gerät in Kriegsgefangenschaft. Weil ihn eine Polin fälschlich beschuldigt, ein KZ-Mörder zu sein, kommt er in ein Lager für Kriegsverbrecher. Dort beginnt seine Selbstbesinnung, sein Umdenken, religiös gesprochen seine Bekehrung. Wiewohl er schließlich rehabilitiert wird, kommt Niebuhr zu der selbstkritischen Anschauung, daß jeder Kriegsteilnehmer seine Verantwortung zu tragen habe. Niebuhrs schwieriger Erkenntnisprozeß, verbunden mit der Entwicklung eines sozialistischen und antifaschistischen Bewußtseins, das den Krieg als imperialistisches Machwerk erkennt, bildet den eigentlichen Kern dieses Romans, der die Tradition des sozialistischen Realismus mit einer psychologischen Komponente anreichern will.

Das faszinierend Einfache des sozialistischen Realismus bestand darin, daß hier eine Literatur propagiert wurde, die sich ganz in den Dienst einer politischen Idee stellte und auf diese Weise ihre Zielvorgaben, ihre gesellschaftliche Verankerung und ihre Legitimation erhielt. Diese Vorstellung begeisterte in den späten 60er Jahren auch die revolutionäre Linke des Westens. Die sog. Literatur der Arbeitswelt mit ihren Protokollen erinnert stark an den 'Bitterfelder Weg'.[1] Martin Walser plädierte 1973 expressis verbis für einen sozialistischen Realismus, der "Macher einer besseren Welt" statt "Krüppel" zeigen sollte.[2] Und auch Franz Xaver Kroetz bekannte sich zu einer konstruktiven Literatur, die politische

---

1 Kulturelle Bewegung der Kulturrevolution unter Walter Ulbricht. So genannt nach der ersten Bitterfelder Konferenz 1959, einer Autorenkonferenz des Mitteldeutschen Verlags. Der Bitterfelder Weg fordert Schriftsteller auf, in Betriebe zu gehen, umgekehrt ermuntert er Arbeiter zum Schreiben. Die Losung lautete: "Greif zur Feder, Kumpel!"
2 Martin Walser: Theater als Öffentlichkeit. In: *Kürbiskern* 4 (1973), S. 723. Vgl. Thomas Beckmann: Die neuen Freunde. Walsers Realismus der Hoffnung. In: *Martin Walser*. T + K Sonderheft 41/42. Hg. v. H. L. Arnold. 2. ern. Aufl. München: Ed. T + K 1983, S. 59–66.

Modelle weiterführt. "Es müssen positive Gestalten auftreten", lautete seine Forderung.[3] Die Schlagworte 'positiv denken' und 'Perspektive' sind hier wieder aufgenommen.

Zu wesentlich komplizierteren Strukturen drang der Schöpfer der westdeutschen Arbeiterliteratur Max von der Grün vor. Max von der Grün ist als Autor eine extreme Figur. Selbst fast 20 Jahre Arbeiter, verharrt er mit seinen Büchern ausschließlich in seinem eigenen Milieu, das er lebensecht, aber ohne Sentimentalität und ohne ideologische Schwarz-Weiß-Zeichnung darstellt. Die Brisanz seiner Schriften erweist sich schon an den juristischen Unannehmlichkeiten, die sie ihm einbrachten. Sein 1973 erschienener Roman *Stellenweise Glatteis* führte zu Prozeßdrohungen von Seiten der IG Chemie, der Bank für Gemeinwirtschaft und der *Westfälischen Rundschau*.

Stellenweise Glatteis ist eine Art Michael Kohlhaas-Geschichte. Der Arbeiter Maiwald stellt zufällig im Büro seines Chefs fest, daß der Chef die Arbeiter abhört und die Gespräche protokollieren läßt. Er beschafft sich unter der Hand die Protokolle und informiert die Belegschaft. Große Empörung ist die Folge. Freilich sinkt das Interesse, das der Betriebsrat und besonders die Gewerkschaft an dieser Sache haben, wieder. Maiwald kann sich im Betrieb nicht mehr halten. Er, der die ganze Angelegenheit unbeirrt weiterverfolgt, gilt nun als Störer des Arbeitsfriedens. Die Gewerkschaft läßt ihn allein, doch Maiwald kämpft auf eigene Faust weiter. Ein kommunistischer Funktionär hilft ihm, Flugblätter zu drucken, ein italienischer Gastarbeiter organisiert die Verteilung. Es kommt zu spontanen Streiks, zu großen Demonstrationen. Später erfährt Maiwald, warum sich die Gewerkschaft nicht mehr für seine Sache interessiert hat. Sie hat inzwischen die Aktienmehrheit seines ehemaligen Betriebes gekauft. Maiwald und seine Freunde schaffen es, gegen den Willen der Gewerkschaft Großdemonstrationen zu organisieren. "Ich hätte zufrieden sein müssen", so Maiwalds Schlußwort. "Aber ich war es nicht."

Mit *Stellenweise Glatteis* hatte Max von der Grün ein Thema von großer Brisanz aufgegriffen: die vielfache Interessensverflechtung der sog. Sozialpartner. Die Skandale um die unsoziale gewerkschaftseigene Bank für Gemeinwirtschaft bestätigten im nachhinein von der Grüns Sicht der Dinge. Sein Realismus erschöpft sich aber nicht in der lebensechten Sprache und der durchaus spannenden Handlung, in unsentimental und fein gezeichneten Charakteren, in der Darstellung von Begebenheiten, die wenigstens z.T. einen wahren Kern haben; seine Wirklichkeitstreue besteht *auch* darin, daß er dem Leser nüchtern die Undurchschaubarkeit der Verhältnisse darlegt, die eine Trennung von gut und böse, richtig und falsch, links und rechts nicht mehr zulassen. Je dichter die Verflechtungen, umso dringlicher – so der implizite Appell – ist ein authentisches Befragen der Wirklichkeit nötig.

---

3 Vgl. Hajo Kurzenberger: Negativ-Dramatik, Positiv-Dramatik. In: *Franz Xaver Kroetz*. Text+Kritik Sonderheft 57. Hg. v. H.L. Arnold. München: Ed. T + K 1978, S. 8–19.

Der von Max von der Grün praktizierte Realismus traf sich weitgehend mit den Anliegen, die eine Gruppe österreichischer Autoren verfolgte: In Opposition zu den avantgardistischen Positionen der sog. Wiener Schule formierte sich eine Bewegung realistischen Schreibens. Damit ist gemeint: politisch linke Zielsetzung, ein Sujet aus dem Arbeitermilieu, einfache Sprache, lineares Erzählen. Die Vertreter waren teils selbst Arbeiter gewesen wie Gernot Wolfgruber und Franz Innerhofer, die erst auf dem 2. Bildungsweg studierten, oder Helmut Zenker, der, eigentlich Volksschullehrer, auch als Hilfsarbeiter arbeitete; Michael Scharang, promovierter Germanist, entstammt einer Arbeiterfamilie. Alle standen der KPÖ nahe oder waren Mitglied. Kennzeichen dieses kritischen österreichischen Realismus sind die Romane aus der Arbeitswelt. Franz Innerhofers *Schöne Tage* (1974), *Schattseite* (1975) und *Die großen Wörter* (1977) zeichnen den Entwicklungsgang des unehelichen Kindes Holl von seiner extremen Unterdrückung auf einem Bauernhof bis zum Universitätsstudium als Geschichte einer (letztlich mißglückten) Emanzipation. Übereinstimmungen mit der Biographie des Autors sind überdeutlich. In Österreich sehr bekannt geworden ist Helmut Zenker, der in allen seinen Büchern im Arbeitermilieu bleibt und es realistisch nachformt. *Wer hier die Fremden sind* (1973) schildert das öde Leben eines jungen Lehrers, der an der eigenen und fremden Indolenz scheitert. *Das Froschfest* (1977) bringt wenigstens am Ende einen Hoffnungsschimmer: Der schon ziemlich verrottete Kellner Janda findet zu einem politischen Engagement. *Kassbach, oder das Allgemeine Interesse an Meerschweinchen* (1974) wendet sich dem immer noch bedrohlichen Problem des Faschismus zu. Zenkers Popularität zeigt sich an der Verfilmung von *Kassbach* und der Fernsehserie nach seinem Drehbuch *Kottan ermittelt* (seit 1976).

Zurück nach Deutschland. Hier meldete sich Anfang der 70er Jahre im *Kürbiskern* Uwe Timm mit der Forderung zu Wort, zwischen systemstabilisierender Trivialliteratur und autistischer Avantgarde einen dritten Weg, den der unterhaltenden literarischen Aufklärung, zu finden.[4] Literatur solle versuchen, wieder einen größeren Leserkreis anzusprechen, solle "*Gebrauchsliteratur* in der positiven gesellschaftlichen Bestimmung des Wortes sein: Je mehr Einsichten sie vermittelt, je mehr Vergnügen sie bereitet, desto brauchbarer wird sie sein".[5] Das Konzept eines "politischen Realismus" bemüht sich, so Timm, die Wirklichkeit als gesellschaftlich bedingt und veränderbar zu zeigen. Angestrebt wurden hand-

---

4   Zwischen Unterhaltung und Aufklärung. In: *Kürbiskern* (1972) H. 1, S. 79–90. Vgl. auch: Für und wider einen neuen Realismus. Eine Kontroverse zwischen Uwe Timm und Jörg Drews. In: Peter Laemmle: *Realismus – welcher? 16 Autoren auf der Suche nach einem literarischen Begriff.* München: Ed. T+K 1976, S. 137–183. Timms hier u.a. wieder abgedruckter Beitrag Realismus und Utopie steht zuerst in: *Kürbiskern* (1975) H. 2, S. 91–101.

5   Laemmle (wie Anm. 4), S. 175. Timm beruft sich expressis verbis auf Bölls *Die verlorene Ehre der Katharina Blum*, Degenhardts *Brandstellen*, Geisslers *Das Brot mit der Feile*, Scharangs *Charly Traktor*, Peter Schneiders *Lenz* und Walsers *Die Gallistl'sche Krankheit*. Laemmle S. 143.

lungsorientierte sozialistische Entwicklungsromane, die die Problematik Individuum und Gesellschaft thematisieren,[6] modellhafte Einzelschicksale, eine klare Sprache. Die Bücher der gleichzeitig gegründeten AutorenEdition (im Bertelsmann-Verlag) sollten diese Forderungen einlösen. Im Programm der AutorenEdition, zu deren Herausgeberkreis Timm gehörte, heißt es:

> AutorenEdition: Dieses Wort steht für den Versuch einer neuen realistischen Prosa und zugleich für ein neues verlegerisches Modell, Autoren edieren Autoren [...] Die AutorenEdition wendet sich an einen großen Leserkreis. Veröffentlicht werden ausschließlich Romane, Erzählungen und Kurzgeschichten deutschsprachiger Autoren. Die gesellschaftlichen Probleme sollen anschaulich und unterhaltsam dargestellt werden. Angestrebt wird eine realistische Schreibweise. Nicht die Schreibschwierigkeiten des Autors angesichts einer widersprüchlichen Realität, sondern die Realität selber ist das Thema der AutorenEdition.[7]

Daß dieses Programm (zu) sehr an die Konzeption des sozialistischen Realismus erinnerte, braucht nicht zu verwundern.[8]

Im Verlag AutorenEdition erschienen in der 1. Hälfte der 70er Jahre z.B. von Gerd Fuchs *Beringer und die lange Wut* (1973), von Roland Lang *Ein Hai in der Suppe oder Das Glück des Philipp Ronge* (1975), von Franz Josef Degenhardt *Brandstellen* (1975). Diese Romane sind final erzählt und behandeln Schicksale aus der Zeit der Studentenrevolte, wobei der politische Tenor und die autobiographische Prägung eindeutig hervortreten. Freilich verwirklichen nicht alle diese Romane nahtlos die Anliegen der AutorenEdition. Am ehesten mag Gerd Fuchs' *Beringer und die lange Wut* der Vorgabe eines politischen Entwicklungsromans mit sozialistischer Perspektive entsprechen. Karl Beringer, Journalist, wird durch einen Besuch in der kleinbürgerlichen Heimat mit verschiedenen Aspekten der Wirklichkeit konfrontiert: seiner eigenen Geschichte und dem kleinbürgerlichen, faschistisch belasteten Milieu seiner Eltern, der linken Bohème, verkörpert durch einen Literaten namens Katz, der Intelligenzija in Person des Marcuse-Jüngers Jan. Er muß sich neue Lebens- und Arbeitsperspektiven wählen und diese an der Alltagsrealität erproben. Sein Weg zur kommunistischen Arbeiterbewegung ist als komplexer Prozeß erzählt, auch wenn das politische Credo etwas vollmundig klingt. Fernab sozialistischer Typologie hat sich Fuchs stets (*Die Stunde Null*, 1981, war das letzte, in der AutorenEdition erschienene Buch) vor allem um Charaktere bemüht.

Auch die Bücher des Autors Uwe Timm sollte man nicht am Programm des Theoretikers messen. *Heißer Sommer* (1974) oder *Kerbels Flucht* (1980) schildern keineswegs "den Weg eines Individuums, das aus seiner borniert en Vereinzelung

---

6 Timm: Zwischen Unterhaltung und Aufklärung. In: Laemmle (wie Anm. 4), S. 87f.
7 Zu lesen vorne in jedem Buch der AutorenEdition.
8 Vgl. Jörg Drews in der bei Laemmle (wie Anm. 4) abgedruckten Debatte, z.B. S. 151–155.

zu einem kollektiven Bewußtsein gelangt, in einem Kollektiv lebt und arbeitet."[9] Zwar fangen sie die politischen Anliegen der studentischen Protestierer und Aussteiger der 68er-Generation ein, kümmern sich aber statt um Sozialisierung mehr um deren kompliziertes Seelenleben und erinnern insofern an die Bewegung der Neuen Innerlichkeit. Der Tagebuchroman *Kerbels Flucht*, die Geschichte vom Scheitern des Germanistikstudenten Kerbel, zeigt keinerlei 'Perspektive' auf eine sozialistische Besserung der Verhältnisse, stellt vielmehr die psychische Misere eines verzweifelten und vereinsamten Ich dar.

Wie Fuchs hat sich Timm Zug um Zug vom politischen Realismus gelöst. Nach wie vor tritt er für das lebensnahe Erzählen ein, hat aber die revolutionäre Komponente abgelegt. Das heitere Fabulieren, die "Ästhetik des Alltags"[10] ist an die Stelle des ehedem politischen Entwicklungsromans getreten. Ob sich Timms in *Erzählen und kein Ende* (1993) vertretene These, bei den einfachen Leuten sei das Erzählen zuhause,[11] in der Gegenwart noch halten läßt, scheint angesichts der Spracharmut namentlich der jüngeren Generation zweifelhaft. Der Autor Timm jedenfalls setzt seine These in *Die Erfindung der Currywurst* (1993) und in der "Kartoffelgeschichte" *Johannisnacht* (1996) auf höchst vergnügliche Weise um.[12] Timm, der seit seinen Anfängen unterhaltsam und zugleich anspruchsvoll geschrieben hat, schlägt in seiner Person die Brücke zwischen dem 'politischen Realismus' der frühen 70er und dem 'neuen Erzählen' der 90er Jahre.

Unter den Einwänden, die gegen den politischen Realismus laut wurden, gehört auch der philosophische Einspruch, die Außenwelt sei eine zu unsichere Berufungsinstanz.[13] Merkwürdigerweise aber kamen diejenigen, die mit Wittgenstein nur die Sprache als Realität gelten lassen wollten, auf ihre Weise auch zu einem Realismus: zum Sprachrealismus. Hauptvertreter ist Helmut Heißenbüttel. Sein *D'Alemberts Ende. Projekt Nr. 1* (1970) operiert hauptsächlich mit Sprachzitaten und –montagen und kommt fast ohne Handlung aus.[14] Im Vordergrund steht die Darstellung von literarischen Mustern oder eingefahrenen, ritualisierten Rede- und Schreibgewohnheiten, von Individualstilen und Denkschemata.

---

9 Timm: Zwischen Unterhaltung und Aufklärung (wie Anm. 6), S. 88.

10 *Erzählen und kein Ende. Versuche zu einer Ästhetik des Alltags.* Köln: Kiepenheuer & Witsch 1993.

11 Bes. S. 79–89.

12 Erschienen bei Kiepenheuer & Witsch, der sich als Forum des 'neuen Erzählens' profiliert.

13 Vgl. die schon von Adorno immer wieder betonte Feststellung, die moderne Gesellschaft sei zu komplex, als daß sie sich abbilden ließe. Standort des Erzählers im zeitgenössischen Roman. In: *Noten zur Literatur. I.* Frankfurt a.M.: Suhrkamp 1975, S. 61–72. Vgl. auch Timms Auseinandersetzung mit Adorno in: Realismus und Utopie. In: Laemmle (wie Anm. 4), S. 139ff.

14 Als Fortsetzungsbände Projekt 2–3,3 erschienen (jeweils Stuttgart: Klett-Cotta): *Das Durchhauen des Kohlhaupts. Dreizehn Lehrgedichte.* (Projekt 2) 1989. *Eichendorffs Untergang und andere Märchen.* (Projekt 3/1) 1978. *Wenn Hitler den Krieg gewonnen hätte. Historische Novellen und wahre Begebenheiten.* (Projekt 3/2) 1979. *Das Ende der Alternative. Einfache Geschichten.* (Projekt 3/3) 1980.

Dadurch wird eine große Menge an Materialschutt angehäuft. Der historische Name D'Alembert steht für dieses Verfahren, weil sein Träger Enzyklopädist war. Heißenbüttel sammelt Zitate und Stile, wie der Enzyklopädist Wissen sammelt.

> Eduard – so nennen wir einen Rundfunkredakteur im besten Mannesalter – Eduard hatte im D-Zug München Hamburg (Ankunft Hauptbahnhof 21.19) die schönsten Stunden eines Julinachmittags (25.7.1968) zugebracht und betrachtete mit Vergnügen die Gegend zwischen Lüneburg und Harburg. In Hannover zugestiegen, von Kassel kommend, wo sie die internationale Kunstausstellung der 4. Documenta besucht hatte, war eine Kollegin vom Hamburger Fernsehen, die dort Filme über Themen der bildenden Kunst produzierte und die auch für das Ressort, das Eduard verwaltete (Kulturpolitik im Bayrischen Rundfunk), eben etwas über die Documenta schreiben wollte. Ihr Name war Ottilie Wildermuth. Sie saß ihm nun gegenüber, und sie unterhielten sich miteinander. (S. 9)

Dies ist der Beginn des 1. Kapitels, überschrieben mit "Wahlverwandtschaften". Die Anspielung ist freilich wegen des Anfangszitates und des Stilimitats auch ohne diese Überschrift eindeutig. Goethes *Wahlverwandtschaften* liefern in der vorgeführten Modifikation einen Materialblock unter mehreren in Heißenbüttels Buch. Dieses Material wird im folgenden verarbeitet, indem neue Vorbilder nach Stil und Inhalt ausgebeutet und mit ihm verbunden werden. Solch eine Durchführung – um die musikalische Terminologie zu benützen – sieht dann so aus:

> **Gespräch im Konjunktiv mit Zitaten aus Karl Marx: Das Kapital**
> Frau d'Alembert nimmt an, daß kein Bundesfinanzminister sich jemals darum gekümmert hat, ob seit der Geburt der großen Industrie, nachdem das Kapital Jahrhunderte gebraucht, um den Arbeitstag bis zu seiner normalen Maximalgrenze (und dann über diese hinaus, bis zu den Grenzen des natürlichen Tags von 12 Stunden) zu verlängern, dann eine lawinenartig gewaltsame und maßlose Übertreibung habe erfolgen können, so daß selbst die Begriffe von Tag und Nacht so sehr verschwammen, daß ein englischer Richter 1860 wahrhaft talmudistischen Scharfsinn aufbieten mußte, um urteilskräftig zu erklären, was Tag und Nacht sei. Frau d'Alembert nimmt an, daß kein Bundesfinanzminister sich jemals darum gekümmert hat, wo das Kapital seine Orgien feierte.
> Eduard dagegen nimmt an, daß kein Straßenbahnschaffner beispielsweise eine Ahnung davon hat, daß man den durch Verlängerung des Arbeitstages produzierten Mehrwert absoluten Mehrwert nennt; den Mehrwert dagegen, der aus Verkürzung der notwendigen Arbeitszeit und entsprechender Veränderung im Größenverhältnis der beiden Bestandteile des Arbeitstags entspringt, relativen Mehrwert. (S. 128)

Man wird solch ein Buch vielleicht nicht kontinuierlich durchlesen, aber zum Blättern ist es vergnüglich, vorausgesetzt man erkennt die Anspielungen. Wenig erheblich scheint mir dabei, ob man die Botschaft von der totalen Entindividualisierung des Menschen, der keine eigene Sprache mehr hat, sondern nur noch Zitate, vernehmen und übernehmen möchte. Insbesondere von einem postmodernen Standpunkt aus kann man sich auch der Buntheit der Texte aus reinem Spaß überlassen.

Einen Realismus der Sprache, so könnte man sagen, praktizieren jene Werke, die mit vorgefundenen Versatzstücken operieren. Hierher gehört der Zitatenrealismus bei montierter Prosa, wie er etwa in Alexander Kluges *Schlachtbeschreibung* und anderen protokollierenden, dokumentierenden oder auch historisch orientierten Texten auftritt. In all diesen Fällen freilich ist Realismus in der Reproduktion des Faktischen begründet, nicht aber – wie es der Terminus eigentlich intendiert – in einer poetischen Neuschöpfung, die sich an der Wirklichkeit orientiert. Doch gibt es auch andere Modelle.

Als erstes ist hier der "Neue Realismus" der sog. Kölner Schule um Dieter Wellershoff zu nennen. Bereits 1965 hatte Wellershoff, Lektor beim Verlag Kiepenheuer & Witsch, einen kleinen Artikel geschrieben, in dem er sich aussprach gegen das "Phantastische oder Groteske" – gemeint ist wohl Grass –, gegen die "Herstellung gegenstandsloser Textmuster" – gemeint ist wohl Heißenbüttel und die experimentelle Avantgarde – und gegen "universelle Modelle des Daseins" – damit meint er wohl Sartre und jedenfalls all jene Autoren, deren Bücher durch Thematisierung der Sinnfrage und Diskussion verbindlicher Gesellschaftsmodelle "beispielhafte Bedeutung" anstreben.[15] Dem setzt Wellershoff eine Literatur entgegen, die sich einer nicht überschaubaren, unfertigen und nicht verfügbaren Welt stellt. Konkret heißt das: Verzicht auf den allwissenden Erzähler, Instabilität in bezug auf Erzähldichte, Perspektive und Zeit.

Da Wellershoff in diesem Artikel die Fotos von Autoren seines Hauses brachte, entstand der Eindruck, sein Programm knüpfe an die Werke dieser Autoren an. Es waren u.a. Nicolas Born, Rolf Dieter Brinkmann, Günter Herburger. 1969 machte der Essayband *Literatur und Veränderung* Wellershoffs Theorie breiter bekannt. Gefordert wurde wieder eine Literatur, die genau hinschaut, sinnlich konkrete Erfahrungsausschnitte liefert und zugleich eine subjektive Perspektive mitbringt. Als Darstellungsmittel werden solche empfohlen, die dem Kino entlehnt sind: Nah- und Fernsicht, Zeitraffung und Zeitdehnung. Die Grundlage für Wellershoffs Thesen bildet neben dem von ihm mehrfach benannten Nouveau Roman die Anthropologie Arnold Gehlens.[16] Gehlen interpretiert unser Verhältnis zur Umwelt als Selektion und Unterdrückung angesichts von Reizüberflutung. Kultur entsteht, wenn die Menschen lernen, ihre Erfahrungen, ihr Erleben schnell auf Grundmuster zu reduzieren. "Realistisches" Schreiben – so Wellershoffs Ansatz – wäre nun genau die Gegenbewegung, also der Versuch, der Welt die konventionelle Bekanntheit zu nehmen und etwas von ihrer ursprünglichen Fremdheit und Dichte zurückzugewinnen, den Wirklichkeitsdruck wieder zu verstärken, anstatt von ihm zu entlasten. Wellershoff dreht also auf der "Probebühne" Literatur[17] die kulturelle Leistung um: Er zeigt, welche Antriebe

---

15 Neuer Realismus. In: *Die Kiepe* 13 (1965) Nr. 1, S. 1.
16 Arnold Gehlen: *Anthropologische Forschung*. Reinbek: Rowohlt 1967.
17 D. Wellershoff: Realistisch schreiben. In: Laemmle (wie Anm. 4), S. 13–18, hier S. 15.

wir ausschalten und wie daraus Wirklichkeitsverlust entsteht. In seinem Roman-debüt *Ein schöner Tag* (1966) führt er mit großer erzählerischer Dichte die Beziehungen innerhalb einer Familie vor, die in einer selbstinszenierten Scheinidylle lebt. Der Text beginnt mit der für ihn typischen Zeitlupenbeschreibung – einer neuen Spielart des sog. Sekundenstils:

> Obwohl er schon wach ist, sieht er es noch immer. Es sind durchsichtige Blasen, die knisternd stillstehen und sich untereinander nur bewegen, wenn eine von ihnen platzt. Einige Blasen sind sehr groß, dazwischen sitzen kleinere in unregelmäßigen Formen und dazwischen wie ein versickerndes Gesprühe noch kleinere, die er kaum noch sieht. Wenn eine der großen Blasen sich dehnt und zu glänzen beginnt, spürt er das krampfartige Ziehen von der Brust bis in den Arm. Er hat Angst, nicht rechtzeitig zu bemerken, wenn eine der kleineren Blasen plötzlich zu wachsen beginnt, bis er sie übergroß in einem unerträglichen Schmerz vor sich sieht, wie sie zerspringt. Das Ganze steht dicht vor ihm in der Dunkelheit, zu dicht, er kann die Ränder beobachten, wo es verschwimmt.
> Er liegt auf dem Rücken, sein Gesicht ist naß. Was sehe ich, denkt er, was sehe ich? Einzelne Schweißtropfen beginnen auf seinem Gesicht zu laufen. Sie lösen sich vom Nasenrücken oder von der Oberlippe und der immer gleiche Weg, den sie nehmen, zeigt ihm sein Gesicht. Seine Hände sind weit weg und wie abgetrennt, und um den Tropfenweg zu ändern, schließt er den Mund. Er muß schlucken und sieht, wie die Blasen sich spannen, und sofort geht sein Mund weit auf, er liegt still mit aufgerissenem Mund, und jetzt laufen die Tropfen in kürzeren Abständen, wachsen überall aus der Haut und laufen; aber die Lauge vor seinen Augen steht still. Ich darf nichts tun, denkt er, der Tod kann nur kommen, wenn ich etwas tue. (S. 5)

Es hat sich eingebürgert hat, von einer 'Kölner Schule' zu sprechen, obwohl sich die Werke der ihr zugerechneten Autoren (Nicolas Born, Rolf Dieter Brinkmann, Günter Herburger) nur mit Mühe der Theorie Wellershoffs zuordnen lassen. Von einem Gruppenbewußtsein kann noch weniger die Rede sein, als im Fall der AutorenEdition. Bemerkenswert ist aber die große Resonanz in der Literaturszene. Für Wellershoff steht v.a. der moralische Aspekt im Vordergrund. "Die Beziehung des Schriftstellers zum Wirklichen ist letztlich immer eine ethische und keine technische Beziehung gewesen", heißt es schon 1956 bei Roland Barthes,[18] und Wellershoff verdeutlicht 1980: Auch wenn die Literatur nicht mehr gesellschaftliche Repräsentanz beanspruchen könne, so sei doch ihre Aufgabe "wie eh und je die Darstellung des gesellschaftlichen und des individuellen Lebens, die Darstellung der Kämpfe und Irrtümer der Menschen bei der Gestaltung ihres Lebens."[19]

---

18 R. Barthes: Der Schriftsteller vor der Realität. Probleme des literarischen Realismus. In: *Akzente* 3 (1956), S. 303–307, hier S. 303.
19 Wellershoff: *Die Wahrheit der Literatur. 7 Gespräche.* München: Fink 1980, S. 76.

Wellershoff ist, obgleich er in späteren Jahren den Begriff Realismus nur mehr wenig gebraucht, seinem Programm in überzeugender Weise treu geblieben.[20] Beispielhaft läßt sich dies an *Die Sirene* (1980) ablesen, einer in klassischer Formstrenge geschriebenen Novelle mit einer unerhörten Begebenheit als Angelpunkt und einer finalen inneren Entwicklung. *Die Sirene* vereint Wellershoffs psychologisch und phänomenologisch genauen Schreibstil mit einem stringenten, packenden Plot.[21] Die Perspektivierung verleitet den Leser zur Identifikation mit dem Protagonisten, einem Pädagogikprofessor namens Elsheimer, und zur Anteilnahme an dessen Seelenleben. Elsheimer bekommt aus heiterem Himmel einen Anruf von einer depressiven Frau. Weder kennt er die Frau, noch kennt ihn die Frau persönlich, sie hat ihn bloß einmal im Fernsehen gesehen. Diese Frau leidet psychisch; sie hat ihren Geliebten verloren und weiß nicht weiter. Indem sich Elsheimer auf das fremde Leid einläßt, erfährt er mehr und mehr, wie seine eigene Sicherheit schwindet. Er gerät in den Bann der fremden Frau, die ihn vollkommen bezirzt. Schließlich beendet er die telefonischen Kontakte abrupt, fast gewaltsam und überläßt die Frau ihrem Elend, um sich zu retten, freilich ohne daß er sich selbst damit geholfen hätte. Der letzte Satz lautet: "Warum fühlte er sich so leer?" Hätte Elsheimer nicht in sich Abgründe realisiert, die ihn zu überwältigen drohten, so wäre die Konfrontation mit der Anruferin nie zu einer solchen Bedrohung angewachsen. Die Frau bleibt bis zuletzt anonym. Elsheimer trifft nie mit ihr zusammen – sie weiß es zu vermeiden. Alles ist wie ein Phantom, die ganze Geschichte spielt sich sozusagen nur auf der psychischen Ebene ab. Statt des persönlichen, realen Kontakts beschränkt sich die Kommunikation auf die rein sprachliche des Telephonierens – das Imaginäre bricht in Elsheimers wohlgeordnetes und rational beherrschtes Leben ein. Trotz oder vielmehr gerade wegen ihrer Unfaßbarkeit ist diese Konfrontation für Elsheimer so zerstörerisch, daß er sie gewaltsam beenden muß; verlockt sie ihn doch zur Preisgabe aller seiner bisherigen Werte. Sein Leben war vor diesem Einbruch bestens geordnet, er ist glücklich verheiratet, hat zwei hübsche Töchter. Gerade befindet er sich in einem Freisemester und will ein Buch über "Selbsterkenntnis oder über die Entstehung des Ich" schreiben. Daß er sich am Ende unter Aufbietung all seiner Kräfte für die Normalität, für den Alltag entscheidet, muß ihm selbst als Pyrrhussieg vorkommen. Außerdem steht zu befürchten, daß dieses Ende den Tod der "Sirene" bedeutet – im antiken Mythos ist es jedenfalls so.[22] Die Rückkehr in den Alltag und die bisherige Lebensform kann nur durch geradezu gewalttätige Verdrängung, durch Verzicht auf die irrationalen, dunklen, imaginären Anteile ermöglicht werden. Sinnlichkeit, Intuition, Hingabe

---

20 Dies gilt bis zu seinem 2000 erschienen Roman *Der Liebeswunsch*.
21 Mit der metaphorischen Valenz des u.a. aus Homers Odyssee, 12. Gesang, bekannten Sirenenmythos hat sich Wellershoff bereits früher auseinandergesetzt: Der Gesang der Sirenen. In: Ders.: *Literatur und* Lustprinzip. Essays. Köln: Kiepenheuer & Witsch 1973, S. 142–155 (im Anschluß an Maurice Blanchot: *Der Gesang der Sirenen. Essays zur modernen Literatur*. München: Hanser 1962).
22 Karl Kerényi: *Die Mythologie der Griechen*. Bd. I: Die Götter- und Menschheitsgeschichten. München: dtv [3]1977, S. 51.

an das Gefühl, Konzentration auf den Augenblick sind nicht lebbar, nicht vereinbar mit Ordnung, Verantwortung und gesellschaftlicher Struktur.

Es ist gleichsam ein psychologischer Realismus, den Wellershoff in seinen Essays fordert und in seinen Romanen und Erzählungen bietet: genaue Objekt-darstellung aus subjektiver Perspektive (vgl. den oben zitierten Anfang von *Ein schöner Tag*). Wenn häufig Neurosen und aufgrund von Verdrängung verfehlte Lebensläufe dargestellt werden, so zeigt sich darin Wellershoffs Anschauung von der Aufgabe der Literatur, sich gesellschaftlichem Druck zur Wehr setzen, Per-spektiven der "Selbsttransformation" zu eröffnen.[23]

Wenn realistische Darstellung und Wirklichkeitsreferenz für viele Prosaisten nicht wichtig sind, so lassen sich mehrere Gründe dafür aufführen. Zum einen benützt Literatur statt der außerliterarischen Realität lieber das literarisch Vor-geformte als Material, zum anderen ist der Glaube an die Interferenz von Litera-tur und Wirklichkeit radikal geschwunden.[24] Was die Realismus-Debatte aber wieder in Gang gebracht hat, ist das Problem der Popularität von Literatur, die Sorge um den Leser,[25] die Befürchtung, die deutsche Literatur sei zu wenig narrativ, zu theoretisch, experimentell, leserfeindlich. Bereits in den 70er Jahren lobte Marcel Reich-Ranicki die Amerikaner, z.B. Philip Roth oder John Updike, als begabte Erzähler, während von unseren Autoren nur Unleserliches käme. Dabei geht es – sehr verständlich – auch um die Befürchtung, Marktanteile zu verlieren. Seit vielen Jahren werden die Bestseller-Listen von nicht-deutschen Autoren dominiert. 1989 gab ein Artikel von Frank Schirrmacher in der *FAZ* der Debatte einen neuen Schub.[26] Diesmal ging der Schwarze Peter an den Literatur-betrieb mit seinem Subventionswesen, das auch die Talentlosen über Wasser halte und selbst das Scheitern belohne.

Diese Argumentation wurde von Maxim Biller in seinem eingangs dieses Kapitels zitierten Artikel in der Schweizer *Weltwoche* weitergeführt (von deut-schen Feuilletons wollte ihn keines drucken). Biller, der selber Journalist ist, plädierte für eine Anbindung der Autoren an den Journalismus, damit statt des "hermetischen Begriffsgerümpels" wieder Romane entstünden, "die man in einem Ruck durchliest." Matthias Altenburg, auch er Journalist, setzte 1992 im *Spiegel* noch eins drauf und bezeichnete die jungen Literaten als "Flaneure", denen notorisch nichts einfällt.

---

23 Vgl. These 20 in: Laemmle (wie Anm. 4), S. 18.
24 Schon 1975 reagierten auf eine Umfrage zu dem Generalthema "Literatur ist Wider-stand mit vielleicht veralteten Mitteln" in der Zeitschrift *Tintenfisch* nur sieben Autoren. Michael Krüger resümierte: "Nur sieben Autoren haben reagiert. Die literarische Diskussion ist ermüdet, zu viele sind erschöpft, frustriert, wollen in Ruhe gelassen werden mit ihrer Arbeit oder mit sich." *Tintenfisch* 8 (1975), S. 82–90, hier S. 82.
25 Das Wort "Realismus" findet sich allenthalben wieder in der Diskussion und gilt als hohes Lob. Vgl. Herbert Wiesners Rezension von Wilhelm Genazino: *Das Licht brennt ein Loch in den Tag* (1996) in: SZ 1.10.1996. Herbert Wiesner möchte Genazinos Prosa am liebsten als "poetischen Realismus" bezeichnen.
26 *FAZ*, 10.10.1989.

> Warum sollte ich mir von den Suaden Thomas Hettches meine wertvolle
> Lebens- und Lesezeit stehlen lassen? Was gehen mich die Bübchen-Bücher des
> großmäuligen Thorsten Becker an und was die Püppchen-Prosa einer Anita
> Albus?[27]

Hier macht sich auf sehr hemdsärmelige Art der Ärger Luft, den Leser wohl lange
aufgespart haben, die Wut über unverständliche Bücher. Gefordert wird eine
Literatur, die "mit Wahrheit und Schönheit zu tun hat. Ja doch. Aber auch mit
Arbeit, Spannung, Tempo, Leben".[28] Das Peinliche an dieser Sache war freilich,
daß der Verfasser selbst Schriftsteller ist, daß er also gegen Kollegen zu Felde zog
und daß er gerade selbst sein erstes Buch auf den Markt gebracht hatte: *Die Liebe
der Menschenfresser* (1992). Dort führt er den Leser in ein Subkulturmilieu mit
Mord, Sex und Suff und – mit Herz. Überall finden wir grelle Farben, grobia-
nische Ausdrücke. Gewiß: Man langweilt sich nicht und wird das Buch vielleicht
wirklich, wie Altenburg von der Gegenwartsliteratur fordert, in einem Zuge
durchlesen. Immerhin hat Altenburg seine eigene Forderung eingelöst, der
Schriftsteller solle zu den "dirty places" gehen. Aber ist das noch Realismus, der
die Wirklichkeit einfängt, oder nicht eher ein Hang zum Krassen?

Die bedrängendste Frage scheint gegenwärtig zu sein: Wie kommen wir zu
einer Literatur, die gekauft und gelesen wird? "Literatur im Abseits – und wie sie
herauskommt" war das Thema des Heftes 3 der *Neuen Rundschau* 1993 und führte
zu sehr erhitzten Debatten. Eine Reihe von Artikeln nahmen in den folgenden
Wochen Stellung zu der Forderung, Kunst müsse Spaß machen.[29] Postuliert
wurden Lesbarkeit, Unterhaltsamkeit und Vergnüglichkeit. Bezeichnenderweise
wollen sich die Autoren diesen Schuh ungern anziehen.[30] Zu Wort meldeten
sich vielmehr die Verleger und Lektoren. Für Wittstock ist "Unterhaltung" die
nobelste Funktion eines Buches; um sie zu erreichen, sei es "mehr als legitim, an

---

27 *Der Spiegel*, 12.10.1992. Wieder in: *Deutsche Literatur 1992. Jahresüberblick*, Hg. v.
    F. J. Görtz u.a. Stuttgart: Reclam 1993, S. 290–295, hier S. 291.
28 Ebd., S. 295.
29 Vgl. Uwe Wittstock: Autoren in der Sackgasse. Warum die deutsche Literatur weit-
    gehend langweilig geworden ist (zuerst in *SZ*, 26./27.2.1994). In: *Deutsche Literatur
    1993. Jahresüberblick*. Hg. v. F. J. Görtz u.a. Stuttgart: Reclam 1994, S. 335–346, hier
    S. 336, Anm. 1.
30 Vgl. die Autorenbeiträge in *Neue Rundschau* 104 (1993), H. 3 von Bodo Kirchhoff, Sten
    Nadolny, Klaus Modick. Keiner von ihnen läßt sich auf den Vorschlag ein, die Autoren
    sollten durch bewußt leserfreundlicheres Schreiben mehr Resonanz gewinnen. Dies ist
    besonders bemerkenswert, da z.B. Klaus Modick der Trennung von U- und E-Literatur
    skeptisch gegenübersteht (vgl. z.B. die Diskussionen über dieses Thema in seinem
    Roman *Der Mann im Mast*) und Bodo Kirchhoff mit *Infanta*, Sten Nadolny mit *Die
    Entdeckung der Langsamkeit* ausgesprochene Erfolgsbücher geschrieben haben. Sten
    Nadolny zeigt sich in seinen Münchner Poetikvorlesungen (*Das Erzählen und die guten
    Absichten*. München: Piper 1990) und in seinem Artikel Erzählen im binnendeutschen
    Alltag – "gestört" (*NDL* 41 (1993) H. 8, S. 184–193) als Verfechter des Erzählens, aber
    nicht eines resonanz-orientierten.

traditionelle Erzähltechniken anzuknüpfen."[31] Ähnlich äußerte sich Martin Hielscher.[32] Reinhold Neven DuMont von Kiepenheuer & Witsch klagte 1993 auf dem Forum Buchherstellung und Druckverarbeitung: "zu lange hat der Literaturbetrieb bei uns die hermetische Darstellung, die selbstverliebte Innenbespiegelung, die Beschreibung stillstehender Binnenwelten als experimentell und avantgardistisch gefeiert, während der Entwicklungs- und Handlungsroman als eine mindere literarische Gattung abgetan wurden."[33]

Der Ruf nach dem Entwicklungsroman ist gut bekannt: Er bestimmte den sozialistischen Realismus ebenso wie den kritischen bundesdeutschen und österreichischen Realismus der 70er und frühen 80er Jahre. Die Erfahrung lehrt allerdings, daß diese oder jene Schreibweise keine Garantie für Publikumserfolg darstellt. Dieser war weder Max von der Grün noch Dieter Wellershoff immer vergönnt, und wenn sie auch noch so nahe an der Erfahrungswelt des erhofften Lesers blieben. Neuerdings sind Bücher zu Bestsellern geworden, die gelehrt oder phantastisch, jedenfalls aber eher fern von unserer Erfahrung sind, z.B. Ransmayrs *Die letzte Welt*. Entwicklungs- und Problembewältigungsromane hingegen haben in jüngerer Zeit an Boden verloren. Sie leben nämlich aus der Voraussetzung, daß Autor und Leser aus weltanschaulichen Gründen (z.B. aufgrund von marxistischem Optimismus) an ein im wesentlichen intaktes Ich und eine heilbare oder wenigstens besserungsfähige Welt glauben. Wo dieser Glaube stillschweigend verschwunden oder doch unwichtig geworden ist, wird Literatur andere Ziele verfolgen müssen.

1995 brachte der inzwischen mehrfach ausgezeichnete Österreicher Josef Haslinger *Opernball* heraus, einen Roman, der in seiner Weise ein neues Erzählen verwirklicht und trotzdem Traditionen folgt. Haslingers literarische Wurzeln liegen im kritisch-politischen Realismus Zenkers, Wolfgrubers, Scharangs, was

---

31 Für die Lust an der Literatur. Ein Plädoyer. In: Ders.: *Leselust. Wie unterhaltsam ist die neue deutsche Literatur?* München: Luchterhand 1995, S. 7–35, hier S. 18 u. 27. Der Artikel ist ein Bearbeitung von: Autoren in die Sackgasse (wie Anm. 29) und Ab in die Nische? Über neueste deutsche Literatur und was sie vom Publikum trennt. In: *Neue Rundschau* 104 (1993), H. 3, S. 45–58. – Wittstock beruft sich auf Schillers Ausführungen über das poetische "Vergnügen", ohne die Wandlungen zu berücksichtigen, die der Begriff Vergnügen inzwischen durchgemacht hat.

32 Literatur in Deutschland – Avantgarde und pädagogischer Purismus. Abschied von einem Zwang. In: *Neue Rundschau* 106 (1995), H. 4, S. 53–68. Hielscher ist der Hg. der Anthologie *Wenn der Kater kommt. Neues Erzählen – 38 deutschsprachige Autorinnen und Autoren*. Köln: Kiepenheuer & Witsch 1996. (Die Titelgeschichte stammt von Maxim Biller.) In seinem Nachwort propagiert Hielscher das "neue Erzählen" als ein lineares, handlungszentriertes. Von seiner Anthologie sagt er: "Sie möchte Vergnügen bereiten und die neue Lebendigkeit in der deutschsprachigen Literatur befördern." (S. 318).

33 Vgl. Erzähler müssen her. In: *Der Spiegel* 1994, Nr. 3 (17.1.), S. 146–148, hier S. 148. Ganz anders aber Siegfried Unseld in der *FAZ* 18.8.1993. Die Kontroverse spielt sich auch zwischen den Verlagshäusern Suhrkamp und Kiepenheuer & Witsch ab, wie z.B. Martin Hielschers Invektiven gegen Suhrkamp zeigen. Vgl. Hielscher: Literatur in Deutschland – Avantgarde und pädagogischer Purismus. Abschied von einem Zwang. In: *Neue Rundschau* 106 (1995), H. 4, S. 53–68, hier S. 67.

noch immer seinen Stil prägt. Er ist bezeichnenderweise wie Maxim Biller und wie Matthias Altenburg von Hause aus Journalist. Auch in seinem Roman arbeitet Haslinger mit 'Recherchen'. *Opernball* stellt den tobsüchtigen, menschenverachtenden Medienrummel als Thriller mit Kolportage-Zügen nach. Opernball, Rechtsradikalismus, Attentate – all das gibt es im wirklichen Österreich. Die Fiktion stellt die vergrößerte Fortsetzung der Wirklichkeit dar. Als solche gibt der Text sich auch ganz bewußt zu erkennen, indem er (gekennzeichnete) Zitate verarbeitet. Mit zwanglos passenden Einlagen aus *Mein Kampf* etwa deutet er auf die Parallele zwischen Hitler und dem Chef der fiktiven rechtsradikalen Bande.

Der Kern der Handlung ist folgender: Ein privater Fernsehsender, ETV, erringt die Übertragungsrechte für den Wiener Opernball und beabsichtigt, daraus das Ultra-Ereignis machen. Von den zu erwartenden hohen Einschaltquoten will nun eine Gruppe rechtsradikaler Terroristen mit dem Namen "die Entschlossenen" profitieren: Vor laufenden Kameras geschieht ein Giftgasattentat. Tausende ersticken. Es bleibt offen, ob der Sender nicht vielleicht sogar etwas von diesen Plänen geahnt hat; irgendwie scheint es aber möglich und plausibel, daß ETV das Risiko in Kauf genommen habe, weil der Kommerz wichtiger war. Im Kampf um die Sensation gehen ETV und Rechtsradikale über Leichen.

Opernball gibt sich den Anschein von Dokumentarliteratur: Simuliert werden Tonbandprotokolle, journalistische Recherchen. Erzählerischer Ansatzpunkt ist das sehr persönlich motivierte Bemühen eines Übertragungsleiters mit Namen Kurt Fraser, den Grund der Katastrophe herauszufinden: Fraser koordinierte draußen im Sendewagen den Live-Mitschnitt und sah seinen eigenen Sohn, einen Kameramann, drinnen im Saal sterben. Nun soll und will er eine Dokumentation erstellen und recherchiert zu diesem Zweck bei Überlebenden und bei der Polizei. Deren Aussagen erscheinen als Einzelberichte, was zu Stimmenvielfalt, hohem Sprachrelief und Polyperspektivität des Romans führt. Aber auch Spannung wird auf diese Weise erzeugt, denn der Text ist gleichsam als analytischer Detektiv-Roman angelegt. Die Katastrophe steht am Anfang; deren Aufklärung bestimmt die folgenden ca. 470 Seiten. Trotz des Reportage-Charakters ist das Ganze beileibe nicht ohne Emotion. Nicht nur kommen direkt Betroffene zu Wort, sondern auch Frasers Lebensgang wird parallel zu den Ermittlungen rekapituliert. Besonders die Abschnitte, an denen Fraser von seinem eigenen Leben berichtet, von seiner Trauer und seinen Erinnerungen an den Sohn, sind sehr dicht und ergreifend. Untypisch für die Literaturproduktion der 90er Jahre ist der moralische Impetus: An einer der Hauptfiguren, einem Radikalen namens "Der Geringste", dessen Biographie Hitler-Züge trägt, wird vorgeführt, wie konkret rechtsradikale Bedrohung werden kann.

Haslingers Roman *Opernball* steht in verschiedener Hinsicht in der Tradition des Realismus: Er ist stark referentiell, wobei seine Nachbildung der Wirklichkeit Züge von Dokumentarismus und Kolportage zeigt. Realistisch wirkt auch die bewußte Beschränkung der Erkenntnisperspektive, die bis zum Schluß durchgehalten wird. Völlige Aufklärung gelingt dem Berichterstatter Fraser nicht, daher bleibt sie auch dem Leser versagt. Dem – fiktiven – Dokumentarstil entspricht, daß Fraser bei seinen Recherchen 'Blindgänger' in Kauf zu nehmen hat, die der Autor auch dem Leser nicht erspart: Eine Hausfrau hat fast nichts zur Aufklärung beizutragen, berichtet aber weitläufig über ihr schwieriges Verhältnis zu ihrem Vater und über dessen langes Sterben nach der Gasvergiftung. Ein Brotfabrikant weiß auch nicht weiterzuhelfen, klärt den Leser aber über den Konkurrenzdruck im Geschäftsleben auf. Der Roman ist episodisch und heterogen komponiert, das Schema einer Detektiv-Story wird ergänzt durch das einer Portrait-Sammlung. Jedes dieser Portraits ist frappierend nach der Natur gezeichnet, ob es um den Jargon der Polizisten auf Streife geht oder um die abgründige Logik einer Terrorgruppe. Erzähltechnisch gesehen sind das alles Abschweifungen, die sich das Leben leistet und die Literatur normalerweise um der Ökonomie willen aussortiert. Hier blieben sie stehen, um die Illusion der Reportage perfekt zu machen.

Alles in allem wird man Haslingers *Opernball* nicht zu jenen zügig lesbaren Büchern rechnen dürfen, wie sie sich die Propagandisten des neuen Erzählens und der Publikumserfolge wünschen. Es ist kein Entwicklungsroman und kein linear und stringent erzähltes Buch. Aber es ist wegen seines hohen Maßes an Wirklichkeitsreferenz ein erschütterndes Buch, das etwas zu sagen hat zum Zustand unserer Gesellschaft.

Als einer der Helden neuen Erzählens gilt Maxim Biller. Billers erklärtes Vorbild ist Philip Roth. Für Billers Erfolg ist nicht nur seine Fähigkeit, flotte Geschichten zu erzählen, verantwortlich, sondern auch seine Selbstinszenierung in scharfkantigen Essays und provokanten Zeitungsartikeln. Biller gehört der zweiten jüdischen Nachkriegsgeneration an und teilt mit vielen seiner Generationsgenossen ein neu erwachtes jüdisches Selbstbewußtsein, das mit der eigenen Besonderheit nicht mehr assimilationsbeflissen hinter dem Berg hält. Für Biller liegt die deutsche Literatur nicht zuletzt deswegen im Argen, weil es bei deutschen Autoren keine Tradition des Erzählens gebe. In seinem Essay *Geschichte schreiben. Über die Unterschiede von jüdischer und deutscher Literatur*[34] wirft Biller den deutschen Literaten vor, sie hätten anders als ihre jüdischstämmigen Kollegen kein Geschichtsbewußtsein, schrieben immer nur von Gegenwärtigem; "das führt dann erstens dazu, daß sie eine Menge prächtiger Stories verschenken, und zweitens, daß ihre Figuren soviel Leidenschaft und Leben in sich tragen wie japanische Origami-Männchen."

Biller selbst steht nun tatsächlich in der Tradition (ost-)jüdischen Geschichtenerzählens mit all ihrer Schnurrenhaftigkeit, Hintergründigkeit, ihrer Selbstironie, ja ihrem Selbsthaß. Seine Fiction-Bücher leben und weben sämtlich in einem dezidiert jüdischen Milieu; sie wirken dadurch ein wenig hermetisch. In seinem Erzählband *Wenn ich einmal reich und tot bin* (1990) schildert er jüdisches Leben in Deutschland mit schonungsloser Ironie und Offenheit. Er bricht Tabus, die ein Nicht-Jude nie hätte brechen dürfen. Eine der Geschichten, "Roboter",

---

34 *SZ*, 4.1.1995.

erzählt in schnoddrigem Ton von dem Gewinnler und "Überlebensmonster" (S. 68) Salomon Pucher, genannt Salek; das Schicksal von Ignatz Bubis, dem Frankfurter 'Baulöwen' klingt zumindest an. Das Kind Salek ist als einziger seiner Umgebung den Deutschen in Polen entkommen. Es verschlägt ihn in die Bundesrepublik, wo er nun aus "offenem Haß" und in der "wehleidigen Hilflosigkeit eines Davongekommenen" (S. 70) ohne die geringsten Rücksichten Geschäfte macht. Er ist der "Hofjude" (S. 71) der Frankfurter Bauunternehmer und nützt deren schlechtes Gewissen schamlos aus. Auf diese Weise zu märchenhaftem Reichtum gekommen, wird er von dem jüdischen Journalisten Henry bloßgestellt (hier hat sich Biller offenbar selbst portraitiert). Puchers Todfeind, eben dieser Journalist, will nun seine Tochter heiraten. Der Vater verhindert dies erfolgreich; die jungen Leute lieben sich aber sehr und treffen sich trotz des väterlichen Verbotes immer wieder.

> Das ging so ein paar Wochen lang, bis Salomon Pucher zum zweiten Mal der Geduldsfaden riß und er wieder mitten in der Nacht bei Henry auftauchte, der diesmal jedoch alles andere als ruhig blieb. Mit aufgeregter, sich überschlagender Stimme erklärte Henry, er wolle Jael heiraten, und davon könne ihn absolut nichts abbringen. Pucher sah Henry, nachdem er dies gesagt hatte, schweigend an. Dann wurde er im Gesicht so weiß wie der Himmel über Polen, seine Lider fielen ihm zu, und Salomon Pucher legte sich quer auf den Boden. Die Ohnmacht dauerte weniger als eine Minute. Als Pucher wieder zu Bewußtsein gekommen war, schlug er Henry das Glas Wasser aus der Hand, welches ihm dieser reichen wollte, und sagte: "Vierhunderttausend." Henrys Augenbrauen gingen in einem Ruck nach oben. "Ich werde Jael heiraten", sagte er. "Dann gibt es aber gar nichts, nicht einmal Geld für die Hochzeit", sagte Pucher. Henry setzte sich neben ihn auf den Boden. "Ich heiratete sie", wiederholte er. "Fünfhunderttausend". "Ich lasse mich nicht kaufen!" "Mehr als fünfhunderttausend kriegst du nicht, du Hund." Henry stand auf. "Herr Salomon Pucher", sagte er, "verlassen Sie mein Haus." Pucher erhob sich ebenfalls und ging langsam auf die Tür zu. "Sechshundert", sagte er. "Raus!" schrie Henry und seine Nase berührte dabei Puchers Kinn. "Raus!" Pucher öffnete die Tür und machte einen Schritt hinaus, drehte sich dann noch einmal um und flüsterte: "Sechshundertfünfzig …" Henry schlug mit der ganzen Wucht seines jungen Körpers die Tür hinter ihm zu, doch dann hörte Pucher von der anderen Seite der Tür etwas undeutlich die zögernde Stimme des Journalisten: "Million?" "Was?" "Eine Million!" Pucher überlegte kurz und sagte: "Okay." Dann ging im Treppenhaus das Licht aus. (S. 80f.)

3. Dokumentarismus

> Ich gebe zu, daß mich noch heute Mitteilungen von Fakta, Dokumente be-
> glücken [...] Da spricht der große Epiker, die Natur, zu mir, und ich, der kleine,
> stehe davor und freue mich, wie mein großer Bruder das kann. Und es ist mir
> so gegangen, als ich dies oder jenes historische Buch schrieb, daß ich mich
> kaum enthalten konnte, ganze Aktenstücke glatt abzuschreiben, ja ich sank
> manchmal zwischen den Akten bewundernd zusammen und sagte mir: Besser
> kann ich es ja doch nicht machen. Und als ich ein Werk schrieb, das den Kampf
> von Riesenmenschen gegen die Natur schildert, da konnte ich mich kaum
> zurückhalten, ganze Geographieartikel abzuschreiben; der Lauf der Rhone, wie
> sie aus dem Gebirge bricht, wie die einzelnen Täler heißen, wie die Nebenflüsse
> heißen, welche Städte daran liegen, das ist alles so herrlich und seine Mit-
> teilung so episch, daß ich gänzlich überflüssig dabei bin.[1]

So berichtet 1929 Alfred Döblin im Aufsatz "Der Bau des epischen Werks" über
seine schriftstellerische Tätigkeit. Arbeit mit Collagetechniken ist keine Entdeckung der Nachkriegsjahre, sie findet sich bei Thomas Mann oder Döblin
ebenso wie bei Karl Kraus und den Dadaisten. In den 60er Jahren boomte das
Dokumentarische Theater mit Stücken wie Hochhuths *Stellvertreter* (1963),
Heinar Kipphardts *In der Sache J. Robert Oppenheimer* (1964), Peter Weiss' *Die
Ermittlung* (1965).

Die Verarbeitung des Dokuments kann auf sehr verschiedene Art und Weise
erfolgen:

a) Das zitierte Dokument kann in einen fiktiven Text eingefügt werden, und
zwar so, daß die Nahtstellen unsichtbar werden oder das Zitierte stilistisch seiner
Umgebung angeglichen wird. Dem Leser wird es nicht mehr als Zitat erkennbar
sein. Dies ist etwa bei Thomas Mann der Fall, der in seinen *Doktor Faustus* wie
auch in andere seiner Romane Zitate hinein versteckt hat (Hinweise finden sich
in Thomas Manns *Die Entstehung des Doktor Faustus*).

b) Das fremde Material wird so in den Text eingefügt, daß die Bruchstellen
deutlich werden, sich daraus z.B. eine zweite Perspektive ergibt. Durch das
Zitieren werden Ansichten verfremdet, korrigiert oder belegt. So ist etwa Wallraff

---

1 Alfred Döblin: *Aufsätze zur Literatur. Ausgewählte Werke in Einzelbänden*. In Verb. m. den
Söhnen des Dichters hg. v. W. Muschg. Olten u. Freiburg i.Br.: Walter 1963,
S. 103–132, hier S. 113f.

verfahren, wenn er in seinem Buch *Ganz unten* Dokumentartexte einfügt und sie durch einen schwarzen Kasten kenntlich macht. Uwe Johnson läßt in *Jahrestage* lange Zitate aus der *New York Times* mit den fiktiven Passagen der Erzählhandlung abwechseln.

c) Das fremde Material bleibt für sich allein ohne fiktive Umgebung. Der Autor erfindet nichts dazu, allenfalls schreibt er verbindende Übergänge. Seine Leistung liegt im Arrangieren. Er stellt die Dokumente in einer bestimmten Reihenfolge zusammen, schneidet und komprimiert, und zwar gemäß dem von ihm angestrebten Demonstrationsziel. Dieses in Dokumentarfilmen und im Dokumentartheater geläufige Verfahren wird auch beim Initialtext der epischen Dokumentarliteratur angewendet, Erika Runges *Bottroper Protokollen*. – Der Autor verschwindet mehr oder weniger vollständig hinter seinem Material. Für den Leser kann es irritierend sein, wenn keine leitende und sinngebende Instanz mehr zu finden ist. Er ist mit einer ihm zunächst beliebig scheinenden Textansammlung allein gelassen und muß selbst Zusammenhänge konstruieren.

Zu unterscheiden sind wenigstens zwei Arten von Dokumenten. Einerseits versteht man darunter vorgefundene, bereits fertige Texte welcher Provenienz auch immer. Andererseits kann es sich auch um Texte handeln, die der Herausgeber/Autor provoziert, indem er einen authentischen Sprecher interviewt oder sein Erzählen protokolliert.

Für das Phänomen, daß in der Gegenwartsliteratur das Dokument der erfundenen Geschichte so oft vorgezogen wird, gibt es viele Erklärungen. Dazu einige mögliche Aspekte:

1. Der uralte, schon in der Antike geläufige Vorwurf, Literatur sei abgeschmackt, weil sie (Lügen-)Geschichten erfindet, kehrt in modifizierter Weise wieder. Diese Position nimmt v.a. an der epischen Illusion Anstoß. Dokumentarische Literatur ist anti-illusionistisch. Sie baut keine Phantasie-Welten und macht dem Leser nichts vor. Sie bietet ihm vielmehr 'Wahrheit' aus erster Hand und scheint daher schwerer zu wiegen.[2] Das Fiktive habe keinen "Zeugniswert", behauptet Heißenbüttel.[3]

2. In dem bereits zitierten Essay *The end of fiction* (1976)[4] geht Wolfgang Hildesheimer von der These aus, daß in einer Gesellschaft, in der man keine gemeinsamen Erfahrungen mehr macht, das Erfinden von Geschichten keinen Sinn hat. Keiner kann voraussetzen, daß er sich in andere hineinzudenken vermag

---

2 Vgl. Egon Erwin Kisch: Roman? Nein, Reportage (1928). In: Ders.: *Läuse auf dem Markt. Vermischte Prosa*. Berlin/Weimar: Aufbau 1985 (= Ges. Werke in Einzelausg. Bd. 10), S. 436–438.
3 Zit. in: Volker Hage: *Die Wiederkehr des Erzählers*. Frankfurt a.M. u.a.: Ullstein 1982, S. 84.
4 Wolfgang Hildesheimer, The End of Fiction. In: *Merkur* 30 (1976), S. 57–70 (vom Autor besorgte dt. Übers. eines engl. Vortrages aus d.J. 1975). Engl. Fassung in: *Das Ende der Fiktionen. Reden aus fünfundzwanzig Jahren*. Frankfurt a.M.: Suhrkamp 1984, S. 103–122.

oder daß andere ihn verstehen. "Ich kann nicht über andere Leute schreiben. Ich kann nur über mich schreiben" so Hildesheimer schon 1973.[5] Oder Martin Walser: "Wir glauben nicht mehr, daß einer über andere Bescheid weiß."[6] Viele Autoren zogen aus diesen Überlegungen wenigstens zeitweilig die Konsequenz: Was andere sagen sollen, müssen sie selber sagen. Es erscheint als Dokument.

3. Nicht nur das Ende der Fiktion, auch das Ende des Erzählers wird und wurde beschworen. Gemeint ist die Erzählinstanz als Über-Ich und Interpret. Nach der "Exekution des Erzählers"[7] und der fortschreitenden Liquidierung der Subjektivität als wertender und ordnender Instanz war es nur konsequent, lediglich vorgefertigte Texte zu akkumulieren.

4. Die 60er Jahre hatten der Idee den Weg bereitet, daß jede Form von Elite gegen den Gleichheitsgrundsatz verstoße. Schriftstellertum wurde als Kennzeichen der arbeitsteiligen Gesellschaft verpönt und als eine Form der Klassengesellschaft zu den Akten gelegt. Statt 'Werke' zu erfinden, suchte die neue Literatur nach dem authentischen Leben. "Es ist lächerlich", so Walser, "von Schriftstellern, die in der bürgerlichen Gesellschaft das Leben 'freier Schriftsteller' leben, zu erwarten, sie könnten [...] Arbeiter-Dasein im Kunstaggregat imitieren oder gar zur Sprache bringen."[8]

5. Die Trennung zwischen Journalismus und Schriftstellertum wurde als unnatürlich empfunden. Tatsächlich ist sie nicht von jeher selbstverständlich. Heine, Görres und viele andere Schriftsteller aus dem 19. Jahrhundert, in dem sich der Journalismus erst etablierte, waren sowohl Literaten als auch Journalisten. Da das Leben die besten Geschichten schreibt, so die Argumentation, ist es schon Schriftstellerarbeit genug, sie zu redigieren. Was Günter Wallraff erlebte, hätte als Fiktion unwahrscheinlich gewirkt.

6. Die alte Sehnsucht, mit Literatur etwas Gesellschaftliches zu bewirken, machte skeptisch gegenüber erfundenen Geschichten und ihrer Unverbindlichkeit. Aufklärung oder auch Provokation läßt sich besser mit Fakten und Daten aus dem wirklichen Leben betreiben. Dokumentarische Literatur ist, auch wenn sie nach außen hin sachlich wirkt, in Wirklichkeit tendenziell, ein "Instrument politischer Meinungsbildung" (Peter Weiss). Daß sie als solches tatsächlich wirksam wurde, beweisen die heftigen Diskussionen um Bölls *Die verlorene Ehre*

---

5   Rückzug aus dem Leben. (Gespräch mit Dieter E. Zimmer). In: *Die Zeit*, 13.4.1973. Vgl. auch Hildesheimers Reflexionen über Die Subjektivität des Biographen (1982) aus Anlaß seiner Mozart-Biographie in: *Das Ende der Fiktionen* (wie Anm. 4), S. 123–138.
6   Nachwort zu Ursula Trauberg: *Vorleben*. Frankfurt a.M.: Suhrkamp 1968, S. 269.
7   Titel eines Kapitels in: Kurt Batt: *Revolte Intern. Betrachtungen zur Literatur in der Bundesrepublik Deutschland*. München: Beck 1975, S. 123–179. Zuerst in: *Sinn und Form* 1972/1973.
8   Berichte aus der Klassengesellschaft. Vorwort zu *Bottroper Protokolle*. Hg. v. E. Runge. Frankfurt a.M.: Suhrkamp 1979 ([1]1968), S. 9.

der Katharina Blum (1974) oder die Prozesse, die gegen Wallraff und Friedrich Christian Delius angestrengt wurden.[9]

7. Der Aufstieg des Dokumentarismus hat auch zu tun mit dem Niedergang des Realismus. Angesichts einer unüberblickbaren Realität überforderte das Konzept des Realismus den einzelnen Schriftsteller. Auch es gewährte nur *eine*, statt der vorgefundenen *vielen* Erfahrungen von Wirklichkeit. Also schien es ehrlicher und wirkungsvoller, statt realistischer Fiktion die Wirklichkeit selbst zu präsentieren. Ist das aber möglich?

Erika Runges *Bottroper Protokolle* (1968) verzeichnen Berichte von Arbeitern und Angestellten des Ruhrgebietes, die von der Strukturkrise betroffen sind. Authentische Tonbandberichte werden nachgeschrieben.[10] Zugrunde liegt die These, jeder Mensch habe etwas Interessantes zu erzählen; man müsse es nur aufschreiben, so ergäbe sich das Bild des wirklichen Lebens. Den *Bottroper Protokollen* geht eine Einleitung von Martin Walser voraus, die Absicht und Anliegen dieser Textsammlung erklärt. Walser diagnostiziert, daß unsere Gesellschaft zwar nominell eine Demokratie sei, de facto aber zumindest von den Arbeitern als Klassengesellschaft erlebt werde, in der sie nie zu Wort kommen. Hier kommen sie zu Wort. Allerdings sind es nicht lauter Arbeiter, die Runge ins Mikrophon hat sprechen lassen. Es treten auf: ein Betriebsratsvorsitzender, ein Pfarrer, eine Hausfrau, ein Rektor, ein Verkäufer, eine Putzfrau, ein Beat-Sänger, eine kaufmännische Angestellte; protokolliert werden ferner eine Betriebsversammlung und deren Nachgeplänkel. Durch die verschiedenen Lebensgeschichten und Berichte aus dem Alltag entsteht ein Bild des Lebens im Ruhrpott, das an Aktualität durch die drohende Zechenstillegung gewinnt. Die Betriebsversammlung hat eben diesen Punkt zu diskutieren. Der individuelle Sprachstil der Befragten wird mit dialektalen Verformungen und syntaktischen Normabweichungen nachgeschrieben. Allerdings kommt jeder Bericht absolut flüssig daher.

Eine Erklärung Erika Runges zu Verfahrensweise der Dokumentation, zur Form der Bearbeitung und zu ihrer Absicht fehlt. Daraus kann aber nicht der Schluß gezogen werden, die Herausgeberin bei der Textentstehung keine Rolle gespielt. Zunächst muß die für das Ergebnis entscheidende Auswahl des befrag-

---

9 Delius hatte 1972 als satirische *Festschrift zum 125jährigen Bestehen des Hauses S.* eine Collage von nicht ausgewiesenen Zitaten zusammengestellt: *Unsere Siemens-Welt*. Dies brachte ihm und seinem Verlag gerichtliche Händel mit dem Siemens-Konzern ein. In Frage stand der Kunstcharakter und damit der grundgesetzliche Schutz von Montagen. Delius gab nach Ablauf des Prozesses seine *Festschrift* heraus "mit einem Anhang über den Prozeß, über die Kunst der Satire, die Menschenwürde des Konzerns, Bierpreise und den verlorenen Kredit des Hauses S." (1976, erw. Aufl. 1995). Hier wird belegt, daß das Gericht – im Anschluß an die juristischen Feststellungen im *Mephisto*-Prozeß – unter literarischer Kunst Fiktion, näherhin den "unmittelbarsten Ausdruck der Persönlichkeit des Künstlers" verstand. *Unsere Siemens-Welt* 1995, S. 193.
10 Im gleichen Sinn verfahren spätere Veröffentlichungen der Autorin: *Frauen. Versuche zur Emanzipation* (1970), *Reise nach Rostock. DDR* (1971), *Südafrika – Rassendiktatur zwischen Elend und Widerstand* (1974).

ten Personenkreises einem gewissen Prinzip folgen. Sodann brauchen auch Protokolle die redigierende Hand. Die direkte Niederschrift dessen, was und wie Leute sprechen, wäre weder gut verständlich, noch würde sie dem Ziel der Aufklärung dienen, das diese Dokumentation zweifelsfrei verfolgt. Die reine Abbildung der Wirklichkeit erklärt sich weder selbst, noch transportiert sie eine Botschaft. Schon Brecht sagte: "Eine Fotografie der Kruppwerke oder der AEG ergibt beinahe nichts über diese Institute."[11] Dokumentarliteratur muß also mit bestimmten Vorgaben redigiert sein und ist es auch.

Auch Erika Runge hat montiert. Ihre Tonbandaufzeichnungen wurden, wie in einem Dokumentarfilm, geschnitten, gerafft, neu kombiniert, und zwar unter Berücksichtigung des Aussageziels. Während die Autorin über ihr Verfahren nie Rechenschaft abgelegt hat, findet sich in ihren Überlegungen beim Abschied von der Dokumentarliteratur die harte Selbstbezichtigung, ziemlich unfair vorgegangen zu sein.[12] Aber nicht das soll uns hier interessieren. Vielmehr beschäftigt uns die Frage, wie authentisch Protokolle *grundsätzlich* sein können. Redigierende Eingriffe mögen noch so behutsam vorgenommen werden; gleichwohl machen sie aus dem Sprecher, der vermutlich in den meisten Fällen seine Gedanken nur mühsam findet und noch mühsamer ordnet und verbalisiert, einen flüssig sprechenden Berichterstatter. Dazu kommt, daß schon die Situation, in ein Mikrophon sprechen zu müssen, eine Veränderung im Sprechverhalten bewirkt. Der Erzählende ist nicht mehr der Alltagsmensch. Auch Nicht-Profis literarisieren ihre Sprache, greifen zu Klischees, versuchen, ihr Weltbild zu systematisieren, besonders wenn ein gewisser Grad an Bildung vorhanden ist. Sie werden versuchen, sinnstiftend zu erzählen, finale Geschichten zu konstruieren. Nur ganz unbewußt Sprechende geben sich direkt und damit unverstellt authentisch. Paradoxerweise kann deshalb die Fiktion des alltäglichen Sprechens authentischer sein als dessen Dokumentation.

Vermutlich ist es Runges Organisationstalent und ihrer Erfahrung als Filmemacherin zu danken, daß aus den unbehauenen Blöcken der Beiträge Bausteine wurden, die sich zusammenfügen und das Leben in Bottrop plastisch darstellen. Sie hat geeignete Wirklichkeitsausschnitte ausgewählt und poliert, hat sie in eine verständliche, lesbare Sprache gebracht. Montage kommt nicht ohne Verfremdung aus.

Erika Runge hat nach ihrer persönlichen Überzeugung und gemäß ihrer persönlichen Kunstfertigkeit arrangiert, aber sie hat gleichwohl nur arrangiert und konnte nicht selbst kreativ werden. Die Abstinenz, die sie sich damit auferlegte, hing ihr Jahre später – um ihre eigenen Worte zu benützen – "zum Hals

---

11 Der Dreigroschenprozeß (1931/32). In: *Schriften I. Werke*. Große kommentierte Berliner und Frankfurter Ausgabe. Hg. v. W. Hecht u.a. Bd. 21. Berlin u. Weimar: Aufbau/ Frankfurt a.M.: Suhrkamp 1992, S. 469.

12 Überlegungen beim Abschied von der Dokumentarliteratur. In: *kontext 1. Literatur und Wirklichkeit*. Hg. v. U. Timm u. G. Fuchs. München: Bertelsmann, AutorenEdition 1976, S. 97–120.

heraus". Wie sehr sie sich in ihrer Selbstentfaltung beeinträchtigt fühlte, wird aus der Absichtserklärung sichtbar, fortan im Schreiben von Fiktionen "den Anspruch des Menschen auf Selbstverwirklichung, sein Recht auf Individualität und Entfaltung seiner Persönlichkeit" für sich in Anspruch zu nehmen.[13]

Die Authentizität der Dokumentationsliteratur ist die Authentizität der *anderen*: Nur sie dürfen von sich und ihrer Welt erzählen. Der Schriftsteller selbst muß mit seinem Ich ganz im Hintergrund bleiben. Diese selbstgewählte Enthaltsamkeit in einem Medium, das eine lange Literaturgeschichte hindurch Inbegriff kreativer Subjektivität gewesen war, wurde schon von Döblin als unerträglich empfunden. Die eingangs zitierte Passage über den Schriftsteller als Dokumentaristen mündet in das emotionale Bekenntnis:

> Aber man ist nicht ein ganzes Leben lang fähig, diesen Standpunkt innezuhalten. Eines Tages entdeckt man auch etwas anderes [...]: man entdeckt sich selbst. Ich selbst – das ist das tollste und verwirrendste Erlebnis, das ein Epiker haben kann.[14]

Runges angekündigter Roman blieb zwar aus; sie wandte sich aber nach ihrem "Abschied von der Dokumentarliteratur" konsequenterweise dem eigenen Ich zu und schrieb über ihre Kindheit.[15] Damit wählte sie eine andere Form der Authentizität: den Bericht über die eigenen Erfahrungen.

Erika Runge arbeitete in den *Bottroper Protokollen* und ihren anderen Dokumentarbüchern nicht mit vorgefundenen Dokumenten, sondern stellte mit journalistischen Mitteln Dokumente her. Als eine radikalere, aber auch raffiniertere und reflektiertere Dokumentation komponierte Alexander Kluge sein Buch *Schlachtbeschreibung*. Kluge ist wie Runge auch Filmemacher. Die beiden Fassungen von *Schlachtbeschreibung*, die ursprüngliche von 1964 und die überarbeitete, erweiterte von 1978 sind zugleich ein Exempel für Dokumentarismus und für Dokumentarismus-Kritik.

Der Titel *Schlachtbeschreibung* ist in zweifacher Hinsicht irreführend: Worum es in diesem Buch geht, ist keine eigentliche *Schlacht*, sondern der Untergang der 6. Armee, und dieser Untergang wird auch nicht *beschrieben*. Schon der Titel demonstriert, wie sehr wir von vorgeformten Begriffsprägungen bestimmt sind. "Schlachtbeschreibungen" kennen wir seit Homer und dem Nibelungenlied; infolgedessen glauben wir auch zu wissen, wie eine solche Beschreibung aussieht. Diese unsere Leseerfahrung aber wird gründlich enttäuscht, nehmen wir das Buch erst einmal zur Hand. Was wir vorfinden, ist eine scheinbar wahllose Zusammenstellung von Pressemeldungen, Tagesbefehlen, Interviews, Predigten, Tagebüchern etc., also offiziellen Verlautbarungen und Dokumenten und subjektiven Äußerungen. Ärzte kommen zu Wort und Offiziere, die Organisations-

---

13 Ebd., S. 97.
14 Der Bau des epischen Werks. In: *Aufsätze zur Literatur* (wie Anm. 1), S. 114.
15 Kindheit. In: *Stichworte zur geistigen Situation der Zeit*. Bd. 2. Hg. v. J. Habermas. Frankfurt a.M.: Suhrkamp 1979.

struktur der 6. Armee wird aufgelistet, verzeichnet werden der Werdegang ihrer Befehlshaber, Anekdoten aus der preußischen Armee, die Meldungen des Reichspresseamts. Bezeichnenderweise wird man nirgends so richtig aufgeklärt, wie es zu der Katastrophe von Stalingrad kam und wer dafür verantwortlich war. Zusammenhänge werden nicht geboten.

Kluge vermeidet bewußt, das Ereignis Stalingrad in irgendeinen Erzählzusammenhang zu setzen. Erzählzusammenhang bedeutet Sinnzusammenhang,[16] damit aber auch Interpretation und in deren Folge wiederum Vereinfachung und letztlich Bewältigung. In *Schlachtbeschreibung* soll statt dessen demonstriert werden, wie die Fülle der Ereignisse Objekt verschiedener und widersprüchlicher Bewältigungen wurde, von denen keine die richtige ist. Geschichte, so lernt man aus diesem Buch, ist eben selbst kein Text, den es nachzuerzählen gälte. Es gibt nicht *den* Gegenstand der Erfahrung, sondern es gibt eine Fülle von möglichen Erfahrungen, die schriftlich fixiert werden können.

Es ist nicht damit getan, alle diese Erfahrungen zusammenzustellen. Aus der Addition des Subjektiven ergibt sich noch nicht das Objektive. Wir stehen nach der Lektüre dieser fast 370 Seiten da und wissen Stalingrad immer noch nicht zu erklären. Die Wahrheit über Stalingrad gibt es ganz offensichtlich nicht. Daher darf sich auch kein Ich-Sprecher anmaßen, die ganze Geschichte erzählen zu wollen; dazu bedürfte dieses Ich nämlich einer objektiven, übergeordneten Erkenntnis. Es gibt folglich keinen Autor, an den der Leser seinen Wunsch nach Orientierung delegieren könnte.[17]

Zum Verständnis dessen, was sich vor Stalingrad zugetragen hat, wären Einsichten in komplexe historische Zusammenhänge notwendig. Diese sind über vorhandene Dokumente nur indirekt zu gewinnen. Die folgende Anekdote aus dem Siebenjährigen Krieg, die ein Oberst erzählt, übernimmt die Funktion einer Parabel: "Bei einer Revue in Schlesien wunderte sich König Friedrich der Große, daß die braven, gehetzten Truppen nach fremden Willen immer weitermaschierten und nicht besser ihre Anführer erschlügen!" (S. 134) Ebenso unverständlich wie die Botmäßigkeit der preußischen Truppen ist es, daß die 300 000 Individuen der 6. Armee wie eine Maschine agierten, obgleich doch jeder einzelne von ihnen eine Person mit eigenem Willen und eigener Historie war.[18] Die Erklärung für dieses ungeheuerliche Phänomen liegt in der Kriegskunst als der Kunst der Entindividualisierung. Häufig wird daher Clausewitz' Klassiker *Vom Kriege* zitiert. Der Entindividualisierung im Krieg entspricht, daß der Einzelne weder eine

---

16 Dies hat in jüngerer Zeit v.a. Hayden White mit seinen Betrachtungen zum Verhältnis von Geschichtsschreibung und Erzählung deutlich gemacht. Vgl. z.B. Die Bedeutung der Narrativität in der Darstellung von Wirklichkeit. In: *Die Bedeutung der Form. Erzählstrukturen in der Geschichtsschreibung.* Frankfurt a.M.: Fischer TB Vlg. 1990, S. 11–39.

17 Vgl. Friedemann J. Weidauer: "Neue Geschichten". Die Umarbeitung der Vergangenheit in Dokumentarromanen Alexander Kluges und Alfred Anderschs. In: *Monatshefte* 87 (1995), H. 2, S. 216–235, hier S. 224.

18 Vgl. Weidauer ebd., S. 221.

Meinung hat, noch diese ausspricht. Dokumente und damit Geschichte produziert nur die Heeresleitung.

Das Dokument selbst ist also fragwürdig. Offenbar ist es ein Produkt der Mächtigen, das seinerseits Macht verleiht, indem es das kollektive Bewußtsein steuert. In seiner überarbeiteten Auflage hat Kluge daher versucht, den Glauben an das Dokument selbst zu verunsichern, ein Vorgehen, das wohl zur Zeit der ersten Niederschrift nicht möglich gewesen wäre; damals war man noch fasziniert von der Wahrheit, die Dokumente scheinbar gewährleisten. Kluge hat in die 2. Fassung Finten eingebaut, 'Dokumente', die sich unter der Hand als Erfindungen, Phantastereien entpuppen. Er hat diese Erfindungen durch Bildmaterial, das sich ja beliebig beschriften läßt, glaubwürdig gemacht, um so zu zeigen, wie leichtgläubig der Leser ist.[19] Ganz allmählich, Schritt für Schritt, entzieht er einem Text den Wahrscheinlichkeitscharakter. Die Fiktionalität wird endgültig offenkundig, wenn von Soldaten im Weltall die Rede ist. Fazit: Mißtraue jedem Dokument, es könnte fingiert sein. Liest man schließlich im letzten Kapitel der *Schlachtbeschreibung* die abschließende offizielle presseamtliche Darstellung der Ereignisse von Stalingrad unter der Überschrift "Rechenschaftsbericht", so hat man schon genügend Mißtrauen eingeübt, um sich von solch einer "Rechenschaft" nicht mehr täuschen zu lassen. Man hat gelernt, den Text gegen den Strich zu lesen.

Auch Kluges *Schlachtbeschreibung* ist also keine wahllose Zusammenstellung von Texten. Auch sie verdankt sich der Leistung des Autors, der in Zusammenstellung und Auswahl seinem Demonstrationsziel folgt, der sich sogar um der übergeordneten pädagogischen Absicht willen die Freiheit zur Falschmünzerei nimmt. Letztlich ist also der Leser doch dem Autor in die Hand gegeben.

Hier liegt denn auch die Schwachstelle der dokumentarischen Literatur, der Punkt, an dem Wahrheit in Unwahrheit umschlagen kann. Texte sind geduldig. Was im einzelnen authentisch ist, braucht in der Zusammenstellung noch nicht Wahrheit zu ergeben. Kluges Buch hat vermieden, ein Gesamtbild erscheinen zu lassen und hat mithin die Freiheit des Lesers weitgehend bewahrt; von anderer Literatur, etwa den dokumentarischen Dramen Hochhuths, kann das nicht immer behauptet werden.

Die demonstrierte Brüchigkeit des Dokumentes und des dokumentarischen Verfahrens selbst läßt den Schritt von der sog. Dokumentation der sog. Wirklichkeit zur Fiktion als nachgestellter Wirklichkeit nicht mehr so groß erscheinen. Dabei können Fiktion und Non-Fiktion in sehr verschiedenen Mischungsverhältnissen auftreten. Heinrich Bölls *Gruppenbild mit Dame*, eine fiktive Dokumentation, arbeitet konsequent und auch formal demonstrativ mit Fiktion als Schein des Dokumentarischen. In diesem 1971 erschienenen Roman hat Böll die doku-

---

19 Bilder mit z.T. vorgetäuschter Authentizität oder doch unsicherer Provenienz enthalten auch Kluges Prosabände *Lernprozesse mit tödlichem Ausgang* (1973), *Neue Geschichten* (1977) und der Materialienband *Die Patriotin* (1979).

mentarische Schreibweise inszeniert. Der Autor selbst tritt als "Verf." in Erscheinung. In seiner fiktiven Eigenschaft als Koordinator versichert er:

> Der Verf. hat keineswegs Einblick in Lenis gesamtes Leibes-, Seelen- und Liebesleben, doch ist alles, aber auch alles getan worden, um über Leni das zu bekommen, was man sachliche Information nennt (die Auskunftspersonen werden an entsprechender Stelle sogar namhaft gemacht werden!), und was hier berichtet wird, kann mit an Sicherheit grenzender Wahrscheinlichkeit als zutreffend bezeichnet werden. (S. 8f.)

Der Text rekonstruiert das Leben der Leni Pfeiffer, einer Frau aus dem Volke. Diese Frau hatte während des Krieges ein Liebesverhältnis mit einem Russen, war dann verheiratet und lebt jetzt mit einem Türken zusammen. Anhand eines Mosaiks von Berichten soll nun die Frage beantwortet werden, warum Leni von ihrer Umgebung angefeindet wird. Die Deutungen, die in ca. 200 Stellungnahmen angeboten werden, sind widersprüchlich, so daß sich der Leser wie ein Richter in einer Verhandlung vorkommt. Der Stil ist entsprechend trockendokumentarisch, juristisch-amtlich und dabei zutiefst ironisch. Die verschiedenen "Quellen" werden zwar durch die Instanz des Berichterstatters, des "Verf.", zusammengehalten; dieser versteckt sich aber hinter der Behauptung, der Leser müsse sich selbst sein Urteil bilden. Bölls *Gruppenbild mit Dame* kann also gelesen werden als eine Ironisierung des Dokumentarismus und seiner Aussparung des Autors, seines Quellenfetischismus und seiner Sachlichkeit.

Mit gespielter Naivität hat Böll in einem Interview in der *Frankfurter Rundschau* 1971 bekannt, er habe sehr viel über den Unterschied zwischen Fiktion und Nicht-Fiktion nachgedacht.

> Das ist ein Unterschied, den ich bisher nicht begriffen habe, weil ich der Meinung bin, daß Sprache auf jeden Fall Fiction ist. Manche Sachbücher sind wahrscheinlich erfundener als mancher Roman. Ich habe versucht, eine Person, eine Figur durch die Gruppe, die sehr umfangreich ist, zu dokumentieren, und ich wollte beweisen, daß Fiction, also Belletristik, Roman, Erzählung genauso dokumentarisch ist wie die sogenannte Sachliteratur.[20]

Zwischen Fiktion und Nicht-Fiktion changiert auch – freilich auf andere Weise – die Erzählung *Die verlorene Ehre der Katharina Blum oder: Wie Gewalt entstehen und wohin sie führen kann* (1974). Titelfigur ist eine junge Frau von unbescholtenem Charakter. Sie verliebt sich in einen Mann, der von der Polizei (als vermeintlicher Terrorist) gesucht wird. Die Methoden, mit denen die Polizei vorgeht, die Anschuldigungen der völlig aufgebrachten, ja fanatisierten Mitmenschen, v.a. aber die unaufhörliche Belästigung durch die sog. "Zeitung", die aus Katharina Blum die Hauptfigur einer Sensationsmeldung macht, bringen die Protagonistin so in Rage, daß sie den Reporter des Blattes erschießt. Die Erzählung ihrerseits gibt nun vor, den Fall sachlich recherchieren zu wollen.

---

20 *Frankfurter Rundschau*, 28.7.1971, Nr. 171, S. 8.

Als zeitgeschichtlichen Hintergrund muß man sich die Situation der 70er Jahre vor Augen stellen: RAF-Angst und Fanatisierung auf allen Seiten, überall der Argwohn, einer könnte zum "Dunstkreis" der "Baader-Meinhof-Bande" gehören, könnte "sympathisieren". Geschürt wurde das Feuer von den Berichtspraktiken der *Bild*-Zeitung. Böll gehörte vor seiner Erzählung, noch mehr aber nachher, zu denen, die von *Bild* und ähnlichen Blättern aufs schärfste angegriffen wurden. "Die Bölls sind gefährlicher als die Baader-Meinhof".[21] Böll selbst hat eine Verbindung zwischen der Erzählung und der Kampagne gegen ihn als sog. Sympathisanten dementiert. Er gibt an:

> Ich habe eine Zeitlang einen meiner gelegentlichen Mitarbeiter gebeten, die *Bild*-Zeitung und andere Boulevard-Blätter auf eklatante Verleumdungen von bekannten und unbekannten Personen durchzusehen. [...] Und da habe ich mir überlegt: was wird aus diesen Menschen?

Ihn habe, so Böll, die Wehrlosigkeit der Beschuldigten erschüttert, daher habe er den Fall der K.B. erfunden.[22] – Auf dem Vorsatzblatt des Büchleins[23] liest man die bekannte Eingangsversicherung in ironischer Variation:

> Personen und Handlung dieser Erzählung sind frei erfunden. Sollten sich bei der Schilderung gewisser journalistischer Praktiken Ähnlichkeiten mit den Praktiken der "Bild"-Zeitung ergeben haben, so sind diese Ähnlichkeiten weder beabsichtigt noch zufällig, sondern unvermeidlich.

Das Buch errichtet eine fiktive Welt, die der wirklichen täuschend ähnlich sieht und ihr den Spiegel vorhält. Der Beginn des Erzähltextes selbst produziert noch eine weitere fiktionale Ebene: die Fiktion des Tatsachenberichts. Es heißt da: "Für den folgenden Bericht gibt es einige Neben- und drei Hauptquellen, die hier am Anfang einmal genannt, dann aber nicht mehr erwähnt werden." (S. 7) So könnte eine Reportage anfangen; denn sie ist ein "Bericht" und hat ihre "Quellen" anzugeben. In Wahrheit haben wir es freilich mit einer erfundenen Geschichte zu tun. Böll treibt das Verwirrspiel auf die Spitze, wenn es wenig weiter unten heißt, daß

> der Fall der Katharina Blum angesichts der Haltung der Angeklagten und der sehr schwierigen Position ihres Verteidigers Dr. Blorna ohnehin mehr oder weniger fiktiv bleiben wird. (ebd.)

Die Erzählinstanz, auch dies macht der Autor gleich zu Beginn klar, hat vorgeblich nur die Aufgabe, die "Quellen" und ihr Wasser in die richtigen Bahnen zu lenken. "Ein ausgesprochener Ordnungsvorgang." (S. 8) Weiter an der Fiktion

---

21 Karl-Eduard von Schnitzler in der *Quick*. Vgl. *Der Spiegel* 39 (1974), Nr. 31, S. 72. Zu dem ganzen Vorgang vgl. H. Böll: *Freies Geleit für Ulrike Meinhof. Ein Artikel und seine Folgen.* Zus.gest. v. F. Grützbach. Köln: Kiepenheuer & Witsch 1972 (= pocket 36).
22 Heinrich Böll/Christian Linder: *Drei Tage im März. Ein Gespräch.* Köln: Kiepenheuer & Witsch 1975 (= pocket 65), S. 67–69.
23 Zitate nach der Taschenbuchausgabe München: dtv 1976.

des Dokumentarischen baut der eigentliche Beginn der Erzählung, wenn es heißt: "Die Tatsachen, die man vielleicht zunächst einmal darbieten sollte, sind brutal." (ebd.) Während von "Tatsachen" die Rede ist, mischt sich freilich mit der Wertung "brutal" die personale Erzählinstanz unvermerkt ein. Auch sonst spart der Text nicht mit Sympathielenkung, obgleich solche für einen "Bericht" natürlich nicht statthaft ist – somit verfährt die Erzählung bewußt ironisch und in ähnlich unsachlicher Weise wie die von ihr angegriffene *Bild*-Zeitung. Sätze wie "so erfährt ein unschuldiger Beamter oder Angestellter endlich einmal, was Palatschinken mit Mohn sind, er, dem die schon als Hauptmahlzeit genügen würden, wenn auch nur *einer*" (S. 89) imitieren den primitiv-bissigen *Bild*-Stil.

Bölls Erzählung erfindet einen Fall, der sich ereignet haben könnte, der zwar nicht wirklich, aber in seiner Weise wahr ist. Der Autor unterstreicht den Wahrheitsanspruch seiner Geschichte, indem er zahlreiche Referenzen auf die Realität jener Tage in sie hineinmontiert, z.B. die Verflechtung zwischen Presse und Polizei, die Sensationsberichterstattung, die Diskussion um die sog. Vorverurteilungen, die Zustände in der Kölner Hautevolee etc. Er unterstreicht die Glaubwürdigkeit seiner Erzählung durch den journalistischen Stil einer Recherche und imitiert ironisch die Schreibweise der *Bild*-Zeitung. Böll, obwohl selbst Geschädigter, hat sich Ironie bewahrt, so lange es ging. Nicht ganz so souverän war da ein anderer Betroffener, Peter Schneider.

1975 erschien Peter Schneiders Erzählung ... *schon bist du ein Verfassungsfeind. Das unerwartete Anschwellen der Personalakte des Lehrers Kleff*. Schneider war 1973 wegen seiner agitatorischen Tätigkeit in der Studentenrevolte nicht zum Referendardienst zugelassen worden. Die Begründung lieferte der sog. Ministerpräsidentenerlaß, volkstümlich Radikalenerlaß, demzufolge die Verfassungstreue aller öffentlich Bediensteten überprüft werden mußte. Schneider prozessierte und gewann 1976. Nicht seinen eigenen, überraschend glücklich ausgegangenen Fall aber nahm Schneider zum Vorbild. Die Erzählung erschien ja auch schon, bevor sein Prozeß zu Ende war. Er verwendete vielmehr authentisches Material aus anderen Quellen, vornehmlich aus dem Fall des Heidelberger Referendars Ulrich Topp. Topp war 1972 wegen einer Äußerung zum Widerstandsrecht aus dem Schuldienst des Landes Baden-Württemberg entlassen worden.

Schneiders Halbfiktion macht daraus die Geschichte des Assessors Kleff. Kleff arbeitet in Freiburg als Gymnasial-Referendar und hat Schwierigkeiten, ins Beamtenverhältnis übernommen zu werden. Also wendet er sich an einen Rechtsanwalt. Das Buch kompiliert Briefe und Berichte des jungen Kleff an seinen Rechtsberater; allerdings tritt der Berichtscharakter zeitweilig zugunsten psychologischer Innensicht zurück, und man scheint eher ein Tagebuch vor sich zu haben – eine Ungenauigkeit in der Konstruktion der Erzählung. Der Grund für Kleffs Selbst-Dokumentation ist der folgende: Kleff hat beschlossen, seine eigene Personalakte zu schreiben, sich über sein Leben v.a. als Student in Berlin Rechenschaft abzulegen, da ihm nicht verständlich ist, welches Ereignis aus seiner Vergangenheit ihm zur Falle geworden sein könnte. Er ist also kooperativ, versetzt sich quasi in die Position der Behörde und durchforscht seine Vergangenheit.

> Ich bin heute in das Papiergeschäft gegenüber gegangen und habe mir ein
> Schreibheft gekauft, das dickste, das zu kriegen war. In das weiße Rechteck auf
> dem Deckblatt habe ich geschrieben: Personalakte – Matthias Kleff. […] Meine
> Idee ist: ich schreibe mir meine Personalakte selber. Was der Verfassungsschutz
> über mich zusammenträgt, weiß ich nicht, und ich habe auch keinen Einfluß
> darauf. Er sammelt, was seiner Meinung nach wissenswert ist hinsichtlich
> meiner Person, ich tue das gleiche von meinem Standpunkt aus. Und da es ja
> bei der Eignungsprüfung angeblich um eine *Bewertung der gesamten Persönlichkeit*
> geht, sogar um eine Einschätzung ihres zukünftigen Verhaltens, werde ich also
> auch Material über meine Persönlichkeit zusammentragen. Was halten Sie
> davon? Vielleicht könnten wir meine selbstverfaßte Personalakte dem Gericht
> als Beweismittel vorlegen, wenn es zum Prozeß kommt. (S. 7f.)

Kleff ist im Grunde unpolitisch, auch wenn er in der Gewerkschaft mitarbeitet
und während seiner Berliner Studienzeit in einem nicht näher beschriebenen
sozialistischen Arbeitskreis tätig war. Da er Züge von fast treuherziger Naivität
hat, erscheint das, was ihm angetan wird, in umso grellerem Licht. Vorgeblich ist
der Hauptanklagepunkt gegen ihn, dem Widerstandsrecht gegen undemokra-
tische Gesetze das Wort geredet zu haben. Kleff durchschaut nicht, daß er es mit
einem – so die stillschweigende Voraussetzung des Autors – kompromißlosen
Machtapparat zu tun hat, daß seine Sache schon abgekartet ist. Schließlich muß
er erleben, daß das Gericht, obgleich es an seiner Vergangenheit nichts bean-
standen kann, ihm trotzdem einen Strick zu drehen weiß: Allein die Tatsache,
daß Kleff von einer vertraulichen Vernehmung vor der Verfassungsschutzbe-
hörde ein Gedächtnisprotokoll angefertigt hat, genügt, um ihn endgültig aus dem
Dienst zu entlassen.

Schneider hat dem Leser vorneweg mitgeteilt:

> Alle kursiv gedruckten Sätze sind authentisch. Die Geschichte, die hier erzählt
> wird, setzt sich aus mehreren authentischen Fällen zusammen. Ort, Zeit und
> Personen der Geschichte stimmen insofern nicht mit ihren wirklichen Vor-
> bildern überein.

Quellenangaben über die authentischen Passagen finden sich freilich nicht. Die
Zitate sind in ihrer überwiegenden Mehrzahl amtliche Verlautbarungen, in den
Text eingefügt als Antworten auf Anfragen des fiktiven Personals in dieser
Erzählung. Es handelt sich keineswegs nur um Verlautbarungen zum Streit um
die Anstellung eines Referendars; vielmehr wird Aktenmaterial zu verschiedensten Fällen angeführt, zu einem Schülerstreik, zu einer Wohngemeinschafts-
angelegenheit, zum Fall eines Sozialarbeiters, zu einem Atomkraftwerk. Die
Zitate sind nahtlos in den Text einmontiert und dienen dazu, den Wahrheitsgehalt von Schneiders Fiktion zu erhärten. Dies ist nun freilich problematisch,
denn der Leser erfährt nicht, woher diese Zitate stammen, und kann nicht
überprüfen, ob sie etwa aus dem Zusammenhang gerissen und falsch wiedergegeben werden.

Schneiders Erzählung präsentiert sich dokumentarisch, und gerade das tut ihr
nicht gut: Dokumentarische Literatur fordert den Leser heraus, das Geschriebene

mit den wirklichen Verhältnissen zu vergleichen, denn sie gibt ja vor, Zeitgeschichte – wenn vielleicht auch verdichtet – abzubilden. Die Wirklichkeit sah aber doch, jedenfalls im Fall Schneider, etwas anders aus. Schneider selbst siegte vor Gericht gegen die Verfassungsbehörde, obgleich aus seiner 13jährigen studentischen Vergangenheit allerhand Material vorlag. Der Radikalenerlaß richtete hier wie wahrscheinlich überhaupt erheblich mehr Schaden in den Gemütern an als ihm wirkliche Personen und Laufbahnen zum Opfer fielen. Allerdings zeigt der Erfolg von Schneiders Erzählung, daß man sich inzwischen daran gewöhnt hatte, den Behörden alles zuzutrauen.

Schneiders Buch ist kein schriftstellerischer Glücksfall. Insgesamt zu simpel schwarz-weiß gemalt, leidet es an einem Mangel an Wahrscheinlichkeit. Ungünstig ist die thematische Diversifizierung; zu viele der Problemfälle der 70er Jahre sind mit in den Text hineingepackt. Nebenher laufen noch psychologische Passagen, die sich auf das Seelenleben des Lehrers Kleff konzentrieren, sein Verhältnis zu seiner Freundin, seine Schwierigkeiten, mit seinem Zustand fertig zu werden. Man hätte sich gewünscht, diesen Passagen wäre mehr Gewicht zugemessen worden. Aber auch hier rutscht der Text leicht in den billigen Sarkasmus des Studentenjargons ab, indem ein vorhandenes Problem durch Verdinglichung des abstrakten Gehalts ad absurdum geführt wird (vgl. S. 22).

Schneiders Buch lebt noch aus der Hoffnung, Literatur sei ein Mittel der (politischen) Aufklärung und Erziehung. Indem er die Welt unter einem bestimmten Blickwinkel darstellt, hofft der Autor, das Bewußtsein seiner Leser und in Folge davon die Verhältnisse beeinflussen zu können, dies umso mehr, als die Fabel durch Aktenmaterial untermauert wird. Diese volkspädagogische Zuversicht und dieses Schreibverfahren haben desillusionierte Autoren in späteren Jahren hinter sich gelassen. Auch Schneider vermied es in der Folge, Dokumentation und Fiktion zu vermischen.

Einer freilich schrieb weiterhin nur das, wofür er sich mit seiner Person verbürgen wollte: Günter Wallraff. Wallraff hatte 1961 zu den Gründern der sog. Gruppe 61 gehört, einer bewußt in Opposition zur Gruppe 47 entstandenen Autorenvereinigung. Die Gruppe 61 wollte sich ganz gezielt um die Erfahrungen von Arbeitern im täglichen Leben bemühen, um eine Literatur der Arbeitswelt. 1969 jedoch sagte sich Wallraff zusammen mit einigen Kollegen von der Gruppe los, der sie vorwarfen, sie hätte sich zu sehr literarisiert. Man gründete den "Werkkreis Literatur der Arbeitswelt" mit der Zielsetzung, das soziale Bewußtsein zu heben.[24] Nicht Fiktion, sondern Reportage und Dokumentation sollten die Mittel sein, in das Zeitgespräch einzugreifen. Kollektive von Arbeitern und Intellektuellen sollten in gemeinsamem Bemühen neue Formen der schriftlichen

---

24 Der Werkkreis brachte nahezu 60, z.T. sehr erfolgreiche Titel zustande, bis der Absatz immer weniger wurde und der S. Fischer-Verlag 1987 die Reihe einstellte. Vgl. Erhard Schütz: Wo ist die Arbeiterliteratur geblieben? In: *Bestandsaufnahme Gegenwartsliteratur.* Text+Kritik Sonderband 19. Hg. v. H. L. Arnold. München: Ed. T+K 1988, S. 128–136.

Artikulation entwickeln. Wallraff beschrieb die Absicht und Aufgabe des Werkkreises 1970 in einem Grundsatzreferat so:

> Wir wollen nicht Literatur als Kunst, sondern Wirklichkeit! Die Wirklichkeit hat immer noch die größere und durchschlagendere Aussagekraft und Wirkungsmöglichkeit, ist für die Mehrheit der Bevölkerung erkennbarer, nachvollziehbarer und führt eher zu Konsequenzen als die Phantasie des Dichters. Dieses Wachrufen aus der längst hingenommenen Gewöhnung, das Aufstacheln des Willens zur Veränderung, diese Aufforderung zu konsequentpolitischem Denken ist Voraussetzung für die Erkenntnis, daß dieses Denken nicht innerhalb der Literatur, sondern innerhalb der ganz und gar politisierten (und deshalb nur politisch anzugehenden) Wirklichkeit liegt und – wenn möglich – über die Änderung des Bewußtseins zur Veränderung der Gesellschaft führt.[25]

Medium ist also nicht bloß die Dokumentation, sondern vielmehr die agitierende Dokumentarliteratur. Daß es Wallraff mehr als irgendeinem anderen zeitgenössischen Autor gelungen ist, in das Zeitgespräch einzugreifen, zur Parteinahme herauszufordern, kann nicht bezweifelt werden. Seine Bücher erreichten Leserschichten, die sonst nichts mit Schöner Literatur zu tun haben. Tatsächlich bewirkten Wallraffs Veröffentlichungen sogar, daß Einstellungsmethoden und Arbeitsbedingungen verändert wurden, z.B. bei Thyssen.[26]

Die Mittel freilich, deren Wallraff sich bediente, um seine Erfahrungen zu machen, sind nicht unumstritten.[27] Wallraff arbeitete nicht wie ein Journalist aus der Distanz des Berichterstatters heraus. Vielmehr tauchte er jeweils ein in die Welt, über die er schreiben wollte. Zwei Jahre lang war er bei *Bild* "Hans Esser", das Ergebnis war sein Buch *Der Aufmacher* (1977); zwei weitere Jahre lebte er als der Türke Ali, schuftete bei McDonald's, als Leiharbeiter bei Thyssen und wollte sich probeweise zum Christentum bekehren. Der Ertrag seiner Erfahrungen ist nachzulesen in *Ganz unten* (1985). Wallraff veränderte jeweils seine Identität und wurde einer von denen, über die er berichtete. Der Vorwurf der Anmaßung, der Täuschung, des Betrugs liegt nahe. Die Gerichte hatten sich damit zu Genüge zu beschäftigen. Freilich – wie anders war an Insider-Informationen etwa bei *Bild* heranzukommen, wie anders waren die kriminellen Praktiken zu beweisen, die gegen illegale ausländische Arbeitnehmer angewandt wurden? Hier mußte sogar

---

25 Zit. in: *Arbeiterliteratur in der Bundesrepublik Deutschland. Gruppe 61 und Werkkreis Literatur der Arbeitswelt*. Mit einer Einl. v. H.L. Arnold. Hg. v. I.D. Arnold-Dielewicz und H.L. Arnold. Stuttgart: Klett 1975 (= Literaturwiss. – Gesellschaftswiss. 16), S. 18.

26 Vgl. Frank Berger: *Thyssen gegen Wallraff, oder: Bericht über den Versuch, einen Autor durch Prozesse und Rufmord zum Schweigen zu bringen*. Mit e. Essay v. H.-U. Jörges. Göttingen: Steidl 1988.

27 Vgl. *In Sachen Wallraff. Von den Industriereportagen bis Ganz unten*. Berichte, Analysen, Meinungen und Dokumente. Hg. v. C. Linder. Köln: Kiepenheuer & Witsch 1986. Peter Schneider: Wallraffs Arbeitsmethode. In: *Atempause. Versuch, meine Gedanken über Literatur und Kunst zu ordnen*. Reinbek: Rowohlt 1977, S. 195–201.

die Polizei dankbar sein. Allerdings hat Wallraff auch zweifelhafte Situationen *provoziert*, wenn er sich z.B. erbot, billige Leiharbeiter für ein Atomkraftwerk beschaffen zu können (ebd., S. 217–253). An solchen Inszenierungen wird klar, daß der sich hernach als Opfer Fühlende von Anfang an auf dieses Resultat hingearbeitet hat. Wallraffs Hypothese, wir befänden uns in einer Gesellschaft der Ausbeutung, steht als leitendes Erkenntnisinteresse über seinen Büchern. Dies wird besonders deutlich, vergleicht man Wallraffs Erlebnisse etwa mit den Selbsterfahrungen Dieter Eues, der ins Landstreichermilieu abtauchte, nicht um die Hartherzigkeit der Umwelt zu beweisen, sondern um herauszufinden, was in einem Obdachlosen vor sich geht.[28]

Wallraff schlief in Notunterkünften, er ließ sich schikanieren. Gerade dieser Originalton ist das eigentlich Erschütternde an Wallraffs Reportagen. Nicht so genau nahm Wallraff es bei der Niederschrift. Die von ihm vorgelegten Materialien stammten – so konnte ihm nachgewiesen werden – längst nicht alle aus seiner Feder. Und die fremden Quellen sind nicht überall angegeben. Tatsächlich montiert Wallraff in alle seine Bücher Dokumente hinein, z.B. Dienstvorschriften, Werbetexte, Briefe, aber auch Fremdberichte u.a.m. Daß seine eigenen Darstellungen keinen Anspruch auf Literarizität erheben, störte zunächst nicht, im Gegenteil. "Zum Glück ist er kein Dichter", überschrieb Oskar Negt seinen Beitrag über Wallraffs literarische Fähigkeiten.[29] Mißtraute Wallraff sich selbst dann doch so sehr, daß er "Dichter" für sich schreiben ließ? Schriftsteller-Kollegen traten auf und versicherten, ganze Kapitel in Wallraffs Text verfaßt zu haben. Im Grunde entsprach dieses Verfahren den Arbeitsmethoden im Werkkreis; gleichwohl riefen nun manche zur Hetzjagd gegen Wallraff auf.[30] Der Kampagne wurde die Krone aufgesetzt durch die Verleihung des Karl-Kraus-Preises durch den *konkret*-Herausgeber Hermann L. Gremliza – auch er einer derjenigen, die behaupten, Ghostwriter für Wallraff gewesen zu sein. Dieser Anti-Preis, der den Gekürten dazu verpflichtet, künftig nicht mehr zu publizieren, war mit einer Anti-Laudatio verbunden, in der Gremliza Wallraff in einer bis dato noch nicht gehörten Weise heruntermachte.[31]

---

28 D. Eue: *Haste mal 'ne Mark. Umsonst durch die Republik. Ein Bericht.* Hamburg: Luchterhand 1992 (zuerst: *Alles Kino. Ein Trip durch die Republik.* Frankfurt a.M.: Luchterhand 1989).

29 In: Günter Wallraff: *Enthüllungen.* Frankfurt a.M.: Zweitausendeins 1985, S. 283–304.

30 Vgl. Heinz Klaus Mertes: *Ali. Phänomene um einen Bestseller.* München/Berlin: Herbig 1986, S. 7f.: "Doch das Buch [...] ist ein schlechtes Buch – dokumentarisch-handwerklich und moralisch. [...] So soll mein 'Buch zum Buch' durchaus eine Abrechnung mit der unseriösen Arbeitsweise des Erfolgsautoren [sic!] Wallraff sein".

31 In: *Konkret* (1987), H. 11, S. 41–48. Sonderdruck Karl-Kraus-Preis 1987. Preisrede. Hamburg (Selbstverlag) 1987. Auszüge in: *Literatur Konkret* (1987), H. 12, S. 34–37. Vgl. auch: Christian Linder: Notizen aus der Jagdgesellschaft. Zur Auseinandersetzung um die Autorenschaft Günter Wallraffs. In: *SZ*, 17./18.10.1987. Auch als Sonderdruck: Göttingen: Steidl 1987. – Peter Schneider: Günter Wallraff und seine Fertigmacher. In: *Die Weltwoche.* Zürich, 22.10.1987. Auch in: C. Linder: Notizen aus der Jagdgesellschaft.

Vielleicht ist es nicht ganz bedeutungslos, daß Wallraff durch literarische und nicht durch politische Argumente mundtot gemacht wurde. Die 60er und frühen 70er Jahre waren gerne bereit, geringere literarische Fähigkeiten zu akzeptieren, ja sie sogar als Kennzeichen von Authentizität oder volksnahem Stil zu nehmen. Die Lage hatte sich aber in den 80er Jahren geändert. Nun lag wieder wesentlich mehr Gewicht auf der literarischen Leistung.[32] Die Polemik um sein Buch *Ganz unten* hat Wallraff als Mensch und Autor gebrochen. Er hat seither nichts Größeres mehr geschrieben.

Eine autobiographische Spielart des Dokumentarismus liegt im Fall von Walter Kempowskis Familiensaga vor (vgl. oben Kap. 1). Über Jahre hat Kempowski chronikalische Informationen gesammelt und zurechtgeschnitten. Der Gedanke an Thomas Manns Sammeltätigkeit und Montageverfahren bei der Abfassung von *Buddenbrooks* drängt sich auf. Aber anders als Mann verzichtete Kempowski darauf, die einzelnen Stücke seinem Sprachduktus einzuverleiben. Kempowski arbeitete mit der Schere: Die Materialteile sind im häuslichen Museum des Autors zu besichtigen. Er hat Adreßbücher und Zeitungen verwendet, hat seine Mutter und andere Verwandte vor das Tonband gestellt und erzählen lassen.[33] Kempowski gelangen durchaus spannende und bewegende Zeitschilderungen, wobei eine kommentierende und wertende Erzählinstanz weitgehend zurücktritt. Das Verfahren bleibt in allen Bänden der Saga gleich; immer wird sorgfältig recherchiert und dann montiert. Das Ergebnis dieser vielstimmigen Inventarisierung ist ein Text, den viele Leser als sehr authentisch empfunden haben.[34] Darüber hinaus wirkt, besonders in *Tadellöser & Wolff*, die Darstellung durch ihren naiven Stil, die scheinbar kindliche Perspektive, authentisch. Freilich fehlt in jenen Bänden, die von einer Zeit erzählen, die Kempowski selbst nicht miterlebt hat, die Autopsie als Korrektiv; insofern sind die Teile – was ihren dokumentarischen Stil betrifft – untereinander verschieden.

1990 geriet *Aus großer Zeit*, ein Teil der Familiensaga, in die Schlagzeilen, weil Harald Wieser in der Illustrierten *Stern* dem Autor nachwies, daß er ohne Angabe des Namens in diesem Buch Aufzeichnungen des Rostocker Goldschmieds Werner Tschirch zitiert hatte. Der Autor wehrte sich gegen den Plagiatsvorwurf mit dem Argument, daß die Verwendung von Bausteinen bei dem künstlerischen Verfahren seiner Collagetechnik üblich sei. – Tatsächlich hat Kempowski im

---

– How we screwed revolution. Der Fall Wallraff: Dokumente und Materialien. Zus.gest. u. komm. von H. Gremliza. In: *Konkret* (1987), H. 11, S. 12–22.

32 Vgl. noch den Nachschlag Ulrich Greiners in der *Zeit*, 2.11.1990: "Die deutsche Gesinnungsästhetik". "Wallraff ist die bizarre Pointe einer literarischen Öffentlichkeit, deren erstes Interesse die Gesinnung, die moralische Kampfkraft und die politische Richtigkeit ist. Dann kommt es aufs Schreiben fast nicht mehr an."

33 Vgl. V. Hage: Ein Kapitel für sich. Walter Kempowskis deutsche Familienchronik. (Interview mit K.) In: *Die Wiederkehr des Erzählers* (wie Anm. 3), S. 166–175, hier S. 167.

34 Günter Alfs/ Manfred Rabes: *"Genau so war es ..." Kempowskis Familiengeschichte Tadellöser & Wolff im Urteil des Publikums.* Hg. u. m. e. Forschungsbericht vers. v. M. Dierks. Oldenburg: Holzberg 1982.

Laufe der Jahre ein Archiv von Lebensläufen zusammengetragen, aus dem er in letzter Zeit immer wieder ganze Biographien unter dem Namen des tatsächlichen Autors veröffentlicht. Das Unternehmen erinnert an das seinerzeitige Bitterfelder Programm der DDR mit seinem Aufruf: "Greif zur Feder, Kumpel!"

Reine Dokumentationssammlungen ohne Kommentare sind Kempowskis Befragungsbücher. Auf die Frage: *Haben Sie Hitler gesehen* (1973), *Haben Sie davon gewußt* (1979) kommen jeweils einige Hundert Befragte mit kurzen Antworten zur NS-Zeit zu Wort. Über weite Strecken sind diese Bücher platt. Selbstverständlich hängt das Niveau solcher Kompilationen von der Qualität der Statements ab. Selbst das Schulbuch *Immer so durchgemogelt* (1975) liest sich trotz des Themas kaum je vergnüglich oder interessant. Welchen Dokumentationswert haben Aussagen wie diese (beliebig herausgegriffene): "Die Passatwinde. Mal von *der* Seite und mal von *der* Seite. Diese Pfeile. Das haben wir immer so schön gezeichnet" (S. 132, Auskunft einer Hausfrau, offenbar den Erdkundeunterricht betreffend)?

Spätestens seit den 80er Jahren ist immer wieder zu hören, die deutschen Schriftsteller sollten sich ein Beispiel an Amerika nehmen. Interessante Themen, richtiges Erzählen – Verleger und Lektoren wünschen sich von deutschen Autoren jene Verkaufserfolge, die Vertreter des New Journalism in den USA erzielen: Upton Sinclair, Truman Capote, Tom Wolfe, Norman Mailer, Philip Roth, um nur die bekanntesten zu nennen. Tatsächlich hat auch in Deutschland eine Bewegung Neuer Journalismus eingesetzt, die den traditionellen Gegensatz zwischen Dichter und Journalist überwindet oder doch gern überwinden möchte.[35] Obgleich sich die deutschsprachige Journalismus-Literatur auf Vorväter wie Egon Erwin Kisch, Siegfried Kracauer oder Alfred Polgar berufen kann, hat sie immer noch Schwierigkeiten, akzeptiert zu werden. Dies zeigt die Tatsache, daß die zünftige Literaturkritik ihre Produkte nicht wahrnimmt.[36] Gleichwohl hat die Trennmauer zwischen Journalismus und Schöner Literatur deutlich wahrnehmbare Risse bekommen. So finden sich in Essays, Reportagen und Interviews Schreibweisen wie erlebte Rede, innerer Monolog, szenische Gestaltung und Dialog, die bislang als Kennzeichen des literarisierten, fiktionalen Stils galten.[37]

Inzwischen ist die Zahl der journalistisch tätigen Schriftsteller außerordentlich groß geworden: Matthias Horx, Matthias Matussek, Cordt Schnibben, Maxim

---

35 Vgl. hierzu die Veröffentlichungen von Erhard Schütz, zuletzt: Journalliteraten. Autoren zwischen Journalismus und Belletristik. In: *Baustelle Gegenwartsliteratur. Die neunziger Jahre.* Hg. v. A. Erb. Opladen/Wiesbaden: Westdt. Vlg. 1998, S. 97–106.

36 Sie wurden z.B. von den jährlichen Berichten *Deutsche Literatur. Jahresüberblick* des Reclamverlages nahezu vollständig übergangen. Desgleichen fehlen sie in Köttelweschs *Bibliographie der deutschen Sprach- und Literaturwissenschaft.*

37 Vgl. Birgit Stolt: "Was ist wahr?" Eine alte Kontroverse aus textlinguistischer und rhetorischer Sicht. In: Dies.: *Textgestaltung – Textverständnis.* Stockholm: Almquist & Wiksell 1990, S. 1–35.

Biller, Gundolf S. Freyermuth,[38] Alexander Osang,[39] Robert Schindel,[40] Michael Rutschky.[41] Viele inzwischen v.a. belletristisch tätige Autoren haben journalistische Anfänge und verleugnen dies keineswegs, z.B. Eckhard Henscheid oder Christoph Ransmayr[42]. Es handelt sich um Angehörige der Generation der in den letzten Kriegjahren oder nach dem Krieg Geborenen, die großgeworden sind in der Wohlstands- und Aussteigerwelt. Matussek bringt das Lebensgefühl in *Palasthotel* auf den Punkt:

> Ich war mit Jefferson Airplane, Greatful Dead und Jimi Hendrix groß geworden, mit harten und weichen Drogen, mit Kerouac, Burroughs, Ginsberg und der amerikanischen Gegenkultur [...]. Mit der deutschen Nation hatte ich, bis auf die Spiele der Fußballweltmeisterschaften, nichts zu tun. (S. 10)

Der noch 10 Jahre jüngere, konfrontationsbereite Maxim Biller spricht offen vom "harten Generationenkonflikt" zwischen dem Neuen deutschen Journalismus und den älteren Schriftstellern und Feuilletonchefs.[43]

Diese Autoren arbeiten für Magazine wie *Tempo, Titanic, konkret, TransAtlantik, Merian, Spiegel* oder für die Feuilletons und Kolumnen großer Zeitungen. Sie bekennen sich zu einer unterhaltsamen Literatur, die freilich nicht seicht, sondern durchaus kritisch ist; aufklärerisches Pathos und vorschnelle moralische Urteile vermeiden sie. Wallraffs ernstes, zorniges, sozialrevolutionäres Denken liegt ihnen fern. Sie sammeln amüsiert und ironisch die Schnipsel der Gegenwart. Die Gegenstände, die sie aufs Korn nehmen, sind unterschiedlich. Der in

---

38 *Reise in die Verlorengegangenheit. Auf den Spuren deutscher Emigranten.* Hamburg: Rasch u. Röhring 1990. *Endspieler. Vom Aufstieg und Fall des schönen Lebens.* Berlin: Tiamat 1993. *Cyberland. Eine Führung durch den High-Tech-Underground.* Berlin: Rowohlt 1996.

39 Osang, der bei dem Berliner Verlag Links veröffentlicht, arbeitet mit Fotografen zusammen. z.B. in *Die stumpfe Ecke. Alltag in Deutschland.* 25 Portraits (²1996); *Aufsteiger – Absteiger. Karrieren in Deutschland* (²1993); *Das Buch der Versuchungen. 20 Portraits und eine Selbstbezichtigung* (²1996); *Tamara Danz. Legenden* (1997). Romandebüt: *Die Nachrichten.* Frankfurt a.M.: Fischer 2000.

40 *Gebürtig.* Frankfurt a.M.: Suhrkamp 1992. *Gott schütze uns vor guten Menschen. Jüdisches Gedächtnis – Auskunftsbüro Angst.* Frankfurt a.M.: Suhrkamp 1995.

41 *Erfahrungshunger. Ein Essay über die 70er Jahre.* Köln: Kiepenheuer & Witsch 1980. *Wartezeit. Ein Sittenbild.* Köln: Kiepenheuer & Witsch 1983. *Mit Dr. Siebert in Amerika.* Zürich: Scalo 1991. *Unterwegs im Beitrittsgebiet.* Hg. v. K. Scheel. Göttingen: Steidl 1994.

42 Ransmayr schrieb zunächst (seit 1978) für die Wiener Zeitschrift *Extrablatt*, dann (seit 1982) für die von H. M. Enzensberger gegründete Zeitschrift *TransAtlantik*. Die Entstehung von *Strahlender Untergang* (1982), *Die Schrecken des Eises und der Finsternis* (1985), *Die letzte Welt* (1988) ist an den Beiträgen zu diesen Blättern nachzuvollziehen. 1997 erschien mit dem Sammelband *Der Weg nach Surabaya* eine Zusammenstellung der Reportagen (z.T. auch aus *Merian*).

43 Maxim Biller: *Die Tempojahre.* München: dtv 1991, S. 28. *Die Tempojahre* ist eine Faktion-Sammlung von Reportagen und interviewartigen Portraits, die keinen Anspruch auf Authentizität erheben und sich durch flotten Stil, freche Terminologie und eine Neigung zu grandiosen Generalisierungen auszeichnen. Billers subjektiver Journalismus, eine Darstellungsweise, die den Gefühlen des Reporters Raum gibt, setzt neue Akzente.

New York lebende Matussek wendet sich z.B. dem Mondänen zu: Als Dandy unter Dandys recherchiert er über die Prominenz, stellt Interviews mit den wahren oder vermeintlichen Gallionsfiguren des Kulturbetriebs zusammen[44] und portraitiert die mehr oder weniger Berühmten der Gegenwart.[45] Er recherchiert auch über die vergehende DDR[46], seine Wahlheimat Amerika[47] oder über Verdrängung der Väter aus der Gesellschaft.[48]

Obwohl alle genannten Autoren journalistisch arbeiten, setzen sie doch unterschiedliche stilistische Schwerpunkte: Maxim Biller neigt eindeutig dem Belletristischen zu und ist auch als Erzähler und Romancier hervorgetreten.[49] Schnibben schildert ironisch die Mühen der Deutschen in ihrer Freizeit, wenn sie in 24 Stunden durch die halbe Welt reisen müssen[50], untersucht, wie die Werbung funktioniert[51] oder schreibt über Poster-Helden und sanfte Revolutionäre.[52] Bei Matthias Horx, seit 1988 Redakteur bei der *Zeit*, liegt das Schwergewicht auf wissenschaftlich-soziologisch orientierten Beiträgen.[53] Sein Sammelband *Aufstand im Schlaraffenland. Selbsterkenntnisse einer rebellischen Generation* (1989) geht den Lebensbedingungen der Generation aus den 50er Jahren nach. Nur zum kleineren Teil handelt es sich um Beiträge für die *Zeit* oder das *Zeitmagazin*. Man findet Essays, biographische Skizzen, Erzählungen oder ein "Kleines Wörterbuch des Gesunden Menschenverstandes", Vorgeschmack des 1994 erschienen *Lexikons der Trendwörter*. Horx betont in seiner *Zeitgeistreise* ausdrücklich, daß er nichts von der Trennung in gesellschaftliches Oben und Unten halte, wie sie Grundvoraussetzung der Wallraffschen Sozialreportagen ist. Seine Vorgehensweise ist die aufmerksame Vorurteilslosigkeit, die die Leute nicht einteilt, weder nach ihrem Stand, noch nach ihrem Aussehen, da sich ohnedies alle verkleiden.[54] Auf Resümees aus ihren Einzelbeobachtungen, auf Analysen und Appelle haben die Anhänger des Neuen Journalismus weitgehend verzichtet. Jedoch zeigt sich Horx in seinem *Zukunftsmanifest. Wie wir uns auf das 21. Jahrhundert vorbereiten können*

44 *Palais Abgrund. Portraits und Reportagen aus den 80er Jahren.* Berlin: Ed. Tiamat 1990.
45 *Götzendämmerung. Portraits am Ende eines Jahrtausends.* Düsseldorf: Patmos 1999.
46 *Palasthotel Zimmer 6101. Reporter im rasenden Deutschland.* Hamburg: Rasch u. Röhring 1991, eine Sammlung von Matusseks *Spiegel*-Reportagen.
47 *Showdown. Geschichten aus Amerika.* Zürich: Diogenes 1994.
48 *Die vaterlose Gesellschaft. Überfällige Anmerkungen zum Geschlechterkampf.* Reinbek: Rowohlt 1998. *Die vaterlose Gesellschaft. Briefe, Berichte, Essays.* Hg. v. Matthias Matussek. Reinbek: Rowohlt 1999.
49 Alle Köln: Kiepenheuer & Witsch: *Wenn ich einmal reich und tot bin* (1990); *Harlem Holocaust* (1990); *Land der Väter und Verräter* (1994); *Die Tochter* (2000).
50 *Neues Deutschland. Seltsame Berichte aus der Welt der Bundesbürger.* Hamburg: Rasch u. Röhring 1988.
51 *Reklamerepublik. Seltsame Berichte zur Lage der 4. Gewalt.* Hamburg: Rasch u. Röhring 1994.
52 *Ché und andere Helden.* Hamburg: Rasch u. Röhring 1997. Enthält *Spiegel*-Reportagen, u.a. zur deutschen Vereinigung.
53 *Die wilden Achtziger. Eine Zeitgeist-Reise durch die Bundesrepublik.* München: Hanser 1987.
54 S. 17, 105f., 161. Vgl. dagegen die Probleme mit Alis ärmlicher und abgerissener Kleidung, die Wallraffs *Ganz unten* thematisiert.

(1997), einem zwar journalistisch leicht geschriebenen, aber wissenschaftlich fundierten Beitrag zur Zukunftsforschung, sehr engagiert, programmatisch und thesenhaft.

Der in Sofia geborene, deutschsprachige Autor Ilija Trojanow, der mit verschiedenen journalistischen Arbeiten, aber auch mit einem fabulierenden levantinischen Roman (*Die Welt ist groß und Rettung lauert überall*, 1996) bekannt geworden ist, brachte 1999 ein umfangreiches Reportagenbuch über seine Heimat Bulgarien heraus: *Hundezeiten. Heimkehr in ein fremdes Land*. Es fand nicht nur wegen seiner Offenlegung der mafiosen bulgarischen Zustände, sondern auch wegen seiner ernsthaften und detaillierten Darstellung viel Beachtung.

Nach der Wiedervereinigung Deutschlands und dem Ende der DDR erlebte die dokumentarische Literatur einen neuen Aufschwung. Die ostdeutsche Autorin Helga Königsdorf veröffentlichte Aufzeichnungen nach Art von Erika Runges *Bottroper Protokollen*. In *Adieu DDR* zeichnete sie die Erzählungen von 18 Mitbürgern aus den neuen Bundesländern auf, Niederschriften, die Zeugnis geben von den Ängsten und Erwartungen, dem Schmerz und der Wut zu einer Zeit, als es galt, von einem Staat Abschied zu nehmen, in dem man immerhin "jede Menge Leben gelebt" hatte.[55] Fünf Jahre später setzte H. Königsdorf diese Protokoll-Arbeiten fort mit *Unterwegs nach Deutschland. Über die Schwierigkeit, ein Volk zu sein. Protokolle eines Aufbruchs*.[56] Offenbar wurden die Protokolle sprachlich bearbeitet; sie entstanden aus Gesprächen, Fragen und Antworten. Das Vorwort zeugt zwar mit seiner gleichzeitig metaphernreichen und lakonischen Sprache von der literarischen Kompetenz der Herausgeberin, macht aber keine Mitteilungen über die Entstehungsbedingungen, die Auswahl der Probanden, die Aufzeichnungsweise, die Redaktion der Texte und sagt auch zu wenig über die persönlichen Interessen der Herausgeberin aus. Darin unterscheidet sich Helga Königsdorf von ihrer Kollegin Gerda Szepansky, die im Vorwort zu ihrer Sammlung *Die stille Emanzipation. Frauen in der DDR* (1995) ihre eigenen Empfindungen und ihre Erkenntnisziele offenlegt. In allen genannten Büchern geht es darum, ganz persönliche Erfahrungen und Gefühle individueller Zeitzeugen festzuhalten. Unausgesprochen steht hinter diesen Arbeiten die Überzeugung, dokumentarische Literatur als die "Mitteilung authentischer Erfahrung" sei besser in der Lage, die historische Situation einzufangen, als fiktionale. Voraussetzung ist allerdings, daß die Befragungen rechtzeitig durchgeführt werden, bevor "die eigene Erinnerung unscharf" wird.[57] Aus dem Grund sammelte der Bertelsmann-Buchclub bereits Anfang 1990 fast 11000 Texte aller Gattungen unter dem Titel "*Denk ich an*

---

55 *Adieu DDR. Protokolle eines Abschieds*. Reinbek: Rowohlt 1990 (= rororo aktuell 12991), Vorwort S. 9.
56 Reinbek: Rowohlt 1995 (= rororo aktuell 13618).
57 *Unterwegs nach Deutschland*, Vorwort S. 7: "Schon wird die eigene Erinnerung unscharf, schon läßt sich nicht mehr genau rekonstruieren, was man einst gedacht hat, weil es die Sprache, in der man dachte, nicht mehr gibt. Zwar sind die Wörter die alten, aber sie haben einen anderen Geruch, einen anderen Geschmack."

Deutschland ...". Tagebücher, Briefe, Essays, Erlebnisberichte, Biographien waren, einem Aufruf folgend, dem Verlag eingesandt worden.[58]

Eine ganz andere Art, aus Dokumentarischem Literatur zu machen, liegt in dem Werk des Österreichers Erich Hackl vor. Seine "Erzählungen" sind kreative, selbständige und bewußt literarische Verarbeitungen von Fakten. Erich Hackl ist als Hispanist ein hervorragender Kenner der spanischen und lateinamerikanischen Verhältnisse. Bereits 1986 hatte er *Geschichten aus der Geschichte des Spanischen Bürgerkrieges* herausgegeben, "Erzählungen und Berichte deutschsprachiger Autoren". Die im übrigen Europa wenig bekannte Wirklichkeit im Spanien der 30er und 40er Jahre ist auch Hintergrund eines genau recherchierten, aber auch fiktional ausgepolsterten Buches, *Auroras Anlaß.* 1987 veröffentlichte Hackl diese erschütternde Lebensgeschichte der spanischen Feministin Aurora Rodriguez (†1955) und ihrer Tochter Hildegart. *Auroras Anlaß* berichtet von dem Versuch einer Mutter, die Tochter nach ihren aufgeklärten Grundsätzen zu erziehen, ein (letztlich grausames) pädagogisches Experiment mit emanzipatorischem Ziel. Die Tochter kann diesen Vorgaben nicht genügen, es gelingt ihr aber auch nicht, sich selbständig zu machen, so daß sie am Ende die Mutter bittet, sie zu töten.

Ein weiteres Frauenschicksal recherchiert Hackl in *Abschied von Sidonie* (1989). Im Mittelpunkt steht das Zigeunermädchen Sidonie, das bei Pflegeeltern in Hackls Heimatstadt Steyr aufwächst, schließlich aber – trotz der verzweifelten Versuche ihrer Pflegeeltern – ihrem Schicksal nicht entgehen kann und zehnjährig im Konzentrationslager stirbt. Es ist eine entsetzliche Geschichte von 'ehrbaren', der nationalsozialistischen Obrigkeit gehorsamen Dörflern, von einem Jugendamt, das in vorauseilendem Gehorsam das Mädchen aus den Augen haben will, einem nichtsahnenden Opfer und einer uneinsichtigen Gemeinde, die bis in die Gegenwart nach dem Grundsatz lebt: Da kann man halt nichts machen; es muß eben alles seine Ordnung haben. Hackl hat sich die Aufgabe gestellt, dieses "Netz des Schweigens" zu zerreißen. 1995 ließ er wieder eine Geschichte aus dem spanischsprachigen Raum erscheinen: *Sara und Simón. Eine endlose Geschichte.* Schauplatz ist das Uruguay der 70er Jahre. Hackl hat für alle seine schmalen Bücher genaue Erkundigungen auch des Umfeldes, der wirtschaftlichen und politischen Umstände, der historischen Bedingungen u.s.w. eingezogen. Er selbst hält sich in der sachlichen Chronistenrolle, erzählt in konservativer Weise, anschaulich, aber – mit wenigen Ausnahmen – emotional unbeteiligt. Hackls Bücher, auch seine Veröffentlichung von "Geschichten und Berichten" unter dem Titel *In fester Umarmung* (1996), beweisen die alte triviale Weisheit, daß das Leben die aufregendsten Stoffe bereithält. Sie lassen aus Fakten die Wirklichkeit wieder lebendig werden und schützen sie vor dem Vergessenwerden, sie geben Einblick in erschütternde Ereignisse, von denen man sonst höchstens ein kurze Meldung erhielte. Es sind – wie ich glaube – ganz unentbehrliche Bücher.

---

58 *"Denk ich an Deutschland ..." Menschen erzählen von ihren Hoffnungen und Ängsten.* Hamburg u. Zürich: Luchterhand 1991 (= SL 1997).

Postmoderne Metafiktionalität, die Verarbeitung von Literatur zu Literatur, kann sich ebenfalls des Dokuments bedienen und wird dazu umso eher neigen, wenn der Autor eine journalistische Basis hat. Christoph Ransmayr geht in seinem Buch *Die Schrecken des Eises und der Finsternis* (1984) dem Schicksal der österreichisch-ungarischen Nordpolexpedition von 1872–74 nach, einem Unternehmen, das zur Entdeckung von Franz-Joseph-Land führte. In den Text sind Tagebucheintragungen und Notate des Expeditionsleiters Weyprecht und anderer Teilnehmer sowie der Expeditionsbericht Payers, des zweiten Kommandanten, eingelegt. Außerdem enthält das Buch historische und moderne Abbildungen. Allein schon die Beigabe von Bildmaterial drückt dem Roman den Charakter des Dokumentarischen auf. Rechenschaft über die verwendeten Quellentexte gibt der bibliographische "Hinweis" am Ende (S. 255). Die Gattungsbezeichnung "Roman" ist gleichwohl gerechtfertigt. Noch eine zweite Reise und ein zweites Schicksal nämlich setzt der Text neben das der Weyprecht-Payer-Expedition: Er läßt den Nachfahren eines damaligen Matrosen, Josef Mazzini, die Route nachreisen. Mazzinis Schiff muß umdrehen, bevor Franz-Joseph-Land erreicht ist; Mazzini aber kann sich nicht vom Nordland lösen und verschwindet eines Tages im Eis.

Die Mazzini-Geschichte ist aus autobiographischer Wirklichkeit entwickelt. Auch Ransmayr war in Spitzbergen. 1981 fuhr er im Zuge einer Reportage für das Wiener *Extrablatt* auf den Spuren der k.k. Expedition, erreichte aber Franz-Joseph-Land ebensowenig wie Mazzini.[59] Dieser faktische Hintergrund wirkt in den Roman durch eine seltsame Verwirrung der Seinsebenen hinein. Das epische Ich bekennt, der Figur Mazzinis "allzu ähnlich" zu sein, ohne mit ihm je befreundet gewesen zu sein (S. 29). Nach Mazzinis Verschwinden übernimmt der Erzähler nahtlos dessen Anliegen, die von Mazzini bereits begonnene Rekonstruktion der Weyprecht-Payerschen Expedition aufgrund von Archivalien und Literatur (die Auffindung des Payerschen Berichts wird Mazzini zugeschrieben). Zudem befindet sich das Ich im Besitz von Mazzinis Tagebüchern, die nach seinem Verschwinden bei einer Freundin in Wien auftauchen. Damit wird eine besondere Affinität zwischen dem Ich-Erzähler des Romans und der Figur Mazzini hergestellt, ohne daß von einer Identität die Rede sein könnte. Mazzini und seine Geschichte ist gleichsam der Puffer zwischen der rekonstruierten Expedition und den Gefühlen des Erzählers. Dieser fährt in Gedanken Mazzini nach, versetzt sich in dessen Lage. Floskeln wie "Ich stelle mir vor …", jene aus den Werkstatt-Berichten der Gegenwartsliteratur bekannten Erzählanstöße, treten in bezug auf Mazzini gehäuft auf.

Angesichts der erwähnten Affinität zwischen Ich und Figur muß interessieren, daß und wie Mazzini als Schriftsteller dargestellt wird. Seine Arbeitsweise ist

---

59 Des Kaisers kalte Länder. Kreuzfahrten auf der Route der k.k. österreichisch-ungarischen Nordpolexpedition. Mit Fotos von Rudi Palla. In: *Extrablatt* (1982) H. 3, S. 16–25, H. 4, S. 60–63. Der letzte Mensch. Zu Besuch auf 78° 36′ nördlicher Breite. (zus. m. Rudi Palla) In: *TransAtlantik* (1983) H. 6, S. 65–74.

gleichsam die Umkehrung des dokumentarischen Verfahrens, aber auch der Vorgehensweise eines historischen Romanciers. Während sonst wirkliche Geschichten gesucht werden, die allenfalls aus der Vorstellungskraft zu ergänzen sind, heißt es von Mazzini, er erfinde Geschichten, zu denen er Vorlagen in der Wirklichkeit sucht (S. 17). Er sucht "die Erfindung der Wirklichkeit" (ebd.). Damit er sich leichter tut, verlegt er seine Geschichten in die leere Welt des Nordens (vgl. S. 18). Wenn schließlich Mazzini als ein Erzähler beschrieben wird, in dessen Geschichten die "Grenze zwischen Tatsachen und Erfindung [...] stets unsichtbar" verläuft (S. 18), so dürfte sich damit das Erzähler-Ich, jedenfalls in bezug auf seine Mazzini-Geschichte, selbst charakterisiert haben. Wie es wirklich war, darüber geben auch die authentischen Berichte keine Auskunft. Dies begriff schon Mazzini, weshalb er die eigene Erfahrung des Eises suchte – und in dessen Venusberg verschwand. So bleibt es dem epischen Ich, Mazzini und den Mythos der Arktis erzählend aus der Welt zu schaffen (vgl. S. 9).

Die drei Textebenen, die Dokumente der k.k. Expedition, die Mazzini-Geschichte und die Texte des epischen Ich, sind kontrastierend gegeneinandergestellt. Das erzählende Ich ist keineswegs allwissend, fungiert vielmehr in der Rolle des Chronisten (S. 252). Gleichwohl befindet es sich gegenüber den dokumentarischen Texten der Expeditionsteilnehmer in einer Lage überlegener Informiertheit (vgl. die wiederholten Prolepsen). Aufgrund dessen kann es den Expeditionsheroismus und den Traum von der Arktis als "Totentanz" (S. 54) entlarven. Seinen Dokumenten gegenüber fühlt es sich als "Entdecker" (S. 171), nicht als Entdecker des Eislands, sondern des Mythos vom Eisland. Die Erzählinstanz konterkariert die Dokumente, Payers hochgemute Formulierungskunst und Weyprechts selbstverordnete Sachlichkeit und Selbstbeherrschung ebenso wie die treuherzige Tapferkeit der Besatzung. Wesentlichen Teil hat allein schon die Zusammenstellung: Die pathetischen Berichte Payers werden mit der Chronik gescheiterter Arktis-Expeditionen interpoliert, die fabelhaften Bilder vom ewigen Eis mit Unterschriften versehen, die dem Buch Hiob entnommen sind und den Menschen in seiner Machtlosigkeit vor Augen führen. Dokumente können sich gegenseitig neutralisieren. Allein der Wille und die Intention des Autors führen zur "Erfindung der Wirklichkeit" (S. 17).

Auf die bleibende Aktualität des Dokumentarischen im Roman sei zum Abschluß anhand von zwei Veröffentlichungen aus der 2. Hälfte der 90er Jahre hingewiesen. Martin Walser beschrieb in *Finks Krieg* (1996) romanhaft, aber auf der Grundlage von Fakten die Affäre um den Wiesbadener Ministerialrat Rudolf Wirtz, im Roman der Ich-Erzähler Stefan Fink. Es ist die Geschichte einer Amtsversetzung im Zuge eines Regierungswechsels von Rot-Grün nach Schwarz-Gelb, und Wirtz, mit dem Autor gut bekannt, hat Walser selber 50 Aktenordner voll Material zur Verfügung gestellt. Die Öffentlichkeit, der die Sachlage noch gut im Gedächtnis war, nahm regen Anteil an dem im Vorabdruck in der *FAZ* erscheinenden Roman. Dieser verbindet Kennzeichen der Dokumentation (wirkliche Namen und Daten) mit Fiktion, wobei auch in dieser einiges wie bei einem Schlüsselroman dekodiert werden kann. Es handelt sich um eine typisch Walser-

sche Underdog-Geschichte; in diesem Kampf des Schwächeren gegen die Stärkeren freilich verwandelt sich das Opfer Stück für Stück in einen nicht nur Gerechtigkeit, sondern Rache suchenden Täter. Finks Ich spaltet sich in zwei Antagonisten, einen kämpferischen und einen vernünftigeren, der schließlich die
Oberhand behält – auch dies ein Motiv, das bei Walser häufiger anzutreffen
ist. Bei aller Anbindung an die Vorgänge in Wiesbaden gestaltet Walser in diesem
Faktion-Roman ein Exempel, das über den Umgang mit der psychologischen
und gesellschaftlichen Problematik von Unterlegenheit und Überlegenheit nachdenken läßt. Das Sujet kann dabei durch die aktuelle Bekanntheit des speziellen
Falles an Dringlichkeit gewinnen.

Richard Wagner erzählt in *Lisas geheimes Buch* (1996) die wahre Geschichte
einer Berliner Verkäuferin, Ehefrau, Mutter und Berufsdirne. Obgleich in einer
Folge von Treffen aufgezeichnet, ist das Buch nicht nur Lisas Lebens- und Erfah-
rungsgeschichte, sondern auch die Erzählung der Recherche selbst. Das heißt,
daß auch die Person des an Lisa und ihrem Schicksal interessierten Journalisten
Franck für den Leser von Bedeutung ist. Weit davon entfernt, nur Medium für
Lisa zu sein, ist er selbst involviert, spielt mit. Hier wird kein chemisch reines
Dokument aufgezeichnet. Anders als in den *Bottroper Protokollen* ahnt der Leser
auch schon bald, daß Lisa nicht nur berichtet, sondern 'erzählt', daß sie ihrerseits
mit Franck spielt. "Glaube nie einer Frau aus diesem Milieu", lautet einer ihrer
letzten Sätze (S. 228). Sich nicht als Individuum völlig darstellen zu können und
zu wollen, ist die natürliche Folge von Lisas sozialer Stellung, ihrer psychischen
Deformation und berufstypisch beschränkten Einsicht wie auch ihrer vorherrschenden Intention, durch die Befragungen Geld zu machen. Aber Lisa wird
nicht nur durch ihre Worte, sondern auch durch die erzählte Zeit der Interviews
für den Leser als Person kenntlich, ihre Berichte lassen sich also in einen größeren Zusammenhang stellen. Womöglich Authentischeres als über Lisa erfährt
man über das 'Arbeitsumfeld' und die Lebensbedingungen der Prostituierten und
ihrer Kundschaft. Wagners Buch ist sachlich und ruhig geschrieben, es vermeidet
den Kitzel des Milieus und das Reißerische der Darstellung von 'dirty places',
verschanzt sich aber auch nicht hinter Wissenschaftlichkeit. Paradoxerweise hat
der Leser auch hier den Eindruck, daß der erzählerische, fiktionale Kontext der
'Wahrheit' durchaus zustatten kommt.

4. Neue Subjektivität

Anläßlich der Buchmesse 1974 las man in der *FAZ* vom 17. Juli unter dem Titel "Erika Runges Schwierigkeiten":

> Was man als neue Subjektivität anpreist, ist die Rückkehr zu jener notwendigen Perspektive, die – als Folge einer einseitigen Politisierung der Literatur – allzu häufig in der vergangenen Zeit vernachlässigt wurde.

Autor des Beitrages war Marcel Reich-Ranicki, der mit dieser Anmerkung die Literaturentwicklung der frühen 70er Jahre zusammenfaßte: Die Abkehr von gesellschaftlichem Engagement und Politisierung, die Besinnung auf das eigene Ich. Diese Trendwende verlief bei vielen Literaten so ähnlich, daß sich sogar ihre einzelnen Elemente von Autor zu Autor vergleichen lassen. Peter Rühmkorf hat die Kennzeichen so beschrieben:

> Was diese Poeten [...] verwandt erscheinen läßt, ist die meist recht unzimperlich selbstbewußte Herauskehrung eines Ich von ziemlich gleicher Herkunft (klein- bis mittelbürgerlicher), ähnlichem sozialen Status (literarisches Wanderarbeitertum) und vergleichbarem politischen Werdegang (ApO und die Folgen bis zur statistisch signifikanten Italien-Euphorie) [...]. Fast bei allen in Frage stehenden Autoren datiert die Geburtsstunde des neuen Ich-Gefühls mit Zerfall der Studenten-Bewegung. Erst mit der Zerstörung des sozialen Integrals [...] wurde ein Selbstbewußtsein virulent, seltsam gemischt aus Isolationsschaudern und der trotzigen Lust, das eigene Oberstübchen neu zu vermessen.[1]

Die Literatur wolle jetzt, so Rühmkorf weiter, "unverstellte Auskunft [geben] über die Verfassung des Ich", das man bei dem Polittrubel fast aus den Augen verloren hatte. Unvermeidlich ist, daß dabei oft Desolates zum Vorschein kommt, auch quälende Widersprüche zwischen politischer Haltung und persönlichen Bedürfnissen.[2] Rühmkorf hat die wesentlichen Züge der Autoren der Neuen Subjektivität sehr zutreffend gekennzeichnet. Zu ergänzen ist allenfalls, daß alle diese Bücher an gescheiterten Liebes- und Partnerbeziehungen laborieren.

Die Neue Subjektivität ist Resultat eines veränderten Verhältnisses zwischen Literatur und Politik. 1969 erklärte Peter Schneider noch, im Spätkapitalismus sei

---

1 *Walther von der Vogelweide, Klopstock und ich.* Reinbek: Rowohlt 1975, S. 188. Daß Rühmkorf hier Lyriker meint, ist unwesentlich.
2 Ebd.

das Betätigungsfeld der Phantasie nicht die Kunst, sondern die Veränderung der Gesellschaft.[3] Darum gelte es, Politik statt Kunst zu machen. 1976 haben sich die Akzente deutlich verschoben: nach der Politik jetzt die Kunst.[4] Mit einer gewissen Trauer über die für das "Darstellen" verlorenen Jahre[5] bemerkt Schneider: "Die spannendsten literarischen Produkte brachten in diesen Jahren diejenigen Künstler zustande, die von Anfang an sagten, daß Politik für sie kein Thema wäre."[6] Und er tröstet sich mit der Feststellung: "Den Blütezeiten der Literatur ging nämlich in Deutschland meistens eine politische Enttäuschung ihrer Dichter voraus."[7] Schneider schließt seinen Beitrag über die Unvereinbarkeit einer Existenz als Politiker und Dichter mit einer bezeichnenden Anekdote: Gorki hatte zu Lenin gesagt, er bedaure, ein schlechter Marxist zu sein; aber Künstler seien ja alle ein bißchen unzurechnungsfähig.[8] Fast scheint es, als werde hier die alte Rede vom furor poeticus wieder salonfähig: Der Dichter hat, anders als der Politiker, ein Anrecht auf unlogische Spontaneität und Individualität. Der Wille zum subjektiven Schreiben hatte sich 1973 in Schneiders Erzählung *Lenz* schon breiten Raum verschafft.

Anders als in dokumentarischer Literatur herrscht in der sog. Neuen Subjektivität die authentische Rede. Nicht die anderen, sondern der Autor selbst hat das Wort. Unter dem Mantel der Fiktion bringt er seine urpersönlichen Erfahrungen zu Papier. Fiktionales und Autobiographisch-Faktisches mischt sich hier in manchmal irritierender Weise. Bewußt setzen diese Texte keine Wirklichkeits-, sondern Fiktionalitätssignale, tragen Untertitel wie "Roman" oder "Erzählung". Aber auch andere Kriterien sprechen gegen die Zuordnung zur Gattung der Autobiographie. Eine Autobiographie (im klassischen Sinne) versucht, Zusammenhänge zu konstruieren, große Lebenslinien zu ziehen; diese Bücher beschränken sich auf einen relativ kleinen zeitlichen Ausschnitt. Eine Autobiographie ist Rückschau, diese Bücher sind Situationsbewältigungen. Eine Autobiographie dokumentiert den persönlichen Werdegang und die eigene Befindlichkeit; diese Bücher gehen davon aus, daß in der Versprachlichung die als unbefriedigend, bisweilen fatal erlebte Situation verändert werden kann. Gerade die Vermischung autobiographischer und fiktionaler Elemente möchte dem Abstand-Gewinnen von sich selbst dienen. Nicolas Born: "Resignation, ja,

---

3   Die Phantasie im Spätkapitalismus und die Kulturrevolution. In: *Atempause. Versuch, meine Gedanken über Literatur und Kunst zu ordnen*. Reinbek: Rowohlt 1977, S. 127–161. (Urspr. in: *Kursbuch* 16, 1969). Vgl. auch Peter Schneider: Rede an die deutschen Leser und ihre Schriftsteller in: *Kursboden zum Kursbuch* 16 (1969), in der er die deutschen Literaten auffordert, sich für die Sache der Arbeiter nützlich zu machen.
4   Über den Unterschied von Literatur und Politik. In: Das Vergehen von Hören und Sehen. Aspekte der Kulturvernichtung. *Literaturmagazin* 5 (1976), S. 188–198. Etwas verändert in: *Atempause* (wie Anm. 3), S. 162–174.
5   *Literaturmagazin* (wie Anm. 4) S. 189.
6   Ebd.
7   Ebd., S. 190.
8   Ebd., S. 195.

aber darin steckt auch schon die Überwindung dieses Drucks, in dem man den Zustand auswirken läßt."[9]

Initialwerke der Bewegung waren Karin Strucks *Klassenliebe* (vgl. unten Kap. 10), Peter Schneiders *Lenz* sowie Nicolas Borns *Die erdabgewandte Seite der Geschichte*. Alle diese Bücher berichten von ganz persönlichen Situationen. Indem sie ihre schlimmen Geschichten erzählen, entdecken sie Literatur als Katalysator für Schicksalsbewältigung oder doch Schicksalsdarstellung wieder. Das Ende ist jeweils offen; schließlich hat das Leben auch keine endgültigen Lösungen an-zubieten.

Nicolas Born, als Lyriker bekannt, hatte seit seinem Roman *Der zweite Tag* (1965) zehn Jahre lang keine Prosa mehr verfaßt. Sein 1976 erschienener Roman *Die erdabgewandte Seite der Geschichte* wurde von der Kritik als *das* literarische Ereignis gefeiert, als ein Buch, das das Lebensgefühl jener Tage in unverstellter Weise zum Ausdruck bringt.[10] Born hat sich mit diesem Text zu der Erkenntnis bekannt, daß die ganz persönlichen Geschichten "die eigentliche Geschichte ausmachen". D.h., allzulange ist das Individuelle durch Engagement und poli-tisches Handeln in den Hintergrund gedrängt worden, obgleich es eigentlich am wichtigsten ist.

Borns Buch ist handlungsarm. Es geht um die Brüchigkeit menschlicher Beziehungen, die Brüchigkeit des Ich und seiner Gefühle. In dieser Welt, in der unmotiviert wechselnde Stimmungslagen (eben noch zuversichtlich, jetzt depri-miert, eben noch brutal, jetzt versöhnlich) allein wichtig sind, verschwimmt auch die Chronologie. Da erinnert sich ein Ich, zugleich erzählt es von seiner Gegenwart und schreibt das gerade Erlebte und das Erinnerte in der Vergangen-heitsform auf. Man könnte auch sagen: Die Vorgänge werden als Aufgeschriebe-nes erlebt.[11] Der Ich-Erzähler, der Schriftsteller von Beruf ist, schreibt an einem Buch, an eben diesem. Das vorliegende Erzählwerk gerät durch diesen Kunstgriff in ein seltsames Zwielicht: Sein fiktionales Erzähl-Gebäude wird durch die "Werkstattberichte" stark desillusioniert.[12] Immer wieder ist von Zetteln die Rede, die der Ich-Sprecher dauernd mit sich führt, auf die er laufend seine Erlebnisse, Gedanken und Gefühle notiert und die er später abschreibt.[13] Das Ich scheint also mit dem Autor identisch zu sein, scheint als Autor zu agieren – in provozierender Rücknahme der seit Jahrzehnten von der Literaturwissenschaft gepredigten, notwendigen Unterscheidung zwischen Erzähler und Autor. Jeden-falls ist die Identität dieses Ich-Sprechers unsicher, ebenso unsicher wie die der anderen Figuren. In Sätzen wie dem folgenden entschwindet das Ich, zwischen

---

9 Inge Rauh: Kaputte Beziehung. Interview mit Nicolas Born. In: *Nürnberger Nachrichten*, 4. 11. 1976.
10 M. Reich-Ranicki in der *FAZ*, 14. 9. 1976.
11 S. 32–34, 37–39, 42. S. 148f: "es waren lauter wörtliche, in Wörtern zusammenge-kratzte Erlebnisse".
12 S. 168: "Ich hätte gern eine Zeitlang weitergearbeitet an der Geschichte, in der ich Maria immer unähnlicher werden ließ". Vgl. S. 179: "Ich schrieb: ..."
13 Vgl. z.B. S. 221, 237.

den Spiegeln Schreiben und Beschreiben stehend, durch unendliche Reflexion ins Unsichtbare: "Beim Schreiben der Geschichte versuchte ich der Person ähnlich zu werden, als die ich mich beschrieb." (S. 146, vgl. S. 147). Nicht nur fehlt ein festumrissenes Personal, auch eine sichere Chronologie wird man nicht finden. Der Ich-Erzähler ist nicht nur aus seiner Umwelt, sondern auch aus der Zeit herausgefallen. "Aber das war schon nicht mehr zu meiner Zeit", heißt es am Ende einer Erinnerungspassage (S. 39) und ein andermal: "Damals. Die Jahre nach meiner Zeit waren schon wieder damals ..." (S. 42).[14]

Das Personal ist gering. Da ist ein Ich-Sprecher, der sich immer mehr von den Menschen seiner Umgebung entfernt, paradoxerweise umso mehr, je intensiver er sich in Gedanken um sie bemüht. Da ist seine am Ende zwölfjährige Tochter Ursel, die nur hin und wieder mit ihrem Vater zusammen ist – sie lebt sonst bei Mutter oder Großeltern. Allmählich, so muß ihr Vater schmerzlich feststellen, wird sie erwachsen und zieht sich auf sich selbst zurück, wohl ein Zeichen des Endes der Kindheit. "Als sie durch die Sperre ging [...], hatte ich das Gefühl, sie fiele wie ein Anhängsel von mir ab. [...] Nicht einmal ein Schmerz ist es, dachte ich mit einer dünnen, süßen Verbitterung" (S. 243), kommentiert der seine Gefühle genau beobachtende Ich-Erzähler den letzten Abschied von ihr. Zu seiner Freundin Maria ist ihm keine enge und stabile Beziehung möglich. Zwischen Nähe und Ferne, Verständnislosigkeit und Abhängigkeit pendelt das Verhältnis hin und her. Maria ist trotz einer vorübergehenden depressiven Phase eine zielbewußte Frau, die ihr eigenes Leben führen will und kann. Am Ende wird sie der Erzähler völlig verloren haben, ohne daß es ihm noch wehtut. Unerwartet stirbt Lasski, der Freund des Erzählers, der für ihn den Kontakt zu Politik und gesellschaftlichem Engagement verkörpert hatte. Dieser Tod kennzeichnet den radikalen Verlust eines Bezugs zur Gesellschaft, die als Gegenpol zum Ich in diesem Roman ganz wegfällt. Im Grunde handelt das Buch von der Auslösung aller Beziehungen.[15] Im Prozeß der Selbstfindung muß der Ich-Erzähler alle Geborgenheit und alles Sinnstiftende aufgeben und sich einzig mit seinem eigenen problematischen und schwankenden Ich zufrieden geben.

Borns Roman ist auch eine Auseinandersetzung mit den Enttäuschungen nach 1968.[16] Aber er ist viel mehr als das und sollte nicht auf ein zeitgeschichtliches Problem reduziert werden. Kern des Romans ist das Identitätsproblem. Es wird exemplifiziert am Leiden des Ich-Sprechers, der sein Selbstverständnis nicht aus Übereinstimmung mit der Umwelt ableiten kann, aber auch nicht genug Kraft hat, sich aus sich selbst heraus zu verstehen. Er ist ein Narziß, aber ohne

---

14 Vgl. auch S. 178: "Wieder anders. Aber das wieder andere war schon wieder das gleiche, das immer gleiche, die kreisende Ewigkeit voller Begegnungen, die sich gegenseitig aufhoben in einem einzigen bewegungslosen Rasen und Flackern."

15 S. 140 als Prolepse: "Nun bin ich aus allen Beziehungen heraus".

16 S. 46–51 erinnert sich der Ich-Erzähler an jene Demonstration, bei der Benno Ohnesorg erschossen wurde.

die glückliche Seite des antiken Vorbildes.[17] Der Erzähler erschöpft sich in seinen Versuchen, sich zu finden, und auch in seinem Bemühen, sich und sein Verhältnis zu anderen literarisch zu fassen, kommt er über Ansätze nicht hinaus, bleibt im Unangemessenen stecken.

> Ich ging zurück an den Arbeitstisch und las das Geschriebene. Ich hatte über Lasski Sätze bilden können, über Maria auch, die, wäre sie dagewesen, lauter Frage- und Ausrufungszeichen an den Rand gemalt hätte, kleine Bemerkungen wie: *ach nein, was du nicht sagst, nur weiter so, doll, noch doller, das ist ja interessant.* Was ich erlebte – dagegen waren diese Sätze noch schwach und verschwindend; zu deutlich waren sie auf eine Wahrheit aus. Was ich tatsächlich erlebte, das war eine ganz andere Geschichte; da war nämlich die Straße auf dem Weg zu ihr ein wüster, schmerzender Alptraum, ein düsteres Arrangement von Warnungszeichen, ohne daß ich diese Zeichen mit einem Satz hätte auffangen können. (S. 70)

So bleibt der 'Held' im Zustand des Suchens, ein Ziel ist nicht in Sicht. "Ich hatte keine Antworten auf bestimmte Fragen der Geschichte, konnte alle Antworten, je selbstgewisser und gerechter sie klangen, nur noch verachten" (S. 97). Ansprüche, die Welt und Menschen an ihn haben könnten, weist der Ich-Erzähler mit Absolutheit zurück; er *will* auf sich selbst fixiert bleiben. Diese Haltung ist bezeichnend für viele Romane der Neuen Subjektivität. Als felsenfeste und offenbar nicht erschütterbare Sicherheit steht sie dem Ich- und Weltzerfall paradox entgegen und bildet, bei aller Ideologieverachtung, eine selbstkonstituierte Mythologie.

Die Beziehung zum Kind macht in *Die erdabgewandte Seite der Geschichte*, wie in vielen anderen Büchern, eine Ausnahme. Sie wird als der wichtigste Kontakt erlebt. "Meine Ursel" heißt es bezeichnenderweise immer wieder, während auf keine andere Person das Possessivpronomen angewendet wird. Um das Kind bemüht sich der Ich-Sprecher am intensivsten, hier versucht er am meisten, sich in einen anderen Menschen hineinzuversetzen, sich auch einmal zurückzunehmen und sich dem Gegenüber nicht haltlos mit allen seinen Schwankungen aufzubürden.

Die Sprache des als Lyriker an genauesten Umgang mit dem Wort gewöhnten Born ist äußerst präzise: Dies betrifft die Darstellung des eigenen körperlichen und seelischen Erlebens und Erleidens, die von packender Genauigkeit und Anschaulichkeit ist, Beschreibungen von häuslichen Interieurs ebenso wie Naturschilderungen. Jedes Wort wird auf sein Gewicht hin befragt, keines ist schnell dahingeschrieben, nutzlos oder überflüssig.

Peter Schneider setzt in seinem Erzähldebüt *Lenz* (1973) schon mit der Wahl des Titels ein literarisches Signal: Der Name des Sturm und Drang-Autors Lenz, über den Büchner seine berühmte Erzählung geschrieben hatte, soll das Buch zu

---

17 Born in einem Interview (wie Anm. 9): "Der Held ist bei mir das Medium für alle anderen Personen. Innerlichkeit gibt es bei mir nicht, nur Narzißmus, der sich in der Selbstbetrachtung erschöpft."

mehr als nur einer persönlichen Außenseitergeschichte machen. Die Verbindungen zu Büchner sind locker. Schneider hat einige Zitate in den Text montiert, aber so übergangslos, daß sie nur dem Kenner auffallen werden. Der Titel *Lenz* soll wohl v.a. Hinweischarakter haben: Literatur besinnt sich wieder auf sich selbst, auf ihre Tradition. – Der unglaubliche Erfolg von *Lenz* spricht dafür, daß dieses Buch Wegweiser in eine neue Richtung war. Bereits nach einem Jahr waren 40 000 Exemplare verkauft, die Kritik äußerte sich einhellig positiv, ja enthusiastisch.[18]

Das schmale, stark autobiographische Büchlein berichtet in der Er-Form von einem jungen Intellektuellen, der nicht damit fertig wird, daß sich vor drei Monaten seine Freundin L. von ihm getrennt hat. Seither sind politische Gespräche und Aktionen, sind Demonstrationen und die Sitzungen der kommunistischen Betriebsgruppe für ihn nicht mehr wichtig. Er kann nicht mehr folgen. Ihn interessiert statt dessen, wie einer persönlich lebt, was einer mit seinen Gefühlen, mit seinen sexuellen Bedürfnissen macht.

> Schon seit einiger Zeit konnte er das weise Marxgesicht über seinem Bett nicht mehr ausstehen. Er hatte es schon einmal verkehrt herum aufgehängt. Um den Verstand abtropfen zu lassen, hatte er einem Freund erklärt. Er sah Marx in die Augen: "Was waren deine Träume, alter Besserwisser, nachts meine ich? Warst du eigentlich glücklich?" (S. 5)

Unter dem Druck persönlichen Leidens sind Denken und Theoretisieren unausstehlich geworden. Lenz merkt schmerzlich, wie viele Worte in der politischen Agitation, wie wenige hingegen im persönlichen Konflikt zur Verfügung stehen: Während bei einer Betriebsgruppensitzung aus Maos Schriften gelesen wird, denkt er: "Toll, wie klar sich der chinesische Heilige ausdrücken konnte. Für jeden hatte er zum rechten Zeitpunkt das rechte Wort." (S. 29) Er selbst, Lenz, bringt es aber nicht fertig, seiner Freundin einen Brief zu schreiben, er kann bei einem Treffen mit ihr nichts von alledem herausbringen, was er ihr sagen müßte (S. 44). Statt dessen produziert er nur vorgefertigte Formeln, vernünftige Aussagen. "Der Gedanke, daß er sich nicht würde mitteilen können, trieb ihn aus dem Haus." (S. 17). Über weite Strecken der Erzählung ist Lenz, wie sein literarisches Vorbild, ein planlos Herumirrender. Es ist freilich nicht nur Liebesleid, was Lenz umtreibt. Auch in anderen Zusammenhängen geht ihm in verunsichernder Intensität die Wichtigkeit von Gefühlen auf. Er erkennt z.B. die uneingestandene emotionale Motivation bei politischen Aktionen (vgl. S. 24f.).

Lenz arbeitet für einen Stundenlohn von 4,20 DM am Fließband. Als Intellektueller möchte er erleben, was es heißt, Arbeiter zu sein. Seine Erklärung: "Ich kann, sagte Lenz, einer Idee, die ich mir gebildet habe, erst folgen, wenn ich ihr durch die Anschauung das Gefühl hinzufüge, das ihr entspricht." (S. 38). Auch

---

18 Vgl. die Analyse der Rezensionen von Peter Laemmle: Büchners Schatten. Kritische Überlegungen zur Rezeption von Peter Schneiders Erzählung *Lenz*. In: *Akzente* 21 (1974), S. 469–478.

Argumente werden nun durch Gefühle ersetzt. "Schließlich fragte ihn der Kritiker, warum Lenz ihm nicht widerspreche. 'Weil ich nichts spüre, wenn Sie reden', rief Lenz." (S. 39)[19]

Lenz gerät in eine tiefe Krise, die er durch eine fluchtartige Abreise nach Rom zu lösen hofft. Dort lebt er zunächst bei einer Schauspielerin, die ihn in die Kreise reicher römischer Kommunisten einführt. Diese Leute irritieren ihn nicht wie seine Berliner Kollegen durch ihre Verstandesgläubigkeit, sondern umgekehrt durch ihre Gefühlsverherrlichung. In ihren feinen Kreisen frönt man der Psychoanalyse und beurteilt alles nur nach seinem Gefühlswert. Wieder wird Lenz der Gegensatz zwischen Sein und Reden schmerzlich bewußt; er faßt ihn als Widerspruch zwischen Sprache und Körpersprache.

Zwei Freunde bringen ihn nach Trient, wo er "zwischen den Bergen" lauter gesunde Menschen antrifft und selber heil wird. Die sozialistischen Parolen füllen sich wieder mit Inhalt und Leben, alle Leute sind gut und hilfsbereit, man kann sie alle "anfassen", sie haben Gefühle und äußern sie. Lenz lernt "wie ein Kind sprechen" (S. 83), er erzählt von sich und merkt, "daß er das Erlebnis, das er beschrieb, dadurch hinter sich ließ, daß er es beschrieb." (S. 86). Damit erklärt sich die Niederschrift der Erzählung selbst. Sprache und Beschreibung haben ihre therapeutische Funktion zurückgewonnen, die sie schon zu *Werthers* Zeiten besaßen. Lenz lernt die kleinen Dinge des Lebens wieder zu schätzen, gutes Essen, ein aufgeräumtes Zimmer, er liest sogar wieder Romane – lauter Dinge, die er zuvor als "bürgerlich" abgelehnt hatte.

Die Geschichte ist mit ihren drei Teilen nach dem idealistischen Dreischritt von These, Antithese und Synthese aufgebaut. Lenz leidet an der Inkongruenz von Verstand und Gefühl, von Wissen und Erfahrung, wie sie sich auch in der schwierigen Zusammenarbeit zwischen Studenten und Arbeitern in der APO darstellt. In dieses Gefüge ist die gescheiterte Beziehung zwischen Lenz und seiner Freundin L. eingepaßt. Ihre Geschichte ist nach dem klassischen Geschlechtermuster konstruiert: intellektueller Mann, lebensvolle Frau. Es treffen Geist und Leib, Begriff und Gefühl aufeinander. Jeder überfordert den anderen, keiner wird dem anderen gerecht. Angesichts dieser Situation hat die Heilung in Trient fast märchenhafte Züge. Am Ende ist, wie zum Schluß des *Taugenichts*, alles, alles gut. "Was Lenz denn jetzt tun wolle. 'Dableiben', erwiderte Lenz." (S. 90 – letzter Satz).

Schneiders Buch ist sehr einfach gemacht. Vermutlich war es gerade diese einleuchtende Einfachheit, die dem Buch zu solchem Erfolg verhalf. Die Geschichte ist reportageartig und ausschnitthaft erzählt. Differenzierende Seitenblicke unterbleiben. Welche Aufgabe Lenz bei der Agitationsarbeit übernimmt, wovon er lebt, wie es vorher mit ihm war und wie nachher – dies alles bleibt ungesagt. Die Erzählung lebt nur aus dem Augenblick, genauso wie ihr Held.

---

19 Schneider versucht, den kühlen Büchnerschen Lapidarstil nachzuahmen. Störend wirken jedoch Sätze wie "Lenz ging es ziemlich schlecht" (S. 59), die recht oberlehrerhaft glauben, dem Verstehen des Lesers nachhelfen zu müssen.

Dem Märchen von seiner Erlösung hat man ohne Nachdenken zu folgen: Wie und wodurch die Erlösung vor sich ging, wird nämlich nicht erzählt. Der Leser darf es nicht miterleben, und aus der Vorgeschichte wird es ihm erst recht nicht plausibel.

Hatte sich Schneiders Lenz nach der Übereinstimmung von Gefühl und Verstand gesehnt, so drängte sich in der Folgezeit der Irrationalismus in den Vordergrund.[20] Angesichts seines Bandes *Als das Wünschen noch geholfen hat* (1974) ging die *FAZ* mit Peter Handke als der "Symbolfigur eines an die äußerste Grenze getriebenen Subjektivismus und Idealismus" ins Gericht.[21] Auch Dieter Wellershoff, obgleich er vorsichtig Verständnis zeigte, warnte vor einem "narzißtischen Schaukampf".[22] Handke ließ sich nicht beirren und baute seine Position weiter aus.

Das Gefühl ist fast alleiniger Beherrscher seines 1975 erschienenen Buches *Die Stunde der wahren Empfindung*. Zu Schneiders *Lenz* gibt es viele Parallelen. In beiden Prosawerken spielen Auslandsaufenthalte eine entscheidende Rolle. Bei Handke ist es Paris, wo der Akteur der Geschichte, Gregor Keuschnig, als Pressereferent der österreichischen Botschaft tätig ist. Von dieser beruflichen Tätigkeit erfahren wir aber ebensowenig wie von der konkreten Arbeit des Lenz. Wie *Lenz* zu Büchners gleichnamiger Erzählung, so unterhält Handkes Roman Beziehungen zu Kafkas *Die Verwandlung*. Eines Morgens nach einem schweren Traum ist bei Gregor Samsa und bei Gregor Keuschnig nichts mehr wie es vorher war. Wie bei *Lenz* geht es in *Die Stunde der wahren Empfindung* um Gefühle und deren Verwirrung. Wie bei Schneider wird der Held, aus dessen Perspektive alles in Er-Form erzählt wird, am Ende erlöst: Gregor Keuschnig erlebt so etwas wie eine Neugeburt aus dem Nichts. "Was es alles gibt!" sagt er laut zu sich selber in andächtiger Betrachtung der Leute in Paris' Straßen (S. 150). "Ich verändere mich gerade!" (S. 162). Der Leser folgt ihm in dieser Verwandlung so ungläubig wie er Lenz gefolgt war.

Auch in Handkes nächster Erzählung, *Die Linkshändige Frau* (1976), geht es um Selbstbewahrung und Selbstverwirklichung angesichts einer Welt, die voll ist von vorgefertigten Systemen und Formeln. Mit einer festgefügten, sog. heilen Welt hatte Handke endgültig abgerechnet, indem er die Figur der Mutter in seiner autobiographischen Prosa *Wunschloses Unglück* (1972) darin untergehen ließ (vgl. unten Kap. 9). Gegen eine solche Welt möchte sich die Protagonistin in *Die Linkshändige Frau* behaupten. Dies führt sie in eine radikale Veränderung ihrer Lebensverhältnisse, zuvörderst ihrer Ehe mit Bruno, auch wenn diese zunächst durchaus den Eindruck erweckt hatte, glücklich zu sein. Bruno ist bei Einsetzen der Erzählung von einer Geschäftsreise zurückgekommen, man geht aus und beschließt, für die Nacht im Hotel zu bleiben.

---

20 Vgl.: Der neue Irrationalismus. *Literaturmagazin* 9 (1978).
21 Helmut Mader: Das Ich als Quelle des Irrationalismus. In: *FAZ*, 12.11.1974, S. 31.
22 *FAZ*, ebd. u.d.T.: Das Ich als die einzige Quelle der Wahrheit.

Als Bruno die Zimmertür aufsperrte, sagte er sehr ruhig: "Heute abend kommt es mir vor, als ob sich alles erfüllte, was ich mir je gewünscht habe. Als ob ich mich von einem Glücksort zum anderen zaubern könnte; ohne Zwischenstrecke. Ich fühle jetzt eine Zauberkraft, Marianne. Und ich brauche dich. Und ich bin glücklich. Es sirrt alles in mir nur so vor Glück." (S. 21)

Am anderen Morgen hingegen tritt eine unvermittelte Wandlung ein:

Sie gingen langsam den Weg hinunter, der aus dem Park führte; Bruno hatte den Arm um sie gelegt. Dann lief er weg und schlug einen Purzelbaum auf dem hartgefrorenen Rasen. [...] Die Frau sagte: "Mir ist eine seltsame Idee gekommen; eigentlich keine Idee, sondern eine Art – Erleuchtung. [...] Ich hatte auf einmal die Erleuchtung" – sie mußte auch über dieses Wort lachen –, "daß du von mir weggehst; daß du mich allein läßt. Ja, das ist es: Geh weg, Bruno. Laß mich allein."
Nach einiger Zeit nickte Bruno lange, hob die Arme zur halben Höhe und fragte: "Für immer?"
Die Frau: "Ich weiß es nicht. Nur weggehen wirst du und mich alleinlassen."
Sie schwiegen. (S. 22f.)

Marianne hatte eine "Erleuchtung" – vielleicht schon am Abend vorher. "Obwohl sie ganz ernst war, leuchtete ihr Gesicht, kaum wahrnehmbar" (S. 21). Sie will sich befreien aus einem Netz von Beziehungen, will ein Leben, in dem keiner von ihr abhängig ist und in dem sie von keinem abhängig ist. Nicht nur von Männern will sie sich lösen. Sie lehnt es auch ab, sich von Franziska und ihrer Frauen-Selbsthilfe-Gruppe vereinnahmen zu lassen.

Bezeichnenderweise muß Stefan, der Sohn Mariannes, zu Beginn des Buches einen Aufsatz schreiben zu dem Thema: "Wie ich mir ein schöneres Leben vorstelle." (S. 8) Im Unterschied zu *Wunschloses Unglück* sind also Wünsche noch im Rahmen des Denkbaren. Skeptischer ist Marianne schon, wenn von Glück die Rede ist:

Nein. Ich möchte nicht glücklich sein, höchstens zufrieden. Ich habe Angst vor dem Glück. Ich glaube, ich würde es nicht aushalten, da im Kopf. Ich würde wahnsinnig werden für immer oder sterben. Oder ich würde jemanden ermorden. (S. 82)

Es ist aber nicht so einfach, für sich selbst zu leben: Marianne, die sich von ihrem Mann getrennt hat, um eigene und fremde Abhängigkeit zu beenden, muß sehr auf der Hut sein, sich nicht in neue Verpflichtungen zu begeben, indem sie sich von der emanzipierten Freundin oder ihrem alten Vater helfen läßt, indem sie sich auf eine Liebschaft mit dem freundlichen und verständnisvollen Verleger oder dem enthusiastischen Jungen Mann einläßt: "Der Mann, von dem ich träume, das wird der sein, der in mir die Frau liebt, die nicht mehr von ihm abhängig ist." (S. 73) Die Erzählung berichtet von den Schwierigkeiten, diesen selbstverordneten Solipsismus durchzuhalten. Marianne wird schlampig, sogar aggressiv zu ihrem Kind. Immer wieder trifft sie sich mit Bruno, kauft ihm sogar einmal in einer Anwandlung von Fürsorglichkeit einen Pullover. Es stellt sich kein neuer Lebensrhythmus ein. Unentwegt ist sie mit ihrem eigenen Entschluß konfrontiert. Selbst die Schrift, die sie übersetzen soll, handelt von ihrem eigenen Fall.[23] Was sie eigentlich bedrängt, drückt sie dem Verleger gegenüber, für den sie jetzt wieder als Übersetzerin arbeitet, so aus: "Gerade hatte ich das Gefühl, jede Minute allein entgehe einem etwas, das nie mehr nachzuholen ist. Sie wissen, der Tod." (S. 52) Der Verleger gibt ihr den Rat, dem eigenen Tod durch Schreiben zu entkommen. "Schreiben Sie doch davon, Marianne, sonst gibt es Sie eines Tages nicht mehr." (S. 51) In romantischer Ironie spielt Handke hier mit dem antiken Topos von der unsterblich machenden Dichtung: Sein Buch selbst folgt ja diesem Rat des Verlegers.

Der letzte Teil der Erzählung (S. 114 ff.) demonstriert vollends ihre Künstlichkeit und Konstruiertheit. Wie im letzten Akt eines Theaterstückes treten alle Akteure nacheinander auf und versammeln sich in Mariannes Wohnzimmer. Doch sie besteht diesen Ansturm, geht (vermeintlich) unverwundbar geworden aus ihm heraus: "Du hast dich nicht verraten. Und niemand wird dich mehr demütigen!" (S. 130) – Hinter seinen eigenen Text hat Handke ein Zitat aus Goethes *Wahlverwandtschaften* gesetzt, in dem wohl angedeutet werden soll, daß Mariannes weiterer Weg ein fortgesetztes stilles und wohl vergebliches Bemühen um 'echtes' Leben sein wird:

> So setzten alle zusammen, jeder auf seine Weise, das tägliche Leben fort, mit und ohne Nachdenken; alles scheint seinen gewöhnlichen Gang zu gehen, wie man auch in ungeheuren Fällen, wo alles auf dem Spiele steht, noch immer so fort lebt, als wenn von nichts die Rede wäre.

Dieses offene Ende relativiert die Zuversicht Mariannes, die ihr letzter Satz anklingen ließ. Gefühlsmäßige 'Gewißheiten' unterliegen starken Stimmungsschwankungen, 'wahre' Empfindungen lassen sich nicht bewahren.

Die Linkshändige Frau ist im wesentlichen monoperspektivisch geschrieben. Nur die Gefühle Mariannes kommen in den Blick, Brunos Enttäuschung, sein Schmerz, seine machtlose Wut bleiben dem Leser ebenso fremd wie der Protagonistin. Mariannes oben zitierter letzter Satz, gesprochen nach einem heiteren Abend mit lauter gutgelaunten, unaggressiven Besuchern, läßt sich nicht anders verstehen, als daß Beziehung zu anderen, Umgang mit anderen immer schon potentiellen Selbstverlust bedeuten. Dies ist auch die Botschaft des Liedtextes, der dem Buch seinen Titel gegeben hat: Marianne hört, alleine im Wohnzimmer sitzend, immer wieder das Lied von der Linkshändigen Frau, die viel zu oft mit andern zusammen auftritt; nur in wenigen ausgesuchten Momenten ist sie allein.

---

23 Hier wie öfters bei Handke zeigen sich Einflüsse der deutschen Romantik, v.a. von Novalis. In *Heinrich von Ofterdingen* Kap. 5 entdeckt der Held "seine eigene Gestalt ziemlich kenntlich unter den Figuren" eines Buches, das ihm ein Einsiedler zu lesen gibt. Novalis. *Schriften*. Bd. I: *Das dichterische Werk*. Hg. v. P. Kluckhohn und R. Samuel. Darmstadt: Wiss. Buchges. 1977, S. 264.

Sie kam mit andern aus einem
Untergrundschacht
Sie aß mit andern in einem Schnellimbiß
Sie saß mit andern in einem Waschsalon
aber einmal habe ich sie allein vor einem
Zeitungsaushang stehen sehen

Sie kam mit andern aus einem Büroturm
Sie drängte mit andern an einen
Marktstand
Sie saß mit andern um einen Sandspielplatz
aber einmal habe ich sie durch ein Fenster
allein schachspielen sehen

Sie lag mit andern auf einem Parkrasen
Sie lachte mit andern in einem
Spiegelkabinett
Sie schrie mit andern auf einer Achterbahn
Und dann sah ich sie allein nur noch durch
meine Wunschträume gehen

Aber heute in meinem offenen Haus:
der Telefonhörer auf einmal andersherum
der Bleistift links neben dem Notizblock
daneben die Teetasse mit dem Henkel nach
links
daneben der andersherum geschälte Apfel
(nicht zu Ende geschält)
Die Vorhänge von links aufgezogen
Und die Haustürschlüssel in der linken
Jackentasche
Du hast dich verraten, Linkshänderin!
Oder wolltest du mir ein Zeichen geben?

Ich möchte dich *in einem fremden Erdteil*
sehen
Denn da werde ich dich unter den andern
endlich allein sehen
Und du wirst unter tausend andern *mich*
sehen
Und wir werden endlich aufeinander
zugehen

(S. 101f.)

Zu einer Begegnung mit dem "Mann, von dem ich träume" (S. 73) freilich kann
es für Marianne nicht kommen. Am Ende steht nur die kleine Zufriedenheit, sich
für diesmal vor drohendem Selbstverrat gerettet zu haben.

Egozentrik, Beziehungsarmut, Einsamkeit, Scheitern, Krankheit, Wahnsinn,
letztlich Tod – auffallend viele Autoren widmen sich diesen Themen. Große
Wahnsinnige wie Hölderlin und Nietzsche werden wiederentdeckt. Sterben und
Tod sind Hauptthemen. Diese Tendenz war nicht auf den Westen Deutschlands

beschränkt. Christa Wolfs *Nachdenken über Christa T.* (1968, im Westen 1969)
bedeutete – nicht nur für die DDR, sondern für die gesamtdeutsche Literatur –
ein Fanal, sowohl was die Grundhaltung als auch was die Schreibart anbetraf.[24]
Erzählinstanz in diesem Erinnerungsbuch ist die Freundin der verstorbenen
Protagonistin. Diese aber beschränkt ihren Part auf die ihr zur Verfügung stehen-
de Perspektive, die sie durch hinterlassene Tagebücher und Interviews zu ergänzen sucht. Unter Verzicht auf einen allwissenden Erzähler und statt dessen mit
Beiziehung von Dokumenten und Recherchen polyperspektivisch aufgebaut,
entsprach der Text nicht den Vorgaben des sozialistischen Realismus. Statt aus
der Sicherheit weltanschaulichen Wissens Realität darzustellen und zu belehren,
zweifelt der Roman an materialistisch-positivistischen Grundsätzen und begibt
sich auf tastende Wahrheitssuche durch psychologische Einfühlung: *"Aber was
sind Tatsachen? Die Spuren, die die Ereignisse in unserem Innern hinterlassen."*
(S. 218) Die Fabel verliert an Stringenz, Innensicht und stream of consciousness
herrschen vor, der Schreibvorgang kommt in Erzählerreflexionen zur Sprache.
Rekonstruiert werden soll der schwierige Weg einer jungen Frau, die ihre Individualität vor Entfremdung zu schützen versucht, *"dieser lange, nicht enden wollende
Weg zu sich selbst."* (S. 222). Der frühe Tod der Heldin ist auch Symbol ihres
notwendigen Scheiterns. Damit zeigt Christa Wolf erstmals den Einzelnen in
seinem berechtigten Wunsch nach persönlichem Glück und Selbstverwirklichung
im *Gegensatz* zur Gesellschaft und schlägt damit ein Hauptthema des subjektiven
Weltschmerzes an. Aus all diesen Gründen begegnete *Nachdenken über Christa T.*
im Osten erheblichen Schwierigkeiten,[25] während es im Westen den Ruhm
Christa Wolfs begründete.

Der plötzlichen Tod eines nahestehenden Menschen ist auch Erzählmotiv in
Christoph Heins Novelle *Der fremde Freund* (1982), die im Westen unter dem Titel
Drachenblut (1983) veröffentlicht wurde.[26] Auch diese Erzählung hält sich nicht
an die Maßgaben realistischen Schreibens, das eine kommentierende Erzählinstanz und eine eindeutige Sympathielenkung vorsieht, sondern mißt der Darstellung subjektiven Erlebens den höheren Wert bei. *Der fremde Freund* ist mit
nahezu quälender Konsequenz monoperspektivisch aus der Sicht der Ich-Erzählerin geschrieben. Dabei gelingt es dem Text, durch äußerste Finesse eine Doppelbödigkeit zu erzeugen. Hein verfügt über jene ironische Distanz, die der
direkten und aufrechten Christa Wolf nie zur Verfügung stand und steht. Nach
außen hin nämlich entspricht seine Protagonistin genau den Anforderungen des
positiv denkenden Helden, der mit beiden Beinen im Leben steht – genaues
Gegenteil der esoterischen Christa T. Sie übertreibt diese unmystische und

---

24 Alle Zitate nach der Sonderausgabe der Sammlung Luchterhand, Neuwied/Berlin 1971.
25 Vgl. die Einwände von Elisabeth Simons: Das Anders-Machen, von Grund auf. Die
   Hauptrichtungen der jüngsten erzählenden DDR-Literur. In: *WB Sonderheft* 1969,
   S. 183–204, oder von Horst Haase: Nachdenken über ein Buch. In: *NDL* (1969), H. 4,
   S. 174–185.
26 Alle Zitate nach der ostdeutschen Ausgabe Berlin u.a.: Aufbau [6]1989.

"positive" Haltung allerdings bis zur Selbstverleugnung. Heins Ich-Erzählerin ist eine Ärztin um die 40, kinderlos, in einem Mietshaus wohnhaft. Diese Frau mit Namen Claudia berichtet rückblickend von ihrem Leben, dessen wesentliches Moment die Bekanntschaft mit Henry, einem im gleichen Haus wohnenden Mann, gewesen war. Zu ihm, der von seiner Familie getrennt lebte, unterhielt Claudia eine Beziehung. Liebe ist es nicht, auch nicht Glück. "Ich bin nicht glücklich, aber ich bin auch nicht unglücklich. Ich bin zufrieden, und das ist viel." (S. 147) Henry wird bei einer Kneipenprügelei erschlagen. Claudia "bewältigt" diesen Einbruch in der ihr eigenen Art.

> Ich vermeide es, enttäuscht zu werden. Ich wittere schnell, wo es mir passieren könnte. Und ich wittere es dort so lange, bis es mir auch dort passieren könnte. Ich bin auf alles eingerichtet, ich bin gegen alles gewappnet, mich wird nichts mehr verletzen. Ich bin unverletzlich geworden. Ich habe in Drachenblut gebadet, und kein Lindenblatt ließ mich irgendwo schutzlos. (S. 209)

In dieser Erzählung kann allenfalls noch überlebt werden. Weitermachen und verdrängen ist die Losung, denn eine Erklärung läßt sich nicht erwarten.

> Verdrängungen sind das Ergebnis einer Abwehr, das Sich-Wehren gegen eine Gefahr. Sie sollen dem Organismus helfen zu existieren. Ein Lebewesen versucht zu überstehen, indem es verschiedene Dinge, die es umbringen könnten, nicht wahrnimmt. [...] Schließlich, die gesamte Zivilisation ist eine Verdrängung. (S. 115f.)

So analysiert die kluge, psychologisch gebildete Ärztin Claudia an einer zentralen Stelle selbst ihre Befindlichkeit. Claudia ist eine Verdrängungskünstlerin. Freilich ist es nicht so, daß der Leser diese Kunst mit Sympathie begleiten müßte. Hein läßt seine Novelle mit so schwarz-tapferen Sätzen enden, daß sich der Rezipient damit nicht zufriedengeben kann:

> Es geht mir gut. Heute rief Mutter an, und ich versprach, bald vorbeizukommen. Mir geht es glänzend, sagte ich ihr.
> Ich bin ausgeglichen. Ich bin einigermaßen beliebt. Ich habe wieder einen Freund. Ich kann mich zusammennehmen, es fällt mir nicht schwer. Ich habe Pläne. Ich arbeite gern in der Klinik. Ich schlafe gut, ich habe keine Alpträume. Im Februar kaufe ich mir ein neues Auto. Ich sehe jünger aus, als ich bin. Ich habe einen Friseur, zu dem ich unangemeldet kommen kann, einen Fleischer, der mich bevorzugt bedient, eine Schneiderin, die einen Nerv für meinen Stil hat. Ich habe einen hervorragenden Frauenarzt, schließlich bin ich Kollegin. Und ich würde, gegebenenfalls, in eine ausgezeichnete Klinik, in die beste aller möglichen Heilanstalten eingeliefert werden, ich wäre schließlich auch dann noch Kollegin. Ich bin mit meiner Wohnung zufrieden. Meine Haut ist in Ordnung. Was mir Spaß mache, kann ich mir leisten. Ich bin gesund. Alles was ich erreichen konnte, habe ich erreicht. Ich wüßte nicht, was mir fehlt. Ich habe es geschafft. Mir geht es gut. (S. 211f.)

Das ganze Buch ist in einer unterkühlten, sachlichen, knappen und harten Sprache gehalten. Claudias demonstrative Tapferkeit, künstliche Unangefochtenheit und scheinbar erfolgreiche Problemverdrängung wird durch diese der Schwere der Ereignisse unangemessene Sprache als Versteinerung kenntlich gemacht. Die Novelle falsifiziert das, was sie erzählt, durch die Art, wie sie es erzählt. Sehr zurecht ist sie von der Literaturkritik emphatisch aufgenommen worden; in ihrer Unaufdringlichkeit und der Bescheidenheit ihres Stils hat sie bis heute nichts von ihrer Überzeugungskraft eingebüßt.

Selbstreflexion, zunächst als Erkundung des eigenen Innenlebens Kennzeichen der subjektiven Schreibweise, entwickelt sich in der Folge geradezu zum Signet von literarischer Kunst: Literatur ist nur sich selbst verantwortlich; nicht nur das Individuum ist autistisch, auch die Literatur ist es. Botho Strauß formuliert in *Paare, Passanten* (1981):

> Man schreibt einzig im Auftrag der Literatur. Man schreibt unter der Aufsicht alles bisher Geschriebenen. Man schreibt aber doch auch, um sich nach und nach eine geistige Heimat zu schaffen, wo man eine natürliche nicht mehr besitzt." (S. 103)

Damit ist der Forderung nach gesellschaftlicher Relevanz eine radikale Absage erteilt. Angesichts einer irrelevant gewordenen Außenwelt findet der Literat seine Heimat in der Literatur. Sein Auftrag bleibt innerhalb des literarischen Systems. Als Bewohner des Elfenbeinturms, der Insel Literatur, richtet er sich ein in der "Einsamkeit des Schreibens" (ebd., S. 120). Wie Handke hat Strauß eine Tendenz zum Preziösen. Er betrachtet aber das Kunstwerk nicht als eine Möglichkeit der Erlösung, wie dies bei Handke der Fall ist.

> Unwichtig: ohne Gewicht ist inzwischen jegliches Buch. Das erfüllte, komplexe, schwerdurchdringliche, sofern es der "Innere Markt" überhaupt noch entstehen läßt, findet ebensowenig einen Boden, um anzuwurzeln, wie das anschmiegsame und gerngesehene Werk der Saison. (*Paare, Passanten*, S. 104)

Handke dagegen ist mit der konsequenten Suche nach dem eigenen Weg zu einer neuen Sprache, einer neuen Wahrheit, ja einer neuen Mythologie gekommen. Nachvollziehen läßt sich dies an seiner 1981 erschienenen *Kindergeschichte*.[27]

Zwischenmenschliche Beziehungen – so auch die stillschweigende Voraussetzung dieser Erzählung – sind brüchig, sind zum Scheitern verurteilt. Dies gilt vornehmlich für Partnerbeziehungen. Nur in einer Hinsicht scheint wenigstens ein Versuch lohnend: in der Beziehung zu einem Kind.[28] Die *Linkshändige Frau*

---

27 Frankfurt a.M.: Suhrkamp 1981.
28 Vgl. auch Hein: *Der fremde Freund*: "Ab und zu spiele ich mit dem Gedanken, ein Kind zur Welt zu bringen. [...] Ich stelle mir vor, wie sich mein Leben verändern würde, und bin überzeugt, ich würde sehr glücklich sein. Wenn ich weniger sentimental gestimmt bin, weiß ich, daß es mir dabei nur um mich selbst geht. Ich brauche das Kind zu meinem Glück. Ich benötige es für meine Hoffnungen, für meinen fehlenden Lebensinhalt [...] Dennoch, ich weiß, der gelegentliche Wunsch nach einem Kind wird immer wieder auftauchen. Dahinter steckt gewiß die Sehnsucht, sich einem anderen Menschen restlos hinzugeben." (S. 207f.).

Handkes vermeidet jeden Kontakt als mögliche Bedrohung, das Kind behält sie aber ganz selbstverständlich bei sich. Nicolas Borns Ich-Erzähler in *Die erdabgewandte Seite der Geschichte* bemüht sich um niemanden so sehr wie um sein Kind. In Handkes *Kindergeschichte* macht das Kind die Frau überflüssig:

> In all dieser Zeit blieb der Umgang zwischen ihm und der Frau bestenfalls sachlich, und in Gedanken waren sie oft nur noch "der" und "die" für einander. Früher, bei der distanzierten Betrachtung ihrer Tätigkeit, oder auf Reisen, oder auch nur in einem noblen Restaurant, ging doch immer wieder der Glanz einer Unberührtheit von ihr aus, der dem Mann eine Frau erst zu dem ersehnten Leitbild machte; durch den allein er sie als "seine Frau" sehen konnte; und für den er sie dann, wie nur je ein Auserwählter, begeistert und dankbar verehrte. Jetzt, mit dem Kleinkind, begegnete sie ihm fast ausschließlich in der Beengtheit des Haushalts, wo ihm ihr Anblick gleichgültig wurde und mit der Zeit sogar mißfiel. [...] Es war fast, als sei das Kind erst das Richtige für ihn, und als brauche er nun überhaupt keine Frau mehr. (S. 34f.)

Das Leben mit dem Kind wird exemplarisch überhöht als der neue Weg, die eigentliche, wahre Existenzweise. Zwar bleibt der autobiographische Hintergrund der Erzählung mit seinen allzu individuellen Alltagssorgen stets sichtbar (Handke hat eine Tochter Amina), so greifbar, daß die distanzierende Bezeichnung des Ich als "der Erwachsene" oder "der Mann" fast peinlich deplaziert erscheint; dennoch versucht der Autor gerade in diesem höchstpersönlichen Buch die Brücke zum Daseinsgrund, zur Erneuerung der Welt als ganzer zu schlagen. "Das schwierigste Menschenwerk" nennt der Erzähler die selbstgesetzte Aufgabe. Vom "großen Gesetz" ist die Rede, das das Kind verkörpere (S. 63), vom Weg zum richtigen Leben und von einer ganz neuen, höheren Art, sich selbst zu erfahren, ja vom "Mythos" der Transindividualität.[29]

Hier wird ersichtlich, daß die Beschäftigung mit einem Kind eine Modifikation der Beschäftigung mit sich selbst ist. Daß Eltern das Erziehen eines Kindes als Mittel der Selbsterfahrung, ja als Selbst-Experiment betreiben können, hat Gabriele Wohmann in ihrem Buch *Paulinchen war allein zuhaus* (1974) bis zur Karikatur getrieben. Ein kinderloses intellektuelles Paar – gegenwärtig auf dem Psychotrip – nimmt ein Waisenkind an, um es in seinem Sinn nonkonformistisch umzukrempeln und um diesen Vorgang dann literarisch zu verwerten.

Einen ernsteren und auch ernster zu nehmenden Versuch der Erziehung eines Pflegekindes hat 1996 Gerlind Reinshagen in ihrem Roman *Am Großen Stern* geschildert. Auch hier freilich ist Erziehung Experiment, nicht nur für das Kind, sondern v.a. auch Selbstexperiment für den Erwachsenen. Literarischer Fluchtpunkt dieses Versuchs ist Jean-Jacques Rousseaus *Emile*. Ähnlich wie Rousseau, aber auch in kritischer Abgrenzung von ihm, versucht der Berliner Photograph Falk ein Zusammenleben in größtmöglicher Freiheit mit dem Mädchen Bronja.

---

29 Im Kind sieht der Mann sich in der Mehrzahl. "Es war der einzige mystische Augenblick, da der Mann sich je in der Mehrzahl sah. Und nur ein solcher enthält den Mythos: die ewige Erzählung." (S. 91).

Rousseaus Naturgläubigkeit wird durch eine ökologische Komponente erweitert. Bronja, ein Waisenkind aus dem fernen Ural, war vom ersten Anblick an für Falk eine märchenhafte Erscheinung, von der er in Bann geschlagen war. Er nimmt das Kind zu sich, opfert dem Zusammensein mit ihm alles auf und will mit ihm ein völlig neues Leben beginnen. Die Dyade Falk-Bronja – ein Individualismus zu zweit.

Mit Ausnahme einiger in wörtlicher Rede wiedergegebener Gespräche erfährt der Leser dieses monoperspektivisch geschriebenen Romans nur Falks Gedanken und Gefühle, große Teile des Buches sind sein innerer Monolog. So kommt es, daß Bronja als Phänomen fast ununterbrochen Gegenstand ist, als Person aber wenig sichtbar oder hörbar wird. Großteils existiert sie als Vision ihres Pflegevaters, Emanation von dessen Vorstellung vom alternativen Leben. Auf auktoriale Sympathielenkung verzichtet der Roman und dies, obwohl sich der Leser, der Monoperspektivität der Erzählweise zufolge, sehr auf Falk einläßt. Rückhaltlos, ironielos, kritiklos widmet sich der Text Falk und seinem Erziehungsexperiment, seinen Vorstellungen, seiner Liebe und seiner maßlosen Enttäuschung am Ende. Da nämlich will Bronja von Falk nichts mehr wissen. Sie ist zu einem alten Maler gezogen, und Falk stellt sie sich als mißbrauchtes Flittchen, bestenfalls aber als einen durchschnittlichen, herzlosen Zeitgenossen vor. Vielleicht ist der Tod Bronjas ganz zum Schluß nur eine Vorstellung Falks; jedenfalls aber ist Falk mit seinem Engagement, seiner Begeisterung offensichtlich gescheitert. Sind damit auch die Werte, die von ihm hochgehalten wurden, falsifiziert?

Diese Frage wird man sich im Diskussionszusammenhang um die Literatur der Neuen Subjektivität stellen müssen. Es sind ja alles Geschichten von Scheiternden, Gescheiterten, Verlustgeschichten, Zerfallsgeschichten. In der herkömmlichen Dramaturgie war der Scheiternde auch der, der sich im Unrecht oder doch wenigstens auf dem falschen Weg befand. In diesen Büchern scheint es sich aber umgekehrt zu verhalten. Wer scheitert, noch mehr: wer stirbt, hat recht. Diese nur scheinbar paradoxe Erkenntnis hat Martin Walser für seinen Roman *Jenseits der Liebe* (1976) adoptiert: Seinem Antihelden Franz Horn bleibt nämlich selbst dieser letzte, teuer bezahlte Triumph, der Tod, verwehrt.

Walser, der ehedem zu positivem Denken und Schreiben aufgerufen hatte (siehe oben Kap. 2, Anm. 2), war im Laufe der Zeit dazu vorgestoßen, die Marxsche Dialektik des Handelns durch eine Kierkegaardsche Dialektik des Leidens zu ersetzen. Seine Entwicklung ist symptomatisch für die nun subjektive Position der Linken. Sie kann als Sensibilisierung der Vernunft (Peter Schneider) oder als Ergänzung des Vernunftoptimismus durch den "berufsmäßigen Umgang mit dem Negativen" (Martin Walser) bezeichnet werden. Walser hatte allerdings schon früher in einer Reihe von Büchern das Gefährdetsein der Subjektivität dargestellt.[30] Diesen Ansatz radikalisiert er in *Jenseits der Liebe*, dem Roman von einem völlig Gestrandeten.

---

30 Vgl. die Anselm Kristlein-Trilogie (*Halbzeit* 1960, *Das Einhorn* 1966, *Der Sturz* 1973) und *Die Gallistl'sche Krankheit* (1972).

Das Scheitern des Angestellten Franz Horn freilich hängt gerade mit seiner Egozentrik, seinem Solipsismus zusammen. Weil er sich vornehmlich um sich selbst kümmert und Schwächeren gegenüber rücksichtslos, ja brutal sein kann, wird er für seine Familie zur Belastung, so daß sich seine Frau mit den zwei Töchtern von ihm trennt. Weil er aber andererseits Stärkeren, nämlich den männlichen Berufskollegen (Thiele, Dr. Liszt, Heath) gegenüber nur ängstlich kuscht und ständig schuldbewußt nach seinen Fehlleistungen sucht, macht er sich in der Firma unmöglich, wird degradiert und möchte sich schließlich nach einer fehlgeschlagenen Berufsreise umbringen. Horns Selbstabschaffungsversuch am Ende ist letzte Konsequenz seines schlechten Verhältnisses zu seinem Ich, auch zu seinem eigenen Körper, wie es schon zu Beginn des Buches im Leitmotiv der zusammengebissenen Zähne zum Ausdruck kommt:

> Als Franz Horn aufwachte, waren seine Zähne aufeinandergebissen. Ober- und Unterkiefer spürte er als gewaltige Blöcke. Es war nicht das erste Mal, daß er sie so aufeinandergebissen fand. Aber der Druck war noch nie so stark gewesen. Er stand auf und reckte den Kopf so weit als möglich nach oben. Als könne er so dem Druck des Unterkiefers ausweichen. Offenbar hatte das Aufeinanderbeißen lang vor dem Aufwachen begonnen. Die Kiefer taten weh. Noch bevor er die Dusche aufdrehte, sprang der Biß plötzlich auf. Horn fing gleich an, heftige Kieferbewegungen und Grimassen zu machen. Dann rollte er seine Zunge nach hinten und preßte sie mit aller Kraft nach oben gegen die Decke seiner Mundhöhle. Das tat gut. Er wiegte den Kopf vor Wohlbehagen. Endlich spürte er nicht mehr, daß er Kiefer hatte. […] Er sehnte sich nach einer Gesichtsmassage. Wenigstens rasieren lassen wollte er sich. Mit Heißkalt-Auflage und Kölnisch Wasser. Er fuhr zu dem jungen Friseur Wegelin, der seine Frontzähne von der Firma hatte, in der Horn arbeitete. […] Als Horn den Laden verließ, hatte er das Gefühl, daß Ober- und Unterkiefer entspannt seien. Als er aber auf sein Büro zuging, zerrte er zur Sicherheit rasch die Mundwinkel auseinander. Seine Sekretärin lachte laut, als er so grimassierend ins Vorzimmer trat. Fräulein Hölzel neigte ohnehin zum Loslachen. Horn eilte in sein Zimmer und schenkte sich ein halbes Glas Cognac ein. Fast sofort hatte er das Gefühl, jetzt könne ihm nichts mehr passieren. (S. 7f.)[31]

Horn ist ein buchstäblich in sich Verbissener. Die Abhilfe, die er sich verschafft, sein Alkoholkonsum, ist einer der für ihn typischen, von seiner Hilflosigkeit zeugenden "Lösungs"-Versuche.

Wir haben es mit einer monoperspektivischen Erzählung zu tun, und zwar in Innensicht. Es handelt sich um eine Selbstbeobachtung, die aber statt in der zu erwartenden Ich-Form in der Er-Form geschrieben ist, so als befände sich Horn im Zustand einer inneren Entzweiung. Daneben gibt es Selbstgespräche, meist sehr kurze und unfreundliche Selbstanreden und Du-Ansprachen an das Ich oder an fingierte Partner. Die Erzählperspektive ist konsequent durchgehalten: Der in

---

31 Alle Zitate nach der Taschenbuchausgabe, Frankfurt a.M.: Suhrkamp 1979.

England aufgesuchte Geschäftsfreund Heath, eine Nebenfigur, ist der einzige, der außer Horn selber spricht. Die Erzfeinde in der Firma, um die alles kreist, kommen – bis zum Schluß – nicht zu Wort, aber nicht etwa, weil sie nichts zu reden hätten, sondern im Gegenteil. Sie sind für Horn so beherrschend, daß er alle ihre möglichen Repliken bereits verinnerlich hat. Die Auseinandersetzung mit ihnen findet im Inneren der Person Horns statt, hauptsächlich in Horns Erinnerung. Um diese Konstellation zu ermöglichen, läßt Walser seinen Horn den größten Teil der erzählten Zeit alleine auf einer Geschäftsreise zubringen. In dieser hermetisch verdichteten Einsamkeitssituation bereitet sich der Zusammenbruch vor. Horn, wieder zuhause in seiner leeren Wohnung, vergiftet sich, hört aber, bereits paralysiert, über sich seinen Chef höhnen: "Er lebt." (S. 155 – Schluß des Romans) Nicht einmal einen Selbstmord hat der Versager Horn zustandegebracht, besser gesagt, nicht einmal der ist ihm vergönnt.

Der Roman kümmert sich fast nur um die Bedeutung der Empfindungen. Gesellschaftskritische Einsprengsel sind zwar vorhanden, bleiben aber peripher. Bedenkt man, wie sehr Horns Zustand mit den Arbeitsbedingungen in seinem Betrieb zusammenhängt, so muß diese Abstinenz umso mehr auffallen. Mit seiner Gefühlszergliederung, seiner Beschreibungsakribie und seiner ironschen Grundhaltung setzt der Text den äußeren Verhältnissen literarische Mittel entgegen. Hier wie in der Folgeerzählung *Brief an Lord Liszt* (1982), in der der weiter hilflose Horn mit einem Schriftstück, einem Brief den Befreiungsschlag versucht, bedeutet dies gleichzeitig eine Hommage an die Literatur, die das Leben erträglicher macht, wie auch die Anerkenntnis, daß Schreiben ein letztlich untauglicher Ersatz für Leben ist.

Um die Problematik menschlicher Unterlegenheit war es auch in der vom Publikum sehr gut aufgenommenen Novelle *Ein fliehendes Pferd* (1978) gegangen. Die Motive der Novelle (Midlife-Crisis, Beziehungsprobleme, Erfolgsorientierung und Aussteigertum) entsprachen genau dem Zeitgespräch, regten zur Identifikation an. Kein Wunder, daß Walsers Novelle in Kürze viele Leser gewann. Inzwischen ist sie wohl zu seinem meistgelesenen Werk, ja zu einem Klassiker geworden. Die Kritik war – wie immer bei Walser – ganz uneins, wobei gerade die Gestaltung des Texts Widerspruch hervorrief.[32] Die Erzählung ist, trotz des Schlusses, der sich an den Anfang anschließt, linear erzählt, es gibt eine sogar spannende Fabel, der Stil ist durchwegs klar. Angesichts der kontroversen Aufnahme sah sich Walser gehalten, auf die Struktur seines Buches zu verweisen, dessen Charakter als *Novelle* zu betonen: Es handle sich um so etwas wie ein Schachspiel, eine Fechtübung. Die Novelle sei – gattungsgemäß – auf den Höhepunkt der Konfrontation der beiden Kontrahenten in der "unerhörten Begeben-

---

32 Einen Verriß schrieb Joachim Kaiser: Martin Walsers blindes Glanzstück. Funktion und Funktionieren der Novelle *Ein fliehendes Pferd*. In: *Merkur* (1978), Aug., S. 828–838. M. Reich-Ranicki, der *Jenseits der Liebe* verrissen hatte, feierte *Ein fliehendes Pferd* als "Wendepunkt". *FAZ*, 24. 1. 1978 und 4. 3. 1978.

heit" zugespitzt. Nach dem Realismus der Darstellung zu fragen, sei für ihn ein "unfreiwilliger Witz" – so Walser.[33]

In streng konstruiertem Dualismus und klassischer Beschränkung des Personals treten im wesentlichen nur vier Figuren auf. Helmut Halm ist ein dickbäuchiger, introvertierter Gymnasiallehrer, der viel nachdenkt über sich und sein Verhältnis zu andern und sich durch eine perfekte Fassade tunlichst zu schützen sucht vor Verletzungen. Halm und seine Frau Sabine rauchen, trinken Alkohol und sind unsportlich. Die andere Seite der Konstellation besteht aus Klaus Buch, jugendlich, drahtig, sportlich bis zur Askese, nebst seiner hochattraktiven Ehefrau Helene. Klaus Buch ist der ewig junge, (scheinbar) unangefochtene Erfolgstyp schlechthin. Diese beiden Paare machen nicht nur am gleichen Ort Urlaub, die Männer erkennen sich auch als ehemalige Schulkameraden. Der notwendige Konflikt zwischen den beiden gegensätzlichen Protagonisten kulminiert an zwei Stellen des Buches: bei Buchs Triumph anläßlich der Bändigung eines fliehendes Pferdes und bei Buchs Sturz ins Wasser als seiner tiefsten Gefährdung. Eine Lösung des Konflikts bleibt aus. Dies hatte schon der Vorspruch aus Kierkegaards *Entweder/Oder* ahnen lassen.

Nicht Abbildung der Wirklichkeit strebt Walser an, sondern psychologische Verdichtungen, deutlich konturierte Seelenbilder. Was in der Wirklichkeit meist gemischt auftritt, hat er um der Dialektik willen getrennt. Obwohl die Novelle mit ihrer Abstraktion und Typisierung also kein Abziehbild der Wirklichkeit ist, konnten sich die Leser darin wiederfinden, konnten ihre Anteile an Halm und Buch bei sich entdecken. Walser hat diesem Prozeß nachgeholfen, indem er nach dem vorübergehenden Verschwinden, dem scheinbaren Tod Buchs die Positionen einander annähert. Halm wird sportlich und selbstbewußt, Buchs Gattin raucht und trinkt plötzlich und erzählt die Wahrheit über den wirklichen Buch, einen Menschen mit glatter Fassade und inneren Brüchen. Er beneidete Halm genauso wie Halm ihn beneidete, er hätte ihn genauso gebraucht wie dieser ihn. Es zeigt sich, daß beide Protagonisten eine auf Schein aufgebaute Existenz führen, daß beide auf den Druck, unter dem sie stehen, in zwar ganz gegensätzlicher Weise reagieren (introvertiert bzw. extrovertiert), daß aber keiner damit glücklich ist. Diese Offenbarung hätte zu einem Happy-End führen können, was aber der Konsequenz der Erzählung widersprochen hätte. Die beiden Paare trennen sich wortlos, ja blicklos, d.h. ohne den Kontakt, der ihnen beiden so not getan hätte, auch nur in irgendeiner Weise aufzunehmen. Halm und seine Frau sitzen im Zug, und er erzählt ihr die ganze Geschichte: Die Novelle endet mit genau dem Satz, mit dem sie anfängt. So offenbart sich nachträglich Halm als Erzähler. Alles beginnt von vorne, genauso, wie auch bei Halm und Buch alles immer so weitergehen wird. Dem Leser aber wird jetzt endgültig klar, daß die ganze Geschichte aus Halms Perspektive erzählt war, daß eine Buchsche Innen-

33 Mündliche Diskussionsbeiträge zu der Fernsehsendung Literatrubel 2.7.1978. In: *Martin Walser*. Hg. v. K. Siblewski. Frankfurt a.M.: Suhrkamp 1981 (= suhrkamp taschenbuch materialien 2003), S. 150–168, hier S. 151.

sicht fehlte. So wird er mit Sabine Halm sagen: "ich glaube nicht, daß ich Dir alles glaube" und wird sich vielleicht die Geschichte das zweitemal unter Einbeziehung des gegnerischen Blickwinkels durch den Kopf gehen lassen.

Walsers Spielart der Neuen Subjektivität ist die Beziehungskiste. Damit greift er ein in die in den späten 70er und frühen 80er Jahren boomende Diskussion um Identität, Spontaneität, Kommunikation, Interaktion. Wie sehr er damit den Bedürfnissen der Zeit entgegenkam, zeigt der anhaltende Erfolg seiner Bücher, die ja schon durch ihre innere Verknüpfung (wiederkehrende Hauptfiguren) mit einem Stammlesepublikum rechnen. Walser geht es darum, in seinen Erzählungen neue Sichtweisen zu ermöglichen, d.h. in zwischenmenschlichen Beziehungen nicht nur mit den eigenen, sondern auch mit den Augen des anderen zu sehen. Unsere Erfahrung ist, so Walsers These, durch Mangel bewirkte Erfahrung.

> Nach meiner Meinung genügt es, wenn ein Buch einen Mangel lebhaft macht; dann wird der Leser seine ganze Positivität einsetzen, um diesen in der Literatur ausgebreiteten Mangel zu beantworten, um diesen in seinem Leben aufzuheben.[34]

In seiner Büchnerpreisrede (1981) zog Walser vehement gegen die sozial teilnahmslosen, narzißtischen "Daumenlutscher" vom Leder. Nur das Ich darzustellen, so betonte er, sei ihm entschieden zu wenig.[35]

Einige grundsätzliche Überlegungen zur Literatur der sog. Neuen Subjektivität mögen den Schluß dieses Kapitels bilden:

1. Zur Chronologie: Es würde ein grobe Vereinfachung darstellen, wollte man Literatur der 60er Jahre auf Politisierung begrenzen, die 70er Jahre auf Innerlichkeit. Das reichliche Vorhandensein von dokumentarischer Literatur in den 70er Jahren und über sie hinaus (vgl. Kap. 3) ist alleine schon ein Zeichen dafür, daß die Literatur dieser Zeit nicht nur resignativ innerlich war. Umgekehrt behauptete Handke schon 1967, ein "Bewohner des Elfenbeinturms" zu sein.[36] Wie problematisch Epochenschnitte sind, beweist die Tatsache, daß die Anfänge postmoderner Postulate schon ins Jahr 1968 fallen.[37]

---

34 Wie Anm. 33, S. 162.
35 Woran Gott stirbt. In: M. Walser: *Leseerfahrungen, Liebeserklärungen.* Aufsätze zur Literatur. Werke in 12 Bdn. Hg. v. H. Kiesel. Bd. 12. Frankfurt a.M.: Suhrkamp 1997, S. 429–442, hier S. 434.
36 P. Handke: *Prosa, Gedichte, Theaterstücke, Hörspiel, Aufsätze.* Frankfurt a.M.: Suhrkamp 1969, S. 263.
37 In diesem Jahr meldete sich Leslie A. Fiedler in Freiburg i.Br. anläßlich der Tagung "Für und wider die zeitgenössische Literatur in Europa und Amerika" zum Stichwort "Postmodernismus". Abdruck in: *Christ und Welt,* Sept. 1968, Nr. 37 u. 38. Die Antwort der engagierten Literatur kulminierte in Martin Walsers Entgegnung: Über die neueste Stimmung im Westen. In: *Kursbuch* 20 (1970), S. 19–41.

2. Zur Motivation: Es wäre auch zu verkürzt, in der Tendenz zur Innerlichkeit nur die resignative Reaktion auf die Erfahrungen von 1968 zu sehen. Zwar geht ein großer Teil der Literatur der Neuen Subjektivität aus der Krise und den Depressionen hervor, die das Ende der Studentenbewegung mit sich brachte. Aber nicht nur Handke und Botho Strauß, auch Ingeborg Bachmann mit *Malina* und dem Todesarten-Zyklus sowie Christa Wolf mit *Nachdenken über Christa T.* sind Gegenbeispiele, da sie in keinem Konnex mit der Studentenrevolte stehen.

3. Zum Verhältnis Zeitkritik – Subjektivität: Kurt Batt hat in seiner Analyse *Die Exekution des Erzählers* (1975) Innerlichkeit als Weltverlust beschrieben. Am Beispiel von Ingeborg Bachmanns *Malina* zeigt er, daß das Ich so in sich selbst verfangen ist, daß es keinen Zusammenhang mehr mit der Gesellschaft hat und auch "das Du nur noch als ein Spaltprodukt der eigenen Innerlichkeit" auftritt.[38] Batt ist aus seiner sozialistischen Perspektive heraus jedoch etwas einseitig. In der Tat gibt es auch einen zeitkritischen Subjektivismus oder Psychologismus. Auch der egozentrische Mensch, auch der zuerst um sich selbst Bemühte, kann – implizit oder explizit – auf Schwächen der Gesellschaft hinweisen. Thomas Bernhard oder Martin Walser liefern gerade hierfür Beispiele.

4. Zur Wirkung: Es ist eines der herausragenden Merkmale der jungen Literatur seit den 90er Jahren, daß die Beschreibung von seelischen Gefühlen oder gar von "wahren Empfindungen" entschieden zurücktritt. Die Komplexität des Seelenlebens in Worten einzufangen – herausragender Gegenstand einer seit der Wiener Moderne mit allen psychologischen Wassern gewaschenen literarischen Darstellungskunst –, interessiert nicht mehr (vgl. dazu unten Kap. 11). In dieser Hinsicht blieb die Literatur der Neuen Innerlichkeit für die jüngste Autorengeneration (vorerst?) ohne Folgen.

---

38 *Revolte Intern. Betrachtungen zur Literatur in der Bundesrepublik Deutschland.* München: Beck 1975, S. 128.

5. Autobiographie

"Die Wiedergeburt des Erzählens aus dem Geist der Autobiographie?"[1] fragte 1979 ein Beitrag in der Zeitschrift *Basis*. Was hier mit Skepsis formuliert ist, trifft sicherlich etwas Richtiges. Nach der Abkehr vom Fiktionalen und von der Kunst-literatur war das Authentisch-Autobiographische der erste Schritt, der wieder hin zum Roman führte. Schon in der sog. Dokumentarliteratur wird viel Privates mitgeteilt. Die *Bottroper Protokolle* sind zum allergrößten Teil Lebenserzählungen. Martin Walser veröffentlichte als dokumentarischen Text die Lebensgeschichte der Mörderin und Totschlägerin Ursula Trauberg.[2]

Auch die Bücher der Neuen Innerlichkeit schöpfen aus den Quellen der Autobiographie. Kompromißlos subjektiv und ohne harmonisierendes Beiwerk schreiben sie die eigenen Ängste, Schwächen und Erfahrungen nieder. Sie ziehen Authentizität dem Fabulieren eines allwissenden Erzählers vor. Die Neigung zum autobiographischen Schreiben hängt aber auch zusammen mit einer sehr ver-breiteten Egozentrik. Mit kompromißloser Deutlichkeit hat sich Paul Nizon dazu bekannt, wenn er 1984 in seiner 5. Frankfurter Poetik-Vorlesung Schreiben und Ich-Konstituierung geradezu gleichsetzt.[3] Nizon nennt sich einen Autor,

> der als Stoff nur Selbsterlebtes in Betracht zieht, nicht erfindet, und überdies davon ausgeht, daß 'Realität' sich nur in den komplexen Prozessen subjektiven Erlebens manifestiere, anderswo nicht zu fassen sei.[4]

Die Besinnung auf das eigene Leben besitzt – angesichts der Krise der Kunst-literatur – den entscheidenden Vorteil, keinen Anspruch auf Literarizität vor sich hertragen zu müssen. Der Autor gibt nicht vor, die Probleme der Epoche zu lösen, sondern beschränkt sich bescheiden auf die eigenen Probleme. Verall-gemeinerungen ins allgemein Menschliche geben sich als Ausfluß persönlicher Erfahrung. Die Sprache ist subjektiv, und der Stil kann hinter dem, *was* berichtet wird, zurücktreten. Unbeholfenheiten dürfen hoffen, angesichts der Wahrheit des Erzählten verziehen zu werden. Gleichwohl muß sich eine zur Veröffent-lichung vorgesehene autobiographische Prosa die Frage gefallen lassen: Bleibt der

---

1 Bernd Neumann in: *Basis. Jahrbuch für deutsche Gegenwartsliteratur* 9 (1979), S. 91–121.
2 *Vorleben.* Frankfurt a.M.: Suhrkamp 1968.
3 *Am Schreiben gehen. Frankfurter Poetikvorlesungen.* Frankfurt a.M.: Suhrkamp 1985, S. 119–137.
4 Ebd., S. 61.

Text in der Beliebigkeit des Privaten stehen oder gelingt es ihm, intersubjektiv interessant und bedeutend zu sein?

So gesehen ist Autobiographie ein gefährliches Unternehmen, an das sich früher nicht allzu viele Autoren heranwagten. In den 70er und 80er Jahren hingegen erschienen in rascher Folge Selbstlebensbeschreibungen, und zwar durchaus auch von jungen Autoren: Jakov Lind: *Selbstportrait* (1970), Gerhard Zwerenz: *Kopf und Bauch* (1971), Peter Rühmkorf: *Die Jahre die Ihr kennt* (1972). Günter Grass verfaßte 1972 das *Schneckentagebuch*; auch im *Butt* (1977) finden sich viele Selbstentblößungen. Max Frisch kam 1975 mit *Montauk* heraus, Hildesheimer verarbeitete 1971 seine *Zeiten in Cornwall*. Christa Wolf zeichnete 1976 *Kindheitsmuster* auf, im gleichen Jahr, in dem auch Wolfgang Koeppen seine *Jugend* beschrieb. Elias Canettis dreiteilige Autobiographie erschien zwischen 1977 und 1985; Dieter Wellershoffs *Die Arbeit des Lebens* (1985) enthält sieben autobiographische Textstücke, in denen Wellershoff sein privates Leben und sein Arbeitsleben darstellt.

Der Trennungsstrich zwischen Texten mit autobiographischem Gehalt und solchen, die man Autobiographien nennen kann, ist schwer zu ziehen. Sicher keine Autobiographie ist etwa ein Buch wie die im letzten Kapitel besprochene Erzählung *Lenz*, trotz der offensichtlichen Bezüge zu Schneiders Lebensgeschichte. Schneider behandelt die eigene Lebensgeschichte als Material, das er selektioniert, neu akzentuiert und verändert: Das Schwergewicht liegt nicht auf äußeren Geschehnissen, sondern auf den Vorgängen im Innern; berichtet wird nur von einem ganz kleinen Lebensausschnitt, der autobiographische Charakter ist durch die Er-Form und die Anspielung auf ein literarisches Vorbild verschleiert und bleibt zudem raum-zeitlich weitgehend unbestimmt. Zeitangaben fehlen ganz. In all diesen Punkten ist Schneiders *Lenz* also untypisch für eine Autobiographie. Was den Leser aber entscheidend an der autobiographischen Lesart hindert (und hindern soll), ist die vom Autor beigegebene Gattungsbezeichnung "Erzählung". Mit diesem Untertitel gibt der Autor zu verstehen, daß er sein Buch nicht als Selbstlebensbeschreibung rezipiert haben will. Als einziger wesentlicher Anhaltspunkt, ob ein Text als Autobiographie zu lesen ist oder nicht, scheint mir eben dieser sog. Autor-Leser-Pakt gelten zu dürfen.[5]

Was man sonst gerne als kennzeichnend für Autobiographien angenommen hat, ist weitgehend ins Wanken geraten: Statt beruhigter Rückschau begegnet

---

5 Vgl. Philippe Lejeune: Le pacte autobiographique. In: *Poétique* 4 (1973), S. 137–162. Deutsch: Der autobiographische Pakt. In: *Die Autobiographie. Zu Form und Geschichte einer literarischen Gattung*. Hg. v. G. Niggl. Darmstadt: Wiss. Buchges. 1989 (= Wege der Forschung 565), S. 214–257. – Die Einwände von Oliver Sill: "Fiktion des Faktischen". Zur autobiographischen Literatur der letzten Jahrzehnte. In: *Deutschsprachige Literatur der 70er und 80er Jahre*. Hg. v. W. Delabar und E. Schütz. Darmstadt: Wiss. Buchges. 1997, S. 75–104, verfangen m.E. nicht, da sie produktionsästhetischer und nicht rezeptionsästhetischer Natur sind. Ungeachtet dessen sind Sills Text-Beobachtungen verdienstvoll. In seinen Aussagen über den ontologischen Status von Autobiographien aber scheint er mir das Kind mit dem Bade auszuschütten.

man eher unausgestandenen Problemen, statt Altersweisheit eher kämpferischer
Gesinnung, statt großen Lebensüberblicken eher kleinen repräsentativen Aus-
schnitten. Von der von Goethe postulierten Ausgewogenheit zwischen inneren
Vorgängen und Berichten über die erlebte Zeit kann selten mehr die Rede sein.
Die Zeitzeugenschaft spielt u.U. eine recht untergeordnete Rolle. In anderen
Fällen vertritt die eigene Lebensgeschichte die Stelle des Zeitromans. Christa
Wolfs *Kindheitsmuster* und das *Schneckentagebuch* von Günter Grass sind trotz des
autobiographischen Gehalts eher als Zeitzeugnisse zu würdigen. – Seit jeher
mischt sich in der Autobiographie Dichtung unter die Wahrheit, Fiktion unter
die Faktizität. Dies ist schon deshalb nicht zu vermeiden, weil es sich bei einer
Selbstlebensbeschreibung um eine Re-Konstruktion handeln muß. Freilich sind
sich Gegenwartsautoren der mangelnden Verläßlichkeit ihrer persönlichen
Erinnerung besonders bewußt und thematisieren dieses Manko. Schon aufgrund
der Literarisierung der Darstellung kann von einem fotografischen Abbild der
Lebens-Wirklichkeit keine Rede sein. Uwe Johnsons Bemerkung über *Montauk*,
hier habe einer mit Mitteln der Literatur sein Leben in ein Kunstwerk verwandelt,[6] trifft auch auf andere Selbstdarstellungen zu, etwa auf das autobiographische Werk Thomas Bernhards.

Thomas Bernhard war erst 44 Jahre alt, als er mit seiner Lebensbeschreibung
begann. Er verwendet die Bezeichnung "Autobiographie" nicht, ebensowenig
wie das Frisch oder Hildesheimer tun. Statt dessen erfindet er ein wenig kryptische Titel: *Die Ursache. Eine Andeutung* (1975), *Der Keller. Eine Entziehung* (1976),
Der Atem. Eine Entscheidung (1978). Die Reihe setzte sich fort mit *Die Kälte. Eine
Isolation* (1981) und *Ein Kind* (1982).[7]

Die Ursache beschreibt die Jahre in einem Nazi-Internat in Salzburg und
gehörte eigentlich in unser Kapitel "Vergangenheitsbewältigung". *Der Keller*
handelt vom Ausbruch aus der Schule und von der Lehrzeit in einem Lebens-
mittelgeschäft. *Der Atem* und *Die Kälte* behandeln die Zeit, als der ca. 18jährige an
Lungentuberkulose erkrankt war, fast starb und zu seiner vorläufigen Berufung
als Sänger fand. *Ein Kind* trägt die Zeit der frühen Kindheit nach.

Thomas Bernhard ist unter unglücklichen Umständen aufgewachsen. Er
wurde unehelich geboren, die Mutter hat den Vater ihres Kindes nicht geliebt.
Dieser starb während des Krieges; das Kind hat ihn nie gesehen. Zwischen
Mutter und Kind entwickelte sich kein herzliches Verhältnis, mit Ausnahme
einer kurzen Zeitspanne vor ihrem frühen Tod, "weil ihr letztlich meine Existenz
immer unbegreiflich gewesen ist und weil sie sich mit dieser meiner Existenz
niemals hatte abfinden können."[8] Lediglich dem Großvater, einem Schriftsteller,

---

6 Uwe Johnson: Zu *Montauk*. In: *Über Max Frisch II*. Hg. v. W. Schmitz. Frankfurt a.M.:
   Suhrkamp ²1976, S. 448–450, hier S. 450.
7 Alle Zitate nach den Ausgaben bei dtv: *Die Ursache. Eine Andeutung* (1977), *Der Keller.
   Eine Entziehung* (1978), *Der Atem. Eine Entscheidung* (1981). *Die Kälte. Eine Isolation*
   (1984). *Ein Kind* (1985).
8 *Die Ursache*, S. 83.

wird eine positive Wirkung auf das Kind zugebilligt, sogar die allerbeste: "Ihm verdanke ich alles, was mich schließlich lebensfähig und in hohem Maße auch immer wieder glücklich gemacht hatte".[9]

Die Umgebung, in der sich der Erzähler jeweils befindet, ist stets die denkbar scheußlichste. Haß und Abscheu ist alles, was man für sie aufbringen kann. Über Salzburg, wo er die Schule mit ihren Unterrichtszwängen besuchen mußte, schreibt der Erzähler:

> Die Stadt ist, von zwei Menschenkategorien bevölkert, von Geschäftemachern und ihren Opfern, dem Lernenden und Studierenden nur auf die schmerzhafte, eine jede Natur störende, mit der Zeit *ver*störende und *zer*störende, sehr oft nur auf die heimtückisch-tödliche Weise bewohnbar. Die extremen, den in ihr lebenden Menschen fortwährend irritierenden und enervierenden und in jedem Falle immer krankmachenden Wetterverhältnisse einerseits und die in diesen Wetterverhältnissen sich immer verheerender auf die Verfassung dieser Menschen sich auswirkende Salzburger Architektur andererseits, das allen diesen Erbarmungswürdigen bewußt oder unbewußt, aber im medizinischen Sinne *immer schädliche, folgerichtig auf Kopf und Körper und auf das ganze diesen Naturverhältnissen ja vollkommen ausgelieferte Wesen drückende*, mit unglaublicher Rücksichtslosigkeit immer wieder solche irritierende und enervierende und krankmachende und erniedrigende und beleidigende und mit großer Gemeinheit und Niederträchtigkeit begabte Einwohner produzierende Voralpenklima erzeugen immer wieder solche geborene oder hereingezogene Salzburger, die zwischen den, von dem Lernenden und Studierenden, der ich vor dreißig Jahren in dieser Stadt gewesen bin, aus *Vor*liebe geliebten, aber aus Erfahrung gehaßten kalten und nassen Mauern ihren borniertern Eigensinnigkeiten, Unsinnigkeiten, Stumpfsinnigkeiten, brutalen Geschäften und Melancholien nachgehen und eine unerschöpfliche Einnahmequelle für alle möglichen und unmöglichen Ärzte und Leichenbestattungsunternehmer sind. (*Die Ursache* S. 7)

Die Sprache dieser Passage und des ganzen autobiographischen Zyklus zeigt in ihrer Syntax den gleichen Hang zum Extrem wie in ihrer Aussage: Aus nur zwei Sätzen gebildet, bohren sich die verschachtelten Hypotaxen dieser Botschaft mit jeder neuen syntaktischen Stufe tiefer in das Gehirn des Lesers.

Bernhards schonungslose Vermengung seiner Übertreibungstechnik mit der Faktizität von Personen, Örtlichkeiten und historischen Verhältnissen hatte übrigens juristische Konsequenzen: Der Verlag mußte die Passagen über den Leiter eines Salzburger Internats, in dem der Ich-Sprecher untergebracht war, streichen. In ihnen wird der Geistliche Franz Weidenauer, der "Onkel Franz" der Internatsbeschreibung, in seinem Führungsstil mit den Nazis verglichen.

Das Lungensanatorium, in das der Erzähler nach dem in *Der Atem* geschilderten ersten Krankenhausaufenthalt eingeliefert wird, konzentriert seiner Darstellung zufolge in seinen Mauern "infame Scheußlichkeit" und ist der widerwärtige

---

9 *Der Atem*, S. 26.

Ort der "aus der menschlichen Gesellschaft Ausgestoßenen" (Beginn von *Die Kälte*). Das Stadtviertel, in dem sich die Lebensmittelhandlung seiner Lehrzeit befindet, ist die "Vorhölle", "der größte Schandfleck der Stadt", ein Hort von Wahnsinn, Stumpfsinn, Schmutz und Verbrechen (*Der Keller*, S. 27ff.). Da aber das Zuhause die Hölle ist, war der tägliche Weg in die Vorhölle eine Rettung (*Der Keller*, S. 68). Wie dieses Zuhause aussieht, liest man in *Ein Kind*, wo es über die Mutter heißt:

> Bei der geringsten Gelegenheit griff sie zum Ochsenziemer. Da mich die kör-
> perliche Züchtigung letztenendes immer unbeeindruckt gelassen hat, was ihr
> niemals entgangen war, versuchte sie, mich mit den fürchterlichsten Sätzen
> in die Knie zu zwingen, sie verletzte jedesmal meine Seele zutiefst, wenn sie
> *Du hast mir noch gefehlt* oder *Du bist mein ganzes Unglück, Dich soll der Teufel holen!*
> *Du hast mein Leben zerstört! Du bist an allem schuld! Du bist mein Tod! Du bist ein*
> *Nichts, ich schäme mich Deiner! Du bist so ein Nichtsnutz wie Dein Vater! Du bist nichts*
> *wert! Du Unfriedenstifter! Du Lügner!* sagte. [...] Wenn sie mich ansah, sah sie
> meinen Vater, ihren Liebhaber, der sie stehengelassen hatte. (S. 38)

Die Beispiele ließen sich beliebig lang fortsetzen. Aus jedem einzelnen wird klar: Das Unglück des Erzählers ist kein begründbares oder gar verschuldetes, sondern ein existentiell vorgefundenes, gegen das sich infolge dessen auch so gut wie nichts machen läßt. – Als der Großvater, der Mensch, der als einziger dem Ich positiven Halt bot, ins Krankenhaus eingeliefert wird, kommt es auch bei dem erkrankten Erzähler zu einer lebensbedrohlichen Krisis. Bezeichnenderweise ereignet sich die Wende genau dann, als der junge Tuberkulose-Kranke mit dem Tod selbst konfrontiert wird, als er schon aufgegeben ist und im Sterbezimmer liegt. Der Autor hat in *Der Atem* einen dramatischen Höhepunkt von seltener Eindringlichkeit inszeniert. Nachdem vorher – mit Ausnahme des Großvaters, und der stirbt[10] – Umwelt und Mitmenschen zu einem Nichts erniedrigt worden waren, erschafft sich der Todkranke nun aus sich selbst: eine creatio auctoris ex nihilo, der Schöpfer erschafft sich als Künstler. Daß es – zunächst – die Gesangs-kunst ist, die den Todgeweihten überleben läßt, eine auf den "Atem", die Lunge als das Zentrum der Krankheit angewiesene Kunst, macht die ganze Tragweite sichtbar. Die "Entscheidung" – so der Untertitel des Buches, war eine freie Entscheidung zum Leben.

> Ich bin im Badezimmer. Ich weiß, was das bedeutet. Jede halbe Stunde kommt
> eine Schwester herein und hebt meine Hand auf und läßt sie wieder fallen, das
> gleiche macht sie wahrscheinlich mit einer Hand in dem Bett vor meinem Bett,
> das schon länger als meines in dem Badezimmer gestanden ist. Die Abstän-
> de, in denen die Schwester hereinkommt, verringern sich. Irgendwann kom-
> men graugekleidete Männer mit einem verschlossenen Zinkblechsarg herein,
> decken ihn ab und legen einen nackten Menschen hinein. Mir ist klar, der, den
> sie an mir vorbei in dem wieder festverschlossenen Zinkblechsarg aus dem
> Badezimmer hinaustragen, ist der Mensch in dem Bett vor meinem Bett. Die

---

10 *Der Atem*, S. 81.

Schwester kommt jetzt nurmehr noch meine Hand aufzuheben. Ob noch ein Pulsschlag feststellbar ist. Plötzlich fällt die nasse und schwere Wäsche, die die ganze Zeit an einem quer durch das Badezimmer und gerade über mir gespannten Strick aufgehängt gewesen war, auf mich. Zehn Zentimeter, und die Wäsche wäre auf mein Gesicht gefallen, und ich wäre erstickt. Die Schwester kommt herein und packt die Wäsche und wirft sie auf einen Sessel neben der Badewanne. Dann hebt sie meine Hand auf. Sie geht die ganze Nacht durch die Zimmer und hebt immer wieder Hände auf und fühlt den Pulsschlag. Sie fängt an, das Bett abzuziehen, in welchem gerade ein Mensch gestorben ist. Dem Atem nach ein Mann. Sie wirft das Bettzeug auf den Boden und hebt, wie wenn sie jetzt auf meinen Tod wartete, meine Hand auf. Dann bückt sie sich, nimmt das Bettzeug und geht mit dem Bettzeug hinaus. *Jetzt* will ich leben. (S. 15f.)

An dieser Stelle wird die dramaturgische Perfektion von Bernhards Autobiographie deutlich. Kunstvoll aufgebaut und kunstvoll geschrieben, errichtet sie ein Bild des Menschen als Schöpfer und Künstler. Durch den Tod wird er für ein neues Leben, für die Kunst geboren. Bernhards Apotheose der Kunst, besonders der Musik, begegnet in allen seinen Büchern. Bereits im Internat hatte er nur überlebt, so seine Auskunft, weil er für sich allein Geige spielte – freilich nicht schulmäßig, sondern in der Art der höheren Kunst von Grillparzers *Armem Spielmann*. Bernhard schreibt eine Biographie des Künstlers in widriger Zeit, und er kann sich dabei nicht darum kümmern, ob seine Urteile der Wirklichkeit entsprechen.

Keines der autobiographischen Bücher ist in irgendeiner Weise gerecht oder vermittelt dem Leser einen objektiven Eindruck von den historischen Zuständen und Begebenheiten. Es geht um subjektive, nicht um objektive Wahrheiten. Aber es wird auch nicht versucht, das eigene Ich zu analysieren. Was erfahren wir schon von seinen Problemen mit sich selbst, von seinen Fehlern, Schwächen, Vorsätzen, den Geheimnissen seiner Psyche? Vielmehr haben Bernhards autobiographische Bücher die vielfachen Verletzungen zum Gegenstand, die Versäumnisse der Umwelt, die Widrigkeiten, die das Ich zu erfahren hatte. Bernhard überschüttet die Welt außerhalb des Ich mit Angriffssalven und Abwehrkanonaden, mit Klage- und Anklagetiraden. In seiner Sprache bohrt er sich immer tiefer in ein Loch, ohne neue Erkenntnis, neue Elemente dazuzugewinnen. Dem *Keller* ist ein Montaigne-Zitat vorangestellt, in dem es heißt: "Alles ist unregelmäßige und ständige Bewegung, ohne Führung und ohne Ziel." Ohne Führung und ohne Ziel mag dem jungen Thomas Bernhard sein Leben stellenweise vorgekommen sein, mit der Sprache seiner Autobiographien aber hat er diese Führungslosigkeit überwunden. Hier nimmt Bernhard gezielt Rache an dem, was er zu erleiden gehabt hat, hier feiert der Erniedrigte Triumphe. Bernhard stampft seine Peiniger in den Grund und Boden, aus dem er dann als Künstler, als Wortkünstler, als Übertreibungs*künstler* ersteht. Die Selbstschöpfung als Künstler, zunächst als Sänger, ist der eigentliche Zielpunkt. Wie sehr sich Bernhard dessen bewußt war, daß seine Autobiographie vornehmlich eine Selbstinszenierung ist, läßt eine

Stelle ahnen, an der er selbst angibt, autobiographische Wahrheit ließe sich nicht erzählen: "Das Beschriebene macht etwas deutlich, das zwar dem Wahrheits-*willen* des Beschreibenden, nicht aber der Wahrheit entspricht, denn die Wahrheit ist überhaupt nicht mitteilbar."[11]

Die Schwierigkeit, ja Unmöglichkeit, Wahres über sich auszusagen, ist auch Grundproblem von Max Frischs autobiographischem Text *Montauk. Eine Erzählung* (1975). Frisch betont in diesem Buch mehrfach, wie schwer es für ihn sei, über sich selbst zu schreiben. Zwar hat Christa Wolf 1975 in einem Essay behauptet, Frisch schreibe eigentlich immer Ich-Geschichten[12], eine solche Sicht der Dinge hat der Erzähler von *Montauk* jedoch entschieden zurückgewiesen. "Es stimmt nicht einmal, daß ich immer nur mich selbst beschrieben habe. Ich habe mich nie selbst beschrieben. Ich habe mich nur verraten."[13] (Es ist wohl kein Zufall, daß sich diese so entschieden klingende Behauptung eines unentschiedenen, doppeldeutigen Worts bedient: "verraten".) In seinem Buch *Montauk* verspricht der Erzähler, endlich die Wahrheit über sich zu sagen – jedenfalls scheint das Motto aus Montaigne dieses Versprechen zu enthalten:

> Dies ist ein aufrichtiges Buch, Leser, es warnt dich schon beim Eintritt, daß ich mir kein anderes Ende vorgesetzt habe als ein häusliches und privates ... Ich habe es dem persönlichen Gebrauch meiner Freunde und Angehörigen gewidmet, auf daß sie, wenn sie mich verloren haben, darin einige Züge meiner Lebensart und meiner Gemütsverfassung wiederfinden ... Denn ich bin es, den ich darstelle. Meine Fehler wird man hier finden, so wie sie sind, und mein unbefangenes Wesen, so weit es nur die öffentliche Schicklichkeit erlaubt ... So bin ich selber, Leser, der einzige Inhalt meines Buches; es ist nicht billig, daß du deine Muße auf einen so eitlen und geringfügigen Gegenstand verwendest.

Aber schon der Untertitel läßt uns wieder schwankend werden, denn Frisch nennt *Montauk* "Eine Erzählung". Blättert man durch die Seiten, so glaubt man, Notate oder ein Tagebuch vor sich zu haben: lauter kleine Absätze mit zunächst schwer einzuordnenden Überschriften. Die vordergründige Handlung ist diese: Der Erzähler befindet sich auf einer Lesereise in den USA. Er lernt eine wesentlich jüngere Frau kennen, Lynn, und verbringt mit ihr ein Wochenende in Montauk, an der Spitze von Long Island. Nach diesem Wochenende trennen sich die beiden, der Erzähler fliegt zurück nach Europa. Freilich bleibt die Erzählung keineswegs bei dieser schmalen Fabel stehen. Erinnerungen drängen sich ein. Diese werden aber gesondert gehalten, indem sich das Erleben mit Lynn in der Er-Form und die Rückschau in der Ich-Form präsentiert. Schon daran zeigt sich: Ein mit sich identisches Ich gibt es nicht, folglich auch keine Identität zwischen dem erzählenden und dem erzählten Ich. Diese Schreibart der

---

11 *Der Keller*, S. 32.
12 Max Frisch, beim Wiederlesen oder: Vom Schreiben in Ich-Form. In: Christa Wolf: *Lesen und Schreiben*. Neue Sammlung. Darmstadt/Neuwied: Luchterhand 1980, S. 201: "Doch sind fast alle seine Prosaarbeiten romanhaften Charakters Ich-Geschichten."
13 Alle Zitate nach der Ausgabe Frankfurt a.M.: Suhrkamp 1975, hier S. 156.

Trennung zwischen jetzigem und einstigem Ich durch die Unterscheidung zwischen "Er" und "Ich" hatte schon Peter Härtling in *Zwettl* (1973) praktiziert. Sie ist wieder anzutreffen in Christa Wolfs gleichzeitig mit *Montauk* erschienener autobiographischer Prosa *Kindheitsmuster* und – um ein weiteres und viel späteres Beispiel zu nennen – in Jan Philipp Reemtsmas Bericht von seiner Entführung, *Im Keller* (1997).[14]

Mehrfach artikuliert sich in *Montauk* der autobiographische Schreibanstoß:

> Ich möchte diesen Tag beschreiben, nichts als diesen Tag, unser Wochenende und wie's dazu gekommen ist, wie es weiter verläuft. Ich möchte erzählen können, ohne irgendetwas dabei zu erfinden. Eine einfältige Erzähler-Position." (S. 82)
>
> Ich möchte nichts erfinden; ich möchte wissen, was ich wahrnehme und denke, wenn ich nicht an mögliche Leser denke. (S. 138)
>
> Amagansett heißt also der kleine Ort, wo er gestern beschlossen hat, dieses Wochenende zu erzählen: autobiographisch, ja, autobiographisch. Ohne Personnagen zu erfinden; ohne Ereignisse zu erfinden, die exemplarischer sind als seine Wirklichkeit; ohne auszuweichen in Erfindungen. Ohne seine Schriftstellerei zu rechtfertigen durch Verantwortung gegenüber der Gesellschaft; ohne Botschaft. Er hat keine und lebt trotzdem. Er möchte bloß erzählen (nicht ohne alle Rücksicht auf die Menschen, die er beim Namen nennt): sein Leben. (S. 155)

Allerdings haben sich diese Vorsätze nicht verwirklichen lassen. Aus dem Vorsatz zu streng faktischer Beschreibung eines Wochenendes wurde die autobiographische Prosa, die fast ein Leben überspannt. Am Ende nehmen die Rückblenden wesentlich mehr Raum ein als die Beschreibung der "dünnen Gegenwart" des Wochenendes.

Freilich wird hier keine Lebensgeschichte erzählt, schon gar nicht vollständig. Ganze Gebiete wie Kindheit, Geschwister, schriftstellerische Entwicklung fehlen. Thematisiert wird, was dem erzählenden Ich im Augenblick wichtig für sich ist (breit erzählt ist eine nicht unproblematische Freundschaft mit einem reiferen, reicheren, tüchtigeren, gebildeteren Freund), was der Erzähler richtigstellen möchte (ein längerer Abschnitt behandelt das Verhältnis zu Geld und zu Ruhm), was ihn bedrängt (das Verhältnis zu den Kindern, die er aufgrund der ersten Scheidung verlassen hat, wird angesprochen) und was er gewissermaßen zu beichten hat: Gemeint ist das Gebiet, das am meisten Raum einnimmt, nämlich das Verhältnis zu Frauen, die beiden Ehen, die Beziehung zu Ingeborg Bach-

---

14 Reemtsma gibt in seinem Bericht selbst die Erklärung für diese Trennung der Personen: "Das Ziel dieses Buches [...] bringt mich auch in eine Situation, die ich unter anderen Umständen als beinahe exhibitionistisch empfinden würde. Das ist nicht zu ändern. Es schien mir aber hilfreich, mich auf den folgenden Seiten in der dritten Person Singular darzustellen. Peinliches hat sich auf diese Weise leichter sagen lassen; auch paßt diese Stilfigur zu der Tatsache, daß es keine Ich-Kontinuität von meinem Schreibtisch zu dem Keller gibt, von dem ich zu schreiben haben werde." *Im Keller.* Hamburg: Hamburger Ed. 1997, S. 46.

mann.[15] Hier zeigt sich ein Ich voll von Selbstzweifeln, ein Ich, das stets versagt zu haben glaubt, das sich vorwirft, es sei labil, exaltiert, hysterisch, mimosenhaft empfindlich (S. 160), kurz: unerträglich. Lynn werde ihn so nicht erleben, lautet die frohe Zuversicht des Erzählers; aber in einer festen Bindung, in einer Ehe von mehreren Jahren, so die "Selbstbezichtigung", wird das Ich zum "Monster". Unter den vielen kleinen Notaten des Buches gibt es gerade zur Thematik der Partnerbeziehung solche, die man nach ihrer Präzision und Schonungslosigkeit als Perlen erzählerischer Darstellungskunst genießen könnte, wären die Themen, z.B. der Fortgang eines Ehestreites, das Aufschaukeln der Emotionen bis zu hysterischen Reaktionen, nicht so fatal. (S. 26ff.)

Von Objektivität kann bei diesem Buch genausowenig die Rede sein wie von Vollständigkeit. Vielmehr werden Positionen ausprobiert. So wie der Erzähler Lynn gegenüber Interpretationsansätze abtastet, um zu sehen, wie sie sich formulieren lassen, wie überzeugend sie sind (S. 28f.), so verfährt er auch dem Leser gegenüber. "Dies ist ein aufrichtiges Buch, Leser", zitiert der Erzähler Montaigne, und fährt mit eigener Stimme fort: "Und was verschweigt es und warum?" *Montauk* inszeniert sich als Text schonungsloser Selbstkritik. Keiner kann, so die unausgesprochene Voraussetzung, die letzte Wahrheit über sich selber wissen. Paradoxerweise gibt das Wochenende mit einer Frau, die den Erzähler nicht kennt und nicht als den kennenlernen soll, der er wirklich ist, den Anstoß, das Innerste bloßzulegen. Bislang, so der Selbstvorwurf des Erzählers, habe er nicht mit der eigenen Geschichte gelebt, "nur mit Teilen davon, die ich habe literarisieren können." (S. 156) "Der Schriftsteller scheut sich vor Gefühlen, die sich zur Veröffentlichung nicht eignen; [...] seine Wahrnehmungen unterwirft er der Frage, ob sie beschreibenswert wären, und er erlebt ungern, was er keinesfalls in Worte bringen kann." (S. 16, vgl. S. 121f.) Was allerdings in diesem Buch niedergelegt wird, ist wiederum nur eine Sichtweise unter vielen, eine Erklärung, ein mögliches Bild. Der Erzähler versucht, sich zu erraten, sich ein Bild von sich zu machen, so wie er es, seinem Geständnis nach, mit Frauen tut. "Mein Entwurf hat etwas Zwingendes. Wie jedes Orakel", heißt es über dieses Ratespiel. Und weiter unten: "Natürlich zweifle ich, ob meine genaue Vorstellung stimmt [...]. Es sind nicht die Frauen, die mich hinters Licht führen; das tue ich selber." (S. 118, 119)

Auch wenn der Ich-Erzähler in *Montauk* beteuert, diesmal werde er nicht Geschichten anprobieren wie Kleider, diesmal werde er auf Leser keine Rücksicht nehmen, so ist doch wieder eine Geschichte entstanden. Daß Fiktion mit im Spiel ist, bekennt ja schon der Untertitel, der "Erzählung" lautet. So ist letztlich "die

---

15 Frisch war 1942–1959 mit Constanze von Meyenburg verheiratet. 1968–1979 dauerte nominell die Ehe mit Marianne Oellers (*1939). Die Beziehung zu Ingeborg Bachmann dauerte von 1958–1962. Er lebte mit ihr zunächst in Zürich, später in Rom, bis Frisch Marianne Oellers kennenlernte. Für sie baute er ein altes Haus in Berzona um. 1973 trennten sich Frisch und seine Frau Marianne. 1974 traf er in Amerika Alice Locke-Carey (*1943), die Lynn von *Montauk*.

Erzählung *Montauk* eine Widerlegung und Zurücknahme des vorangestellten Mottos aus Montaigne".[16]

Statt Selbsterkenntnis darf man allenfalls einen möglichen Selbstentwurf erwarten. Was ehedem Charakteristikum einer Autobiographie war, fehlt: In den Büchern von Bernhard wie von Frisch sucht man vergeblich nach letztgültigen Einsichten, Bilanzen oder Überblicken. Statt die Entwicklung eines Subjekts verfolgen zu können, findet man ewige Wiederkehr des Gleichen, bei Max Frisch Déjà-vu-Erlebnisse genannt. An die Stelle der Chronologie als Gerüst treten nur Bruchstücke, selbst bei Bernhard, der in den fünf kleinen Bänden sein Leben bis zur Überwindung der jugendlichen Lungentuberkulose erfaßt hat. Die Autobiographen bleiben sich selbst fremd. Nah ist ihnen das Gefühl, gequält zu werden, wie bei Thomas Bernhard, oder sich selbst zu quälen, wie bei Max Frisch. Fremd ist ihnen der Grund der Qual und was dagegen zu unternehmen sei. Auch das Aussprechen schafft nicht letztlich Abhilfe, denn die Wahrheit wird selten getroffen. Bernhards Analyse in *Der Keller* trifft auch auf den Erzähler von *Montauk* zu:

> Wir wollen die Wahrheit sagen, aber wir sagen nicht die Wahrheit. Wir schreiben etwas wahrheitsgetreu, aber das Beschriebene ist etwas anderes als die Wahrheit. (S. 33).

Weder Frischs noch Bernhards Autobiographien sind Lebensüberblicke. Vielmehr wählen die Autoren das für sie Wichtige aus dem Fortgang des Lebens aus. Begreiflicherweise ist dies bei etlichen Autoren die Kindheit, besonders die im NS-Staat verbrachte, deren Eindrücke im nachhinein schwer zu begreifen und zu deuten sind. Einen Meilenstein in dieser Hinsicht stellt Christa Wolfs *Kindheitsmuster* (1975) dar.[17] Bis dahin war es in der DDR üblich gewesen, die eigene, nationalsozialistisch geprägte Vergangenheit durch ein persönliches Bekehrungserlebnis zu bewältigen, dem eine Phase des Umdenkens und anschließenden neuen Lebens folgte (vgl. Kap. 2 und Kap. 8). Dieses quasi pietistische Muster ließ sich auf einen Lebenslauf wie den der jungen Christa Wolf, die 1945 erst 16 Jahre alt war, nicht so recht anwenden. Trotzdem erkennt das schreibende Ich in *Kindheitsmuster* die Gefahr, diese Epoche der eigenen Biographie zu verdrängen.[18] Einer grundsätzlichen Stellungnahme gegen das Vergessen und Ver-

---

16 Hans Mayer: "Die Geheimnisse jedweden Mannes. Leben, Literatur und Max Frischs *Montauk*. In: *Über Max Frisch II*. Hg. v. W. Schmitz. Frankfurt a.M.: Suhrkamp ²1976, S. 443–447, hier S. 447.

17 Alle Zitate nach der Ausgabe Darmstadt/Neuwied: Luchterhand 1984 (= SL 277).

18 Vgl. die Autorin im Gespräch mit Hans Kaufmann: "Für diejenigen, die in der Zeit des Faschismus aufwuchsen, kann es kein Datum geben, von dem ab sie ihn als 'bewältigt' erklären können. [...] Haben wir uns nicht eine Zeitlang Mühe gegeben, ihn als Vergangenheit an 'die anderen' zu delegieren, um uns selbst allein auf die Tradition der Antifaschisten und der Widerstandskämpfer zu berufen?" Christa Wolf: Die Dimension des Autors. In: *Lesen und Schreiben* (wie Anm. 12), S. 68–99, hier S. 79, 80.

drängen folgend (Schreiben bedeutet für Christa Wolf v.a. Erinnerungsarbeit[19]), macht das Ich, inzwischen Ehefrau und Mutter, sich auf den Weg zurück in die Kindheit. Die Familie reist gemeinsam nach L. (d.i. Landsberg an der Warthe), dem Ort, aus dem das schreibende Ich 1945 vertrieben worden war.

Schreibanstoß ist die Frage: "Wie sind wir so geworden wie wir sind?" (S. 339) Um sich dieser Frage nähern zu können, bedarf es der Untersuchung des Wahrheitsgehalts von Erinnerung jenseits aller Versuche, "dich zu verschanzen" (S. 9). Das Ich tritt in einen Dialog mit sich selbst als "Du" und spaltet das Kind, das es einst gewesen ist, als "Nelly" von sich ab. Die so entstehende komplexe Struktur von 1., 2. und 3. Person soll in "Kreuzverhören" (S. 9) mit sich selbst vor Beschönigungen schützen. Zur Ergänzung und Kontrolle des korrumpierbaren Gedächtnisses werden objektive Daten herangezogen, Quellenmaterial in Form von Zeitungen, Schulbüchern, Kindheitslektüren, Straßenlisten etc. Zwar heißt es abwehrend: "Collagen herzustellen kann deine Absicht nicht sein" (S. 11); der Text, wie er sich dann zeigt, war aber doch eine für die damalige Leseerfahrung ungewohnt sprunghafte Zusammenstellung von Autorreflexionen, Lesefrüchten, Reiseberichten, Tagebucheintragungen, Gesprächen und vielem anderen mehr. "Roman" lautet die Gattungsbezeichnung auf dem Titelblatt.

Das Bemühen um rückhaltlose Ehrlichkeit – Christa Wolf in ihrer ernsthaften Ausdrucksweise spricht von "Entblößung der Eingeweide" (S. 298) – bedeutete eine Wende im Umgang mit der belasteten Vergangenheit, und zwar nicht nur innerhalb der DDR; auch stilistisch waren neue Wege beschritten worden. Die lineare Autobiographie, die auktoriale Lebensbeschreibung waren in weite Ferne gerückt.

Auch Peter Härtlings autobiographisches Schreiben kreist immer wieder um die Jahre 1944–46, die für ihn Abschied in vielerlei Hinsicht bedeuteten: Umsiedlung, Verlust der Eltern und der Kindheit, ideologische Umorientierung. *Zwettl* (1973) rekonstruiert das Jahr, das der Autor 1945/46 im österreichischen Waldviertel verbracht hatte, wohin er mit seiner Familie geflohen war.[20] Während dieser Zeit starb der Vater, die Mutter brachte sich wenig später um, als man nach Württemberg ausgesiedelt worden war. Wie bei *Kindheitsmuster* von Christa Wolf handelt es sich bei *Zwettl* um einen autobiographischen Text, der dem Leser aber den "autobiographischen Pakt" (Lejeune) bewußt vorenthält. Grund dafür ist in beiden Fällen das grundlegende Mißtrauen gegenüber der Zuverlässigkeit der eigenen Erinnerung. Peter Härtling nennt sein *Zwettl* "Nachprüfung einer Erinnerung". Die Skepsis dem eigenen Ich gegenüber bestimmt mithin schon den

---

19 Christa Wolfs Einstellung ist nicht nur poetologisches Programm, sondern auch ein Beweis dafür, wie sehr psychologische Fundamentierung längst zum autobiographischen Gemeingut geworden war, selbst im der Psychoanalyse abgeneigten Sozialismus.

20 Bereits 1970 und 1972 hatte sich Peter Härtling mit diesem Jahr auseinandergesetzt: Zwettl im Waldviertel. In: *Städte 1945. Berichte und Bekenntnisse.* Hg. v. I. Drewitz. Düsseldorf/Köln: Diederichs 1970, S. 170–174. Ein möglicher Anfang. In: *Jemand, der schreibt.* Hg. v. R. de le Roi. München: Hanser 1972, S. 126–133. Spätere literarische Bearbeitungen der Kinderjahre: *Nachgetragene Liebe* (1980); *Felix Guttmann* (1985).

Untertitel. Sie fragt: Wieweit reicht kindliches Erinnerungsvermögen? Wieweit wird die Erinnerung des Erwachsenen von Imagination verdeckt? Wieweit muß Vorstellung Erinnerungslücken ergänzen? Auch bei Härtling fehlt die Identität mit sich selbst, auch er unterscheidet wie Frisch und Christa Wolf zwischen einem Er und einem Ich. "Er", das ist das Kind der Jahre 1945/46, das "Ich" lebt jetzt. Ziel und Vorgehensweise sind bei Frisch und Härtling aber grundverschieden. Dem Erzähler von *Montauk* war es darum gegangen, ein Bild von sich zu zeichnen. Auch wenn der Text das Gegenteil versichert, so liegt ihm doch eine primär literarische Absicht zugrunde, die Objektivierung des Ich. Härtling möchte, wie auch Christa Wolf, seine Gegenwart durch Einsicht in die Vergangenheit besser verstehen. Damit wird sein Buch privater als das von Frisch, auch wenn *Montauk* schon auf der 1. Seite seine Privatheit behauptet und sogar angibt, nicht an potentielle Leser zu denken. Härtling hingegen fällt es schwer, über die Privatheit hinauszuwachsen, das, was nur für ihn interessant ist, auch für den Leser interessant werden zu lassen. Das gleiche gilt – in vielleicht noch stärkerem Maße – für *Kindheitsmuster* mit seiner Fülle rein privater Mitteilungen und Reflexionen.

Härtlings und Wolfs Texte verstehen sich aber auch als exemplarisch. Exemplarisch in ihrer Überprüfung der scheinbar so sicheren Erinnerungsfähigkeit, die sich – so Christa Wolf – nicht selten als absichtslos-absichtsvolles Vergessen enttarnen läßt. Exemplarisch aber auch als Vergegenwärtigung einer traumatischen Epoche deutscher Vergangenheit: Nachkriegselend, Flucht, Hunger, Einquartierung, Fremdheit, Angst.

Härtling verfährt in seinem autobiographischen ähnlich wie in seinem umfangreichen biographischen Werk: Was an nachprüfbaren Tatsachen vorhanden ist, bleibt als faktisches Gerüst, als Skelett der Geschichte erhalten. Die Dichtung schafft das Fleisch und Blut dazu: Gespräche, Gefühle, Bilder. Die Genauigkeit, mit der beide Bereiche getrennt werden, soll für Verläßlichkeit bürgen. Härtling hat für sein Buch recherchiert, um seine Erinnerung zu überprüfen: Er war 1971 in Zwettl, er hat Bekannte und Verwandte, allem voran seine Tante Kathi, nach ihrer Erinnerung befragt und die Ansichten gegeneinandergehalten. Es zeigt sich, wie wenig sachlich zuverlässig persönliche Erinnerung sein kann, wie untrüglich sie aber andererseits über seelische Wahrheiten Auskunft gibt. Ob der russische Offizier Pjotr nun der Märchenprinz war, als den das Kind ihn sah, oder nicht (die Tante behauptet: "So hat es den nicht gegeben", S. 64), ist für die innere Wahrheit unerheblich. Das Kind hat diesen Mann bewundert, der gepflegt und wohlriechend war, während der Lebensraum des Kindes ärmlich und schmutzig gewesen ist; für den Buben war märchenhaft, daß ihm einer die Sternbilder erläuterte, daß sich einer für ihn interessierte, mit ihm sprach; von ihm als einzigem hat er sogar eine Umarmung geduldet. Daneben wirft die Geschichte um Pjotr auch Licht auf die Eltern-Beziehung. Sie zeigt, wie wenig das Kind die lieben konnte, die ihm am nächsten hätten sein sollen. Wie sehr das Verhältnis zum Vater auf Klärung wartet, zeigen die in bezug auf ihn besonders trügerischen Erinnerungen. Das Vaterbuch *Nachgetragene Liebe*, sieben Jahre nach

Zwettl erschienen, ist die Fortsetzung der selbstanalytischen Arbeit (vgl. unten Kap. 9).

Der Autor von *Zwettl* sucht sein Ich auf psychoanalytischem Weg (auch wenn sich die Sprache nicht des einschlägigen Fachvokabulars bedient). Ähnliches gilt für *Kindheitsmuster*. *Montauk* errichtet *ein* mögliches Bild seines Erzählers. In Bernhards Autobiographien profiliert sich das Subjekt, indem es um sich herum alles zerschlägt. Keine der genannten Autobiographien verhandelt eine in sich ruhende Persönlichkeit. Bei Härtling, Frisch und Wolf offenbart sich die Gebrochenheit des Ich sogar in der grammatischen Person. Keine dieser Autobiographien entspricht dem klassischen Gattungsschema. Das Spektrum autobiographischer Gegenwartsliteratur wäre aber unvollständig ohne das Werk von Elias Canetti. Dieses kommt wesentlich mehr dem traditionellen Muster entgegen, schreibt hier doch ein Ich, das seiner sicher ist, sich zu seiner Epoche in Beziehung setzt und von sich, seinem Werdegang und seiner Zeit berichten kann. Bereits die Untertitel zu Canettis autobiographischen Büchern, *Die gerettete Zunge* (1977), *Die Fackel im Ohr* (1980), *Das Augenspiel* (1985), zeigen die traditionelle Haltung; sie lauten: "Geschichte einer Jugend" bzw. "Lebensgeschichte". Ferner sind die Jahre angegeben, von denen erzählt wird.

Elias Canetti, Nobelpreisträger des Jahres 1981, ist schwer mit anderen zeitgenössischen Autoren zu vergleichen. Schon seine Herkunft ist außergewöhnlich: In eine spaniolisch sprechende sephardisch-jüdische Familie in Rustschuk, Bulgarien, hineingeboren, wuchs er in England, der Schweiz, Wien und Frankfurt auf, was ihn von Anfang an zu einem kosmopolitischen und polyglotten Menschen machte. Seine Autobiographie ist zugleich Zeugnis einer untergegangenen Kulturwelt. Ungewöhnlich ist sein an Goethe erinnernder Mut zu sich selbst: Früh Halbwaise, scheitert Canetti nicht, er verharrt nicht im Leiden an der Welt und an sich, er entwickelt seine Anlagen, sucht sein Glück, sogar gegen den Widerstand der mächtigen, liebevollen, aber oft schwierigen Mutter. Dies macht Canettis autobiographische Schriften zu Lehrstücken der Tapferkeit. Stets kommt der (angehende) Literat an den Stationen seines Lebens mit bedeutenden Persönlichkeiten der res publica litteraria zusammen, so daß die Autobiographie zugleich ein Memoirenwerk von hohem zeitgeschichtlichen Rang ist. Zugleich liefert sie, als Lebensbeschreibung eines Schriftstellers, wichtige Verständnishilfen für die Lektüre von Canettis Frühwerk, von *Masse und Macht*, den Dramen oder dem Roman *Die Blendung*.

In Canettis Autobiographien existiert, anders als in den bisher betrachteten, ein konsistentes Ich. Durchgehend sind sie in der 1. Person abgefaßt, von einem Erzähler, der über sich verfügend berichten kann. Dieser Ich-Sprecher bezieht aber auch seine Zeit mit ein, Menschen und Ereignisse, die von intersubjektiver, ja von historischer Bedeutung sind, während Autobiographien, die ihr Ich reflektierend erst suchen oder schreibend konstituieren, der Außenwelt und ihren Erscheinungen und Ereignissen wenig positive Aufmerksamkeit schenken. Während Wolf, Frisch, Bernhard oder Härtling über ihre schriftstellerische Arbeiten und deren Entstehen so gut wie nichts aussagen, denn es geht ihnen ja um anderes, ist bei Canetti auch die eigene literarische Produktion ein Bestandteil des autobiographischen Berichtes. Canetti schreibt in der Rückschau, er ist bei der Niederschrift des ersten Bandes bereits über 70 Jahre alt. Er erzählt chronologisch und (bis zum Jahr 1937, hier endet *Das Augenspiel*) ziemlich vollständig. Seine autobiographischen Bücher sind, im Gegensatz zu *Montauk*, *Zwettl* oder *Kindheitsmuster*, literarisch in sich geschlossene Erinnerungstexte.

Wenngleich Canettis Texte über ein konsistentes Ich verfügen können, so ist doch dieses Ich keineswegs unreflektiert oder gegen sich unkritisch. Im Gegenteil. Canettis Bücher thematisieren immer wieder das Werden der eigenen Person, aber sie berichten davon als einem Vorgang der Vergangenheit, nicht einem Vorgang, der sich in der Gegenwart der Niederschrift der Autobiographie vollzieht oder vollziehen möge. An einer Stelle in *Die Fackel im Ohr* wendet sich der Autor in scharfer Weise gegen das moderne psychoanalytische Hinterfragen der persönlichen Erinnerung. "Die Erinnerung sie sollen lassen stân" – heißt es da in Abwandlung der Zeile "Das Wort sie sollen lassen stân" (S. 342). Die Anspielung auf Luthers Bekenntnis-Lied "Ein feste Burg ist unser Gott" unterstreicht die Bedeutung, die Canetti diesem Glaubenssatz verleihen möchte. Er will sich keinen analytischen Operationen aussetzten, sondern aus seiner Erinnerung schöpfen, über die er als freier Mensch frei verfügt. In den häufigen Thematisierungen der eigenen Niederschrift und Erinnerungsarbeit werden zwar auch Erinnerungslücken unumwunden zugestanden. Aber dieses Vergessen gehört mit dazu und wird nicht mit fremden Zeugnissen ausgeglichen. Aus der Fülle der vorhandenen Erinnerungen wählt das schreibende Ich aus, es verbindet sie miteinander sinnstiftend, zeigt Entwicklungen, Kontinuitäten, Leitbegriffe.[21] Vor Wertungen und Urteilen, selbst vor Superlativen, scheut dieser Autor nicht zurück. Es verwundert nicht, daß Marcel Reich-Ranicki Canetti vorwarf, an seinem Stil seien die letzten 50 Jahre spurlos vorübergegangen.[22]

Schon der Beginn des 1. Buches zeigt den Willen zu erzählerischen Leitgedanken, mithin zu Literarisierung, Stilisierung und Interpretation. *Die gerettete Zunge* beginnt mit der Erinnerung an eine Drohung:

> Meine früheste Erinnerung ist in Rot getaucht. Auf dem Arm eines Mädchens komme ich zu einer Tür heraus, der Boden vor mir ist rot, und zur Linken geht eine Treppe hinunter, die ebenso rot ist. Gegenüber von uns, in selber Höhe, öffnet sich eine Türe und ein lächelnder Mann tritt heraus, der freundlich auf mich zugeht. Er tritt ganz nahe an mich heran, bleibt stehen und sagt zu mir: "Zeig die Zunge!" Ich strecke die Zunge heraus, er greift in seine Tasche, zieht ein Taschenmesser hervor, öffnet es und führt die Klinge ganz nahe an meine Zunge heran. Er sagt: "Jetzt schneiden wir ihm die Zunge ab." Ich wage es nicht, die Zunge zurückzuziehen, er kommt immer näher, gleich wird er sie mit der Klinge berühren. Im letztem Augenblick zieht er das Messer zurück, sagt:

---

21 Vgl. Stellen wie: "So erlernte ich während der zehn Vormittage im Sellrain die Wachsamkeit des Lesens". *Die Fackel im Ohr*, S. 170.
22 *FAZ*, 16. 4. 1977: *Canetti über Canetti*.

"Heute noch nicht, morgen." Er klappt das Messer wieder zu und steckt es in seine Tasche.

Diese Geschichte, die aus dem Zusammenhang des chronologischen Berichtes wie ein Motto ausgegliedert ist, stellt dem Band nicht nur den Titel, sondern auch das Thema bereit: die Eroberung der Sprache. Die folgende Bände widmen sich den anderen Sinnesorganen: Im 2. Buch, *Die Fackel im Ohr*, geht es um das Hören, im 3. Band, *Das Augenspiel*, um das Sehen.

Canetti setzt mit seiner Autobiographie sich und den Menschen, von denen er berichtet, ein Denkmal; er selbst spricht vom Überleben in der Literatur, von der Überwindung von Tod und Vergessen und beruft sich ganz bewußt auf Stendhal, den er als sein Vorbild bezeichnet.[23] Canetti hat vielen Menschen Denkmale setzen können: Karl Kraus und den Brüdern Herzfelde, Isaak Babel, George Grosz, Alma Mahler und Alban Berg, aber auch historisch ganz namenlosen Leuten und natürlich vornehmlich den Mitgliedern seiner Familie. Seine Bücher sind ein großes Dokument Zeitgeschichte, obgleich er nie seine Erinnerungen der Historie oder fremden Einsichten angepaßt hat. Wenn etwa das Kind von Lenin nicht recht viel mehr als den gewaltigen Schädel wahrnahm, so läßt es auch der erwachsene Autor damit sein Bewenden haben. Bei allen seinen Portraits hat sich der Erzähler um ein ausgewogenes Urteil bemüht, sich vor Schroffheit und Zorn bewahrt. Obwohl Canetti zur Zeit der Niederschrift mitten im Leben stand – ein Jahr nach dem Erscheinen von *Die gerettete Zunge* wurde er, über 70jährig, erstmals Vater –, sind doch diese Erinnerungen beruhigt durch die Erfahrung des Alters.

Eine Sonderform der autobiographischen Aufarbeitung stellt die Familiensaga dar. Während Kempowskis Werk sich als möglichst authentische Chronik einer Epoche versteht, bedient sich Hermann Lenz in seiner bis zu den Großeltern zurückreichenden Familiengeschichte romanhafter Einkleidung und verändert Namen und Orte. Daher erhebt sich die Frage nach dem autobiographischen Charakter, die allenfalls durch die Versicherung des Autors, es handle sich um Autobiographie im strengen Wortsinn, beantwortet wird.[24] In seinen Texten *Verlassene Zimmer* (1966), *Andere Tage* (1968), *Neue Zeit* (1975), *Tagebuch vom Überleben und Leben* (1978), *Ein Fremdling* (1983), *Der Wanderer* (1986), *Seltsamer Abschied* (1988), *Herbstlicht* (1992) verkleidet sich der Autor als Eugen Rapp, einen ängstlichen, zögernden, aber nicht angepaßten Menschen. Rapp ist erfolglos in seinen Anläufen, zu einem richtigen Beruf zu kommen. Er leidet an sich und an seiner Umgebung. Die Schriftstellerei soll einen Ausweg schaffen. Aber auch mit ihr sind ihm keine Erfolge beschieden. Die Texte sind sehr anschaulich

---

23 Raphael Sorin: Elias Canetti l'irréductible. Entretien avec Elias Canetti. In: *Le Monde*, 13.6.1980.

24 "Ja, alles ist autobiographisch. Es ist nichts dazu erfunden, nichts verändert. Ich habe mich streng daran gehalten". Klaus Seehafer: Zwei Fixpunkte: Stuttgart und Wien. "Nur Unauffälliges ist des Anschauens würdig." Gespräch mit dem Schriftsteller Hermann Lenz. In: *Stuttgarter Zeitung*, 20.8.1975, Nr. 190, S. 18.

und sinnlich wahrnehmbar, genau und unprätentiös. Von den nagenden Zweifeln, ob die eigene Erinnerung zuverlässig, die eigene Aufrichtigkeit zureichend, ob das Ich überhaupt noch dasselbe sei, vom psychologischen Selbst-Mißtrauen des Autor-Ich ist Lenz ebenso frei wie Kempowski. Verdankte es dieser dem Rückhalt der chronistischen Schreibweise, so Lenz der romanhaften Einkleidung seiner Rapp-Bücher als Er-Erzählungen. Diese Maske schützt ihn, ja befähigt ihn erst, über das eigene Erleben zu erzählen. In seinen Frankfurter Vorlesungen gibt Lenz darüber ganz klare Auskunft: über die Diskrepanz zwischen der persönlichen, viele Eindrücke vermischenden Erinnerung und der Notwendigkeit, chronologisch zu erzählen, über die Zweifel an der Zuverlässigkeit des Gedächtnisses und dem Entschluß, sich doch auf den eigenen Kopf zu verlassen, v.a. aber auch über die Wahl der Schreibweise:

> Wie aber soll man erzählen? In der ersten oder in der dritten Person Singularis? Ich habe die dritte gewählt, und meinen Mann, meine Figur oder mein Double, wenn Sie so wollen, Eugen Rapp genannt. Als solcher stehe ich mir ferner als ein Herr "ich". Ich sehe den Eugen Rapp im Abstand und kann mir zuschauen, überlege mir, wie dieser Kerl den anderen erscheinen mag, und sage zu mir selbst: in den kannst du alles hineinstopfen, schließlich ist er bloß eine Romanfigur … So fällt's mir leichter, aus mir herauszugehen, als wenn ich als ein "ich" dahergeschlichen komme, das mich einengt; denn schließlich kann ich mir zuflüstern: Das bist ja nicht du, das ist der Eugen Rapp … Und weil die anderen sich sowieso ihr Bild von mir machen, brauche ich mich für den Eugen auch nicht zu genieren. Über sich selbst weiß niemand Bescheid, und ich bin für jeden ein anderer wie ein gewisses Rumpelstilzchen aus dem Märchen.[25]

Lenz nennt seine autobiographischen Texte von *Verlassene Zimmer* bis *Herbstlicht* "Romane". Den Untertitel "Roman" hat Stephan Hermlin seiner Erzählung *Abendlicht* (1979) nicht beigegeben.[26] Von Anfang an galt sowohl im Osten als auch im Westen, wo das Büchlein des damals schon 65jährigen Autors gleichzeitig erschien, *Abendlicht* als autobiographische Prosa. Der schmale Band beschränkt sich im wesentlichen auf die Zeit 1940–1952. Berichtet wird über die Kindheit und das Evakuiertsein in der Schweiz; ausführlicher dann über die Zeit der Emigration. Nach dem Krieg kehrt der Ich-Sprecher nach Deutschland zurück, ist am Frankfurter Rundfunk tätig, verläßt seinen Posten aber 1947, um in den Osten überzuwechseln. Die Chronologie der Ereignisse ist einigermaßen eingehalten, aber der Duktus ist ein ganz und gar lyrischer. Dem Buch ist eine Art Introduktion – musikalisch gesprochen – vorgeschaltet. Sie ist inspiriert von der Bachschen Kantate BWV 6 "Bleib bei uns, denn es will Abend werden".

---

25 *Leben und Schreiben. Frankfurter Vorlesungen.* Frankfurt a.M.: Suhrkamp 1986, S. 35. – In den die frühen Jahre behandelnden Büchern *Verlassene Zimmer* und *Andere Tage* herrscht noch nicht die Rapp-Respektive, weil dieser in der erzählten Zeit noch zu klein ist. Rapp übernimmt erst ab *Neue Zeit* das Steuer.

26 Leipzig: Reclam 1979 und Berlin: Wagenbach 1979. Alle Zitate nach der Ausgabe Berlin: Wagenbach 1987.

Dieser Vorspann wie auch der Buchtitel evozieren die Vorstellung vom Lebens-abend, wohingegen der Anfang des Textes unter dem Zeichen der aufgehenden Sonne und des anbrechenden Lichtes steht (S. 8). – Hermlin, das wird schon mit diesem Anfang klar, hat nichts weniger im Sinn als eine Chronik seiner Jugend-jahre, so bedeutend die Zeitereignisse jener Epoche für ihn auch gewesen sein mögen. Träume, Phantasien sind gleichberechtigt eingelegt. Ihre Legitimation erhalten sie nicht zuletzt durch ihre Fähigkeit, schlimme Erlebnisse aufzuarbei-ten (vgl. S. 11ff.). Genauso wichtig wie zeithistorische Erlebnisse sind Leseerleb-nisse: 1001 Nacht, Lederstrumpf, Andersen, die Gebrüder Grimm, Oliver Twist. Mit 13 Jahren liest der Ich-Sprecher das Kommunistische Manifest, was letztlich zum Bruch mit der Familie führt. Hermlin verschleiert nicht seinen Namen, er hält nicht hinterm Berg mit Fakten, Ortsnamen, Jahreszahlen; er sagt unver-blümt "ich" und bricht dieses Ich nicht durch ein "Er" wie etwa Max Frisch. Alles deutet darauf hin, daß der Ich-Sprecher mit dem Autor Hermlin identisch ist – und trotzdem zögert man mit der Gattungszuweisung. *Abendlicht* ist ein lyrisches Buch ohne große Linien, es stellt sich keine biographische Logik oder Finalität ein, Reflexionen oder Lebenserkenntnisse sind selten. Von einem Bedürfnis, sich wegen dieser oder jener Ereignisse erklären oder gar rechtfertigen zu müssen, findet man keine Spur.

Unversehens ist Hermlins Text sieben Jahre nach seinem Erscheinen aus dem milden Abendlicht ins grelle Rampenlicht gekommen. Karl Corino weist ihm am 4. Oktober 1996 in der *Zeit* erhebliche Differenzen zur wirklichen Lebensge-schichte nach.[27] Hat Hermlin sein Leben nachträglich heroisiert oder weißge-waschen? Corinos Recherchen zufolge war Hermlin, entgegen dem Wortlaut von *Abendlicht*, weder KZ-Häftling noch Teilnehmer am Spanischen Bürgerkrieg, er hat auch nicht im französischen Widerstand mitgearbeitet. Auch über die Kind-heit und Gymnasialzeit legt Corino Dokumente vor, die nicht mit dem überein-stimmen, was die Erzählung berichtet. Z.B. ist Hermlins Vater nicht im KZ umgekommen, sein Bruder nicht als Jagdflieger in britischem Dienst gefallen. Karl Corino bezichtigte Hermlin der "Lebenslüge". Er habe sich eine Wunsch-biographie gebastelt. Peinlich ist, daß Hermlins Biographen die "Informationen" aus *Abendlicht* und anderen kurzen autobiographischen Notizen als Fakta über-nahmen und der Autor Hermlin dies unkommentiert ließ.[28]

Hermlin hätte eigentlich allen Grund, sein Leben während des sog. Dritten Reichs und sogar sein Leben in der DDR mit Ruhe dem Urteil der Geschichte zu überlassen. Als Jude war er über jeden politischen Zweifel erhaben. Als Alt-Kommunist machte er in der DDR eine gute Figur. Aber auch in der BRD hatte er einen guten Namen: als Organisator des Widerstand gegen die Biermann-Ausbürgerung und als SED-Dissident (schon 1962 war er aus der Partei ausgetre-ten) hatte Hermlin persönlichen Mut bewiesen; stets war er, der sogar beiden

---

27 Vgl. auch: Karl Corino: *"Außen Marmor, innen Gips". Die Legenden des Stephan Hermlin.* Düsseldorf: Econ 1996.
28 Vgl. den Anhang zu "Außen Marmor, innen Gips" (wie Anm. 27), S. 234–239.

Akademien, Ost und West, angehörte, eine Art Mittler. Hermlin hat innerhalb der DDR-Literatur und ihrer Forderung nach sozialistischem Realismus das Recht auf einen subjektiven Standpunkt und auf individuelles Schreiben verteidigt und sich selber als "spätbürgerlichen Schriftsteller" bezeichnet, der für sich das "Vorrecht der Dichter, vernunftlos zu träumen", in Anspruch nimmt.[29] Berücksichtigt man dies, so muß es unverständlich erscheinen, daß dieser Mann ein autobiographisch wirkendes Buch schreibt, in dem er seine Biographie korrigiert und dessen fiktionalen Status er nicht klarlegt.

Hermlin ist bereits vor und dann auch nach *Abendlicht* mit autobiographischer Kurzprosa hervorgetreten: *Corneliusbrücke* (1968) schildert sein Vaterhaus, *Kassberg* (1965) seine Schulzeit in Dresden, *Mein Friede* (1975) seine Rückkehr nach Deutschland. *Bestimmungsort* (1985) behandelt noch einmal die Problematik der Rückkehr nach Deutschland. Auch diese Texte entsprechen Corino zufolge nicht in allen Punkten der Wahrheit, ebensowenig wie *Abendlicht*. Zur Zeit des ersten Erscheinens hat man aber alle diese Texte nicht auf eventuelle Abweichungen befragt. *Abendlicht* wurde in Ost und West sehr positiv aufgenommen.[30] Gerühmt wurde die poetische Sprache und die psychoanalytische Tiefe der Reflexion in diesen 27 Prosastücken,[31] gerühmt wurde ihre lyrische Komposition, der Wechsel von Träumen und Zeitgeschichte, das epochal Exemplarische an diesem geradlinigen Lebenslauf. Allen Kritikern war klar, daß in diesem Buch mehr das innere, als das äußere Leben dargestellt sei, zumal vom äußeren Leben nur Bruchstücke thematisiert wurden. Hermlins Biographin Silvia Schlenstedt schrieb: "*Abendlicht* ist [...] ebensosehr und ebensowenig autobiografisch zu nennen wie die Lyrik: Mit dem Lebensmaterial wird künstlerisch gearbeitet, es wird von der Subjektivität transformiert, das Ich ist nicht der Autor, er macht es."[32] Im Streit um *Abendlicht* ging es jedoch nicht um die künstlerische Verarbeitung, sondern um die faktische Substanz des "Lebensmaterials". Hermlins Andeutungen oder Aussagen in *Abendlicht* über seine angebliche Beteiligung am Spanischen Bürgerkrieg und bei der französischen Résistance etc. waren nicht als Dichtung zu identifizieren und mußten daher als biographische "Tatsachen" aufgefaßt werden. Damit verstößt der Text gegen die jeder Autobiographie implizite Wahrhaftigkeitsvereinbarung, und an diesem Punkt ist keine Lizenz

---

29 Vgl. seinen Diskussionsbeitrag auf dem VIII. Schriftstellerkongreß der DDR 1978. In: *Dokumente zur Kunst-, Literatur- und Kulturpolitik der SED 1975–1980*. Hg. v. P. Lübbe. Stuttgart: Seewald 1984, S. 565–567.

30 Vgl. Reinhardt Lettau: Radikalität des Schreibens. In: *Der Spiegel*, 3.12.1979, S. 242f. Karl Krolow: Stephan Hermlins Gegenwart. In: *Der Tagesspiegel*, 3.2.1980, S. 59. Sehr positiv auch Ralf Schnell: *Geschichte der deutschsprachigen Literatur seit 1945*. Stuttgart: Metzler 1993, S. 481. Über die Aufnahme vornehmlich in der DDR vgl. Silvia Schlenstedt: *Stephan Hermlin. Leben und Werk*. Berlin: vlg. das europ. buch 1985, bes. S. 225–231.

31 Bernhard Greiner: Autobiographie im Horizont der Psychoanalyse. Stephan Hermlins "Abendlicht". In: *Poetica* 14 (1982), S. 213–249.

32 Wie Anm. 30, S. 231.

möglich – schon gar nicht in politisch so sensiblem Kontext. Hermlin war zumindest unklug, keine Klarheit geschaffen zu haben. Natürlich trug auch die 'Wende' und die Tatsache, daß Hermlin nach wie vor zu seinen sozialistischen Ideen steht, dazu bei, daß der Autor der Kritik ausgesetzt wurde, und zwar mit peinlichen öffentlichen Konsequenzen.[33] Eine in puncto politische Vergangenheit empfindliche Öffentlichkeit läßt Literarizität nicht als Argument gegen autobiographische Faktizität gelten.

---

33 Nach den Enthüllungen Corinos erwog der Generalsekretär des bundesdeutschen PEN, Johano Strasser, im Oktober 1996, ob Hermlin nicht besser von seinem Amt als Vizepräsident des Internationalen PEN zurücktreten solle.

6. Biographische Literatur

Goethe hatte noch klare Vorstellungen: Ihm schien in seiner Vorrede zu *Dichtung und Wahrheit*

> die Hauptaufgabe der Biographie zu sein, den Menschen in seinen Zeitverhält-
> nissen darzustellen, und zu zeigen, inwiefern ihm das Ganze widerstrebt,
> inwiefern es ihn begünstigt, wie er sich eine Welt- und Menschenansicht
> daraus gebildet, und wie er sie, wenn er Künstler, Dichter, Schriftsteller ist,
> wieder nach außen abgespiegelt.[1]

Für die Schriftsteller der Gegenwart enthält diese Aufgabe zu viele Unbekannte.
Wie lassen sich die Zeitverhältnisse, in denen das biographische Objekt lebte,
ermitteln, da sie doch u.U. weit entfernt und höchst lückenhaft dokumentiert
sind? In welcher Relation stehen Lebenserfahrung und künstlerisches Werk,
nachdem eine Spiegelung des einen im anderen längst nicht mehr selbstverständlich ist? Allem voran aber steht die unlösbare Frage nach der Identität des
zu Portraitierenden. Wenn wir schon über uns selbst nichts Wahres aussagen
können, um wieviel weniger über einen anderen!

In seinem lesenswerten Buch *Werkbearbeitung, Dichterfiguren* unterscheidet Ralf
Sudau[2] verschiedene Formen der biographischen Arbeit, indem er sie nach der
Intensität der Auseinandersetzung einteilt:

- Vergegenwärtigung
- Vereinnahmung
- Idealisierung
- Desavouierung
- Problematisierung

Damit soll kein Einteilungsraster aufgestellt sein, keine Bezeichnungen von
Gruppen, denen sich die einzelnen Werke zuordnen ließen (auch wenn Sudau
dies teilweise versucht). Der Wert dieser Differenzierung liegt vielmehr im
Heuristischen: Sie zeigt nämlich das Grundproblem eines biographischen Unternehmens auf, das im persönlichen Verhältnis zwischen dem biographischen

---

1 *Sämtliche Werke. I.14: Aus meinem Leben. Dichtung und Wahrheit.* Hg. v. K.-D. Müller.
   Frankfurt a.M.: Dt. Klassiker Verlag 1986, S. 13.
2 *Traditionsaneignung am Beispiel der deutschen Gegenwartsliteratur.* Tübingen: Niemeyer
   1985 (= Studien zur dt. Lit. 82).

Objekt und dem Subjekt, zwischen der Figur und ihrem Biographen liegt. In den von uns ausgewählten Fällen verdichtet sich dieses Problem, weil es sich um Künstlerbiographien handelt und diese nicht von Wissenschaftlern, sondern wiederum von Künstlern geschrieben werden. Zwar behauptet Hildesheimer, nur ein Künstler könne angemessen über Künstler schreiben.[3] Letztlich schiebt sich aber das Ich des schreibenden Künstlers oft vor die Person des beschriebenen. Das muß kein Nachteil für die literarische Qualität des Endprodukts sein. Ob die so entstandene Biographie freilich die meiste Ähnlichkeit mit dem Objekt aufweist, darf bezweifelt werden. Eher entsteht etwas, das Sartre den "roman vrai" nannte, eine Erzählung mit faktischem Fundament.

Wir befinden uns also wieder auf einem Terrain, das – wenigstens zeitweise – den verunsicherten Schriftstellern Ende der 60er Jahre tragfähiger schien als das rein fiktionale: Biographische Literatur steht – wie dokumentarische oder autobiographische – auf einem faktischen Fundament. Auffallend aber und neu im Vergleich zu den Büchern, die wir bisher besprochen haben, ist die Zuwendung zur Historie. Nicht selten, ja sogar überwiegend stehen Dichterfiguren im Mittelpunkt. Wird hier nach poetischen Vätern und Vorbildern, nach Vorläufern und Gegenbildern gesucht?

Immer wieder sind es die gescheiterten oder jedenfalls die problematischen Existenzen, die Interesse hervorrufen: Hölderlin, Lenau, Kleist, die Günderrode. Die erfolgreichen wie Goethe oder Schiller kommen nicht vor oder werden "enttarnt". Das war freilich schon bei Thomas Mann so (*Lotte in Weimar. Schwere Stunde*) und setzt sich nun in Walsers *In Goethes Hand* 1982 (Theaterstück), Kühns *Flaschenpost für Goethe* (1985) oder *Goethe zieht in den Krieg* (1999) fort.[4]

Hölderlin war bereits 1971 Titelheld eines sozialkritischen Stücks von Peter Weiss. Nicht politisch akzentuiert, aber durch sein persönliches Engagement ebenfalls stark gegenwartsbezogen ist Peter Härtlings *Hölderlin. Ein Roman* (1976). "Ich schreibe keine Biografie. Ich schreibe vielleicht eine Annäherung",[5] schiebt der Text gleich hinter den Anfangssatz ein, und thematisiert damit, kaum ist die erste rudimentäre Information über das biographische Objekt abgegeben worden, die eigene Arbeitssituation. In seiner Parallelführung von biographischer Rekonstruktion und Thematisierung der eigenen Schreibschwierigkeit ist Härtlings Buch wegweisend geworden für biographische Arbeiten, ja für eine neue, transparente Schreibweise insgesamt. Mit der Absicht absoluter Ehrlichkeit legt der ich-sprechende 'Autor' des *Hölderlin*-Buches die Probleme einer literarischen

---

3 Die Subjektivität des Biographen. In: *Das Ende der Fiktionen. Reden aus fünfundzwanzig Jahren*. Frankfurt a.M.: Suhrkamp 1984, S. 123–138, hier S. 136.
4 Vier Briefe an Goethe von dem Verleger, der ehedem den Raubdruck des *Werther* veranstaltet hatte. Gezaust wird Goethes Spätwerk, v.a. *Die Wahlverwandtschaften*. Der ungenannte Absender ist ein Verehrer E.T.A. Hoffmanns. D. Kühns jüngstes Goethe-Buch, *Goethe zieht in den Krieg*, läßt Goethes Enkel der *Campagne in Frankreich* nachspüren.
5 Alle Zitate nach der Taschenbuchausgabe Darmstadt/Neuwied: Luchterhand 1978, hier S. 7.

Lebensbeschreibung bloß, die in der meist verschleierten Verbindung von Fiktion und Faktizität liegen. Vieles müsse er sich "vorstellen", wirklich und verbürgt sei eben nur Hölderlins Poesie, die wiederum zum Erfassen des Lebensganges nur sehr indirekt beitrage.[6] Die Entfernung zwischen dem längst verstorbenen Dichter Hölderlin und der Gegenwart kann, so das Axiom, nur durch Einfühlung überbrückt werden, wobei Selbstversicherung ebenso notwendig ist wie die Reflexion über das biographische Objekt. Konsequentweise gibt es in Härtlings *Hölderlin*-Buch keinen allwissenden Erzähler, sondern nur einen, der seine Quellenfunde lebendig machen will. Dies geschieht, indem der Ich-Sprecher immer wieder Parallelen zwischen seinem Hölderlin und sich selbst zieht. "Das kenne ich ...", "Diesen Weg kann ich nachgehen, hier bin ich viele Male gegangen ...", "Das ist eine andere Kindheit als meine, alles ist anders ...", "Er muß anderes lernen als ich ...". Die "Annäherung" geschieht v.a. im Ausfindigmachen von Gemeinsamkeiten mit dem *Menschen* Hölderlin. Hölderlin wird von dem Podest der Unerreichbarkeit, vom Sockel des klassischen Dichters heruntergeholt in die schwäbische Lebenswirklichkeit. Deutliches Zeichen dafür ist sein Dialektsprechen.

Von Hölderlin heißt es: "Er ist eine Figur ohne Schatten, den Schatten muß ich werfen." (S. 136). Damit ist zum einen ausgesagt, daß sich der Autor so stark mit seinem Objekt identifiziert, daß er ihm seinen Schatten, d.h. seine menschliche Gestalt leihen zu können glaubt. Andererseits wird der Leser sich an die in der Literaturgeschichte etablierte magische Bedeutung des Schattens erinnern (*Peter Schlemihl*). Der Autor, so läßt sich schlußfolgern, findet eine vergeistigte, nur aus Fama und Versen bestehende Gestalt vor und erfindet für sie eine menschliche Gestalt aus Fleisch und Blut, die Schatten wirft. "Ich lasse Hölderlin denken, was ich denke" (S. 97). "Ich projiziere, nachdem ich in seinen Briefen und Gedichten gelesen habe, meine Gefühle auf seine Handlungen." (S. 53). Erfunden wird, was nicht aus Dokumenten abzulesen ist: Gefühle, Gespräche, der Alltag hinter dem poetisch Stilisierten. Neben der Identifikation mit der historischen Figur hilft dabei v.a. die intensive Lektüre des dichterischen Werks, auf das sich der Text wie auf eine Erinnerung an alte Bekannte beruft. Die besonders in der ersten Hälfte des Textes häufigen Selbstgespräche des Autors wirken mitunter skrupulös.

> (Einen solchen Satz zu schreiben, ist gefährlich. Ich rekonstruiere eine psychische Regung, die durch keinen geschriebenen Hinweis belegt ist. Da ich immer wieder seine Gedichte aus jener Zeit lese, vor allem die an Stella, an Louise – "Wann ich im Tale still und verlassen, und / Von dir vergessen, wandle" – habe ich den Blickwinkel der Erinnerung: diese Lust, aus der erdachten Distanz Nähe verständlich zu machen. So kann man argumentieren. Muß ich es? Ist es nicht verständlich, daß ein Halbwüchsiger, der seit mehr als zwei Jahren in einem strengen Internat lebt, Heimweh hat. In solch einem ähnlichen Haus hat

---

6 Vgl. "Ich interpretiere nicht seine Gedichte, sondern mit seinen Gedichten allenfalls sein Leben" (S. 300).

er seine glückliche Kindheit verbracht. Diese ersten Jahre, von denen er so wenig weiß, werden immer heller.) (S. 57)

Allerdings kann der Roman seine eigenen hohen Maßstäbe nicht vollständig erfüllen. Längst nicht alle Fiktionen werden kenntlich gemacht. Überwiegt das Faktische oder das Fiktive? Der Text beantwortet diese Frage selbst: "Erlebt man Daten durch Imagination, kann Wahrheit zur Wirklichkeit werden, doch wiederum eine Wirklichkeit, die zwei Wirklichkeiten umschließt: die des Beschriebenen und die des Schreibenden." (S. 28) Die Wirklichkeit des Autors gewährleistet die Wirklichkeit des Geschriebenen. Der allwissende Autor ist verabschiedet; der allverantwortliche Autor kommt durch die Hintertür wieder herein. Ob die Werkstattgespräche eine "Horizontverschmelzung"[7] ein Verwischen der Grenzen zwischen Autor und Objekt, verhindern können, ist fraglich.[8]

> Ich weiß, was in diesem Jahr, 1790, auf ihn wartet. Er weiß es nicht. Ich bemühe mich zu erinnern wie er, ihn Schritt für Schritt zu begleiten, aber mein Gedächtnis, das seines sein soll, reicht eben nach vorn, bis zu seinem Ende. Das läßt ihn zur Kunstfigur werden. (S. 107)

Es läßt sich beobachten, wie der Autor im Verlauf des Schreibens immer mehr in seine Materie hineinwächst und aus der historischen Gestalt immer mehr die literarische Figur wird. Die auktorialen Einrückungen, die die epische Illusion verhindern und Einblick in den Arbeitsprozeß geben sollen, werden seltener. Gleichwohl bleibt die skeptische Aufmerksamkeit dem biographischen Geschäft gegenüber bestehen, die sich zu Beginn des Buches als Ärger über die romanhaften Biographien Luft gemacht hat:

> Ich lese in Biographien: "Er setzte sich und sagt", frage mich, weshalb der Biograph seinen längst dahingegangenen Zögling sich setzen läßt, wenn er, weil der Biograph es so will, sagen muß: "Übermorgen, meine liebe Constanze, reisen wir nach Salzburg." Der Biograph hat sich offenbar eine Bühne eingerichtet, auf der sich seine Personen verhalten wie in einem Konversationsstück. (S. 53)

Für die Krankheitszeit Hölderlins "Im Turm" gibt es wenig brauchbares Material. Konsequenterweise hält sich das Buch nun sehr zurück, karge 13 Seiten sind diesen trüben 36 Jahren vorbehalten. Es gibt keine Gemeinsamkeiten zwischen Autor und Objekt mehr, keine Grundlage der Sympathetik. Die vielen Anekdoten und Histörchen, die sich um den alten Hölderlin ranken, kommen nicht in Betracht:

---

7 Der Terminus bei Hans-Georg Gadamer: *Wahrheit und Methode. Grundzüge einer philosophischen Hermeneutik.* 3. erw. Aufl. Tübingen: Mohr 1972, S. 290.
8 Vgl. hierzu: Willy Michel: Poetische "Horizontverschmelzung" im Drama und im Roman. Peter Weiss' Hölderlin und Peter Härtlings Hölderlin. In: Ders.: *Die Aktualität des Interpretierens.* Heidelberg: Quelle & Meyer 1978, S. 176–196.

> Ich erreiche ihn nicht mehr, er hat sich verschlossen. Ich weiß nicht, wie ich
> dieses Ende, das nicht enden will, erzählen soll. Die zahllosen Anekdoten
> fassen ihn nicht. Der arme Hölderlin. Der alte Mann im Turm. Der Vielbesuch-
> te, Vielbestaunte. Das Schaustück: Der wahnsinnige Dichter. (S. 377)

Kompositorisch mag dieses ausgedünnte Ende ein Mangel sein. Es übermittelt
aber indirekt sehr ergreifend das Verlöschen einer Gestalt, deren Rechte nur
mehr andere vertreten können, z.B. der Nürtinger Oberamtsspfleger Burk, der
resümiert: "Was wird Sein künftiger Biograph sagen, der wie ich hofe nicht
ausbleiben wird, über diese Geschichte." (S. 388)

Härtling hatte bereits 1964 mit einem Buch über einen ähnlich tragischen
Dichter großen Erfolg gehabt, über Nikolaus Niembsch Edler von Strehlenau, der
sich Lenau nannte: *Niembsch oder Der Stillstand. Eine Suite* (1964). Die Konzeption
von *Niembsch* unterscheidet sich aber grundlegend von derjenigen der Hölderlin-
Biographie. *Niembsch* behandelt nur einige Jahre Lenaus, die Zeit zwischen der
Rückkehr aus Amerika und dem Zusammenbruch, 1832–44. Härtlings Interesse
bei diesem Roman ging nicht dahin, das Leben des Dichters oder sein Leben in
dem genannten Zeitraum zu rekonstruieren und über seine Rekonstruktion
Rechenschaft abzulegen. *Niembsch* ist ein psychologischen Buch und noch weit
entfernt von der dokumentarischen Gewissenhaftigkeit, die sich der Autor Jahre
später abforderte. Der Roman hat Namen und Fakten verändert, Figuren verdop-
pelt und ihnen andere Berufe zugeschoben, ihre Charaktere verdreht. Es geht
nicht um Lenau als historische Figur, nicht um ein Dichterportrait, sondern um
Niembsch als Exempel, als "Experimentierfigur".[9] Lenau wird behandelt wie eine
halb-mythologische Figur (nach Art des Don Juan/Don Giovanni, über den
Härtling ursprünglich hatte schreiben wollen), ein Melancholiker, dessen ganzes
Streben darauf zielt, der Welt, v.a. der Zeit abhanden zu kommen, ein Leben
vergessen zu können, das vornehmlich traurige Erfahrungen bereithielt.

In der Folge hat Härtling noch eine ganze Reihe von "Annäherungen" an
historische Figuren versucht,[10] ohne freilich auf die Schreibweise in seinem
Hölderlin mit ihren Werkstattberichten und Kommentaren wieder zurückzugrei-
fen. Er rückt die historischen Figuren an die Gegenwart heran, indem er die
Aktualität ihrer Probleme aufzeigt (z.B. Selbstverständigung der Dichterexistenz,
Dichotomie von Kunst und Leben bei Mörike und Waiblinger), er holt die
Portraitierten in die Niederungen der Alltäglichkeit[11] und zeigt deren Gefähr-

---

9 P. Härtling: Warum ich nicht wie Theodor Fontane schreibe. In: Ders.: *Meine Lektüre.*
Literatur als Widerstand. Hg. v. Klaus Siblewski. Darmstadt/Neuwied: Luchterhand, 1981,
S. 103–112, hier 110. Vgl. auch ders.: Über die Arbeit an einem historischen Roman. In:
Ebd., S. 112–123.

10 *Die dreifache Maria* (1977), *Waiblingers Augen* (1987). Anders ist *Schubert. Zwölf Moments*
musicaux und ein Roman (1992), bei dem die romanhaften Züge überwiegen und gleichwohl der Erzähler sich durch Einwürfe wie "Es könnte gewesen sein …" zurücknimmt.

11 Was ihm im Falle des Schubertbuches den bissigen Kommentar einbrachte, er beschrei-
be wie einst den Fritz, so jetzt "nur den Franzl". Werner Fuld, *FAZ*, 27.8.1992 u.d.T.:
Unser aller Franzl.

dungen, deren Schwächen, deren Scheitern. Diese "Annäherungen" werden teilweise durch die persönliche Nähe zwischen dem Biographen und seinem Objekt, durch gemeinsames Dichtertum und gleichen Lebensraum erleichtert. Innensicht und erlebte Rede vereinnahmen die historische Figur für die epische Illusion. Wohl bildet die Quellenarbeit ein sicheres Fundament; aber der Leser bekommt von dieser Arbeit nicht mehr viel zu spüren und hat sich folglich dem Erzähler als Führer zu überlassen. Eigenwillig bleiben Härtlings Bücher aber in ihrer nicht-linearen Komposition, die Kontraste oder Analogien bewußt einsetzt. Dies wird besonders in seiner halbfiktiven Biographie Schumanns deutlich.

Mit *Schumanns Schatten* (1996) ist wieder ist ein tragischer Lebenslauf gewählt, das Leben eines Gescheiterten, der – trotz gelegentlicher Erfolge – von seiner Zeit wenig verstanden wurde, der aber auch mit sich selbst nicht gut umzugehen verstand. An das Schubertbuch erinnern die musikalischen Bezeichnungen der Kapitelüberschriften. Die Verwendung deutscher statt der bislang immer gebrauchten italienischen Tempobezeichnungen war eine Neueinführung Schumanns. Härtling hat diese Besonderheit aufgegriffen und *jedes zweite* Kapitel mit einem Schumannschen Werktitel und einer deutschen Tempobezeichnung versehen. So heißt beispielsweise das 2. Kapitel: "*Kinderszenen*" – Titel des Klavierzyklus op. 15 von 1838 –, die Vortragsbezeichnung lautet: "(*Schnell und spielend*)". Härtling hat sich bemüht, die Dynamik der jeweiligen Vortragsbezeichnung in seinem Sprachstil nachzuahmen. Gleichwohl bereitet, wie schon im Schubertbuch, die Anwendung von Kompositionstiteln auf Lebensstationen Schwierigkeiten. Kaum vermeiden läßt sich der Eindruck, es handle sich bei dieser Übertragung um ein bloßes Spiel mit Worten. Und auch die dynamischen oder agogischen Bezeichnungen haben kein rechtes stilistisches Fundament im Text: Während die geradzahligen Kapitel Schumanns Lebensgang verfolgen, schildern die ungeradzahligen sein langsames Sterben in der Irrenanstalt Endenich bei Bonn, wohin er nach einem Selbstmordversuch gebracht worden war. Diese Kapitel sind tagebuchartig datiert.

Härtlings Buch hat im Vorfeld große Aufmerksamkeit erregt: Der Komponist Aribert Reimann, so war sehr schnell durchgesickert, hatte Härtling die ärztlichen Krankenberichte aus Endenich zur Verfügung gestellt. War es schon eine Sensation, daß diese Notizen im Familienbesitz Reimanns auftauchten, so erst recht, daß Härtling das Strenggehütete erstmals einsehen durfte. Die Endenich-Kapitel folgen nun diesen Tagebüchern des behandelnden Arztes Dr. Richarz. Härtling stand für die zweieinhalb Jahre geistiger Verwirrung Schumanns sehr detailliertes Material zur Verfügung. Er konnte sich – wohl selbst begeistert von der einmaligen Chance, die er durch die Einsichtnahme in die Tagebücher hatte – nicht losmachen von diesen Detailinformationen. So kommt es, daß dem Aufenthalt in Endenich so viel Platz eingeräumt wird wie den übrigen 44 Jahren zusammen. Während im Leben vieles sehr kurz abgehandelt wird – z.B. beschränkt sich das einschneidende Ereignis der Dresdener Revolution auf nur wenige Seiten –, können wir Schumanns traurige Existenz in geistiger Umnachtung fast tageweise verfolgen. Diese Krankenschilderungen sind unvermeidlich voll peinlicher Einzelheiten, obgleich der Romantext offensichtlich versucht hat, Schumanns Würde zu wahren. Dies gelingt vornehmlich durch die liebevolle Zeichnung des Wärters Klingelfeld, einer fiktiven Figur. Von Schumann schikaniert, ja mißhandelt gewinnt Klingelfeld seinen Patienten trotzdem lieb, ja er verehrt ihn, weniger wegen seines früheren Ruhms, als vielmehr wegen seiner Tragik. Klingelfeld ist in gewisser Weise das personifizierte Interesse des Autors und Lesers am Romangegenstand;[12] er läßt sich sogar als Titelheld verstehen, ist er doch, notgedrungen, Schumanns ständiger Begleiter, "Schumanns Schatten".

Freilich ist der Titel vieldeutig. Man wird in ihm auch ein verstecktes Selbstzitat entdecken dürfen: "Er ist eine Figur ohne Schatten, den Schatten muß ich werfen", hieß es im Roman über Hölderlin (S. 136). Der Biograph also ist Schumanns "Schatten", weil er ihn wieder ins Licht rückt und weil er ihm menschliche Substanz schenkt. Nicht zuletzt ist der Titel aber auch ein Hinweis auf die Tragik der beschriebenen Musikergestalt: In Endenich ist Schumann nur mehr der Schatten seiner selbst. Ja, zeitlebens, so die dem Roman zugrundegelegte These, lag über Schumanns Leben ein Schatten. Bereits das Kind war anders als andere Kinder. Stundenlang hält es sich in der Buchhandlung seines Vaters auf. Der erste Satz, den wir den Vater an ihn richten hören, lautet: "Du bist ausgezeichnet wie kein Kind sonst in unserem Zwickau, mein Junge. Alle großen Geister siehst du um dich versammelt" (S. 15). Mit seinen wunderlichen Reden gilt schon das Kind als der "irre Robert", bereits der sehr junge Mann zeigt die Symptome, die ihn in Endenich vollends prägen: Ich-Spaltung und Sprachschwierigkeiten. Stottern, leises Reden und irritierende Schweigsamkeit in der Jugend werden im Endstadium zu Unfähigkeit, sich mündlich mitzuteilen, von der die jederzeit vorhandene schriftliche Kompetenz merkwürdig absticht. Härtling betont die in Schumanns Leben zu allen Zeiten angelegte Neigung zum Absonderlichen, er beobachtet beim jungen Schumanns frühe, zunächst noch harmlos erscheinende Formen von Geistesverstörung wie Stimmenhören, Selbstgespräch, Bewußtseinsspaltung, Verwirrung von Realität und Vorstellung (vgl. z.B. S. 147f.). Schumanns an Jean Paul oder E.T.A. Hoffmann angelehntes Spiel mit einem zweifachen Ich in seinen poetisch-musikologischen Diskussionen oder seine romantischen Krankheits-, Melancholie- und Todesahnungen geraten durch die Romankomposition zu Vorausdeutungen auf den späteren desolaten Zustand.

Schumann hatte sich als junger Mann mit Syphilis infiziert. Wichtiger als diese Krankheit ist für Härtling – wie er in einem Interview angibt – Schumanns Schizophrenie. Ob eine Erbkrankheit vorlag, ist allerdings strittig.[13] Der Roman

---

12 Der Schattenmann. Peter Härtling und sein Roman über den Komponisten Robert Schumann. Interview von Christine Lemke Matway mit Peter Härtling. *SZ*, 25.9.96: "das bin ich selber ... Einer, der lauscht. In diesem Tobias Klingelfeld kann ich mich ganz gut verbergen."

13 Vgl. einen Artikel von Dr. Richarz in der *Kölnischen Zeitung*, 15. Aug. 1873: "Schumanns [...] Krankheit war nicht eine primär-spezifische Geisteskrankheit. Sie bestand vielmehr in einem langsam, aber unaufhaltsam sich vollziehenden Verfall der Organisation und der Kräfte des Gesamtnervensystems in der Form der unvollständigen Paralyse."

läßt nun die mentalen Trübungen ("Gehirnerweichung"), wie sie das Stadium 3 von Lues kennzeichnen, bereits von vornherein in Schumann angelegt sein. Schleichend werden die harmlosen Normabweichungen, oft launigen Schrulligkeiten zum bitteren Ernst des Wahnsinns. Ahnungen, Vorausdeutungen, Prolepsen sind daher kennzeichnend für den Text: Zu einer Kernstelle wird Schumanns Tagebucheintrag aus seiner Heidelberger Zeit, in dem er einen Traum festhält – für den Roman ahnungsweise Vorwegnahme, "Erinnerung an etwas, das viele Jahre danach sich ereignen würde, der Sprung eines Verzweifelten in den Fluß, die Erinnerung an Lieder, die er komponiert hatte." (S. 62)

> Ich ließ mir einen Schoppen Rüdesheimer geben, der alte Schiffer mit seinem Mädchen führte mich zum Nachen, der Rhein war windstille und der Mondäther ganz rein und klar. Rüdesheim spiegelte sich in den Wellen, die der Mond zauberisch verklärte. Drüben lag von fern die Rochuscapelle – mein Herz war ganz erfüllt. Der Spitz lag zu meinen Füßen und wedelte, ich rief das Echo: Anker – Anker, Anker klang es wieder. Ach, wie gern hätte ich *deinen* Namen genannt, aber kein Echo trägt meinen Ruf in dein Herz und Alles ist still und stumm, denn du bist fern und vielleicht auch meinem Herzen – Ich ließ landen – der Mond glänzte fort – aber ich schlummerte und mir träumte, ich wäre im Rhein ertrunken. (ebd.)

Der Roman erkennt in diesem "romantischen Stück" eine Vorahnung des erst 1840 komponierten Heinezyklus op. 48. Die frühe Anlage von wesentlich später erst ausgeführten Kompositionsmotiven gehört mit zu der für dieses Buch typischen Verknüpfungstechnik. Vor allem Liedertexte späterer Werke erscheinen in viel frühere Jahre vorgezogen. Auch die Kapitelbezeichnungen suggerieren, daß das Gesamtwerk gleichsam schon immer präsent war. Diese Vorwegnahmen spiegeln das Bewußtsein der Erzählinstanz, die das Ganze des Lebens übersieht, verdanken sich – ähnlich wie im Schubertbuch[14] – einer persönlichen Prägung des Autors Härtling durch Liedvertonungen. Aber dieser werkgenetische Umstand wird für den Leser nicht sichtbar, sondern manifestiert sich als auktoriale Lenkung: als tragische Deutung von Schumanns Existenz.

Härtlings Schumannbild ist Interpretation. Der wirkliche Schumann ist nicht mehr zu finden.

> Manchmal ist mir, als wolle sich mein objektiver Mensch vom subjektiven ganz trennen oder als stünde ich zwischen meiner Erscheinung und meinem Sein, zwischen Gestalt und Schatten. (S. 147f.)

In diesem Schumann in den Mund gelegten Satz wird man auch eine versteckte Anspielung auf die schattenwerfende Arbeit des Biographen entdecken dürfen.

(Progressive Paralyse: historischer Terminus für Stadium 3 von Lues). Härtling baut die Logik seines Romans auf der – nicht beweisbaren – Annahme einer angeborenen Schizophrenie auf und hält die Syphilis für "etwas Zusätzliches". Vgl. Interview (wie Anm. 12).

14 Vgl. die starke Präsenz der Schubert-Lieder in *Der Wanderer*. Frankfurt a.M.: Luchterhand 1988 und *Herzwand. Mein Roman*. Frankfurt a.M.: Luchterhand 1990.

Der Schumann, den uns die interpretierende Konfiguration des Roman vorstellt, wirkt selten froh; fast immer ist er dünnervig, gereizt, leidend, schweigsam, lärmempfindlich, melancholisch. Selbst die ersten Ehejahre sind getrübt, immer schieben sich Kränklichkeiten, Mißlaunen, ja Streit zwischen Clara und Robert. Der Roman weitet diese Grundstimmung auch auf die Deutung der Lieder aus, Werk und Leben erklären sich gegenseitig. So liest er – was manchen Schumann-Hörer überraschen dürfte – sogar aus den ersten Liedern von *Frauenliebe und -leben* einen düsteren Unterton heraus (S. 265: "Du Ring an meinem Finger").

Härtling hat sich in gründlicher Lektüre und intensivem Studium in Schumanns Biographie eingearbeitet. Doch trotz der zahlreich verwendeten Quellen ist *Schumanns Schatten* eine biographische Fiktion. "Die Situation für jemanden, der wissenschaftlich arbeiten will, ist keineswegs gut. Da ist es doch besser, man geht mit seiner Phantasie spazieren."[15] Vehement verteidigt Härtling seine Vorgehensweise. "Es ist mir völlig wurscht, was andere darüber denken."[16] Die darstellerischen Vorteile, die eine von einem allwissenden Autor geschriebene Fiktion bietet, geben dem Verfahren recht. Das persönliche Engagement der Erzählinstanz reißt den Leser mit. Nicht von ungefähr ist diejenige Figur, die der Autor ganz erfunden hat, der Pfleger Klingelfeld, die lebendigste, vielleicht sogar überzeugendste im Roman. Seine Tränen am Ende müssen ergreifen. Härtlings poetische Imagination wird durch die Identifikation mit dem Gegenstand zu Bildern angeregt, die den Leser nicht unberührt lassen können. Dies wäre bei einem Text, der nur Verbürgtes wiedergibt, nicht möglich. Die Differenz zwischen lakonischer Dokumentation und imaginativer Ausgestaltung wird überdeutlich bei folgendem Miniaturbild (es handelt sich um den Abschied nach dem Selbstmordversuch):

> Ich muß gehen. Er bittet Doktor Müller, der, wie gerufen, an seinem Bett steht, ihm zu helfen.
> Ich schlage Endenich vor, hört er. Herrn Doktor Richarz können wir Sie ohne Bedenken anvertrauen.
> Gut, sagt er. Nach Clara wagt er nicht zu fragen.
> Am 4. März wird er nach Endenich gebracht. Ehe er die Kutsche besteigt, schaut er zu den Fenstern hoch. Sie sind alle geschlossen. An einem drängen sich sechs Kinderköpfe, wie zwischen zwei Scheiben gepreßt, mit offenen Mündern und Augen, die den seinen gleichen.
> Er verbeugt sich und wendet sich ab. (S. 380)

Hat sich Härtling immer mehr zum Fiktiven und Imaginativen hin entwickelt, so ist Dieter Kühn bei seinem wissenschaftlichen Verfahren und dem Prinzip der "gläsernen Werkstatt" verblieben. Wie Härtling ist Kühn mit einer Reihe von Portraits an die Öffentlichkeit getreten und hat sich in ähnlicher Weise wie Härtling als erfolgreicher Biograph etabliert.

---

15 Interview (wie Anm. 12).
16 Ebd.

1977 erschien *Ich Wolkenstein.*[17] Diese Arbeit über den spätmittelalterlichen Dichter Oswald von Wolkenstein steht zwischen wissenschaftlicher Monographie und Erzählung und gibt folgerichtig im Untertitel an: *Eine Biographie.*[18] Narrativ ist vornehmlich die Erzählung der Entstehungsgeschichte des vorliegenden Buches. Gleich zu Beginn spielt diese sogar die wichtigere Rolle als die biographische Präsentation. Im Präsens und wie in ein begleitendes Mikrophon gesprochen, wird die Reise des Autors nach Wolkenstein verzeichnet. Die Sätze sind knapp und neigen zur Ellipse, es sind stichwortartige, gleichsam im Erleben mitgesprochene Notate. Der Ich-Sprecher legt Rechenschaft ab über die Motive für die Beschäftigung mit Oswald oder über Arbeitsaufträge, die er sich selbst erteilt: "Ich nehme mir vor …", "In meinem Bewußtsein sind …". Später finden sich in den Text eingearbeitet die wissenschaftlichen Recherchen, die notwendig waren, Briefwechsel mit Mediävisten, es werden Übersetzungsprobleme diskutiert. Die biographische Rekonstruktion von Oswalds Leben wird also immer wieder durchbrochen von Passagen, die das Aufkommen einer Illusion unmöglich machen. Der Leser bekommt kein geschlossenes Bild, sondern Angebote, Fakten, Schlußfolgerungen, Diskussionsberichte, somit viele Anstöße, selbsttätig seine möglichen Informationsdefizite zu beseitigen, seine Vorurteile abzubauen, sich ein Urteil zu bilden. Zu diesem Zweck werden auch zahlreiche Daten und Informationen aus der historischen Umgebung, den Lebensformen im Mittelalter etc. herbeigeschafft. Mit der Zeichnung des historischen Hindergrundes will das Buch die vielen Leerstellen in unserer Kenntnis von Oswalds Leben überbrücken. "Oswald wird nur sichtbar, wenn er in seiner Zeit sichtbar wird" (S. 144). Damit ist auch gesagt: Oswald ist und bleibt in großer zeitlicher Distanz von uns.

> Sechshundert Jahre – diese Zahl kann eigentlich nur entmutigen, zugleich ist sie eine Herausforderung: möglichst viele Informationen sammeln, sie zusammensetzen zu einem biographischen Bericht, zugleich zu einem Bild, wenigstens zu einer Skizze seiner Zeit. (S. 11)

Die Fremdheit Oswalds kann nicht weggewischt werden, auch nicht durch räumliche Annäherung: "Die Reise nach Wolkenstein wird die Distanz zu Oswald von Wolkenstein kaum verkürzen." (S. 12) Ja, diese Distanz soll keineswegs beseitigt werden. Auch Züge, die den heutigen Leser vor den Kopf stoßen, werden nicht harmonisiert. Und davon gibt es bei dem oft brutalen spätmittelalterlichen Ritter viele.

---

17 Alle Zitate nach der neuen erw. Taschenbuch-Ausgabe it 497, Frankfurt a.M.: Insel 1980. Der Titel entstammt der großen autobiographischen Ballade "Es fügt sich". *Die Lieder Oswalds von Wolkenstein.* Hg. v. K.K. Klein. Tübingen: Niemeyer ³1987, Nr. 18, Zitat S. 53. Kühns Biographie erschien zum 600. Geburtstag des Dichters.

18 Vgl. auch die halb-wissenschaftlichen Mittelalter-Bücher (mit wertvollen Übersetzungen aus dem Mittelhochdeutschen) *Herr Neidhart.* Frankfurt a.M.: Insel 1981, *Neidhart aus dem Reuental*, Frankfurt a.M.: Insel 1988, *Der Parzival des Wolfram von Eschenbach.* Frankfurt a.M.: Insel 1986, *Tristan und Isolde des Gottfried von Straßburg.* Frankfurt a.M.: Insel 1991.

Kühn hat sich Oswald wissenschaftlich genähert: Er hat Oswalds Verse mit poetischer Akribie übersetzt, er hat historische Probleme mit achtenswerter Genauigkeit behandelt. Nicht zuletzt interessiert sich der Musikliebhaber Kühn auch für den Komponisten Oswald und für Interpretationen seiner Lieder. Aber der Ich-Sprecher war auch bestrebt, sich Oswald emotional zu nähern. Er ist bewußt Oswald-Schauplätzen nachgegangen, hat versucht, persönliche Gemeinsamkeiten mit dem mittelalterlichen Menschen zu finden. Von einer durchgehenden Identifikation mit dem Gegenstand – beliebtes Mittel biographischen Schreibens – kann freilich keine Rede sein. Der Text verzichtet auf eine psychologische Antwort auf die Frage, ob es überhaupt möglich sei, sich in eine andere Person hineinzuversetzen und berichtet statt dessen von der Erfahrung: die Beschäftigung mit Oswald ist ein "Wechselspiel zwischen Abrücken und Annähern" (S. 121). *Ich Wolkenstein* ist ein äußerst vielschichtiges Buch. Es entspricht durchaus philologischen Ansprüchen der Mediävistik, es ist zugleich ein historisches Buch mit sehr viel Information über das 14. Jahrhundert (z.B. über das Konzil von Konstanz), es ist aber auch ein Lesebuch, das den Ritter und Sänger Oswald kritisch nahebringt. Kühns Sprache ist leicht zu lesen, ihr Stilideal ist die *gesprochene* Sprache.

Kühn selbst verweist für die Methode, "den Erarbeitungsprozeß in die Darstellung einzubeziehen" (S. 52), auf seinen frühen Roman *Die Präsidentin* (1973). Dieser Roman über die Wirtschaftskriminelle Marthe Hanau verbindet die biographische Darstellung mit eingehender Beschäftigung mit volkswirtschaftlichen Hintergründen und diskutiert parallel dazu Probleme seiner schriftstellerischen Arbeit. Neben dieser vorwiegend wissenschaftlichen praktiziert Kühn noch eine andere Methode in biographischen Darstellungen: die Verknüpfung von Faktischem mit Fiktivem. Ein avantgardistisches Beispiel bietet schon sein erstes Stück Erzählprosa, *N* (1970). Hier geht es um die Geschichte Napoleons von seiner Geburt bis zur Übernahme der Macht am 18. Brumaire. Der lineare Verlauf dieser "Entwicklung" wird aber konterkariert durch fiktive Alternativen. Dabei eröffnen sich die überraschendsten Perspektiven, Möglichkeiten, die vom tatsächlichen Geschichtsverlauf "verpaßt" wurden. *N* entlarvt die heroische Rede von der inneren Notwendigkeit eines Lebensganges als Stilisierung und nachträgliche Finalisierung, indem der Text den Leser mit der erzählerischen Ausführung alternativer Lebensläufe konfrontiert. "Es war seine Bestimmung, Landwirt zu werden" (S. 24), wird da beispielsweise ganz ernsthaft behauptet. Irgendwann läßt der Erzähler die Variante dann wieder fallen, probiert eine andere und kommt schließlich zu der historisch richtigen, die ein Stadium weiter führt. Der Leser – es sei denn er befragt seine historischen Kenntnisse – kann nicht wissen, welchen Lebensweg N nun tatsächlich einschlagen, welche Entwicklung schließlich die Ereignisse nehmen werden. Die Erzählweise zwingt ihn, sich auf die jeweils angebotene Möglichkeit ganz einzulassen, denn alle Varianten, auch diejenigen, die mit N's Tod enden, erscheinen gleich plausibel. Auf Rezeptionslenkung und ernstzunehmende Erzählerkommentare, die Klarheit verschaffen würden, wartet man vergeblich. Den stereotypen Satz von N's "Bestimmung" und dem Walten des "Schicksals" durchschaut man schnell als Ironie. Geschichtsfatalismus und -heroismus werden vollends desavouiert durch einen Schluß, der N bei einem Putsch getötet werden und Murat und Sieyès an die Macht kommen läßt. In einer seitenlangen Aufzählung führt der Text dem Leser vor Augen, was in diesem Falle alles *nicht* passiert wäre. – Der Erzähler von N sieht keine Veranlassung, seine Allwissenheit auszuspielen. Eher rechnet er auf das Wissen des Lesers. Dieser aber muß erkennen, daß die immer wieder verklärend behauptete Folgerichtigkeit eines Lebenslaufes oder der Geschichte eine nachträgliche, sinnstiftende Interpretation von an und für sich willkürlichen Ereignissen darstellt. Damit zieht Kühn nicht nur die Heroisierung von Persönlichkeiten in Frage, sondern er demontiert auch die Forderung nach Linearität und Finalität von Erzählfabeln.

Bereits in seinem Oswald-Buch hatte Kühn Kritik geübt an gängigen Biographien, die schönen und glätten.[19] In seinem 1976 veröffentlichten Buch *Josephine. Aus der öffentlichen Biographie der Josephine Baker* ging es ihm darum, aufzuzeigen, wie eine wirkliche Person hinter ihrem klischeehaften Image verschwindet. Ähnliches hat er mit seiner Biographie über Clara Schumann geleistet, einer Figur, die zwischen alten sentimentalen und neuen feministisch-musikologischen Klischees zu verschwinden droht.

Das Buch, das pünktlich zum 100. Todestag Clara Schumanns 1996 erschien, überrascht durch seinen Titel: *Clara Schumann. Klavier. Ein Lebensbuch* scheint in sich widersprüchlich. Die Bezeichnung "Lebensbuch" verdankt sich dem Ehe-Tagebuch von Clara und Robert Schumann und erweckt die Vorstellung einer Lebensdarstellung. Mit dieser fast notwendigen Assoziation kollidiert der Zusatz "Klavier", der suggeriert, Clara Schumann sei vornehmlich durch ihr Klavier definiert, sei fast eins mit ihm. Clara Schumann ist eine Figur voller Widersprüche. Mit einfachen Kategorien wie sympathisch oder unsympathisch ist ihr nicht beizukommen. Die Anwendung des psychoanalytischen Terminus "multiple Persönlichkeit" ist ein Versuch, das Paradoxe in dieser Figur auf einen Begriff zu bringen, ohne zu retouchieren, was unverständlich ist oder der verehrenden Nachwelt zuwider sein muß.

Der "Erzähler" ("Der Erzähler in mir will es genauer wissen", S. 61) arbeitet streng historisch, musikwissenschaftlich, philologisch. Entweder recherchiert und analysiert er Fakten, oder er bietet fiktive Alternativen an. Dem Leser gegenüber ist allenfalls eine aufklärende, informierende, keinesfalls aber eine pädagogische Absicht spürbar. Die Sprache ist sehr asketisch, knappe Sätze, ja elliptische Gebilde herrschen vor. Besonders am Anfang neuer Absätze bekommt man nur Stichworte zu lesen. Wieder soll der Leser das Zustandekommen des Buches nachvollziehen können. Der Text nennt seine Quellen, bemüht sich um größtmögliche Unvoreingenommenheit. Diesmal freilich wirken die Einrückungen über den Arbeitsprozeß oft gar zu hölzern und unnötig. Allzuoft wird gesagt, was

---

19 Vgl. die Entlarvung der hartnäckig tradierten Liebesgeschichte zwischen Sabina Jäger und Oswald, *Ich Wolkenstein*, S. 82ff.

jetzt nicht gesagt werden kann, weil es später kommt oder weil es zu viel Platz einnehmen würde (vgl. S. 76, 81, 92f.). Auch der stets gleichbleibende Wortlaut bestimmter Vorgangsschilderungen (einer Geburt, der Klaviermechanik) ist gar zu umständlich, um textstrukturierende Wirkung zu haben.

Dennoch fesselt das Buch durch seine Fülle an Information, nicht nur über Clara, sondern auch über ihre Zeit. Assoziationen, Phantasien, Einschübe und Erläuterungen, Meinungen, den Ausdruck von Verwunderung und Unverständnis hat sich der Erzähler keineswegs verboten; er macht solche Stellen aber als seine persönliche Meinung, sein Gefühl, seine Phantasie stets kenntlich.

Es ist ein merkwürdiges Zusammentreffen, daß im gleichen Jahr 1996 zwei Schumann-Bücher bedeutender Schriftsteller erschienen sind. Die beiden miteinander zu vergleichen, liegt nahe. Dabei fällt nicht nur die Verschiedenheit im thematischen Akzent ins Auge: Härtling interessiert sich mehr für Robert, Kühn mehr für Clara Schumann, allerdings v.a. für deren Zeit mit Robert. Die langen Witwenjahre, die als Zeit eigenständiger Selbstverwirklichung sicher interessant gewesen wären, kommen sehr kurz. Kühn, der auf eine ausführliche Darstellung der Endenicher Jahre verzichten kann, bleibt mehr Raum für die genaue Darstellung etwa der Krisenzeit, die der Hochzeit vorausging. Härtling mißt dem Verhältnis zu Clara gemessen am Ganzen erstaunlich wenig Bedeutung bei. Die qualvollen Jahre des vom Vater zunächst brutal verhinderten Werbens und der dann verhinderten Heirat schnurren zusammen auf eine kleine Periode. Vater Wieck kommt sehr glimpflich weg, vergleicht man mit dem schonungslosen, detaillierten Bild, das Kühn von ihm zeichnet. Clara als Person, ihr schwieriges Leben an Schumanns Seite, ihre widersprüchliche Psyche, die unaufhörlich wachsende Familie, auch die praktischen Probleme der Lebensführung treten bei Härtling sehr in den Hintergrund im Vergleich zu Schumanns Leiden an Schlaflosigkeit, Innenohrgeräuschen, Rheuma. Kühns Hauptproblem, die ihn offensichtlich am meisten quälende Frage: warum hat Clara ihren Mann in Endenich nur ein einziges Mal, nämlich als er im Sterben lag, besucht, ist für Härtling kaum vorhanden.[20] Die Probleme der Ehe werden kaum thematisiert. Sein Schumann ist *sehr* mit sich selbst beschäftigt.

Die grundsätzlich verschiedene Konzeption beider Bücher spiegelt sich auch in der Erzählweise. Kühn bemüht sich in dieser seiner jüngsten Biographie wieder um wissenschaftliche Exaktheit, dem Erfinden steht er skeptisch gegenüber, er recherchiert das kulturelle, städtische und persönliche Umfeld mit Genauigkeit, zitiert aus dem Haushaltungsbuch und den Tagebüchern des Ehepaars, hält sich an Fakten oder stellt Betrachtungen an, die er als seine persönlichen kennzeichnet. In *Schumanns Schatten* könnte man die reflektierenden Einschaltungen des Autor-Ich ganz streichen. Sie sind eher anekdotisch. Härtling, der sich im Hölderlin-Buch noch sehr zynisch über die erfindungsreichen Bio-

<hr>

20 Das Verbot des Arztes kann als Hinderungsgrund nicht zureichen. Warum Schumann Claras Briefe verbrennt, bleibt dem Leser verborgen, zumal sich die Gatten später in größter Herzlichkeit begegnen.

graphen geäußert hatte, imaginiert Gespräche, Situationen, Gedanken und macht Schumann so verständlich, wie er ihn versteht. Kühn – genau gegenteilig verfahrend – verstrickt sich in Gespräche mit seinem Leser, um ihm seine Quellen und seine Argumente auseinanderzulegen. Er versucht dem Leser die Freiheit eigenständigen Urteilens zu erhalten, was auf diesen nicht selten wegen der akribischen Umständlichkeit ermüdend wirkt.

Obwohl Härtling wie auch Kühn auch psychologische Faktoren berücksichtigen, bedeutet ihnen dieser Zugang zum biographischen Objekt doch nicht den Königsweg. Wissenschaftliche Sachbezogenheit und einfühlende Imagination des Erzählers stehen im Vordergrund. Anders in der 1977 erschienenen Gottfried Keller-Biographie des Schweizer Autors und Literaturwissenschaftlers Adolf Muschg.[21] Bereits im ersten Satz der "Vorbemerkung" macht der Literaturwissenschaftler Muschg klar, daß bei seiner Darstellung, der übrigens ein bemerkenswerter publizistischer Erfolg beschieden war, philologische Wissenschaftlichkeit nicht im Vordergrund steht: "Dieses Buch über Gottfried Keller ist nicht, was man eine 'Einführung' nennt. Es ist aus persönlicher Begegnung entstanden; es möchte den Leser zu einer gleichen Begegnung ermutigen." (S. 9) Muschg findet diesen Zugang zu Keller über die Psychoanalyse, erklärt mit ihrer Hilfe Leben und Werk des Menschen *und* Autors Keller. Muschgs Ziel ist eine Psychographie seines Objekts. Als primäre Produktivkraft versteht Muschg die Schuld, die daher in den Überschriften seiner Kapitel dominiert. "Schuld I: Der kleine Mann Gottfried" thematisiert den Ödipuskomplex des Kindes, das vaterlos aufwächst, und seine Schuld am Scheitern der zweiten Ehe der Mutter. Kellers lebenslanges Mißverhältnis zu Gott wird erklärt aus dem frühen Vaterverlust. Was im Kind angelegt ist, so das Axiom, hält ein Leben lang vor. Zeitlebens ist Keller bestimmt von seiner schwierigen Mutterbeziehung, vom abwesenden Vater, dessen unausgesprochene Erwartungen er zu erfüllen, dessen Stelle er zu ersetzen hat. Kellers Lebenstrauma war, daß er im wörtlichen, wie im übertragenen Sinn nie "groß" geworden ist. – "Schuld II: Die große Frau Welt" beleuchtet Kellers Beziehungen zu Frauen, auch dies ein Kapitel voll grundlegender Trauer: Keller hat es nie zu einer glücklichen Beziehung, zu einer Ehe, zu Kindern gebracht, er ist der "kleine Mann" geblieben. Bezeichnend für das Grundmuster der Frauenbeziehung ist das Verhältnis des Grünen Heinrich zu der Mutter-Geliebten Judith. – "Schulden" heißt das 3. Kapitel, in dem Kellers Münchner Mißwirtschaft die Hauptrolle spielt, die Beschämung, von Mutters Erspartem zu leben, das Versagen des Kunststudenten. – Das 4. Kapitel ist überschrieben: "Schuldigkeit" und behandelt Kellers Tätigkeit als Stadtschreiber in seiner Heimatstadt. Muschg versteht das politische Engagement, das Nützlichkeitsstreben des eidgenössischen Beamten Keller ebenso wie das Vollkommenheitsstreben des Autors als eine Reaktion auf seine mißglückte Sozialisation als Mensch, als 'Trauerarbeit'. – Das 5. Kapitel endlich weicht ab von der Nomenklatur und ist überschrieben "Vom

---

21 *Gottfried Keller*. München: Kindler 1977. Mit zahlreichen Bildern und Dokumenten.

Grauen und Grünen". Es geht den sog. Letzten Fragen nach, Gott und Tod, und arbeitet mit der schon von Keller verwendeten Farbsymbolik.

Daß für das Verständnis von Kellers Leben und Persönlichkeit die Lektüre des *Grünen Heinrich* ständig begleitend herangezogen wird, versteht sich von selbst. Muschg mußte den Entwicklungsroman als untrügliche Bestätigung seines Interpretationsansatzes verstehen, konnte er doch den Begriff Schuld im *Grünen Heinrich* als Leitidee finden. Der Literaturwissenschaftler mag wegen dieses Übertragungsverfahrens Bedenken haben; dem Dichter Muschg kann man es nicht verwehren. Leben und Werk erklären sich bei ihm wechselseitig, die Berichte über beide fließen ineinander.

Muschg hat nicht versucht, Kellers Leben und Empfinden durch fiktive Dialoge, durch poetische Ausschmückungen oder durch die Perspektive von Nebenfiguren auszuschmücken oder lebendiger zu machen. Vordergründig verfährt er wissenschaftlich, zitiert Dokumente, fügt auch Anmerkungen bei; gleichwohl ist dieses Buch keine wissenschaftliche Biographie. Dies zeigt schon die Sprache, die, ähnlich wie ihr Objekt Keller es tat, altertümelnde Begriffe integriert, und die ihren Gegenstand, den Autor Keller, aber auch ihre Leser mit weithergeholten Assoziationen und Vergleichen strapaziert. Muschgs Buch ist eine spekulative Biographie. Der psychoanalytischen Erklärung, so umfassend wie sie hier auftritt, haftet der Charakter eines Glaubenssatzes an: Nicht nur Kellers Leben und Werk, sondern unser aller Erfahrung wird mit ihrer Hilfe gedeutet, so daß Kellers Biographie exemplarischer Rang zukommt. Individuelle Betroffenheit, so der Autor, war sein Motiv, sich mit Keller zu beschäftigen. Der Dichter Muschg findet bei dem Dichter Keller Parallelen zu seiner Erfahrung, bzw. – wie er sagt – zur Grunderfahrung des Menschen: Leidgebundenheit, Einsamkeit, Resignation, Melancholie. Damit ist die historische Figur weitgehend enthistorisiert. Sie wird zum Paradigma für menschliche Existenz. Hinter Muschgs literarischer Leistung steht die Auffassung von Literatur als einem Kulturgut, das dem Menschen den Weg ins Leben anhand von Beispielen weisen will. Der Autor Muschg sieht in der Beschäftigung mit Keller eine Möglichkeit, zum Kern der eigenen Schriftsteller-Existenz vorzustoßen, sich selbst besser zu verstehen. *Literatur als Therapie?* war der Titel von Muschgs Frankfurter Poetik-Vorlesungen (1980). Angesichts seines Keller-Buches könnte man diese Frage modifizieren: Biographie als Identitätssuche?

Lebensbeschreibungen in der Gegenwartsliteratur demonstrieren uns nicht nur verschiedene Methoden des biographischen Verfahrens, sie stellen auch den biographischen Versuch der Annäherung selbst in Frage, die für diese Arbeit grundlegende Überbrückung der Kluft zwischen der historischen Figur einerseits und der Person des Biographen andererseits. Bei Kühn beobachteten wir eine große Skepsis gegenüber einem Verfahren, das Nähe zum Gegenstand sucht. Für Härtling wie für Muschg hingegen ist die persönliche Annäherung Grundvoraussetzung. Beide suchen einen Weg über die eigene Person, die eigenen Erfahrungen, Phantasien, Gefühle, Probleme. Für Härtling legitimiert sich somit auch Fiktion, ist sie doch verankert in der Person des Autors als dem Pendant zum biographischen Objekt. Härtling sucht bei jeder der von ihm geschilderten Personen das Alltagsmenschliche und Allgemeinmenschliche. Muschg findet in Kellers Verletzungen die eigenen. Im vollkommenen Gegensatz zu dieser Vorgehensweise befindet sich Wolfgang Hildesheimer (+1991) mit seinem *Mozart*-Buch (1977). Hildesheimers fundamentale These ist, daß Mozart verliert, wer ihn mit Eigenem ausstaffiert. Der Abstand zu Mozart ist unüberbrückbar und muß es bleiben.

Nun glaubt, wie wir gesehen haben, auch Dieter Kühn nicht an die Möglichkeit, daß solch eine Verbindung von jetzt nach damals über die persönliche Einfühlung möglich ist. Er setzt daher auf wissenschaftliche Annäherung, die das Objekt in seiner zeitlichen Entfernung beläßt, aber sein Leben, sein Werk, sein Umfeld möglichst getreu erforscht. Hildesheimer beschreitet einen ganz anderen Weg. In seinem Vortrag "Die Subjektivität des Biographen" (gehalten 1982 auf der Tagung "Literatur und Psychoanalyse") schildert er, wie er zum biographischen Genre kam und erklärt diesen Schritt als Konsequenz seiner Skepsis gegenüber poetischer Fiktion.[22] Etwas zu erfinden, ist angesichts der sinnlosen Zusammenhanglosigkeit um uns herum unmöglich; Sinn, Zielgerichtetheit freilich gewährt auch die Beschäftigung mit Geschichte nicht. Geschichte ist "absurd"; wenn wir glauben, in ihr einen Sinn erkennen zu können, so haben wir ihn hineingelesen. Sehr bewußt ist Hildesheimer die große Ferne einer historischen Figur, die es uns unmöglich macht, über Daten und Fakten hinaus etwas über sie zu wissen. Das Genie Mozart vollends ist durch seine Persönlichkeit unendlich weit von uns abgerückt, ist uns "fremd", ja war schon seinen Zeitgenossen unbegreiflich. Es erstaunt, wie sehr der Skeptiker Hildesheimer von der aus dem 18. Jahrhundert stammenden quasi-religiösen Idee des Genies in Bann geschlagen wird. Das Genie, so Hildesheimer, ist das "Unbegreifliche" und "Unheimliche", das "Geheimnis". Es muß auch deshalb fremd bleiben, weil es a priori "keine erhellende Mitteilsamkeit" kennt (S. 63).

Aufgabe eines redlichen Biographen muß sein, so Hildesheimer, jede Mutmaßung kenntlich zu machen, alle Widersprüche stehen zu lassen. Biographische Arbeit ist, wo sie mehr als eine Zusammenstellung von Fakten sein will, notwendig Deutung. "Alle Deutung ist subjektiv, und sie überzeugt mitunter dort am meisten, wo sie ihre Subjektivität frei eingesteht und damit gleichsam den Deuter selbst erhellt, den zu akzeptieren oder abzulehnen uns freisteht."[23] Diese bereits 1971 vertretene These wird im Mozart-Buch zum Programm, rezeptionelle Anliegen stehen im Vordergrund: Es geht um die Überzeugung des Lesers, um

---

22 In: *Das Ende der Fiktionen. Reden aus fünfundzwanzig Jahren*. Frankfurt a.M.: Suhrkamp 1984, S. 123–138. – Dem *Mozart*-Buch waren schon verschiedene Essays vorangegangen (Aufzeichnungen über Mozart, 1956, Betrachtungen über Mozart, 1963, Wer war Mozart, 1966), es war also der Ertrag jahrelanger Beschäftigung mit dem Faszinosum Mozart.

23 Bleibt Dürer Dürer? In: *Das Ende der Fiktionen* (wie Anm. 22), S. 27–54, hier S. 28.

Mozarts willen.[24] So ist auch die Formulierung gegenüber 1971 wesentlich nachdrücklicher geworden:

> Der Leser will die Vermittlung, nicht den Vermittler. Doch auch hier wird er stets nur etwas über das Objekt in der subjektiven Sicht des Darstellenden erfahren, den zu akzeptieren oder abzulehnen ihm allerdings frei steht. Wir sollten ihn aber gerade dort akzeptieren, wo er seiner Subjektivität eingedenk bleibt, wir sollten daher Autorität der Überzeugung als Qualität und als Disziplin anerkennen. Dazu müßte der Autor freilich vorher ein Bild seiner selbst gegeben haben, das Zeugnis einer Einsicht in sich. Denn es ist unmöglich, eine Gestalt der Vergangenheit, geschweige denn ein Genie zu verstehen, wenn man niemals den Versuch gemacht hat, sich selbst zu verstehen. (S. 10)

Nur der psychoanalytisch geschulte Autor wird sich seiner Übertragungen bewußt sein, er wird es vermeiden, seine Wünsche in sein biographisches Objekt zu projizieren und es dadurch zu verfälschen. Der Biograph muß daher das rechte Maß finden zwischen der Autorität desjenigen, der sich mit der Sache beschäftigt hat und daher den Leser von seiner Erkenntnis überzeugen will – für Passagen dieser Art wählt Hildesheimer die "wir"-Form –, und der Bescheidenheit desjenigen, der dem Leser die Freiheit der Prüfung und eigenständigen Entscheidung überläßt – hier kehrt Hildesheimer zum "ich" zurück.

Für Hildesheimer, der als Autor ohnedies dissoziativ schreibt und dem Leser nicht das Vergnügen eines finalen Aufbaus machen kann, löst sich die Gestalt Mozarts auf in lauter einzelne Facetten. Kompositionsprinzip im Mozart-Buch ist folgerichtig die lockere Reihung einzelner Fragmente: Er stellt nach Stichwörtern zusammen, bringt Assoziationen, erzwingt aber keinen Zusammenhang zwischen den Fragmenten. Eine zusammenhängende Darstellung hätte eine zusammenhängende Deutung zur Folge und diese würde, davon ist Hildesheimer überzeugt, Fakten unterdrücken oder vergewaltigen; sie kommt daher nicht in Frage. Das heißt freilich nicht, daß den einzelnen Abschnitten die innere Logik fehlte. Hildesheimer hat sich vielmehr bemüht, in "action-writing" jeden seiner logischen Schritte nachvollziehbar zu machen

> Ich wollte, daß der Leser mir nicht nur glaube, sondern daß er die Gedankengänge durchlaufe, die mich zu meinen Schlüssen geführt haben. Ich habe alles versucht, um zu überzeugen. [...] Ich erfand den Pluralis concordiae, eine List also, einen Überredungsversuch, der so viel besagen will wie: Im Grunde bist Du, Leser, mit meiner Aussage einverstanden.[25]

---

24 Die Subjektivität des Biographen. In: Ebd., S. 138: "Mein Mozartbuch ist daher mein einziges Buch, bei dessen Entstehen ich an den Leser gedacht habe. Was mir vorher und nachher beim Schreiben gleichgültig war, nämlich ob ich verstanden werde, war mir beim Schreiben dieses Buches von entscheidender Wichtigkeit, nicht um meinetwillen, sondern um Mozarts willen."

25 Die Subjektivität des Biographen. In: Ebd., S. 131f. Der Terminus "action-writing" ebd.

Die Überzeugungsarbeit hat jedoch nicht überall gefruchtet. Der Autor wurde als Verächter, Verdreher, Verunstalter der nationalen Ikone Mozart mißverstanden. Natürlich liegt im Falle Mozarts eine besonders ausufernde Verehrung vor, gegen die Sturm zu laufen Hildesheimer als seine Aufgabe ansah – eine ungute Aufgabe. Hildesheimer wehrt sich gegen eine glättende Darstellung, in der "das Unheimliche überspielt, das als unwesentlich Betrachtete kurzerhand ausgelassen, das Peinliche hinwegerklärt" wird, bis nur mehr "ein apollinisches Ideal – und Idol" übrigbleibt (S. 16). Dieser Legendenbildung setzt er entgegen: "Künstler gehören nicht ins Gebiet der Ethik, sondern in das der Kunstgeschichte."[26]

Allerdings läßt auch Mozarts Musik keine Rückschlüsse auf die Person ihres Schöpfers zu. Leben und Werk, so Hildesheimer, erklären sich keinesfalls auseinander. Um zu erläutern, daß er als Biograph eine Harmonisierung beider Bereiche verweigern muß, greift er zu einem Bild:

> Wir konfrontieren uns mit einer Partitur von zwei Systemen: der melodieführenden Stimme – Mozarts Musik – und dem Generalbaß – sein äußerliches Leben. Die verbindenden Mittelstimmen, die seines Unbewußten [...], fehlen. (S. 15f.)

Biographen hätten es immer wieder als ihre Aufgabe betrachtet, die verbindenden Mittelstimmen dazuzukomponieren. Er, Hildesheimer, wolle nun die "Partitur der Existenz Mozarts von dieser Bearbeitung befreien", um das Rätsel wiederherzustellen (S. 16).

Nach so vielen Zurückweisungen ist man gespannt auf das Besondere an Hildesheimers Biographie. Dabei fällt sofort auf, daß Hildesheimer sich bemüht, auch die negativen, unheimlichen Anteile an Mozarts Wesen aufzuzeigen. Er schreibt über das "Dämonische" und "Dionysische" in Mozart, über seine Melancholie und seine Depressionen, seine Einsamkeit. Er will aber auch alle Faktoren herausarbeiten, durch welche die Begabung Mozarts angeregt wurde, sich zum Schöpfertum zu entwickeln: die Kindheitserlebnisse, die Umgebung. Quellpunkt ist also Mozarts "Unbewußtheitsein", und gerade das erweist sich als besonders unzugänglich. Mozart lebte im vor-psychoanalytischen Zeitalter. Für die Erkenntnis seiner selbst fehlte ihm die Sprache, fehlte ihm das kognitive Instrumentarium, v.a. aber auch das Interesse. Er war naiv und albern (vgl. seine Briefe) und betrug sich, was gern verschwiegen wird, gerade während der Perioden intensivsten Schaffens wie ein Hanswurst. Hildesheimer erklärt diese befremdlichen Phänomene – psychologisch gesehen handelt es sich wohl um Entlastungsakte – als ein dem Individuum selbst unbewußtes Versteckspiel. Mozart wußte nicht, wer er selbst war.[27]

In Hildesheimers Mozart-Buch tut sich, gerade weil es so redlich verfaßt ist, die ganze Widersprüchlichkeit des biographischen Unternehmens schonungslos kund. Ein Autor, der nicht an die Möglichkeit glaubt, sich selber ganz begreifen

---

26 Bleibt Dürer Dürer? In: Ebd., S. 31.
27 Vgl. auch: Warum weinte Mozart? (1981) In: Ebd., S. 75–86.

zu können, versucht einer Leserschaft, an deren kollektivem Verstehen er grundsätzlich zweifelt, eine unendlich weit entfernte historische Figur, die von sich selbst nichts wußte, nahe zu bringen. Er bemüht sich um Objektivität, wo kaum Fakten vorliegen. Hildesheimer war sich dieser Aporie bewußt. Er selbst verstand sein Mozart-Buch als eine negative Biographie, als ein Werk des *Scheiterns*. "Wenn es mir gelungen ist, etwas von dieser Unvorstellbarkeit zu vermitteln, zu demonstrieren, daß Mozart *nicht* einer von uns ist, dann ist mein Buch gelungen", resümiert er am Ende eines Essays über seine biographische Arbeit.[28]

Die Qual eines biographischen Arbeitens, das per definitionem scheitern muß, hat Hildesheimer in einem stark ironischen Kraftakt hinter sich geworfen und eine fiktive Biographie geschrieben, die scheinbar objektiver, getreuer ist als alle anderen Biographien. Damit beweist er einmal mehr die These, daß der Schriftsteller mit Fiktion die Wahrheit besser treffen kann als mit Dokumentation. Der Beweis heißt *Marbot* und ist Hildesheimers 1981 erschienene Lebensbeschreibung eines englischen Aristokraten, eines Kunstkenners und Kunsttheoretikers aus der 1. Hälfte des 19. Jahrhunderts (*1801, verschollen 1830). Hildesheimer hat Sir Andrew Marbot so wirklichkeitsgetreu dargestellt, wie nur irgend möglich, hat wie ein Verbrecher alle Spuren seiner Fälschung beseitigt, hat seine Kunstfigur sogar vor ihrem Eintritt ins literarische Leben in Reden zitiert und auf diese Weise ihre Glaubwürdigkeit getestet wie Professor Higgins das mit Eliza Doolittle tat. Die Mystifikation ist gelungen, die Figur perfekt.[29]

Hildesheimer größter Kunstgriff aber war, daß er sich diese Figur so erschaffen hat, daß sie psychologische Auskünfte über sich selbst gibt. Damit ist der Biograph aus dem Dilemma des ewigen Interpretationszwanges gerettet. Sir Andrew Marbot erlitt, so die Vorgabe, durch den Inzest mit seiner Mutter einen Initiations-Schock: Seither beobachtet er sich selbst, v.a. die Sublimation seiner auf Abwege geratenen Sexualität und wird dadurch – unzeitgemäß – zum ersten psychologisch urteilenden Kunstkritiker, zum Genie der Kunstkritik. Kreative Genialität bleibt ihm aber versagt, was ihn schließlich am Leben verzweifeln läßt. Marbots Leben ist eine Versuchsanordnung, deren Parameter Hildesheimer aus seinen Schwierigkeiten mit der Figur Mozart gewonnen hat. Das *Mozart*-Buch stand unter der Generalfrage: Wie entsteht Genialität? Diese Frage bleibt weiterhin nicht beantwortbar; Marbots Figur aber gibt wenigstens Antwort auf die Frage: Wie wird einer zum nachschaffenden Künstler?

Hildesheimer hat sein Buch ironischerweise ausdrücklich *Biographie* betitelt: Eine ideale Biographie, das ist damit ausgesagt, ist nur als Fiktion möglich. *Marbot* ist die logische Folge des *Mozart*-Buches: die Wiedererstehung des kreativen Erzählers unter den asketischen Bedingungen wissenschaftlicher Rekonstruktion. Nur der Held und seine Familie sind erfunden, alles andere ist historisch und genauestens recherchiert. Die Kunstfigur Marbot ist also derart

---

28 Die Subjektivität des Biographen. In: Ebd., S. 127, 138.
29 Vgl. Arbeitsprotokolle des Verfahrens "Marbot". In: Ebd., S. 139–150, hier S. 139f.

präzise im 19. Jahrhundert verankert, daß sie darin unbedingt gelebt haben könnte. Die Täuschung ist aber auch handwerklich perfekt: Gefälschte Zitate, sogar aus dem Englischen des vorgeblichen Originals übersetzt, stehen neben echten Belegen, angebliche Bilder von Marbot, seinen Angehörigen und ihren Häusern finden sich neben richtig betitelten Abbildungen, ein Register unterstreicht den vorgeblichen wissenschaftlichen Charakter. Der Leser lernt ungemein viel über die Epoche und kommt zu dem Schluß: Die erfundene Dokumentation, die fiktive Biographie ist die beste.

Marbot hat – zurecht – sehr positive Aufnahme und sehr viel Aufmerksamkeit gefunden, vielleicht auch deshalb, weil sich bereits das Ende von Hildesheimers schriftstellerischem Arbeiten andeutete.[30] An die Qualität dieses enzyklopädischen Wunderwerks wird so leicht keine Darstellung heranreichen. Trotzdem sollte dadurch nicht die Sicht auf völlig andere, interessante biographische Versuche verstellt werden.

1982, ein Jahr nach *Marbot*, erschien Karin Reschkes *Verfolgte des Glücks. Findebuch der Henriette Vogel*, das fiktive Tagebuch einer historischen Figur, jener Frau, die mit Kleist 1811 in den Tod ging. Ein en passant in der Biographie des berühmten Mannes hat Karin Reschke zu eigenem Leben erweckt. Der antiquierte Terminus "Findebuch" hat eine mehrfache Bedeutung: Im fiktionalen Kontext des Romans ist er eine individuelle Bezeichnung der Titelheldin für ihr Tagebuch. Einen speziellen Sinn bekommt der Terminus freilich, wenn zu Beginn von Reschkes Text Kleist und Henriette die Blätter dieses Lebensbuches auf ihrer Fahrt nach dem Wannsee aus dem Wagen flattern lassen. Somit deutet die Bezeichnung "Findebuch" auch auf das Unternehmen der vorliegenden Biographie, Henriette Vogel auf dem Weg über ihr vorgeblich verstreutes Tagebuch zu finden – oder vielmehr zu erfinden. Der Text folgt der Gattung Tagebuch, steht also in der Ich-Form und verzichtet konsequent auf Erzählerkommentare. Sprache und Stil allein müssen ihn glaubwürdig machen. Karin Reschke schafft dies, indem sie ihre eigene parataktische, oft auch elliptische, die Sinneswahrnehmungen betonende Ausdrucksweise mit der Sprache des 18. Jahrhunderts verschmilzt. Das Ergebnis ist überzeugend. Nirgends hat man den Eindruck der Verkleidung, der gewollt aufgetragenen Patina. Nicht, daß der Leser einem historischen Verwirrspiel erliegen müßte, wie dies bei *Marbot* der Fall ist. Trotz der ungebrochenen Fiktion ist es von vorneherein klar, daß man keinen historisch echten Text vor sich hat. Die moderne Sprech- und Denkweise wird nicht zugedeckt, aber sie verbindet sich mit dem historischen Stoff.

> Am Pulte sitzend, der Schwerter läuft auf und ab, zitiert, jetzt gehts um jede Kleinigkeit. Ein paar Taler für den Lehrer, damit die Kebersche mehr lernt, dem Alphabet das abgewinnt, was man die Bildung nennt. Sie schreibt und phantasiert, der Lehrer nimmts gelassen hin. Mit der Toilette nicht zuende

---

30 "... ich weiß, daß ich mir mit ihm die Möglichkeit verstellt habe, jemals wieder ein erzählendes Buch zu schreiben". Arbeitsprotokolle des Verfahrens "Marbot" In: Ebd., S. 150.

streifen die Haarbänder meine Halskrause, die Strumpfbänder meine Knie, wiehen um mich her. Ich hab entdeckt, wie gesellig Kleider sind, Strümpfe, Tücher, man streicht sie glatt und ist beschäftigt, stopft Löcher und singt dabei. Ich binde fest, auf Schwerters Diskretion ist Verlaß. Er redet weiter und macht mir den Gellert begreiflich; o guter Gott, das Haar, der ewig faltenreiche Strumpf, Ermahnungen vom Ende jener Wand, wo eben noch der Lehrer stand, die Toilette zu beenden und mich dem Gellert zuzuwenden. (S. 13)

Der Gedankenstrom dieser Passage – der Schilderung einer Schulstunde – offenbart die ironische Distanz des jungen Mädchens, der Schülerin Henriette, zum gelehrten Stoff einerseits und ihre von bürgerlicher Erziehung früh verdrängte Liebe zum eigenen Körper andererseits. Henriettes Sprache zeigt eine Fülle arabesker Gedanken, die nur schwer kanalisiert werden können, läßt ein sensibles und zärtliches Mädchen ahnen, das später eine gebildete, von ihren Lebensumständen überforderte Frau werden sollte. Vieles freilich muß sich der Leser selbst zusammenreimen, denn ein Tagebuch ist nicht der Ort für erklärende Ausführlichkeit.

Karin Reschke hat für ihr Buch genaue Quellenarbeit geleistet: das wenige, was von Henriette Vogel überliefert ist, wie auch eine Fülle von Informationen über die Zeit stehen ihr zur Verfügung. Sie hat sich aber nicht bemüht, dem Leser ihre Arbeit durchsichtig zu machen. Hin und wieder findet sich kursiv Gedrucktes im Text; daß es sich um authentische Zitate handelt, muß der Rezipient aus seiner Leseerfahrung ableiten.[31] Reschke hat die spärlichen authentischen Texte als Stilvorlagen benützt. Die Neigung zu blumigen metaphorischen Bezeichnungen für Menschen ihrer Umgebung übernahm sie aus Briefen der Protagonistin. Der schräg gedruckte Hymnus an Kleist (S. 217f.), eine von jeder literarischen Norm des 19. Jahrhunderts abweichende Metaphernhäufung nach Art eines barocken Ikon, belegt es.

Erfundenes und nicht Erfundenes (hierher gehört das historische Personal mit Sophie Haza, Adam Müller, Friedrich de la Motte Fouqué, Hitzig, Arnim) wirken überzeugend. Ob ein Zeitgenosse Kleists freilich diese Gedanken hätte denken können, die Reschke ihre Protagonistin denken läßt, sei dahingestellt. Wie Hildesheimer in *Marbot* hat auch die Biographin Reschke sich eine Figur erschaffen, die ganz unter ein Hauptthema paßt. Es geht ihr um die verhinderte weibliche Entwicklung, um das weibliche Schicksal, in einer kalten Gesellschaft und besonders angesichts der Fremdheit der Geschlechter verkümmern zu müssen. Henriette erleidet eine Kindheit ohne Mutter – ihre Mutter ist ein Mannweib, das sich nur für Pferde interessiert. Gleichwohl ist die Kindheit beim Vater, der Ziehmutter Manu und der Aufwärterin Fränze, die sie liebt, vergleichsweise glücklich. Es gibt Stunden der Geborgenheit, besonders mit Fränze. Andererseits bleibt schon dem jungen Mädchen nicht verborgen, wie sehr Fränze

---

31 Kursivdruck zur Kennzeichnung von Quellenzitaten hat sich in der Gegenwartsliteratur eingebürgert – vgl. Bücher von Anne Duden, Friederike Mayröcker, Evelyn Hasler, Christoph Geiser und vielen anderen.

von ihrem Bräutigam gequält wird, wie grausam Männer zu Frauen sein können. Das junge Mädchen Henriette mit all seinen Hoffnungen, kindlichen Schwärmereien und Idealen wird an einen strohigen Kanzleibeamten verheiratet, der sich nicht "für ihre Seele interessiert". Gleichwohl tut sie als Frau und Mutter, wie schon als Tochter und Braut stets das, was von ihr erwartet wird. Sie gilt als vorbildliche Hausfrau. Noch auf ihrer Fahrt mit Kleist zum Wannsee ist sie bemüht, alle Dinge zuhause geordnet zu hinterlassen.

> Ich lachte, auch Kleist war guter Dinge. [...] doch leicht fiebrig rutschte ich in meiner Ecke hin und her, unsinnige Angelegenheiten im Kopf, die noch zu erledigen waren. Für Vogel hatte ich eine blaß-blaue Tasse für den Weihnachts-Heiligabend vorgesehen, inwendig vergoldet, mit einer ebensolchen Arabeske auf weißem Grunde zum Rand und am Oberkopf im hellen Felde meinen Vornamen, die Fasson, wie sie jetzt am modernsten war. Meves auf der Porzellanfabrik mußte beauftragt werden, dies rechtzeitig in die Wege zu leiten, das Geld dafür lag bereit im Kasten... Schulden besaß ich keine, auch hatte ich zur Sicherheit mir noch von allen Leuten, mit denen ich je in Rechnung gestanden, Quittungen geben lassen, welche in meinem Schreibkasten nebst dem noch übrigen Wirtschaftsgelde lagen. (S. 9)

Als Mädchen zur Bescheidenheit, zur Dienstbarkeit und zur demütigen Unterwerfung unter ihr Schicksal erzogen, kann sich Henriette Vogel nicht gestatten, ihre unglückliche Ehe zu sprengen. Der Freitod im Wannsee bedeutet nicht eine Katastrophe, sondern den logischen und mutigen Schlußstrich unter dieses Leben, den einzigen Weg ins Freie. An ihrer Freundin Sophie, die mit Adam Müller in einer freien Beziehung lebt, erkennt sie zwar, daß Ausbruch möglich wäre, aber nicht für sie. Sie hat dazu nicht die Kraft. Sie hat – aufgefressen von der Aufgabe, sich stets korrekt zu betragen und zu beherrschen – auch keine Kraft mehr zu einer neuen Liebe. Kleist ist – trotz der zärtlichen Worte – nicht Henriettes Geliebter, er wirkt eher marginal. Bei Karin Reschke drehen sich die gewohnten Verhältnisse um: Kleist ist für Henriette nur ein gleichgesinnter Begleiter in den Tod.

Verfolgte des Glücks gehört in den Umkreis der Beschäftigung moderner Autoren mit der Romantik. Insbesondere in den 70er Jahren waren die Autoren "fasziniert durch Verwandtschaft und Nähe" zu den Menschen jener Umbruchszeit.[32] Christa Wolfs Buch über Kleist und die Günderrode, *Kein Ort. Nirgends* (1979), hat wohl die größte Bekanntheit erlangt. Das verkrüppelte Leben, die poetischen Phantasien und der Freitod der Karoline von Günderrode erinnern an Henriette Vogel. Gerhard Wolf, Günter de Bruyn, Günter Kunert, Stephan Hermlin, Ingeborg Drewitz, Gerhard Mensching u.a. schrieben Bücher, die sich mit Figuren der Romantik beschäftigten. Sehr stark war das Empfinden, daß

---

32 Christa Wolf: Der Schatten eines Traumes. Karoline von Günderrode – ein Entwurf. In: *Der Schatten eines Traumes. Gedichte, Prosa, Briefe, Zeugnisse von Zeitgenossen.* Hg. m. e. Essay von C. Wolf. Darmstadt/Neuwied: Luchterhand 1979 (= SL 348), S. 5–52, hier S. 6.

diese Epoche ein Paradigma für die Gegenwart sei: für die Wiederentdeckung der Tiefendimensionen des Lebens, für die Sehnsucht nach persönlicher Freiheit und Würde, für das Leiden an dem unlösbaren Konflikt zwischen Ideal und Wirklichkeit. Dazu kommt bei weiblichen Autoren das Interesse an einer Frauengeneration, die erstmals in größerem Umfang die Möglichkeit zu schreiben besaß, die sich erstmals die Freiheit zu neuen, unkonventionellen Lebenskonzepten nehmen wollte und sich mit diesen Wünschen "ihre Stirn an der gesellschaftlichen Mauer wundrieb" (Anna Seghers). "Unsere Geschichten von heute müssen sich nicht jetzt zugetragen haben", heißt es in Günter Grass' *Treffen in Telgte*.[33] Karin Reschkes *Findebuch* oder Christa Wolfs *Kein Ort. Nirgends* sind in diesem Sinne zu lesen.

---

33 *Das Treffen in Telgte. Ein Erzählung*. Darmstadt/Neuwied: Luchterhand 1979, S. 7.

7. Mythos

In zweierlei Erscheinungsweisen tritt uns Mythisches in der Gegenwartsliteratur entgegen: zum einen in persönlichen Erfahrungen, die ein Dichter – das Wort ist hier mit Bedacht verwendet – als mythische erkennt und präsentiert, zum anderen in der Form vorgeformter Mythen, also als umschaffende Nacherzählung von Geschichten, die vor Zeiten schon erzählt worden sind. Einige Gedanken sollen zunächst zur terminologischen Klärung, zum Verständnis des Mythos im allgemeinen und zum Verständnis der mythologischen Erzählungen der Antike im besonderen beitragen.

Mythos wurde schon von den antiken Schriftstellern als das Gegenstück zu Logos aufgefaßt, d.h. er ist das Pendant (nicht aber der Gegensatz) zur erkennenden Vernunft, der ratio. Er entspringt nicht dem erkennenden Intellekt, sondern dem empfangenden Geist, der Intuition. Der Mythos gehört nicht dem, der ihn erlebt oder erzählt, er ist empfangen worden, er gehört allen und niemandem. Das Erleben, Empfangen des Mythos entspricht einem Vorgang der Erleuchtung. Hier treffen Mythos und Mystik aufeinander.

Der Mythos hat – im Gegensatz zum Logos – eine besondere Affinität zum Kind; das vermerkten schon die antiken Mythenkritiker.[1] Erinnert sei an die Verwandtschaft des Mythos mit dem Märchen, auf die z.B. Erich Fromm in *Mythen, Märchen, Träume* (1957) aufmerksam macht. In Goethes *Märchen* steht ein Knabe im Zentrum der mythischen Begebenheit. In seiner Ballade *Erlkönig* kann nur das Kind, nicht aber der rational geprägte Vater, die numinose Dimension der Natur wahrnehmen.

Der Mythos ist verschwistert mit Irrationalität, Unerklärlichkeit; eben dies scheint einen Teil seiner Faszination auszumachen. Mythos setzt dort ein, wo die Erklärung aussetzt: im Schrecken, im übermächtigen Glück, in der Überwältigung von Schicksal oder Natur, in der Situation der Ausweglosigkeit, der Aporie. Dieses übermächtige Erleben macht den Menschen hilflos, sprachlos. Der Mythos nun

> reagiert auf eine Ausweglosigkeit (Aporie), in die man durch eine erschreckende Konstellation, durch ein Thaumasion geraten ist. [...] Der Mythos aber *spricht* von dem, was vor Entsetzen *sprachlos* macht und überwindet so mit der

---

1 Eberhard Jüngel: Die Wahrheit des Mythos und die Notwendigkeit der Entmythologisierung. In: *Hölderlin-Jb.* 27 (1990/91), S. 32–50, hier S. 37 mit Berufung auf Platon und Aristoteles.

Sprachlosigkeit das Entsetzen. Dabei geht es immer um Aporien, die zu lösen "nicht Sache des Menschen" ist, sondern die als "Aporien der menschlichen Existenz" in unüberwindbaren Gegensätzen wie denen "zwischen Sein und Nichtsein, Leben und Tod, Natur und Kultur" erfahren werden.[2]

Mythos ist die "Depotenzierung dessen, was ängstigt",[3] Mythos ist Welterklärung.

Mit dem Archetyp – in der Terminologie von C.G. Jung – teilt der Mythos das Urtümliche, Unerklärliche, Transpersonale. Im Unterschied zum Archetyp ist er aber kein Bild oder bildhafter Begriff, sondern eine Erzählung, eine Symbolgeschichte. Der Archetyp ist eine Vorstellung, die überkulturell dem Menschen eingeschrieben ist. Der Mythos hat kulturgebundene, literarische Ausformungen.

Obgleich der Mythos eine scheinbar raum-zeitliche Begebenheit erzählt, befindet er sich selbst außerhalb der Geschichte als Zeit. Das, was er erzählt, setzt er gegenwärtig. Es wird im Jetzt des Erzählens bedeutsam. Deshalb ist die fortwährende Wiederholung Kennzeichen des Mythos. Variationen tun der vergegenwärtigenden Wirkung des Erzählens keinen Eintrag. Der Mythos kennt keine Ortsgebundenheit.

Der Mythos setzt Wirkung frei, existentielle Deutung, er bietet Erklärung an, ohne selbst erklärlich zu sein. Um einen Vergleich aus der Naturwissenschaft heranzuziehen: Der Mythos läßt sich wie ein chemischer Katalysator als eine Größe beschreiben, die eine Reaktion befördert, ohne sich selbst dabei zu verbrauchen.

Die Welt- und Lebenserklärungen, die der Mythos anbietet, sind keine Urteile, sondern Darstellungen von Wirklichkeiten, die selbst nicht mehr hinterfragt werden können. Rationale Beweise kommen nicht in Frage. Die Erklärungen des Mythos sind letztgültig und ihrerseits nicht mehr zu begründen.

Weil es der Mythos mit dem Letztgültigen, dem Urtümlichen zu tun hat, deshalb führen die mythologischen Erzählungen oft zurück in die Urzeit. Genau genommen führen sie, da "Urzeit" keine historische Größe ist, aus der Zeit heraus zur Urerfahrung, ins Zentrum der Existenz. Das im Mythos Erkannte wird nicht als Objekt, als etwas außerhalb seiner selbst erkannt. Deshalb ist es nicht an Zeit und Ort gebunden, sondern ist immer präsent, immer wiederholbar.

Nachdem das Mythische irrational, archetypisch und bildhaft ist, entspricht ihm eine gehobene Sprache. Im mythischen Sprechen wird nichts Unverbindliches erzählt, sondern hier begegnet der Text dem Leser mit dem Anspruch, intersubjektiv und überzeitlich gültige Lösungen und Erklärungen bieten zu können. Fast erhebt sich das Identifikationsangebot zum Identifikations*anspruch*. Der Dichter spricht als poeta vates, er deutet und enthüllt; dementsprechend wählt er fast immer eine Sprache, die von der Norm des Alltags abweicht.

---

2   Ebd. unter Berufung auf I.U. Dalferth: Mythos, Ritual, Dogmatik. Strukturen der religiösen Text-Welt. In: *Evangelische Theologie* 47 (1987), S. 278.

3   Hans Blumenberg: Wirklichkeitsbegriff und Wirkungspotential des Mythos. In: *Terror und Spiel.* Hg. v. M. Fuhrmann. München: Fink 1971, S. 11–66, hier S. 50.

Im März 1977 notierte Handke in seinem "Journal" *Das Gewicht der Welt* als seinen poetologischen Weg: "Die naturalistischen Formen zerdenken, bis sich die didaktischen, zeigenden (Brecht) ergeben; die didaktischen Formen zerdenken, bis sich mythische ergeben (mein Schreiben)."[4] Diese Absicht verwirklichte Handke in der Tetralogie der folgenden Jahre: der "Erzählung" *Langsame Heimkehr* (1979), dem dazugehörenden Begleit- und Entstehungsbuch *Die Lehre der Sainte-Victoire* (1980), *Kindergeschichte* (1981) und dem "Dramatischen Gedicht" *Über die Dörfer* (1981).

Langsame Heimkehr ist ein Orientierungsbuch. Das ist zunächst ganz wörtlich zu nehmen. Der Erdforscher Sorger hat es sich in der Abgeschiedenheit Alaskas zur Regel gemacht, sich beständig zu orientieren: an der Bodenbeschaffenheit unter ihm, an der Formation der Erdkruste vor und neben ihm, an der Bewegung von Wasser, von rollenden Steinen, an seiner geographischen Position auf der Erdkugel. Dadurch gewinnt er, der vom Charakter her "ein bis zur abrupten Gleichgültigkeit, ja Treulosigkeit unbeständiger Mensch" (S. 21) ist, "stille Harmonie", "Selbstvertrauen", das Gefühl von "Zusammenhalt" und "Beheimatung", ja "Frömmigkeit". Was er sucht, wird gleich auf der ersten Seite mit terminologischem Schwergewicht "Heil" genannt. Im Unheil, in der Ziellosigkeit eines einsamen Lebens in einer wüsten Gegend, gewinnt Sorger Heil durch Erdorientierung. Dieser irrationale, nicht selbst erfundene, sondern erfahrene Bewältigungsvorgang hat eindeutig Züge des Mythos. Dementsprechend wird er von Handke sprachlich behandelt. Religiöse Vokabeln wie Gnade, Glaube, Gott treten ungescheut auf. Sorger ist aber nicht nur Seel-Sorger für sich selbst; seine "Weltvertrauens-Übung" und Orientierungsfrömmigkeit hat durchaus exemplarischen Charakter. Handke läßt seinen Protagonisten in die zivilisierte Welt zurückkehren, so daß sich dessen Weltfrömmigkeit auch auf dem Asphalt und in Hochhäusern bewähren kann. Damit wird der Anspruch des Autors seinen Rezipienten gegenüber deutlich. "Die fixen Ideen einzelner" gelte es "in den Mythos vieler" zu übersetzen, hatte er schon in *Das Gewicht der Welt* verkündet.[5] *Langsame Heimkehr* ist also auch als ein Orientierungsbuch für den Leser gedacht. Fern von Alaska und seiner reinen Natur, in den USA der Westküste (San Francisco?) muß Sorger seine Erdorientierung durch Positionierung in der Geschichte, in Erinnerungen ergänzen; er, der in Alaska fast ständig allein lebte, muß sich nun mit Menschen zurechtfinden. Er bewältigt diese Aufgabe durch Übertragung seiner Landschaftsvorstellung in Gesichter und in Geschichten, also durch schöpferische Phantasie, Assoziation bzw. durch mythologische Transposition. In

---

4 *Das Gewicht der Welt. Ein Journal* (November 1975 – März 1977). Salzburg: Residenz 1977, S. 321.

5 S. 277f. Vgl. ebd., S. 181: "Immer wieder das Bedürfnis, als Schriftsteller Mythen zu erfinden, zu finden, die mit den alten abendländischen Mythen gar nichts mehr zu tun haben: als bräuchte ich neue Mythen, unschuldige, aus meinem täglichen Leben gewonnene: mit denen ich mich neu anfangen kann (keine alexandrinischen Mythen-*spiele* mehr wie bei Joyce und Beckett)."

einem Akt der Synästhesie sieht er Menschen als Landschaften und erkennt in Lehmhaufen menschliche Formen. Dazu ist ihm das selbstverlorene Zeichnen ein wertvolles Hilfsmittel. Das Verschiedenste läßt sich aus seinen Zeichenskizzen herauslesen.

> "Der Zusammenhang ist möglich", schrieb er unter die Zeichnung. "Jeder einzelne Augenblick meines Lebens geht mit jedem anderen zusammen – ohne Hilfsglieder. Es existiert eine unmittelbare Verbindung; ich muß sie nur frei phantasieren." (S. 112f.)

Diese zentrale Stelle gibt Aufschluß über zwei wesentliche Aspekte des Buches. Da ist einmal seine Botschaft von der absoluten Subjektivität: Das Ich konstituiert sich selbst durch seine Phantasie. Sorgers in Anführungszeichen gesetzte Aphorismen im Zusammenhang mit dieser Passage zeigen den Helden auch sprachlich autonom. Er schafft sich eine (stets in Anführungszeichen gesetzte) private Begrifflichkeit, eine eigene Logik und Bildlichkeit. Alles kann Sorger gelingen, wenn er sich selbst vertraut; er braucht niemanden und niemand braucht ihn (S. 116). Zum anderen aber transzendiert sich dieses Ich, weist über sich hinaus ins Allgemein-Gültige: Seine Intuition nimmt die Form eines Mythos an. Die Landschaftseindrücke, die Erlebnisse aus Alaska werden mythisch, indem sie zwar transformiert, aber doch identisch wiederkehren, sich wiederholen. Zeit- und Ortsenthobenheit und ständige Wiederholung sind – so sagten wir zu Anfang – Kennzeichen des Mythos.

Wie wenig Handke an Wirklichkeitsreferenz liegt, wie sehr er sein Buch als Märchen, unrealistisch, gleichsam romantisch verdichtet konstruiert und stilisiert hat,[6] wird an Diskontinuitäten, plötzlichen Wendungen, unwahrscheinlichen Konstellationen deutlich. Ein Beispiel: Sorger verliert während seines Aufenthaltes in der "Westküstenstadt" plötzlich und ohne logische Begründung seine innere Sicherheit, mit einemmal sehnt er, der doch sonst nur allein sein wollte, sich nach Menschen. Schon hält – von seiner Sehnsucht gleichsam hergezaubert – ein Auto neben ihm: "He Nachbar!" Ohne lange Vorrede oder Erklärung wird Sorger zum Abendessen eingeladen, und im Handumdrehn verwandelt sich der Eigenbrötler in einen Kontaktkünstler, verteilt Komplimente, ist integriertes Familienmitglied, Vertrauter der Kinder. Und dieser Wandel vollzieht sich mit traumhafter Überdeutlichkeit innerhalb von wenigen Seiten (S. 133–135).

> So sich bedächtig freisprechend, dachte er mittendrin: "Was ich je für mich gedacht habe, ist nichts: ich bin nur, was mir gelungen ist, euch zu sagen." [...] Sorger war jetzt so ruhig, daß er den "Raumentzug" auf der eingebildeten "Paßhöhe" einfach mitteilte. "Heute hat mich, mit einem Schlag, eine Kraft verlassen, und ich habe meinen besonderen Sinn für die Erdformen verloren. Von einem Moment zum anderen waren meine Räume nicht mehr benennbar, auch nicht mehr benennenswert." Dann konnte er die Stimme erheben und

---

6   Einiges erinnert sehr an *Heinrich von Ofterdingen* – vgl. oben Kap. 4, Anm. 23.

sagen: "Hören Sie mich an. Ich möchte nicht zugrunde gehen. Im Augenblick des großen Verlusts hatte ich den Reflex der Heimkehr, nicht nur in ein Land, nicht nur in eine gewisse Gegend, sondern ins Geburtshaus zurück; und wollte doch immer weiter in der Fremde bleiben, mit ein paar Leuten um mich herum, die nicht zu nahe wären. Ich weiß, daß ich kein Bösewicht bin. Ich will auch kein Außenseiter sein. [...] Ich erlebe es als eine Pflicht, besser zu werden: besser ich selber zu sein. Ich möchte gut sein. Manchmal habe ich das Bedürfnis nach Sündigkeit und werde andererseits verfolgt von der Idee der Bestrafung; und dann wieder gibt es das Bedürfnis nach Ewiger Reinheit. Ich habe mich heute an eine Erlösung erinnert: dabei ist mir aber kein Gott in den Sinn gekommen, sondern die Kultur. [...] Ja, ich fühle ein zeitweises Recht auf den Weltraum. Und meine Zeit ist Jetzt; jetzt ist Unsere Zeit. Ich erhebe also Anspruch auf die Welt und dieses Jahrhundert – denn es ist meine Welt und mein Jahrhundert." (S. 140f.)

Langsame Heimkehr erzählt nicht ein Leben nach, sondern legt Existenzformen als solche vor, so ungetrübt durch die Realität wie sie nur in den Visionen des Mythos denkbar sind. – Aus der Gattung Bildungsroman kennen wir die beiden alternativen Lebensmodelle, das des geselligen und das des einsamen Lebens; wir sind gewohnt, Entwicklungen vorgeführt, Synthesen diskutiert zu bekommen. Handke aber hat die beiden Lebensmodelle mit beispielloser Unmittelbarkeit im "harten Schnitt" aneinandergefügt.

Sorgers Suche nach Sinn, Beziehung und Erlösung findet nicht in den fatalen Erfahrungsräumen moderner Epik statt, wo alles geprägt ist von grauem Mißlingen. Für ihn ist Suchen und Finden in höherer Weise eins, er ist gläubig ohne Glaubensgegenstand, trotz seiner Zweifel ein Unangefochtener: all das, weil er selbst den Sinn erschafft, den er sucht, so wie er in Alaska den Boden, auf dem er stand, gleichsam durch sein Denken und Wissen selbst erschaffen hat. Für ihn heißt es nicht bloß "ich denke, also bin ich", sondern "ich bin, indem ich denke".

Handkes Sprache ist extrem in diesem Buch. Das Gros der Sätze ist überlang – auf den ersten 10–15 Seiten füllt konsequent ein Satz einen Paragraphen und ist ca. eine halbe bis eine dreiviertel Seite lang. Diesen Stil konnte das Buch freilich nicht durchhalten, später gibt es auch kürzere Sätze. Sorgers Gedankenfetzen, seine private Terminologie, erscheinen als Emanationen von Sorgers Geist.

Er war zwischendurch vom Tisch aufgestanden, wo er mit dem Mann Schach spielte, während die Frau lesend dabeisaß [...] und dann wurde aus der Entfernung, in den zunehmenden Schatten unter dem Lampenlicht, die ganze Gestalt, so wie die Leute in den verdunkelten Pendlerbussen als "Schlafende und Wachende" erschienen waren, zu einer "Zeitgenössin"; wozu auch das durch den gesenkten Kopf gebildete leichte Doppelkinn paßte: "Wir sind aus einer Gegend." Auf dem Hals war ein kleiner Lichtkreis: "Stark für zwei" und an der wie freischwebenden Hand lag doch ein Finger fest auf dem Buch: "Alltäglich wie du." (S. 139).

Handke hat seine religiösen Assoziationen noch verstärkt in dem mit *Langsame Heimkehr* verschwisterten Buch *Die Lehre der Sainte-Victoire* (1980). Auch erhält dieses durch die Ich-Form noch mehr Intensität und Dringlichkeit. Wieder überschreitet das Ich – den autobiographischen Assoziationen zum Trotz – sich selbst. Der Schritt hin zum Mythischen hat diesmal ein mystisch vorgeprägtes Muster. In der "Verzückung" schaut das Ich die Wahrheit, gibt ihm der Berg Sainte-Victoire seine Lehre preis. Dieser Berg wird vom Ich zweimal erstiegen. Es ist ein besonderer Berg, denn Cézanne, der "Menschheitslehrer" (S. 74), hat ihn wiederholt gemalt. Von dessen Bildern war das Ich inspiriert und vorbereitet auf die Lehre. Die Lehre freilich ist nichts Rationales, sondern ein ekstatisches Erlebnis, dessen Wiederholbarkeit und Übertragbarkeit es als mythisch ausweisen. Der Berg Sainte-Victoire in der Provence wird ortsunabhängig, er findet sich auch anderswo.

> Die Autofahrt des nächsten Tages war der Beginn einer gemeinsamen Reise und brachte uns hinunter zur Küste. [...] In der steinigen Landschaft wuchsen schütter die Mittelmeerpinien [...]. Die Straße führte leicht abwärts an ihnen vorbei. Da (nicht "plötzlich"), mit der Straße und den Bäumen, stand die Welt offen. "Da" wurde auch woanders. Die Welt war ein festes tragendes Erdreich. Die Zeit steht ewig und täglich. Das Offene kann, immer wieder, auch ich sein. Ich kann die Verschlossenheit wegwollen. Ich soll beständig so ruhig in der Welt draußen (in den Farben und Formen) sein. Die Schuld trifft mich dann, wenn ich, in Gefahr, mich zu verschließen, nicht die auf Lebenszeit mögliche Geistgegenwart will. [...]
> Damals geschah die Verwandlung. Der Mensch, der ich war, wurde groß, und zugleich verlangte es ihn auf die Knie, oder überhaupt mit dem Gesicht nach unten zu liegen, und in dem allen niemand zu sein.
> Die Verwandlung war natürlich. Es war der Versöhnungswunsch, der, nach dem Wort des Philosophen, "aus dem Begehren des Begehrens des anderen" kam; und er schien mir wirklich-vernünftig, und galt mir ab da auch fürs Schreiben. (S. 23f., 25)

In diesem Buch macht Handke auch deutlich, was für ihn Kunst bedeutet: Sie ist Mittel der Erlösung. Die Kunst als das "Allerheiligste" (S. 83) bildet den Gegenpol zur Verlorenheit im modernen, eindimensionalen Rationalismus. Es nimmt daher nicht Wunder, daß das Buch wiederholt auf Goethe anspielt und auch sprachlich an Goethe anklingt – bereits das Motto ist dem *Märchen* entnommen.

Die Lehre der Sainte-Victoire schließt mit einem kryptischen Verweis auf das nachfolgende Buch: "Zuhause das Augenpaar?" heißt es da, und gemeint sind die Augen der Tochter. *Kindergeschichte* (vgl. oben Kap. 4) erzählt eine weitere Mythogenese: es ist die Erlösung durch das Kind, denn dieses gibt "dem Erwachsenen das Wahrheitsmaß an; für ein Leben, wie es sein sollte." (S. 63). Mit ihm gelingt in mythischer Zeitenthobenheit "endlich frei vom Lügenleben der 'modernen Zeit' zu zweit eine Art über den Zeitläuften stehendes Mittelalter fortzusetzen" (S. 86). Da die Wahrheit des Kindes eine ewige ist, der "Mythos", das "Geheimnis der Welt", entspricht ihr "Erhabenheit" (S. 91) auch in der Sprache. Mit ungeheurer Vehemenz bekennt sich der Text zum "Pathos", zu den

"ungebräuchlichen" Wörtern, "die sich jetzt als die wirklichsten der Welt zeigten." (S. 63).

> Wer waren die Ahnungslosen, die sich herausnahmen, zu behaupten, daß die
> großen Wörter "geschichtlich" seien und mit der Zeit ihren Sinn verlören?
> Verwechseln sie nicht in der Verblendung oder auch bloß Lauheit und Flauheit
> die Wörter mit den ganzen Sätzen? Wie lebten diese modernen Leute? Und mit
> wem? Und was hatten sie ein für alle Male vergessen, daß sie nur noch auf
> eine Sprache des Kleinlauten, dabei schrecklich Großmäuligen und insgesamt
> alles andere als Sachlichen hörten? Warum hatten all die in den öffentlichen
> Diskussionen, in den Tagblättern und im Fernsehen, aber auch in den neuen
> Bücher, und auch in den persönlichsten Verhältnissen umlaufenden zeit-
> gebräuchlichen Ausdrücke das Niederschmetternde, Banalitätsstinkende,
> Seelenmörderische, Gottlose, Nervtötende, Hirnrissige von *Hundenamen*?
> Warum tönte von überallher nur noch die Drohnensprache eines Blechernen
> Zeitalters? – Dem Umgang mit dem Kind hatte der Erwachsene es jedenfalls zu
> verdanken, daß ihm die vielgeschmähten großen Wörter von Tag zu Tag
> faßlicher wurden; man konnte sich mit ihnen nicht versteigen, sondern sie
> führten zu immer neuen Hochflächen; und jeder konnte da mit: Voraussetzung
> waren nur der "gute Wille" und die Einsicht in die "strenge Notwendigkeit".
> (S. 63–65)

Das Pathos in *Kindergeschichte*, die biblischen Anklänge wie "Tag der Schuld",
"Wehe dir" (S. 126), "vollkommene Freude" (S. 69) oder der Rückgriff auf
heroisierte Schriftsteller (Schlußmotto aus der 6. *Olympischen Ode* des Pindar im
griechischen Original) gewährleistet sprachlich die mythisch-mystische Überhöhung.

Handkes Tetralogie macht durch ihre verschiedenen Anleihen bei Schlegel,
Novalis, aber auch bei Stifter oder Hermann Hesse deutlich, wo die geistigen
Quellen sprudeln: es ist die deutsche Romantik und Innerlichkeit, bereichert
durch Nietzsches Erfahrung, daß die Umwertung der Werte in dieser vorgefundenen Welt unmöglich bleibt. Handke probiert verschiedene Erlösungsmodelle: die
Natur (vgl. Stifter), die Kunst und Religion (vgl. die Romantik), die zwischenmenschliche Beziehung (vgl. Hesse), bleibt aber letztlich bei Versuchen der
Selbstbeobachtung. Das letzte Zutrauen fehlt, die Fähigkeit, sich ganz dem
esoterisch Geschauten zu überlassen.

> "Ohne meine Liebe zur Form wäre ich zum Mystiker geworden." – Nein, auch
> er war nicht fähig, genügsam in der bloßen Anschauung, als ein Verzückter
> oder Versunkener, zu leben: er mußte zum Herrn seiner Einsichten werden;
> und dazu benötigte er eben doch wieder das Tätigsein. (*Kindergeschichte*, S. 119)

Handkes Mythographien mußten unweigerlich Widerstand erregen, zu ungewöhnlich war dieser Ton. Grass brandmarkte – wie viele andere auch – die
mythische Zeitentrücktheit als gesellschaftliche Verantwortungslosigkeit. Seine
Rättin läßt er nach dem Untergang der Welt rückblickend über die Gründe der
allgemeinen Katastrophe erklären: "Immer mehr Menschen setzten auf ein
Leben ohne Vernunft. Wie Seher und Hohepriester redeten Dichter daher. Jedes

ungelöste Problem nannten sie Mythos." (S. 71). Die Ratte hatte sich vornehm ausgedrückt. Grass selbst wurde anläßlich einer Diskussionsreihe der Berliner Akademie der Künste deutlicher: "Schon wieder geben sich die Dichter als Seher aus. [...] Jeder Scheißhaufen wird Mythos genannt. Ichbefindlichkeit ist im Schwange; wer sollte da noch den Blick frei haben auf Armut und Elend".[7] Aus diesen Worten freilich sprach die Verzweiflung dessen, der mit seinem Festhalten an der poésie engagée auf verlorenen Posten stand. Bezeichnend für den Stimmungswandel war geradezu, daß man wieder ohne Zögern vom "Dichter" sprach, ein Terminus, den man seit den 20er Jahren kontrovers diskutiert und seither wegen seiner sakralen Belastung kaum mehr gebraucht hatte. Handke selbst ging noch weiter und inszenierte sich als eine Art Seher.

1986 erschien *Die Wiederholung*, deren mythische Potenz vornehmlich in der angestrebten Aufhebung der Zeitebenen liegt. Eine Wiederholung im wörtlichen Sinn bedeutet der 1. Teil des Buches im Vergleich zu Handkes Erstling *Die Hornissen* (1966). Das häusliche Leben in Südkärnten, das der treue Handke-Leser schon aus dem frühen Roman kennt, wird mit kleinen Abwandlungen wiedererzählt. Aber auch im Text selbst werden Zeitebenen durch Wiederholung aufgehoben. Ein 45jähriger erzählt die Geschichte seiner Jugend, als er 20jährig auszog, um seinen Bruder zu suchen; im erinnernden Aufschreiben ist die Reise von damals wieder gegenwärtig, zugleich ist aber auch die Kindheit des Erzählers stets präsent. Der mittelalte, der junge Mann und das Kind, "alle drei sind in diesem Augenblick eins und alterslos." (S. 152). Der wie in einem Märchen auszog, findet zwar nicht den Bruder, aber ein Stück weit findet er sich selbst. Außerdem trifft er in Slowenien auf Urlandschaften, die er lange meditiert, und er entdeckt so etwas wie die adamitische Sprache, das Slowenische, an dessen Wortklang er sich berauscht. Wenn der Bruder auch leibhaft nicht mehr zu finden war, so ist er doch erzählerisch-sprachlich erfunden. Die vielen Erinnerungen, die den Ich-Erzähler bei seiner Reise überkommen, stellen sich dar als *Wieder*holung der verschütteten Kindheit, mehr noch: als eine *Heim*holung. Der Mythos kennt keine Zeit; er ist von Natur aus a-historisch. Was sich in ihm in steter Wiederholung vollzieht, ist immer in gleicher Weise gegenwärtig und sei es auch urvergangen. Diese gleichbleibende Gegenwart evoziert Handkes Buch schon im ersten Satz: "Ein Vierteljahrhundert oder ein Tag ist vergangen, seit ich, auf der Spur meines verschollenen Bruders, in Jesenice ankam." (S. 9). Im Mythos zählt meist nur das Schicksal eines großen Einzelnen, sein Lebensziel, seine Fährnisse. Gleicherweise kennt *Die Wiederholung* nur einen einzigen Protagonisten. Wie in *Die Lehre der Sainte-Victoire* ereignet sich eine Erleuchtung auf einem *Berg*: "Hinstürzend auf die Erde erfuhr ich dann ein für allemal, was der Geist ist." (S. 222). In Verlauf der Erzählung versöhnt sich das Ich mit sich selbst, mit der Tatsache, geboren zu sein.[8] Die Suche nach dem eigenen Selbst ist

---

7 In: *Der Traum der Vernunft*. Vorrede. Hg. v. M. Schneider 1986, S. 8.
8 Vgl. S. 274, 275, 331.

verbunden mit der Suche nach dem Bruder. Allein in der großartigen Karstland-
schaft Sloweniens sucht der Erzähler nach dem Verschollenen wie einst Demeter
nach Persephone, Orpheus nach Eurydike. Eigentlich sucht er ihn nicht, sondern
vielmehr ist, wieder wie in der Mythenbildung der Antike, die Suche dazu da, die
mythische Erzählung entstehen zu lassen. "Ich sah mich an einem Ziel. Nicht den
Bruder zu finden, hatte ich doch im Sinn gehabt, sondern von ihm zu erzählen."
(S. 317) Slowenien ist das Gelobte Land; eine Karte von Slowenien hing im
Herrgottswinkel des Vaterhauses des Erzählers, aus Slowenien sind die Kobals, so
heißt seine Familie, einst weggezogen und fühlen sich in Österreich wie in der
Verbannung. Die Reise ins östliche Nachbarland empfindet der Erzähler als
Rückkehr, nicht in ein früheres Leben, dazu fehlt ihm die konkrete Erinnerung,
sondern in ein geahntes Dasein. In Slowenien findet er dann die Mitte der Welt,
den Omphalos der Alten; von da an verdichtet sich der Märchencharakter.
Erlösung hat stattgefunden. Auch der Leser soll an ihr teilhaben, denn dies ist die
Botschaft des Buches. Um sie zu vermitteln, bedient sich der Text einer hehren
Sprache. Wie in *Kindergeschichte* soll die Sprache, die dieser Erzählung gerecht
wird, herausführen aus dem "hundsföttischen Alltag". Ein sich als Seher begrei-
fender Autor bestimmt den Duktus des Erzählens; daher sind auch die Natur-
bilder versetzt mit seinen Vorstellungen; seine Visionen und auch seine poetolo-
gischen Reflexionen mischen sich – manchmal irritierend befremdlich – in
Landschaftsbeschreibungen hinein, drängen sie in ihrer Objektivität zurück.[9]
Wieder sucht Handke Anschluß an die altgriechischen Dichter, v.a. den "lieben
Pindar". Eine noch größere Rolle als in den vorhergehenden Büchern spielen
Anklänge an religiöse Sprache. Besonders gedrängt erscheinen sie am Ende des
Buches: Die *Lehre der Sainte-Victoire* von der erlösenden Kraft der Poesie wird
wiederholt, aber jetzt nicht in Form von Aphorismen, sondern in Form einer
Litanei, genauerhin der Lauretanischen Litanei der katholischen Kirche, nämlich
als Ansammlung von metaphorischen Anrufungen:

> Erzählung, nichts Weltlicheres als du, nichts Gerechteres, mein Allerheiligstes.
> Erzählung, Patronin des Fernkämpfers, meine Herrin. Erzählung, geräumigstes
> aller Fahrzeuge, Himmelswagen. Auge der Erzählung, spiegele mich, denn du
> allein kennst mich und würdigst mich. Blau des Himmels, komm in die Niede-
> rung herab durch die Erzählung. Erzählung, Musik der Teilnahme, begnadige,
> begnade und weihe uns. (S. 333)

Eine Spezifizierung in Richtung Mythologie bedeutet es, wenn Handke für *Die
Abwesenheit* (1987) sowie für *Mein Jahr in der Niemandsbucht* (1994) den Untertitel
"Märchen" wählt. *Mein Jahr in der Niemandsbucht* ist so etwas wie die summa
theologiae Handkes. Nicht nur wegen der mehr als 1000 Seiten Umfang, nicht
nur, weil hier bekannte Namen und Motive wiederkehren (Ich-Erzähler ist

---

9 "Der See hinten am Talschluß erschien im letzten Licht des Tages gallertig, wobei ich
   ihn mir voll von ertrinkenden Bienen dachte, die mit den durchsichtigen Flügeln
   kreiselten." (S. 225)

Gregor Keuschnig aus *Die Stunde der wahren Empfindung*, Keuschnig trifft Filip Kobal aus *Die Wiederholung*, wie in *Der Chinese des Schmerzes* spielt der Zufall eine große Rolle). Es ist ein Buch, das die großen Traditionen der abendländischen Kultur von den alten Griechen bis zum Christentum einfangen möchte. Im Sinne der theologia negativa haben Verneinungen eine überragende Bedeutung – man vergleiche schon den Titel. Und es ist ein Buch, das wieder vornehmlich von sich selbst und vom Geschäft des Schreibens handelt – wenn es überhaupt von etwas handelt. Nicht nur thematisiert der Schreibende sein Schreiben, das Buch thematisiert sich selbst, seinen Stil, seine arabeske Komposition. "Doch könne das Buch trotzdem seine Leser finden – weil ich es sei", bemerkt weise der "Verleger", nachdem er einige Einwände gegen die Machart geltend gemacht hatte (S. 982). Handke ist inzwischen nicht mehr ohne Handke-Gemeinde zu denken. Diese folgt willig auf den Um- und Abwegen eines Textes, der mit verschachtelten Satzgebilden, kaum mehr verständlichen Neologismen und peniblen Beschreibungen von Banalem ebenso gepflastert ist wie mit Lyrik, Reflexion und Weisheit. "Anmaßend, lächerlich, begeisternd" überschrieb Sigrid Löffler ihre Rezension.[10]

In Handkes Texten begegnet uns der Dichter als Mystagoge, der Mythos als Privatoffenbarung – wenngleich mit Universalitätsanspruch (vgl. oben Anm. 5). Literarhistorisch spielt ein anderer, philologischer Mythosbegriff eine größere Rolle. Dieser meint die seit Vorzeiten überlieferten, urtümlichen Erzählungen von Göttern, Heroen, Dämonen oder von Ereignissen der Urzeit, etwa von der Erschaffung der Welt, von der großen Flut etc. Diese Erzählungen wurden von der griechischen, römischen oder germanischen Überlieferung zunächst mündlich und dann von verschiedenen Autoren und in verschiedener Form schriftlich tradiert.

Die alten Mythen haben keine authentische Fassung. Indem sie stets wiederholt wurden und immer wieder von neuem in gleicher oder veränderter Form auftraten, weisen sie die oben angegebenen Charakteristika auf: Wiederholung, Ort- und Zeitenthobenheit. Bereits in der griechischen Antike war man sich bewußt, daß die alten Geschichten in den Tragödien, den Epen, den sakralen Schriften *verschieden* erzählt wurden, weil sie einerseits mündlich regional verschieden überliefert und so in verschiedenen Fassungen aufgezeichnet wurden und weil sie andererseits Gegenstand von immer neuem Erzählen in immer anderem Gewand waren. Dieses Immer-wieder-Erzählen setzte sich in der römischen Antike fort. Die römischen Schriftsteller beuteten die diversen Quellen aus; Neues kam kaum mehr dazu, aber Kommentare und Sammlungen unter speziellen Aspekten wurden angelegt. Zu den letzteren gehören auch die *Metamorphosen* des Ovid, eine Sammlung von Verwandlungen. Noch das christliche Mittelalter veranstaltete "Mythographien", d.h. harmonisierende und wissenschaftlich kritische Zusammenstellungen von mythologischen Traditionen. Ob-

---

10 In: *Die Woche*, 25.11.1994.

gleich ursprünglich aus der heidnischen Religiosität entstanden und mit ihr erzählerisch verknüpft, konnten die Mythen unabhängig von ihrer religiösen Substanz weiterleben, einfach weil ihre Geschichten als solche zu allen Zeiten die Menschen anrührten. Wesentlich häufiger als die germanischen Mythen und jene halb historischen, halb mythischen Sagen wie der Nibelungenstoff wurde die griechisch-römische Götter- und Heldenwelt zu allen Zeiten zitiert. Selbstredend ist nach dem Mißbrauch der germanischen Mythen durch den Nationalsozialismus deren Neubearbeitung schwierig.[11] Andererseits fällt auf, wie stark sich gerade in den allerletzten Jahren Gegenwartsautoren dazu angeregt fühlten, mythologische Stoffe der Antike neu zu erzählen.

Während im Westen Stichworte wie Entmythologisierung und Mythenkritik als Ideologiekritik die Jahrzehnte nach dem Krieg beherrschten, war im sozialistischen Osten aus anderen Gründen der Zugang schwierig: Mythologie galt wegen ihrer Nähe zu Irrationalität und Psychoanalyse als verdächtig. Als erster hat sich Franz Fühmann auf dieses unsichere Terrain begeben, zunächst in Nacherzählungen für Kinder. In seinem ungarischen Reisetagebuch *22 Tage oder Die Hälfte des Lebens* (1973) haben sich seine intensiven Reflexionen niedergeschlagen.

> Mythen sind Menschheitserfahrungen; [...] Der Mythos schöpft aus der vollen Realität; [...] Im Mythos sind Menschen wie Götter ganze, unverkrüppelte Wesen [...] der Mythos lehrt leben.[12]

Für einen Kinderbuchverlag begann Fühmann eine Neufassung des Prometheus-Mythos, der freilich weit mehr wurde als eine Bearbeitung ad usum delphini. Was auf 30 Seiten geplant war, wuchs sich zu einem 1. Band von 220 Seiten aus, 1972 geschrieben als Teil 1 eines auf 5 Bände projektierten Gesamt-Opus, 1974 als Fragment veröffentlicht. Der Briefwechsel zeigt, daß Fühmann Probleme mit der Veröffentlichung bekam, daß er zunehmend an der kulturpolitischen Lage verzweifelte und mangelnde Resonanz ihm die Lust auf Weiterarbeit nahm.[13] Erst 1996 erschien posthum (Fühmann starb 1984) ein weiteres Prometheus-Fragment unter dem Titel *Die Zeugung*. Fühmann aktualisiert den Mythos: sein Prometheus-Buch mit dem Untertitel *Titanenschlacht* zeigt die Verwandlung eines

---

11 Daß sie nicht unmöglich ist, beweist nicht nur Franz Fühmanns anspruchslose und wenig originelle Nacherzählung des Nibelungenlieds (1971), sondern v.a. Adolf Muschgs *Der rote Ritter. Eine Geschichte von Parzivâl* (1993). Noch nicht eingelöst ist die Ankündigung Helmut Kraussers in einem Interview: "Ich will versuchen, den Nibelungenstoff neu zu erzählen, da sind noch nicht alle Aspekte ausgelotet. Natürlich nähere ich mich dem über meine Lieblingsfigur Hagen ...". *SZ-Magazin*, 3.1.1997, S. 38.
12 Frankfurt a.M.: Suhrkamp 1978, S. 219–221 (urspr. Rostock: Hinstorff 1973).
13 Franz Fühmann: *Briefe 1950–1984*. Hg. v. H.J. Schmitt. Rostock: Hinstorff 1994. Vgl. z.B. Brief an Sigrid Damm, 20.8.1976: "Natürlich ist es blöd von mir gewesen. eine Diskussion zu erwarten, da bei uns keine Zeile von Kerényi gedruckt ist, keine von Jung, keine von Freud." S. 189. Die linientreue Kritik an Fühmanns "unhistorischer" Konzeption wird deutlich bei Rüdiger Bernhardt: *Odysseus' Tod – Prometheus' Leben. Antike Mythen in der Literatur der DDR*. Halle/Leipzig: Mitteldt. Vlg. 1983, S. 108–113 u.ö.

Revolutionärs zum Diktator, handelt also von der Verführung durch Macht. Zeus und Prometheus haben zunächst gemeinsam die alten Unterdrücker geschlagen, Kronos, den Alleinherrscher, und seine Titanen. Dann aber wandelt sich Zeus selbst zum machtbesessenen Unterdrücker und Prometheus, der sich treu bleibt, wird zum Opfer. Eine Diktatur löst die andere ab: ein für die damalige DDR nicht problemloses Thema.

Die Arbeit am Prometheus blieb liegen zugunsten einer erneuten, konsequenten Auseinandersetzung mit der Mythosproblematik, v.a. mit den Interpretationen von C.G. Jung und Karl Kerényi.[14] Ergebnis waren eine Reihe von Bearbeitungen biblischer und antiker Stoffe. Eine Auswahl kürzerer Erzählungen sind in dem Band *Das Ohr des Dionysos* gesammelt, dessen Titelgeschichte von 1983 zu den interessantesten "Arbeiten am Mythos" gehört.[15] Der Autor erzählt darin nicht die Geschichte vom sog. Ohr des Dionysos in Syrakus nach, sondern verfolgt die Mythisierung der Rezeption dieses besonderen Ortes durch die Zeiten bis hinunter zur kapitalistischen und verdummenden Touristenfalle. Fühmann kreiert keine neuen Mythen; seine Arbeit deckt vielmehr das aktuelle kritische Potential auf, das in den alten Erzählungen enthalten ist. Speziell die Geschichte vom *Ohr des Dionysos* entlarvt den Mißbrauch, die Beliebigkeit der Mythenrezeption, hat also durchaus entmythologisierende, ideologiekritische Züge. Fühmanns altertümelnde, etwas breite, aber klare, sehr distanzierte und ironische Sprache erinnert an Thomas Mann, den großen Nacherzähler der alttestamentarischen Mythen.

Das Erfolgsbuch der neuen Mythographie kommt ebenfalls aus der ehemaligen DDR, hat aber mit Fühmanns Tradition nichts zu tun: Die Rede ist von Christa Wolfs *Kassandra*. Im Mittelpunkt der 1983 erschienenen Erzählung steht die trojanische Prinzessin Kassandra, Tochter von Priamos und Hekabe, Schwester des Hektor. Sie ist nach dem antiken Bericht mit Prophetie begabt. Apoll aber macht aus der Gabe einen Fluch, als sie sich ihm verweigert: Sie soll stets nur Unheil vorhersagen, und keiner soll ihr glauben. Hätte man ihr geglaubt, so wäre der Trojanische Krieg verhindert worden und auch dessen fatales, vom hölzernen Pferd bewirktes Ende. Kassandra wird im Verlauf der Kriegswirren zum Opfer der Griechen. Aias mißhandelt sie, Agamemnon verschleppt sie, und schließlich wird sie mit diesem zusammen von Klytämnestra und Ägisth ermordet. Soweit eine Synopse der antiken Berichte bei Pausanias, Aischylos, Pindar, Vergil und anderen. Christa Wolf hat den antiken Mythos zu einem weiblichen Aufschrei gegen das der Frau angetane Unrecht und gegen das Weltunrecht schlechthin umgestaltet. Die Gestalt der Kassandra wird – wiewohl

---

14 Vgl. Fühmanns Rede an der Humboldt-Universität von 1974: Das mythische Element in der Literatur. In: *Erfahrungen und Widersprüche – Versuche über Literatur*. Rostock: Hinstorff 1975, S. 147–219.

15 *Das Ohr des Dionysos*. Nachgelassene Erzählungen. Hg. v. I. Prignitz. Rostock: Hinstorff 1985. Im Westen (mit den Gedenkreden von Christa Wolf und Uwe Kolbe) u.d.T. *Die Schatten*. Hamburg: Hoffmann & Campe 1986.

fast unmerklich – ihrer antiken Einbindung entkleidet und erscheint als die ungehörte Stimme, die vor der Katastrophe warnen könnte, aber immer ins Leere spricht und immer für ihre Botschaft bestraft wird. Daß damit auch die Existenz des Schriftstellers mit beklagt wird – auch sein warnendes Wort wird nicht gehört, auch er erntet keinen Dank –, braucht nicht eigens betont zu werden. Darüber hinaus spiegelt die Dichotomie Troja-Griechenland den Ost-West-Gegensatz mit eindeutiger Bevorzugung des menschlichen, warmen, aber zu Untergang und Vernichtung verdammten Troja gegenüber dem mann-bestimmten, brutalen, grausam-rationalen Griechenland. Die antike Kassandra warnte vor der Katastrophe für Troja, die neue Kassandra warnt vor der Katastrophe des Untergangs der DDR durch innere Aushöhlung oder vor dem Untergang ihrer Welt durch den Sieg der kalten Brutalität. Die Lehre des Mythos ist nicht an Zeit und Ort gebunden. Sie beansprucht, gehört zu werden, weil sie auf den Grund der Dinge schaut. Mit besonderem Nachdruck hat Christa Wolf diese Gedanken in ihren Frankfurter Vorlesungen *Voraussetzungen einer Erzählung: Kassandra* (1983) dargelegt. Wie bei Handke zeigt sich die Tendenz, den poetisch-ästhetischen Anteil am Mythos zu betonen: den Dichter in der Rolle des Sehers. Folgerichtig werden die Dichter zu Zeugen angerufen. Handke zitiert Goethe, Pindar, Novalis; Christa Wolf setzt an den Anfang ihrer Erzählung die Erzdichterin Sappho. Während sich bei Handke die besondere Dichterrolle aus der Subjektivität ableitete, untermauert C. Wolf ihre Position feministisch. Kassandras divinatorische Gabe ist eng an ihre Weiblichkeit gebunden (S. 121f., 127, 129). Aus ihr spricht die über die Zeiten stets verachtete Frau, die der Welt so viel mitzuteilen hätte, aber kein Gehör findet und ihrer Verliererrolle nicht entrinnen kann. Dementsprechend dramatisch, ja bewußt drastisch ist das Buch angelegt. Es handelt sich um rückblickende Rede im Angesicht des Todes. Die epische Erzählung weicht schnell einem monologischen Sprechen, das um der "größere[n] Intensität" und der "stärkere[n] Identifizierung mit der Figur" willen bewußt eingesetzt wird.[16]

> Schon wieder schüttelt mich der gliederlösende Eros,
> bittersüß, unbezähmbar, ein dunkles Tier.
> Sappho

> Hier war es. Da stand sie. Diese steinernen Löwen, jetzt kopflos, haben sie angeblickt. Diese Festung, einst uneinnehmbar, ein Steinhaufen jetzt, war das letzte, was sie sah. Ein lange vergessener Feind und die Jahrhunderte, Sonne, Regen, Wind haben sie geschleift. Unverändert der Himmel, ein tiefblauer Block, hoch, weit. Nah die zyklopisch gefügten Mauern, heute wie gestern, die dem Weg die Richtung geben: zum Tor hin, unter dem kein Blut hervorquillt. Ins Finstere. Ins Schlachthaus. Und allein.
> Mit der Erzählung geh ich in den Tod.
> Hier ende ich, ohnmächtig, und nichts, nichts was ich hätte tun oder lassen, wollen oder denken können, hätte mich an ein andres Ziel geführt.

---

16 Gespräch über *Kassandra*. In: *GQ* 57 (1984), S. 105–115, hier S. 108.

Dieser Beginn der Erzählung demonstriert die Nähe, ja Auswechselbarkeit der Sprecherinnen: Sappho – Erzählerin – Kassandra. Christa Wolf hat betont, wie sehr sie eine Identität mit der Figur Kassandras empfand. Die Konzeption der Erzählung aus der Lektüre von Aischylos' *Orestie* vor dem Abflug nach Griechenland habe sie erlebt als "panisches Entzücken", als Zauber.[17] So kam es, daß sie die Geschichte Kassandras nicht nacherzählte, sondern mythisch nacherlebte und in ihrer Erzählung in die zeitlose Gegenwart des Mythos setzte.[18]

Ähnlich wie *Kassandra* bedeutet auch Christa Wolfs *Medea. Stimmen* (1996) eine Revision des landläufigen, besonders durch die antiken Dramatiker etablierten Bildes. Unter feministischem Aspekt wird dieses Medea-Bild als "Verkennung" (so der ursprüngliche Titel des Buches) bloßgelegt. Wieder verzichtet der Text auf den Erzählerkommentar; er besteht aus elf Monologen von sechs verschiedenen Figuren, die ihre je eigene, kontroverse Sicht der Vorgänge darstellen. Die Sympathielenkung ist – wie schon in *Kassandra* – eindeutig. Obwohl auch Medeas Gegner in eigener Sache zu Wort kommen, desavouieren sie sich durch Eingeständnis gerade ihrer innersten Gefühle, ihrer egoistischen oder machtgelenkten Zielvorgaben, ihrer Verheimlichungsstrategien. Von Polyperspektivität kann also nur sehr eingeschränkt die Rede sein.

Noch mehr als im Fall von *Kassandra* schimmern die politischen Verhältnisse der Gegenwart durch: Medea ist (wie Christa Wolf im deutsch-deutschen Literaturstreit) Opfer eines Rufmords; sie, die aus dem bescheidenen, sozialistischen Kolchis stammt, wird im modernen, glänzenden Korinth verkannt, verleumdet und systematisch zugrundegerichtet. Trotzdem wäre es ungerecht, in dem Buch lediglich eine verkappte Selbstrechtfertigung zu sehen.[19] Christa Wolf verfolgt ein feministisches Anliegen: Bereits in der Version eines Euripides erkennt sie männlich-tendenziöse Veränderungen und möchte diese zugunsten "besserer" und "ursprünglicherer" Versionen ausmerzen. Dazu verhelfen die zahlreich vorhandenen anderen Fassungen des gleichen Stoffes, v.a. aber die "Rückführung aus dem Mythos in die (gedachten) sozialen und historischen Koordinaten"[20]: die gedankliche Rekonstruktion der Lebensverhältnisse jener Zeit, die, so Christa Wolfs Überzeugung, geprägt war durch den Übergang vom Matriarchat zum Patriarchat im 2. vorchristlichen Jahrtausend.[21] Diesen gleichsam wissenschaft-

---

17 *Voraussetzungen einer Erzählung: Kassandra.* Frankfurter Poetik-Vorlesungen. Darmstadt/Neuwied: Luchterhand 1983, S. 10.

18 Im Gespräch über *Kassandra* (wie Anm. 16), S. 114, nennt C. Wolf *Kassandra* ein "Gegenwartsbuch".

19 Vgl. Elmar Krekeler: Der Mythenstammtisch im Frauencafé. In: *Die Welt vom Sonntag*, 2./3. 3. 1996: "Medea ist nicht mehr Medea, sondern eine Rechtfertigungsfigur der Christa Wolf."

20 C. Wolf: *Voraussetzungen einer Erzählung* (wie Anm. 17), S. 111.

21 Zugrunde liegen die Theorien von Johann Jakob Bachofen: *Das Mutterrecht. Eine Untersuchung über die Gynaikokratie der alten Welt nach ihrer religiösen und rechtlichen Natur* (urspr. 1861). Frankfurt a.M.: Suhrkamp ⁶1985 und Robert von Ranke-Graves: *Griechische Mythologie. Quellen und Deutung.* (urspr. 1955). 2 Bde. Reinbek: Rowohlt 1960.

lichen Anspruch mag man ablehnen; interessant bleibt die Idee, es mit "Mustern" zu tun zu haben, die die heutige Welt ebenso abbilden wie die damalige. Um diese bloßzulegen, läßt sie die Erzählung von Medeas Leben weitgehend unangetastet, ändert aber die Motive.[22] Die Intention dieses Verfahrens ist Aufklärung über die "wirklichen" Verhältnisse, die zu Medeas Schicksal führten, durch Abwerfen des Ballasts, den die Konfliktbewältigungsstrategien der Jahrhunderte auf diese Figur geworfen haben. Daneben verfolgt die Autorin durchaus ein psycho-pädagogisches Anliegen: Wir alle, so ihre Voraussetzung, verdrängen Schuld, indem wir sie einem Sündenbock zuschieben. "Unsere Verkennung bildet ein geschlossenes System, nichts kann sie widerlegen. Oder müssen wir uns in das Innerste unserer Verkennung und Selbstverkennung hineinwagen", fragt provozierend das Vorwort zu *Medea* (S. 10).

Weil Christa Wolf den Mythos als Paradigma versteht, kann sie ihn in die Gegenwart übersetzen und in seiner Aktualität sichtbar machen. Gleichzeitig betreibt sie Mythenkritik, indem sie die verschiedenen Überlieferungen auf ihre Absichten hin untersucht, hauptsächlich die Intention der Schuldverdrängung und der männlichen Machterhaltung. Mit diesem Vorgehen entmythologisiert Christa Wolf, denn der Mythos selbst als Erzählung von Lebensmustern kennt weder Moral noch Lehre. Wolfs *Medea*-Version aber will als engagierte Literatur die Augen der Leser öffnen. Mit diesem Anliegen ähneln Christa Wolfs und Franz Fühmanns Mythenrezeption, unterscheiden sich aber von derjenigen der sog. postmodernen Autoren, etwa Christoph Ransmayr.

Ransmayrs Verfahren in seinem Roman *Die letzte Welt* (1988) entzündet sich an der Idee der ewigen Gegenwart des mythologischen Erzählens. Wie Christa Wolfs *Kassandra* und – freilich abgeschwächt – *Medea* hatte auch *Die letzte Welt* einen beachtlichen Erfolg beim Publikum.[23] Dies spricht zweifellos für die Akzeptanz der Thematik, verdankt sich allerdings auch der verblüffenden erzählerischen Fähigkeit Ransmayrs. Was nämlich zuerst an *Die letzte Welt* besticht, ist die Anschaulichkeit der Sprache, der faszinierend genaue Umgang mit Formulierungen, die selten gebrochene Beschränkung auf das reine Erzählen ohne Reflektieren und Räsonieren von Seiten des Verfassers. Dazu kommt eine überraschend konservative Erzählhaltung, annähernd allwissend, die sich zwar auf die Perspektive des Protagonisten Cotta konzentriert, aber ihr nicht verpflichtet ist. Elaborierte und anschauliche Sprache, überblickbare Erzählchronologie, krimi-

---

22 Vgl. ihre Aussage in einem Gespräch mit dem *Tagesspiegel*, 30. 4. 1996: "Ich will mich ja immer halten an den Ablauf des Mythos. Ich erfinde zwar sehr viel, und in diesem Fall deute ich Medea vollständig um. Und zwar nehme ich, das haben viele Kritiker nicht gemerkt, Quellen vor Euripides, die Euripides zwar kannte, aber seinerseits umgedeutet hat. [...] Woran ich mich gehalten habe, das ist der Ablauf von Medeas Lebensstationen. Was ich aber von Grund auf neu überlegt habe, sind die Motive ihrer Handlungen."

23 Vgl. Irmgard Scheitler: Christoph Ransmayr: Die letzte Welt. In: *Lektüren für das 21. Jahrhundert. Schlüsseltexte der deutschen Literatur von 1200 bis 1990*. Hg. v. D. Klein u. S. M. Schneider. Würzburg: Königshausen & Neumann 2000, S. 287–296. Mit weiterführender Literatur.

artige Spannung hinsichtlich der Lösbarkeit der Zielvorgaben, Identifikations-
möglichkeit dank einer perspektivierenden Hauptfigur – diese Elemente helfen
dem Leser, die ungewöhnlich starken Verstöße gegen Referenz, ja gegen
primitive Naturgesetze zu akzeptieren, die ihm dieser Text zumutet.

Ransmayrs Plot ist aus einem Buch entwickelt, aus Publius Ovidius Nasos *Buch
der Metamorphosen*. Die Hauptfigur, der Römer Cotta, sucht nach seinem Freund
Naso und dessen (angeblich) verbranntem mythologischen Kompendium. Ovid
ist von Rom nach Tomi am Schwarzen Meer verbannt worden und dort verschollen. Cotta findet ihn zwar nicht, trifft aber allenthalben auf die Spuren des
Freundes, denn Naso ist längst zum Mythos geworden, zu einem Katalysator, der
überall greifbare Wirkungen erzeugt, aber selbst ein Rätsel und unerfindlich
bleibt. Wie bei Handke und Christa Wolf steht mit dem berühmten *Buch der
Metamorphosen* wieder die Dichtkunst im Zentrum des mythischen Geschehens
und Erzählens. Die *Metamorphosen* begegnen uns als das, was sie in Titel ankün-
digen: in steter Verwandlung begriffen. Naso hat das Buch in Rom verbrannt,
aber er hat in Tomi aus diesem Buch verschiedenen Einwohnern die verschiedensten, den jeweiligen Zuhörern angemessenen Geschichten erzählt. Cotta läßt
sich im Zuge seiner Recherchen all diese Geschichten wiedererzählen, sieht sie
eingewoben in Teppiche, findet Bruchteile von ihnen auf Stoffetzen, liest Texte,
die in Steinmale eingehauen wurden, v.a. aber erlebt er die Metamorphosen von
Personen aus seiner Umgebung. Die Leute von Tomi heißen nicht nur nach den
Figuren aus Ovids Erzählungen, sondern sie erleben deren Geschichten, deren
Schicksal ist – in mehr oder weniger modernisierter Form – das ihre. Die Mythen
haben in die "wirkliche" Welt hinübergewechselt und greifen in ihr immer mehr
Platz, ja drängen sie in den Untergang.

Wie Cotta nimmt der Leser Schritt für Schritt Abschied von seinem rationalen
Weltbild und lebt sich in eine Welt des Mythos ein, in der sich Menschen in Tiere
und Städte in Stein verwandeln. Die Chronologie ist vollkommen aufgehoben:
Anachronismen durchziehen den Text, der zwar in der Antike zu spielen scheint,
in dem aber gleichwohl Geräte und Ereignisse des 20. Jahrhunderts vorkommen.
Dem Mythos gemäß ist die Zeit zugunsten einer achronen Gegenwart suspen-
diert, was in deren endgültiger Aufhebung in der allgemeinen Versteinerung
gipfelt. Dem Mythos gemäß gibt es aber auch keine Ortsgebundenheit. Tomi ist
nicht Constanza am Schwarzen Meer, sondern liegt eher in einem Irgendwo am
Rande des Erdkreises, ist eben "die letzte Welt"; mit Rom ist nicht einfach die
Hauptstadt im Herzen Italiens bezeichnet. Beide Orte stellen vielmehr ideelle
Größen dar, verkörpern Natur und Kultur, Barbarei und Zivilisation, Anarchie
und Unterdrückung, Mythos und Ratio. Wie im Mythos fehlen in *Die letzte Welt*
psychologische Motivierung und Moral. Das Personal besteht – mit Ausnahme
des Römers Cotta – aus flachen Figuren, die ihre Handlungen weder überdenken
noch verantworten. Sympathielenkung ist unter diesen Umständen ausgeschlossen. Der Leser interessiert sich zwar, ähnlich wie in einem Krimi, für Cottas
Ziele und Unternehmungen, kann sich aber nicht in die Figuren aus dem irrationalen Tomi hineindenken. Dies ist ihm umso weniger möglich, als diese

Figuren, wie sich im Lauf der Erzählung herausstellt, keine festumrissene Identität besitzen, sondern sich verwandeln.

Die letzte Welt reichert ihren mythologischen Fundus durch eine Reihe von Motiven an, die dem Leser aus dem Zeitgespräch geläufig sind. Die dem Text zugrundeliegende Kulturkritik richtet sich gegen das totalitäre, repressive und dekadente Rom mit seinem diktatorischen "Apparat" ebenso wie gegen das brutale Tomi. Tomi heißt im Buch stets die "eiserne Stadt". Dies erklärt sich im direkten Sinn aus der dort (historisch und geographisch unrichtig) lokalisierten Erzschürfung und -verhüttung. In einem tieferen Sinn verweist die Bezeichnung "eisern" freilich auf das "Eherne Zeitalter" der Ovidischen *Metamorphosen*, dessen Verkörperung Tomi darstellt. Seine Bewohner sind grob. Miteinander verfahren sie gemäß dem Spruch *"der Mensch ist dem Menschen ein Wolf"* (S. 266). Kein Wunder, daß sich einer der Leute aus Tomi tatsächlich in einen Wolf verwandelt. Doch auch mit der Erde gehen sie brutal um und beuten sie hemmungslos aus. Dies führt letztlich zum Untergang ihrer Stadt, ja der Welt. Der Titel *Die letzte Welt* verweist Ransmayrs Buch in eine Serie von Katastrophen- und Endzeitliteratur, die in den 80er Jahren in großer Zahl auf den Markt kam (vgl. Kap. 1). Diese Zuordnung greift aber auf jeden Fall zu kurz. Kernsatz des Buches nämlich ist die Pythagoreische Lehre von der steten Veränderung der Dinge. *"Keinem bleibt seine Gestalt"* (S. 111). Dieser Grundsatz freilich schließt Vergänglichkeit und Neuerstehen gleicherweise ein. Zum Zeichen dafür ist die Sage von Deucalion und Pyrrha, die nach der Großen Flut aus Steinen Menschen säen, in Ransmayrs Roman genau ins Zentrum gesetzt (S. 162–170). Offen bleibt, ob am Ende die Welt in ihrer Versteinerung verharren wird oder ob Neues entsteht, wie auch, von welcher Qualität dieses Neue sein könnte.

Wie Christa Wolf hat auch Ransmayr mythologischen Stoff verarbeitet, hat in seinem Roman *auch* eine neue Fassung von Ovids *Metamorphosen* geboten, alte Geschichten nacherzählt, aktualisiert oder verfremdet. Dabei fand er sich freilich in der Situation, daß wohl kaum ein Leser von sich aus die Kompetenz besitzt, angesichts der Fülle der Gestalten die Originale mit den Adaptationen zu vergleichen. Um diesem Mangel abzuhelfen, bietet das Buch an seinem Ende ein erläuterndes Glossar. Keinerlei Hilfestellungen aber gibt der Text, wenn es darum geht, seine unwahrscheinlichen Verwandlungsgeschichten, die ganz selbstverständlich-nüchtern erzählt werden, irgendwie in das übliche Normalitätsverständnis einzuordnen, sie etwa als Rauscherfahrungen oder Träume plausibel zu machen. Vielmehr wird der Leser mit einer ganz anderen 'Wirklichkeit' konfrontiert: der Wirklichkeit des mythischen Sprechens.[24] Dessen wesentliche Charakteristika sind alle vorzufinden: Variation, Wiederholung, Zeitenthoben-

---

24 Ransmayr: Entwurf zu einem Roman. In: *Jahresring. Jahrbuch für Kunst und Literatur* (1987–88), S. 197: "Grob gesprochen führen die fünfzehn Bücher der 'Metamorphosen' den Leser vom Mythos zur Aufklärung, von der Beschreibung der vier Weltalter im ersten, bis zur großen Rede des Pythagoras im letzten Buch." *Die letzte Welt* geht den umgekehrten Weg.

heit und Vergegenwärtigung, Außerkraftsetzen des Rationalen und Kausalen, mystische Entrückung, Wahnsinn, Welterklärung und Unerklärbarkeit, Wahrheit und Unwahrscheinlichkeit, Urzeitbezug und Aktualität, Verschwimmen von Individualität, von Subjekts- und Objektsgrenzen. Bezeichnenderweise arbeitet das Buch auch mit Erzählmustern, die im Mythos immer wieder anzutreffen sind: der große Einzelne und Erleuchtete, der Heilbringer in unheiler Umgebung (vgl. *Kassandra* oder das Ich bei Handke), das Suchen, Nichtfinden, aber Finden von Unerwartetem (vgl. Handkes *Die Wiederholung*), Manifestationen des Geistigen in Tiergestalt, z.B. das theriomorphe Böse, der Wolf (vgl. Handke: *Die Lehre der Sainte-Victoire* oder Michael Endes *Momo*). Schließlich enthält Ransmayrs Buch auch Elemente, die für die moderne Mythenbildung bezeichnend sind: Zivilisations-, Kultur- und Machtkritik und die Apotheose einer auf sich selbst bezogenen, mit sich selbst spielenden Kunst. Während Christa Wolf den Mythos im wesentlichen als Stoff verarbeitet, gewinnt Ransmayr aus dem ontologischen Status des Mythos narrative Strukturen.

Konsequent ausgespart – und hier liegt ein bezeichnender Unterschied zum antiken Mythenverständnis – bleiben allerdings die Götter, bei Ransmayr ebenso wie bei Christa Wolf. Auch Fühmann, in dessen Nacherzählungen Götternamen unvermeidlich sind, entkleidet diese ihres metaphysischen Gehalts. Demgegenüber aber existiert als ein Ableger der effektvollen Evokation des Vorzeitlichen, Dunklen, Unaufgeklärten eine Literatur des Metaphysisch-Diabolischen. Bereits 1983 diagnostizierte Walter Falk *Des Teufels Wiederkehr. Alarmierende Zeichen der Zeit in der neuesten Dichtung.*[25]

Ein Beispiel für diese Literatur der Exzesse, Obsessionen, Verwirrungen und Identitätsspaltungen ist Gerd-Peter Eigners Trilogie mit den Teilen *Golri* (1978), *Brandig* (1985) und *Mitten entzwei* (1988). Der 1985 erschienene Roman *Brandig* stellt nach dem uns bereits bekannten Muster wieder eine Suche in den Mittelpunkt: Der Ich-Erzähler, ein Jurist, Numismatiker und Münzhändler, sucht nach seinem verschollenen Freund Paul Brandig, findet ihn schließlich auch, aber der, den er findet, erklärt, ein ganz anderer zu sein. Seine Reise bringt den Ich-Erzähler u.a. in die urtümliche Welt eines kretischen Dorfes, wo er gesundet – oder jedenfalls glaubt zu gesunden, nämlich durch Verwahrlosung. Tatsächlich hat der Ich-Erzähler weder von sich selbst, noch von der ihn umgebenden Welt klare Vorstellungen. Alles scheint nur Projektion seiner Vorstellung zu sein. Um sich zu orientieren, schreibt er seine Erlebnisse auf der Reise, der Suche nach seinem Freund, auf; genauer: er schreibt, um sich Rechenschaft zu geben, warum er schreibt. Von Seinsverlust sind alle Figuren des Romans betroffen. Sie leugnen, verschleiern oder ignorieren ihre Identität, haben traumatische Erlebnisse hinter sich, sind in Obsessionen verstrickt. So erzählt etwa Brandigs ehemalige Geliebte immer neue Varianten von Lebensläufen; das beginnt schon zu Anfang des Buches mit der Behauptung, sie habe als Kind ihre Mutter in den Ausguß

---

25 Stuttgart: Burg 1983.

geschüttet. Brandig selbst hat bei einer Schlägerei seine Geschlechtlichkeit, d.h. einen wesentlichen Teil seines Ich, eingebüßt, und findet sie wieder mit seiner Geliebten, aber so ausufernd, daß sich das Paar trennen muß, um sich nicht gegenseitig zu töten. Ich-Verfall, Exzesse, Chaos bestimmen den Text. Innerhalb der Grenzen der Normalität und Vernunft, so die Botschaft, läßt sich das Ich nicht wieder herstellen.

Auch in Eigners *Mitten entzwei* (1988) richten sich die Figuren selbst und gegenseitig zugrunde. Selbstmord, Sabotage, rätselhaftes Verschwinden und sexuelle Abartigkeit bleiben dem Leser auch hier nicht erspart. Auch diesmal geht es wieder um den Verlust der Einheit mit sich selbst. Das zeigt schon der Titel an. Der Ich-Erzähler ist durch einen Sturz ins Meer querschnittsgelähmt. Sein Bruder spaltet sein Leben in gegensätzliche Aktivitäten bei Tag und bei Nacht. Die ganze Familie ist von Entzweiung, Schuld, Schrecken geprägt. Die Last eines Fluches liegt über ihr, liegt über dem ganzen Land. Nur in mythologischen Begriffen ist diese exzessive Motivik noch zu fassen.

Mit sehr starken Reizen arbeitet auch das Romandebüt des Vorarlbergers Robert Schneider, *Schlafes Bruder*, das ganz unerwartet zum Erfolgsbuch des Jahres 1992 wurde (im gleichen Jahr mußte es noch viermal aufgelegt werden!).[26] Dem Buch liegt die Idee einer exorbitanten Naturbegabung zugrunde, der Geniebegriff des 18. Jahrhunderts in diabolischer Übertreibung. Das Metaphysische spielt in diesem Buch eine herausragende Rolle – v.a. in der Ausprägung des Dämonischen, der Liebesreligion und der Musikreligion. Mystische und mythische Elemente sind schwer zu trennen. Der Protagonist des Romans, Elias Alder (*1803), verfügt über ein extremes musikalisches Genie. Die Art, wie der Autor seinen Helden zu dieser Begabung kommen läßt (Elias ist schon als fertiger Musiker geboren, er erlebt seine musikalische Erweckung als Entrückung mit wesensverändernden und menschenabschreckenden Folgen), wie er ihn damit auszeichnet (Elias besitzt die Fähigkeit, ohne Unterricht die Orgel zu beherrschen, ohne Harmonielehre siebenstimmige Fugen zu improvisieren), wie er diese Begabung sich bewähren läßt (Alder triumphiert bei einem Orgelwettbewerb), sprengt alle Gesetze der Wahrscheinlichkeit und Vernünftigkeit, auch der musikalischen. Anklänge an die Figur Jesu Christi rücken Elias Alder vollends ins Metaphysische hinauf.[27] Der irreale Charakter der Handlung wird durch

---

26 Alle Zitate nach der Ausgabe Leipzig: Reclam 1992. – Die Erfolgsgeschichte setzte sich in der Sekundärliteratur fort. Bereits 1996 war das Buch so etabliert, daß ihm die Ehre eines Reclam-Materialienbandes erwiesen wurde. *Über Schlafes Bruder. Materialien zu Robert Schneiders Roman.* Hg. v. R. Moritz. Leipzig: Reclam 1996. In veränderter Form vom gleichen Hg.: *Erläuterungen und Dokumente.* Stuttgart: Reclam 1999 (= UB 16015). Inzwischen wurde *Schlafes Bruder* zur vielgelesenen Schullektüre. *Robert Schneiders Schlafes Bruder.* Interpretiert von Angelika Steets. München: Oldenbourg 1999 (= Oldenbourg-Interpretationen 69).

27 Vgl. Alders Geburt, S. 19: "ein doppeltes Wunder [...], das der Mensch- und das der Geniewerdung". Vgl. auch Alders Gottesfluch, in dem er sich als Antichrist präsentiert (S. 142), sein Tod, angebunden an das Holz eines Baumes (S. 194), die Wiederholung des Pfingstwunders durch Alders Orgel-Predigt (S. 175).

Versetzung in das abseitige Dorfmilieu des historischen Vorarlberg erträglich gemacht. Mangelnde Wirklichkeitsreferenz wird – ähnlich wie in *Die letzte Welt* – durch Tugenden konservativen Erzählens wettgemacht: Den Text lenkt ein allwissender Erzähler, der auch in eigener Sache spricht und sich dabei des epischen pluralis maiestatis und der Leserapostrophe bedient. Sollte damit eine Anspielung auf Thomas Manns narrativen Plural gemeint sein, so ist doch der Unterschied größer als die Ähnlichkeit: Bei Mann ist diese Sprechweise Bestandteil seiner epischen Ironie.[28] Ironisch sind infolgedessen auch seine Erzählerkommentare, Schneiders Erzählerkommentare aber und seine intensive auktoriale Rezeptionslenkung sind tiefernst.[29] Durch den Einsatz eines allwissenden Erzählers, durch Linearität und Finalität, durch Eindeutigkeit in der Sympathielenkung und durch naturalistische Alltagsschilderungen gewinnt *Schlafes Bruder* ein neorealistisches Gepräge.

Offensichtlich ist der Text um größtmögliche Authentizität bemüht. Dies offenbart schon der Stil mit seinen musikalischen Fachausdrücken, altmodischen Fremdwörtern und einer teils obsoleten, teils dialektalen Wortwahl.[30] Einen wichtigen Beitrag zur historischen Einkleidung leistet zusammen mit der sehr starkfarbigen Schilderung der Lebensumstände im Dorf die kraß gezeichnete, primitive Religiosität der Bauern. Eindeutig ist Vorarlberg als Ort der Handlung zu identifizieren, da die Ortsnamen nur geringfügig verändert sind. Die zeitliche Einordnung liegt durch Jahreszahlen vollends klar zutage. Trotzdem ist *Schlafes Bruder* kein historischer Roman. Seine sozialhistorischen Referenzen sind nicht nachprüfbar, sie scheinen sehr dick aufgetragen und eher auf emotionale Wirkung ausgelegt. Mit den Schilderungen bäuerlichen Alltags in den "Heimatromanen" von Franz Innerhofer oder Josef Winkler (vgl. Kap. 2 und 12) lassen sich diese Darstellungen nicht vergleichen. Die Tonlage in Schneiders Buch ist pathetisch. Es arbeitet viel mit Klischees: Seine Vorstellungen von der Härte bäuerlichen Lebens, der Roheit der Dörfler, der Unwandelbarkeit der Liebe oder der Magie der Musikalität dürfen auf breite Akzeptanz zählen.

Da in der Schreibweise Zeichen von Ironie oder Selbstironie fehlen, fällt es schwer, die z.T. irritierenden Anachronismen in dem ansonsten sehr um histo-

---

28 Der Erzählplural und die ironische Anrede an den Leser werden besonders gern gebraucht in den mythologischen Josephsbüchern. Schneiders Erwähnung der "Schreibwerkstatt" (S. 196) scheint hingegen eine Reminiszenz an Manns *Der Erwählte* sein zu wollen.

29 Dies betont der Autor selbst in einem Interview mit Bernhard Arnold Kruse, abgedruckt in *Erläuterungen und Dokumente* (wie Anm. 26), S. 26–46, hier S. 40, als wesentlichen Unterschied zur Erzählhaltung in Süskinds *Parfum*: "Der Erzähler von *Schlafes Bruder* nimmt Anteil, er haßt und er liebt [...] dieser Roman bekennt sich ganz eindeutig zu Emotionen: Er zeigt, wen er liebt und wen er haßt, und bietet dadurch natürlich auch eine ganz breite Angriffsfläche."

30 Vgl. veraltete Ausdrücke wie Alfanzerei (S. 16), Eidam (S. 136), fürwitzig (149) oder Dialektformen wie glanzig (43), Pfette (S. 39), umgestanden (S. 61). Der Organist Schneider gefällt sich in Fachterminologie wie Kanzelle (S. 95), Gedackt (S. 67), diminuieren (S. 171).

rische Treue bemühten Text als augenzwinkerndes Einverständnis mit dem Leser zu interpretieren. Sind sie dem Autor etwa unfreiwillig unterlaufen? Da sie jedenfalls den Kritikern des Buches bislang erstaunlicherweise entgangen sind, sollen sie hier kurz vermerkt werden. Der Choral "Kömm o Tod, du Schlafes Bruder" beschließt Bachs Kreuzstabkantate und stand nie in einem Gesangbuch, weder in einem katholischen noch in einem evangelischen, obgleich er Alder im Orgelwettbewerb aus dem Choralbuch zufällt (S. 169). Im erzkatholischen Vorarlberg des 19. Jahrhunderts sang man keine lutherischen Choräle, weder "Der Tag der ist so freudenreich" (sic!, S. 73 nicht richtig zitiert), noch "Christ lag in Todesbanden" (S. 113), "Christ unser Herr zum Jordan kam" (S. 160) oder "Ach Gott, wie manches Herzeleid" (S. 168). Eine Mystifikation im sonst so ernsthaften Text sind die Namen Rheinberger (S. 178) und Goller (S. 159), wenn sie auch nicht mit den richtigen Vornamen versehen sind. Rheinberger war wirklich ein berühmter Musikpädagoge aus Liechtenstein, Goller übte tatsächlich die Tätigkeit eines Orgelsachverständigen aus. Beide gehören aber in eine andere Epoche: Joseph Rheinberger wurde 1839, Vinzenz Goller 1837 geboren. Wird schließlich der Bogen der Hyperbolik nicht überspannt, wenn in der zentralen Beschreibung des Orgelwettbewerbs Alder eine Fuge "von insgesamt sieben sich frei bewegenden Stimmen" improvisiert (S. 178), ein nicht ausführbares Gebilde? – Diese Liste ist kein Ausweis von Beckmesserei. Sie zeigt vielmehr, daß das historische Kolorit, so echt es wirkt, eher Illusionsmalerei und trompe-l'œil ist. Der Text nützt den Anklang, das irgendwie Bekannte, um beim Leser den Anschein des Originalen zu erzeugen. Wie getreu er tatsächlich wirkt, beweist das Urteil der hochrenommierten Kritikerin Beatrice von Matt, die für *Schlafes Bruder* besonders anerkennend hervorhebt, "daß in seinem – archaisierten – Milieu alles stimmt".[31]

Der mythische Charakter des Textes liegt nicht etwa in seiner Zeit- und Ortsentrücktheit, sondern in seiner Unwahrscheinlichkeit. *Schlafes Bruder* präsentiert eine Apotheose der Musik und der musikalischen Genialität, die bislang in der Literaturgeschichte so kühn noch nicht vorgelegt worden war. Dämonisches und Göttliches sind in dieser Geschichte zu einer Einheit verschmolzen. Elias Alders metaphysisch begründete Musikalität ist Einfallstor des Teufels, aber auch Gottes in die Welt. Seine Normabweichung und sein menschliches Scheitern als extrem begabter Musiker haben zwar Vorläufergeschichten in der Romantik von Wackenroders Berglinger bis zu Hoffmanns Kreisler, sind aber in ihrer urtümlichen, antizivilisatorischen Kraßheit, ihrer moralischen Ziellosigkeit und ihrer rauschhaften Erzählintensität allenfalls mit Mythen zu vergleichen. Auch die Darstellung von Natur, Sexualität und Liebe bedient sich mythischer Abgründigkeit und pathetischer Überhöhung. Metaphysisch begründet ist Alders Liebesbeziehung zu Elsbeth: Von Ewigkeit sind die Liebenden füreinander vorherbestimmt, Elias' Liebesunbedingtheit führt notwendig zu seinem Tod.

---

31 Föhnstürme und Klangwetter. In: *NZZ*, 20.10.1992.

So finden sich in Schneiders Geschichte Merkmale, die wir im Verlauf dieses Kapitels immer wieder als Kennzeichen des Mythos festgestellt haben: den Einbruch von Offenbarung, die Apotheose des großen Einzelnen, die Irrationalität und psychologische Unbegründbarkeit von Handlungen, die Unabwendbarkeit und Paradoxie der Vorgaben und den Anspruch auf Eigentlichkeit. *Schlafes Bruder* schafft keinen Privatmythos, verarbeitet aber auch keinen antiken mythologischen Stoff, sondern führt in vergröbernder und rauschhafter Weise kulturhistorisch begründete, im wesentlichen romantische Mythologeme weiter: die Verherrlichung von Subjekt, Genie, Kunst und Liebe.

8. Vergangenheitsbewältigung

'Vergangenheitsbewältigung' ist ein umstrittener Begriff. Er könnte suggerieren, daß sich Vergangenheit, speziell nämlich die Geschichte Deutschlands zwischen 1933 und 1945, 'bewältigen' ließe im Sinne von abschließen, hinter sich bringen, zu den Akten legen. Das Bewältigte hätte dann seine Gewalt verloren und man bräuchte nicht weiter mit ihm und seinen Folgen zu leben. So verstanden, wäre der Terminus freilich ein Unding. Wenn er im folgenden als eines der Schlüsselwörter der Nachkriegszeit gebraucht wird, so ist er in Verbindung mit dem Begriff 'Trauerarbeit'" zu denken.[1] Es geht also gerade nicht um die Befreiung vom Komplex der Vergangenheit, sondern um die Arbeit daran, mit Adornos Worten um "Aufarbeitung der Vergangenheit".[2]

Bereits unmittelbar nach dem Krieg begann die literarische Auseinandersetzung: In den 50er Jahren mit Thomas Manns *Dr. Faustus* (1947), Hermann Kasacks *Die Stadt hinter dem Strom* (1947), Heinrich Bölls *Billard um halbzehn* (1959), Gerd Gaisers *Schlußball* (1958) und setzte sich in den 60er Jahren fort in Grass' Danziger Trilogie und Lenz' *Deutschstunde* (1968). Daß diese Aufarbeitung nicht so rasch und so offen einsetzte, wie man es hätte erwarten können angesichts des Ungeheuerlichen, was es da zu verstehen galt, mag vielleicht zwei Gründe haben. Zum einen lähmte das Drohwort von der Kollektivschuld, gegen das man sich schwer wehren, das man aber auch nicht akzeptieren konnte. Andererseits war da das gewichtige Theorem, die Greuel des Faschismus ließen sich nicht künstlerisch erfassen.[3]

Vielleicht ist dieser Umstand dafür verantwortlich, daß deutsche Autoren für ihre Auseinandersetzung mit Faschismus, Gewalt und Krieg oftmals lieber die Form des Essays wählten als die Form des Erzählens. Obgleich nämlich vom Standpunkt der literarischen Kunst die persönliche Sichtweise die überzeugendste ist, so birgt Personalisierung doch die Gefahr, das Geschehene zu entpolitisieren, vielleicht sogar zu trivialisieren, das komplexe Problem auf das Private und Moralische zu reduzieren.

---

1 Wesentlich für die Diskussion war und ist: Alexander und Margarete Mitscherlich: *Die Unfähigkeit zu trauern. Grundlagen kollektiven Verhaltens*. München: Piper 1967.
2 Theodor W. Adorno: Was bedeutet: Aufarbeitung der Vergangenheit. (1959) In: Ders.: *Eingriffe. Neun kritische Modelle*. Frankfurt a.M.: Suhrkamp (= es 10), [6]1970, S. 125–146.
3 Vgl. Theodor W. Adorno: Kulturkritik und Gesellschaft. In: Ders.: *Prismen*. Frankfurt a.M.: Suhrkamp 1969, S. 7–31.

Die literarische Behandlung der deutschen Vergangenheit – wenngleich sie sich zunächst verschlüsselt (Mann), allegorisch (Kasack) und dann grotesk (Grass) dem Thema näherte – läßt sich grob in zwei Gruppen teilen. Zum einen ist es die Literatur, die nach den Leiden des Einzelnen in der Zeit der faschistischen Diktatur fragt. Diese Literatur stammt vornehmlich von Opfern[4] oder berichtet über sie. Zum anderen handelt es sich um eine Literatur, die nach den Manifestationen des Nationalsozialismus im Alltag sucht und deren Anliegen es ist, das Phänomen nicht aus der Abartigkeit eines Führers oder der Verirrung einer Schicht von Verantwortlichen zu erklären, sondern aus Gründen, die tief versteckt im Menschen – womöglich insbesondere im deutschen Menschen – liegen. Damit aktualisiert sich die Frage: Zu suchen ist weniger nach der Vergangenheit als vielmehr nach deren Weiterwirken heute oder nach totalitären Strukturen überhaupt.

Günter Grass parallelisiert in *Aus dem Tagebuch einer Schnecke* (1972) den Bericht über den Wahlkampf der Sozialdemokraten unter Willy Brandt mit dem Erzählen über die nationalsozialistische Zeit. Obgleich vordergründig nur durch die Person des Berichterstatters verbunden und ohne rechte innere Einheit, stellt die Lektüre allein schon durch die Parallelführung der beiden Handlungsstränge eine Verzahnung her. Diese wird freilich noch durch Motive vorwiegend symbolisch-allegorischen Charakters verstärkt: die Schnecke als Allegorie des Fortschritts, Melancholie und Skepsis als wichtige Motive. "Zweifel" ist der Spitzname des Helden der fiktiven Erzählung; "Melencholia I" lautet der Titel eines Dürerstichs, der innerhalb des Berichtsteils des Schneckentagebuches das Gegengewicht zu Utopie zu bilden hat. Letztlich geht es um die Möglichkeiten und Grenzen politisch-öffentlichen Engagements, um die strikte Ablehnung des Revolutionär-Gewaltsamen und um die Einsicht, daß Fortschritt nur durch Kompromisse und private Zähigkeit im Einzelfall zu erreichen ist.

Grass konstruiert im Erzählteil seines Schneckentagebuchs den exemplarischen Fall eines Vaters, der die Fragen seiner Kinder beantworten muß und der versucht, den Kindern die Dinge von damals nacherlebbar zu machen. Dabei stellt er fest, daß die historischen Zahlen von Toten, Verwundeten und materiellen Verlusten allenfalls Staunen erregen können, ja daß sie die Kinder sogar faszinieren. Mit ihnen läßt sich nichts von dem damaligen Grauen vermitteln, eher das Gegenteil. Auch rationale Erklärungen helfen nicht. Sie gehen nicht unter die Haut, nicht sie können das Vergessen und Verdrängen bekämpfen, sondern einzig die Geschichten, die uns menschliche Auskunft darüber geben, wie es damals wirklich war. Und deshalb hat Grass' Ich-Erzähler für seine Kinder die Geschichte des Studienrats Hermann Ott, genannt Zweifel, erfunden, der in einem Keller das 'Dritte Reich' übersteht. Sie ist angesiedelt in der Historie

---

4 Die Fülle der Niederschriften von Opfern des NS-Regimes ist unübersehbar und nimmt immer noch zu. Zumeist handelt es sich um autobiographische Aufzeichnungen. Jüdische Opfer begannen auffallenderweise erst seit der Mitte der 60er Jahre mit der schriftlichen Fixierung ihrer Erinnerungen.

Danzigs, dessen Juden Ott retten will. Ott-Zweifel ist Vertreter des Prinzips der Langsamkeit, Bedächtigkeit und Zähigkeit. Daß diese Geschichte untermischt ist mit der Wahlhelferreise des Ich-Erzählers, den drohenden Erfolgen der NPD und den Skandalen um den damaligen Kanzler Kiesinger (ehemaliges NSDAP-Mitglied), zeigt die unmittelbare Aktualität der Auseinandersetzung mit der NS-Zeit.

Fernab von 'Vergangenheitsbewältigung' geht es also gerade um das Unbewältigte an der Vergangenheit, um deren Hereinwirken in eine Gegenwart, die – so der in den frühen 70er Jahren vorherrschende Eindruck – aus der Geschichte nichts gelernt hat. Die Furcht, die Deutschen wiederholten die alten Fehler, bestimmte schon die Wiederbewaffnungsdebatte der 50er Jahre und die Literatur eines Böll, Koeppen oder Andersch. In den 70er Jahren ließ die Entlarvung inzwischen sozial etablierter und arrivierter einstiger Täter und Mitläufer den Verdacht aufkommen, die C-Parteien gewährten den Braunen von einst Unterschlupf, ja sogar Karriere. Die quälenden Fragen der zweiten Generation, die in den 70er Jahren laut wurden, führten zu einer Welle von sehr persönlichen literarischen Zeugnissen. Den Anstoß gab das Erschrecken vor der anhaltenden kollektiven Verdrängung. "Wo habt ihr bloß gelebt?" fragt in Christa Wolfs *Kindheitsmuster* ein KZ-Häftling nach seiner Entlassung. Die gleiche Frage richteten die Nachgeborenen an die ältere Generation derjenigen, die von nichts etwas gewußt haben wollten, "die verfluchte, immer wieder und immer wieder mit Recht gestellte Frage: Wie war das denn nun wirklich?"[5]

Die 1929 geborene Christa Wolf gehört zu einer Zwischengeneration. Die Hitler-Diktatur erlebte sie als Kind. Ihre sehr persönlichen Erkundungen der Zeit damals sind insofern von besonderer Bedeutung, als für die offizielle Realitätskonstruktion der DDR der "Faschismus"[6] als präsozialistisches Phänomen eingeordnet wurde. Die offizielle Lesart ging von einer totalen Abwendung von der faschistischen Periode aus, von einem gesellschaftlichen und individuellen Neuanfang, der sich auf ein verändertes Bewußtsein stützt. Die Literatur der DDR, die sich ganz in die Tradition des Widerstandes stellen wollte, tat sich demnach schwer mit der Verarbeitung von Erinnerungen an den Nationalsozialismus. Das 'neue' Deutschland und seine Literatur sollten sich der sozialistischen Tradition oder dem Gesinnungswandel nach 1945 zuwenden oder das Augenmerk auf die sozialistische Gegenwart und Zukunft richten (vgl. die Ausführungen zu Hermann Kant: *Der Aufenthalt*, oben Kap. 2). Man wollte sich ungern ins Gedächtnis rufen, daß auch das Staatsgebiet der späteren DDR von Menschen bewohnt war, die Hitler zugejubelt hatten; verschwiegen wurden der Stalin-Hitler-Pakt und die Tatsache, daß viele Formen der Repression nach 1945 weiter-

---

5   Heinrich Böll: Wo habt ihr bloß gelebt? In: *Christa Wolf. Materialienbuch*. Hg. v. K. Sauer. Neue, überarb. Ausg. Darmstadt: Luchterhand 1983 (= SL 265), S. 7–15, hier S. 11.

6   Die Sprachregelung vermeidet das Wort Nationalsozialismus und verwendet dafür das neutrale Faschismus, was freilich die Besonderheit des deutschen Nationalsozialismus verschweigt. Der italienische Faschismus etwa kannte kein Judenvernichtungsprogramm.

gingen, wofür die Weiterbenützung der ehemaligen Konzentrationslager als Internierungslager für Dissidenten ein schlimmes Symbol darstellt. Gleichwohl erfaßte die Unruhe der 70er Jahre auch die Nachkriegsgeneration in der DDR. Der Durchbruch zu ganz persönlicher Gewissens- und Trauerarbeit erfolgte mit Christa Wolfs *Kindheitsmuster* (1976),[7] nachdem bereits einige Jahre zuvor Franz Fühmann den ersten Schritt gemacht hatte.[8]

Wenngleich westdeutsche Literaten längst vor 1976 mit Erkundigungen der NS-Zeit ihre Leser wachgerüttelt hatten, so bedeutete doch Wolfs *Kindheitsmuster* im Literaturzusammenhang der DDR einen weit größeren Tabubruch (vgl. oben Kap. 5). Zentrum dieses autobiographischen Romans ist das Insistieren auf Erinnerung, während gleichzeitig deren Schwäche und Korrumpierbarkeit problematisiert werden. Das Buch konnte schonungslos vorgehen, weil es vornehmlich das eigene Ich ins Visier nimmt. "Das Vergangene ist nicht tot; es ist nicht einmal vergangen. Wir trennen es von uns ab und stellen uns fremd." So lauten die ersten Sätze, die gleichzeitig das Motto darstellen.[9] Um dem Vergangenen auf die Spur zu kommen, begibt sich die Erzählerin – wie Grass nach Danzig – an den Ort der eigenen Kindheit: Vergangenheit ist nur exemplarisch-privat zu verstehen. Wie Grass' Schneckentagebuch zieht auch *Kindheitsmuster* Dokumente bei. Wie dort der Vater-Erzähler die Fragen seiner Kinder zu beantworten hat, so sieht sich auch die Erzählerin-Mutter in *Kindheitsmuster* mit dem Unverständnis ihrer Töchter konfrontiert. (Christa Wolf hat den Roman ihren beiden Töchtern gewidmet.) Bei Grass freilich überwiegt das pädagogische Anliegen, bei Wolf die Konfrontation mit dem eigenen (und kollektiven) Erinnerungsvermögen, der Fähigkeit zu schonungsloser Ehrlichkeit. Deshalb gebraucht der Roman die erste Person Plural nur in seltenen und ausgewählten Fällen, in denen der Leser, das gesellschaftliche Kollektiv, mit einbezogen werden soll. In der Regel aber spricht ein Ich in der 1. Person Singular, läßt die Erzählinstanz das Kind Nelly in der 3. Person zu Wort kommen, um die Fremdheit gegenüber der eigenen Kindheit zum Ausdruck zu bringen, oder spricht ein Du an. Dieses Du ermöglicht den Dialog mit sich selbst unter Einbeziehung des Lesers. Indem die Erzählinstanz sich selbst nicht aus der Erinnerungspflicht entläßt, läßt sie auch den Leser nicht los. Sich und ihm macht sie bewußt, daß Angst zu Verdrängung führt. Der Dialog mit dem Leser wird intensiviert durch Berichte von Erfahrungen auf Leserreisen (vgl. S. 286).

Obgleich im Westen sehr stark rezipiert, wendet sich *Kindheitsmuster* vornehmlich an Wolfs Landsleute in der DDR. Ambiente und Personal sind überschaubar

---

7 Alle Zitate nach der Taschenbuchausgabe Darmstadt/Neuwied: Luchterhand [11]1984 (= SL 277).

8 V.a. in seinem Tagebuch *22 Tage oder die Hälfte des Lebens* (1973). Vgl. Uwe Wittstock: *Über die Fähigkeit zu trauern. Das Bild der Wandlung im Prosawerk von Christa Wolf und Franz Fühmann*. Frankfurt a.M.: Athenäum 1987.

9 Dieses Motto, ein Zitat aus Faulkners Roman *Requiem for a Nun* (1951), findet sich bereits in Alfred Anderschs *Winterspelt* (1974) und wieder in Loests *Pistole mit sechzehn* (1977).

und begrenzt, das beigezogene Material (Zeitungen etc.), als zielgerichtet eingesetzt. Trotz der Erzählspanne, die mehrere Generationen mit einbezieht, beschränkt sich das Buch im wesentlichen auf die Erkundung der eigenen Vergangenheit. Parallelen zwischen der NS-Zeit und späteren Jahrzehnten werden
vermieden.

Uwe Johnson, nur fünf Jahre jünger als Christa Wolf und auch er Angehöriger einer Zwischengeneration, unternahm mit *Jahrestage* ein Monumentalwerk,
das zwar wie Wolfs Roman etwa vier Generationen umspannt, das gedanklich
und räumlich aber von ungleich größerer Welthaltigkeit ist. Johnsons Roman ist
in keiner Weise final angelegt; er stellt ein Breitbandspektrum dar, mit dem
nichts bewiesen werden soll, sondern das eine Epoche dokumentiert. Johnson,
der bereits 1959 (dem Erscheinungsjahr von *Mutmaßungen über Jakob*) die DDR
und seine pommersche Heimat verlassen hatte, begann *Jahrestage* im Januar 1968
und schloß es im April 1983 ab. Daß der Roman gerade am Vorabend des Ein-
marsches der Ostblocktruppen in die Tschechoslowakei endet, war nicht vorher-
zusehen, als der Autor den Rahmen absteckte, der sich, vom 20. August 1967
ausgehend, über ein Jahr erstrecken sollte.[10] Protagonistin des Romans ist Gesine
Cresspahl, die der Johnson-Leser schon aus *Mutmaßungen über Jakob* kennt.
Gesine ist aus Deutschland mit ihrer Tochter Marie nach New York gezogen und
lebt dort in einer kleinen Wohnung. Sie ist nicht verheiratet und auch nicht
fest liiert, sondern bekommt nur gelegentlich den Besuch von D.E. (Dietrich
Erichson), der sie liebt. D.E. stirbt gegen Ende des Romans ebenso plötzlich wie
ehedem Jakob Abs. Nach einem uns bereits bekannten Muster (vgl. oben Kap. 4)
vertritt die Beziehung zum Kind die schwierige oder verhinderte Beziehung zu
einem Partner. In der Tat verdanken sich die Berichte der *Jahrestage* ganz wesentlich Gesines Verbundenheit zu Marie: Für die neugierige, wissensdurstige Tochter, der sie auch allerlei aus der Gegenwart zu erklären hat, schreibt Gesine ihre
Erinnerungen auf oder spricht sie auf Tonband.

In Johnsons *Jahrestagen* wird Geschichte auf verschiedenen Ebenen zugleich
lebendig. Der Roman montiert New-York-Beschreibungen, Briefe, Statistiken,
akribische Tagesprotokolle aus dem New Yorker Leben Gesines und ausführliche
Zitate aus der *New York Times* zu dem jeweiligen Datum (prominent sind Meldun-
gen zum Vietnam-Krieg) zu einem Gegenwartsbild. Dies wird verflochten mit
Erinnerungen, z.B. der Darstellung des Lebens der Eltern Cresspahl im 'Dritten
Reich' in der norddeutschen Kleinstadt Jerichow. Johnson wählt als Gegenwarts-
Fluchtpunkt nicht Deutschland, so wie Grass etwa im Schneckentagebuch das
Deutschland der Wahlkampfzeit Willy Brandts wählte; sein Bezugspunkt sind die
USA und gegen Schluß des Romans die Vorgänge in Prag um den sog. Prager
Frühling und dessen jähes Ende. Bei der Bedeutung, die sowohl dem Vietnam-
Krieg als auch dem Prager Frühling für Deutschland zukam, war dieser Bezugs-
punkt auch innenpolitisch aktuell. Nun würde man freilich ungebührlich verein-

---

10 *Begleitumstände. Frankfurter Vorlesungen.* Frankfurt a.M.: Suhrkamp 1980 (= es 1019),
   S. 424f.

fachen, wenn man folgern wollte, die *Jahrestage* setzten die amerikanische Politik neben die nationalsozialistische, den Vietnamkrieg neben den 2. Weltkrieg. Vielmehr geht es darum, daß die Erinnerungen an die Vorgänge von damals nicht ohne Folgen bleiben können für die Beurteilung der Vorgänge von jetzt. Dazu kommt, daß eigentlich nicht die USA als solche Gegenstand der Reflexionen und Berichte sind, sondern näherhin die Stadt New York als *die* moderne Großstadt, der Inbegriff modernen Lebens und somit das Gegenbild zum kleinstädtischen Mief des mecklenburgischen Jerichow.[11] Im New Yorker Alltag und in den Berichten der "Tante" *New York Times* erlebt der Leser mit Gesine eine Gegenwart, in der das Leben so mit Schuld verflochten ist, daß keiner aus ihr heraus kann.

> Gestern hat ein Vertreter der Firma Dow Chemical vor Studenten in Washington Heights die Herstellung von Napalm und dessen Lieferung an die Armee verteidigt. Zunächst einmal hält jener Dean Wakefield den Krieg in Viet Nam, "im ganzen gesehen", nicht für ein moralisches Problem. Dow Chemical erfülle einfach die Verantwortung gegenüber den nationalen Verpflichtungen einer demokratischen Gesellschaft (in Viet Nam). Übrigens sei der Kampfstoff so einfach zu machen, die Armee wäre selber dazu imstande. (Die New York Times erklärt: was Napalm ist.) Die Familie der Krupps nennt Wakefield "schlechte Menschen". Auf die Frage, woher er die Maßstäbe beziehe, mittels derer er moralische Urteile über geschäftliche Unternehmen fälle, antwortete Mr. Wakefield: Aus der Geschichte. "Aus der Geschichte."
> Haushaltsprodukte der Firma Dow Chemical kaufen wir schon lange nicht mehr. Aber sollen wir auch nicht mehr mit einer Eisenbahn fahren, da sie an den Transporten von Kriegsmaterial verdient? Sollen wir nicht mehr mit den Fluggesellschaften fliegen, die Kampftruppen nach Viet Nam bringen? Sollen wir verzichten auf jeden Einkauf, weil er eine Steuer produziert, von deren endgültiger Verwendung wir nichts wissen? Wo ist die moralische Schweiz, in die wir emigrieren könnten? (S. 382)

Der letzte Satz, "Wo ist die moralische Schweiz, in die wir emigrieren könnten", läßt besonders aufhorchen. Wohl vorwiegend moralische Gründe waren es, die Gesine nach den USA emigrieren ließen, nachdem sie die DDR und auch Westdeutschland verlassen hatte. Aber auch hier ist sie nicht in einem Land, in dem Unterdrückung, Gemeinheit, Roheit, Rassismus Fremdwörter wären. Durch die Wahrnehmung, daß auch in der Gegenwart Verbrechen allgegenwärtig sind, wollen Johnsons *Jahrestage* die Verbrechen der Vergangenheit nicht einebnen; sie werden aber vielleicht besser verstehbar.

Vier starke Bände umfaßt die Darstellung eines Jahres des Gesine Cresspahl, von dessen aktuellen Vorgängen aus sich die Erinnerungen anspinnen. Der

---

11 Dies betont zurecht Manfred Durzak: *Der deutsche Roman der Gegenwart*. 2. erw. Aufl. Stuttgart u.a.: Kohlhammer 1973, S. 252. – Damit man sich in der Stoffülle der vier Bände besser zurechtfindet, gibt es sogar ein *Kleines Adreßbuch für Jerichow und New York. Ein Register zu Uwe Johnsons "Jahrestage"*. Hg. v. R. Michaelis. Frankfurt a.M.: Suhrkamp 1983.

1. Band befaßt sich mit der Vorgeschichte des Vaters Heinrich Cresspahl, eines in England zu Ansehen gekommenen Schreiners, der aber – v.a. seiner Frau zuliebe – nach Mecklenburg zurückkehrt. Der 2. Band rückt Gesines traurige Mutter Lisbeth Cresspahl in den Mittelpunkt. Sie kommt mit den Vorgängen in Deutschland nicht zurecht, schließt sich ab, sucht einen Ausweg in der Religion, verfällt mehr und mehr der Schwermut, wendet sich gegen sich selbst, ja gegen ihr einziges Kind. Erzählt wird von den Nazis im Umkreis der Cresspahls, von zaghaften Versuchen des Widerstands, von dem ehrlichen Juden Dr. Semig und schließlich vom Selbstmord der Mutter und dessen Folgen. Auslöser für ihren Tod durch Verbrennen in der Nacht vom 9. auf den 10. November 1938 war das Erlebnis der sog. Reichskristallnacht; Johnson führt parallel zu diesem traumatisierenden Ereignis, das endgültig das wahre Gesicht der Nationalsozialisten zeigte, jene Enthüllungen in der *New York Times*, aus denen klar wurde, daß der Vietnam-Krieg von den USA geplant war (Tonkin-Zwischenfall). Der 3. Band gehört wieder den Schicksalen des Vaters. Als Selbständiger in Hitlers Deutschland kann er sich einer Zusammenarbeit mit der Rüstungsindustrie nicht verweigern, wird sogar nominell Mitglied der NSDAP, versucht aber, diese Korrumpierung durch Tätigkeit für den britischen Geheimdienst wiedergutzumachen. 1945 wird er Bürgermeister, bis ihn die Rote Armee verhaftet und in das Straflager Fünfeichen bringt. Im 4. Band wird die Geschichte Jakobs nachgetragen, Gesines großer und wohl einziger Liebe. Sie hat Jakob nach kurzer gemeinsamer Zeit verloren, so wie sie alle nahen Bezugspersonen zu früh verloren hat, angefangen von der Mutter. Gleichzeitig rechnet dieser Band ab mit den russischen und deutschen Stalinisten. Gesine beobachtet die Euphorie des Prager Frühlings; insgeheim hängt sie dem sozialistischen Ideal an, auch wenn sie sich ihrem kapitalistischen Arbeitgeber, einer amerikanischen Bank, gegenüber loyal verhält. Sie lernt Tschechisch, denn sie soll von ihrem New Yorker Geldinstitut nach Prag geschickt werden, um dort ein Dollargeschäft abzuwickeln. Gesine, die kurz vorher erfahren muß, daß D.E. tödlich verunglückt ist, reist am letzten Tag der *Jahrestage*, es ist der 20. August 1968. Am gleichen Tag setzen sich die russischen Panzer in Richtung Prag in Bewegung. So wird das Buch zu einem Protest gegen jede Art von grausamer Gewalt: gegen die Untaten der Nazis ebenso wie gegen die Verbrechen nach 1945, das kommunistische Unterdrückungssystem und den Vietnam-Krieg.

Bisweilen findet sich Schräggedrucktes im Text: Hier handelt es sich um eingeschobene Monologe oder Dialoge Gesines; dies sind auch die Stellen, an denen sich der "Genosse Schriftsteller" mit seiner Gesine unterhält, meist von ihr rüde gemaßregelt wird. Sie stellt ihn zur Rede, weil er dies geschrieben, jenes weggelassen hat, sie rückt zurecht, er muß es sich gefallen lassen. Diese Stellen, im Grunde Werkstattgespräche, bieten oftmals tieferen Einblick in Gesines Gedanken und Gefühle als der laufende Text. Sie rücken zugleich das Problem der Erzählinstanz ins Bewußtsein. "Wer erzählt hier eigentlich, Gesine. – Wir beide. Das hörst du doch, Johnson." (S. 256). Gibt es also zwei Erzähler? Bereits am ersten Jahrestag hatte der Erzähler sich preisgegeben: Mit einem wiederhol-

ten "Ich stelle mir vor" kennzeichnet er den fiktionalen Charakter seines Erzählens (S. 12). Später baut der Text selbstironisch einen Schriftsteller Johnson als
von Gesine Beauftragten in den Text ein. (Tatsächlich hielt sich Johnson zwischen 1966–68 in den USA auf.) Trotz dieser Doppelung der Erzähler, des
Wechsels vom Erzähler-Ich zur ich-sprechenden Gesine (bereits S. 17), gibt es
aber nicht zwei konkurrierende Perspektiven. Je nachdem, in welchem Teil des
Montage-Mosaiks man sich gerade befindet, hört man die 3. Person ("Gesine
Cresspahl kauft ...", S. 14) oder die 1. Person ("Was fand Cresspahl an meiner
Mutter?", S. 17). Selbst wenn aber die 3. Person des Erzählens gewählt ist,
so bleibt doch Gesine die eigentliche Erzählerin, fungiert der Genosse Schriftsteller nur als ihr Sachwalter. An dieser Fiktion hat Johnson auch in Gesprächen
zum Buch und in seinen Frankfurter Poetikvorlesungen vehement festgehalten.[12] Gesines Autorschaft suggeriert auch schon der Titel, falls man ihn so liest:
Aus dem Leben – von Gesine Cresspahl.

Dieser Wechsel von Er- und Ich-Form bei gleichbleibendem Erzählsubjekt ist
uns bereits aus jenen Autobiographien geläufig, in denen die Gewährsperson von
ihrer eigenen, vornehmlich ihrer vergangenen Subjektivität abrückt. "Wer eines
Tages die amtlichen Lebensläufe dieser Gesine Cresspahl vergleicht, wird nicht
umhin können, verschiedene Personen dieses Namens anzunehmen. Oder aber
eine einzige, die war jedes Jahr eine andere und wurde sich selbst unbekannt
von einem auf den anderen Tag!" (S. 1451) Er- und Ich-Erzählweise verschmel-
zen. Freilich ist die Erzählerfrage angesichts einer Erinnerungsspanne von 1920
bis 1968 und häufig wechselnden Schauplätzen viel komplizierter, so kompliziert, daß Johnson wenigstens zeitweise den allwissenden Erzähler wieder
einführen muß. Gesine kann unmöglich all das wissen, was sie erzählt ("Gesine
wußte nicht, daß sie von 1943 an nach Gneez sollte", S. 895). Wie läßt sich
plausibel machen, daß Gesine von Dingen berichtet, die sie als Kind nicht begriffen haben kann? Die Erklärung lautet: Gesine hört Stimmen und wendet sich
deshalb an einen Professor.

> Grundsätzlich möchte ich mich oft für normal halten. Die Ausnahme: ich höre
> Stimmen. [...] Ich will es nicht. Dennoch gelange ich (manchmal fast voll-
> ständig) zurück in vergangene Situationen und spreche mit den Personen von
> damals wie damals. Das ereignet sich in meinem Kopf, ohne daß ich steuere.
> Auch verstorbene Personen sprechen mit mir wie in meiner Gegenwart. [...]
> Jetzt werde ich von denen in Situationen hineingezogen, in denen ich nicht
> anwesend war, die ich auch keines Weges habe auffassen können, sei es mit
> einem acht-, einem vierzehnjährigen Verstand. (S. 1539)

Diese etwas linkische Hilfskonstruktion des Buches, Gesine Stimmen hören zu
lassen, ist doch von tieferer Bedeutung: Gesine hat – und dies zeichnet sie vor
ihrer Umgebung aus – die Fähigkeit und den Willen, Vergangenes zu bewahren,
es wiederzubeleben. Ihr Freund D.E. vergleicht einmal sein eigenes Verhältnis zu

---

12 *Begleitumstände* (wie Anm. 10), S. 405ff.

seiner Mutter mit Gesines Umgang mit ihren Vorfahren: "Wo ich eine alte Frau mit Eigenheiten habe, weil sie noch lebt, hast du eine rundum belebte Vergangenheit, Gegenwart mit Toten, und noch deine Marie weiß genauer wer sie ist, weil ihre Herkunft ihr bekannt gemacht wird." (S. 817) Gesine braucht diese lebendige Erinnerung aus verschiedenen Gründen: Sie ist nicht heimisch, wo sie wohnt, sondern fühlt sich in New York als Zugewanderte, sie ist auch nicht fertig mit dem, was sich in Deutschland ereignet hat. Sie muß sich noch selbst im Erinnern finden. Aber auch Marie ist auf der Suche nach Identität, denn sie betrachtet die USA schon längst als Heimat, hat aber andere Wurzeln. So leuchtet die Konfiguration des Gesprächs mit der Tochter unmittelbar ein: Gesine erinnert sich für das Kind – eine Fiktion, die sich auch bei Grass als Antrieb für Erinnerung bewährt hat, aber anders als beim Schneckentagebuch in *Jahrestage* noch zusätzlichen Impetus bekommt: Marie interessiert sich als Auslandskind für die Schicksale ihrer Vorfahren, für die Vorgänge in dem Land, aus dem sie ursprünglich kommt und auf das sie immer wieder angesprochen wird.

Es sind die kleinen, privaten Lebensläufe, die sich in Johnsons *Jahrestagen* zum Bild des Nationalsozialismus zusammenfügen. Der Text zeigt uns die verschiedensten Verstümmelungen durch die Politik, die sich die Menschen zuzogen ebenso wie die feinen Nuancen der Sympathie mit dem Regime, vom widerwilligen Hinnehmen bis zum Fanatismus. Dies alles ist genauestens recherchiert und mit viel Faktenmaterial durchsetzt. Mit der Kleinstadt Jerichow wurde ein überschaubares Areal gewählt, das durch viele Einzelheiten, v.a. durch die Sprache (Umgangssprache und Plattdeutsch) in authentische Nähe rückt.

Johnson legt das größte Gewicht auf genaue Beschreibung. Kommentare werden kaum geboten. Die Gründe für die großen Erfolge der NSDAP etwa erfährt der Leser nicht aus Erklärungen, sondern er muß sie sich aus dem Text, aus den in ihm geschilderten Lebensläufen ableiten. Durch die Erzählweise, den freien Wechsel von 3. zu 1. Person und durch wiederholte Verfremdungen, die die epische Illusion durchbrechen, lassen Gesines Berichte dem Leser die Freiheit des distanzierten Beobachters. Interessant ist auch die Rolle der Tochter Marie, die einerseits die Berichte auf ihre Zuverlässigkeit hin abklopft,[13] andererseits auf Veränderung der "Wahrheit" drängt.[14] Der Leser muß sich Gedanken machen über Gefahren und Chancen historischer Fiktion, über Wahrheit und Wahrscheinlichkeit.

In Uwe Johnsons Todesjahr 1984 warf der 40. Jahrestag des Kriegsendes 1985 schon seine Schatten voraus. So erschienen damals etliche Erinnerungs- und

---

13 "Ich werde dich jetzt prüfen: sagt Marie. – Ich werde jetzt mal nachsehen, woher du deine Vergangenheiten hast. Das hat jetzt ein Ende mit dem Anlügen. Erzähl mal was über das Kind Gesine, als es zwei Jahre alt war!" (S. 454).

14 "Solche Vorfahren waren ihr [Marie] abermals bedenklich geworden. Was immer sie zu Hause hört, es hat doch nicht verfangen gegen die Lehren ihrer Schule, nach denen eine Verhaftung die Schuld schon beweist. [...] – Mach Cresspahl unschuldig, Gesine. Wenn du ein wenig lügen könntest. – Das Verhaftungskommando behandelte ihn erst einmal wie einen Unschuldigen." (S. 1214f.).

Kriegsbücher, z.B. Peter Härtlings *Der spanische Soldat oder Finden und Erfinden*, Härtlings Frankfurter Poetikvorlesungen, ferner Siegfried Lenz' *Ein Kriegsende* und Gert Heidenreichs *Die Steinesammlerin*.

Im Unterschied zu allen diesen Erinnerungen an damals erzählt Jurek Beckers Roman *Bronsteins Kinder* (1986)[15] eine Gegenwartsgeschichte. Es ist die Geschichte eines ganz normalen Abiturienten mit dem demonstrativ normalen Namen Hans, zufällig jüdischer Abkunft, wohnhaft in Ostberlin. Mit dem Einsetzen der Erzählung im Frühsommer 1974 (in etwa zeitgleich mit Walter Ulbrichts Tod) beginnt für Hans Bronstein der Zerfall seiner Normalität. Bronsteins besitzen ein Wochenendhaus, gekauft vermutlich mit Geld, das der Vater bei Schiebereien in der Nachkriegszeit erworben hat. Hans benützt dieses Haus als heimliches Liebesnest. Als er wieder einmal hinausfährt, um sich mit seiner Freundin Martha zu treffen, entdeckt er seinen Vater und zwei von dessen Freunden, wie sie einen Deutschen, den sie als KZ-Lageraufseher enttarnt haben, verhören, foltern, quälen. Hans ist aufs äußerste betroffen. Als er nach langem Zögern beschließt, den unter unmenschlichen Bedingungen gefangengehaltenen Deutschen zu befreien, entdeckt er seinen an Herzversagen gestorbenen Vater.

Das Buch ist so angelegt, daß Hans, aus dessen Perspektive konsequent erzählt wird, sich an all diese Vorgänge erinnert, die inzwischen ein Jahr zurückliegen. Erinnerungskapitel im Präteritum wechseln mit Gegenwartskapiteln im Präsens. Hans wohnt während des Trauerjahres bei den Eltern seiner Freundin Martha Lepschitz, hat die Zulassung für das Philosophiestudium erhalten und versucht auszuziehen, denn von seiner Freundin hat er sich entfremdet. Grund für diese zweite, tiefgehende Trennung und Verstörung ist, daß Martha als Schauspielerin entdeckt worden war. Sie spielt in einem Film über das NS-Regime eine junge Jüdin, weil ihr Aussehen so wunderbar dem Klischee eines jüdischen Frauengesichts entspricht. Hans, der gegen Vorurteile, Stereotype, Suggestion bisher erfolgreich angekämpft hat, sieht sich mehr und mehr in der ihm bislang völlig fremden Rolle eines Juden.

Ein weiterer Handlungsstrang von *Bronsteins Kinder* hat mit Hans' Schwester Elle zu tun. Sie ist wesentlich älter als Hans, der gerade Abitur gemacht hat. Während des Krieges war sie bei einem geldgierigen Bauern versteckt und erlitt offenbar in dieser Zeit schwerste seelische Schäden. Nun ist sie in einer Anstalt, da sie ohne ersichtlichem Grund fremde Leute anfällt. Über die Gründe für Elles plötzlich ausbrechende Aggressivität ist letzlich keine Gewißheit zu bekommen; wahrscheinlich aber schlägt Elle wahllos Leute, weil sie selbst so viel geschlagen worden war (vgl. S. 129). Völlig unbegreiflich aber erscheint es Hans, daß sein vernünftiger Vater, dem er nie Gewalttätigkeit zugetraut hätte (S. 31f.), mit einemmal zum Peiniger eines fremden Menschen werden kann. "Darf einer, der

---

15 Zur Interpretation vgl. Volker Hages Interview mit Jurek Becker (14.9.1986) in: *Deutsche Literatur 1986. Jahresüberblick*. Hg. v. V. Hage. Stuttgart: Reclam 1987, S. 331–324 mit vielen Informationen zu der autobiographischen Substanz, der Schreibmotivation und -absicht.

mit 30 Jahren geschlagen wird, mit 60 zurückschlagen?" (S. 33) Vater und Sohn beginnen sich zu hassen. Keiner versteht den andern, keiner erklärt sich dem anderen. Hans müßte sich über seinen Vater, dessen Geschichte, sein Judentum und über sich selbst klar werden. Ist man anders als Jude? Oder wird man erst durch Antisemitismus Jude – eine These, die Jurek Becker als Ausspruch seines eigenen Vaters überliefert hat[16] und die an Max Frischs *Andorra* denken läßt.

Hans wird der Aufgabe, seine eigene Identität zu definieren und die seines Vaters zu ergründen, nicht gerecht. Er war durch nichts auf sie vorbereitet. Sein Vater sprach nicht über die Vergangenheit, wollte nicht als Opfer behandelt werden, sondern lebte wie ein Deutscher unter Deutschen. "Eine Theorie meines Vaters [...] lautete: Es gebe überhaupt keine Juden. Juden seien eine Erfindung" (S. 48). So zu sein wie die anderen, war immer für Hans oberstes Gesetz. Schon in der Schule war er ein angepaßter Schüler, der lieber das sagte, was der Lehrer gerne hören wollte (vgl. S. 85). Auch angesichts dessen, was er zurecht die "Katastrophe" nennt, handelt Hans nicht, er solidarisiert sich mit keiner Seite. Dem Deutschen kommt er nicht zu Hilfe, obwohl ihm das sein Gewissen gebietet. Er geht aber auch der Not seines Vaters nicht auf den Grund.

So wird *Bronsteins Kinder* zu einem Buch der unentwirrbaren Verschlingung von Schuld und Unschuld. Hans' Vater war Opfer der Nazis und wird nun zum Täter. Er hat dabei aber kein Schuldbewußtsein, sondern glaubt, Wahrheit und Gerechtigkeit durchzusetzen, die die Deutschen nicht kennen (S. 80). Im guten Glauben, den Sohn durch sein Schweigen über seine vergangenen Leiden schonen zu wollen, war der Vater an diesem schuldig geworden. In fataler Weise verstrickt sich aber auch Hans. "Mein Verhalten bestand nur noch aus Heimlichkeiten, Vertrauensbrüchen, Lügen, und bei allem wurde ich erwischt, keine einzige Entlarvung blieb mir erspart. [...] Eine Serie von Ereignissen hatte dazu geführt, daß auf einmal ich als das Scheusal dastand, entgegen aller Logik und Gerechtigkeit." (S. 200). Aus seiner deutschen Normalität plötzlich herausgeworfen, kann Hans sich nicht als Jude wiederfinden. Allergisch reagiert er auf alles, was in diese Richtung weist, ohne seine eigene Position benennen zu können. "Womöglich bin ich doch ein Opfer des Faschismus und will es nicht wahrhaben." (S. 224). Das Problem des Juden *und* Deutschen in sich kann er nicht lösen.

Becker hat *Bronsteins Kinder* ziemlich realistisch und etwas unterkühlt erzählt. Indem der Text sich auf die Perspektive des Ich-Erzählers beschränkt und auf auktoriale Kommentare verzichtet, überläßt er es dem Leser, sich selbst eine Meinung zu bilden. Nur soviel ist klar, daß trotz des Verlaufs vieler Jahre das Vergangene uns umso unerbittlicher einholt, je weiter wir es wegdrängen.

---

16 Mein Judentum. In: *Jurek Becker*. Hg. v. I. Heidelberger-Leonard. Frankfurt a.M.: Suhrkamp 1992 (= st materialien 2116), S. 15–24, hier S. 17.

Der ostdeutsche Literaturwissenschaftler Hans-Georg Werner weist darauf hin, daß Beckers Buch, als es 1987 auch im Osten erschien,[17] einen Tabubruch darstellte.[18] Das Problem jüdischer Identität wurde im Sozialismus als nicht-existent erachtet. Eine Schranke durchbrach auch Christoph Heins seinerzeit vielbeachteter Erstlingsroman *Horns Ende* (1985).[19] Daß weder die faschistische, noch die (mit Stalins Tod 1956 zuende gegangene) stalinistische Epoche einfach totgeschwiegen werden können, weil beide ihre Spuren in der Gegenwart hinter-lassen haben, dies wollte die DDR-Zensur nicht hinnehmen. Zwei Jahre mußte um das Erscheinen dieses im nachhinein eher vorsichtig wirkenden Buches gerungen werde.[20] Weit davon entfernt, die herrschenden Apparatschiks bloß-zustellen, hat Hein auf den eigentlich "Schuldigen", den Bürgermeister und Parteibonzen Kruschkatz, all seine "Kraft und Liebe" gewandt, wie er selbst angibt.[21] Vielleicht ließ der Autor hier sogar zuviel Diskretion walten, denn es wird nicht ganz klar, gegen welchen Fehltritt der Hauptfigur Horn hier mit der Unnachsichtigkeit stalinistischer Methoden vorgegangen wird. Insofern kann der Leser auch nicht das volle Ausmaß der Unverhältnismäßigkeit der Mittel beur-teilen, noch die Berechtigung der Gewissensbisse des Bürgermeisters, auf die dieser rückblickend mit Defätismus und Selbst- und Lebensverachtung reagiert. Horn, ein Historiker, jedenfalls ist unter die Räder des Systems geraten, was zu seinem Parteiausschluß, zur Aberkennung seines Doktortitels und zu seiner Strafversetzung an den gottverlassenen Ort Bad Guldenberg geführt hat. Aus unerfindlichen Gründen, vielleicht weil er die wendische Besiedlung als expan-sionistisch und brutal gebrandmarkt hat, wird er erneut diffamiert und erhängt sich. Horn unterscheidet sich von den übrigen Figuren des Romans v.a. dadurch, daß er bereits vor diesen zu der festen Überzeugung gekommen ist, das Leben sei schrecklich und von uns allen bleibe nichts anderes als ein "Haufen Scheiße" oder ein "Haufen Schrott" (S. 227, 232 u.ö.). In ihrem verbitterten und verein-samten Alter gelangen auch Kruschkatz und Dr. Spodeck, der Arzt und Chronist Guldenbergs, zu vergleichbaren Ansichten. Bereits 25 Jahre früher, 1957, als Horn bei ihnen lebte und sich schließlich umbrachte,[22] war der Umgangston der Guldenberger Honoratioren schon bis zur Bösartigkeit zynisch. Guldenberg ist Sammelpunkt grober Misanthropen, verbildeter, sich gegenseitig hassender

---

17 Jurek Becker hielt sich seit 1977 mit Erlaubnis der Behörden vorwiegend im Westen auf und konnte hier auch publizieren.

18 H.-G. Werner: Bronsteins Kinder im Blickfeld eines Ostberliner Lesers. In: *Jurek Becker* (wie Anm. 16), S. 236–250, hier S. 236f.

19 Alle Zitate nach der Lizenz-Ausgabe Darmstadt/Neuwied: Luchterhand 1985.

20 Vgl. die Dokumentation von Albrecht Terry: Die Endphase des zweijährigen Taktierens um die Veröffentlichungsgenehmigung des Romans *Horns Ende* von Christoph Hein. Eine Chronik aus dem Jahr 1985/86. In: *ZG* 8 (1998), H. 1, S. 131–144.

21 Krzysztof Jachimczak: Gespräch mit Christoph Hein in: *Sinn und Form* (1988), H. 2, S. 342–359, hier S. 356.

22 Der Roman spielt auf drei Zeitebenen: 1. 1957, 2. die Zeit davor, also NS- und Aufbau-zeit, 3. 25 Jahre später, 80er Jahre, Zeit der werkimmanenten Diskurse und der Roman-Niederschrift. Vgl. Gespräch (wie Anm. 21), S. 353.

Männer, von deren wütender Verbohrtheit sich die stumme Leidensbereitschaft einiger Frauen (Dr. Spodecks Hausangestellte und Geliebte Christine, Horns Hauswirtin und zeitweilige Geliebte Gertrude Fischlinger, die irre Marlene) nur wenig erfreulich abhebt. Horns Selbstmord gibt Anlaß, daß verschiedene Figuren (Kruschkatz, Spodeck, Fischlinger sowie Thomas, damals noch ein Kind) sich die Vorgänge in Guldenberg ins Gedächtnis rufen. Dazu kommt noch die Stimme Marlenes, die freilich außerhalb des Horn-Geschehens steht und mit einem zweiten Erzählstrang verbunden ist: einem tragischen Vorgang in der NS-Zeit. Marlenes Mutter hatte sich damals statt ihrer geistig behinderten Tochter abtransportieren und ermorden lassen. Wie diese "Verwechslung" einer über 40jährigen Lehrerin mit ihrer jugendlichen Tochter angesichts einer neben aller Grausamkeit auch wohlorganisierten und hochbürokratischen NS-Verwaltung möglich gewesen sein konnte, erfährt der Leser leider nicht. Für Literatur, die sich mit vergangener Wirklichkeit auseinandersetzt, ist mangelnde Wahrscheinlichkeit ein erzählerischer Mangel. Der Leser soll zum Nachdenken über geschichtliche Konstellationen gebracht werden; deren fehlende Plausibilität ist also im Falle der "Euthanasie" von Marlenes Mutter ebenso mißlich wie im Falle der "staatsfeindlichen Vergehen" Horns.

Ein weiteres, für den Erzählzusammenhang kryptisches Motiv ist mit den beiden Erinnerungshandlungen verknüpft: Zigeuner kommen nach Guldenberg, und sie stehen in irgendeiner herzlichen Beziehung zu Marlenes Vater. Welches Fundament für diese Freundschaft in Frage kommt, muß sich der Leser selbst zusammenreimen. Nahe läge eine Solidarität der Verfolgten des NS-Regimes und der Außenseiter der Gesellschaft. Tatsächlich unterließ es die Sprachregelung der DDR gern, Sinti und Roma als Verfolgte zu erwähnen.[23] Dieser Interpretation, die innerhalb der geltenden Maximen somit etwas Besonderes hätte, kann man sich aber wegen der gänzlich mangelnden Sympathielenkung (die Zigeuner werden mit allen negativen Stereotypen gezeichnet) nicht sicher sein. Dazu kommt die ungelöste Frage, wer (welcher Zigeuner?) am Ende Marlene vergewaltigt hat.

Die polyperspektivische Sicht auf ein von allen Beteiligt-Unbeteiligten zu verantwortendes Unglück und der Versuch einer Klärung durch erzwungene Erinnerung[24] lassen an Frischs *Andorra* (1961) denken. Mit diesem Stück hat *Horns Ende* etliches gemeinsam: Auch hier biegen sich die Protagonisten ihre Erinnerung zurecht und benützen sie zur eigenen Rechtfertigung, auch hier trifft keine der verschiedenen Stimmen die eigentliche Wahrheit. Beide Male handelt

---

23 Vgl. Ingrid Dinter: *Unvollendete Trauerarbeit in der DDR-Literatur. Ein Studium der Vergangenheitsbewältigung.* New York u.a.: Lang 1994 (= DDR-Studien/East German Studies 7), S. 19.

24 Was in Frischs *Andorra* das Gericht bewirkt, leisten hier die den Kapiteln vorangestellten Dialoge: "Erinnere dich!", ruft ein Ungenannter in ihnen immer wieder. Zur Interpretation dieser Dialoge sagt Hein in einem Interview: "Es kann ein Dialog des älter gewordenen Thomas mit dem toten Horn sein, es kann ein Selbstgespräch des Autors oder des Erzählers sein, was dann nicht identisch ist mit dem Autor, es kann dann ein Dialog zwischen den Zeiten sein". Vgl. Gespräch (wie Anm. 21), S. 353.

es sich um eine analytische Anlage, um versuchte Rekonstruktion eines Tather-gangs; beide Male aber kann der Rezipient aus dem Gewirr nur mit Mühe einen Faden ziehen, der ihn durch das Labyrinth der Schuldverstrickungen lenken soll. Frischs Anlage ist psychologisch feiner, weil sie in Maßen Verständnis aufkom-men läßt und weil die Figuren unterschiedlicheres Profil bekommen. Bei Hein sprechen im Grunde alle das gleiche gepflegte, hin und wieder von Kraftaus-brüchen durchsetzte Deutsch, alle sind vom Leben versehrt, einer bösen Welt ausgesetzt, werfen sich aber auch selbst Fehler, ja Gemeinheit vor. Das Relief, das durch die Verschiedenheit der Beiträger hätte entstehen können, ist nur flach. Selbst Thomas, der Junge von damals, spricht inzwischen die Sprache von Erwachsenen, auch wenn er bisweilen seine Sichtweise in die kindliche Frosch-perspektive zurückdrängt. Klischees und Überzeichnung schmälern die Glaub-würdigkeit des Dargestellten.

Trotz all dieser Einwände liegen die Verdienste des Romans klar auf der Hand. Hein hat – wie die Zensurschwierigkeiten zeigen – großen Mut bewiesen, die Zeit des Stalinismus zu thematisieren. Daß dies etwas vage ausgefallen ist und daß einige Protagonisten geschont werden, muß nicht verwundern. Schon Heins Bestehen auf Erinnerung, auch solcher die unbequem ist und schmerzt, ist wichtig. So läßt er seinen Protagonisten Horn andeuten, was er selbst in einem Gespräch so formuliert: "Allein aus dem antifaschistischen Widerstand ist die DDR nicht geboren worden".[25] Das Unrecht von damals – personifiziert an Marlene und ihrem gebrochenen Vater – ragt noch in die Gegenwart herein. Der Verzicht auf einen rezeptionslenkenden Erzähler ist angesichts der für den sozialistischen Realismus geltenden Regeln mutig,[26] bedeutete für die Thematik dieses Buches wohl auch einen gewissen Schild: Der Erzähler kann für die Meinungen seiner Figuren nicht haftbar gemacht werden.

Horns Ende widersetzt sich wie *Kindheitsmuster* von Christa Wolf dem Gedächt-nisverlust. "Welch ein entsetzlicher Gedanke, ohne Gedächtnis leben zu müs-sen", sagt Horn an einer wichtigen Stelle (S. 232). Dies gilt ungeachtet der Erinnerungsskepsis, die den Text schon von seiner Anlage her durchzieht: Jeder einzelne Beitrag zeigt, wie leicht Erinnerungen trügen, sei es, daß sie von Unver-ständnis, von Rechtfertigungszwang oder von Haß diktiert werden. Die wie-derholt verwendete Spiegelsymbolik (vgl. S. 108, 230) deutet aber auch an, wie einfach Geschichtsschreibung verfälscht werden kann. So ist *Horns Ende*, dessen Protagonist Historiker ist, nach den Worten seines Autors "ein Roman über Geschichte, über Geschichtsverständnis, auch über Geschichtsschreibung".[27]

Das Erbe der Vergangenheit belastet nicht nur die beiden deutschen Staaten, sondern auch Österreich. Wenn man sich hier nicht immer leicht tat, dieses Erbe

---

25 (Wie Anm. 21), S. 354.
26 Hein bezeichnet die dem Erzähler zugewiesene aufklärende Rolle als überholt, als "eine Literatenrolle aus dem 19. Jahrhundert". "Ich bin nicht klüger als mein Publikum, ich kann keine Richtung angeben." Vgl. Gespräch, (wie Anm. 21), S. 347.
27 Ebd., S. 355.

anzunehmen, so gab es doch einen Schriftsteller, der mit Unerbittlichkeit den Finger in die Wunde legte. In *Auslöschung* (1986) verlieh Thomas Bernhard seiner Überzeugung Ausdruck, daß der alltägliche Faschismus heute noch genauso präsent ist wie ehedem. "Der Schoß ist fruchtbar noch, aus dem dies kroch", hatte Bert Brecht gewarnt.[28] Diese fürchterliche Fruchtbarkeit – so die in *Auslöschung* vertretene Überzeugung – ist nur durch radikale Maßnahmen zu bekämpfen.

Die Handlung von *Auslöschung* ist schnell erzählt: Der Ich-Erzähler Murau lebt in Rom als Privatlehrer eines reichen und hochintelligenten jungen Mannes namens Gambetti. Ein Telegramm unterrichtet ihn von dem Tod seiner Eltern und seines Bruders bei einem Autounfall. Murau kehrt zurück auf die elterliche Burg Wolfsegg in Österreich. Er vermacht nach dem Begräbnis das gesamte Anwesen der Israelitischen Kulturgemeinde in Wien und reist wieder nach Rom, um *Auslöschung* zu schreiben und dann zu sterben. – Das Buch ist eine Generalabrechnung, ein bitterböser Ausfall gegen alles, was nach Bernhards Meinung Österreich bestimmt: Nationalsozialismus, katholische Kirche, provinzieller Stumpfsinn, brutaler Geschäftssinn, Kleinbürgerlichkeit, Pseudosozialismus; eine Abrechnung mit der ungebildeten Kulturangeberei in Wolfsegg und seinen fünf Bibliotheken, mit den Eltern, der Kindheit, mit ganz Österreich und seinen "fürchterlichen Geschichtsabgründen" (S. 57). Aber auch eine Abrechnung mit den Ikonen der Literatur, von Thomas Mann bis Goethe, ja selbst mit der deutschen Sprache. Die ganze Verlogenheit der österreichischen Welt soll durch dieses Buch ausgelöscht werden, und zwar durch eine hochentwickelte "Übertreibungskunst". Bernhard nimmt hier einmal selbst Stellung zu seinem Individualstil, jener spiralenartigen Steigerung mit ihrer stetigen Verbreiterung und grotesken Übertreibung. Und er legt besonderen Wert auf diese Übertreibungs-*Kunst*, als dem einzigen Mittel, Botschaften zu transportieren. Seinen Protagonisten, den Ich-Erzähler von *Auslöschung*, läßt er sagen: "Meine Übertreibungskunst habe ich soweit geschult, daß ich mich ohne weiteres den größten Übertreibungskünstler, der mir bekannt ist, nennen kann. [...] Durch Übertreibung, schließlich durch Übertreibungskunst, die Existenz auszuhalten, habe ich zu Gambetti gesagt, sie zu ermöglichen [...] Das Geheimnis des großen Kunstwerks ist die Übertreibung" (S. 611f.).

Auslöschung trägt den Untertitel "Ein Zerfall". Der Erzähler ist sich über die Folgen seines Tuns im klaren: "Tatsächlich bin ich dabei, Wolfsegg und die Meinigen auseinanderzunehmen und zu zersetzen, sie zu vernichten, auszulöschen und nehme mich selbst auseinander, zersetze mich, vernichte mich, lösche mich aus." (S. 296) Konsequenterweise stirbt Murau am Ende, sein Buch aber soll sein Werk vollbringen. "Ich werde damit alles auszulöschen versuchen, das mir einfällt, alles, das in dieser *Auslöschung* niedergeschrieben ist, wird ausgelöscht [...]. Und das, was ich zu Papier bringe, ist *das Ausgelöschte.*" (S. 542) Der

---

28 *Kriegsfibel*, Nr. 69. Werke. Große komm. Berliner u. Frankfurter Ausgabe. Hg. v. W. Hecht. Berlin: Aufbau/Frankfurt a.M.: Suhrkamp 1988, Bd. 12: Gedichte 2, S. 266.

Text, der da unter der Feder Muraus entsteht, soll also nicht nur auslöschen, was er beschreibt (S. 199), sondern auch sich selbst auslöschen, er soll durch Beschreibung schlechthin alles auslöschen.

Zwar hatte sich Murau von Österreich nach Rom gerettet, das für ihn die Großstadt und Weltstadt schlechthin ist (S. 202), zwar ist er dort sicher vor den unmittelbaren deprimierenden Erfahrungen, die mit seiner Familie und Wolfsegg verbunden sind, aber er ist sich auch im klaren: "Wenn wir uns einbilden, Rom ist die Lösung, irren wir naturgemäß auch." (S. 645). "Wir tragen alle ein Wolfsegg in uns herum und haben den Willen, es auszulöschen zu unserer Errettung" (S. 199). Gesine Cresspahls Frage nach der "moralischen Schweiz" ist also auch bei Bernhard unlösbar. Angesichts der völligen Durchseuchung der vorgefundenen Welt schafft erst die völlige Auslöschung die Voraussetzung, daß ein Neues, Besseres entstehen kann (S. 209, vgl. 211f.). Es ist nicht zu viel gesagt, wenn man aus diesem Postulat auch eine Hoffnung herausliest: Das Verhaßte soll ja durch die Niederschrift tatsächlich vertilgt werden.

Bernhard hat in der ihm eigenen Art die Desolatheit und Verworfenheit des von ihm beschriebenen Zustandes bis in alle Einzelheiten hinein verfolgt. Alles in seinem Heimatschloß Wolfsegg ist entsetzlich: Wolfsegg ist bis ins letzte Detail hinein die Verkörperung des schrecklichen Österreich. Die Eltern sind lieblos, grausam, gemein, kleinlich, unbelehrbar, äußerlich, eitel, geistig unbeweglich und abhängig. Katholizität bedeutet innerhalb der Logik des Buches per se Verzicht auf Denken und Geist; die unbelehrbare nationalsozialistische Haltung der Eltern ist daher eine zwangsläufige Konsequenz ihrer Religion. Nach dem Krieg hatten sie Gauleiter und SS-Obersturmbannführer in einem Nebengebäude einquartiert und hielten sie bei bester Verpflegung versteckt (S. 439). Diese Leute kommen, "mit allen nationalsozialistischen Orden auf ihren Brüsten" (S. 632) zur Beerdigung. Sie leben von dicken Staatspensionen und bezeichnen in aller Öffentlichkeit den Verstorbenen als einen der ihrigen. Mit ins Bild der katholisch-nationalsozialistischen Gesinnung gehören die Jägerei als legitimiertes Mordhandwerk und diktatorischer Faschismus gegenüber der Natur (S. 192ff.) sowie das kleinbürgerliche Mißverhältnis zu Bildung, insbesondere zu den Exponenten des Geistes: Die Bücher von Montaigne und Voltaire werden von den Eltern weggesperrt (S. 147). Der Nationalsozialismus war also weder eine überraschende historische Erscheinung, noch wurde er nach dem Krieg abgelegt: Er war und ist das Lebenselement der Wolfsegger (S. 291). Wolfsegg aber steht für die Zustände in Österreich. "Dieser Staat ist wie meine Familie, die geradezu geschaffen ist für das nationalsozialistische Verbrechen" (S. 460). In diesem Staat – so Bernhard – leben die Täter in Saus und Braus, während die Opfer nicht entschädigt werden. Ein solches bis heute in höchster Bescheidenheit lebendes Opfer ist der "im Ort" ansässige Schermaier, der nie über seine Leiden in Gefängnissen und im KZ spricht, so daß, "wenn er schon nicht darüber spricht, ich einmal darüber schreiben werde, in der von mir geplanten Auslöschung" (S. 457). Muraus Haß gegen den österreichischen Staat entspringt v.a. dem Bewußtsein, daß in diesem Staat über die Verbrechen des Nationalsozialismus nicht *gesprochen* wird. "Das Schweigen unseres Volkes ist von allen diesen Verbrechen das größte [...] Das Schweigen diesen Volkes ist das Entsetzlichste, dieses Schweigen ist noch entsetzlicher als die Verbrechen selbst" (S. 459). Murau verurteilt also die *Gegenwart*. Daß die Vergangenheit sich der höchsten Greuel schuldig gemacht hat, steht außer Zweifel; doch die Gegenwart, so Murau, macht sich eines noch größeren Verbrechens schuldig, des Verschweigens.

Es ist die Crux eines politischen Buches, daß es sich an der Realität messen lassen muß und nicht ausschließlich in seiner selbsterschaffenen Logik bleiben kann. Bernhards Bücher haben zwar als die Produkte eines Übertreibungskünstlers dem Mißverständnis, sie seien Zustandsbeschreibungen, von vorneherein einen Riegel vorgeschoben, gleichwohl wird man fragen dürfen, ob Schweigen wirklich schlimmer sei als die Verbrechen und ob die Kausalkette Jägerei – Katholizismus – Nationalsozialismus stichhaltig ist. Aber auch wenn wir Bernhards Buch nicht mit diesem Maßstab messen wollen, so bleiben doch noch einige *innere* Ungereimtheiten oder Schwachstellen: Da ist zum einen die Position Muraus selbst. Sie bleibt blaß und theoretisch. Franz-Josef Murau wirkt – den spärlichen Andeutungen von Zweifel zum Trotz – in seinen Urteilen völlig unangefochten, ja unfehlbar.[29] In seiner bis in die Details der Kleidung hinein als faschistoid gebrandmarkten österreichischen Umgebung ist er allein die Ausnahme, der große Einzelne. Die zweite Konstruktionsschwäche scheint mir in der Figur des Wiener Oberrabbiners Rabbi Eisenberg zu liegen. Eisenberg erscheint im Buch nur an ganz wenigen Stellen. Die unerwartete Übereignung von Wolfsegg ist wenig motiviert. Dem mit allen Attributen jüdischer Klischees ausstaffierten Eisenberg kommt in diesem coup die Rolle des deus ex machina zu.[30]

Weder politische Veränderungen noch der Wechsel der Erzählergenerationen konnten der bleibenden Aktualität des Themas Vergangenheitsbewältigung etwas anhaben. Gerlind Reinshagen, 1926 in Königberg geboren, erlebte die Kriegszeit als junges Mädchen und machte 1944 noch Abitur in Königsberg, bevor sie aus Ostpreußen vertrieben wurde. Der persönliche Bezug in ihrem Buch *Zwölf Nächte* (1989) ist daher gewichtig. Persönliches Betroffensein ist überall spürbar. *Zwölf Nächte* ist ein schmales Büchlein von 12 sehr unterschiedlich langen und stilistisch sehr verschiedenen Geschichten. Der Titel erklärt sich in der ersten Erzählung mit ihrer raunenden, rhythmisierten Prosa: In den 12 Rauhnächten gehen die Geister der Vergangenheit um und lassen sich nicht abschütteln. Sie kommen so sicher wie die Stunden auf der Uhr und die Tage im Jahr. Und sie sind von den guten Vorzeichen in Deutschland, von Frieden, Wohlstand und

---

29 In Rom übertrifft ihn allerdings die große Dichterin Maria – ein verstecktes Portrait von Ingeborg Bachmann – noch an Sicherheit des Urteils.

30 Sehr schroff kritisiert wurde Bernhard von Irene Heidelberger-Leonard: Auschwitz als Pflichtfach für Schriftsteller. In: *Antiautobiographie. Zu Thomas Bernhards "Auslöschung"*. Hg. v. H. Höller und I. Heidelberger-Leonard. Frankfurt a.M.: Suhrkamp 1995 (= st 2488), S. 181–196.

Wiedervereinigung, nicht gebannt. Die Erzählerstimme, die sich anschickt, diese Geister zu beschwören, ruft ihnen zu:

> Nehmt euch in acht! Seid ihr auch unvermeidbar, wie es scheint, hab ich doch Macht. Ich kann euch rufen und verschwinden lassen, kann euch bearbeiten, verbessern, kürzen; in hundertfacher Wiederholung euch zum Auftritt zwingen, ich kann euch dirigieren, kujonieren, aus dem Felde lachen.
> Töten kann ich euch nicht.
> Ich schaffte mich denn selber aus der Welt. (S. 11)

Zwar beschäftigen sich die einzelnen Geschichten mit verschiedenen Figuren, da diese als Freunde der Erzählerin jedoch an späterer Stelle wiederkehren, ergibt sich eine gewisse literarische Einheit. Bisweilen thematisiert die Erzählerin ihre Erinnerungsarbeit, so in dem zitierten Eingangstext "In einer weißen Nacht" oder in dem wunderbar lyrischen "Kunst und Leben" (S. 73ff.). Manchmal in der 1., manchmal in der 3. Person geschrieben, sind die Geschichten sehr unterschiedlich in der Form: Einige sind sehr einfach erzählt, andere möchte man als Prosagedichte bezeichnen; ihre lyrische Sprache ist aufs Wesentliche verknappt und rhythmisiert. Manche sind munter, fast launig, andere düster, hintergründig, verschlossen, metaphorisch. Häufig ist die Perspektive von Kindern gewählt. Es geht nicht um politische Aufarbeitung. Was die Autorin interessiert, ist vielmehr die Einwirkung von Faschismus und Krieg auf das Schicksal einzelner Menschen, ganz gleich ob Opfer oder Täter. Statt der Urteile und Wertungen finden wir Gefühle, Erfahrungen. Damit ist nichts verharmlost oder durch Privatisierung verkleinert, vielmehr machen die Einzelschicksale in ihrer je eigenen Unerbittlichkeit betroffen. Dem lyrischen Charakter der gesamten Anlage entspricht es, daß das Büchlein gerahmt wird von je einem Gedicht: das zu Beginn trägt den Titel "Nachkrieg" und spielt damit wohl bewußt auf eine Wortprägung Christa Wolfs an.

Auch nach der Wende hat die deutsche Literatur keinen Schlußstrich gezogen unter ein Thema, dessen Aufarbeitung bis heute "weder gelungen noch abgeschlossen" ist.[31] Es fällt auf, wie intensiv sich gerade Schriftstellerinnen der Erinnerungsarbeit gewidmet haben. Monika Marons mit dem Kleist-Preis ausgezeichneter Roman *Stille Zeile sechs* (1991) greift ein Problem wieder auf, das bei Christoph Hein unter dem Zwang der Zensur nur zögernd hatte thematisiert werden können, die Frage nach der Beziehung zwischen NS-Zeit und Stalinismus. Wie konnten jene, die unter dem Nazi-Terror gelitten hatten, später selbst totalitär vorgehen?[32] Kann Gewalt, kann Unrecht gegen den Einzelnen je

---

31 So 1959 Th. W. Adorno (wie Anm. 2), S. 146.
32 Werner Creutziger: Anschlag auf eine Legende. In: *NDL* 40 (1992), H. 1, S. 155–57 spricht vom "Anschlag auf die Legende vom Altkommunisten, der sich unter Entbehrungen und Gefahren hinaufgearbeitet, der unter den Nazis und an den Deformationen seiner Idee gelitten habe und ihr treu geblieben sei, der die Last der Verantwortung zu tragen bereit gewesen sei", der den Mut hat, wenn nötig "um einer höheren Moral im einzelnen auch Unrecht zu tun." (S. 157)

durch ein höheres, weil kollektives Gut gerechtfertigt sein, wie totalitäre Systeme behaupten?

Die Protagonistin, die Historikerin Rosalind Polkowski, ist dem Maron-Leser bereits aus *Die Überläuferin* (1986) bekannt. Der Roman, wenn auch wohl größtenteils nach der Wende geschrieben, spielt in der stagnierenden Zeit der späten 80er Jahre, als noch keiner den kommenden Zusammenbruch ahnte. Zeitlicher Ausgangspunkt ist der Tag der Beerdigung von Herbert Beerenbaum, Professor, Altstalinist und kommunistischer Kämpe. Von hier aus geht die Erinnerung zurück. Rosalind Polkowski, gut 40 Jahre und ein Generation jünger als Beerenbaum, war dessen Schreibkraft, denn der alte Mann war halbseitig gelähmt. Der Titel des Romans, *Stille Zeile sechs*, ist gleichbedeutend mit Beerenbaums Anschrift in Funktionärsviertel Berlin-Pankow; Beerenbaum wohnte dort dank seiner Eigenschaft als "Beauftragter für ideologische Fragen". Rosalind, die aus ihrem Job als Historikerin ausgestiegen war, weil sie sich vorgenommen hatte, "nicht mehr für Geld denken" zu wollen (S. 24), merkt bald, daß sie bei der Niederschrift von Beerenbaums Memoiren nicht umhin kann, sich doch wieder selbst einzubringen. Der Kampf, der zwischen ihr und Beerenbaum stattfindet, ist zugleich ein Stellvertreterkampf Rosalinds mit ihrem Vater, der aus dem gleichen Holz war wie Beerenbaum. Beerenbaum wird zum Symbol all dessen, was in ihrem Leben bedrängend und bedrückend gewesen war, ihr ein eigenes Leben weggenommen hatte. Beerenbaum, selbst Verfolgter, wurde zum Verfolger; Rosalind aber, die ihn haßt, die ihn überführen will, wird nun unversehens selbst zu Täterin. Sie wünscht Beerenbaums Tod und den Tod seiner ganzen Generation, um ihre eigene schwache Identität wahren zu können. Nach einem tätlichen Streit mit ihr erleidet der alte Mann einen Herzinfarkt und stirbt bald darauf.

Von einer Lösung des Problems kann keine Rede sein. Beerenbaum, von Rosalind mit seinen Vergehen konfrontiert, erleidet einen körperlichen Zusammenbruch. Rosalind lebt weiter im seelischen Schneckenhaus. Veränderung ist nicht in Sicht; immerhin wurde sonst Verschwiegenes ausgesprochen. Obwohl alles andere als linear geschrieben, besitzt das Buch doch insofern eine gewisse Finalität, als der Leser, mit dem Ende von Anfang an vertraut, mit Spannung verfolgt, *wie* alles kommen mußte. Eine Reihe von plastisch gezeichneten Nebenfiguren belebt das Ambiente. Sie alle suchen, fernab von den hohen Sinn- und Wahrheitsangeboten des Regimes, ein kleines, sei es auch noch so skurriles Glück oder wenigstens ein bescheidenes Vergessen ihres Unglücks. Daß dies mit dem Abtreten der alten Generation zu erreichen wäre, darauf macht Monika Marons Roman wenig Hoffnung.

Zum Schluß sei noch ein kurzer Blick geworfen auf zwei Bücher, die kontroverse Reaktionen hervorgerufen haben: *Engel sind schwarz und weiß* von Ulla Berkéwicz (1992) und Marcel Beyer: *Flughunde* (1995). Beide Romane stellen eine relativ neue Variante dar: den historischen NS-Roman. Johnson hatte lokale Geschichte erzählt, fiktional, aber auf Wirklichkeit beruhend, Vergangenes aus der kleinen, muffigen mecklenburgischen Welt, aber in steter Relation zur

Gegenwart der Großstadt New York. Gerlind Reinshagen berichtet aus dem Fundus des Selbsterlebten und als Augenzeugin, aber sie läßt nicht die Ereignisse von damals wiederauferstehen, vielmehr führt sie uns die unbewältigten Folgen vor Augen. Noch intensiver wird das Bemühen um das hier und heute bei Jurek Becker, der von damals so gut wie nichts erzählt, aber zeigt, wie das Vergangene in der fatalsten und unvorhersehbarsten Weise die Gegenwart regieren kann, wie es umso unberechenbarer präsent ist, je weiter es weggerückt zu sein scheint. Für Thomas Bernhard schließlich hat sich gegenüber damals gar nichts geändert. Hier gibt es nichts zu bewältigen oder zu erinnern, sondern nur noch auszulöschen.

Ulla Berkéwicz hingegen erschuf ein historisches Panorama, eine Saga. Sie ist 1951 geboren, kann also im Unterschied zu den meisten bisher erwähnten Autoren auf keine persönlichen Erinnerungen zurückblicken. Freilich hat sie Recherchen angestellt. Sie will in ihrem Roman ein breites Spektrum von Verhaltensweisen vorführen, bei den Tätern ebenso wie bei den Opfern. Durch das Buch führt die Geschichte eines deutschen Jungen namens Reinhold. *Engel sind schwarz und weiß* ist ein rein historischer Roman. Er sucht nach den Gründen, wieso das alles geschehen konnte, und hofft, sie in Fiktion plausibel machen zu können, in einer Erzählung, die die Gefühle von damals nachempfinden läßt. So begegnen wir denn allen jenen nationalen Klischees, vom deutsches Liedgut pflegenden Gesangsverein über den Wagner-Kult bis hin zu dem Rabbi mit Kaftan und Bart und dem schwarzäugigen Judenmädchen, das Rachele heißen muß. Eine Tendenz zum Schwulst ist nicht zu verkennen. Am meisten Schwierigkeiten bereitet die Sprache des Romans. Die Autorin hat sich allzusehr vereinnahmen lassen von den – vermeintlichen! – Redeweisen der 30er Jahre und von vorgefertigten Bildern. Teils wie ein stark altertümelnder Kinderroman, teils nach Rilkescher Sprach-Poesie klingend, soll mit dieser poetischen Ausdrucksweise offenbar Ursprünglichkeit, Unverfälschtheit suggeriert werden. Das Ergebnis aber ist unglaubwürdig und seltsam hochtrabend und unterstützt die klischeehafte Zeichnung. Vielleicht liegt es an der Grundkonzeption, daß in diesem Buch "die besten Absichten zuschanden" werden, wie ein Kritiker schrieb.[33] Die Autorin wollte sich einfühlen in die emotionale Seite des Nationalsozialismus, wollte selber nachfühlen und dem Leser nacherlebbar machen, was in den Herzen damals vorgegangen sein könnte. Möglicherweise ist ihr dies nur allzu gut gelungen.[34]

Vergegenwärtigung von Vergangenem beabsichtigt auch Marcel Beyer (*1956) in seinem Roman *Flughunde*. Ob der Text freilich noch unter das Stichwort Vergangenheitsbewältigung fallen kann, erscheint sehr fraglich. Wir haben es hier weder mit einem Buch zu tun, das nach dem wie auch immer gearteten

---

33 Stephan Reinhardt, *SZ*, 24.6.1992.
34 Zur Diskussion vgl. Tilmann Moser: *Literaturkritik als Hexenjagd. Ulla Berkéwicz und ihr Roman "Engel sind schwarz und weiß". Eine Streitschrift.* München: Piper 1994 (= Serie Piper 1918).

Weiterwirken von Nationalsozialismus, Totalitarismus oder Verfolgung von Minderheiten fragt, noch spielen Politik und öffentliches Engagement eine Rolle. Kein authentisches Ich geht seiner Identität und der Frage nach seiner Mitschuld oder der Verstrickung seiner Vorfahren nach. Schuld und Verantwortung werden vielmehr überhaupt nicht thematisiert.

Zum fünfzigsten Jahrestag des Kriegsendes legt Beyer einen Text vor, in dem die Mittel eines historischen Romans mit Theorien der modernen Medientheorie und Semiologie verknüpft werden. Erzählte Zeit sind die 40er Jahre – mit Ausnahme des VII. und des zweiten Teils des letzten Kapitels, die in das Jahr 1992 datiert werden. Erster Ich-Erzähler ist der Akustiker Hermann Karnau. Er kennt nur seine Leidenschaft für das Technische und Phonologisch-Anatomische. Für größere, politische oder moralische Zusammenhänge hat er kein Sensorium. Karnau nimmt Führerreden genauso auf wie das Röcheln der bei medizinischen Experimenten Sterbenden, weil er von der fixen Idee einer "Kartographie" der Laute besetzt ist. Die zweite Ich-Erzählerstimme gehört der ältesten Tochter des Propagandaministers, Helga. Sie berichtet aus dem Nähkästchen des Lebens der Großen. Der mit der jüngeren Geschichte vertraute Leser kennt das Ende der sechs Kinder von Goebbels.[35] Ihren tragischen Tod im Führer-Bunker belauscht Karnau im letzten Kapitel auf seinen Wachsplatten.

Der Roman ist ganz im Präsens geschrieben, d.h. er gibt sich als Vergegenwärtigung, nicht als reflektierende Rückschau. In diesem Sinne ist es nicht verwunderlich, daß keiner der beiden Ich-Sprecher einen Überblick über das Geschehen hat: Es interessiert jeweils nur der gegenwärtige Augenblick. Karnau berichtet von seinen akustischen Experimenten und Unternehmungen, denen er mit geradezu rauschhafter Begeisterung anhängt. Helga erzählt in naiver Kinderperspektive von ihrem "ganz normalen" Familienidyll und dessen zunehmender Bedrohung. Es wäre unangemessen, wollte man aus dem Verhalten ihres Papas im Kinderzimmer auf dessen Charakter und politisch-moralische Position schließen. Sowohl in Karnaus als auch in Helgas Berichten tritt dem Leser rein privates Erleben gegenüber. Politische Dimensionen kommen nicht in den Blick.

Was aber mehr wiegt: Auch eine ethische Dimension fehlt ganz. In bezug auf Helga ist diese nicht zu erwarten. Sie ist ein Kind und für ein Kind sogar bisweilen erstaunlich hellsichtig, denn sie merkt, wenn ihr Vater nicht ehrlich ist. Für Karnau aber existieren Begriffe wie Verantwortung oder Schuld nicht. Er hat es nicht mit einer Gesellschaft, einer Welt von Menschen zu tun, sondern ihn interessieren nur Körper, die Stimmen absondern, welche sich aufzeichnen und sammeln lassen. Akustik bedeutet für ihn ein ebensolches Faszinosum wie für Grenouille in Süskinds *Parfum* das Reich des Olfaktorischen; das Medium ist verschieden, die Besessenheit ist die gleiche. Karnau geht es nicht um Sprech-Inhalte, sondern um Lautqualitäten. Sprache, Menschen und Situationen (auch Schützengraben und KZ) werden als Material behandelt. Der Text ist konse-

---

35 Beyer vermeidet zwar den Namen und betont in seinem Postskript die Fiktionalität, die Identität ist aber unbezweifelbar.

quent materialistisch: Nicht eine Gefühlregung Karnaus wird in ihm verzeichnet.

Flughunde ist äußert kunstvoll angelegt. Hauptstrukturelement ist der Gegensatz: Nicht nur wird Schrecklichstes ohne jedes Gefühl, aber mit großer Präzision verzeichnet und wissenschaftlich verortet. Auch sonst herrschen Paradox und Kontrapunktik. Kontrapunktisch sind schon allein die Stimmen der beiden Ich-Sprecher. Paradox ist auch die Verbindung von Fiktion und Nicht-Fiktion. Die Fabel ist fiktiv; fiktiv sind auch Karnaus Ton-'Dokumente'; trotzdem hat der Text viele Wirklichkeitsreferenzen, die ihm Wahrscheinlichkeit geben, ja eine konsequente Illusion aufbauen. Hier zehrt der Text v.a. vom historischen Wissen des Lesers. Ausgerechnet im Augenblick der stärksten Referenz, angesichts der (wohl den meisten Zeitgenossen bekannten) Tatsache des Gifttodes der sechs Kinder im Führerbunker, bringt der Text ein fiktives Dokument zum Einsatz, das dieses Sterben verzeichnet. Fiktion und Wirklichkeit verschwimmen. Im stilistischen Kontext des Romans ist schon die Thematisierung dieses historischen Ereignisses paradox: Der Roman, der keine Gefühlsschilderungen auf seinen Protagonisten verschwendet, sondern dessen Aktivitäten rein unter wissenschaftlichem Blickwinkel präsentiert, wählt gleichwohl ein Sujet, das bei jedem Leser höchste Betroffenheit auslösen muß!

Kunstvoll und (angesichts des verarbeiteten wissenschaftstheoretischen Wissens) anspruchsvoll ist auch das Netz symbolischer Beziehungen und kategorialer Übertragungen. Der Titel bezieht sich auf die Spezies der Fledermäuse, deren Ultraschall-Laute für die Überlegenheit des Akustischen vor dem Visuellen stehen. Hierher gehört der Komplex Nacht und Dunkel, wobei der Text aber keine Hinweise auf eine irgendwie geartete moralische Konnotation enthält. Übertragungen nach Art der Semiotik der 80er Jahre sind sehr häufig: Körper präsentieren sich ebenso wie akustische Phänomene als (ästhetisch aufgefaßte) Landschaften, desgleichen kann der Körper zum Träger von Schrift werden – wie schon in Kafkas *Strafkolonie* und Rilkes *Das Urgeräusch* (vgl. auch unten Kap. 11).

Allerdings durchbricht der Roman an zwei Stellen seinen historischen Rahmen. Kapitel VII überrascht durch einen plötzlichen Wechsel hin zu einer neutralen Erzählposition: Berichtet wird über die Auffindung des Tonarchivs im Jahr 1992. Karnau erscheint als Archiv-Wachmann und hat Erklärungen abzugeben. Der Leser erfährt auf diese Weise, daß Karnau nach dem Krieg untergetaucht ist (wohl durch Verstellung seiner "Stimme"). Zugleich entlarvt sich Karnau durch seine widersprüchlichen Erklärungen als Lügner (S. 220ff.). Unstimmig sind auch die Kommentare, die Karnau abgibt, als er am Ende des letzten Kapitels die Stimmen der Kinder abhört (S. 234f.). Wir haben es also mit einem nicht nur fiktiven, sondern auch mit einem unzuverlässigen Sprecher zu tun. Dadurch wird der ganze Text Karnaus problematisch. Das ist freilich in sich nur logisch; im Vordergrund steht die Akustik, nicht die Wahrheit.

Ratlos steht der Leser vor einer phantastischen Aussage mit starker Wirklichkeitsreferenz: in einem dem Archiv (beim Dresdner Hygienemuseum) angeschlossenen Raum sei bis vor kurzem noch operiert worden; das Projekt der akustischen Kartographierung sei keineswegs mit Kriegsende abgeschlossen gewesen (S. 225). Nicht weniger aus dem Rahmen fallen Karnaus sich anschließende Überlegungen.

Handelt es sich somit letztlich um einen Parabel-Roman, in dem Akustik für Nationalsozialismus steht? Einiges spricht für diese These: Karnaus Kartographierung ist skrupellos, machtbesessen, totalitär, menschenverachtend; in ihrer Selbstzweckhaftigkeit ist sie zutiefst deutsch im Sinne von Richard Wagners berühmten Diktum, deutsch sein heiße, eine Sache um ihrer selbst willen tun.[36]

Welcher Parabelwert aber kommt einem Text ohne ethischen Standpunkt zu? Karnaus Akustik wird nirgends verurteilt, sie präsentiert sich in der Neutralität der Wissenschaftlichkeit, sie wird auch in der Erzähllogik durch keinen Zusammenbruch 'gestraft'. Die einzige Stelle weitergehender Reflexion (Kap. VII) zeigt einen auch 1992 ungebrochenen Karnau, der seinerseits die Verlogenheit der Deutschen anklagt. Der Roman ist letztlich ein selbstgenügsames künstliches Gewebe. Er transportiert keine historische Aufklärung und keine politische Botschaft; er ist nicht kritisch und nicht authentisch. Die Betroffenheit, die er erregt, hat eher sentimental-private Gründe. Beyer hat in einem Interview bekannt, daß er und seine Generation keinen persönlichen Zusammenhang zu der NS-Zeit mehr herstellen können.[37] Vielleicht ist deshalb sein Text – jedenfalls in den Karnau-Teilen – so distanziert, so kühl und so abstrakt geworden. Von der ehemaligen Bedeutung der Literatur als nationalem Gewissen und Hort nationaler Erinnerung ist nichts mehr übrig. Nicht genutzt wird aber auch die Chance, die Literatur gegenüber wissenschaftlicher Darstellung hat: Das Nicht-Verstehbare und Komplexe durch eine Fülle verschiedener Perspektiven auszuleuchten, und zwar gerade nicht in objektivierter Weise, sondern aus persönlichem Engagement und mit stetem Blick auf die Bedeutung der Vorgänge von damals für die Gegenwart.

---

36 *Deutsche Kunst und Deutsche Politik.* Leipzig: Weber 1868, S. 82.
37 "Für mich war diese Zeit zwischen 1933 und 1945 ein völliges Vakuum. Es gibt bei uns keine Familiengeschichten. Gerade darum hat es mich um so mehr interessiert, weil es für mich keinen selbstverständlichen Umgang mit dieser Zeit gab." Britta Strebin: 'Wenn die Stimme die Seele (z)ersetzt ...'. Marcel Beyer über seinen Roman *Flughunde*. In: *Grauzone. Zeitschrift für neueste Literatur* 5 (1995), S. 15.

9. Generationenkonflikt

'Vaterbücher' lautet meist der Terminus, unter dem die Literatur verzeichnet wird, in der sich die Generation der Jüngeren mit der Elterngeneration auseinandersetzt. Dies ist keine sehr glückliche, weil eine allzusehr einengende Bezeichnung. Der Terminus kam auf, als seit der zweiten Hälfte der 70er Jahre schlagartig eine Reihe von biographisch-autobiographischen Prosawerken erschien, in denen schreibende Söhne und Töchter die Rolle ihrer Väter im sog. Dritten Reich problematisierten. Ein literarischer Produktionsschub, dessen Höhepunkt für die Jahre 1977–81 anzusetzen ist, brachte in kurzer Zeit etwa zwei Dutzend Bände hervor. Es kam der Thematik zugute, daß sie sich mit Themen und Schreibweisen verbinden ließ, die gegen Ende der 70er Jahre schon geläufig und gleichsam eingeübt waren.

"Daß ich wissen möchte, wer *er* ist, um mir darüber klar zu werden, wer *ich* bin", auf diesen Nenner bringt Peter Henisch seine Schreibintention in *Die kleine Figur meines Vaters* (1975).[1] In dieser Hinsicht steht die Väterliteratur der Neuen Subjektivität (vgl. oben Kap. 4) nahe. Die Auseinandersetzung mit dem eigenen Ich geschieht auf dem Umweg über die Generation der Eltern. Die Gefahr ist freilich groß, daß es mit Schuldzuweisungen getan ist, daß Auseinandersetzung zur Abrechnung wird. Dann bleibt der Text – wie es auch bei Büchern der Neuen Innerlichkeit oft der Fall ist – in depressiver Selbstbezogenheit, kindlicher Klage und düsterem Autismus stecken.

Mit ihrer faschismuskritischen Thematik gehören die Vaterbücher zur Literatur der Vergangenheitsbewältigung (vgl. oben Kap. 8). Der Sohn, zur NS-Zeit noch unmündig oder gar nicht geboren, zieht, entsetzt über das damals Geschehene, den Vater zur Rechenschaft, der die Epoche des Nationalsozialismus miterlebt und mitgetragen hat.

Auch die Neigung der 70er Jahre zu dokumentarischen Formen (vgl. oben Kap. 3) kam der Welle der Väterliteratur zugute: Quellenmaterial wurde verarbeitet, das lebenszeitliche Umfeld des Vaters wurde recherchiert, die Heimatstadt, das Kriegseinsatzgebiet, Verwandte wurden befragt. Einige Autoren, z.B. Christoph Meckel, besaßen auch Dokumente aus der Hand des Vaters.

Freilich ist, faßt man das Korpus so eng, vieles ausgeblendet. Neben den autobiographischen Aufzeichnungen erschienen nämlich auch Bücher, die das

---

1 Frankfurt a.M.: Fischer Taschenbuch-Vlg. 1980, S. 9.

gleiche Thema fiktiv und vielleicht mit größerer Schlagkraft behandelten. Hinzu kamen – als Ergänzung zu den Vaterbüchern – die Mutterbücher. Auch als die Welle der eigentlichen Väterliteratur vorbei war, behielt das Motiv des Generationenkonflikts sein Interesse. Letztlich geht es auch in den Auseinandersetzungen mit der sog. Vaterliteratur um diesen grundlegenden Konflikt, um die individuellen Folgen nämlich, die ein faschistoider Eltern-Charakter für die Erziehung von Kindern hat. Dieser Komplex ist mit dem Aussterben der älteren Generation, dem "Abschied von den Kriegsteilnehmern"[2] nicht aus der Welt.

Zweifellos hat die Konjunktur der Väterliteratur in den späten 70er Jahren auch mit der Enttäuschung der 68er-Generation zu tun. Es handelt sich nämlich in den meisten Fällen um eine negativ geprägte Abrechnung mit den Eltern, die verantwortlich gemacht werden für verhinderte Identität, für verlorenes Glück. Zugleich taten politische Skandale (z.B. der Fall Filbinger) ein übriges, die Jüngeren skeptisch zu machen. Die Auseinandersetzung mit den Vätern ist nicht zuletzt eine Auseinandersetzung mit der Gefahr der Lebenslüge. Enttarnt wurden die Vertreter einer Generation, die sich ein Leben lang als Sachverwalter einer heilen und ordentlichen Welt präsentierte. Inzwischen aber muß sich auch die Generation der Söhne ihrerseits dekuvrieren lassen. Auf dem Prüfstand steht der menschliche Wert dessen, was sie als Selbstverwirklichung ausgaben.

Es fällt auf, daß die Mehrzahl der Söhne und Töchter sich erst zum Schreiben niedersetzte, als die Elterngeneration tot war. Nachruf-Literatur muß aber ohne Korrektur von Seiten der Betroffenen bleiben. Diese nun wollten in fast allen Fällen zu Lebzeiten entweder keine Auskünfte geben oder wurden nicht um Auskunft gebeten. Das Verhältnis der Generationen war offenbar weitgehend von Sprachlosigkeit beherrscht. Die Generation der "vaterlosen Gesellschaft"[3] *wollte* nichts mit ihren Eltern zu tun haben. Väterliteratur, weil sie erst nach dem Tod der Eltern einsetzt, besteht häufig aus nachgetragenen Gesprächen und imaginierten Auskünften, also Projektionen und Monologen. Auch dieses Charakteristikum kehrt aber in Büchern mit dem generellen Thema Generationenkonflikt immer wieder (vgl. Monika Marons *Stille Zeile sechs* oder Jurek Beckers *Bronsteins Kinder*, oben Kap. 8). Es scheint also sinnvoll, über die historische Welle der sog. Vaterbücher hinaus den Generationenkonflikt als eine für die Gegenwartsliteratur prägende Thematik festzuhalten.

Am Anfang steht Bernward Vespers "Romanessay" *Die Reise*, geschrieben 1969–1971, ediert erst nach dem Selbstmord des Autors 1977.[4] Bernward Vespers Vater war Will Vesper, ein Lyriker und Publizist der braunen Zeit. Der Sohn hingegen gelangte nach einer Periode völliger Abhängigkeit vom Vater zu einer bewußt linken Ausrichtung als Verleger und Publizist. Obwohl langjähriger

---

2 So der Titel von Hanns-Josef Ortheils Vaterbuch (1992).
3 Alexander Mitscherlich: *Auf dem Weg zur vaterlosen Gesellschaft. Ideen zur Sozialpsychologie.* München: Piper 1963.
4 Alle Zitate nach der Ausgabe letzter Hand, hg. v. J. Schröder u. K. Behnken. Berlin u.a.: März / Frankfurt a.M.: Zweitausendeins [21]1981.

Lebensgefährte der Terroristin Gudrun Ensslin, war er selbst nicht RAF-Aktivist; er verfiel immer mehr dem Drogenkonsum und beging 1971 Selbstmord. Vespers Erziehung auf dem abgeschiedenen Gut Triangel war ein Extremfall von Unterdrückung durch einen von seinen nationalsozialistischen Ideen nie bekehrten, außerordentlich selbstgerechten Vater. Das Zwangssystem, das keinen Widerspruch duldete, setzte in den Augen des Sohnes die väterliche mit der göttlichen Allmacht gleich. Der Idealisierung des Vaters folgte, durch den Tod des Vaters 1962 freigesetzt, der Haß. Vesper hält sich freilich nicht für einen Einzelfall; das eigene Leiden unter dem Vater sieht er vielmehr als repräsentativ für die nachgeborene Generation.

> die ungeheuren verbrechen dieser klasse, weit davon entfernt, mit ihren einzelnen vertretern in den boden zu sinken, werden täglich verübt und wirken in uns fort und durch uns auf andere und auf neue generationen. die bahn der zerstörung, die sie durch die geschichte zieht, bricht erst ab, wenn wir sie stürzen, und es wird generationen dauern, bis sie endgültig getilgt ist. (S. 675f.)

Vater und Sohn wachsen in Vespers Niederschrift von Individuen zu Exponenten ihrer Zeit. (So erklärt sich auch die Fülle der Widmungen an alle Ikonen der neuen Generation.) *Die Reise* ist der literarische Mord an der Generation der Väter. Der totale Bruch, der hier mit äußerster Provokation, aber auch in tiefstem Leiden daran vorgeführt wird, soll die jüngere Generation retten, reinigen. Vatermord als Radikallösung pubertärer Konflikte, so ließe sich sozialpsychologisch schlußfolgern, läßt sich eher bewältigen, wenn er als Sozial- und Generationskonflikt und als Kampf der Weltanschauungen, ja des Guten gegen das Böse stilisiert wird. Die tatsächliche Tragik Vespers disqualifiziert allerdings jeden klugen Einwand als unangemessen. Von den Zeitgenossen ist *Die Reise*, wenngleich sie sich als Zeugnis persönlicher Pathologie lesen läßt, nicht als individueller Leidensbericht, sondern als exemplarischer Fall verstanden worden.[5] Dies beweisen die Verkaufsziffern, die begeisterten Rezensionen und die große Zahl der Nachahmungen. Gleichwohl ist Vespers Buch ein Extrem- und Einzelfall. "Diese Aufzeichnungen folgen nicht im geringsten einer Assoziationstechnik. Sie haben nichts mit Kunst oder Literatur zu tun" (S. 36f.), betont Vesper selbst. Tatsächlich wird der Band, der zu Anfang noch teilweise bewußt komponiert scheint, im weiteren Verlauf immer deutlicher unmittelbare Selbstaussprache, wobei die Verschriftlichung der Gedanken und die Protokollierung der Vorgänge im Unterbewußten vornehmlich den Sinn einer Verdeutlichung für den Schreibenden haben sollen. "Für Allen Ginsberg" lautet eine der Widmungen, die dem Buch vorangestellt sind. "Es sollte keinen Unterschied geben zwischen dem, was wir niederschreiben, und dem, was wir wirklich wissen, so wie wir es jeden Tag miteinander erfahren. Und die Heuchelei in der Literatur hat ein Ende." Konse-

---

5 Vgl. z.B. Heinrich Böll: Wohin die Reise gehen kann. Über Bernward Vesper, "Die Reise". In: *Essayistische Schriften und Reden* 3, 1973–1978. Hg. v. B. Balzer. Köln: Kiepenheuer & Witsch [1978], S. 497–502.

quenterweise mündet das fragmentarische Romanessay in die unverfälschte Wirklichkeit, den Selbstmord – nicht etwa des Protagonisten, sondern des Autors. Auch dieser Selbstmord, der durch das ganze Buch latent präsent ist, wird bereits in einer der zahlreichen Widmungen des Buches angesprochen: "Für Stokely Carmichael ('Go home, kill father and mother, hang up yourself.')."

Bernward Vespers Romanessay war der in seiner Unmittelbarkeit ergreifende Auftakt. Christoph Meckels Roman *Suchbild. Über meinen Vater* (1980) erscheint demgegenüber literarischer, stärker durchdacht. Er ist – hier liegt ein entscheidender Unterschied zu Vesper – geschrieben aus dem Bewußtsein, den Vater auf dessen eigenem Terrain, auf schriftstellerischem Gebiet, weit hinter sich gelassen zu haben. Meckels Niederschrift nimmt innerhalb jener Vaterbücher, die sich primär mit der NS-Vergangenheit der älteren Generation auseinandersetzen, insofern eine Sonderstellung ein, als sie sich auf Dokumente stützen kann. Christoph Meckel fand nach dem Tod seines Vaters dessen Kriegstagebücher. Eberhard Meckel war zu Beginn des 'Dritten Reiches' ein aufstrebender Schriftsteller, der dem Kreis um Peter Huchel, Günter Eich und Martin Raschke angehörte. Er war schöngeistig, unpolitisch, aber patriotisch. Obwohl als Ästhet den Ideen des Nationalsozialismus abgeneigt, ließ er sich doch von Begriffen wie Ehre und Vaterland korrumpieren. Der Sohn führt den Vater als literarische und politische Fallstudie vor. Literarisch demonstriert er die stets vorhandene Nähe der Naturlyrik des Vaters zu Blut- und Boden-Vorstellungen und die regressive Funktion seines Dichtens überhaupt. Politisch zeichnet er eine Linie schleichender Anpassung: Aus dem Nationalen wurde ein Chauvinist, aus dem Mitläufer und Mitschweiger ein Mitmacher. Hinzu kommt eine dritte Ebene: *Suchbild* ist auch das Buch einer Erziehung. Der Erzieher läßt sich nicht trennen vom sentimentalen Chauvinisten. Als solchen faßt ihn der Sohn auf als Vertreter einer ganzen Generation: "Seine Zerbrochenheit quälte die Kinder (Sie wußten noch nicht, daß diese Vaterschaft – der entthronte, hilflos gewordene Despot – bezeichnend war für eine ganze Generation)." (S. 134).

In der Kritik am Vater als Erziehendem ist Meckels Buch am schonungslosesten. Der Vater wird primär erlebt als Disziplinierender – das ist typisch für nahezu die gesamte Väterliteratur. Obgleich der Sohn erkennt, daß der Vater durch den Krieg körperlich und seelisch schwerstens beschädigt worden war (Hirnverletzung), stellt sich bei dem jetzt erwachsenen Schreibenden kaum Mitleid ein. Noch herrscht der Haß gegen den Starken, gegen die Autorität von damals vor, kann nicht verziehen werden, steht das Selbstmitleid des gekränkten Kindes im Vordergrund: "Er kontrollierte Kleider, Fingernägel und Manieren, beaufsichtigte Schulaufgaben und nahm jeden Tintenklecks zum Anlaß für prinzipielle Verkündigungen über Arbeit, Ordnung, Anstand und Kindespflicht." (S. 110) Die Erziehungsformel hieß: "Du bist nichts, du kannst nichts, mach deine Schulaufgaben" (S. 23). In einer Aufstellung, "Alles, was der Kindheit und Jugend fehlte (S. 140–149), kehren bitter die Worte "es fehlte" immer wieder. "Es fehlten Freude, der Luxus und das Glück." (S. 142) "Das Leben war anderswo." (S. 149)

Meckel hat nicht recherchiert; er hat nicht andere Gewährspersonen gefragt, welches Bild sie von seinem Vater hatten, er wollte kein facettenreiches, kein möglichst umfassendes Portrait erreichen. Eindeutig handelt es sich um eine nachgetragene Abrechnung, denn der Schreibende räumt selbst ein, den Vater zu Lebzeiten viel zu wenig befragt zu haben (S. 175). Fast nie kommt der Vater selbst zu Wort. Umso stärker wirkt eines der wenigen Zitate aus Eberhard Meckels Lyrik, eine Verszeile, die der Sohn als "deutliche Formel" exzerpiert: "Hyänenopfer, selbst Hyäne" (S. 107).

An einigen Stellen freilich wirft der Sohn, der in der Regel auf seine eigenen Verletzungen fixiert ist, auch einen Blick auf die Verletzungen seines Vaters, auf seine harsche Erziehung, auf seine Leiden im Krieg, auf sein Bedürfnis nach Stütze und Halt. So heißt es etwa hellsichtig: "Es war das Dilemma meines Vaters, daß seine lange schon überlebten Vorstellungen von Heimat, Kunst und Familie durch das Dritte Reich pervertiert, infolgedessen erledigt waren, er selbst aber, zerstört aus Krieg und Gefangenschaft kommend, in immer stärkerer Weise auf sie angewiesen war." (S. 168) Weil das Buch aber zu wenig Distanz zu seinem Gegenstand wahrt, bleiben diese Versuche in den Ansätzen stecken. Der Autor läßt sich immer wieder von momentanen Erinnerungen, guten wie schlimmen, forttragen. Immer wieder wird deutlich, wie sehr der Sohn die literarische Überlegenheit über den Vater auskostet. Dazu gehört nicht nur, daß "ich Gedichte schrieb, die er nie schreiben könnte", dazu gehört auch der Akt des Schreibens an diesem Vaterbuch. Erzähltheoretische Reflexion kann sich dann unversehens in Machtdemonstration verwandeln. Es ist die des Überlebenden, des Aktiven, des über die Macht der Sprache Verfügenden.

> Über einen Menschen schreiben, bedeutet: das Tatsächliche seines Lebens zu vernichten um der Tatsächlichkeit einer Sprache willen. Der Satzbau verlangt noch einmal den Tod des Gestorbenen. Ihn zu vernichten und zu erschaffen, ist derselbe Arbeitsprozeß. (S. 80)

Zahlenmäßig häufiger stammen Vaterbücher aus der Feder eines Sohnes. Doch es gibt auch einige schreibende Töchter.[6] Brigitte Schwaigers Abrechnung, in der offener Haß zutage tritt, trägt den bezeichnenden Titel *Lange Abwesenheit* (1980).[7] Neben der Übermacht des Vaters wird dessen Fehlen besonders oft hervorgehoben. Sei es, daß Zuwendung fehlte und es zu Lebzeiten nicht zu einen Dialog kommen konnte, sei es, daß der Vater zu einem Unbekannten wurde, weil er erst spät aus dem Krieg zurückkam, sei es, daß die Verarbeitung seiner Existenz erst nach seinem Tod erfolgen kann. Der Titel von Schwaigers Buch erinnert an einen Kernsatz von Peter Weiss' Erzählung *Abschied von den Eltern* (1961): "Von meinem Vater wußte ich nichts. Der stärkste Eindruck seines

---

6   Vgl. z.B. Ruth Rehmann: *Der Mann auf der Kanzel. Fragen an meinen Vater* (1979), Jutta Schutting: *Der Vater* (1980), Brigitte Arens: *Katzengold* (1982), Elisabeth Plessen: Abschied von den Vätern. In: *Vatersein*. Hg. v. H.J. Schulz: Stuttgart 1982.

7   Zitate nach der TB-Ausgabe bei rororo 1982.

Wesens war seine Abwesenheit."[8] In Brigitte Schwaigers Buch zeigt sich, daß die noch anhaltende kindliche Rebellion gegen den übermächtigen Vater-Gott nicht nur den Blick auf den Vater als Menschen unmöglich macht, sondern auch einer kritischen Selbstbegegnung im Wege steht. Daß eine Beziehung nicht zustande kommen konnte, wird schon bei Meckel, viel mehr aber noch bei Brigitte Schwaiger, einzig dem Vater angelastet. Dieser Popanz bedroht das schreibende Ich über seinen Tod hinaus: "Er ist tot, aber ich kämpfe gegen ihn, noch immer. Er hat viele Stimmen, viele Arme und Beine, ist unsichtbar und kann mir jederzeit und überall auflauern." (S. 88) Hauptgegenstand der Darstellung ist mithin nicht das Bild des Vater, sondern das einer gegen ihn kämpfenden Tochter. Schwaigers Buch bemüht sich noch weit weniger als das von Meckel um skeptische Selbstreflexion oder um Relativierung der eigenen Perspektive. Der Vater ist im wesentlichen reduziert auf seine Rolle als Auslöser der Leidensgeschichte der Tochter. Die sozialhistorische Perspektive, die in Meckels Buch deutlich wird, fehlt hier, obgleich die Konstellation auf sie angelegt zu sein scheint: Die Tochter nimmt sich als Liebhaber einen Gegenvater, einen schon älteren Juden namens Birer (der einzige Name, der im Buch auftaucht.) Die Antithese Birer – Vater sollte für die Auseinandersetzung mit der NS-Vergangenheit stehen, kommt aber über Privates nicht hinaus. Birer bleibt blaß, die Beziehung zu ihm ganz unbestimmt. Schematisch bleibt bei der Holzschnitthaftigkeit der Darstellung auch der Vorwurf, der Vater habe sich von seiner nationalsozialistischen Gesinnung nicht gelöst, seine Sprache verrate ihn. Vielmehr desavouiert sich die Tochter selbst sowohl in ihrem zwiespältigen Verhältnis zu Birer ("Geiler alter Jud, dachte ich". S. 28) als auch in ihrem ungebremsten Haß gegen den Vater: "Ich will nicht deine Tochter sein. [...] Ich möchte meinen Kopf retten, Nazidrecksau!" (S. 37)

Das Kindesleiden am übermächtigen Vater, dem von seiner Umgebung bewunderten, immer überarbeiteten Arzt, dem für seine Familie keine Zeit und Energie mehr bleibt, kommt über den privaten Machtkampf nicht hinaus. Die Ich-Erzählerin kann ihre Betroffenheit nicht ins Exemplarische überführen. So wirken die zynischen Ausbrüche nicht selten peinlich: Die Erzählung setzt ein mit einem nächtlichen Besuch am Grab.

> Wenn es etwas gibt, schweb heran! Leg deine Hände auf meine Hüften, wie ich das nie haben wollte, wenn du nichts anderes kannst. Ein Friedhofsmörder könnte mich erwürgen und zerstückeln. Diese Gefahr gehe ich für dich ein. Siehst du, was für Macht du hast? Und wie überlegen du mir jetzt schon wieder bist? Aber ich glaube nicht, daß du dich hast aufnehmen lassen in die große Gemeinschaft der Heiligen. Du sitzt irgendwo allein und verfluchst Mutter, weil sie dir nicht die Wärmflasche bringt. (8f.)

Immerhin sind Bücher wie dieses von Brigitte Schwaiger exemplarisch für die Stimmungslage einer Zeit oder einer Generation: Gefühle für das eigene Ich stehen im Vordergrund; diesen Gefühlen wird breiter Raum gewährt; der Narziß

---

8   Frankfurt a.M.: Suhrkamp 1961, S. 44.

der 70er und 80er Jahre ist wenig bereit, sich in andere hineinzudenken, weil seine Suche nach dem eigenen Ich noch nicht abgeschlossen ist; insofern haftet – psychologisch gesprochen – diesen Abrechnungen mit den Vätern eine gewisse pubertäre Unreife an. Jedoch sind nicht alle Vaterbücher egozentrisch. Es gibt auch Versuche der Annäherung, des Verstehenwollens.

Peter Schneider hat sich 1987 in dem Essay "Das Ende der Befangenheit" kritisch über den Umgang der Deutschen mit ihrer Geschichte geäußert. Auch in der sog. Väterliteratur sieht er die Versuchung, die Schuldfrage von sich fern zu halten.[9] Dieser Essay beantwortete die z.T. verstörten Reaktionen der Kritik auf seine 1985 erschienene Erzählung *Vati*. In ihr erschuf sich Schneider – angeregt durch Berichte in der *Bunten Illustrierten* (1985) und im *Stern* (1986) über die Familie Mengele – eine extreme Vater-Sohn-Konstellation.[10] Anstatt sich mit dem eigenen Vater auseinanderzusetzen, fingiert Schneider eine Konfrontation, die dem Schicksal des Mengele-Sohnes nachgestellt ist: Ein junger Freiburger Rechtsanwalt, so die Fabel, wußte von der Existenz seines Vater lange Zeit nichts; den Absender der Briefe, die er aus Südamerika bekam, hielt er den Auskünften der Mutter gemäß für einen Onkel. Erst spät erfuhr er von der Identität seines Vaters und von dessen Verbrechen. "Vati" nennt er den Unbekannten, eine Bezeichnung, die in ihrer unbeholfenen, aufgesetzten Zärtlichkeit bloßlegt, wie pervertiert hier die natürlichen Verhältnisse sind: Während dem Leser aufgrund seines Geschichtswissens dieser Vater eher als ein Monster vorschwebt, kennt ihn der Sohn nur von Fotos, die ihn als einen mit ihm verbundenen Menschen zeigen.

> Auf einem dieser Fotos bin ich zu sehen. Mein Vater mit Jägerhut und in Lederhosen, seine rechte Hand liegt auf meiner Schulter, im Hintergrund eine Berghütte vor einer Felslandschaft. […] In jener Nacht habe ich das Foto, auf dem ich mit Vati zu sehen bin, heimlich verbrannt. Ich sah zu, wie die Flamme den gezackten Rand des Fotos erfaßte, wie sie die Felslandschaft und das Gesicht am Bildrand ausbleichte, wie das Foto sich in der Hitze zusammenrollte. Als ich noch einmal hinschaute, konnte ich nicht mehr unterscheiden, ob es sein Gesicht war oder meines, das ich verbrennen sah." (S. 21)

Schneiders Buch ist eine Ich-Erzählung, ganz aus der Perspektive des Sohnes geschrieben. Zu den Monologen anderer Vaterbücher besteht aber ein wesentlicher Unterschied. Schneiders Versuchsanordnung verhindert von vornherein, daß sich der Sohn in das hineindenken könnte, was den Vater während des 'Dritten Reiches' bewegt haben mag. Statt dessen setzt er sich einer Begegnung

---

9 In: *Deutsche Ängste. Sieben Essays*. Darmstadt: Luchterhand 1988, S. 65–81, bes. S. 75f. Vgl. *Vati*, S. 27 unten bis S. 30.

10 Vgl. Karlheinz Fingerhut: Das Lebensziel: "Nicht so zu werden wie ihre Väter." Zu Peter Schneiders Erzählung "Vati" [mit einem Gespräch mit P. Schneider]. In: *DD* 21 (1990), S. 416–433, hier S. 416. Zu den z.T. harten Vorwürfen gegen sein Buch äußerte sich Schneider in seinem Essay: Vom richtigen Umgang mit dem Bösen. In: *Deutsche Ängste* (wie Anm. 9), S. 82–121.

aus. Indem er den Vater besucht, will er sich stellen, sich diese Erfahrung nicht ersparen, er will auch dem Vater, der nicht mehr lange zu leben hat, den Trost eines Wiedersehens schenken. Der Besuch in São Paolo wird aber zu einer seelischen Zerreißprobe – für den Sohn, aber auch für den Leser, dem der Text klare Linien vorenthält. Keine Stereotype von Herrenmenschen-Gebaren, verbaler Brutalität oder ähnlichem erleichtern die moralische Einordnung, die die Welt so beruhigend in Gute und Böse trennen würde. Erweckt der schwerkranke, aber in alltäglicher Normalität lebende alte Mann Mitleid, ob seiner tadellosen Korrektheit, Tapferkeit und Intellektualität sogar Bewunderung, so erzeugt die Unbelehrbarkeit dieses unbeugsamen Nazis und seiner gleichgesinnten Umgebung ein Grauen, das Verständigung unmöglich macht. Zwei Menschen übernehmen unversehens Rollen, die sie nie eingeübt hatten, die aber unausweichlich scheinen: Ein liebender und fürsorglicher Vater erteilt Ratschläge – ein rücksichtsvoller, eingeschüchterter Sohn beugt sein Rechtsempfinden (das ihm gebietet, den Vater auszuliefern) und wird, ohne es zu beabsichtigen, zum Mitwisser, Hehler, zum Sympathisanten. Der Sohn ist seiner Lage nicht gewachsen, zu konsequentem Handeln unfähig, scheitert er.

Vati geht von einer ontologischen Verbundenheit der Generationen aus. Hier wird nicht die Schuld der Väter durch Haß bewältigt, hier stellen sich nicht die Nachgeborenen als Opfer dar, als unter den faschistoiden Vätern Leidende. Der Sohn in Schneiders Erzählung hatte seinen Vater kaum gekannt, er war nicht Produkt seiner Erziehung und kann auch im nachhinein keine Beziehung zu ihm aufbauen; trotzdem muß er erkennen: "Wir sind, wie immer wir uns dazu verhalten, die Söhne und Töchter der Täter, wir sind nicht die Kinder der Opfer." (S. 42). Von einer Aufarbeitung der Probleme kann keine Rede sein. Nicht einmal eine klare Auseinandersetzung ist möglich, weil das "Ende der Befangenheit"[11] für die Deutschen längst noch nicht gekommen ist. Nicht die Erzählung stellt Lösungen bereit; der Leser muß sie selbst finden, wofern sie überhaupt zu finden sind.

Fragen und Zweifel zu wecken, so Peter Schneider in einem Gespräch, ist die eigentliche Chance und Aufgabe der Literatur.[12] Statt vorschnelle Urteile zu fällen, statt Probleme durch Haß zu bewältigen, nimmt sich der Schreibende einer offenen Frage an. Tatsächlich gibt es eine Reihe von literarischen Versuchen zu einer differenzierten Sicht. Wenngleich in Fällen wie dem von Schneider konstruierten von Verstehen keine Rede sein kann, so ist es doch in anderen, weniger extremen Konstellationen möglich.

Peter Härtlings Erzählung *Nachgetragene Liebe* (1980) versucht, jenseits der Erfahrungen des Sohnes den Menschen ausfindig zu machen, der diese verursacht hat. Von welcher Triebfeder dieser Versuch bewegt wird, deutet der Titel an. Das Vaterproblem hat Härtling lange beschäftigt und bedrängt. Bereits in dem autobiographischen Text *Zwettl* (1973) erkennt das schreibende Ich die Notwen-

---

11 So der Titel eines Essays in Schneiders Sammelband *Deutsche Ängste* (wie Anm. 9).
12 Wie Anm. 10, S. 431.

digkeit einer Auseinandersetzung. *Nachgetragene Liebe* ist dann ganz dem Vater gewidmet. Trotzdem wandte sich Härtling 1985 in *Felix Guttmann* noch einmal diesem Komplex zu. "Mein Vater [...] hinterließ mich mit einer Geschichte, die ich seit dreißig Jahren nicht zu Ende schreiben kann."[13]

Der Ich-Erzähler von *Nachgetragene Liebe* war erst 12 Jahre, als sein Vater starb. Von diesen wenigen gemeinsamen Jahren sind noch die der kriegsbedingten Abwesenheit des Vaters abzurechnen. "Es blieb uns wenig Zeit" (S. 10). Diese wenige Zeit war überschattet von Ängsten und Verletzungen auf beiden Seiten.

> Du hast in den wenigen Jahren, in denen ich dir kindlich zusah, viele Spielarten der Angst erprobt und dir oft widersprochen. Du konntest mir gar nicht die Gelegenheit geben, dich zu verstehen. Ich habe deine Verstrickung nicht wahrhaben wollen, vieles, was du getan hast, als Verrat ausgelegt, mich nie bemüht, deine Geschichte auszusprechen, nur die meiner Verletzungen. (S. 71)

Es bleibt also die Aufgabe des *erwachsenen* Sohnes, Stück für Stück im Prozeß der Rückerinnerung Verstehen nachzutragen. Sätze wie: "Ich habe mir bisher nie klargemacht, wie sehr er sich umstellt sah" (S. 38) demonstrieren den fortschreitenden Versuch, die Mauer der eigenen Verletzungen zu übersteigen. Freilich wird nichts beschönigt. Die ersten Bilder des Vaters zeigen diesen in seiner ganzen Übermacht und Unnahbarkeit, erdrückend für das Kind, das sich vor ihm fürchtet. Dieser Vater verschließt sich, "mauert sich mit Schränken ein" (S. 11), reagiert plötzlich aufbrausend und unverständlich (S. 13), straft dann – man fühlt sich an Vater Vesper erinnert – mit mehr als einwöchigem Schweigen (S. 21f.). Nur indem sich der Sohn auf die kindlichen Erinnerungen einläßt, schärft sich sein Blick dafür, daß der Vater unter dem Deckmantel der Größe und Überlegenheit verletzlich war, sogar ohnmächtig. Damals, als Kind, hätte er diese Einsicht nicht aushalten können, war ihm doch der Vater schon verächtlich, weil er das Großtun der Nationalsozialisten nicht gelten ließ, sich vor deren Heldensprüchen hütete. Für das Kind, einen begeisterten Hitlerjungen, war der Vater ein Schwächling. Daß er unter Einsatz seines Lebens für die entrechteten Juden eintrat, versteht der Sohn erst jetzt. Der Vater war kein Widerstandskämpfer; "auf sonderbar sanfte Art renitent" (S. 60) versuchte er mit Anstand zu überleben.

Obwohl auch in diesem Buch die Verletzungen des Kindes noch sehr präsent sind, wird doch aus der Perspektive des Erwachsenen erzählt, der selber schon Kinder hat und seine Niederschrift den Kindern widmet.[14] Dieser Erwachsene kann aufhören sich zu wehren (S. 168); er ist nicht mehr darauf angewiesen, daß sich ihm ein Wunschbildvater bietet (S. 14).

> Ich habe nichts erfinden wollen "darum kommen die Geschichten auf mich zu.
> Du warst weit weg, Vater, jetzt nähern wir uns einander. [...] Ich fange an,

---

13 *Nachgetragene Liebe*. Frankfurt a.M.: Luchterhand 1982 (= SL 357), S. 7.
14 "Ich bin älter als du. Ich rede mit meinen Kindern, wie du nicht mit mir geredet hast, nicht reden konntest." (S. 168f.).

deine Hand im Nacken, dich zu verstehn, zu lieben. Ich bin soweit, daß ich dich von nun an mit jedem Satz zu mir heranholen möchte.(S. 144)

Härtlings *Nachgetragene Liebe* überzeugt und erschüttert durch die schonungslose Rekapitulation dessen, was das Kind von einst verstörte; erst diese Offenlegung schafft die Voraussetzung einer verstehenden Annäherung. In Ludwig Harigs *Ordnung ist das ganze Leben, Roman meines Vaters*, einem späten, 1986 erschienenen Nachklang zu der Welle der Väterliteratur, ist keine Verstörung zu beseitigen. Dies ist ein über weiteste Strecken harmonisches, ein freundliches und liebevolles Vater-Gedenkbuch, ja fast eine Vater-Hagiographie. Freilich wird auch deutlich, wie schwierig es ist, dem Milieu und der Identität eines anderen Menschen gerecht zu werden, selbst wenn (oder gerade weil) es der eigene Vater war. Harig hatte einen einfachen Maler zum Vater; er selbst ist ein gebildeter Intellektueller; wenn er nun den Vater sprechen läßt, so wird dieser mit Gedanken, Reflexionen und sprachlichen Fertigkeiten ausgepolstert, die dem einfachen Menschen wohl schwerlich zur Verfügung standen. Fast erlebt man Vater und Sohn als Einheit und fürchtet um die eigene, selbständige Persönlichkeit des Vaters. Freilich geht die liebende Identifikation nicht so weit, daß der Sohn beim Vater nicht einige Ungereimtheiten entdeckte. Ihnen spürt er nach, v.a. der merkwürdigen Fixierung des Vaters auf den 1. Weltkrieg. Der Sohn bemüht sich, diese Zeit mit dem Vater zusammen zu rekonstruieren, um das "bei Verdun vergrabene Leben" des Vaters wieder auffinden zu können. Statt eines linearen Erzählens nähert sich der Sohn Stück für Stück dem Lebensgeheimnis seines Vaters. Nicht alles kann geklärt werden, das Experiment der Rekonstruktion geht nicht ganz auf.

Harig psychologisiert nicht, obgleich es allen Grund dafür gäbe, z.B. Vaters merkwürdige Hemmung körperlichen Annäherungen gegenüber. Eine seltsame, vielleicht homoerotische Beziehung könnte der Grund sein. Der Sohn registriert diese Geschichte, um den Vater in seiner Gefühlsschwäche besser verstehen zu können, legt sie aber nicht als Kern der Merkwürdigkeiten seines Vater aus. An der liebevollen, ja verklärenden Sicht ändert diese Geschichte nichts: Vaters Eigentümlichkeiten werden als liebenswürdige Verschrobenheiten beiseitegestellt. Das Elternhaus ist trotz des zwanghaften Ordnungssinns, seiner kleinbürgerlichen Enge, seinem Opportunismus Heimat schlechthin. Soviel Behaglichkeit und Einverständnis mag dem Leser vielleicht manchmal widerstreben;[15] er argwöhnt verklärende Reduktion. Trotzdem ist dieser Vaterroman ein schönes Buch, farbig und eloquent in der Fülle seiner Aspekte, im Facettenreichtum von Informationen über die vergangene Zeit anregend und oft witzig, in der Hingegebenheit an seinen Gegenstand trotz der minutiösen Rekonstruktion nicht bloß privat und nie voyeuristisch. Dieser kleinbürgerliche Vater mit seinem alles andere als spektakulären Lebenslauf hat mehr Aufmerksamkeit

---

15 Manche Sätze sind von provozierender Plattheit und Einfalt: "Wenn ich meinen Vater brauchte, war er immer da. Wenn ich meine Mutter suchte, war sie immer da. Und wenn ich meinen Bruder an meiner Seite haben wollte, war er auch immer da. Wir waren eine Familie, einer war des anderen Halt." (S. 103).

bekommen als die bedeutenden alten Herren von Meckel, Vesper und Schwaiger zusammen.

Peter Handkes *Wunschloses Unglück* (1972) ist keine Vater-Recherche, sondern geht dem Leben einer kleinbürgerlichen Mutter nach. Es entstand nach deren Tod als Versuch, den Selbstmord der Mutter zu bewältigen. Das Buch läßt keinen Zweifel daran, daß sein Schreibanstoß authentisch, autobiographisch ist. Das erzählende Ich beschreibt nicht nur seine persönlichen Gefühlslagen ganz genau, es reflektiert auch über die mögliche Bedeutung, die diese Selbstbeobachtung haben könnte, es stellt Mutmaßungen an über die therapeutische Wirkung des Niederschreibens von Gefühlen und Erinnerungen. Solche Reflexionen nehmen viel Raum in Anspruch: Fünf Seiten lang überdenkt der Text zu Beginn seinen Sinn und seine Motivation, am Ende (ab S. 87) reflektiert das Ich über weitere fünf Seiten hinweg seine Gefühle, Erinnerungsfetzen und Gedanken. Wir haben also kein zusammenhängend konzipiertes Buch vor uns, sondern erleben Entwicklung im Prozeß des Schreibens. Was etwa die zu Beginn erwartete therapeutische Wirkung anbelangt, muß der Erzähler später feststellen: "Es stimmt nicht, daß mir das Schreiben genützt hat." (S. 92) Zwischen diesen 'Rahmen' von Selbstmitteilungen schiebt sich die Geschichte der Mutter, die über weite Strecken nur berichtet. Das Erzähler-Ich hat nicht die Absicht, sich selbst in seiner Mutterbeziehung zu reflektieren, sondern will sich mit dem Schicksal einer Frau konfrontieren; von ihrer Position als Mutter des Erzählers wird sogar weitgehend abgesehen. Nicht das autobiographische, sondern das biographische Anliegen steht im Vordergrund. Dabei spricht aber kein allwissender und einfühlender Erzähler; zur Sprache kommen vielmehr wahrscheinliche oder durch Bericht verbürgte Erlebnisse und Empfindungen dieser Frau.

Der Erzähler bekennt sich gleich zu Beginn seines Textes bei aller Authentizität zu dessen Erzähl- und somit Fiktions-Charakter. Erzählen schwebt dem Ich-Sprecher als Bewältigen vor.

> "es begann mit …": wenn man so zu erzählen anfangen würde, wäre alles wie erfunden, man würde den Zuhörer oder den Leser nicht zu einer privaten Teilnahme erpressen, sondern ihm eben nur eine recht phantastische Geschichte vortragen. (S. 11f.)

Unmittelbar darauf beginnt der Bericht über die Mutter mit der Erzählformel: "Es begann also damit, daß meine Mutter […]." Damit entzieht sich die Rekonstruktion eines fremden Lebens nicht nur dem Zwang, sich verifizieren zu müssen; sie erhebt durch die Modulation vom Privaterlebnis zur Erzählung auch die persönliche Geschichte in den Rang des Exemplarischen.

In seiner Mutter-Geschichte versucht der Erzähler, möglichste Objektivität zu wahren; das geht soweit, daß er häufig das unpersönliche "man" wählt, statt des persönlichen "sie", was schließlich in die Selbstaufforderung mündet: "Allmählich kein 'man' mehr; nur noch 'sie'." (S. 68). Nicht nur beginnt und endet das Buch mit reflexiven Passagen, Handke hat den Bericht über die Mutter auch an verschiedenen Stellen durch in Klammern gesetzte Überlegungen über den Prozeß des

Erzählens unterbrochen. So verhandelt er etwa das Verhältnis von Sprache und Wirklichkeit (S. 41–45) und erweist sich dabei als radikaler Mimesis-Skeptiker. Schon die für das Erzählen notwendige Reihenfolge verfälsche die Realität. Je gelungener eine Formulierung sei, desto weiter entferne sie sich von der Wirklichkeit. Formulierungen gehören diesen Werkstattüberlegungen zufolge immer schon in ein vorgegebenes logisches System. Damit wird – implicite – die literarische Kunst als ungeeignet für das Einfangen von Wirklichkeit erklärt und realistischer Literatur eine radikale Absage erteilt. Handkes alte, schon in der denkwürdigen Sitzung der Gruppe 47 in Princeton geäußerte Skepsis gegen die "Beschreibungsliteratur" ist wieder da,[16] freilich ist Handke jetzt auch zu Kompromissen bereit. Der vorgefundene "allgemeine Formelvorrat für die Biographie eines Frauenlebens" kann eingesetzt werden, falls man den "persönlichen, meinetwegen privaten Anlaß ganz fest und behutsam im Mittelpunkt" behält (S. 43). Dabei tut sich aber noch ein zweites Problem auf: die persönliche Betroffenheit als Erzählhindernis. In seinen erfundenen Geschichten hatte er die Figuren von sich ablösen können, so klagt der Autor. Doch hier kann er nichts anderes, als seine Ratlosigkeit und Gefühlsverwirrung ehrlich zuzugeben.

Tatsächlich hat der Erzähler aber auch in *Wunschloses Unglück* sein Erzählobjekt weitestgehend von sich abgelöst. Er macht den 'Fall' zum Beispiel, versetzt ihn von der Individual- in die Sozialgeschichte. Bereits durch das Hineingeboren-Werden in eine kleine ärmliche Dörflerwelt ist, so suggeriert der Text, eigentlich alles vorherbestimmt in diesem Frauenleben, das nur mehr mißglücken konnte, weil für individuelle Entfaltung kein Platz mehr war. Ein Leben, in dem für alles schon Vorsorge getroffen, indem alles schon vorgezeichnet ist, läßt sich nur in Paradoxien beschreiben: Es ist heimelig und schrecklich, tödlich und beruhigend zugleich; die Mutter "nahm Verstand an, ohne zu verstehen", ihren trunksüchtigen Ehemann schaute sie "erbarmungslos mitleidig an". All diese Paradoxien eines beschränkten Lebens kulminieren in der Formulierung des "wunschlosen Unglücks".

Handke hat mit dieser höchst privaten Geschichte mehr über die Soziologie des Kleinbürgertums berichtet als mancher Dokumentartext, wie Reinhard Baumgart zurecht hervorhebt.[17] Zugleich hat er – trotz allen Bemühens es zu vermeiden – auch etwas über sich selbst ausgesagt, nämlich über die Quelle eines seiner literarischen Hauptthemen: die übermächtige Angst vor der erdrückenden Gewalt der Umgebung, die einen Menschen nicht mehr zu sich selbst kommen läßt. Der bewußte Abstand, den er von seinem Erzählobjekt hält, erklärt sich aus der latenten Bedrohung, die dieses Leben für das Ich bedeutet.

Auch wenn die in den letzten Jahren erschienene Literatur des Generationenkonflikts nicht mehr mit der nationalsozialistischen Vergangenheit der Eltern

---

16 Vgl. Handkes Stellungnahme "Zur Tagung der Gruppe 47 in den USA". In: *Ich bin ein Bewohner des Elfenbeinturms.* Frankfurt a.M.: Suhrkamp [6]1979 (= st 56), S. 29–34.

17 Reinhard Baumgart: *Deutsche Literatur der Gegenwart.* Kritiken – Essays – Kommentare. München: Hanser 1994, S. 242.

zurechtzukommen hat, so weist sie doch immer noch die gleichen Motiv-Konstanten auf: Ein berichterstattendes/erzählendes Ich bindet das Bild der Elterngeneration – meist auf schmerzliche Weise – an das eigene Leben an, wobei das Private in einem zeitgeschichtlichen Bezug erscheint und von erzählerischer Reflexion begleitet werden kann. Waren es in der Zeit der sog. Väterliteratur eher autobiographisch geprägte Berichte, so zieht sich die jüngere Literatur gern wieder in die Fiktion zurück, die mehr Freiheit, Abstand und mehr überindividuelle Relevanz zu garantieren scheint. Seit der Rehabilitation des Erzählens ist es nicht mehr nötig, Authentizität zu demonstrieren. Die Relevanz des Themas wird deutlich genug belegt durch die Tatsache, daß 1988 wie 1990 einschlägige Texte mit dem Ingeborg Bachmann-Preis ausgezeichnet wurden. Angela Krauß' 1990 erschienene, 1988 ausgezeichnete Erzählung *Der Dienst* berichtet von der schwierigen Beziehung einer Tochter zu ihrem meist abwesenden Vater. Mit den Vaterbüchern der früheren Zeit hat dieser Text die autobiographische Grundierung und den jähen Abbruch der Beziehung durch den Tod, den Suizid des Vaters, gemeinsam. Anders verhält es sich mit der zwei Jahre später prämierten Erzählung *Das Muschelessen* (1990) von Birgit Vanderbeke, zugleich dem erzählerischen Debüt der Autorin. Auch hier geht es um eine Vater-Tochter-Beziehung; auch hier ist, jedenfalls zur Zeit der Erzählung, der Vater abwesend. Der Grundton ist aber nicht mehr autobiographisch-tragisch, sondern ätzend-ironisch. Zwar ist dieser Vater zu jung, um noch von der NS-Zeit geprägt zu sein, er ist aber nicht minder autoritär. Auch er duldet, wie Vater Vesper, keine Widerrede, auch er straft Emanzipationsansätze mit Liebesentzug und ordnet die Familie seinen Grundsätzen, Gewohnheiten und Vorstellungen unter. Mit seinem unbedingten Erfolgsdenken, seinem Rigorismus und seiner Forderung nach familiärer Gleichschaltung regiert er als absolutistischer Herrscher. Erzählt wird aus der Perspektive der Tochter, die nur nominell volljährig ist, deren zaghafte Ansätze zu eigenem Denken und Leben aber unter die Kategorie "Aufmüpfigkeit" fallen und entsprechend bestraft werden. Im Unterschied zu anderen Vertretern des Genres steht in dieser Geschichte das erzählende Ich aber nicht allein. Es weiß Bruder und Mutter in der gleichen Lage, auch wenn die Mutter, die botmäßigste von allen Familienmitgliedern, normalerweise den Vater pflichtgemäß unterstützt. Aus dieser grundsätzlichen Solidarität heraus kommt es an einem der seltenen Abende ohne Vater zu einer zunächst non-verbalen, dann aber immer deutlicher werdenden Verschwörung gegen den Abwesenden – für den Leser eine Szene voll von comic relieves.

In seinem zitathaften Übertreiben bekennt sich der Text zur Selbstironie, entlarvt selbst die von ihm so nachdrücklich geschilderte Unterdrückungssituation als veränderbar. Die stilistische Gratwanderung zwischen Anklage und Satire gelingt über die meisten Strecken. Satirisch ist die Schablonenhaftigkeit der Erzählung. Im Grunde sind es lauter längst bekannte Klischees der schwarzen Pädagogik und autoritären Erziehung, die hier geboten werden. Mit seiner konstruierten Naivität, seinen simplen Sätzen, seinem penetranten Erzählperfekt, seinen insistierenden Wiederholungen arrangiert der Text diese Klischees so originell, daß man sie fast wie zum ersten Mal hört. Dieser Vater stellt den typischen sozialen Aufsteiger dar: Aus der DDR geflohen, ärmlichen Verhältnissen entstammend, ist er auf dem bestem Weg, "höchster Angestellter" zu werden. Frau und Kinder behandelt er nach chauvinistischem Muster. Eigentlich wird hier ein schreckliches Familien-Szenario aufgerollt. Fatal paart sich ein von Erfolgszwang und krudem Pragmatismus beherrschtes Denken mit kleinbürgerlich-idyllischen Vorstellungen von einer "richtigen Familie". Aber durch die selbstironische Übertreibung, die stereotype Wiederholung (nicht nur von Satzteilen, sondern auch von Leitbegriffen) zeigt der Text Humor. Angesichts der starken Sympathielenkung bleibt dem Leser keine andere Wahl, als die Solidarisierung mit dem Grüppchen der "Verschwörer", auch wenn deren Rebellion nur in einem nicht akzeptierten Telefonanruf kulminiert.

In melancholischer Utopie hatte Bernward Vesper zu Beginn der 70er Jahre seinen Text *Die Reise* seinem kleinen Sohn Felix gewidmet. Felix war von seiner Mutter, Gudrun Ensslin, nach der Trennung dem meist abwesenden Vater überlassen worden. Inzwischen ist Felix' Generation alt genug, um ihrerseits mit ihren Eltern 'abzurechnen'. Zoë Jenny (*1974) legt in ihrem Debüt *Das Blütenstaubzimmer* (1997) ein entlarvendes Feature der 68er-Generation vor. Der Roman verzichtet auf jede erzählerische Reflexion, er kennt keine Gefühlsbeschreibung, keine Tragik und keine Dramatik, keine Begründungen und logischen Verknüpfungen. Was er vermittelt, läßt sich am besten als Milieu-Beschreibung bezeichnen. Trotz seiner Gefühlsabstinenz erregt er beim Leser wegen seiner Perspektivelosigkeit und der Haltlosigkeit seiner Figuren ein starkes Empfinden von Trauer und Melancholie. Wie repräsentativ das in der Erzählung sich abzeichnende Gesellschaftsbild ist, sei dahingestellt. Es fängt jedenfalls viel von dem ein, was zu den Selbstverständlichkeiten der 68er gehörte: häufig wechselnde Partnerbeziehungen, Bindungsunfähigkeit und -unwilligkeit, materielle Ungesichertheit, Chaos, Egozentrik, Zwang zu ewiger Jugend, Flucht in fernöstliche Esoterik, blinder Gefühlsüberschwang, Neureichtum und Überdruß, antiautoritäre Erziehung als laissez-faire und fehlende Zuwendung. Die Ich-Erzählerin trägt den amerikanisierenden Namen Jo. Während das erste Kapitel, der Rückblick auf die Kindergarten- und erste Schulzeit, noch im Präteritum erzählt wird, beginnt mit dem zweiten Kapitel das Erzählpräsens, das dem trockenen Berichtsstil vollkommen angemessen ist. Jo verlebt eine chaotische Kindheit bei ihrem Vater, der zwischendurch mit einer ausgeflippten Frau liiert ist. Später geht sie zu ihrer Mutter Lucy, die noch während Jos Schulzeit mit einem Künstler gen Süden verschwunden ist. Dort meint Jo, der hysterischen Mutter nach einem traumatischen Ereignis beistehen zu sollen, muß aber hören: "ich brauche deine Hilfe nicht, verstehst du?" (S. 38) Der Glaube, "unverzichtbar und ein Teil von Lucys Leben zu werden" (S. 63), kann nur im Traum aufkommen. Die Mutter verschwindet ein weiteres Mal. Nach wirren Zeiten mit einer neureichen Freundin und einem nicht weiter erwähnenswerten Freund versucht Jo, die inzwischen eine Abtreibung hinter sich hat, bei ihrem Vater wieder einzuziehen. Von dort vertreibt sie aber die Schwangerschaft von dessen gegenwärtiger Lebensgefährtin.

Sachlicher hätte man dieses aussichtslose Leben nicht aufschreiben können. Die Selbstverständlichkeit, mit der bereits der erste, aus der Perspektive eines Kindergartenkindes gesprochene Satz Trennung und Unsicherheit hinnimmt, ist bezeichnend: "Als meine Mutter ein paar Straßen weiter in eine andere Wohnung zog, blieb ich bei meinem Vater." Jo, das Kind, das Mädchen und die junge Frau, kennt keine Klage. Daß ihre Eltern sie vernachlässigen, daß sie ohne Heimat und Ordnung aufwächst, daß ihr Liebe nichts bedeutet, das alles ist keinen Kommentar wert. Ein einziges Mal läßt sich das Gefühl einer Verletzung ahnen: "Die blauen Kinderschuhe, die sie [die Mutter] vor zehn Jahren für mich gekauft, mir aber nie geschickt hat. Ich kann mir nichts vorstellen, was ich jetzt mehr verabscheue als diese Schuhe." (S. 138) Von einer Abrechnung mit den Eltern kann keine Rede sein, ebensowenig von Trauer. Jo hat nie gelernt, anderes zu erwarten als Kälte. Mit eben dieser Sachlichkeit funktioniert auch sie. Dieses Ich begehrt nicht auf, klagt nicht an, greift nicht ein, kommentiert nicht. Teilnahmslos verzeichnet es die eigenen Aktionen. Um Empfindungen aus dem Text zu entnehmen, muß der Leser ein feinstes Sensorium entwickeln, muß mehr zwischen den Zeilen als in den Worten lesen, wobei er stets in der Gefahr der Überinterpretation schwebt. Aber auch mit seinem Bedürfnis nach einer kausal verknüpften Fabel, mit der Frage nach der inneren Ordnung des Geschehens bleibt der Leser allein. Alle Figuren folgen offenbar spontanen Eingebungen, momentaner Willkür. Während Jos Eltern dabei von freilich rasch wechselnden Gefühlen gelenkt zu sein scheinen, läßt sich über Jo nicht einmal dies sagen. Jedenfalls gibt der Text, obwohl er aus ihrer Perspektive geschrieben ist, keine Einblicke in Triebfedern ihres Handelns, seien sie rational oder gefühlsgelenkt. Apathie ist die Antwort der nachgewachsenen Generation auf die Selbstsucht, Verantwortungslosigkeit und Lebenslüge derer, die einst so hart mit ihren Vätern ins Gericht gegangen waren. Das Leiden der um 1945 Geborenen unter dem Zuviel an Erziehung, unter dem Totalitarismus und der Allmacht ihrer Eltern hatte sich in heftig emotionalisierten, haßgetriebenen und hochdramatischen Niederschriften Bahn gebrochen; das Zuwenig an Erziehung, das die Söhne und Töchter von damals ihren Kindern angedeihen ließen, erzeugt eine Befindlichkeit, der kein Instrumentarium emotionaler Äußerungen mehr entspricht.

10. Frauenliteratur

Kein Thema der Gegenwartsliteratur beschäftigt die Forschung so sehr und so anhaltend wie das Thema 'Frauen'. Ausgehend von der 68er-Bewegung, die mit ihrer Forderung nach umfassender Emanzipation dem Feminismus enormen Aufschwung gegeben hatte ('Neue Frauenbewegung'), hat der Begriff 'Frauenliteratur' inzwischen seine eigene Geschichte. War früher eine polemische und bewußt emotionalisierte Stoßrichtung vorherrschend, so zeigt sich Frauenliteratur heute sehr vielschichtig. Dabei ist immer auch mit zu berücksichtigen, daß sich nicht wenige Autorinnen gegen eine Zuordnung ihrer Bücher zur Frauenliteratur wehren, weil sie sich dadurch ausgegrenzt und in eine Ecke gestellt sehen. Daß wir den Terminus Frauenliteratur hier trotzdem verwenden, hat rein historisch-pragmatische Gründe und bedeutet keine Positionierung.

Im Zusammenhang mit der antiautoritären Bewegung der 68er war Frauenliteratur ein ideologischer Terminus. Am Anfang stand die Abgrenzung gegen die als fremd oder feindlich empfundene Welt des Männlichen im Vordergrund, hatten Frauenbücher nicht selten eine Affinität zur Sachliteratur, zum Essay. Anderssein mußte erst definiert werden. Polemik wurde schon bald ergänzt durch Selbstbesinnung, durch Identitätsstiftung nach innen, durch Aufzeigen von Gemeinsamkeiten weiblichen Empfindens und Erlebens. Hierher gehörte z.B. das Auffinden einer weiblichen Traditionslinie, einer weiblichen Kultur- und Literaturgeschichte. Der Begriff des Weiblichen selbst erfuhr eine Modifikation, wandelte sich von einer biologischen zu einer kulturellen Größe ("Gender"). Damit war viel Ballast abgeworfen, denn jede sexuelle Bestimmung des Weiblichen mußte zu unausweichlichen transhistorischen und transkulturellen Festlegungen führen und die kannte man schon aus langen Jahrhunderten der Frauenfeindschaft.

Frauenliteratur ist nicht gleich feministische Literatur, obwohl sie es in den 60er und 70er Jahren überwiegend war. Feminismus als Kampf für die Gleichberechtigung kann auch Anliegen eines von einem Mann geschriebenen Buches sein – so ist zweifellos *Der Butt* von Günter Grass ein feministisches Buch. Andererseits wird man Frauenliteratur nicht einfach als Literatur für Frauen bezeichnen können, jedenfalls nicht diejenige der letzten Jahre. Ein Buch wie *Kassandra* von Christa Wolf wurde – seiner dezidiert frauenbezogenen Thematik zum Trotz – sehr stark von Männern rezipiert. Die in Frauenliteratur angesprochenen Themen sind Bestandteil unserer Kultur und gehen Männer *und* Frauen an.

Will man nicht simplifizierend jede Literatur von Frauen als Frauenliteratur bezeichnen, so ist nach Kriterien zu fragen. Dabei ist die These, Frauen schrieben einen anderen Stil, von besonderer Brisanz. Sie war ehedem ein Sakrosanktum feministischer Argumentation. Ausgehend von der These: "Die Formen und Formeln der Dichtersprache sind nicht geschaffen, daß ein weibliches Ich sich darin artikulieren kann",[1] postulierte man eine eigene weibliche Ästhetik. Heute wird diese These als "Klischee" diskutiert.[2] Dagegen handelt es sich bei der von Hélène Cixous[3] geforderten "Einschreibung des weiblichen Körpers" oder écriture féminine letztlich um eine Utopie, nicht aber um eine Analyse realer Schreibweisen. Die besonders von Cixous und anderen französischen Poststrukturalistinnen (Luce Irigaray, Julia Kristeva) betonte Gleichsetzung des Weiblichen mit dem Mütterlichen scheint mir ein Rückfall in überholte Denkweisen. Die empirische Sprachwissenschaft hat aufgrund ihrer Feldforschungen Abschied genommen von der These einer "Frauensprache".[4] Nun kann man freilich im literarischen Bereich weibliche Ausdrucksformen finden, ohne daß diese schon einen 'weiblichen Stil' definieren. Vielmehr handelt es sich um Reaktionen, sei es, daß eine Schriftstellerin sich durch eine dem Weiblichkeitsstereotyp entsprechende Stilhaltung offensiv von einem 'männlichen Stil' absetzt (z.B. defizitäre, alogische Schreibweisen, eingeschränkter, rollenspezifischer Wortschatz), sei es, daß 'Männersprache' imitiert wird, wie das Beispiel Elfriede Jelineks zeigt: Sie bedient sich nicht selten eines pornographischen Stils, der bislang vornehmlich Männern vorbehalten war.[5] Sofern es geschlechtsspezifische Stilkonstanten überhaupt gibt, so dürften sich diese v.a. thematischen Ähnlichkeiten verdanken. Allerdings gibt es auch hier interessante Umkehrungen von bislang Geläufigem. So kann die weibliche Hauptperson durchaus die sadistische Rolle des Unterdrückers und Vergewaltigers annehmen (vgl. Ulla Hahn: *Ein Mann im Haus*, 1991).

Was ist Frauenliteratur? Inge Stephan definiert im *Reallexikon*: "Literatur von Frauen, besonders solche, die sich kritisch mit der Erfahrung von Frauen ausein-

---

1 Christa Reinig: Das weibliche Ich. In: *Alternative* 19 (1976), H. 108/9, S. 119.
2 Doris Schafer Scherrer: *Schreiben Frauen anders? Klischees auf dem Prüfstand*. Freiburg/Schweiz: Univ.-Vlg. 1998 (= Germanistica Friburgensia 17). Dieses wichtige Buch setzt sich mit seiner genauen Untersuchung von Textfakten wohltuend von der sonst vorherrschend spekulativen Literatur ab. – Unbenommen ist, daß auf der Rezeptionsseite Geschlechtsspezifika bestehen. Vgl. Ruth Klüger: *Frauen lesen anders*. München: dtv 1996.
3 *Weiblichkeit in der Schrift*. Berlin: Merve 1980.
4 Vgl. Ingrid Samel: *Einführung in die feministische Sprachwissenschaft*. Berlin: Schmidt 1995, bes. S. 13–34.
5 Tatsächlich läßt sich für andere Epochen eine – heute sicher nicht mehr vorhandene – geschlechtsspezifische Normierung des Schreibens beobachten. Vgl. meine Darstellung *Gattung und Geschlecht. Reisebeschreibungen deutscher Frauen 1780–1850*. Tübingen: Niemeyer 1999 (= Studien und Texte zur Sozialgeschichte der Literatur 67) sowie *Bausteine zu einer Geschichte des weiblichen Sprachgebrauchs*. Hg. v. G. Brandt. 3 Bde. Stuttgart: Heinz 1994–98.

andersetzt", fährt aber einschränkend fort: "Einen Konsens darüber, wie Frauenliteratur definiert werden kann, gibt es nicht."[6] Der Begriff zeigt sich also erfreulich offen. Er schließt die individualbiographische Selbstfindungs- bzw.
Verstörungsliteratur weiblicher Prägung, wie sie zu Beginn der Neuen Frauenbewegung vorherrschte, ebenso ein wie historische Frauenbiographien, meint
feministische Kampfliteratur ebenso wie die unscheinbaren Berichte aus dem
weiblichen Alltag. Konstitutiv ist der weibliche Autor und eine frauenspezifische
Thematik. Die feministische Literaturwissenschaft besteht auf der Kenntlich-
machung der Differenz zwischen weiblichem und männlichem Denken, Wahrnehmen und Schreiben und wehrt sich gegen die Annahme eines geschlechts-
neutralen Subjekts, sei es auf der Autor- oder auf der Rezipientenseite. Die
Konstruktion eines solchen Subjekts entspräche männlichem Herrschaftsbedürf-
nis. Postmoderne Theorien haben aber mit ihrer Dekonstruktion des autonomen
Subjekts und des Ich-zentrierten Denkens diesen Thesen viel von ihrer Emphase
genommen. Auch sonst scheint es, daß manche Polemik sich überholt hat und
zur Beschreibung der heutigen Literaturszene wenig hilfreich ist.[7]

Während es deutsche Literatur von Frauen seit dem Mittelalter gibt, kann
man die Anfänge von Frauenliteratur schwer festlegen. Fest steht, daß mit den
radikalen Büchern der frühen 70er Jahre ein neues Kapitel anfängt, eine bislang
nicht gekannte Besinnung auf männlich-weibliche Differenz, ja Gegensätzlich-
keit, eine radikale Verteidigung weiblicher Positionen und eine Sensibilisierung
breiter Bevölkerungskreise. In den Verlagen begannen feministische Reihen aus
dem Boden zu schießen, in München entstand der Verlag Frauenoffensive,[8] in
der Literaturwissenschaft etablierte sich die feministische Position bis hin zu
eigenen Lehrstühlen. Diese Entwicklung der letzten 30 Jahre wäre nicht denkbar
ohne einige Bücher, die hier Türen aufgestoßen haben.

Wenn wir also im folgenden Texte als Frauenliteratur besprechen, so heißt das
freilich nicht, daß diese Bücher nicht auch unter anderem Aspekt betrachtet
werden könnten. So gehören etwa Karin Strucks *Klassenliebe* (1973) und *Lieben*
(1977) oder Verena Stefans *Häutungen* (1975) auch zur Selbstfindungsliteratur
der Neuen Subjektivität oder in die Rubrik Autobiographisches. In diese Rubrik
fallen auch Ingeborg Drewitz' *Gestern war heute* (1978) und Elisabeth Plessens *Mitteilung an den Adel* (1976), wobei dieses auch ein Vaterbuch ist. Frauenliteratur
steht nicht abseits.

---

6 *Reallexikon der deutschen Literaturwissenschaft.* Neubearb. hg. v. K. Weimar. Bd. I, Berlin/
   New York: de Gruyter 1997, S. 625f.
7 Eine fundierte Kritik der französischen Poststrukturalistinnen und eine konstruktive
   Alternative bietet schon Elaine Showalter: Feminist Criticism in the Wilderness. In: *The
   New Feminist Criticism. Essays on Women, Literature and Theory.* Ed. by E. Showalter.
   London: Virago 1986, S. 243–270. Eine klare Bestandsaufnahme der gegenwärtigen
   Theorie-Diskussion mit einer Konfrontation mit deutschsprachiger Literatur fehlt.
8 Vgl. Luzia Vorspel: Frauenliteratur(reihen) in Deutschland. In: *Germanisten.* Tidskrift för
   svensk germanistik. Kalmar. 2 (1997), Nr. 3, S. 14–20.

Ebenso wie am Anfang der wissenschaftlichen women's studies Probleme der Abgrenzung zwischen Männern und Frauen standen, so prägte Polemik, bisweilen gesteigert bis zum blanken Haß, auch den Anfang der Frauenliteratur. Die gesellschaftlichen und die internalisierten Widerstände gegen eine weibliche Selbstbesinnung waren so stark, daß es eines aggressiven Potentials bedurfte, um sie zu überwinden. Nach dem scheinbaren Aufbrechen verhärteter Strukturen in der 68er-Bewegung herrschte unter linken Frauen zudem eine maßlose Enttäuschung darüber, daß im Klassenkampf jede Form von Herrschaft abgeschafft werden sollte mit Ausnahme der Herrschaft der Männer. Diese Enttäuschung bereitete den Boden für das Debüt der Frauenliteratur der 70er Jahre: Karin Strucks *Klassenliebe* (1973).

Klassenliebe schreibt nichts als persönliche Erfahrung nieder. Auf literarische Einkleidung und Überformung hat die Autorin auch in ihren folgenden Büchern weitgehend verzichtet: *Lieben* (1977) bezieht sich auf das Erlebnis von Liebe und Sexualität, *Die Mutter* (1975) auf die Erfahrung von Schwangerschaft und Gebären, *Trennung* (1978) auf die Scheidungserfahrung der Autorin selbst. Die Kritik reagierte dementsprechend entgeistert: "Radikale Entblößung" überschrieb Max von der Grün seine Rezension in den *Nürnberger Nachrichten*[9], Reinhard Baumgart stutzte: "Ein Buch wie eine Person".[10] Karin Struck hatte sich Direktheit, Distanzlosigkeit zum ästhetischen Programm gemacht, um damit ihre Unterprivilegierung auszudrücken. Als Arbeiterkind, (ehemaliges) SDS- und DKP-Mitglied lehnte sie Kunstliteratur ab, berief sich auf ihre "ungeübte Hand" und benützte ihr Schreiben als Ausdruck persönlicher Gefühle und Nöte, als "Hilferuf", der freilich auch exemplarischen Charakter beanspruchte. Ihre persönlichen Höhen und Tiefen bezeichnen, so die implizite Voraussetzung, die Nöte und Wonnen der Weiblichkeit. In späteren Jahren betonte Karin Struck immer wieder das Vorrecht des Persönlichen, das als das Private nur in scheinbarem Widerspruch zum Politischen stehe.[11] In diesem Sinn geht es in *Klassenliebe* nicht nur um einen individuellen Lebenslauf, sondern um den eigenen Weg der Frau und das Recht, die eigenen Belange öffentlich zu thematisieren. Und eben darin liegt doch wieder ein Element der Literarisierung, Stilisierung.

Hatte man *Klassenliebe* noch in den Zusammenhang mit der Bewegung von 1968 stellen können, weil soziologische Erklärungsmuster darin eine gewisse Rolle spielen, so zeigt sich in Strucks späteren Büchern der weibliche Ansatz immer deutlicher: Diese Leiden und Freuden entstehen nicht aus Klassenkampf, Politik, Generationenkonflikt, sondern aus der *weiblichen* Situation. Als Frauen sind die Protagonistinnen in Karin Strucks Büchern – im Grunde alles Verkleidungen der Autorin (Karin S. in *Klassenliebe*, Nora Hanfland in *Die Mutter*,

9 28./29.4.1973. Struck war als ehemaliges Mitglied des Werkkreises Literatur der Arbeitswelt bzw. der Gruppe 61 eine Abweichlerin.
10 *Der Spiegel*, 30.4.1973.
11 Vgl. Karin Struck: Das Private ist das Politische. (1977) In: *Karin Struck*. Hg. v. H. Adler u. H.J. Schrimpf. Frankfurt a.M.: Suhrkamp 1984 (= stm 2038), S. 53–58.

Lotte in *Lieben*, Anna in *Trennung*) – beglückt oder gedemütigt, unselbständig, entfremdet oder beseligt. In ihrer je eigenen Lage hilft ihnen keine Ideologie, schon gar nicht die radikalfeministische, von der sich die Autorin jederzeit abgesetzt hat. Statt dessen verteidigt sie das weibliche Ich, die weibliche Geschlechtlichkeit, v.a. die Fähigkeit, Kinder zu gebären, als Mythos. Der Körper bestimmt die Erfahrung einer Frau. Frauen, besonders Mütter, werden bei Karin Struck zu Urformen des Menschlichen, Gesunden, Natürlichen, mythische Verkörperungen von Leben schlechthin. Hand in Hand mit der Mythologisierung des Weiblichen geht die Destruktion des Männlichen. Damit steht die Autorin im Trend der historischen Entwicklung des Feminismus, dessen erste Stufe geprägt war von Aggression, Biologismus und Fixierung auf Geschlechtlichkeit. Dieses reduktionistische Modell der 70er Jahre behält die Polarisierung der Geschlechter bei, nur kehrt es die Vorzeichen um: Das bislang für defekt gehaltene Weibliche wird nun zum Heilen, Ganzen, Guten.

Es liegt in der Tendenz von Strucks betontem Subjektivismus, daß sich ihre Bücher gegen Strukturierung sperren. Statt dessen sind sie chaotisch. Bieten in *Klassenliebe* die Tagebucheintragungen eine gewisse Segmentierung, so bewegen sich die nachfolgenden Romane in ganz freier Assoziation, in Mischung von Autobiographischem und Fiktivem und im Wechsel der Schreibweisen, zusammengehalten nur durch das schreibende Subjekt. Strucks Tendenz zur Mythisierung brachte eine Neigung zu sprachlichen Klischees und zur Hyperbolik mit sich, die sich in Weisheitssätzen, Pseudoreligiösem und Hymnischem (bes. in *Lieben*) ergießt.

Den eigentlichen Durchbruch der Frauenliteratur schaffte seinerzeit nicht Karin Strucks schwieriger Text *Klassenliebe*, sondern Verena Stefans *Häutungen* (1975) mit der fundamentalen These: "*Sexismus geht tiefer als rassismus als klassenkampf.*"[12] Häutungen wurde zum Riesenerfolg (1977 war bereits eine 10. Auflage nötig), weil unzählige Frauen sich mit ihren Ängsten, Sehnsüchten, Erfahrungen und Komplexen darin wiederfanden. Bezeichnend ist schon die Art der Publikation: *Häutungen* erschien in dem neugegründeten Verlag Frauenoffensive und erreichte seine Publizität allein durch Mund-zu-Mund-Propaganda.[13] Das Thema Frauenbewegung beherrschte um die Mitte der 70er Jahre das öffentliche Gespräch wie kaum ein anderes.

Häutungen ist keine Kunstliteratur und erhebt auch keinen literarischen, sondern einen sozialpädagogisch-aufklärerischen Anspruch. Die Autorin stellt dies selbst in ihrem Nachwort klar:

> "Häutungen" ist nicht das erstlingswerk einer 'literarischen karriere'. ein buch zu schreiben war damals für mich die geeignete form, für die sache der frauen zu handeln. es bedeutete nicht, daß zwangsläufig ein zweites buch folgen würde. dieses hier hat im persönlichen, im politischen und im literarischen

---

12 20. Aufl. München: Frauenoffensive 1984, S. 34.
13 Vgl. Einige anmerkungen zu mir und zur geschichte dieses buches (Anhang zu *Häutungen*), S. 125f.

bereich diskussionen ausgelöst, die noch andauern. das ist das wichtigste daran."[14]

Stefan schreibt "autobiographische Aufzeichnungen" (so der Untertitel von *Häutungen*) über ihre Freundschaften und Liebesbeziehungen, die sie schließlich zur gleichgeschlechtlichen Liebe führen, über ihre Wege und Irrwege zu sich selbst. Damit am Ende die Heilung stehen kann, muß die Welt der Männer als der Inbegriff des Nicht-Heilen in die Schranken verwiesen werden. Frauen – so Stefans Erfahrung – hatten immer nur die Möglichkeit, sich als Projektionen männlicher Vorstellung zu begreifen. Männer schufen die Normen, an denen Weiblichkeit und weibliche Identität zu messen waren. Die Entfremdungs- erfahrung reicht bis in die Sprache hinein:

> Beim schreiben dieses buches, dessen inhalt hierzulande überfällig ist, bin ich wort um wort und begriff um begriff an der vorhandenen sprache angeeckt. Sicher habe ich das zunächst so krass empfunden, weil ich über sexualität schreibe. *Alle* gängigen ausdrücke – gesprochene wie geschriebene – die den koitus betreffen, sind brutal und frauenverachtend. [...] Sprache versagt, sobald ich über neue erfahrungen berichten will." (S. 3)

Stefans Buch ist ein Anklage gegen die männliche Vorherrschaft auf allen Gebie- ten, v.a. aber geht es ihr um körperliche Erfahrungen. Das Buch ist entstanden in einer Zeit, als Sexualität durch die Pille erstmals befreit war und daher voll ausgelebt werden konnte. Der Koitus wurde zum Sozialzwang, zum Mittel, anerkannt zu werden.

> meistens schlafen wir doch mit einem mann, weil wir sozial darauf angewiesen sind, nicht weil wir uns [...] heimisch fühlen [...] wir nehmen einen mann auf, das gibt uns ein gefühl, gebraucht zu werden." (S. 87)

Die Erzählerin erlebt sich in ihren Beziehungen zu Männern fremdbestimmt. Erst als sie sich entschließt, "die droge sexualität" abzusetzen, als ein viel "zu ärmli- ches unterfangen, um glück zu produzieren, um über sich und die andere person etwas zu erfahren" (S. 72), gelingt der Prozeß stufenweiser Ablösung (Titel) und Selbstfindung. Die Schwierigkeiten, die der Freund Samuel mit dieser Trennung hat, werden nicht berücksichtigt. Mit Nachdruck heißt es: "Samuel muß sich selber in die hand nehmen. [...] ich beherberge keinen mann mehr."(S. 74)

Veruschka, die Protagonistin, sagt rückblickend auf ihre Zeit mit einem Gelieb- ten: "Ich brauchte ihn, weil ich mich nicht hatte" (S. 26). Erst im Zusammensein mit anderen Frauen in einer Frauenwohngemeinschaft lernt sie sich selbst zu akzeptieren, d.h. sie lernt, ihren Körper so zu lieben, wie er ist, anstatt Männern gefallen zu wollen. Der wichtigste Faktor im Prozeß der Selbstfindung ist das Erlebnis der eigenen Leiblichkeit. Die Erfüllung in der *homo*erotischen Beziehung zu Fenna gründet sich auf den Kult des weiblichen Körpers, dessen Literarisierung und detaillierte Neubenennung durch lyrisierende Naturbilder. *Häutungen* ver-

---

14 Einige anmerkungen, S. 127.

wirklicht eine Grundthese von Hélène Cixous, für die Schreiben gleichbedeutend ist mit der Rückgewinnung des weiblichen Körpers (vgl. unten Kap. 11).

"Sexismus geht tiefer als rassismus als klassenkampf." Dieser Überzeugung kann nur ein entschiedener Widerstand gegen die Welt der Männer gerecht werden. Das dritte Kultbuch der Neuen Frauenbewegung war womöglich noch kämpferischer als die erstgenannten: *Entmannung. Die Geschichte Ottos und seiner vier Frauen, erzählt von Christa Reinig* (1975). Unter der munteren, anspielungsreichen und arabesken Textoberfläche verbirgt sich der Aufruf zum Widerstand gegen die Entmachtung der Frau durch die andere Hälfte der Menschheit. Reinig, zum Zeitpunkt des Erscheinens 50jährig und schon als Schriftstellerin etabliert, schlägt den Bogen weiter als die beiden Debütantinnen Stefan und Struck. *Entmannung* ist ein professioneller Text, ironisch, doppelbödig. Christa Reinig nennt sich zwar im Titel, und auch im Text selbst taucht ihr Name wiederholt auf, es handelt sich jedoch keineswegs um autobiographische Prosa, sondern um die fiktive Geschichte von "Professor Doktor Otto Kyra, Playboy und Chirurg" (S. 16). Um ihn gruppieren sich vier Frauen, vier verschiedene Typen des Weiblichen: Arbeiterin, Hausfrau und Mutter, Hure, Intellektuelle. Alle diese Frauen sterben eines unschönen Todes, weil sie aus ihrer vorgezeichneten Bahn ausbrechen und eine andere weibliche Rolle übernehmen wollen. Sie repräsentieren also weibliches Schicksal in Überzeichnung. Gleichzeitig demonstriert ihr Lebensgang, daß es sinnlos ist, nach einer 'wahren' Weiblichkeit zu suchen.

> Irrenhaus, Krankenhaus, Zuchthaus. Das ist der Dreisatz der Weiber-Weltformel. Lehnst du dich auf, kommst du ins Zuchthaus, lehnst du dich nicht auf, drehst du durch und mußt ins Irrenhaus und beneidest die Weiber, die zum Beil gegriffen haben. Unterwirfst du dich mit Lust, kommst du mit deinem kaputtgerammelten Unterleib ins Krankenhaus. (S. 153)

Das Personal dieses weitgehend im Präsens gehaltenen Textes besteht aus Kunstfiguren, von einer Erzählung im eigentlichen Sinn kann nicht die Rede sein; die Fabel ist bewußt überzeichnet. Reinig läßt eine Parade von Bildungsbruchstücken aufmarschieren: Figuren und Motive aus Wissenschaft, Literatur, Film, Opernwelt, Geschichte etc. treten auf als Vertreter der patriarchalischen Gesellschaft; die Männerkultur, so die These, hat abgewirtschaftet, die Zivilisation steht vor ihrem Bankrott. Sinnbild für die logische Konsequenz aus dieser Erkenntnis ist die Gattenmörderin Klytemnestra mit ihrem Beil. Die Frage nach der Entrechtung der Frau wird also nicht – wie bei Stefan und Struck – als persönlich erlebtes, konkret faßbares, psychologisch vertieftes Einzelschicksal, sondern als abgründige Parabel dargestellt.

Die feministische Diskussion der folgenden Jahre erkannte schon bald die Wertlosigkeit von Aggression ebenso wie die Unzulänglichkeit des biologistischen Arguments und mußte einsehen, daß Rückzug aus der Welt der Männer nicht alleine schon zum wahren und glücklichen Ich führte. Der neue Weg der Selbstversicherung führte über eine Geschichte der Frauen, die als ungeschrieben, verdrängt und verketzert erst zu finden und zu erfinden war. Historische Formen der Selbständigkeit wie der Unterdrückung sollten als Beispiele weiblicher Tradition die zeitgenössische Diskussion beleben. In den Blick kamen ungewöhnliche Frauenschicksale, Schriftstellerinnen und Frauenrechtlerinnen ebenso wie Hexen als Beispiel von normabweichenden weiblichen Eigenwegen. Es entstanden Bücher wie Irmtraud Morgners *Leben und Abenteuer der Trobadora Beatriz nach Zeugnissen ihrer Spielfrau Laura* (1974) und dessen Fortsetzung *Amanda. Ein Hexenroman* (1983). Hierher gehören auch die biographischen Romane Karin Reschkes *Verfolgte des Glücks. Findebuch der Henriette Vogel* (1982) und Christa Wolfs *Kein Ort nirgends* (1979) (vgl. oben Kap. 6). Die Schweizerin Eveline Hasler reihte sich ein mit *Anna Göldin, letzte Hexe* (1985) und der beeindruckenden 'Faktion' *Die Wachsflügelfrau* (1991) über das tragische Leben der ersten europäischen Rechtsanwältin Emily Kempin-Spyri. Alle diese Bücher suchen nach einem Gegenentwurf zu einer bislang immer männlich bestimmten Tradition. Sie wollen damit die Leerstelle ausfüllen, die im weiblichen Selbst- und Geschichtsbewußtsein klafft.

Dieses kompensatorische Bemühen bestimmt auch Ingeborg Drewitz' großen Familien- und Gesellschaftsroman *Gestern war heute. 100 Jahre Gegenwart* (1978). In einer Berliner Wohnung leben vier Generationen zusammen. Zusammen umfaßt ihre Erinnerung 100 Jahre, von den Sozialistengesetzen 1878 bis zur Gegenwart. Hauptfigur ist Gabriele, mit deren Geburt 1923 das Buch einsetzt. Mit zunehmender Bewußtheit Gabrieles verengt sich die Perspektive auf sie, es sind ihre Augen, durch die wir fortan die Welt sehen. Gabriele sucht ihren eigenen Weg; bereits während des sog. Dritten Reiches ist sie – im Gegensatz zu ihrer jüngeren Schwester Ulrike – unangepaßt, tritt aus dem BDM aus und macht Botengänge zu versteckten Juden. Eine im Widerstand arbeitende Lehrerin hat sie dazu angeregt. Noch während des Krieges schreibt sie eine größere politologische Arbeit, die das Parteiprogramm der NSDAP entlarvt und natürlich unter Verschluß gehalten werden muß. Sie bricht das Studium ab und heiratet. Aber die Ehe mit Jörg, die Reduktion auf die Mutterrolle, wird ihr zunehmend zur Belastung. Sie trennt sich vorübergehend von ihrem Mann, geht mit ihren Kindern aus Berlin weg, vollendet ihr Studium mit der Promotion und wird Journalistin, kehrt aber später doch wieder zu ihrem Mann zurück. Gewohnt, sich selbst zurückzustellen, schafft sie es, Arbeit, Haushalt und Familie zu vereinbaren. Als engagierte Journalistin sucht sie ihren eigenen, verantwortungsbewußten Weg, macht sich ihre eigenen Gedanken über den Ost-West-Konflikt, die Emanzipations- und die Studentenbewegung, Vietnam, die Diskussion um humanen Strafvollzug.[15]

Das Problem: "wie viel tue ich für mich selbst, wie wichtig bin ich mir selbst" bildet den roten Faden des Buches. Für Großmutter und Urgroßmutter war die Beschränkung auf die eigenen vier Wände eine Selbstverständlichkeit. Allenfalls

---

15 Ingeborg Drewitz selbst war in dieser Sache sehr engagiert – vgl. ihre Edition *Schatten im Kalk. Lyrik und Prosa aus dem Knast* (1979) sowie *Mit Sätzen Mauern eindrücken. Briefwechsel mit einem Strafgefangenen* (1979).

die ausufernde Freßlust der Urgroßmutter deutet darauf hin, daß im Alter der lang hintan gehaltene Wunsch nach persönlicher Lustbefriedigung durchbricht. Bereits bei Gabrieles Mutter Susanne aber ist das Aufgehen in der Familienrolle keine Selbstverständlichkeit mehr, sondern ein mühsam abgerungener Verzichtsakt. Sie stand am Anfang einer erfolgversprechenden Pianistenkarriere, als sie heiratete. Auf dem Höhepunkt der kriegsbedingten Not wird das Klavier für eine Brotration verkauft – Symbol der Aufopferung des Eigenlebens für die Familie. Gabriele hatte Mutter, Großmutter und Urgroßmutter als eingesperrt und verkümmert erlebt und will keinesfalls ein solches Schicksal. Während Gabriele in ihren Selbstgesprächen sagen kann "Ich will nicht so werden wie Vater und Mutter" (S. 188), überwiegt in ihren konkreten Entscheidungen aber doch ihr Verantwortungsbewußtsein. Bereits als Studentin hatte sie bei Kriegsende die Chance, aus dem in höchstem Maß gefährdeten Berlin herauszukommen und eine Karriere als Historikerin zu starten. Ihr Professor will sie dazu überreden.

> Es ist schade um Sie! [...] Warum gehen Sie nicht nach Westen? Sie hören doch BBC. Die Stadt, dieses Berlin wird nie mehr hochkommen. Das können Sie sich doch ausrechnen, oder?
> Meine Eltern sind hier, die Familie.
> Eine Frauenantwort! Er nimmt jetzt den Stuhl und stukt ihn auf, da müssen Sie drüber hinwegkommen, rücksichtsloser werden, sich durchsetzen wollen. Ich bin nicht sicher, ob wir noch das Recht haben, an uns zu denken. (S. 147)

Viele Jahre später wiederholen sich solche Konfliktsituationen, (S. 297f., S. 315), die Gabriele vor die Frage stellen: "Sich selbst verwirklichen [...]. Und auf wessen Kosten?" (S. 376)

Einfühlsam erfaßt der Text die seelischen Schwankungen der jungen Ehefrau und Mutter, vom "Worauf laß ich mich da ein?" (S. 198) nach der Heirat bis zur Euphorie der Fürsorge für das eigene Kind: "Sie hat nicht gewußt, daß das möglich ist, in einer Rolle zuhause sein, Pflichten erfüllen, von morgens bis abends." (S. 210f.). Mit der zweiten Schwangerschaft verdichtet sich das Gefühl, eingeschlossen zu sein. Die emotionale Antwort ist Scham, in der Haufrau- und Mutterrolle zu versagen, Scham aber auch wegen der fortwährenden Reduktion der eigenen Person. Eine emotionale Ausweglosigkeit, in die Gabriele immer wieder gerät, in der ihr ihr Mann keinerlei Hilfe bietet und auf die sie – für die historische Frauensituation typisch – nicht aggressiv, sondern autoaggressiv reagiert: mit Selbstmordplänen.

Die Ehemänner spielen in diesem Buch keine rühmliche Rolle. Ihre Frauen leiden sämtlich an ihrer mangelnden Sensibilität und Verbalität. Auch Jörg, Gabrieles Ehemann, hält "Mannfraukind" für eine Selbstverständlichkeit. Wenn Gabriele trotzdem zu ihm zurückkehrt, so ist das eine bewußte Entscheidung für die Familie, für einen in seiner Unzulänglichkeit akzeptierten Mann, für eine Gratwanderung zwischen Familie und Beruf. Als Frau einer Übergangsgeneration steht sie zwischen den beiden Lebensentwürfen und hält die Zerreißprobe aus. – Doch es gibt auch andere Modelle. Der Text führt sie als gegensätzliche Ge-

schwister vor. Gegenstück zu Gabriele ist ihre hedonistische, freilich tief unglückliche Schwester. Die Dichotomie der Rollen wiederholt sich bei Gabrieles
Töchtern.

Gestern war heute ist authentische Literatur. Daß die Autorin mit der Figur der
Gabriele so etwas wie ein Selbstportrait schreiben wollte, liegt nur allzusehr auf
der Hand. Ingeborg Drewitz ist nicht nur im gleichen Jahr geboren wie ihre
Figur, sondern teilt mit dieser auch die Spannung zwischen Beruf und Familie.
Gabriele ist eine Identifikationsfigur. Ganz gleich, ob man ihre Lebenspraxis als
(so die Meinung der älteren Tochter) Unentschiedenheit oder als Versöhnung
von Widersprüchen auffaßt – sie ist näher an der Realität als die heroischen
Brüche, die Figuren wie etwa Handkes *Linkshändige Frau* vollziehen.

Ingeborg Drewitz' engagierte Alltagsgeschichte stellt den großen Familiensagas
des 19. Jahrhunderts eine kleinbürgerliche und weibliche Alternative entgegen,
ohne deswegen auf politische Implikationen oder 'Welthaltigkeit' zu verzichten.
Diese Geschichte setzt an die Stelle der literaturfähigen patriarchalischen Genea-
logien den sozialen Erbgang von der Mutter zur Tochter. Während patrizische
Aufstiegs- oder Niedergangsschicksale mit dem Zollstock des öffentlichen Erfolgs
gemessen werden, herrscht in weiblichen Lebensgängen eine andere Form der
Tüchtigkeit. *Gestern war heute* macht nachvollziehbar, was die Soziologie längst
erwiesen hat: den entscheidenden Einfluß der Mutter auf das Selbstbild der
Töchter. Auf diese kulturell prägende Tradition hingewiesen zu haben, scheint
mir alleine schon ein wesentliches Verdienst dieses Buches.

Auch in Elisabeth Plessens Buch *Mitteilung an den Adel* (1976) geht es um
sozio-kulturelle Abhängigkeiten, allerdings mehr um väterlich bestimmte. Das
Buch ordnet sich in vielen Punkten in die sog. Väterliteratur ein (vgl. oben
Kap. 9). Entstanden ist es Ende der 70er Jahre; wegen der offensichtlichen autobiographischen Bezüge hatte die Autorin große Schwierigkeit, einen Verlag zu
finden. Den Schreibanstoß gibt der Tod des Vaters, zu dem die Erzählerin und
Hauptperson des Buches, die in München als Journalistin lebende Tochter, ein
sehr schlechtes Verhältnis hatte. Der Text besteht aus Reflexionen und Erinne-
rungen während der Fahrt quer durch Deutschland zur Beerdigung des Vaters.
Das elterliche Anwesen Einhaus mit Schloß und Ländereien liegt in Schleswig-
Holstein.

Es geht also um eine Abnabelungsgeschichte. Die Tochter hat sich als Angehörige der APO-Generation äußerlich längst aus der sozialen Schicht ihres Eltern-
hauses gelöst. Die innerliche Ablösung gewinnt aber durch die Tatsache, daß es
sich um eine Trennung von einer Adelsfamilie handelt, an Brisanz: Die Familientradition in dieser reichen, junkerhaften Landadelsfamilie wird als besonders
bedrängend erlebt. Die Möglichkeiten, aus diesem jahrhundertealten Gefüge,
dieser "Feste der Leere" (S. 14), dieser "Welt unter dem Glassturz" (S. 60) auszu-
brechen, sind gering. Sie scheinen aber, und dies macht die Besonderheit des
Romans aus, für eine Tochter leichter zu sein als für die männlichen Angehörigen. Der Bruder hatte in die Fußstapfen des Vaters zu treten, mußte sich mit
Übernahme von Erbe und der Verantwortung auch den Zwängen unterordnen.

Töchter gehören weniger in das genealogische Gefüge. Der Vater braucht Söhne und eigentlich keine Töchter. "Olympia entschuldigte sich für ihre Unzulänglichkeit, als die Tochter geboren war" (S. 153), sagt die Erzählerin über die eigene Geburt.

Auf der Fahrt in Richtung Elternhaus findet sich die Erzählerin mit zunehmender räumlicher Nähe auch innerlich dichter mit ihren Traditionen konfrontiert. Es gelingt ihr aber, der Verstrickung in das eigene Schicksal zu entkommen und den Vater selbst als Opfer zu sehen. Auf diesem Vater lastet gleichsam die über Jahrhunderte eingelernte Gewohnheit, über seine Umgebung zu bestimmen, wobei die Hauptsorge dem Erhalt des Tradierten gilt. Als Herr herrisch geworden, kann er Umsturz und Auflehnung nicht zulassen, wie sehr dabei auch sein persönlicher Wunsch nach Harmonie mit der Tochter zurückbleibt. Der in Reflexion und innerem Monolog ausgelöste Bewußtseinswandel der Tochter wird auch in der Erzählhaltung deutlich. Je mehr die Erzählerin Erinnerungen zuläßt, desto öfter sagt sie nun "ich", bis die 1. Person schließlich die 3. mehr und mehr ersetzt. Nicht durch Haß und Verdrängung, sondern durch Annäherung an die Quelle des eigenen Leidens kann sie zum Ich finden. Streckenweise wird sogar aus der Perspektive des Vaters erzählt – deutliches Zeichen dafür, daß der Vater zu Wort kommen darf. Kurz vor Einhaus dreht die Tochter um: Sie wird nicht zur Beerdigung fahren. Diese Befreiung, die nun endlich gelingt, wird von der Vorstellung erleichtert, daß auch der Vater nun von Einhaus befreit ist. Vater und Tochter sind nun also auf der gleichen Stufe, "Auge in Auge", wie der Vater zu sagen pflegte. "Ich werde nicht da sein; du bist ja auch nicht dabei [...]. Wir befinden uns *Auge in Auge.*" (S. 249) So steht also am Ende die Befreiung aus einer erdrückenden Tradition, nicht durch Haß, Aggression und Vergessen, sondern durch erinnernde Annäherung und dadurch gewonnenes Verständnis für die beengenden Verhältnisse, in denen Patriarchen wohnen.

"Du kannst deine Herkunft durchschauen (du hast einen Kopf). [...] Du kannst sie loswerden (du hast einen Kopf)" (S. 90), ruft sich die Ich-Erzählerin in *Mitteilung an den Adel* zu. Die weibliche Rolle ist nicht biologisch determiniert – dies hatten die Erfahrungen mit historischen Ausformungen des Weiblichen gelehrt. Die feministische Besinnung war in ein neues Stadium getreten. Auch in der Literatur schlug der veränderte Diskussionsstand zu Buche. Statt Befreiung zum Körper, statt der historischen Beispiele zeigt die neuere Frauenliteratur Verhaltensweisen, die vielleicht nicht typisch weiblich sein *müssen*, aber die durch die Bedingungen einer patriarchalisch organisierten, intellekt-orientierten Gesellschaft vornehmlich bei Frauen anzutreffen sind. Sie verzichtet auf Wertungen, beschränkt sich auf Darstellung und überläßt dem Leser die Diskussion.

Die folgenden beiden Beispiele sind literarisch extrem verschieden. Der eine Text ist trotz der etwas postmodern wirkenden auktorialen Selbstthematisierungen fast populär zu nennen, der andere sprengt alle Festlegungen, kategoriale Ordnungen der Wirklichkeitserfahrung ebenso wie literarische Strukturen.

Zunächst also das einfachere Buch, *Die andere Hälfte der Welt oder Frühstücks-gespräche mit Paula* (1980). Die Autorin Angelika Mechtel hatte bereits in ihren frühen Texten immer wieder Frauenschicksale geschildert, und dies zu einer Zeit noch vor dem Einsetzen der eigentlichen Frauenbewegung: Als Mitglied der Gruppe 61 um Max von der Grün interessierte sie sich für Arbeiterinnen, für Frauen in erotischer und sozialer Abhängigkeit (*Die feinen Totengräber*, 1968). Nach einer Reihe von eher avantgardistischen Werken bemühte sich Mechtel über Jahre hinweg um eine Popularisierung ihrer Bücher. In Kongruenz mit den Zielen der Gruppe 61 hatte sie – ein schwieriges Unterfangen – gute Trivial-literatur schreiben wollen, bevor sie gegen Ende der 70er Jahre wieder zu einem mehr intellektuellen, aber gut lesbaren Stil zurückfand. Hierher gehören zweifel-los auch die *Frühstücksgespräche*. Im Zentrum dieses Buches steht nicht nur die Geschichte Paulas, einer blassen Durchschnittsfrau, die ihr Leben radikal ändert, sondern ebenso wichtig sind die Diskussionen dieser erfundenen Figur mit ihrer Erzählerin um den Wert und Unwert von Veränderung. Paulas Ausbruch ist kein spontaner Akt, sondern Ergebnis eines langwierigen Prozesses. Der Leser kann aufgrund der reflexiven Anlage des Romans auf Distanz bleiben, kann selbst entscheiden, statt – wie bei Struck und Stefan – in den Strudel auktorialer Emotionalität hineingerissen zu werden. Paula geht am Ende allein nach Spa-nien; aber nicht weil sie ihren Freund als Hindernis bei ihrer Selbstverwirk-lichung empfindet. Diesmal ist die Fabel weniger heroisch als bei den Klassikern der Neuen Frauenbewegung: Paulas Freund Félix trennt sich von ihr, weil er in Spanien politisch arbeiten möchte. Sie reist ihm nach, aber er läßt sich nicht finden. Gleichwohl bleibt sie dort, weil sie Deutschland nicht mehr erträgt.

Die andere Hälfte der Welt zeigt die Brüchigkeit von Schemata wie konventionell – unkonventionell. Diese Opposition scheint ursprünglich zwischen Ich und Paula vorzuliegen. Das erzählende/schreibende Ich nämlich hat sich immer für fortschrittlich und frei gehalten, Paula hingegen war die graue Maus. Offensicht-lich als Schriftstellerin mit Mann und Töchtern lebend, vereinbart dieses Ich Beruf und Familie. Im Lauf der *Frühstücksgespräche* freilich zeigt sich in wachsen-dem Maß, daß Paula überlegen ist, daß sie unabhängigere Gedanken denkt, das größere Selbstbewußtsein hat. Paula drängt in diesen Gesprächen das schreiben-de Ich, das als Schöpfer der Figur über Paula bestimmen könnte, immer mehr an den Rand. Statt zu herrschen, wird die Schriftstellerin von ihrer Figur verunsi-chert, sieht sich von ihr in ihrem Lebensentwurf in Frage gestellt, auf ihre Gemüsebeete und ihr abzubezahlendes Haus reduziert. War Paula anfangs etwas lächerlich als alte Jungfer, so erscheint sie später als unabhängig aus Selbst-bewußtsein. Sie bricht ohne Schmerz ihre Zelte ab, verläßt ihre Wohnung und ihre gutdotierte Stelle, verzichtet auf die räumliche Nähe zu ihrer Familie, nimmt auch von ihrem Freund nicht Besitz. Das schreibende Ich erkennt im Spiegel von Paulas Freiheit die eigene Gebundenheit. Freilich sind Paula und das Ich keine Antagonisten, Paula ist vielmehr das alter ego der Erzählerin. Sie hantiert in deren Küche als wäre sie zuhause, trägt deren Kleider, verkörpert deren verdrängte Gefühle und Ängste. Für das Ich ist sie "die andere Hälfte der Welt".[16]

Auch das gewohnte Klischee von männlich und weiblich erweist sich in diesem Buch als unbrauchbar. Félix ist kein Patriarch. Er führt ein reicheres Leben als Paula, so daß diese erst im Zusammensein mit ihm sich Bereiche wie Fürsorglichkeit, Spontaneität, Liebe und Bindungsfähigkeit aneignen kann. Bisher hatte sie in einer sterilen Welt von Ordnung, Tüchtigkeit und Strebsamkeit gelebt. Alles andere wurde in den Urlaub oder in gelegentliche Nächte abgedrängt, in die "Traumwelt" verbannt. Auch Félix scheint zunächst nur ein Besucher (S. 174), ein Bewohner der nächtlichen Traumwelt zu sein, der keinerlei Karriereknick bei Paula verursachen würde. Allmählich, je länger er bei ihr wohnt, fügt Paula die zweite Hälfte der Welt, die Gefühle, die Lebendigkeit, die auch Unordnung in Kauf nimmt und Ungewöhnliches tut, der ersten Hälfte hinzu. Daß sie dies mit der ihr eigenen Konsequenz und Tatkraft tut, ist typisch für sie. Diese Paula würde eher in das männliche Stereotyp passen, der verletzliche Félix eher in das weibliche. Paula entkommt im Zusammensein mit ihm ihrer Sterilität, im übertragenen wie im wörtlichen Sinn. Ihre Schwangerschaft am Ende ist nur folgerichtig.

Es zeichnet Mechtels Buch aus, daß es trotz seiner scheinbar intellektuellen Konzeption eine vergnügliche Lektüre bietet. Frauenliteratur, anfänglich streng und ernsthaft, ist humorfähig geworden.

Anne Duden (*1942), Mitbegründerin des Rotbuchverlages, in dem ihre Bücher erscheinen, erzählt keine Geschichten. In ihrem Buch *Das Judasschaf* (1985) gibt es nur sehr wenige nach den Gesetzen sprachlicher Konvenienz und Konsistenz geformte Passagen. Hierzu gehört die Erklärung des Titels: Das Judasschaf ist gleichsam ein Angestellter des Schlachthofs: Es führt die anderen Schafe in den Schlachthof, dafür darf es selber am Leben bleiben (S. 49). Andere konsistente Passagen sind kursiv gedruckt und erweisen sich als unbearbeitete Zitate (am Ende des Buches werden sie genau nachgewiesen): z.B. eine Weisung für KZ-Kommandanten zur Verwertung der abgeschnittenen Haare oder ein Bericht eines KZ-Arztes über Unterkühlungsversuche an Häftlingen.

Der eigentliche Text ist auf die Empfindungen einer Frau zentriert, über die nichts weiter zu erfahren ist, als daß sie 1942 in Deutschland geboren wurde. Diese Frau sagt über sich: "Von klein auf habe ich mich nicht ablenken lassen, neugierig erregt und ohne den Blick abzuwenden auf die Katastrophen zu starren und sie als solche zu erkennen." (S. 52) "Ich" und "sie" wechseln von einem Satz zum andern. Was von dieser Frau zu berichten ist oder was sie selbst in Worte kleidet, ist nicht Aktion, sondern Passion. Diese Frau kann nicht absehen von dem Wissen, daß während der NS-Zeit Millionen von Juden ermordet wurden, daß in den Großstädten der Welt – Beispiel ist New York (3. Kapitel) – Grausamkeiten zum Alltag gehören, sie kann die Gewalt, die überall herrscht,

---

16 *Frühstücksgespräche*, S. 211: "Paulas Innenleben, dem ich Ähnlichkeiten gebe mit der einen Hälfte der Welt in meinem Kopf."

nicht einfach hinnehmen, sondern leidet darunter aufs äußerste.[17] Der kollektive
Charakter von Wissen bedeutet für sie keine Entlastung, im Gegenteil. So heißt
es über das Wissen um die Greuel an den Juden etwa: "Es war *Allgemeingut*. Ein
bei lebendigem Leibe Informiertsein. Neunzehn Tage nach ihrer Geburt war im
selben Wohnort während einer Konferenz der Beschluß gefaßt worden, elf
Millionen Menschen zu beseitigen. Damit konnte man leben." (S. 38). Die Frau
kann damit aber nicht leben, sie muß damit leiden. Wo andere die Schrecken
wegreden, sie als historische Daten katalogisieren, hat diese Frau sie am eigenen
Leib zu spüren. Sie ist besetzt von diesem Wissen "durch und durch. Die verschiedenen Besatzungsmächte konnte sie nicht mehr auseinanderhalten. Es gab
keine einzige freie Zelle mehr in ihrem Körper, in die sie sich hätte zurückziehen
können." (S. 40) Die fremden Schmerzen werden zu ihren eigenen und zermar-
tern sie. Sie kann nicht mehr unterscheiden, "ob das, was sie jetzt hörte, aus ihr
kam oder ob es draußen irgendwo stattfand" (S. 25). Sie irrt in Städten umher,
in Berlin, New York, Venedig: Längst kann sie sich nicht mehr ins typisch weibliche Interieur zurückziehen. Und in diesen Städten findet sie den Widerschein
der Greuel von damals in den Greuel von heute. Es gibt kein Entkommen
vor dem "Würgeengel" (S. 48). "Und obwohl ich nicht da bin, sind mir die
Ausgänge alle versperrt. Und Grube oder Himmel, Vergangenheit oder Zukunft
weisen mich ab, weil sie wie mein Schädel überfüllt sind. *Unter der Sonne der
Folter.*" (S. 33). In der Kunst freilich findet sie Antitypen ihrer Erfahrung, in den
Märtyrerbildern von Tintoretto und Carpaccio und in der Musik der Renaissance-
zeit: in Monteverdis Madrigal *Combattimento di Tancredi e Clorinda*. Erst diese
Begegnung bringt Entlastung, "Erleichterung",[18] denn sie ist nicht von den Be-
wältigungsversuchen der beschönigenden und ohnmächtigen Sprache kontami-
niert. Somit ist womöglich die ästhetische Darstellung und Vergegenwärtigung
die einzige Form, mit dem Gedächtnis der "Katastrophen" ohne Verrat leben zu
können. In den Bildern wird das Leiden und das Wissen objektiviert: "Endlich

---

17 Den sehr sensiblen Ausführungen von Thomas Anz: *Gesund oder krank? Medizin, Moral
und Ästhetik in der deutschen Gegenwartsliteratur*. Stuttgart: Metzler 1989, über Anne
Dudens *Das Judasschaf*, S. 176–180, sei insofern widersprochen, als Anz das Leiden der
Frau als Wahnsinn interpretiert. Diese Erklärung scheint mir die Wirrnisse der Darstellung in unzulässiger Weise zu entschärfen; entstammen sie einem Gehirn, das wie
das der Mutter in Weiss' *Ästhetik des Widerstands* zum Wahnsinn getrieben wurde, so
lassen sich die Abnormitäten des Textes wieder in ein logisches System konventioneller
Wahrnehmungsformen einordnen. Dies gerade scheint mir nicht möglich. Die Frau in
Das Judasschaf hat keine "Erinnerung" an die Greuel, vielmehr erlebt sie sie mit. "Gedächtnis" ist in diesem Zusammenhang mythisch aufzufassen als Vergegenwärtigung.
18 Vgl. Anne Duden/Sigrid Weigel: Schrei und Körper. Zum Verhältnis von Bildern und
Schrift. Ein Gespräch über "Das Judasschaf". In: *Laokoon und kein Ende. Der Wettstreit der
Künste*. Hg. v. Th. Koebner. München: Ed. T+K 1989 (= Literatur und andere Künste
3), S. 120–148, hier S. 121: "ein Aufblicken, Aufhorchen, Aufatmen. Eine Erleichterung
stellt sich ein darüber, daß anderes, lange Aufgegebenes, Verschüttetes, Vergessenes
oder dem nächtlichen Abseits resigniert Überlassenes noch in Zwischenräumen
existiert".

kann sich das Wissen über den ganzen Körper verteilen, ausgestreckt und verteilt über das ganze Bild." (S. 117) Die Frau des Buches betrachtet die Bilder nicht aus der Distanz, sondern wird ein Teil von ihnen, denkt und fühlt mit ihnen. "Sie ist […] angekommen und sie zählt nicht mehr." (S. 117)

> Nichts war mehr zu leugnen, kein einziges Versteck war übriggeblieben, kein Umweg, keine Abzweigung. Die Wälder waren entlaubt und durchsichtig. Und kalt war es. Männliche Lebensaussichten konnte sie bei sich nicht anwenden. Denn es fehlte ihnen, was sie erst mal durch Zusammenstoß mit sich selbst und Versteinerung beseitigen mußte: Gedächtnis. (S. 40)

Typisch weiblich? Nein, es soll nicht behauptet werden, diese exzeptionelle Art des Mitleidens, diese mythische Vergegenwärtigung und Konzentration aller Schuld auf das eigene Ich sei ein Spezifikum des Weiblichen. Gleichwohl mag es wahr sein, daß in einer von Härte dominierten Gesellschaft Angst eher von Frauen artikuliert wird. Angst, Schmerz, erinnerndes Festhalten des Dunklen gehören mit zur Gesamtheit menschlichen Erlebens. Die Frau in *Das Judasschaf* verkörpert Erinnerung, ihr Körper selbst ist Ort ihrer Erinnerung. "Nach wie vor von Frauen gemacht", wie Anne Duden in einem Interview sagt, wird die meiste Arbeit "des Erinnern, des Beisichbehaltens, Aufbewahrens und Aufhebens und damit natürlich auch die des Verstummens".[19] Deshalb können männlich und weiblich Metaphern sein für die beiden Seiten des Menschlichen. Nur durch Einbeziehung auch des dunklen, leidenden Anteils ist Menschlichkeit in Vollständigkeit[20] möglich: "Es ist schön und ich habe Angst" (S. 125), lautet der Schlußsatz des Buches.

So geht es also auch Anne Duden, wie Angelika Mechtel, nicht um Antagonismus und Sezession. Die Trennung der Geschlechter gilt nicht länger als der probate Weg in die weibliche Selbstverwirklichung. Vielmehr sucht die neue Frauenliteratur, die beiden Hälften der Welt zusammenzufügen. Wie lange wird sie dann noch Frauenliteratur heißen?

Der Alltag, das Interieur des Hauses als Lebensbereich der Frau – diese geschlechtsspezifische Zuweisung scheint wieder lebendig zu sein in Brigitte Kronauers *Frau Mühlenbeck im Gehäus*. Mit diesem Text gelang der Autorin nach Jahren der literarischen Randexistenz 1980 der Durchbruch. Zwei Frauen kommen zu Wort. Frau Mühlenbeck, die tüchtige, in sich ruhende Hausfrau, erzählt aus ihrem Leben, von damals und heute, von Schwerem und Hübschem und oft Banalem, durchsetzt mit Redensarten und Weisheiten. Die zweite Stimme gehört einer Lehrerin, die, wesentlich jünger als Frau Mühlenbeck, mit ihrem Leben nicht zu Rande kommt und sich am liebsten verkriechen möchte. Der Roman teilt sich in sechs Kapitel zu je dreimal vier Abschnitten. Im 1. und 3. Abschnitt

---

19 Schrei und Körper (wie Anm. 18), S. 147.
20 Vgl. die Bezeichnung der Welt auf Carpaccios "Meditation über die Grablegung Christi" als "vollständig" (S. 117): In dieser Welt gibt es die Krieger, die "immer zur Arbeit" gehen ebenso wie die untätigen, nur der Trauer sich widmenden Frauen.

spricht Frau Mühlenbeck, deren wörtliche Reden, Erzählungen für ein unbestimmtes Publikum, durch Anführungsstriche kenntlich gemacht werden. Im 2. Abschnitt wird eine Stimme hörbar, die Frau Mühlenbeck sehr genau, aber kommentarlos bei ihrer Arbeit beobachtet. Im 4. berichtet die Lehrerin aus ihrem Leben. Ihre Reflexionen sind keine inneren Monologe, sondern Selbstaussprachen, so, als seien sie für einen Psychiater bestimmt. Es dauert eine Weile, bis der Leser die Ordnung der Textabschnitte erkannt und die Sprecherinnen identifiziert hat. Der Text selbst teilt nichts über die sprechenden Personen mit und gibt auch sonst keine Erläuterungen und keine Hilfen, denn eine Erzählinstanz, die über den sprechenden Figuren schweben würde, existiert nicht. Im Gegenteil ist der Text so angelegt, daß er beim Leser Verwirrung stiftet: Die Anführungszeichen setzen – wie sonst nur bei barocken Texten üblich – bei jedem Absatz aus Frau Mühlenbecks Reden neu ein. Darüber hinaus sind diese einzelnen Absätze insbesondere auf den ersten Seiten so disparat, daß sich leicht verschiedene Stimmen vermuten ließen.

Frau Mühlenbeck, auch wenn sie gerne das Bild der einfachen Frau mit dem goldenen Herzen von sich zeichnet, ist nicht so simpel und geradlinig. Der Leser, der im Lauf der Lektüre lernt, zwischen ihren Zeilen zu lesen, merkt, daß sie sich stilisiert und sich mit ihrem Selbstbild in ein "Gehäus" einengt. Dies geschieht nicht zuletzt dadurch, daß sie alle ihre Erlebnisse auf einen sinnstiftenden Nenner bringen muß. Gegen Ende werden zunehmend Risse an diesem Gehäuse bemerkbar. Durch die parallele Montage kontrastiert der Text Frau Mühlenbeck mit der zerrissenen Person der Lehrerin, einer unglücklichen jungen Frau voll von Selbstzweifeln und Regressionswünschen. Nur scheinbar aber ist sie der sich selbstsicher und einfach präsentierenden Hausfrau diametral entgegengesetzt. Wenn sie nämlich ihre seelischen Nöte und unglücklichen Liebesgeschichten ausbreitet, zeigt sich, daß auch sie pauschalisiert, zu vorgefertigten Redensarten greift, sogar zum Kitsch neigt. Ihre Verinnerlichung und Seelenzartheit sind ebenso Pose wie Frau Mühlenbecks Robustheit. Dieser Eindruck wird auch durch die Extrovertiertheit ihres Sprechens unterstützt, das nicht stream of consciousness ist. Während die Figuren, v.a. Frau Mühlenbeck, einem zwanghaften Ursache-Wirkung-Denken erliegen, verzichtet der Text genau darauf. Er kennt keine innere Logik, beläßt die Wirklichkeit in dem ihr eigenen Chaos und entlarvt das Streben nach Erklärungen und Kausalzusammenhängen als willkürliche Interpretation.

Frau Mühlenbeck im Gehäus schlägt schon in seinem Titel einen verfremdenden Ton an. Die Anspielung auf Dürers "Hieronymus im Gehäus" angesichts einer Hausfrauengeschichte bedeutet eine scheinbar unangemessene Künstlichkeit. Genau dies aber beabsichtigt der Text. Er stellt, trotz seiner offensichtlichen Nähe zum Alltäglichen, trotz der kupferstichfeinen Präzision, die er auf die Wiedergabe von Hausarbeiten verwendet, keine Erzählung aus dem Alltag einer Hausfrau dar. Es handelt sich überhaupt nicht um eine Erzählung, sondern um eine Reihung von Klein-Berichten, die sich untereinander nicht durch logische Verknüpfung zu einer Fabel zusammenschließen. In diesem Sinn hat der Text keine Handlung. Realität präsentiert sich gleichsam 'absolut', parzelliert und überpräzis beobachtet, aber von keiner übergeordneten Erzählinstanz kommentiert. Was zählt, ist einzig die Sprache. Aus nichts anderem entstehen die – freilich in sich nicht geschlossenen – Figuren; nicht selten falsifiziert die Sprache die Aussage. Dies wird ganz deutlich, als im "Schlußkapitel" die Stimme der Lehrerin Sätze von gegensätzlichem Inhalt ausprobiert, die ihre Wirkung auf sie jeweils nicht verfehlen. Diese von fiktivem 'Erleben' losgelösten Reden bieten dem Leser kein Identifikationsmaterial, sie *verführen* nicht zur Einfühlung, sondern führen zu genauester, kritischer Beobachtung. Sie geben nicht vor, 'das Leben' zu präsentieren, vielmehr zeigen sie Lebensläufe und -konzepte als Selbstinszenierungen.

> Brigitte Kronauers erzählte Welt ist eine radikal weibliche Welt. Männer treten höchstens als Randfiguren, auch des Bewußtseins, in ihr auf, sind unschärfer, versöhnlicher gesehen. Ihre Themen, Erfahrungen, Redeweisen sind die einer Frau. Auch die Eigenartigkeit ihrer Schreibweise, sich aus der Tiefe in die Fläche, in eine "gehaltene" Ebene, eine gleichsam wuchernde Trauer zu bewegen, muß als etwas spezifisch Weibliches begriffen werden. Zwischen Kopf und Körper befindet sich keine Grenze.[21]

Diese so plausibel klingende Interpretation stammt aus dem Jahr 1984. Ist sie haltbar angesichts der Tatsache, daß Brigitte Kronauer in *Berittener Bogenschütze* (1986) und *Schnurrer* (1992) Männer zu Hauptfiguren macht und den Text durch sie perspektiviert?[22] Ihren Stil hat sie deshalb nicht verändert. Ihrer initiierenden Begeisterung für den Nouveau Roman treu,[23] findet man nach wie vor wenig feste Figuren, konsequente Handlung, Erzählerkommentare oder auktoriale Sympathielenkung in ihren Büchern. Sie bieten keine Wiedererkennungsgeschichten, sondern eher ein Patchwork von Ideen, wechselnden Perspektiven, Erzählansätzen. "Nur die Sprache schafft den festen Boden unter den Füßen [...] nur wo ein Wort ist, ist überhaupt etwas."[24] "Was kann Literatur?" fragt einer der Beiträge in einem Essayband Kronauers von 1995 und antwortet:

> Die Feier der einzigartigen, einmaligen, zerbrechlichen Ausformung einer Gestalt, mit sanfter Miene durchaus kämpferisch eingesetzt gegen Pauschalisierung, Begriff, Ideologie. Der Modus des unwiederholbaren Einzelwesens gegenüber der alles niederwalzenden und täglich zunehmenden Quantität.[25]

---

21 Uwe Schweikert: "Es geht aufrichtig, nämlich gekünstelt zu!" Ein Versuch über Brigitte Kronauer. In: *Neue Rundschau* 95 (1984), H. 3, S. 155–171, hier S.170.

22 Die feministische Literaturkritik spricht von abermaliger "Be-mannung der Erzählperspektive". Regula Venske: Kritik der Männlichkeit. In: *Gegenwartsliteratur seit 1968*. Hg. v. K. Briegleb und S. Weigel. München: dtv 1992 (= Hansers Sozialgeschichte der deutschen Literatur 12), S. 276. Freilich schreiben seit Jahrhunderten Männer auch aus der Perspektive einer Frau.

23 *Aufsätze zur Literatur*. Stuttgart: Klett-Cotta 1987, S. 7 (= Vorwort).

24 Ebd., S. 44 (über Ror Wolf, dessen Prosa starke Affinität zur Kronauerschen aufweist).

25 In: *Die Lerche in der Luft und im Nest. Zu Literatur und Kunst*. Berlin: Aufbau 1995, S. 8–12, hier S. 10f. Kronauer hat sich wiederholt gegen eine "Frauenliteratur" ausgesprochen;

Die männlich-weibliche Opposition ist angesichts einer solch allgemein-humanen Zielsetzung nicht mehr wichtig – dies gilt nicht nur für Brigitte Kronauer, sondern für viele Autorinnen.

Trotzdem gibt es sie noch, die Frauenliteratur!

Marlene Streeruwitz, seit 1992 mit ihren Stücken auf deutschen Bühnen präsent, trat 1996 mit einem Roman an die Öffentlichkeit: *Verführungen. 3. Folge: Frauenjahre* ist der Titel, obwohl diese "3. Folge" keine Vorgänger hatte – die Bezeichnung soll auf das Konsumverhalten bei Fernsehfolgen anspielten.[26] Die Tendenz zur Authentizität, die die Frauenliteratur der 70er Jahre beherrschte, ist hier wieder lebendig. Streeruwitz, die in Wien lebende alleinerziehende Mutter von zwei Töchtern, schreibt hier die Geschichte einer in Wien lebenden alleinerziehenden Mutter von zwei Töchtern, die von ihrem Mann verlassen wurde und nun mit Schwiegermutter, Job, Frust und wechselnden Liebesabenteuern auskommen muß.

Schon in ihren Stücken galt Streeruwitz als Feministin. Männer geben hier eine schlechte Figur ab, wenngleich sich auch Frauen hie und da als kaltblütige Geschäftemacherinnen entpuppen. In ihrem Roman nimmt die Autorin nun in Anspruch, ein typisches Frauenleben zu zeichnen: Das jedenfalls suggeriert der Titel *Frauenjahre*. Das Leben Helenes[27], der Protagonistin, verrinnt zwischen Pflichterfüllung und kleinen Männergeschichten. Glück kommt kaum vor, dafür Enttäuschung in verschiedenen Facetten: ein Ehemann, der seinen Unterhaltsverpflichtungen nicht nachkommt, Liebhaber, die nur für kurzfristige sexuelle Begegnungen da sind, eine ausgeflippte und betrügerische Freundin. Helene, die verantwortungsvolle, die "alles in Ordnung bringen" muß (S. 69), versucht vergeblich, sich zu wehren. Es besteht aber wenig Hoffnung, daß sich an ihrem Lebensgefühl und an ihrer Lebenssituation Grundsätzliches ändern wird. Der Gang zum Arbeitsamt am Ende eröffnet als solcher noch keine neuen Perspektiven.

Verführungen ist ein vollkommen traditionell konstruierter, stark illusionierender Roman. Die zahlreichen geographischen, lokalen Referenzen, vornehmlich natürlich auf Wien, tun ein übriges. Mit der Mono-Perspektivierung – *Verführungen* ist ein Roman in der 3. Person mit perspektivischer Beschränkung

---

ein Zeichen setzte sie, als sie 1991 den "Roswitha-Literaturpreis" als geschlechtsspezifische Auszeichnung ablehnte.

26 Marlene Streeruwitz gibt in einem Interview an, gegen eine Fernsehserie anzuschreiben, "ganz sicher gegen diese Form von Salamitaktik der Biographierung des Lebens." Willy Riemer u. Sigrid Berka: "Ich schreibe vor allem *gegen*, nicht *für* etwas." Interview vom 15.1.1997. In: *GQ* 71 (1998), S. 47–60, hier S. 59.

27 Helene ist, wohl wegen des Anklangs an Marlene, ein von Streeruwitz bevorzugter Frauenname – vgl. auch ihr Stück *Waikiki Beach* (1992). Dabei mag auch die Anspielung auf Helena, den weiblichen Urtypus, eine Rolle spielen. Helene in *Verführungen* ist eine geborene Wolffen und erinnert damit an Hauptmanns tüchtige und zupackende Mutter Wolffen aus *Der Biberpelz*.

auf die Hauptfigur – geht eine klare Sympathielenkung einher. Der Figurenreigen um Helene besteht aus unguten Typen. Der Leser kann nicht umhin, sich mit der Hauptfigur zu identifizieren, mit ihr zu leiden. Zwar hält sich der Text mit Gefühlsbeschreibungen zurück, ersetzt aber auf rhetorischem Weg, was semantisch fehlt.

Marlene Streeruwitz hat einen Individualstil entwickelt, für den sie in ihren Poetikvorlesungen die weltanschauliche Fundierung nachliefert. In einer Welt der Entfremdung, so die Autorin, muß gelten: "Der vollständige Satz ist eine Lüge."[28] Daher benützt Streeruwitz den Punkt als Mittel des Zertrennens. Die einfachen, vorwiegend parataktischen Sätze werden durch Nachtragsbemerkungen ergänzt, die von ihrem Muttersatz durch Punkt abgesetzt werden. "Hendry würde nicht anrufen. Nie mehr. Wahrscheinlich. Sie war allein. Wie immer." (S. 213) Dadurch wird der Redefluß kurzatmig. Er bekommt aber auch etwas Insistierendes, nicht selten Larmoyantes. Dieser Eindruck verstärkt sich durch emphatische Wiederholungen, die wie Seufzer wirken: "Für sie blieb nur Ordnung übrig. Sie mußte alles in Ordnung bringen. Würde alles in Ordnung bringen müssen." (S. 69) Es ist die Rhetorik matter Verzweiflung.

Verführungen ist trotz, vielleicht sogar wegen des Streeruwitzschen Individualstils das, was man 'gut geschrieben' nennt: ein Buch zum Verschlingen. Der Aufbau ist vollkommen linear, die Fabel ist einfach, die Heldin offenbart dem Leser ihre Psyche durch erlebte Rede, die Zeichnung des Personals bestätigt alle Stereotype: Die Schwiegermutter ist unausstehlich, die Mutter selbstgerecht, der Arbeitgeber durchtrieben, der Ehemann erfolgreich, glatt und brutal, der Musiker arm, die Malerin alkohol- und drogensüchtig. Streeruwitz bekennt sich ausdrücklich zu dieser Art von Beschreibungsliteratur, indem sie in ihren Poetikvorlesungen über utopische Entwürfe ein hartes Urteil fällt. "Verschweigen der Gewalt [heißt,] den Auftrag zu töten", Erfahrungen weiterzugeben. "Beschreibt also eine Frau eine Welt, die besser ist als die, die ist, verstärkt sie damit aktiv die dadurch hergestellte Bewußtlosigkeit der Frau. Verstellt die eigenen Erinnerungen. Löscht die eigene Geschichte aus."[29] Wer so schreibt, reiht sich ein "in die Auftragskette des Patriarchats".[30] Die Serie der prophetisch angedrohten schlimmen Folgen verschleiert aber die Frage, was das für eine Welt sei, "die ist". Dient das in *Verführungen* modellhaft vorgeführte Frauenleben nicht eher der Bestätigung von in der Gesellschaft verbreiteten Ansichten, anstatt gegen diese anzuschreiben?[31] Frauenliteratur ist als 'Literatur für Frauen' jahrhundertelang gut

---

28 *Sein. Und Schein. Und Erscheinen.* Tübinger Poetikvorlesungen. Frankfurt a.M.: Suhrkamp 1997 (= es 2013), S. 76. – In *Verführungen* machen die grammatikalisch vollständigen Sätze trotzdem ca. 30–40% aus, in *Lisa's Liebe, Nachwelt* (1999) und *Majakowskiring* (2000) noch wesentlich mehr.

29 *Können. Mögen. Dürfen. Sollen. Wollen. Müssen. Lassen.* Frankfurter Poetikvorlesungen. Frankfurt a.M.: Suhrkamp 1998 (= es 2086), S. 123f.

30 *Können* (wie Anm. 29), S. 125.

31 Vgl. die Selbstinterpretation von Streeruwitz "Ich schreibe vor allem *gegen*, nicht *für* etwas" (wie Anm. 26).

geschriebene Bestätigungsliteratur gewesen, Rollenzuweisungen und Weiblichkeitsmuster wurden hier unter dem Vorwand der 'Erfahrung' weitergereicht. Brauchen wir das noch, oder wieder?

Die Frage: Wogegen schreibt dieses Buch an?, stellt sich in verstärktem Maße angesichts von Streeruwitz' nächster Prosaarbeit, *Lisa's Liebe. Roman in 3 Folgen* (1997). Die drei Bändchen arbeiten mit dem Erscheinungsbild des Groschenheftes – der falsche Genitiv "Lisa's" ist als Indikator gemeint. Schreibschrift-Titel, Edelweiß und Hochglanzpapier weisen die "glänzende Oberfläche" auf, unter der sich "die Leere" von Schein, falschen Gefühlen und Kitsch auftut.[32] Die Fabel zitiert zunächst das Genre des Arztromans: Die Lehrerin Lisa Lieblich gesteht dem ortsansässigen Arzt Dr. Adrian ihre Liebe. Eine Antwort, eine Liebesgeschichte und ein Happy-End kommen freilich nicht. Lisas Warten stellt sich lächerlicherweise als Warten auf den Briefträger dar und wird durch öde Fotos mit handschriftlichem Begleittext dokumentiert. Parallel dazu läßt der gedruckte Text Lisas Leben Revue-passieren: 39 antriebslos dahingebrachte Jahre, in denen die kleinen Affären keinerlei Lichtblicke bedeuteten. Zu alledem bleiben dem Leser auch Lisas schriftstellerische Versuche nicht erspart. Die Erzählung endet mit Lisas unmotivierter Übersiedlung nach Amerika.

Wer sich von *Lisa's Liebe* die Persiflage eines Kitschromans erwartet hatte, so wie es die Aufmachung versprach, wird enttäuscht sein. Der Text persifliert in seiner Trivialität nichts als allenfalls sich selbst. An Trockenheit ist er nicht zu übertreffen; daß Marlene Streeruwitz den Titel ihres ersten Stücks, *Waikiki Beach*, als Namen eines Sonnenstudios einstreut, kann schwerlich als Zeichen von Humor gewertet werden. Einziges sprachliches Stilmittel ist die Konstruktion der Sätze mit dem Subjekt Lisa oder allenfalls Personalpronomen zu Beginn. Entgegen der Behauptung in den Frankfurter Poetikvorlesungen, "Die Formel Subjekt/Objekt/Verb ist ein Angriff"[33], leistet dieses Stilmittel nichts zur Entlarvung der auch heute noch massenhaft von Frauen rezipierten Groschenromane.

In ihren beiden Vorlesungsreihen entwirft Streeruwitz in abenteuerlicher Vermengung von poetischer Hyperbolik mit wissenschaftlichem Anspruch ein Szenario weiblicher Unterdrückung, das in die These mündet, Frauen hätten weder eine eigene Sprache noch einen eigenen Blick.[34] Die Nähe dieser Vorstellungen zu den v.a. in den 70er und 80er Jahren bestimmenden Thesen von Cixous, Irigaray und Weigel liegt auf der Hand.[35] Es ist die in der feministischen Literaturwissenschaft vieldiskutierte Rede von der "Sprachlosigkeit der Frau" und

---

32 Vgl. *Sein* (wie Anm. 28), S. 80.
33 Ebd., S. 76.
34 *Sein* (wie Anm. 28), S. 20, 28. *Können* (wie Anm. 29), S. 128.
35 Der Rekurs auf die von Lacan abhängigen französischen Poststrukturalistinnen wird deutlich, wenn Streeruwitz in ihren Frankfurter Vorlesungen ohne weitere Erklärung durchgängig mit dem Begriff "der eine Vater" operiert. – Sigrid Weigel: Der schielende Blick. Thesen zur Geschichte weiblicher Schreibpraxis. In: *Die verborgene Frau. Sechs Beiträge zu einer feministischen Literaturwissenschaft.* Hg. v. I. Stephan und S. Weigel. Argument-Sonderband 96, Literatur in historischen Prozeß NF 6. Berlin 1983, S. 83–138.

von deren "schielendem Blick". Daß insbesondere auch die literarische Welt nach wie vor patriarchalisch strukturiert ist, stellt für Streeruwitz eine Tatsache dar.[36] In ihren Frankfurter Poetikvorlesungen setzt sie sich dafür ein, Frauen durch eine Poetik der "Entkolonialisierung" eine eigene Sprache zu ermöglichen. So will Marlene Streeruwitz ihr Werk "im Rahmen einer kulturellen feministischen Entkolonialisierungsarbeit" sehen.[37] Das sind große Vorsätze, die durch die bisherige Prosa-Produktion noch nicht eingelöst sind.[38]

---

36 Vgl. auch die Bemerkungen zu Thomas Bernhard in *Verführungen*, S. 217–222. Die Bitterkeit dieser Passage ist insbesondere deshalb bemerkenswert, als die Nähe des Streeruwitzschen Individualstils zu Bernhard auf der Hand liegt.

37 Interview (wie Anm. 26), S. 59. Allerdings zeigt auch dieses Interview die unlogische Weise ihres "Argumentierens" (z.B. ebd., S. 48), die in den Poetikvorlesungen in besonders störender, weil der Gattung unangemessener Weise auffällt.

38 Völlig anders wird Marlene Streeruwitz beurteilt in drei Artikeln in: *Hier spricht die Dichterin. Wer? Wo? Zur Konstitution des dichtenden Subjekts in der neueren österreichischen Literatur.* Hg. v. F. Aspetsberger. Innsbruck: Studien-Vlg. 1998 (= Schrr. d. Inst. f. Österreichkunde 4). Iris Radischs Rezension von *Lisa's Liebe* aus der *Zeit* bietet v.a. eine Inhaltsangabe (S. 195–198); hymnisch dagegen äußert sich Karin Fleischanderl, S. 219–222. Der längste Beitrag (S. 199–217) stammt von Daniela F. Mayr, die sich in ihrer Selbstdarstellung, S. 223, offen zu ihrem persönlichen Engagement bekennt: "[eigentlich nicht dazu] geboren, um von ihrem Ehemann ARB geknechtet, ausgebeutet und verhausschweint und Schlimmeres zu werden".

11. Körpersprache

1976 vertrat Hélène Cixous anläßlich eines Schriftstellerinnen-Kongresses die These: "Die Frau muß ihren Körper schreiben". Über den Wert und die Notwendigkeit weiblichen Schreibens führte sie aus:

> *Körper*: mehr als der Mann, der den sozialen Aufstieg verfolgt, ist die Frau Körper. Mehr Körper – mehr Schreiben. Lange hat sie mit ihrem Körper auf die Benachteiligungen, die familiäre und eheliche Unterwerfung, die wiederholten Kastrationsversuche geantwortet. [...] Die Frau wird, indem sie sich schreibt, zu diesem Körper zurückkehren, den man ihr mehr als weggenommen hat, aus dem man den besorgniserregenden Fremden gemacht, den Kranken oder den Toten, und der so oft der schlechte Geselle ist, Ursache und Ort der Untersagungen. Indem man den Körper zensiert, zensiert man auch den Atem, die Sprache.
> *Schreiben*: Akt, Verwirklichung nicht nur des ent-zensierten Bezugs der Frau zu ihrer Sexualität, zu ihrem Frau-Sein. Schreiben verschafft ihr Zugang zu den eigenen Kräften, gibt ihr ihren Besitz zurück, ihre Lust, ihre Organe, ihren Körper.[1]

Diese Besinnung auf den eigenen Körper freilich ist keineswegs nur Frauen vorbehalten, sondern läßt sich bei Autoren beider Geschlechter beobachten. Die Grundgedanken des vorstehenden Texts übertragen anthropologische und psychoanalytische Thesen auf den Akt des Schreibens.[2] Die hier anzutreffende Gleichsetzung von Subjekt mit Körper, von Bekenntnis zum Körper mit Emanzipation, von Schreiben mit Körpererfahrung ist nicht neu. Sie hat Vorbilder schon in der Moderne. Die Gegenwartsliteratur hat den Körper als wesentlichen Schreibimpuls, als Gegenstand von Beschreibung und als Quelle von Metaphorik wiederentdeckt. Eine Literatur, die Mimesis verabschiedet hat, die nicht primär soziale Veränderungen bewirken will, sondern es auf das eigene Ich abgesehen hat und die sich eine kraftvolle Rede schaffen muß, hat im Körper die Tür zu

---

1 Hélène Cixous: Schreiben, Femininität, Veränderung. In: *Alternative* (1976), H. 108/9, S. 134–147, hier S. 145, 147.
2 Wichtige Gewährsleute (sie alle berufen sich letztlich auf Nietzsche) der Wiederentdeckung des Körpers sind neben Foucault und Lancan Judith Butler (*Gender trouble*, 1990; *Bodies that matter*, 1993), Dietmar Kamper und Christoph Wulf (*Die Wiederkehr des Körpers*, 1982; *Das Schwinden der Sinne*, 1984; *Transfigurationen des Körpers*, 1989), Jan und Aleida Assmann (*Kultur und Gedächtnis*, 1988), Sigrid Weigel (*Bilder des kulturellen Gedächtnisses*, 1994).

Erfahrung und Sprache gefunden. "Literatur leistet [...] Existenzentschlüsselung", definiert Bodo Kirchhoff in einem Interview.[3]

Literatur sollte, so die Auffassung der Autoren dieser Schreibrichtung, da ansetzen, wo der Mensch sich am nächsten ist: beim eigenen Körper. Der Körper ist das, was der Mensch an sich primär erfährt, sein Primat sollte respektiert und nicht aus moralischen oder gesellschaftlichen Rücksichten unterdrückt werden. Wenn Identität ins Wanken gerät, so ist der eigene Körper doch authentisch. Er konstituiert das Subjekt deutlicher, verläßlicher als das unsichere Gespinst seelisch-geistiger Faktoren. Wenn unsicher geworden ist, ob Wahrnehmung trügt, ob Gefühle lügen, so ist der Körper verläßlicher Übermittler von Fakten und von Bedeutung. Der eigene Körper ist eine Rückversicherung gegen Entfremdung, bei ihm ist der Mensch bei seinen eigenen Wurzeln. Der Körper spricht nie falsch; er übermittelt seine Botschaften mit Zuverlässigkeit. Er ist aber auch Schnittstelle zur Außenwelt. Indem er mit ihr in Berührung kommt, erfährt er zugleich seine eigenen Grenzen, konstituiert und transzendiert sich selbst. Körperliche Beziehung läßt Einsamkeit überwinden. Der Körper ist Quellgrund der Sprache. Nicht nur ist Sprache eine seiner Funktionen. Es entspricht auch dem Primat des Körperlichen, daß seine Formen die primären Metaphern sind für den Ausdruck von Erfahrung. Körpermetaphern bestimmen schon die Alltagssprache.

Der Sexualität fällt selbstredend eine besonders wichtige Rolle zu. "Kunst ist [...] nichts weiter als dokumentierter Sex".[4] Die unvermeidlichen Tabubrüche schrecken nicht, vielmehr sind sie positiv zu werten – als Garantie für Ehrlichkeit auf Seiten des Autors und als Beförderung der Aufmerksamkeit auf Seiten des Lesers. Nicht selten wird der Schreibvorgang selbst als triebhaft erlebt, bedingen sich – metaphorisch gesprochen – Sexualität und Schreiben gegenseitig.

Es läßt sich beobachten, daß Autoren, die ihr Schreiben an Körpererfahrung und Körperlichkeit anbinden, gewisse Stilmittel bevorzugen. Hierher gehört eine emotionslose Beschreibungsakribie. Neu ist dabei nicht die Genauigkeit, sondern die Fühllosigkeit. Während Musil in seinem kleinen, ebenfalls höchst akribischen Text *Das Fliegenpapier* (1936)[5] den Insektentod auf Honigpapier auf die Ebene psychologischer Differenziertheit hebt, die Vorgänge mit absichtsvollen Handlungen und Gedanken von seelisch empfindenden Menschen oder mit verschiedenen Unglücksfällen des gesellschaftlichen Lebens vergleicht, wird in Hettches *Nox* das Durchschneiden eines menschlichen Halses behandelt, als handle es sich um eine Anweisung für Anatomiestudenten oder Metzgerlehringe. Ansatzweise finden sich in Peter Weiss' *Ästhetik des Widerstands* diese Beschreibungsmechanismen, und zwar anläßlich der Hinrichtungen in Berlin-

---

3 Der Autor hat nur eine Chance: Er muß den Kritiker überleben. Gespräch mit Uwe Wittstock. In: *Neue Rundschau* 104 (1993), H. 3, S. 69–81, hier S. 80f.

4 Marcel Beyer: *Das Menschenfleisch*. Frankfurt a.M.: Suhrkamp 1991, S. 162.

5 In: *Nachlaß zu Lebzeiten*. Gesammelte Werke in neun Bänden. Hg. v. A. Frisé, Bd. 7. Reinbek: Rowohlt 1978, S. 476.

Plötzensee.[6] Mit seiner schockierenden Sachlichkeit transportiert der Text unausgesprochen eine Botschaft: er zeigt, wie verrohend die Normalität der Grausamkeit auf Menschen aller Stände gewirkt hat. Gegenwartsliteratur verfolgt mit ihrer gefühlsabstinenten Beschreibungsakribie nicht diese Absicht. Für sie bedeuten Tod, Kopulation, Operationen, Schmerz und Lust Beschreibungspotential an sich. Schreiben über den Körper, seine Anatomie, seine Funktionen, seine Empfindungen ist Selbstwert.

Ein zweites Stilelement ist die grundsätzliche Metaphorisierung des Textes. Diese betrifft die Verwendung von Körpermetaphern für verschiedenste Beschreibungsgegenstände ebenso wie die metaphorische Behandlung des Körpers selbst. Für beide Schreibweisen wird häufig Hans Henny Jahnn als Vorbild genannt. Jahnn verwendet in seinen Landschaftsbeschreibungen außerordentlich viele Metaphern aus dem Bereich des Körperlichen. Bei ihm finden sich aber auch schon jene in Blut getauchten orgiastischen Körperöffnungen, mit denen sich Liebende nahekommen wollen, das Beibringen von Wunden und die Ästhetisierung von inneren Organen und Körpersäften, wenngleich Jahnn dabei die sexuelle Ausschweifung bewußt umgeht und bei aller Körperbezogenheit seiner Sprache sehr zur mystifizierenden Überhöhung neigt.[7] Ein zweiter Gewährsmann ist Kafka mit seiner Erzählung *In der Strafkolonie*. Wie Kafkas Apparat in den Körper des Sträflings ein'schreibt', so bedienen sich auch Gegenwartstexte der medialen Übertragung von Körper und Schrift. Damit verläßt der Text freilich die Ebene des Metaphorischen, denn er ist nicht mehr dechiffrierbar, sondern öffnet den Weg für freie Assoziationen. Es liegt auf der Hand, daß mit dieser Bildlichkeit der mimetische Charakter verlorengeht.

Auf der Suche nach neuer Sprache begnügen sich die Texte nicht mit ihrer speziellen Metaphorik oder parabelhaften Dunkelheit. Sie suchen nach Rhythmisierung, die dem Tanz oder dem Orgiastischen entspricht. Häufig begegnen Komposita aus geistig-leiblichen Komponenten, Sprachspiele mit sexuellen Benennungen; aber auch grammatikalisch oder syntaktisch ungebändigtes Schreiben verschiedenster Art kommt vor. Beispielhaft sind Christoph Geisers Wortkaskaden. Gabriele Stötzer-Kachold verstellt Satzteile, coupiert Wörter, verändert das grammatische Geschlecht und läßt durch semantische Operationen

---

6 Frankfurt a.M.: Suhrkamp 1981, Bd. 3, S. 210–220. Hier ist aber entschieden zu differenzieren: Der 1. Teil der Beschreibung der Hinrichtung ist aus der Perspektive eines empfindenden Menschen, des Priesters Poelchau, der 2. Teil aus der Perspektive des diensthabenden Aufsehers Schwarz geschrieben. Schwarz will seine Arbeit pflichtgemäß hinter sich bringen. Er betrachtet die Vorgänge als Arbeitshandlungen, wartet den Tod der Delinquenten ab, damit er mit seiner Tätigkeit weitermachen kann. Der Text registriert die Hinrichtung so emotionslos und sachlich, weil er damit die fast nur sachliche Perspektive von Schwarz einfangen will, der die Vorgänge als Pflichtverrichtung ansieht.

7 Vgl. zu Jahnn: Roswitha Schieb: *Das teilbare Individuum. Körperbilder bei Ernst Jünger, Hans Henny Jahnn und Peter Weiss*. Stuttgart: M u. P 1997.

den Körper selbst zum Akteur werden.[8] Typisch sind Niederschriften 'ins unreine' wie die von Rolf Dieter Brinkmann. Alle diese Schreibweisen gelten als unintellektuell; Grammatik, Syntax und v.a. Interpunktion werden vernachlässigt zugunsten von ungehindertem "Herauslaufenlassen" des Textes. Mit alledem soll Sprachproduktion in die Nähe von körperlicher Produktion (Aderlaß, Samenerguß) gerückt und von intellektuellem Überbau befreit werden.

Beispielhaft lassen sich alle diese Schreibverfahren an Marcel Beyers Text *Das Menschenfleisch* (1991) beobachten. Diese erzählfreie Prosa, für die der Nouveau Roman, ebenso Pate gestanden hatte wie die experimentellen Texte Friederike Mayröckers, thematisiert die Liebe, ohne daß das Wort je auftauchte. Vermieden wird auch 'Eifersucht', wie überhaupt der Text ohne die Vokabeln für seelische Befindlichkeiten auskommt. Statt dessen wird das sonst Liebe genannte Streben als Sehnsucht des Einverleibens beschrieben. Der Ich-Sprecher identifiziert sich mit dem Getränk, das durch den Hals der Frau fließt, und möchte sich die Sprache der Frau anverwandeln. Auch auf den geistigen Begriff 'Erinnerung' kann Beyers Text verzichten: Es heißt nicht, die Frau hinge in Gedanken früheren Liebhabern nach (und rufe die Eifersucht des Ich-Sprechers wach), vielmehr finden sich deren Spuren an ihrem Körper. Visionen von Metzeleien lassen ahnen, daß das Ich von Eifersucht und Verlustangst geplagt wird. Alltägliches, 'Normales' wird allenfalls schwach angedeutet. Davor und dazwischen schieben sich die anatomischen und anthropophagen Obsessionen. Konsequent vermeidet der Text konventionelle Beschreibung, Wortwahl oder Bildlichkeit, so daß sich die Geschichte einer Zweierbeziehung allenfalls erraten läßt.

Erstaunlicherweise hat der Ich-Sprecher zu seinem eigenen Körper ein durchaus entfremdetes Verhältnis. Weder dessen Unversehrtheit, noch dessen Integrität sind ihm wichtig; vielmehr behandelt er ihn wie ein fremdes Etwas. "Die Einheit des Körpers ist sowieso nur eine Illusion unseres angeborenen antrainierten Gestaltdenkens". (S. 64). Dieser wie fremde Körper wird nicht als Ich empfunden; er "hat seine eigenen Zeichen, er konventionalisiert seine Sprache, ohne mich weiter zu fragen." (S. 42). Das Ich ist begierig, den Code zu entschlüsseln (S. 43), will sich selbst, ebenso wie die Frau, von innen sehen.

Beyers Sprache ist von eben diesem oben beschriebenen "Herauslaufenlassen" des Textes gekennzeichnet. Die Textpartikel erscheinen ohne Satzzeichen fortlaufend, was die Lektüre bisweilen schwierig macht. Dazu kommt, daß nicht selten Satzteile und Wörter verstellt werden, selbst das Kacholdsche Kauderwelsch trifft man an (S. 68). Der Ich-Sprecher hat auch für dieses rauschhafte Verfahren ein medizinisches Bild bereit: "Viren eingesetzt die einen vorgegebenen Text umgenerieren" (S. 65). Bisweilen versucht sich der Text in rhythmischer Nachahmung: Herzrhythmusstörungen erscheinen in Form von Textfetzen, die durch "..." unterbrochen sind (S. 134). Ein weiteres, häufig verwendetes Stilmittel ist das der Kombination. Verschiedene semantische Zu-

---

8   Gabriele Kachold: *zügel los*. Frankfurt a.M.: Luchterhand 1990.

sammenhänge werden nahtlos aneinandergefügt. So führt der Text z.B. die Beobachtung organischer Vorgänge parallel zur Beobachtung der Wege einer Frau namens K., und parallel wiederum dazu macht er Mitteilungen über die Körperbemalung von Eingeborenen. Dieses Schreibverfahren zwingt den Leser, das unmittelbar Aneinandergefügte, wenngleich semantisch Unverträgliche, miteinander zu vermitteln.[9] Da stets einer der Stränge ein anatomischer ist, werden dessen Strukturen auch den anderen Zusammenhängen aufgeprägt. "Das Verstehen geht über den Körper", und so "liest" der männliche Ich-Sprecher den Körper der Frau durch Berühren in sich ein. Der Körper wird zum Sprachkörper, die Sprache umgekehrt zum Körper (vgl. v.a. Abschnitt 12: "Anagramme eines menschlichen Körpers"). Solche, aber auch andere Stellen (vgl. S. 130) geben immer wieder Gelegenheit zu Mikrologien, zu minutiös genauer Beobachtung von Handlungen, zu präzisesten Beschreibungen von Oberflächenstrukturen. Auch die Bildbeschreibungen, auf die wir in diesem Kapitel noch häufiger stoßen werden, finden sich. Konsequenterweise handelt es sich um Körperbilder, Tätowierungen. An ihnen wird beispielhaft das Axiom des ganzen Textes manifest: der Körper als semiotisches Medium. Auf Tahiti verwendet man das "Tatu" als Träger von Geheimbotschaften. Angesichts dieser Funktionalisierung der Körper der Figuren als Matrizen oder Tonträger (vergleichbar mit Edisons "Phonographen", S. 21) versteht sich, daß sie keinerlei Individualität annehmen können und keinerlei Namen oder persönliche Bezeichnung erhalten.

Ein weiteres Kennzeichen dieses antiillusionistischen, antimimetischen Textes ist die Einbeziehung des aktuellen Schreibprozesses. Stellen wie "Und wie sie mich hier sitzen sieht, an diesem Los/Kapitel schreiben" (S. 60), erinnern an Nicolas Borns Unmittelbarkeit in *Die erdabgewandte Seite der Geschichte* (vgl. oben Kap. 4). Antirealistisch gibt sich der Text, indem er keine feste Identität der Figuren kennt. Das Ich verschwimmt mit dem der Frau ebenso wie mit dem des kranken und wahnsinnigen Schriftstellers Antonin Artaud ("dann bin ich niemand anderes mehr als Artaud, als K." S. 60). Es erscheint aber auch als Rabe (Abschnitt 14, wieder S. 100).

Textgenetisch verdankt sich *Das Menschenfleisch* sowohl Gesprächen, die der Autor geführt hat und deren Sprechakte bisweilen noch zu spüren sind, als auch einer Fülle von Zitaten, die in den Text eingeschmolzen, ihm einverleibt wurden. Beyer selbst nennt dieses Schreibverfahren unter Berufung auf Friederike Mayröcker "parasitär".[10] Seine Quellen – Bücher, Filme, Musik – hat er in einem Anhang aufgelistet. Statt von Montage spricht Beyer aber von "Text-Doping" (S. 65).

---

9 Seine Absicht sei, so Beyer in einem Interview, daß der Leser "seine eigene Perspektive mitbringt" und so "ein drittes Bild entsteht". Daniel Lenz u. Eric Pütz: Das Verstehen geht über den Körper. Suche nach dem Jenseits des schon Geschriebenen. Ein Gespräch mit Marcel Beyer. In: *Frankfurter Rundschau*, 12.8.2000, S. 21.

10 Ebd., auch in: *Das Menschenfleisch*, S. 59. Im Interview betont Beyer, die Zitate entstellt verwendet zu haben.

Beyer selbst gibt an, in *Das Menschenfleisch* von der Frage bewegt gewesen zu sein: "Welche Möglichkeiten gibt es, über Liebe zu sprechen, jenseits dessen, was schon alles gesprochen worden ist."[11] Daß sein Schreibverfahren Vorgänger hat, räumt er bereitwillig ein. Besonders hebt er hervor, Robbe-Grillet und den experimentellen Schriftstellern um Jandl, Mayröcker und Okopenko verpflichtet zu sein, daneben Artaud und den Surrealisten, natürlich auch Peter Weiss, besonders dessen *Der Schatten des Körpers des Kutschers* (1960). Merkwürdigerweise erwähnt er aber Rolf Dieter Brinkmann nicht. Dieser nämlich rückte bereits Mitte der 60er Jahre den Körper in den Mittelpunkt sprachlicher Experimente – sei es aus Überdruß an der literarisch etablierten und viel strapazierten 'Seelensprache', auf der Suche nach verläßlichem Material, aus Lust auf Provokation oder aus Neugier auf die Leistungsfähigkeit der Wörter. Auf dieser Basis hat sich in den 80er und 90er Jahren eine Schreibtradition etabliert, die den Körper, sein Aussehen und seine Funktionen den ganzen Kosmos der komplizierten menschlichen Psyche ersetzen läßt, den die Literatur seit Jahrhunderten in Sprache zu fassen bemüht war. Es entstand so etwas wie eine medizinisch-anatomische Obsession, die vielleicht das Resultat einer Erschöpfung des Psychologischen ist – nach so viel Freudianischer Darstellung von Seelenzuständen und Seelenregungen.

Es war wohl Rolf Dieter Brinkmann, der als erster das eigene Gehirn als Black Box, den eigenen Körper als Experimentierwerkstätte und Materialdepot betrachtete. Als Beispiel für ein Schreiben unter Laborbedingungen sei auf seinen Text *Flickermaschine*[12] verwiesen: Alkohol, Drogen, Nikotin setzen die kontrollierbaren Gehirnfunktionen, den intakten Intellekt und die konsistenten seelischen Empfindungen außer Kraft und ermöglichen freie Assoziationen, wie sie in diesem Prosastück auftauchen. *Flickermaschine* ist eine Collage aus Texten und Bildern. Haupt-'Person' ist das Gehirn selbst, dessen phantasierende oder phantasierte Funktion und Anatomie. Die Sprache ist wissenschaftlich sachlich, sie registriert die momentanen Wahrnehmungen und Gedankenfetzen. "Aufgeklappt liegt das Gehirn ruhig unter der Glasglocke" (S. 85). Der Selbstversuch soll zeigen, was das Gehirn unter experimentellen Bedingungen (totale Erschöpfung und nächtliche Einsamkeit) an Bildern und Spracherinnerungen aufschwemmt. Ein Ich, eine Persönlichkeit gibt es nicht. Das Ich, so Brinkmann, ist durch Erziehung und Umwelt zerstört. Auch im Tagebuch, dem Ort, an dem das Ich sich traditionell seiner selbst versichert, kann bei Brinkmann kein Ich sprechen ohne die Einschränkung: "Ich!/: (wer immer das ist!!)". Der Verlust, das verhinderte Entstehen der Subjektivität wird erklärt: "Das Ich!/: dieses von Familie, Staat, Beruf, Lebenskulisse verwaltete Ich/: Oben IBM und unten läuft die Pisse

---

11 Ebd. (wie Anm. 9). Weitere (allerdings kryptische) Hinweise gibt Beyer in: Wissenswertes o.ä. In: *Autorinnen und Autoren in Köln*. Hg. v. Literaturarchiv der Stadtbücherei Köln. Köln 1992, S. 164–168.
12 In: *Der Film in Worten. Prosa. Erzählungen. Essays. Hörspiele. Fotos. Collagen.* 1965–1974. Reinbek: Rowohlt 1982, S. 84–93.

ängstlich raus!"[13] So wenig Vertrauen wie zum Ich hat der Autor zu der Möglichkeit, ein intaktes Bewußtsein entwickeln zu können. "Bewußtsein: IMMER geschunden, verkrüppelt, beschnitten, verboten, ritualisiert, schließlich verseucht von Familien, Vater, Mutter, ganzen Generationen, von Staatsformen, Gesellschaftsformen, Handelsformen, von Religion, Priestern, die murmeln und Mehlplättchen hochhalten, von Schule in Wort und Bild – grauenhaft."[14] Kein Ich, keine Persönlichkeit, kein Bewußtsein, keine Bedeutungen, kein Sinn, keine Innenseite: Statt dessen herrscht in Brinkmanns Erzählungen ein konsequenter sprachlicher Materialismus.

Brinkmanns Erzählung *Am Hang*[15] beginnt mit einer Körperbeschreibung im Sekundenstil. Über zwei lange Seiten widmet sich der Text nichts anderem als einem Körper in gebückter Haltung. In diesem, wie in anderen Texten (vgl. *Der Auftrag*[16]) verzichtet Brinkmann konsequent auf alles Psychische. Die Nähe zum Bild, zur Bildbeschreibung – vgl. die Texte Christoph Geisers – ist deutlich. In einer Reihe von Erzählungen *(Am Hang, Der Auftrag* und *Strip)* unterstützt das Präsens als Erzähltempus den Charakter der Beschreibung. Die Länge der Sätze, die zwischen nahezu einer Seite und nur einer Zeile stark variiert, fällt besonders auf.

> Im Vergleich etwa zu der gegenüber dem Kopfende des Bettes liegenden Zimmerecke seitlich des Fensters ist dieser Teil des Zimmers recht hell, auf den sich im selben Augenblick erneut alle Aufmerksamkeit richtet, die ebenso rasch angesichts der Reglosigkeit des Mannes dort wieder erschlafft, der bereits für tot gehalten werden könnte, da das ohnehin leise Atemholen nur in unmittelbarer Nähe zu hören ist, starr, mit einem rotglasigen Fleck an der freiliegenden Halsseite, der schon verkrustet ist bis auf eine Stelle in der Mitte der Wunde, die noch feucht schimmert, obgleich das ausgetretene Blut auch dort bereits zu einem schaumigen Polster geronnen ist, während der breite, dunkelrote Streifen, der sich über den Nacken hingezogen hat, und die kleineren Rinnsale daneben, wie auch der schwärzliche, große Fleck im Bettlaken und das kleine, weniger auffallende rote Rinnsal, das aus einem Mundwinkel seitlich am Gesicht entlanggeflossen und ins Kissen gesickert ist, völlig getrocknet sind. Doch die Reglosigkeit des Mannes auf dem Bett in der Ecke hält nicht lange an. Die Knäuel und Ausbuchtungen der Bettdecke verschieben sich wieder, die größere Wölbung in der Mitte geht zurück [...].[17]

Charakteristikum dieser Sprache ist, daß eine seelisch-geistig empfindende Erzähler-Instanz fehlt. Statt dessen beschränkt sich der Text auf Beobachtung, bleibt die Sprache streng an der Oberfläche der Bilder.[18]

---

13 *Erkundungen für die Präzisierung des Gefühls für einen Aufstand: Träume/Aufstände/Gewalt/ Morde. Reise. Zeit. Magazin. (Tagebuch)*. Reinbek: Rowohlt 1987, S. 252.

14 Ebd. ,S. 58.

15 In: *Der Film in Worten* (wie Anm. 12), S. 47–53.

16 Ebd., S. 54–60.

17 Der Auftrag. In: *Der Film in Worten* (wie Anm. 12), S. 55.

18 Völlig anders sind Helmut Kraussers ebenfalls grausame, ja sadistische Bücher konzipiert. Sie stellen zwar auch monströse Typen *(Melodien,* 1993) oder schreckliche Taten

Häufig war es in der Folgezeit die 'Szene-Literatur', die sich einer körperbe-
zogenen Schreibweise bediente, sado-masochistisch, auch homo- oder doch
bisexuell geprägte Literatur, als deren Gewährsmann, ja Kultfigur immer wieder
Hans Henny Jahnn begegnet.[19] Gelegentlich hat man die oft schockierenden
Tabuverletzungen als Ausbruch aus der der Literatur traditionell übertragenen
Vorbildfunktion interpretieren wollen. Körperliteratur rückt statt dessen die
Wünsche und Sehnsüchte des Ich in den Vordergrund – freilich eines sehr
gefährdeten, wo nicht schon verlorenen Ich. Ein Buch der Sado-Maso-Welle der
90er Jahre, Michael Kleebergs *Barfuß* (1995), illustriert, was das Abtauchen ins
rein Körperliche, in sexuelle Ausschweifung, auch bedeutet: Den Abschied von
der eigenen Identität. Interessanterweise ist Michael Kleebergs Novelle in keiner
Weise ein Beispiel für die uns in diesem Kapitel interessierende *Schreib*weise. Sie
bedient sich einer fast antiquiert 'schönen', differenzierten und um Gemüts-
zustände außerordentlich bemühten Sprache. Die Novelle liefert aber die inhaltlichen Voraussetzungen: Es geht in *Barfuß* um das Abstreifen von 'runder'
Menschlichkeit, von Bewußtsein und Verantwortung. Ein ganz normaler Angestellter in leitender Position gerät unversehens, eigentlich gegen seinen Willen
und nur aus Neugier auf eine Internet-Anzeige in die 'Szene' und läßt sich zum
Sklaven machen, obgleich er vorher keine Neigungen in dieser Richtung hatte.
Nach einigen Treffen mit seinem Meister kommt er nicht mehr los, verschwindet,
nachdem er eine Weile ein Doppelleben geführt hat, aus der Welt, in der seine
von ihm geliebte Frau und sein ungeborenes Kind zurückbleiben. Er lebt in
tierischer Abhängigkeit von Daniel, seinem Herrn, der ihn schließlich kreuzigt,
weil er ihn nicht mehr brauchen kann. Bemerkenswert in dieser Entwicklungs-
Novelle ist, daß das Ablegen des Ich, der Individualität und Persönlichkeit, das
sich gänzliche Versklaven, die Preisgabe des eigenen Willens letztlich als eine
ungeheure Befreiung empfunden werden: Befreiung von Verantwortung, Befreiung aus Bindung. Die Demütigung ist der Preis für diese Befreiung und wird als
Mittel zu dieser Befreiung ebenfalls lustvoll erlebt. Kleebergs Novelle grenzt, so

---

(*Thanatos*, 1996) dar, dies aber unter dem Signum des Magisch-Mystischen. Die Gefühle
oder die notierte Gefühlskälte der Figuren gehören aber mit zum Genre des Gruseligen.
Vielleicht hat der Unterschied in der Schreibweise auch zu tun mit der von Krausser
bevorzugten Nachbarkunst: Es ist nicht die Malerei, sondern die Musik, die bei ihrer
Umsetzung in Literatur meist nicht musikologisch beschrieben, sondern seelisch nach-
empfunden wird. *Thanatos* verarbeitet eine Unmenge von literarischen Vorbildern,
griechische Mythologie, deutsche Romantik, Hölderlin, Platen, Thomas Mann, Rilke,
Hildesheimer, die Notate-Literatur der Gegenwart, um nur einiges zu nennen. Dementsprechend uneinheitlich ist die Sprache. Der Stil reicht von eklektizistischer Gelehrsamkeit über Vulgarität bis zu naiver *Gartenlaube*-Idyllik. Traum- oder wahnhafte Einschaltungen und die Neigung des Textes zur tiefenpsychologischen Selbstdeutung
erlauben es dem Leser, besonders häßliche Stellen als Phantasien zu interpretieren,
wodurch sie entschärft werden. Durch wuchernde a-semantische Passagen hat das Buch
quälende Längen. Schlaf, Trance oder Halluzination der Hauptfigur Johanser werden
sprachlich abgebildet. Besonders im letzten Drittel handelt es sich nur um Entwürfe.
19 Beispielsweise edierte Josef Winkler Jahnns *Die Nacht aus Blei* (Frankfurt a.M.: Suhrkamp 1980) und versah sie mit einem stark autobiographisch geprägten Vorwort.

scheint mir, an Kitsch, weil sie dies alles mit einer zu seelenvollen Sprache darstellt. Selbst bei der Kreuzigungsszene ist noch der allwissende, empfindsam kommentierende Erzähler gegenwärtig, der die Gefühle seiner Figuren kennt:

> K.'s Kopf ist in der Ohnmacht auf seine Brust gesunken, und dieser Anblick setzt etwas in Daniel frei, der jetzt mit den anderen Gerätschaften, die er mitgenommen hat, auf den schlaff hängenden Körper einschlägt, mit aller Kraft. Sein Mund klafft, vor seinen Blick setzt sich ein feuchter Film. Dann sieht er, wie K. wieder zu sich kommt, und sieht sein Gesicht, seine Augen, das Gesicht, durch dessen schmerzverzerrte Grimasse eine wollüstige, eine ekstatische Zustimmung leuchtet, ein zärtliches Einverständnis jenseits und über der Bestürzung des Leibes, wieviel Schmerzen man zu ertragen vermag, bevor das Bewußtsein erlischt. K.'s Blick wünscht die Schläge herbei, sein Körper, an drei Punkten fixiert, spannt sich ihnen und Daniel entgegen, der nur diesen exponierten, durch die Dunkelheit rot leuchtenden hochgeschwollenen Willen sieht. (S. 145)

Die Epitheta (schmerzverzerrte Grimasse, wollüstige Zustimmung) und die Bilder (rot leuchtend hochgeschwollener Wille) scheinen schwülstig unangemessen angesichts dessen, worum es geht: Das Ablegen der Persönlichkeit.

Was in Kleebergs Novelle inhaltlich gemeint ist, das Zurücktreten des Ich zugunsten des Es, haben andere Autoren vor ihm sprachlich längst vollzogen: den Rückzug vom seelischen Affekt auf die Körperempfindung, von der subjektiven Erlebnis- auf die objektive Beschreibungsebene. Schmerz, Lust und Tod sind die Bereiche, die diese Literatur anfüllen. Angesichts des Verzichts auf ethische Konnotationen fällt die Zunahme mythischer oder religiöser Anspielungen auf. *Barfuß* mit seiner Kreuzigungsszene ist kein Einzelfall. Christoph Geiser zelebriert in *Das Gefängnis der Wünsche* die gleiche Verbindung zwischen Sadomasochismus und Christi Passion.[20] Neben der erwünschten Tabu-Verletzung mag es v.a. die Verbindung von Leid und Ekstase sein, die zu dieser Metaphorisierung führt.

Religiöses in der Ausprägungsform des ländlichen Primitiv-Katholizismus beherrscht die Schriften Josef Winklers und verbindet sich in ihnen mit dem Blutrünstigen. Obsession, Gewalt, Religion, Tod stehen in engster Verbindung.[21] In den autobiographisch bestimmten Kindheitsbüchern Winklers bedeutet Schreiben einen sexuellen Akt der Befreiung. Die bewußte Künstlichkeit der Sprache entspricht der Unerträglichkeit der Themen und der gesellschaftlichen Ausgestoßenheit des Protagonisten. In ihrer Dunkelheit und Unlogik spiegelt sich die Weigerung des Autors, sich einzufügen. Dieser findet sich in Christus als Leidendem und Ausgestoßenem wieder, ja stellt ihn als Archetyp des eigenen Ich dar; Christus steht für die Möglichkeit, Leiden des Körpers "in Wort zurückzuverwandeln".[22] Andererseits ist die christliche Religion als

---

20 Frauenfeld: Nagel u. Kimche 1992, S. 81–103.
21 Zu diesem zu wenig beachteten Autor vgl. *Joseph Winkler*. Hg. v. J.W. Günther, A. Höfler u. G. Melzer. Graz: Droschl 1999 (= Dossier 13).
22 Vgl. *Muttersprache*. Roman. Frankfurt a.M.: Suhrkamp 1982, S. 226f.; *Der Leibeigene*. Roman. Frankfurt a.M.: Suhrkamp 1987, S. 29. – Vgl. auch die sozialpsychologische

systemstabilisierender Faktor und Unterdrückungsmethode die Bedrohung schlechthin. Winklers 1998 erschienener Erzählung *Wenn es soweit ist* steht als Motto ein Text von Jean Genet voran, der in die Warnung mündet: "Ein weniges zuviel, und Gott verleiht euch seine Gnade: dann seid ihr im Arsch." Diese Erzählung ist in ihrer Sprache ein deutliches Beispiel für die Reinform gefühlsentfremdeter Beobachtung, obgleich die grausigsten Begebenheiten ihr Gegenstand sind. Die Darstellungen sind an Stärke des sinnlichen Reizes kaum zu übertreffen, der Text aber zeigt an keiner Stelle Betroffenheit. Häufig schließen die Abschnitte mit einem unvermittelt angefügten Kirchenlied-Zitat von sarkastischer Wirkung. Winkler hat diesen seinen Stil der kühlen Distanz immer mehr perfektioniert. Kommen in der Kindheits-Trilogie *Das wilde Kärnten* (1984) durchaus noch Ich-Aussagen vor, so greift die Schreibinstanz in *Der Leibeigene* (1987) und in *Friedhof der bitteren Orangen* (1990) immer weniger ein, zeichnet nur auf, und zwar mit höchster Präzision. In *Wenn es soweit ist* schließlich hat sich das schreibende Ich ganz zurückgenommen. Beschreibbar ist nur, was mit Leiblichkeit zusammenhängt: Dingsymbolisch erscheint diese Verfahrensweise in der Erzählung als "Knochensud", gebraut aus Gebeinen und Geschichten.

Von Winkler, den er mehrfach rezensiert hat, läßt sich eine Verbindungslinie zu dem Schweizer Christoph Geiser ziehen. Möglicherweise ist es die gemeinsame homosexuelle Ausrichtung, welche die beiden ganz unterschiedlich sozialisierten Autoren stilistisch verbindet, und dies über ihre Erzählgegenstände hinaus. Diese nämlich sind absolut verschieden: Erfaßt Winkler mit einer ans Surrealistische grenzenden Präzision die von Kot und Blut starrende Dorfwelt, so hält sich Geiser immer wieder an Kunstschönheit. Auch für Geiser ist eine enge Verbindung zwischen Sexualität und Schreiben festzustellen. Sein Verfahren, wie es sich etwa in dem Essay *Schreiben – eine Erregung!* (in dem Sammelband *Wunschangst*) offenbart,[23] zeigt den Schreibprozeß als homosexuelle Erregungskunst, sehr im Unterschied zu Novalis' "Gemütserregungskunst". Wie bei Brinkmann und anderen 'sinnlichen' Schriftstellern sind Krankheit und Tod wichtige Metaphern bzw. Phantasieobjekte. Anatomische und physiologische Bilder erscheinen als die einzige Möglichkeit, die Beziehung zwischen Ich und Du zu verbalisieren. Bezeichnend ist der Terminus "Textejakulation" für den Stil der Wortkaskaden mit unzähligen Ausrufezeichen. Unterstützt wird Geisers sinnliche Imagination durch Vorlagen aus der Bildenden Kunst: Caravaggio in *Das geheime Fieber* (1987), Piranesi in *Die Baumeister* (1998), bzw. aus der Literatur: Kleists *Penthesilea* in *Schreiben – eine Erregung*, de Sade in *Das Gefängnis der Wünsche* (1992), Celans *Todesfuge* in *Kahn, Knaben, schnelle Fahrt* (1995). Aber auch Kafkas *Strafkolonie* wird in *Das Gefängnis der Wünsche*

Interpretation des Kreuzestodes in Wilhelm Reichs *Christusmord* (1951), ein Buch, auf das auch Brinkmann verschiedentlich anspielt.

23 Schreiben – eine Erregung! In: *Wunschangst*. Hamburg: MännerschwarmSkript 1993, S. 83–98, ist der Werkgenese-Essay zu *Das Gefängnis der Wünsche*.

zitiert – ein Text, der als frühester Repräsentant einer 'Körperschrift' immer wiederkehrt.[24]

In *Die Baumeister* entfaltet Geiser mit packender Sprachgewalt das Inferno des Grauens und Schmerzes, wie es in Piranesis *Carceri d'Invenzione* bildhaft geworden ist. Er ist genau wie Piranesi in Bann geschlagen von der Phantastik des unterirdischen Kerkerortes, die er, wie der Zeichner, mit höchster Kunstfertigkeit und ästhetischer Perfektion wiedergibt. Der Text spürt der Pein von Tortur und Gruft in alle Winkel der Empfindung nach, die geschunden Körper erscheinen als mythische Offenbarung, das Grauen wird zum ästhetischen Erlebnis. Unvermerkt wandelt sich der Exzeß der Marter zum Exzeß der Lust – offensichtlich war dies, so wird klar, von Anfang an Darstellungsziel. Eigentlich ist diese Prosa erzählfrei. Da sie über weiteste Strecken nur bildhaften Vorstellungen nachhängt, hat sie auch keine zeitliche Dimension. Sie läßt sich ganz auf das Wagnis ein, den Leser durch die Kunst ihrer Rhetorik zu faszinieren. In der Tat ist deren ganzes Füllhorn ausgeschüttet: sermocinatio, rhetorische Frage, Zeugma und Ellipse, sämtlich die Figuren der Wiederholung, dazu ein exquisiter Wortschatz. Die Rhetorik läßt den Leser nicht zur Ruhe kommen, verweigert ihm Kontinuität, Einheitlichkeit. Mitunter frißt sich der Text obsessiv an einem Wort fest, um dann wieder assoziativ kleine Geschichten hervorzutreiben, meist negiert er Referenz und enttarnt sich selbst als Simulation, verführt dann aber unter der Hand durch geschickte Wortwahl (z.B. werden die ansatzweise berichteten Geschichten als "Gerüchte" bezeichnet) zu Illusion und Identifikation. Das rhetorische Kunstwerk einer Vertextung der Bilder Piranesis nimmt freilich nur einen kleinen Teil des Buches ein, der Rest ist ein Flickenteppich von homosexuellen Phantasien, bohrenden Sprachspielen, Miniaturgeschichten. Zusammengehalten wird der Text, wie schon der Piranesi-Teil, von der Perspektivierung – auch dies ein rhetorischer Kniff, um den Leser zu bannen. Das Ich mit seinen Obsessionen ist der Kitt für die mosaikhafte Komposition. Die Stile schwanken abenteuerlich zwischen hoch und niedrig, mythische Preziosität wechselt mit obszönen Kalauern, vorgefertigten Sprüchen, Berliner Dialekt. Neben der Perspektivierung durch ein Ich gibt es nur ein Element, das diesen Text verbindet: die Obsession. Manischer Redefluß, permanentes Alliterieren, Versessenheit auf obszöne Buchstabenspiele ("Ficktion", "Phall"), wiederkehrende pornographische Allusionen bestimmen die Sprache ebenso wie der Text selbst getrieben ist von obsessiver Sinnlichkeit, von der Fixierung auf die Erlebnisse des Körpers, außerhalb dessen nichts von Belang zu sein scheint.

Lust und Schmerz sind in der Lebenswirklichkeit des Sadomasochismus wie in der Wortwirklichkeit der Körperliteratur die einzigen Mittel zur Selbsterfahrung. Opferrituale und Machtausübung ermöglichen, sich selbst (und den andern) zu spüren. Die Ekstase des Schmerzes legt das Unterbewußte frei, was immer wieder in das Bild der Körpereröffnung, des Aufbrechen gefaßt wird. Sich

---

24 *Das Gefängnis der Wünsche* (wie Anm. 20), S. 162, 240, 245f.

(oder andere) erleben heißt, sich als Körper, Gehirn, Organ zu erfassen. Die Neigung zum Häßlichen, Abstoßenden, Kranken, Grauenvollen ist logische Folge der aggressiven Enttabuisierung. Wenn ethische Wertungen abgelegt sind, gilt jede Körperfunktion gleich viel. Neue Sprachwelten tun sich auf.

In diesem Sinn ist für Bodo Kirchhoff die Körperbeobachtung das Mittel, aus der Sprachlosigkeit herauszukommen. Ob Dirnenbesuche, Peep-shows oder das probeweise Werben um einen männlichen Partner: interessant ist, was am eigenen und fremden Körper vor sich geht. Literatur verbindet; sie

> läßt einen wissen, daß der eigene Schmerz nicht einmalig ist und man selbst demnach auch nicht – dadurch werden wir etwas kleiner; gleichzeitig ermöglicht sie uns, brüderlicher oder schwesterlicher zu empfinden, wodurch wir wieder etwas wachsen.[25]

Somit ist für Kirchhoff "der einzig erkennbare – mir auch vertretbar erscheinende – gesellschaftliche Effekt von Literatur", die "Empfindlichkeit für den Schmerz anderer zu steigern."[26] Ob Kirchhoffs Bücher diese hohe ethische Voraussetzung einholen, muß dahingestellt bleiben. Sehr oft nämlich dringt seine Sprache gar nicht in Bereiche des Gefühls, sondern bleibt – wie im Film – an der Oberfläche der Bilder.[27] Mit geradezu surrealistischer Genauigkeit lichtet der Text in *Ohne Eifer, ohne Zorn* (1979) und v.a. in *Die Einsamkeit der Haut* (1981) sexuelle oder grausame Szenen ab, ohne dabei unter die Haut bis in das Seelenleben vorstoßen zu wollen.

Freilich verfügt Kirchhoff über viele Schreibweisen. Neben monoperspektivischer Kleinprosa gelingt ihm auch der große Roman, allem voran war *Infanta* (1990) ein enormer Erfolg. Hier schreibt er über Strecken "altmodisch"[28], weiß als allwissender Erzähler auch von den Gefühlen seiner Figuren, schockiert dann aber an zentralen Stellen durch ziselierte Beschreibung von Tabuszenen. Möglicherweise ist die Erstarrung der Erzählinstanz zum reinen Beobachter die Parallele zum Bewußtheits- und Persönlichkeitsverlust der Figuren in sanktionierten Situationen.[29]

Für *Infanta* hat sich Kirchhoff nach eigener Aussage "ungeheuer diszipliniert" und seine "Motive und Zwangsvorstellungen weitgehend den Erfordernissen der Geschichte untergeordnet".[30] Er verfügt aber auch über die Obsessionen überwindende Ironie, die er mit Vorliebe gegen den Literaturbetrieb wendet. So

---

25 *Legenden um den eigenen Körper. Frankfurter Vorlesungen.* Frankfurt a.M. 1995 (= edition suhrkamp 1944), S. 165.
26 Ebd., S. 164.
27 Kirchhoff selbst spricht von seiner "filmischen Optik". Vgl. Interview mit Ulrich Struve in: *Deutsche Bücher* 26 (1996), S. 3–16, hier S. 6.
28 Diesen Terminus verwendet – wie ich meine treffend – Rolf Michaelis in seiner Rezension von *Infanta* in der *Zeit*, 5.10.1990.
29 Vgl. die aus der Perspektive des allwissenden Erzählers geschriebene Novelle *Gegen die Laufrichtung* (Frankfurt a.M.: Suhrkamp 1993), dort v.a. die Ermordung des Tischnachbarn, S. 78.
30 Der Autor hat nur eine Chance (wie Anm. 3), S. 73.

spießt er in der Erzählung *Etwas schärfer, wenn's geht* [31] gewissermaßen seinen eigenen Stil ironisch auf, wenn er hier an einen Autor die Aufforderung ergehen läßt, seine ohnehin schon hocherotische Geschichte "etwas schärfer" zu machen. Damit heutzutage Geschichten ziehen – so die Botschaft –, müssen sie mit sehr starken Reizen spielen. Effekte sind nicht durch überfeinerte Gefühls-, sondern einzig durch deftige Körper-Beschreibungen zu erzielen. "Mein 'Schicksal' heißt Banalität," [32] bekennt Kirchhoff in seinen Frankfurter Poetik-Vorlesungen. Früh habe er erkannt, "daß Sexualität und Schrift ein Paar bilden". [33] Als seine Vorläufer bzw. Mitstreiter nennt er: Rainald Goetz, Elfriede Jelinek, Josef Winkler, Einar Schleef und Hubert Fichte. [34]

Vergleichbar der Selbstbeobachtung beim Schreiben, die als Werkstattgespräch in der Gegenwartsliteratur Triumphe feiert, gewinnen Autoren der Körperliteratur durch den "Selbstversuch" neue Erfahrungswelten. In der "Vivisektion" schreibt Kirchhoff, liege der einzige "Vorsprung" des Schriftstellers [35] – ein Satz, der an Brinkmann erinnert. Der Skandal ist mit einberechnet, eine neue Art der Radikalität wird ausprobiert, nicht des Denkens, sondern der Körperlichkeit. Rainald Goetz [36] hat die Metapher "Vivisektion" 1983 wörtlich genommen, als er wenigstens andeutungsweise auch vollzog, was er vorlas:

> Ich schneide ein Loch in meinen Kopf, in die Stirne schneid ich das Loch. Mit meinem Blut soll mir mein Hirn auslaufen. Ich brauche kein Hirn mehr, weil es eine solche Folter ist in meinem Kopf. [37]

Dabei schnitt er sich mit einer Rasierklinge in die Stirn. Auch in seinen Texten arbeitet Goetz vornehmlich imitatorisch. Ob bei Büchern wie *Hirn* (1986) oder *Irre* (1983) noch von Sprach-Kunst die Rede sein kann, ist fraglich. Zumindest mit Skandal, Enttabuisierung und Grenzüberschreitung haben wir es zu tun, was in einer durchorganisierten und dementsprechend erschlafften Welt vielleicht schon genug ist.

Wie Christoph Geiser interessiert sich auch Thomas Hettche für italienische Renaissance und Anatomie. In seinem Romandebüt *Ludwig muß sterben* (1989) läßt er zwei Figuren aus einem anatomischen Atlas erstehen, Wortgeschöpfe, die sich bis zum Koitus zwischen Autor und Geschöpf "konkretisieren". Wie Brinkmann oder Goetz will auch Hettche den Kopf von innen zeigen, um den Wörtern auf die Spur zu kommen. Todes- und Sexualobsessionen mischen sich in surrealistischer Weise mit Wortverliebtheit. [38] 1997 übersetzte Hettche *I Modi* des

---

31 In: *Ferne Frauen*. Frankfurt a.M.: Suhrkamp 1987, S. 122ff.
32 *Frankfurter Vorlesungen* (wie Anm. 25), S. 116.
33 Ebd., S. 28.
34 Ebd., S. 122.
35 Ebd., S. 122.
36 Daß Goetz approbierter Arzt und Psychiater ist, sei nur am Rande erwähnt.
37 Subito. In: *Hirn*. Frankfurt a.M.: Suhrkamp 1986 (= edition suhrkamp 1320), S. 9–21, hier S. 20.
38 Vgl. *Ludwig muß sterben*. Roman. Frankfurt a.M.: Suhrkamp 1989, S. 51, 178.

italienischen Renaissance-Poeten und Skandalschriftstellers Pietro Aretino, ein bebildertes Pornobuch. Anatomie und Pornographie versteht Hettche als komplementär. Sein Kommentar zu Vesals *De Humani Corporis Fabrica*, einem anatomischen Werk des 16. Jahrhunderts, liest sich wie der Schlüssel zu seinen Roman *Nox* (1995). "Der Leib zerbricht im Gestus der Entdeckung in den physiologischen Körper der Medizin und den pornographischen Körper der Lust."[39] In *Nox* finden wir Anatomie neben Pornographie, beides gleich seelenlos, teils minutiös realistisch beschrieben, teils mit surrealen Sprachbildern illustriert. Es ist zumindest eine Erwähnung wert, daß *Nox* im gleichen Jahr erschien wie Michael Kleebergs *Barfuß* und Marcel Beyers Roman *Flughunde*.[40] Erwähnenswert scheint es auch, daß eine ganze Reihe der auf Körperlichkeit spezialisierten Autoren aus der Schweiz kommen: Neben Christoph Geiser sind dies etwa Reto Hänny, Urs Allemann und Hansjörg Schertenleib.

So wie Hettche in *Nox* die Virchowsche Pathologische Sammlung in der Berliner Charité als eine Art Kunstausstellung verarbeitet, wie er in *Animationen* Vesals Bilder reproduziert, so hat 1999/2000 eine Ausstellung von Plastinaten, dauerhaft gemachten Körpern, mehrere Länder bereist. Die anatomisch präparierte Leiche wird zu einem in "Körperwelten" (so der Titel der Ausstellung) präsentierten Kunstobjekt.[41] Die Unterschrift des Ausstellungstitels, "Die Faszination des Echten", scheint die These zu bestätigen, daß hinter der selbstgewählten Beschränkung auf das Leibliche letztlich der materialistische Glaube steht, nur das Körperliche sei "echt". Dazu kommt die von verfremdeter Konfrontation mit dem Tod ausgehende Faszination (die Leichen sind in lebensechten Posen aufgestellt). In dieser Kunstwelt, wie auch im geschützten Vorgang des Lesens, kann Grauen ohne reale Bedrohung 'genossen' werden.

Nox von Hettche beginnt mit der Ermordung des Ich-Erzählers und dessen nachfolgender Verwesung.[42] Geht es um 'scharfe' Reize? Um das Schockieren des Lesers? Oder soll hier der Tod des Erzählers als literaturtheoretisches Phänomen verwirklicht werden? Um als bloßer Gag genommen zu werden, sind Tod und Verwesung erzählerisch zu konsequent ausgeführt. Sehr deutlich abzulesen ist das Interesse an der Verbalisierung der physiologischen Vorgänge. Wortschöpfungslust, der Wunsch, mit Sprache bisher unbeschrittenes Terrain zu erschließen, scheint im Vordergrund zu stehen. Wie bei Geiser wachsen manieristische Sprachartistik, Schmerz- und Todeslust und sexuelle Phantasie auf demselben Stamm. Als poetologische Allegorie gibt der Initial-Mord nicht viel her. Für die Konstituierung eines durch seinen Tod nun über dem Geschehen schwebenden

---

39 *Animationen*. Köln: DuMont 1999, S. 91.

40 Im gleichen Jahr 1991, in dem Marcel Beyer für Auszüge aus *Menschenfleisch* in Klagenfurt den Ernst-Willner-Preis erhielt, wurde mit dem Preis des Landes Kärnten der Schweizer Urs Allemann für seinen Text *Babyficker* ausgezeichnet.

41 "Prof. Gunther von Hagens Körperwelten. Die Faszination des Echten".

42 Ähnlich wie in *Nox* entspringt auch in Ulrike Kolbs *Roman ohne Held* (1997) der Erzähler seinem eigenen Tod. Wie bei Hettche ist auch hier die Form der Erzählung die Vision: Der tote Erzähler sieht die Erzählung.

Erzählers wird durch ihn wenig gewonnen. Es liegt nämlich bereits zu Anfang ein (allerdings nicht konsistenter) allwissender Erzähler vor, der zugleich von sich in der 1. Person spricht, woran ihn auch seine Ermordung nicht hindert. Dieser Erzähler – als Leiche, die ihren eigenen Zerfall beobachtet, eine zumindest defiziente Figur – schickt "sie", seine Mörderin, eine ebenfalls sehr defiziente Figur, auf ihren Weg durch die Stadt Berlin und beobachtet sie dabei. Den Weg der weiblichen Figur könnte man als Suche nach ihrem Namen verstehen. Als "sie" ihn gefunden hat, ist das Buch zu Ende. Diese Namensfindung freilich ist nur möglich über sadomasochistische Qualen (vgl. auch die Lederjacke als Dingsymbol und Erkennungsmerkmal der weiblichen Figur). Alle Gefühle, selbst Erinnerungen, sind ausschließlich Körpergefühle. Kommunikation erfolgt im wesentlichen über die Reizbarkeit des Gewebes. All diese meist sexuellen Kontakte wie auch die Schmerzen des verstümmelten Opfers und Masochisten David oder die 'Erlösungs'-Qualen der weiblichen Hauptfigur werden mit einem enormen Detailrealismus dargelegt. Angesichts der weitgehenden Depersonalisierung der Figuren fällt die metaphorische Personifizierung von Sachen auf, die sich bis zu sexuell aufgeladenen Formulierungen steigern.

> Und ich sah, wie die Dämmerung ihr aus der Hand fraß [...] und wie die Stadt sich um sie herum zusammenzog wie eine Haut über der Haut in der sie ging. (S. 13f.)
> Der Schmerz brannte im Körper der Stadt, und ihre Augen zuckten hinter den geschlossenen Lidern im Schlaf, während das Schiff langsam immer weiter in sie hineinglitt. (S. 80)

Die Tatsache, daß die Mauer in Berlin als Narbe, die Maueröffnung (die Erzählung spielt in der Nacht des Falls der Mauer) als Schmerz und Wunde dargestellt ist, hat dazu geführt, daß man *Nox* als Allegorie auf die deutsche Teilung und Wiedervereinigung gelesen hat. Dies ist wohl teilweise möglich – das Bild der Wunde ist als Trennungsmetapher nicht außergewöhnlich – läßt sich aber für den ganzen Text nicht konsequent durchhalten. *Nox* geht es nicht so sehr um das historische Ereignis. Vielmehr zeigt der Text auch am politisch-geschichtlichen Exempel, daß die Sprache des Körpers die einzig realistische ist.[43] Angesichts dieses Axioms bedeuten auch erschreckende Szenen wie die sadomasochistische Folterungsorgie im Anatomischen Theater der Berliner Charité kein Tabu.

Folter, Sektion, Metzelei haben Hochkonjunktur. 1994 gewann Reto Hänny den Ingeborg Bachmann-Preis mit der Beschreibung einer Sektion.[44] Mindestens genauso sadistisch ist die Schlachtung eines Kaninchens im "Bilderbuch" *Helldunkel*,[45] wobei auch hier wieder die minutiös genaue, ästhetisch makellose Beschreibung auffällt.

---

43 Darauf insistiert Hettche nicht nur in seinen Romanen, sondern etwa auch in seiner scharfen Entgegnung auf Matthias Altenburg in der *taz*, 22.10.1992. Altenburg hatte Hettche u.a. mehr Realismus anempfohlen.
44 *Helldunkel. Ein Bilderbuch*. Frankfurt a.M.: Suhrkamp 1994, S. 127ff.
45 Ebd., S. 73–77.

> Die Blutstropfen, zuerst spärlich, dann sich überstürzend, platschen an die konkave Porzellanwand von gelblichem Grau, überzogen von einem Netz feiner Krakelüren, Sprüngen in der Glasur. (S. 74)

Die Häutung und Ausweidung des Kaninchens wird mit der gleichen Exaktheit erfaßt wie die Arbeit eines Ingenieurteams, das sich mit Strömungsnumerik befaßt[46], wie Regen[47], Landschaften[48] oder eine Sado-Maso-Szene[49]. Mehrere Abschnitte des (unbebilderten) "Bilderbuchs" sind in der Anatomie angesiedelt, wobei die Sachlichkeitsästhetik dieses Ortes mit religiösen Konnotationen angereichert wird.[50] Die in der Literatur der Körperwelten gern verwendete Bildlichkeit präsentiert sich hier als Fotografie-Metaphorik. Wie der "Reisende", der Protagonist des Bandes, das von ihm Gesehene (z.B. Leichname in der Pathologie oder Gerichtsmedizin) auf den Film bannt, "festgehalten vom sorgfältig über die Platte verteilten Silbernitrat"[51], so nimmt die Sprache mit ihren feinsten Mitteln die Bilder auf, erfaßt Farben und Formen in subtilsten Abschattierungen. Was über die Fotografie ausgesagt wird, ist, metaphorisch gelesen, zugleich eine Poetologie des anatomischen Schreibverfahrens.

> Die Fotografie [...] ist eine statische Form der Unsterblichkeit [...] sie friert Zeit ein; macht Augenblicke überprüfbar, die der Zeitablauf unverzüglich enden läßt. Einen Sterbenden zu fotografieren – nicht das Leiden; aber die Fotografie zeigt ohnehin immer nur einen ganz geringen Teil des Grauens – verlangt höchste Geschicklichkeit [...]. Einer der wichtigsten Grundsätze: höchste Konzentration. Und Sauberkeit – wie in der Chirurgie. Was dem Fotografen sein Blick, ist dem Anatomen sein Messer, nein: seine Größe hängt nicht allein vom Messer, sondern von dessen Schliff ab. (S. 127)

Sprachkunst verewigt den Augenblick, indem sie ihn mit höchster Kunstfertigkeit und geschliffener Sprache sezierend auseinandernimmt.

Auch bei Hänny gibt es wie bei Geiser Reminiszenzen an Marterszenen, an Gemälde (Holbeins Wasserleiche, Rembrandts Sezierszene), wie bei Winkler gibt es die religiöse Obsession. Die Texte ähneln sich. Es ähneln sich die Metaphern. Immer wieder ist vom Aufschneiden, noch mehr vom "Aufbrechen" des Körpers die Rede, ein Terminus, den man sonst für die Verwertung von Wild verwendet. Die enge Beziehung zwischen Körper und Schrift ruft regelmäßig die Reminiszenz an Kafkas *Strafkolonie* hervor. Hännys "Reisender" dürfte eine Hommage an Kafkas "Forschungsreisenden" sein. Der Stationencharakter, der Hännys Text nicht an größere Zusammenhänge bindet, das Wechseln von Bild zu Bild, erlaubt

---

46 Ebd., S. 12ff.
47 Ebd., S. 21ff.
48 Ebd., S. 150ff.
49 Ebd., S. 47ff.
50 Ebd., S. 100, 113–116. Insbesondere diese zweite Stelle ist bemerkenswert als ununterbrochener kleingeschriebener Redefluß, bestehend aus Zitaten aus der Karfreitagsliturgie, der Bibel, lateinisch und deutsch, sowie modernen Texten.
51 Ebd., S. 96.

es, daß die Sprache sich jeweils ganz an die strengste Beschreibungsaskese hält. Damit hat Hänny wohl einen der konsequentesten Texte der 'Körpersprache' vorgelegt.

Das Interesse an Körperlichkeit, an Körpermetaphorik, die Substitution des Gefühls durch die Empfindung des Leibes beschränkt sich keineswegs auf Autoren, für die Geschlechtlichkeit ein besonders prävalentes Thema darstellt oder auf homosexuell oder pervers obsessive Literatur. Bereits mit *Übergang* (1982) legte Anne Duden Texte vor, in deren Mittelpunkt Gewalt, Schmerz und körperliche Leiden stehen. Seit *Das Judasschaf* (vgl. oben Kap. 10) integriert ihre Prosa mehr und mehr Bildbeschreibungen (hier Tintoretto, Carpaccio, in anderen Werken Dürer, Altdorfer, Van Gogh u.a.),[52] evoziert aber auch musikalische Werke, v.a. durch Zitieren ihrer Texte. Ob Bild- oder Körperbeschreibungen: beides bedeutet für Anne Duden Sprachgewinn, weil "beim Zusammentreffen [...] von Bild und Sprache etwas Drittes freigesetzt" wird. Sonst bliebe nur die Möglichkeit, "redlich sprachlos" zu sein.[53] Das Erzählen von Geschichten ist keine reale Möglichkeit mehr für sie, "denn die Worte sind nicht da, um [...] in Informationsketten gelegt zu werden. Die Worte sind unantastbar, die Unantastbaren, die Elite, die Auser*lesenen*, und sie sind da, um gelesen zu werden im Text, im Kontext."[54] Anne Duden ist eine Mystikerin der "Körpersprache". Mystisch ist ihr buchstäbliches Eintauchen in Bilder (hauptsächlich handelt es sich um Marter-, Tötungs- oder Begräbnisszenen), desgleichen die somatische "Erinnerung" an Gewalt, etwa den Holocaust; mystische Qualität hat die Feinheit ihrer Körperbeobachtungen und deren Aufladen mit kosmischer Bedeutung, so daß sich die Welt nur von diesen Körperempfindungen her verstehen und verbalisieren läßt; jedesmal wird der Akt des Schreibens zum Martyrium. Mystisch ist auch die Textkonstruktion. Annominationen bilden a-logische Reihen, Buchstaben- und Wortspiele treiben Assoziationen hervor, Synästhesien lassen die Texte vollends phantastisch und (alp-)traumhaft erscheinen.[55] Das Personal, allen voran das Ich,

---

52 Eine Reihe von Bild-Texten in: *Zungengewahrsam. Kleine Schriften zur Poetik und Kunst.* Köln: Kiepenheuer & Witsch 1999.

53 *Zungengewahrsam oder Der uferlose Mund des schreienden Schweigens.* Paderborn: Universität-Gesamthochschule 1996 (= Paderborner Universitätsreden 51), S. 12. Schrei und Körper. In: *Laokoon und kein Ende. Der Wettstreit der Künste.* Hg. v. Th. Koebner. München: Ed. T+K 1989 (= Literatur und andere Künste 3), S. 120–148, hier S. 121.

54 *Zungengewahrsam* (wie Anm. 53), S. 7.

55 Die Analyse des kurzen Anfangssatzes von *Kurzatem Grauglut* (zuerst 1992; wieder in: *Wimpertier*, Köln: Kiepenheuer & Witsch 1995, S. 49–55) zeigt die Kompliziertheit dieses Verfahrens: "Mehltau liegt auf Blättern und Lungenästen." Der Satz ist vom letzten Wort her zu lesen: Das metaphorische Kompositum "Lungenäste" (als Terminus unüblich, wohl aber von "Bronchenverästelungen" abgeleitet) schlägt über seinen Bestandteil "Ast" die Brücke zu "Blatt" und "Mehltau". So kommt eine in sich nicht konsistente Aussage zustande, deren – bestenfalls – metaphorischer Sinn sich erst später erahnen läßt: Wie Mehltau auf den Blättern, so liegt Atemnot auf der Lunge. Im Fortgang des Textes wird "Atem" personalisiert oder jedenfalls animiert ("ein Vogel im Käfig") – ein für Anne Duden typisches Mittel, um Körpervorgänge aus kühler Distanz beobachten zu können.

erscheint dissoziiert, in verschiedene Erscheinungen aufgelöst oder ein plumpes Etwas; der Leib hingegen mit allen seinen Funktionen erlangt personale Qualität. Die Anatomie verdrängt die Psychoanalyse.

Nicht lang nach Hännys metaphorischer konnte man Durs Grünbeins explizite Poetologie der 'Körpersprache' nachlesen: in Grünbeins Büchnerpreisrede über Georg Büchner als ersten Vertreter einer "somatischen Poesie".[56] Durs Grünbein erklärt seine eigene Vorliebe für Medizin damit, daß die genetischen Forschungen körperliche Funktionen an die Stelle von Seelischen setzten.[57] Ebenso wie Geiser, Duden u.v.a. bezieht auch Grünbein sich auf Bilder: auf das Obduktionsbild Caravaggios und auf den Guillotine-Realismus eines David. Hauptgewährsmann ist freilich Büchner. Schon dieser, so Grünbein, habe in *Über Schädelnerven* erkannt, daß nur aus dem Naturstudium "Aufschluß zu erwarten [sei] über den wahren Antrieb, die Energien im Innern der Körper: Affekte". Büchner sei die "vollständige Transformation" gelungen: "Physiologie aufgegangen in Dichtung", und daraus ergebe sich der vom Naturstudium geprägte Stil: "ein kälterer Ton: das geeignete Werkzeug für die vom Herzen amputierte Intelligenz."[58] Grünbeins Begeisterung für die Entindividualisierung durch die Rückführung auf das Leibliche erinnert an die Ent-Ichung im Sadomasochismus. Die Beschränkung auf die Anatomie befreit von der sittlichen Verantwortung. Physiologie tritt an die Stelle von Religion oder Ethik.[59] – "Die Schaubude als moralische Anstalt ist geschlossen, eröffnet ist das Theater der Anatomie."[60]

---

56 Den Körper zerbrechen. Rede zur Verleihung des Georg-Büchner-Preises 1995. Gehalten am 21. Oktober 1995 im Staatstheater Darmstadt. In: *Galilei vermißt Dantes Hölle und bleibt an den Maßen hängen.* Aufsätze 1989–1995. Frankfurt a.M.: Suhrkamp 1996, S. 75–86, hier S. 75.
57 Nicht nur Grünbeins Gedichte beschäftigen sich immer wieder mit Medizinischem; mit Neun Variationen zur Fontanelle (ebd., S. 247–261) schrieb Grünbein ebenfalls einen "anatomischen" Prosatext.
58 Den Körper zerbrechen S. 75, 76.
59 Vgl. ebd., S. 79.
60 Ebd., S. 82.

12. Experimentelle und erzählfreie Prosa

Dieses Kapitel stellt uns vor Begriffs- und Definitionsschwierigkeiten, die – das sei gleich vorweggenommen – ohne eine endgültige Lösung bleiben müssen. Unbefriedigend ist schon der Terminus 'experimentell', eine Übertragung aus der Naturwissenschaft. Er impliziert, daß Literatur Verfahrensweisen der exakten Wissenschaften adoptieren müsse.[1] So gesehen wäre Sprache Material, das zerlegt und ohne Rücksicht auf gattungsmäßige, grammatikalische oder semantische Normen wieder zusammengesetzt werden kann. Will Literatur aber in diesem radikalen Sinne experimentell sein, so löst sie sich als Medium einer wie auch immer gearteten Verständigung selbst auf. Daher zerstört auch die sog. experimentelle Literatur, v.a. solche, die um Prosazusammenhänge bemüht ist, nicht alle Bindungen, um nicht im Lautmüll zu enden. Vielmehr zerbricht sie z.B. Sprachvorgaben, indem sie neue Bilder (Jonke) oder syntaktische, grammatikalische oder semantische Verbindungen (Scharang, Mayröcker) schafft, die an Bekanntes verfremdend anknüpfen, oder sie dissoziiert Erzählweisen durch Zitate (Mayröcker, Heißenbüttel, Ror Wolf) und parallele Textpassagen (Höllerer, Wollschläger). – Wie wir allerdings schon in unseren Überlegungen zu einer Theorie des Gegenwartsromans gesehen haben, sind Verstöße gegen ehemals normative Erzählweisen längst so allgemein, daß die Grenzen zum eigentlichen Experiment verfließen.

Experimentelle Schreibweisen sind alles andere als eine Neuheit. Vielmehr erlebten sie ihre Blütezeit in der Moderne, sei es im Roman eines James Joyce oder Hermann Broch, im 1916 begründeten Dada oder im MERZ Kurt Schwitters. Hintergrund dieser Neuansätze ist das schwindende Vertrauen in die Fähigkeit von Sprache, eine komplexe und zunehmend weniger durchschaubare Wirklichkeit abzubilden. Als verweisendes Medium (in ihrer referentiellen Funktion) war Sprache fragwürdig geworden, nun wurde sie selbst (autoreferentiell) interessant. Nach dem 2. Weltkrieg griffen die Konkrete Poesie und die Literatur der Wiener Gruppe um die Autoren H.C. Artmann, Gerhard Rühm, Friedrich Achleitner und Oswald Wiener diese Anliegen wieder auf, die bis heute Geltung haben.

Experimentelle Literatur begegnet in vielen Spielarten. Ziel aller Bemühungen aber ist es, die Sprache der Literatur abzuziehen von der durch vielfache Regula-

---

1 Diese Ansicht vertritt schon Émile Zola: *Le roman expérimental*. Les œuvres complètes, vol. 41. Paris: F. Bernouard 1928.

tive normierten und korrumpierten Alltagssprache und sie vom Zwang zu Konsistenz und Nachahmung von 'Wirklichkeit' (Mimesis) zu befreien. Werden in literarischen Kleinformen Worte, Silben, Laute in exakter Regelhaftigkeit oder nach den Prinzipien von freier Assoziation oder Zufall neu organisiert (Konkrete Poesie), so verzichten größere Textsorten auf einen Verweischarakter und auf Logik, auf Handlungsstruktur, Linearität und Finalität. Aber auch schon ein erster Blick auf die Sprachoberfläche zeigt Abweichungen vom Gewohnten: labyrinthische Sätze, Neologismen und Wortfetzen, abrupter Wechsel von Stilebenen, Zusammenstellung von semantisch Widersprüchlichem. Experimentelle Literatur stellt sich nicht primär in den Dienst von Belehrung und Aufklärung, obgleich sie in ihrem Widerstand gegen Zwänge und Gewohnheiten durchaus kulturkritisch sein kann. Sie versteht sich selbst als Freiraum, als Reservat von Subjektivität für den Autor, aber auch den Leser, der zu kreativer Mitwirkung aufgefordert ist. Da sich experimentelle Prosa dem schnellen Zugriff entzieht, haftet ihr nicht selten etwas Exklusives an. Ihre Leserschaft ist oft klein, die Bücher sind oft drucktechnisch aufwendig. Freilich ist nicht zu leugnen, daß seit Arno Schmidt und Helmut Heißenbüttel auch sperrige Texte einen großen Bekanntheitsgrad erlangt haben. Mit Sicherheit hat sich auch die Toleranzgrenze der Rezipienten verschoben. – Kontroversen zwischen Vertretern einer sinnlichen und einer abstrakten, zwischen einer autonomen und einer engagierten, einer artistischen und einer lehrhaften Kunst hat es immer schon gegeben. Schon in der Frühen Neuzeit existierten neben der zweckdienlichen Literatur die selbstverliebte Wortakrobatik und grotesken Satzwucherungen eines Johann Fischart oder die Sprachspielereien eines Georg Philipp Harsdörffer. Literatur muß nicht nur berichten, belehren, erzählen und wird sich hoffentlich die Freiheit, jenseits von Sinn und Zweck zu experimentieren, nicht rauben lassen.

Um Freiheit geht es in der Tat in mehrfachem Sinn. Da ist einmal die Befreiung von Mimesis. Literatur wird selbständig, zunächst vielleicht aus Not, die Wirklichkeit weder fassen noch abbilden zu können, aber auch aus Lust, denn Kunst ist auch eigengesetzliches Spiel.[2] Dann ist da die Befreiung von Logik und Grammatik, die als beherrschende Strukturen, als Könige im Reich der Ratio, entthront werden. Mit dem Wegfallen dieser Regulative, deren Herrschaft uns vielfach überhaupt nicht mehr bewußt ist, die aber unser Bewußtsein zutiefst prägen, zeigen sich oft ganz neue, bisher unbekannte Zusammenhänge. Sprache hat zu allen Zeiten Gewalt ausübt. Unbewußt beeinflussen unsere Redensarten unser Denken. Sprache prostituiert sich im Dienst von Werbung oder Demagogie. Obwohl Medium der Kommunikation, trennt sie oft mehr: Es gibt eine Sprache der Herrscher und der Beherrschten und Spezialsprachen verschiedener sozialer Schichten, Generationen und Berufe. Einengend wirken Stil- und Gattungszwänge, deren Strukturen Weltbilder festschreiben, Denkweisen erstarren lassen, Erwartungshaltungen produzieren und von der tatsächlichen, nicht logischen,

---

2 Vgl. z.B. Friedrich Schiller: *Über die ästhetische Erziehung des Menschen in einer Reihe von Briefen*, bes. 15. Brief.

sondern chaotischen Realität ablenken. Erzählfreie Prosa überläßt es dem Leser, in eigener Assoziation Zusammenhänge herzustellen.

Begreiflicherweise sind das Gedicht und die Kleinform besonders gut für Sprachexperimente geeignet. Michael Scharangs kleine Texte in *Schluß mit dem Erzählen und andere Erzählungen* (1970) präsentieren sich nahezu alle im Druckbild von Prosagedichten. Sie spielen mit Redensarten, lösen Satzteile aus dem Zusammenhang und knüpfen sie neu an, schaffen Vor- und Rückbezüge von Satzgliedern über den Zeilensprung hinweg, verbinden semantisch Inkompatibles, arbeiten mit Parallelen, Kombinationen und Permutationen. Bei alledem zeugen die Texte des sozialistischen Schriftstellers Scharang von den Möglichkeiten, Sprachkritik mit Gesellschaftskritik zu verbinden.

Friederike Mayröcker, auch sie, wie viele experimentelle Schriftsteller, aus Österreich stammend, hat als Lyrikerin begonnen. Die lebenslange Zusammenarbeit mit Ernst Jandl war dabei inspirierend. An der Prosa Friederike Mayrökkers lassen sich exemplarisch Unterschiede zum traditionellen Erzählen deutlich machen:

1. Anstatt sich an einer äußeren Wirklichkeit zu orientieren, schreibt Friederike Mayröcker "rein aus dem Kopf". Ihre Phantasie und ihr Sprachvorrat stellen den Fundus ihres Schreibens bereit. Sie legt Sammlungen von Wörtern, Begriffen, Sätzen etc. an, die sie besonders anregen und verarbeitet diese Verbaleinfälle aleatorisch.

2. Da die Existenz einer äußeren Wirklichkeit ebenso bezweifelbar wird wie die Fähigkeit der Worte, Wirklichkeit abzubilden, ist Mayröckers Sprache nicht referentiell, sondern verweist auf sich selber. Ihre Arabesken kehren zu sich selbst zurück, wie Novalis' oder Friedrich Schlegels "Poesie der Poesie".[3]

3. Linearität von Zeit, Kontinuität von Geschichte und Kausalität von Handlungssequenzen werden ersetzt durch freie Assoziation, 'Traumlogik'. Den Text strukturieren allenfalls Beziehungsgeflechte aus Leitbegriffen nach dem Prinzip von Wiederholen und Wiedererkennen.

4. Die herkömmliche Sprache verändert sich: Neologismen treten gehäuft auf, Assonanzen bilden den Anstoß zu Assoziationen; auf Grammatik und Geschlossenheit der Sätze kann verzichtet werden. Als-ob-Sätze und konjunktivische Konstruktionen bestimmen den Text, scheinbare Metaphern sind nicht auflösbar.

5. Da die Autorin keine konsistente Geschichte bietet, ist der Leser zu konstruktiver Mitarbeit aufgefordert.

---

3 Vgl. etwa Novalis: Monolog. In: *Schriften*. 2. Bd.: *Das philosophische Werk I*. Hg. v. R. Samuel in Zusammenarbeit mit J.J. Mähl und G. Schulz. Darmstadt: Wiss. Buchges. 1981, S. 672f. Friedrich Schlegel: *Schriften zur Literatur*. Hg. v. W. Rasch. München: dtv 1972, bes. Gespräch über Poesie, S. 279–331 und Über die Unverständlichkeit, S. 332–342.

Heiligenanstalt (1978) ist eine Zusammenstellung von vier Texten, die sich alle um Musikergestalten ranken: Chopin, das Gespann Brahms/ Clara und Robert Schumann, Bruckner und Schubert. Die Beschränkung auf Romantiker gründet sich nicht nur auf die individuelle Vorliebe der Autorin – Friederike Mayröcker bekannte sich in einem Gespräch zu ihrer eindeutigen Vorliebe für romantische Musik[4] –, sondern ist symptomatisch: Schriftsteller der experimentellen Richtung orientieren sich eher an nicht-klassischer Tradition.[5]

Heiligenanstalt ist zusammengestellt aus vielen Schnipseln: wirkliche und fiktive Zitate sind ebenso montiert wie Fundstücke aus Mayröckers poetischem Zettelkasten. Quellen werden am Ende angegeben.[6] Manches ist durch Schrägdruck hervorgehoben, doch keineswegs nur die Zitate. Die einzelnen Teile sind unterschiedlich im Charakter. So bestimmt z.B. den Chopin-Teil eine fiktive Korrespondenz, die "gänzlich verschollenen Briefe des Frédéric Chopin an seinen Freund Titus Wojciechowski". Das Kernstück, der "Heiligensanstalt" betitelte Abschnitt über Brahms und das Ehepaar Schumann, besteht fast nur aus wörtlichen Reden, jedenfalls aus Texten zwischen Anführungszeichen.

> TAUFALL, Milzbastille.
> "Berufsneigung wenn auch keine Söhne" (Brahms zu Clara).
> "die leiblichen, Drähte" (Clara zu Brahms).
> (worauf Brahms hinüberkabelte) "habe damals viele Bücher gelesen. Eines reichte mich an das nächste weiter, es waren geheimnisvolle Empfehlungen, Beziehungen, Fingerzeige, denen ich willig zu folgen verstand." (S. 57)

Typographische Verschiedenheit erregt die Aufmerksamkeit des Lesers. Dieser ist angesichts der Neologismen auf seine Phantasie – und seine freie Kombination verwiesen. Die Sätze des Dialogs sind grammatikalisch unvollständig, semantisch unstimmig und gehen darüber hinaus nicht aufeinander ein. Der Erzählcharakter wird einzig durch das Präteritum (hinüberkabelte) angezeigt, ansonsten könnte man annehmen, es handle sich bei den Bemerkungen in Klammern um Nebentexte eines Dramas.

> REBUS / durch Sachen auch sei die Theorie endlich abzusuchen: mit der Fackel, Fibel des Fidibus den ich für *sie* –
> ich sehe mich in dem langen Korridor des Salons mit dem flackernden Holzspan auf sie zueilen (und daß er mir ja nicht unter den Fingern verlösche!) so in die gefährliche Nähe der sengenden Flamme geratend, *ihrer Imagination* /
> während sie, auf dem türkischen Parkett, und auf rote seidene Kissen gebettet, mir mit einem ihrer *zueignenden Blicke aufwartet*, so daß die rhythmisch quellen-

---

4 Siegfried J. Schmidt: "Es schießt zusammen". Gespräch mit Friederike Mayröcker (März 1983). In: *Friederike Mayröcker.* Hg. v. S.J. Schmidt. Frankfurt a.M.: Suhrkamp 1984 (= st 2043), S. 260–283, hier S. 275.

5 Vgl. auch Helmut Heißenbüttel: *Zur Tradition der Moderne.* Neuwied/Berlin: Luchterhand 1972. Ders: *Über Literatur.* Freiburg: Olten 1966, 2. Aufl. München: dtv 1972.

6 Befremdlicherweise handelt es sich hauptsächlich um rororo-Biographien, kaum um genuine Primärtexte.

de Flutwelle, die tiefsten Wurzeln meines Herzens netzend, es alsbald gewaltig und zur gänze überschwemmt haben mußte; während indes von mehreren Tropen ein unruhiges Taubenvölkchen abhob und niederflog (ihr Feldgeschwätz! gröbliches Kopfgetümmel!) überlegte ich bei mir, ob die Herausforderung des Schicksals nicht einzig mir zuzuschreiben sei: indem ich den verhängnisvollen Abstieg in die Tiefe des Brunnenschachtes / *ihrer Augen* zu unternehmen gewagt hatte, und nun büßen muß dafür. (S. 8f.)

Phantastische Gedankenketten ersetzen Logik im herkömmlichen Sinn; teils sind diese Assoziationen durch Anklänge angeregt (Rebus – Fidibus; Fackel, Fibel, Fidibus; Tropen, Taubenvölkchen), teils wechseln die Kategorien (sengende Flamme – ihrer Imagination; Tiefe des Brunnenschachtes – ihrer Augen). Neologismen (Feldgeschwätz, Kopfgetümmel), semantisch unpassendes Zeugma (auf dem Parkett, auf rote Kissen gebettet), – Satzteile, die nicht zusammengehören, verunsichern den Leser.

Assoziationen wirken in der Art, daß ein Begriff den anderen nachzieht. Dem Leser bleibt jede Möglichkeit offen, seine eigene Gedankenverbindung herzustellen, z.B. aus dem Fundus seiner Bildung oder seiner Erfahrung. Manches könnte Zitat sein, verlangt aber nicht nach Entschlüsselung.

> den 23. September, an einem unentdeckbaren Ort / und "Augentrost"?
> das Schlüsselverzeichnis anbei zurück –
> Florfliege / blankes Nadelgeld / und nahezu aus den Fugen geraten, lieber Tycio, das Verwischen der Sonne auch! und ausgeschneit, mit 2 Noten Musik "nachgelassen" in solch dicker Finsternis, daß es mir schwindelte / wenn mein schöner Tag und Nacht Schmetterling mit seinen Flügeln mir an die Stirn tappt – eine zärtliche Bebung betörende WELTBEWEGUNG (S. 34).

Friederike Mayröckers Verfahren wird am besten mit ihren eigenen Worten, bzw. der ihrer Figur Chopin, erläutert: "dieser düstere Schwall von Assoziationen, von Schwärmen und Klängen, Gefühlen, Begriffen, Gedanken – ganze LUFTBLÄTTER!" (ebd.).

Ror Wolf, der schon seit den 60er Jahren schreibt, war lange fast unbekannt. In den letzten Jahren durch Preise mehrfach ausgezeichnet, hat er im wesentlichen immer noch eine kleine und feine Leser- und Verehrergemeinde, zu der auch viele Autoren gehören, die selbst gerne mit der Sprache spielen: Brigitte Kronauer, Gert Jonke, Karl Riha, Ludwig Harig, Eckhard Henscheid. Breitere Leserschichten sind wohl mit Ror Wolfs Produktion nicht zu erreichen. Auch die teure Aufmachung einiger der Bücher, die unter dem Pseudonym "Raoul Tranchirer" firmieren, ist dafür ungeeignet (so kostet etwa der *Vielseitige Ratschläger* 128.– DM).

Dabei sieht Wolf sein Schreiben keineswegs als elitär an. Seinen Leser stellt er sich so vor:

> Es ist ein Leser, der Bücher nicht als Repräsentations- oder Weihegegenstände, sondern als Gebrauchsgegenstände nimmt. Er erwartet nichts HÖHERES von

ihnen, sondern etwas anderes: er weiß, daß er es da vor allem mit Sprache zu tun bekommt.[7]

Die explizite Weigerung, weltdeutende und sinnstiftende Dichtung vorzulegen, teilt Wolf mit den Autoren des Dada ebenso wie mit den Angehörigen der Wiener Gruppe oder den Vertretern der Konkreten Poesie. Sprache sieht er als Material an, aber innerhalb dieses Materialbefundes bevorzugt er wiederum die Alltagsdinge.

> es sind die Fundstücke aus meiner Umwelt, Satzstümpfe und Wortbrocken, Fetzen aus Prospekten, Journalen, Katalogen; Textstücke aus Kolportageheften und Groschenblättern; Gebrauchsanweisungen auf Suppenbeuteln, Schlagzeilen, Werbesprüche. Es ist der ganze Wortschwall der Gesellschaft.[8]

Wie Dada oder MERZ klaubt Wolf den Kulturschutt destruierter, vorgefundener Diskurse auf und organisiert dieses Material neu. "Komposition tritt an die Stelle der durchgehenden Handlung."[9] Dieses Verfahren beschreibt alle Bücher Ror Wolfs, in besonderer Weise freilich seine *Tranchirer*-Nachschlagewerke. In ihnen nimmt er zu dem "Wortschwall" der heutigen, noch die Beredsamkeit der gestrigen Gesellschaft mit hinzu und ordnet das Ganze nach dem denkbar einfachsten Prinzip: alphabetisch. Er tranchiert die Welt in alphabetische Stücke und verabreicht sie scheibchenweise. Damit sind, so seine ironische Behauptung, alle Probleme bewältigt. In Wirklichkeit handelt es sich freilich um

> Spiel, Heckmeck, Hokuspokus, Burleske, Wortakrobatik, Spaß; Spaß, der freilich an jeder Stelle umschlagen kann in Entsetzen. Das soll weder in den Klappkasten der schönen noch der engagierten Literatur passen. Sicher aber ist, daß alle Stoffpartikel, die ich verwende, alle Sachverhalte, die ich darstelle, aus der Realität stammen und auf die Realität gerichtet sind.[10]

Bereits 1964 hatte Ror Wolf zusammen mit Karl Riha *Das Lexikon der feinen Sitte* herausgegeben. Die Textsorte Sachbuch, Nachschlagewerk bestimmt auch seine *Tranchirer*-Bücher,[11] die ihr Material aus lebenskundlichen Abhandlungen, ärztlichen Ratgebern, Benimmbüchern und anderer trivialer Hausliteratur des 19. Jahrhunderts beziehen. Von ihr übernehmen sie auch die alphabetische Reihung. Mit ihrem Sammelsurium repräsentieren sie eine Gesellschaft, "die an ihren Konventionen fett geworden ist".[12] Freilich, was etwa in *Raoul Tranchirers vielseitiger großer Ratschläger für alle Fälle der Welt* (1983) so hübsch antiquiert daherkommt, was uns so beruhigt zurückblicken läßt auf die Verschrobenheit von damals, kippt manchmal plötzlich um und zeigt uns das Spiegelbild unserer

---

7 Ror Wolf: Meine Voraussetzungen. In: *Akzente* 15 (1968), S. 400–406, hier S. 402.
8 Ebd., S. 402f.
9 Ebd., S. 404.
10 Ebd., S. 405.
11 *Raoul Tranchirers Mitteilungen an Ratlose* (1988); *Raoul Tranchirers Welt- und Wirklichkeitslehre* (1990); *Tranchirers letzte Gedanken* (1994).
12 Meine Voraussetzungen (wie Anm. 7), S. 405.

eigenen Beschwichtigungen. Ein wichtiger Bestandteil sind die von Max Ernst beeinflußten, surrealistischen Bildcollagen: kurios altmodisch und gestelzt, kombinieren sie Idylle mit Grauen. Auch in diesen Bildern ist, wie in den Texten, das Zitat gemischt mit verfremdender Zutat, hier wie dort ohne äußeren Stilbruch. Der Ratgebercharakter dieser Texte suggeriert, daß alles zu erklären und zu bewältigen ist, teils durch Vernunft und Wissenschaft, teils durch Erfahrung und sorgfältigen Umgang mit sich und der Welt. Pedanterie wird den Problemen entgegengesetzt, Pseudowissenschaft dem Schrecken. So entlarven diese Bücher bei all dem Lesevergnügen, das sie primär bieten, wie wenig die Strategien unserer Lebensbewältigung den globalen Problemen entsprechen, die Gegenwart und Zukunft der Menschheit bedrohen.

Ror Wolf schrieb für den *Vielseitigen Ratschläger* gleich fünf Vorworte – für ironisch vorweggenommene fünf Auflagen, die notwendig werden, weil stets neue Leiden der Menschheit durch den "Welthygieniker" Tranchirer zu erklären sind. Die Doppelbödigkeit in diesem Buch ist so fein und unaufdringlich, der Stil der Sittenbücher des 19. Jahrhunderts so perfekt eingehalten, daß man über Seiten keine Brüche feststellen kann. Mit Perfektion hält der Autor an seiner – ironischen – Überzeugung einer umfassenden Lösbarkeit aller Probleme fest. Gerade durch die Perfektion der Verkleidung macht dieses Buch deutlich, daß das scheinbar Selbstverständliche nur mehr als befremdlich-amüsant, das Nächstliegende und Vernünftige nur mehr als kurios-peripher hingenommen werden kann.

Ursprünglich Musiker, kam Hans Wollschläger über Arno Schmidt zur Literatur. Dieser ist es auch, der seinen Charakter als Schriftsteller prägte, zusammen mit James Joyce, von dessen *Ulysses* er 1975 eine kongeniale Übersetzung herausbrachte. Mehr als 30 Jahre arbeitete Wollschläger an seinem eigenen Buch *Herzgewächse*, Tl. I (1982). Wie Ror Wolf sieht er sich in der unzeitgemäßen Rolle eines Polyhistors. Verbindet Wolf seine Texte mit Bildern, so integriert Wollschläger Musik. In *Herzgewächse* fließen außerdem seine diversen anderen Studien ein: vor allem die Psychoanalyse, aber auch Geschichte, Religionskritik und Physik. Dazu kommt seine gründliche Kenntnis englischsprachiger Literatur dank einer umfangreichen Übersetzungsarbeit, die Erotik und einfache Unterhaltungslektüre ebenso einschließt wie Edgar Allan Poe und James Joyce.

Die kryptische Bezeichnung "Herzgewächse" entstammt einem Gedicht von Maurice Maeterlinck, das Arnold Schönberg komponiert hat. Herzgewächs meint einen Herzpolypen; vielleicht soll das Wort auf die Herzkrankheit des Protagonisten des Buches anspielen, aber eine genaue Deutung ist nicht möglich. Der volle Titel, *Herzgewächse, Fragmentarische Biographik in unzufälligen Makulaturblättern*, enthält eine weitere Anspielung: E.T.A. Hoffmann, wie Wollschläger zeitweilig in Bamberg wohnhaft, mengte seinen *Lebens-Ansichten des Katers Murr* (1820/22) eine *fragmentarische Biographie des Kapellmeisters Johannes Kreisler in zufälligen Makulaturblättern* bei.

Für sein Hauptwerk *Herzgewächse* strebt Wollschläger verschiedene Schichten an, symbolische "Tiefenmuster der Sprache"[13]. Was damit gemeint ist, erklärt sich aus Wollschlägers psychoanalytischem Verständnis von künstlerischer Produktivität. Die Genese von Kunst nämlich deutet er als Kompensation von Ich-Beschädigungen. Diese Beschädigungen datieren aus der frühen Kindheit und sind in der Regel vorsprachlich. Daher regrediert der Künstler in diese frühe Zeit; Symbole werden wichtiger als sprachliche Logik. So gesehen widersetzt sich Kunst der intersubjektiven Kommunikation. Weil aber auch die Rezipienten ähnliche Beschädigungen aufweisen und daher bereit sind, die symbolische Wiederherstellung ihrer Defizite im Kunstwerk auch für sich zu akzeptieren, eröffnet sich doch die Möglichkeit einer Rezeption. Tiefenpsychologisch gesehen tritt das Kunstwerk an die Stelle der fremdgewordenen oder verlorenen Realität. Es konstituiert sich aber nicht auf dem Boden der Realität, sondern bezieht sich seinerseits auf Kunst, in unserem Fall vornehmlich auf Literatur, auch auf Musik. *Herzgewächse* ist ein Produkt hochartifizieller Anspielungen, verarbeitet Bildungsbruchstücke verschiedenster Provenienz. Diese Lesefrüchte dienen der Symbolisierung des Dargestellten.

Die auffallendsten Normabweichungen dieses merkwürdigen Buches lassen sich so zusammenfassen:

1. Das Material, mit dem *Herzgewächse* arbeitet, ist nicht aus der Wirklichkeit gewonnen, sondern aus dem Fundus einer umfänglichen Bildung, und das in solchem Umfang und mit solcher Gelehrsamkeit, daß es wohl nur wenige Leser geben wird, die den Schlüssel für jede dieser Anspielungen besitzen. Schon durch dieses Arbeitsverfahren der Zitat-Montage legt sich unter den Text eine zweite Sinnschicht: der Beziehungsreichtum all dieser Anspielungen. Die Werke von Gustav Mahler, Goethe, Arno Schmidt, E.T.A. Hoffmann und Thomas Mann werden gegenwärtig, um nur einige der wichtigsten zu nennen.[14]

2. *Herzgewächse* möchte generell zeitliche Zusammenhänge und Chronologie im Erzählen wie im Lesen durch simultane Abläufe ersetzen. Verschiedene Drucktypen sollen dem Leser die Chance geben, sich selbst verschiedene Texte zusammenzustellen, die er nacheinander oder parallel lesen kann. Wollschläger schwebt nach seinen eigenen Angaben eine partiturähnliche Widergabe vor, die sich an der Musiksprache Gustav Mahlers orientiert.

3. Vollständige Sätze sind selten und auch sinnstiftende Satzzeichen unterbleiben. Sehr häufig sind Doppelpunkte und Gedankenstriche, die den Rhythmus

---

13 Joyce pro toto oder Tiefenmuster der Sprache. Einige Überlegungen zur Kreativität der Künstler. In: *protokolle 1978*, Bd. 2, S. 120–132. Erweitert in: *Der Rabe* 1983, Nr. 2, S. 174–194.
14 Vgl. den wissensreichen Kommentar von Andreas Weigel: *ruckworts gegen den Strom der Zeilen. Lese-Notizen zu Hans Wollschlägers Herzgewächse oder Der Fall Adams. Erstes Buch*. 2 Teile. Frankfurt a.M.: Bangert & Metzler 1992/94.

strukturieren. Buchstabenspiele oder -chiffren sind zu enträtseln. Dies mag noch gelingen bei "aber ärgerlich auch – weg – er G er:lauscht – er:lischt" (S. 54). Ohne Hilfe wird wohl unverständlich bleiben: "las daß jemand in einem Tagebuch las daß jemand in einem Tagebuch las daß je man d..d,d.." (S. 52), denn diese Formel "d..d,d", die in verschiedensten Variationen auftritt, ist eine Anspielung auf und ein rhythmisches Motiv im Kopfsatz von Mahlers 9. Sinfonie: 3 Achtel/2 Achtel/3 Achtel. Wollschläger hat diese Stelle in einer Rundfunksendung über Mahler erklärt und sie als Todesbotschaft gedeutet.[15]

4. Individuelle Handlung wird nicht nur auf das geringstmögliche Maß reduziert, sondern auch noch überlagert von anderen Lesarten. Die Fabel läßt sich mit wenigen Sätzen erzählen: Der Schriftsteller Michael Adams, geb. 1900, kehrt nach dem Krieg 1950 aus der Emigration nach Bamberg in sein altes Haus zurück. Er schließt sich ab, so daß er in die Psychiatrie kommt. Nun lautet aber der volle Titel: *Herzgewächse oder Der Fall Adams*. Dies ist doppeldeutig: Gemeint ist der individuelle Fall Michael Adams', aber auch Adams Fall im Paradies und zugleich die alle Menschen betreffende Erbschuld als Folge dieses Falles. Eine kollektive Bedeutung ist stets mitzudenken. Adams' Untergang, seine zunehmende Einkapselung, schließlich seine Einlieferung in eine psychiatrische Klinik sind parallel zu lesen mit der Klage über das Ende der Menschheit. Diese mythische Lesart ist gemeint, wenn Wollschläger in einer Einführung zu *Herzgewächse* sagt, das Buch handle von der "Wiederkehr des Gleichen".

> was wiederkehrt, ist die mythisch verschlungene Matrix aus onto- wie phylogenetischer Prä-Historie, die das Reagieren dessen, was man so auf Idealistisch den 'freien Willen' des Ichs nennt, unweigerlich fortbestimmt. Da es sich um Literatur handelt, ist diese Vorgeschichte auch literar-historisch gespiegelt.[16]

Angesprochen ist die christliche Vorstellung der Erbschuld und ihr literarischer Niederschlag im Faust-Mythos, und zwar in den verschiedensten Fassungen – vom Volksbuch über Christopher Marlowe bis zu Lessing, Goethe und Thomas Mann.[17]

Gert Jonke – wie Wollschläger ein Autor mit stark musikalischen Neigungen – begann Ende der 60er Jahre seine Laufbahn als Schriftsteller im Zusammenhang mit dem avantgardistischen Grazer "Forum Stadtpark" um die Zeitschrift *manuskripte*. Ziel dieses Freundeskreises war es, nicht mit den abgewirtschafteten und korrupierten literarischen Formen weiterzumachen. So sagt Jonke über sich, es gehe ihm darum, beim Schreiben seine Empfindungen "bis an eine solche Grenze zu erweitern, wo man selbst nicht mehr weiterdenken kann", und auch

---

15 H. Wollschläger: Der andere Stoff. Über Gustav Mahler (1981). Vgl. Weigel, Teil I, S. 130f.
16 Vorbemerkung zu einer Lesung 1984, abgedruckt bei Weigel, Teil I, S. 4.
17 Vgl. dazu Weigel Teil II, S. 128–149.

den Leser "irgendwie an diese Grenze der Empfindung zu bringen."[18] Seine Texte sind daher nicht einsinnig, sondern lassen viele Deutungen zu. Jonke vergleicht seine Schreibweise gern mit musikalischer Komposition.[19] Musik als die am wenigsten mimetische Kunst steht für Jonkes Suche nach einer neuen Sprache.

Jonkes *Erwachen zum großen Schlafkrieg* (1982) ist nach *Schule der Geläufigkeit* und *Der ferne Klang* (1977/79) – das dritte und abschließende Werk einer Trilogie. Der Autor läßt in allen drei Büchern gleiche Figuren auftreten, v.a. einen hypersensiblen Tonkünstler. *Erwachen zum großen Schlafkrieg* zeigt uns diesen Burgmüller als "akustischen Raumgestalter". Schauplatz ist das Irgendwo einer Stadt. Ihre belebten Bauten werden von steinernen Stützen, Telamonen, getragen, denen nie Schlaf gegönnt ist, und die deshalb bei Burgmüller, dem Schlafkünstler, Unterricht nehmen – eine problematische Unterweisung, gefährdet sie doch das Bestehen der Stadt, die denn auch am Ende möglicherweise in sich zusammenstürzt. Möglicherweise, denn alle Aussagen dieses Textes sind variabel interpretierbar und veränderbar, sog. Wirklichkeit besteht nur versuchsweise, ebenso wie Burgmüllers letzte Freundin in ihrer Geschichte davon ausgeht, "daß die ganze sogenannte Welt eine Erfindung ist, in der unser Leben gar nicht stattfindet, sondern nur eine derart innig vorgenommene Beschreibung darstellt, daß wir von ihr glauben, sie zu leben" (S. 94). Was 'Wirklichkeit' zu sein scheint, ist in Wahrheit, wie Burgmüllers akustisch gestaltete Räume, eine Schöpfung des Ich. Umgekehrt behauptet Burgmüllers Freundin, ihre Geschichte nicht nur zu schreiben, sondern zu leben (S. 104). – Schlaf, Traum und Wahnsinn sind schon in der Romantik Bilder eines seine Subjektivität befragenden und erweiternden Ich. Romantische Poetisierung des Lebens, Synästhesie und Verherrlichung einer entgrenzten Musik stehen Pate bei Jonkes Texten. (Auch der Name Burgmüller spielt auf die romantische Epoche an.[20]) An die Stelle der geläufigen 'Realität' setzt die Trilogie neue Imaginationen: eine Musik, deren Vollendung sich in ihrer Unhörbarkeit erweist (*Schule der Geläufigkeit*), eine Gestaltung des Weltraums durch den schöpferischen Akt eines Komponisten, Existenzschöpfung durch das Wort (vgl. S. 104), ein Ende der Grenzen zwischen belebter und unbelebter Welt, zwischen Kunst und Leben, zwischen Ich und Welt (vgl. S. 94, 214).

Jonke schafft nicht nur völlig neue Zusammenhänge, indem er Bestandteile von 'Wirklichkeit' neu kombiniert, auch seine Neologismen sind Kombinationsspiele, Komposita von übermäßiger Länge oder abstrakt-konkrete Zwitter. Sein Stil huldigt der Spiegelung, Wiederholung und dem Oxymoron, seine Grammatik verwirrt Aktiv und Passiv, seine Syntax breitet bisweilen ganzseitige Wortfolgen

---

18 (Andrea Kunne): Gespräch mit Gert Jonke. In: *Deutsche Bücher* 13 (1983), S. 249–264, hier S. 253.

19 Ebd., S. 254, 259.

20 Vgl. die historischen Komponisten Johann August Franz und Norbert Burgmüller, letzterer ein Freund Mendelssohns und Grabbes. Jonke hat eine Vorliebe für das Spiel mit bedeutungsvollen Namen (vgl. auch Diabelli in *Schule der Geläufigkeit*).

aus. Auch semantisch ist die Sprache entgrenzt, erscheint aber bei alledem liebenswürdig-versponnen:

> Morgens schneuzen sich die Mauern ihre übernächtige Schlafzimmerbett-
> wäsche aus den Fenstern, die Dachstühle husten aus asthmatischen Kaminen,
> manche Gebäude niesen aus geöffneten Dachluken, dann und wann schiebt
> ein Haustor sein aus allen Treppen berstendes Stiegenhaus auf die Gasse,
> manchmal werden auch ganze Zimmerfluchten mauerwärts auf die öffent-
> lichen Plätze gedrängt, und die Kellergewölbe drücken ihre rebellisch aufwärts-
> hüpfenden Erdäpfelhaufen nieder, wenn ungezählte prallgeplatzte Kohlensack-
> nebelquallen fenstergitterauswärts in den Straßenverkehrsbereich geblasen
> werden. (*Erwachen*, S. 7)

An die 15 Jahre schrieb Walter Höllerer an seinem Roman *Die Elephantenuhr* (1973). Die lange Entstehungszeit war wohl weniger durch den Umfang des Textes (535 Seiten), als durch die Widerständigkeit der Form bedingt. Die Geschichte von Gustaf Lorch, der mit der Vorbereitung einer semiotischen Ausstellung beauftragt wird, die dann doch nicht zustande kommen kann, worauf der frustrierte Museumsangestellte das Dichterdenkmal vor seinem Museum in die Luft sprengt, diese scheinbar einleuchtende Fabel nämlich wird auf mehreren Ebenen durchschossen von anderen Zusammenhängen. Der Text verläuft dreisträngig, auseinanderzuhalten durch Satzspiegel und Erzähltempora. Der erste Strang besteht aus Lorchs offenbar für den Untersuchungsrichter gedachten Erinnerungs-Niederschriften (kenntlich durch stereotype Einleitungen wie "Es ist wahr, daß …"). In einem zweiten Strang hört und kommentiert Lorch Tonbandaufnahmen seiner Gespräche ("Ich höre mich sagen, auf Band …"). Ein dritter Strang berichtet in auktorialer Erzählweise und in Erzählpräsens von dem Semiologen G., Lorchs Gegenspieler, offenbar sein alter ego, eine Projektion, die am Ende mit ihm zusammenfällt.

Höllerer leitet seine Schreibweise nicht etwa aus dem Recht des Literaten auf Kunstspiele ab, sondern begründet sie aus der modernen Alltagserfahrung. Wir haben es also mit einer Art Mimesis 2. Grades zu tun. Zunächst müssen bei aller Künstlichkeit und Schwierigkeit des Textes die vielen Realitätsbezüge auffallen – sie gehen so weit, daß man schon von einem Schlüsselroman gesprochen hat. Reale Orte (Murrbach entspricht Marbach a.N.), wirkliche Personen und literarische Figuren (vornehmlich Oskar Matzerath aus der *Blechtrommel*) sind wiederzuerkennen; auch die Idee einer semiotischen Ausstellung ist aus der biographischen Erfahrung des Autors abgeleitet.[21] Gleichwohl ist nicht Wirklichkeit als solche in den Roman eingegangen, sondern nur Bruchstücke realer Bezüge wurden wie Spolien in ihm verar-

---

21 Höllerer veranstaltete 1972 für die Berliner Akademie der Künste die Ausstellung "Welt aus Sprache". Zu erinnern ist aber auch an Oswald Wieners Prosa *Die Verbesserung von Mitteleuropa* (1969), in der es um eine Bewußtseins-Ausstellung mit allen möglichen Erzähltraditionen geht.

beitet.[22] Sinnbild indirekter Realitätsverwendung und medialer Kommunikation ist das Tonband. Mit seiner Hilfe reproduziert Lorch seine Gespräche. Die Komplexität und Unübersichtlichkeit der Handlung, die durch die verschiedenen Erzählstränge und die Fülle des Personals zustande kommt, ist durchaus gewollt. Sie entspricht der Unüberblickbarkeit der Welt, die sich auch nicht auf einfache Zusammenhänge reduzieren läßt. Für die Berichte über G. verbietet sich eine lineare Erzählweise, denn G. ist als Kopfgeburt Lorchs ein Produkt von dessen momentanen Assoziationen. Aber auch als ganzer ist der Text nicht linear ausgelegt, sondern schließt sich kreisförmig. Lorchs Ausstellung kommt nicht zustande; seine Niederschrift aber "ist quasi die Ausstellung, die er hätte machen wollen."[23] Schreiben ersetzt Wirklichkeit, ja es schafft Lebensräume: Am Ende des Buches triumphiert Lorch: "*jetzt* könnte ich mein Manuskript über G. fertigstellen, und ich könnte den Entwurf einer Semiologie beginnen. [...] Geben Sie mir jedoch freundlichst Zugang zu Schreibstift und Papier." (S. 535).

Eine weitere Lektüreerschwernis stellt die mangelnde psychologische Rundung des Personals dar. Höllerer erklärt auch dies aus der modernen Alltagserfahrung: Wir nehmen unsere Mitmenschen eher als Schemen denn als abgerundete Persönlichkeiten wahr.[24] Sie sind wie G. Produkt von Projektion oder museale Partikel wie die Modelle des Sammlers Praudszus (S. 304f.). Die Welt der Erfahrung stellt sich dar als Trümmerberg Testaccio, auf dem der Semiologe G. wie auf einem Luginsland sitzt. Höllerers mehrdeutige und obsessiv gebrauchte Elephantenmetapher schließlich steht u.a. für die Opposition gegen das Einengende, gegen das Vergessen, für Vitalität (vgl. S. 320f.).

Höllerers scheinbar so schwieriger Text erweist sich bei näherem Hinsehen als weniger radikal als die weiter oben untersuchten. Was ihn vor allem unterscheidet, ist sein Festhalten an der Idee, Literatur sei aus Wirklichkeitserfahrung abzuleiten, müsse den Leser mit seinem Alltagsleben konfrontieren. Hier begegnen sich Avantgardismus und Bemühen um gesellschaftliche Relevanz – eine Verbindung, die heute kaum mehr anzutreffen ist.

---

22 Vgl. dazu und zum folgenden Höllerers Gespräch mit Manfred Durzak in: *Gespräche über den Roman. Formbestimmungen und Analysen.* Frankfurt a.M.: Suhrkamp 1976, S. 482–511.

23 Ebd., S. 493.

24 Ebd., S. 495.

13. Besonderheiten deutschsprachiger Literaturen: DDR, Schweiz, Österreich

Wie viele deutschsprachige Literaturen gibt es? Über Jahrzehnte wurde kontrovers diskutiert, ob man in Hinblick auf die gemeinsame Sprache und das gemeinsame kulturelle Erbe von einer gemeinsamen Literatur sprechen soll oder aufgrund der divergierenden sozialen und eigenstaatlichen Erfahrungen und der verschiedenen landsmannschaftlichen Bindungen besser von verschiedenen deutschsprachigen Literaturen. Strittig sind die Kriterien und deren Relevanz.[1] Als Deutschsprechende befinden wir uns sprachlich und literarisch in einem das politische Territorium der einzelnen Länder weit überschreitenden Gebiet. Ungeachtet der Chancen, die in dieser Weite liegen könnten, läßt sich eine zunehmende regionale Selbstbesinnung beobachten. Die Zeiten, da man die Literatur nach deutschen Stämmen ordnete, die man für wesensmäßig verschieden hielt, sind glücklicherweise vorbei.[2] Trotzdem wird man einem Schweizer oder Österreicher die Bedeutung seiner landsmannschaftlichen Eigenart und staatlichen Identität ebensowenig absprechen wollen wie den Eigenwert seiner Tradition, seiner speziellen Idiomatik, seines regionalen Wortschatzes. Wo aber endet der berechtigte Anspruch auf Identität, und wo beginnt kleinlicher Provinzialismus, der das Phänomen einer allen deutschsprechenden Lesern gemeinsamen Literatur leugnet? Tatsächlich blüht nicht nur der Acker der "Österreichischen Literaturgeschichte", sondern es gibt auch eine "Bayerische Literaturgeschichte". Literatur ist nicht zu denken ohne Einfluß konstitutioneller, sozialer, politischer, historischer und religiöser Momente. Ohne uns deshalb auf die schwierige Wahl einlassen zu wollen, ob es besser ist, verschiedene deutschsprachige Nationalliteraturen anzunehmen oder an der Einheit festzuhalten, scheint es sinnvoll, der speziellen Ausprägung verschiedener Literaturen anhand einzelner Beispiele nachzugehen.

Eine Sonderrolle spielt bzw. spielte die Literatur der DDR. Zu Zeiten des real existierenden Sozialismus war es selbstredend von größter Bedeutung, ob der

---

1 Sie auch nur einigermaßen auszudiskutieren, ist in unserem Rahmen weder möglich noch nötig; das Problemfeld ist nämlich noch viel umfangreicher, wenn man bedenkt, wie kompliziert die Zuordnung von Autoren wie Elias Canetti oder Herta Müller sein müßte, wenn man sie denn für nötig hielte.

2 Josef Nadler: *Literaturgeschichte der deutschen Stämme und Landschaften.* 4 Bde. Regensburg: Habbel 1912–28.

Wohnort eines Schriftstellers diesseits oder jenseits des Eisernen Vorhangs lag. Wer östlich davon wohnte, unterlag der Zensur, besaß keine oder nur sehr eingeschränkte Reisefreiheit, seine Möglichkeiten zu veröffentlichen waren ebenso reguliert wie seine literarischen Ziele und Schreibweisen. Diese Einschränkungen galten, auch wenn sich Autoren immer wieder dagegen zur Wehr setzten, auch wenn hin und wieder Ausnahmen möglich waren. Obwohl ein Großteil der Intellektuellen eine literarische Demarkationslinie ablehnte, so blieb doch das wechselseitige Kennenlernen beschränkt. Die besonderen Reglementierungen hatten zur Folge, daß westdeutsche, schweizerische und österreichische Autoren mehr Gemeinsamkeit pflegen und aufbauen konnten als ost- und westdeutsche. Von zentraler Bedeutung ist dabei der Buchmarkt. Es versteht sich, daß die Literaturen der kleineren Staaten auf ein breiteres Lesepublikum angewiesen sind und daher gern von westdeutschen Verlagen betreut wurden und werden. Erst als in größerem Umfang DDR-Literatur im Westen verlegt werden konnte, rückten die Literaturen wieder näher zusammen. Insgesamt lebte und lebt die Einheit der verschiedenen deutschsprachigen Literaturen vom gemeinsamen Verkaufsmarkt, d.h. vom gemeinsamen Lesepublikum. Dieses kümmert sich überdies meistens wenig darum, welcher Herkunft ein Autor ist.

DDR

Während die Eigenart der österreichischen und schweizerischen Literaturen in einer regionalen und historischen Verschiedenheit gründet und von der Tradition einer langen staatlichen Eigenständigkeit geprägt ist, beruht die Besonderheit der DDR-Literatur auf einer politisch-weltanschaulichen Differenz, die Ergebnis einer bewußten historischen Setzung war. Sie ist bzw. war ideologisch, nicht regional geprägt, nicht sächsisch oder märkisch, denn Länder gab es nicht mehr, und landsmannschaftliche Differenzen wurden möglichst ignoriert. Aufgrund dieses Umstands schien es sogar leichter, die Identität von DDR-Literatur festzumachen als die etwa der österreichischen. Definierte man DDR-Literatur als sozialistisch, so mußten freilich die dissidenten und die außerhalb der Staatsgrenzen lebenden Schriftsteller vernachlässigt werden.[3] Letztlich aber machte, mehr als alle ideologisch verordnete Identität, die Besonderheit von DDR–Literatur doch wohl die jahrzehntelange Traditionsbildung und gemeinsame Erfahrung aus. Sie nämlich überlebte selbst die reale Existenz des Staates, so daß mit Recht noch heute von 'DDR-Literatur' gesprochen werden kann, insofern sich z.B. Bücher der sog. Wendeliteratur etwa für den Leser aus dem Westen als spürbar different erweisen (vgl. unten Kap. 15).

Seit den späten 50er Jahren, v.a. seit dem Mauerbau 1961, befestigte die Parteiführung mit der Zwei-Staaten-Theorie die These von zwei verschiedenen

---

3 Konsequenterweise sprach Erich Loest in seiner Paderborner Universitätsrede *Leipzig ist unerschöpflich. Über die vier Arten der DDR-Literatur von heute*. Paderborn: Universität 1985 (= Paderborner Universitätsreden 2).

Literaturen. Diese These wurde in den 70er Jahren auch von der westlichen Literaturwissenschaft weitestgehend akzeptiert. Freilich geriet sie in den 80er Jahren zunehmend in Schwierigkeiten, als die – für die DDR-Literatur so fundamentale – Beziehung zwischen Staat und Literatur immer schwieriger wurde, viele Schriftsteller in den Westen übersiedeln mußten, das Interesse an systemkritischer Literatur zunahm und sich die ästhetischen Positionen annäherten.

Natürlich ist es in unserem Rahmen nur möglich, einen bestimmten Sektor der Literaturgeschichte der DDR in den letzten 30 Jahren herauszugreifen, sinnvollerweise Werke, die für die spezifische Lebenserfahrung, die soziale oder die sprachliche Eigenart innerhalb dieses Staates kennzeichnend sind.[4] Besonders beispielhafte Bedeutung kommt dabei dem Verhältnis des Einzelnen zu seiner Gesellschaftsordnung zu. Gerade in dieser Hinsicht stellte die Literatur für die Bürger der DDR Diskussions- und Identifikationsangebote bereit, die freilich – das beweist die ausgedehnte Rezeption im Westen – auch nicht im Sozialismus lebenden Lesern Möglichkeit zum Nachdenken und zu ästhetischer Befriedigung gab.

Anders als in der Bundesrepublik, Österreich oder der Schweiz war die Literatur der sozialistischen DDR einem kulturpolitischen Auftrag unterstellt: Sie sollte den Aufbau des Sozialismus mittragen. Der einzelne Schriftsteller war nicht sich selbst überlassen; er erfuhr staatliche Unterstützung (u.U. sogar Ausbildung); Bücher waren hoch subventioniert. Angesichts ihres wichtigen Auftrags unterlag die Literatur Regulierungs- und Disziplinierungssystemen. Die Verpflichtung auf den sozialistischen Realismus galt ungebrochen. Die sozialistischen Maximen von der "Kunst als Waffe" (Honecker), vom Gebrauchtwerden des Schriftstellers, vom "Leseland" DDR (Klaus Höpcke) wollten dem Schriftsteller die Vorstellung einer besonderen gesellschaftlichen Einbettung geben, wie sie in den Staaten des westlichen Auslandes nicht vorhanden war. Der immanente Widerspruch dieses Systems wurde aber spätestens seit den 70er Jahren offensichtlich. Einerseits sollte der Schriftsteller, der Kulturdoktrin gemäß, an der Fortentwicklung der sozialistischen Gesellschaft mitarbeiten, andererseits war es nicht möglich, den status quo anzugreifen. An diesem Widerspruch rieben sich gerade auch solche Autoren, die sozialistische Wertvorstellungen grundsätzlich akzeptierten und gerade deswegen den vorgefundenen Zustand untragbar fanden. Die Biermann-Ausbürgerung 1976 ließ die Diskrepanz zwischen Alltagswirklichkeit und ideologisch konstruierter "Realität" mit letzter Konsequenz sichtbar werden. Angesichts von Ausbürgerungen, Umsiedlungen und Publikation in Westverlagen fanden weite Teile der DDR-Literatur in Westdeutschland statt.

---

4 Seit den späteren 80er Jahren erschienen zunehmend Bücher, die – der herrschenden Doktrin zuwider – nicht mehr, oder allenfalls sehr indirekt, auf die Gegenwart eingingen, sondern z.B. historische, mythologische oder genderspezifische Themen aufgriffen.

Doch schon vorher war eine Annäherung unübersehbar.[5] Im Westen wandte man sich zunehmend Fragen gesellschaftlicher Relevanz von Literatur zu und propagierte seit den ausgehenden 60er Jahren die 'Literatur der Arbeitswelt', während sich DDR-Autoren vom alles beherrschenden Thema der Produktivität lösten und Alternativen zum strengen sozialistischen Realismus ausprobierten. Hand in Hand mit der Thematisierung eines Konflikts zwischen Individuum und Gesellschaft[6] entwickelten sich stärker individuelle Stile, Christa Wolfs "authentische Subjektivität", die Ironie Christoph Heins, die saloppe Prosa Ulrich Plenzdorfs. Sprachreflexion, Autoreferentialität, Polyperspektivismus, Verlust an Linearität und Finalität, Rückzug der Autorinstanz, defiziente Figurendarstellung widersprachen den sozialistisch-realistischen Vorgaben. Hinzu kamen 'defaitistische' Themen wie Generationenkonflikt, Umweltzerstörung, Vereinzelung des Individuums, Benachteiligung der Frau. Solche Themen und Schreibweisen riefen selbstverständlich das Mißtrauen der kulturpolitischen Behörde hervor. Die Tatsache der Zensur kann in ihrer Bedeutung nicht überschätzt werden. Der Zensor ist als primärer immanenter Leser stets mitzudenken. Zensierte Literatur ist nicht nur mit der 'Schere im Kopf' entstanden, sondern in steter kreativer Reaktion auf die erwartete Kontrolle. Dies hatte zudem Auswirkungen auf die Rezeption: Erlaubte DDR-Literatur galt nicht nur im Westen, sondern auch im Osten für weniger interessant. Angesichts einer reglementierten Medienlandschaft "blieben Bücher der letzte öffentliche Ort, an dem noch Meinungsverschiedenheiten ausgetragen wurden."[7]

Während die Idee des sozialistischen Realismus dem Schriftsteller die Aufgabe zuwies, die Rolle des Individuums in der Gesellschaft zu exemplifizieren, geriet die kritische DDR-Literatur immer mehr zu einem Forum der Auseinandersetzung zwischen den Ansprüchen des Staates und den Rechten des Einzelnen. Die Frage nach der Glaubwürdigkeit der eigenen Regierung mußte unter den Voraussetzungen einer Indoktrinierung, wie sie die jüngere, aber auch schon die ältere Nachkriegsgeneration erlebt hatte, besonders bedrückend sein. Die Staatsideologie war, einer Religion vergleichbar, mit äußerlicher Gesetzestreue nicht zufrieden, sondern verlangte die Hingabe des ganzen Menschen mit Verstand, Willen und Gemüt. Das Staatsgebilde als solches trat mit höchstem moralischem

---

5   Während die (westdeutsche) Literaturwissenschaft (W. Emmerich, G. Kurz u.a.) seit den späten 70er oder 80er Jahren eine Konvergenz zwischen Ost- und West-Literatur feststellte, betonte Christoph Hein in einem Interview von 1986, die inzwischen in der DDR aufgewachsene Generation, seine nämlich, hätte eine eigene Literatur, anders als noch zu Zeiten von Böll und Seghers. Krzysztof Jachimczak: Gespräch mit Christoph Hein in: *Sinn u. Form* (1988), H. 2, S. 342–359, hier S. 358f.

6   Einen Meilenstein setzte Christa Wolf, die mit *Nachdenken über Christa T.* (1968) behutsam versuchte, an einem als "Sonderfall" deklarierten Beispiel diesen Konflikt zu thematisieren und den ästhetischen Raum zu erweitern, aber erhebliche Publikationsschwierigkeiten bekam. Vgl. oben Kap. 4.

7   Jurek Becker: Die Wiedervereinigung der deutschen Literatur. In: *Jurek Becker*. Hg. v. H.L. Arnold. Text + Kritik H. 116. München: Ed. T+K 1992, S. 77–86, hier S. 78.

Anspruch auf, definierte es sich doch als Gegensatz zum westlichen Ausland, das als korrupt, menschenverachtend und aggressiv definiert war. Wie weit und wie lange der Glaube an die Ideale und die Identifikationsbereitschaft allen Reserven zum Trotz tragen konnte, zeigt etwa Christa Wolfs *Was bleibt* (1993), in dem das berichtende Ich im Gespräch mit sich selbst in fast masochistischer Weise die eigenen Peiniger, die beschattenden Staatssicherheitsbeamten, zu verstehen sucht.

Von Bert Brecht stammt das berühmte kleine Gedicht "Die Lösung":

> Nach dem Aufstand des 17. Juni
> Ließ der Sekretär des Schriftstellerverbands
> In der Stalinallee Flugblätter verteilen
> Auf denen zu lesen war, daß das Volk
> Das Vertrauen der Regierung verscherzt habe
> Und es nur durch verdoppelte Arbeit
> Zurückerobern könne. Wäre es da
> Nicht doch einfacher, die Regierung
> Löste das Volk auf und
> Wählte ein anderes?[8]

Brecht bezieht sich auf den Volksaufstand 1953 in Berlin. Er war ausgelöst worden von einer 10%igen Erhöhung der Arbeitsnorm. Protestdemonstrationen gegen diese Erhöhung weiteten sich aus. Die streikenden Arbeiter forderten freie Wahlen und die Absetzung der SED-Regierung. Neben der Volkspolizei griffen auch zwei russische Divisionen mit Panzern ein. Es kamen mehr als hundert Menschen zu Tode, ca. 1.400 wurden in Gefängnisse oder Arbeitslager verbracht. Diese Vorgänge waren wohl der erste Anlaß, das Vertrauen in die Glaubwürdigkeit des Arbeiter- und Bauernstaates zu erschüttern. Stefan Heym war wenige Monate vorher erst nach Ostberlin übersiedelt und hatte seine amerikanische Staatsbürgerschaft zurückgegeben. Seinen Schock versuchte er noch im gleichen Jahr mit einem Roman zu verarbeiten, den er aber dann jahrelang unter dem Titel *Der Tag X* ankündigte, ohne ihn auf den Markt zu bringen. Schließlich erschien 1974 *5 Tage im Juni* bei Bertelsmann in Westdeutschland, und zwar gegen den Willen der DDR-Behörden.[9]

Der Grund für die zwanzigjährige Verzögerung, mit der dieser Roman erschien, war ein doppelter: Schwierigkeiten bei der Veröffentlichung und Heyms innere Wandlungen. Unmittelbar nach den Ereignissen hatte er sie als reine Infiltration eingeschätzt, als von westlichen Agenten geschürt. Trotzdem wollte kein DDR-Verlag das Buch drucken. Heym schrieb eine zweite Fassung, die nun die seinerzeitige Regierung schlechter wegkommen ließ, revidierte aber auch diese Fassung als zu milde, als er wegen der Literaturpolitik mit dem Kulturministerium im Krieg lag.[10] Das Ergebnis dieser Überarbeitungen war eine

---

8 Buckower Elegien. *Gesammelte Gedichte*, Bd. 3. Frankfurt a.M.: Suhrkamp 1976, S. 1009f.
9 Für sein unerlaubtes Publizieren im Westen wurde Heym 1979 wegen Devisenvergehens verurteilt.

halbherzige Lösung, die aber bezeichnend ist für zensurbedingte Kompromisse. Heym hält nach wie vor an der Agententhese fest, präsentiert sie aber nicht als Meinung, sondern als Ergebnis von Recherche. Der Roman ist als journalistischer Bericht mit dokumentarischem Charakter verfaßt (genaue Daten, Uhrzeiten!). In der Tat hat Heym außerordentlich umfangreiche Materialsammlungen für dieses Buch angelegt, umfangreicher als für jedes andere. Heym personalisiert und entpolitisiert die Auseinandersetzungen, indem er zwei antagonistische Zentralfiguren schafft. Dazu kommen verschiedene als Westagenten tätige Figuren aus der Halbwelt, die im Roman für die antiwestliche Sympathielenkung wichtig sind und gleichzeitig als bunter Effekt die kopflastigen Diskussionen und Argumente der Protagonisten auflockern. Unter Umgehung einer grundsätzlichen Systemkritik versucht Heym, die Vorgänge als Fehler schlechter Führung aufzufassen; dem unbeweglichen und weltfremden Apparat hält er seinen Arbeiter-Helden Witte mit seinen gesunden, realitätsbezogenen und tapferen Meinungen entgegen.

Heyms Buch geht die Vorgänge um den 17. Juni als analytisch zu lösendes Problem an. Dies ist, woran der Roman krankt. Seine endlosen Diskussionen dürfen nicht zu der eigentlichen Wurzel vorstoßen. Gegen Ende (S. 359) stellt sich Witte zwar die entscheidende Frage: "Wieviel von der Abneigung gegen die Partei hat seinen Grund nicht in ihren Fehlern, sondern in ihren Zielen?" Die Antwort freilich verbietet sich:

> Sie hörte ihn vor sich hin lachen: "Das ist ein hübscher Gedanke – vielleicht sollte die Regierung sich ein anderes Volk wählen. Aber auch das Volk kann sich keine andere Regierung wählen; eine andre Regierung wäre keine Arbeiterregierung. Was bleibt als Möglichkeit: vielleicht andere Arbeiter in die Arbeiterregierung" [...]. "Trotz ihrer Fehler und Mängel", sagte er, "es gibt nur die eine Partei, nur die eine Fahne. Ich meine das nicht als Freibrief für all die Feiglinge, Dummköpfe, Schönfärber und Beamtenseelen, an denen es bei uns in der Partei nicht mangelt. Ich meine es als Verpflichtung für Genossen mit Herz, aus dieser Partei ihre Partei zu machen ..." (S. 359).

Vergleicht man mit 1953, so waren die Anlässe für Auseinandersetzungen mit der Staatsgewalt in den 70er Jahren trivial, der Glaubwürdigkeitsverlust des Staates aber nicht minder einschneidend. Bei den Zusammenstößen zwischen der Polizei und meist jugendlichen Demonstranten, wie sie etwa 1977 auf dem Berliner Alexanderplatz oder 1978 in Wittenberge und in Erfurt vorfielen, ging es um Pop-Musik, um Kleidung, um Versammlungsmöglichkeiten etc. In Wirklichkeit handelte es sich um Stellvertreterkämpfe, denn die Rebellion galt einer repressiven Staatsmacht, die von der Zigarettenmarke bis zum Haarschnitt alles reglementieren wollte. Ulrich Plenzdorf machte sich 1973 in *Die neuen Leiden des jungen W.* erstmals zum Sprecher der Generation der Nachgeborenen, der im

---

10 Vgl. Reinhard K. Zachau: *Stefan Heym*. München: Ed. T+K 1982 (= Autorenbücher 28), S. 81ff.

DDR-System Aufgewachsenen, für die dieses Land Heimat und der Kommunismus eine Selbstverständlichkeit war – nicht mehr, wie für die Älteren eine verteidigenswerte Errungenschaft. Plenzdorf sprach für eine frustrierte Jugend, deren Verunsicherung, ja Verbitterung v.a. darin begründet war, daß die real existierende DDR zwar den Westkonsum moralisch verurteilte, gleichzeitig ihren Bürgern aber einen Anschluß an das Wirtschaftswunder versprach, ohne dieses Versprechen einlösen zu können. Auf diese Weise wurde der Westen zum Gelobten Kaffee- und Jeansland, verehrt und verachtet zugleich. *Die neuen Leiden* schaffen einen ausgleichenden Schluß: Edgar Wibeaus Individualismus wird kritisiert, er selbst versucht, sich wieder in die sozialistische Gesellschaft einzugliedern, stirbt aber.

Auf solche Kompromisse hat Plenzdorf in seinem Büchlein *kein runter, kein fern* verzichtet: die Konsequenz war, daß die Erzählung in der DDR nicht publiziert wurde, aber 1978 den Klagenfurter Ingeborg Bachmann-Preis erhielt.[11] Wäre die Bezeichnung nicht gar zu verschnörkelt, so würde man den kleinen Text als Kabinettstückchen bezeichnen wollen. Plenzdorf drängt hier auf 48 Seiten ein ganzes Stück DDR-Geschichte zusammen. Die Besonderheit des Textes ist es, sich nur auf wörtliche Reden zu beschränken, wobei die Sprache ohne Beschönigung den einzelnen Idiolekten folgt. Plenzdorf verwendet fünferlei Sprachen:

1. Die sozialistische Propagandasprache, die die Truppenparade zum 20. Jahrestag der DDR begleitet. Diese Sprache ist formal glänzend und zeichnet sich durch großen Wortschatz, schmückende Beiwörter, zielsichere Slogans und Appelle aus.

2. Die primitive Jugendsprache des Ich-Sprechers. Er artikuliert schlecht, verkürzt die Endsilben nach Berliner Art, zieht zusammen, macht primitive Wortspiele mit Assonanzen oder repetiert Werbesprüche. Seine Sätze sind unvollständig und bisweilen a-grammatisch. Fäkalausdrücke und phonetisch geschriebenes Englisch verschaffen zusätzliche Würze.

3. Die Sprache der Eltern. Hier sind von den Wörtern ganze Silben abgebrochen, weil sich die Sprache überschlägt, die Sätze sind ebenso defizient.

4. Die Sprache des Schulleiters ähnelt der Sprache der Eltern, unterscheidet sich aber durch den Wortschatz: er ist ideologisch und fachterminologisch geprägt. Insgesamt ist der Schulleiter kühler und weniger emotional.

5. Vorgefertigte Aufschriften, Benützungsanweisungen, U-Bahn-Inschriften, Werbung, offizielle Anweisungen.

---

11 Sie erschien im gleichen Jahr in den *Klagenfurter Texten*. Wieder in: *Geschichten aus der DDR*. Hg. v. H.-J. Schmitt. Hamburg: Hoffmann & Campe 1979, S. 70–86. Ferner in: *Erzählte Zeit. 50 deutsche Kurzgeschichten der Gegenwart*. Hg. v. M. Durzak. Stuttgart: Reclam 1980, S. 447–457. Zitate nach der Einzelveröffentlichung Frankfurt a.M.: Suhrkamp 1984 (= st 1078).

Die einzelnen Sprachen sind grundsätzlich getrennt, es läßt sich aber beobachten, wie der junge Ich-Sprecher, von der Propaganda unbewußt beeinflußt,
deren blumenreiche Terminologie in seine Rede übernimmt.

Trotz dieser sprachlichen Defekte läßt sich die Handlung gut entschlüsseln.
Der Ich-Sprecher ist ein jugendlicher Hilfsschüler. Er interessiert sich für Holz
und möchte Tischler werden. Sein Vater hat anderes mit ihm vor: Als Arbeiterkind hat sein Sohn die Möglichkeit zu studieren. Diese Chance sieht der Vater als
eine Art Anrecht für sich und Verpflichtung für den Sohn. Wenigstens 2,5 als
Notendurchschnitt erwartet er von ihm. Mangelnde Leistung seines Sohnes
beantwortet er mit Repression: kein Hinuntergehen auf die Straße, kein Fernsehen. Der Junge reagiert mit Aggressionen gegen seinen Vater, aber auch gegen
seinen Bruder, der in der Schule Erfolg hatte, ihm als Vorbild hingehalten wird
und ihn sadistisch behandelt.

Hauptmovens der Geschichte ist der erwartete Auftritt der Rolling Stones auf
dem Springer-Hochhaus, der sich auch vom Ostteil der Stadt, so hofft der Junge,
mit anhören läßt. Das Springergebäude steht nahe an der Grenze. Der Junge
schwärmt für die "Schdons", v.a. für "Mick" Jagger. Ziel seiner Sehnsucht ist
somit ein Symbol des Westens, wie er überhaupt den Westen zu seinem Hoff-
nungsträger erhoben hat: Seine vielgeliebte Mutter ist dorthin gegangen. Ihr Bild
verschwimmt mit dem von Mick zu "Mickmama". Von Mickmama erwartet er
die Lösung seiner Probleme: seiner Erniedrigung als "Hilfser", als Bettnässer und
Linkshänder, seiner Drangsale und seiner Einsamkeit im Haushalt von Vater und
Bruder. Durch die Beschränkung auf wörtliche Reden ohne jeden Erzählerkommentar konfrontiert Plenzdorf den Leser mit den unfertigen Gedanken, den
schweifenden Wünschen und Ängsten dieses Jungen unmittelbar. "Zwokomma-
fünf kein runter kein fern" lautet die Kurzformel seiner Ängste, die identisch ist
mit der Kurzformel väterlicher Repression, während "Mickmama" die Kurzformel seiner Wünsche darstellt.

Der Junge fährt zur Grenze, um die Stones zu hören, dort aber findet er
statt der Pop-Musik Polizei und Armee im Einsatz, die mit Knüppeln die Schau-
lustigen vertreibt. Sein Bruder Manfred ist mit dabei. "Ich bin hier dein Bruder"
(S. 48), ruft der Junge, ein Satz, der schon durch seine sprachliche Richtigkeit
und Vollständigkeit absticht – ein Zitat der Kain- und Abel-Geschichte, die kurz
vorher erzählt worden war. Aber so wenig, wie Kain Abel erhört hat, so wenig
erbarmt sich Manfred: Er schlägt auf seinen Bruder ein. Die Propagandasprüche,
"Die sozialistische Menschengemeinschaft ist unser größter Erfolg" (S. 44),
klingen dem Leser noch im Ohr.

Die Kontrastierung der Propaganda mit der Realität ist eine der großen Lei-
stungen des Buches. Dies gilt nicht nur für die sprachliche Differenz, sondern
auch für den inhaltlichen Widerspruch. "Folgt dem Beispiel unserer Besten!
Stärkt die Republik mit Höchstleistungen und Wissen" (S. 42) wirken als Folie
zum Leben eines Hilfsschülers peinlich. Sie entsprechen genau der lebensfernen
Verhaltensweise des Vaters, der Leistung sehen will, ob sie der Junge erbringen
kann oder nicht. "Wir sind auf dem richtigen Weg!", "Straße gehört der Jugend"

(S. 42, 29) schallt es aus den Lautsprechern, während der Junge geradewegs in die Falle läuft, die die Polizei harmlosen Schau- und Hörlustigen gestellt hat.

Machtmißbrauch und Leistungszwang sind auch die Themen, die in Erich Loests Roman *Es geht seinen Gang oder Mühen in unserer Ebene* (1978) das Verhältnis des jugendlichen Protagonisten zu seinem Staat untergraben.[12] Das Arbeiterkind Wolfgang Wülff, so alt wie die DDR, wächst in ungebrochenem Vertrauen in die sozialistischen Prinzipien und deren Verwirklichung in seinem Staat auf. Daß sein Vater sich in den Westen absetzt, tangiert ihn scheinbar wenig. Als Schüler schwärmt er für die Beatles und deren sächsisches Imitat, die Old Kings, und kommt auf diese Weise in seine erste Konfliktsituation: Auf dem Leuschnerplatz in Leipzig werden Jugendliche bei einer absolut harmlosen Versammlung von der Polizei in die Enge getrieben, von Wasserwerfern und Schlagstöcken verfolgt und mit Hunden gehetzt.

> Einmal, hab ich mir vorgenommen, rächst du dich! Vor der Schlacht auf dem Leuschnerplatz war für mich die Welt sauber eingeteilt. Der Feind stand im Westen [...]. Nun biß mich einer unserer Hunde, der eigentlich einen Ami hätte beißen sollen, der Bomben auf Vietnam ausklinkte. [...]. Also Rache. Wie?
> Zwei Jahre später stand ich vor der Musterungskommission; die Armee hätte mich liebend gern für viele Jahre an ihre steingraue Brust gedrückt [...]. Wollte ich nicht am liebsten Offizier werden? [...] da wurden in meinem Gehirnklappenschrank computerflink Verbindungen geschaltet: der General, der seiner Hundestaffel den Befehl geben durfte oder mußte, die Beißkörbe abzunehmen [...]. Sie boten mir Macht, und ich wollte diese Macht nicht haben [...]. Ich fürchtete, jemals jemandem befehlen zu müssen, Beißkörbe abzunehmen: Das war in dieser Stunde mein Problem und ich weiß, daß ich heute noch nicht mit ihm fertig bin. (S. 23f.)

Der muntere, saloppe und selbstironische Jugendlichkeitsjargon Wolfgangs, der als Mensch und Werktätiger das Herz auf dem rechten Fleck hat – ein Stil, der an Hans Fallada geschult ist und an Hermann Kants *Die Aula* erinnert – kann nicht

---

12 Erich Loests Lebensgang ist beispielhaft für die Kollision zwischen Bürgern und Staat. Geboren 1926, war Loest nach einer Zeit als Journalist und freischaffender Schriftsteller 1955/56 Student des Literaturinstituts Johannes R. Becher in Leipzig. 1957 wurde er wegen kontrarevolutionärer Gruppenbildung verhaftet, aus der SED ausgeschlossen, zu siebeneinhalb Jahren Zuchthaus verurteilt und nach Bautzen eingeliefert. Nach einer Haftminderung von 6 Monaten kam er 1964 frei, war gesundheitlich schwer beeinträchtigt und hielt sich mit z.T. pseudonym veröffentlichten Abenteuerromanen und Kriminalgeschichten über Wasser. Loest gehörte nun zu den bestüberwachten Schriftstellern. Zwischen 1975 und 1981 legte die Stasi 31 Ordner zu je 300 Blatt über ihn an. 1979 trat er aus Protest gegen die Zensurmaßnahmen aus dem DDR-Schriftstellerverband aus. Vgl. *Die Stasi war mein Eckermann. Oder: mein Leben mit der Wanze.* Göttingen: Steidl 1991. Die zermürbenden Querelen um sein Buch *Es geht seinen Gang* hat Loest in *Der vierte Zensor. Vom Entstehen und Sterben eines Romans in der DDR* (1984) beschrieben. 1981 bekam Loest ein Ausreisevisum für drei Jahre, ging in den Westen und kehrte nicht wieder zurück. – Seitenangaben nach der TB-Ausgabe *Es geht seinen Gang*. München: dtv 1980 (= dtv 880).

darüber hinwegtäuschen, daß Wolfgang Wülff ein traumatisierter Zeitgenosse ist. Der Vorfall auf dem Leuschnerplatz war für ihn ein Schlüsselerlebnis, das sein Weltbild zutiefst erschütterte und ihm eine Grundangst einflößte: die "Angst davor, Macht zu besitzen" (S. 33). Macht verleitet Menschen zu Willkür und Sadismus, so Wolfgangs Erfahrung, z.B. jenen Oberleutnant, der "kraft seiner Befehlsgewalt sechs Stunden vor der Entlassung" (S. 55) ihn und seine Kamera-den zum Friseur schickte – ein alttestamentarischer Kastrationsakt.

Wolfgang ist kein Kämpfer wie die Helden der alten Garde. Er ist zufrieden, wenn alles so "seinen Gang geht", heroische Anstrengungen liegen ihm nicht. Er ist Angehöriger einer Generation, die bei "Rosa Luxemburg" an "Radio Luxemburg" denkt (S. 119). Wolfgang hat sich vom Werkzeugmacher zum Ingenieur hochgearbeitet, er fühlt sich wohl dabei, seine Frau aber will mehr. Sie möchte, daß er ein Fernstudium aufnimmt. Er hat die Chance und er soll sie wahrneh-men. Er selbst scheut nicht nur das Studieren neben Beruf und Familie, sondern auch die Tatsache, "daß Chefs viel eher in der Klapsmühle endeten als das Fußvolk" (S. 53), und noch mehr scheut er die Macht, die mit der gehobenen Position eines "Diplomers" verbunden wäre. Nur durch eine Lügengeschichte kann er sich dem Ehrgeiz seiner Frau entziehen. – Noch mehr als seine Frau bedeutet Wolfgangs Kollege Huppel, über weite Strecken Adressat von Wolfgangs Erzählungen, einen weltanschaulichen Gegenspieler. Huppel ist Angehöriger der Aufbaugeneration. Konsum, angenehmes Leben, Freizeit und privates Glück sind für ihn kein Ersatz für die ausbleibende Verwirklichung des wahren Sozia-lismus. Das "Es geht seinen Gang" ist gerade das Gegenteil des von Huppel ersehnten und erkämpften Fortschritts. Die chiliastischen Hoffnungen der Huppelschen Generation erklären zugleich die für Wolfgang unbegreifliche Härte des Systems:

> Wir haben den Kommunismus greifbar vor uns gesehen, wir waren überzeugt: Ein wilder Ruck, zehn Jahre unglaublicher Anstrengung, und es ist ein für allemal für die ganze Menschheit geschafft. [...] Hast du "Die Aula" gelesen? Bloß eines ist nicht drin: Daß aus der Gewißheit, der Sieg wäre zum Greifen nahe, unsere Härte gegen die eigenen Leute entstanden ist. Bei der Höhe des Einsatzes und den bisherigen Toten kam es nun, glaubten wir, auf ein paar weitere Opfer nicht an. [...] Immer vorwärts, für Humanität blieb nach dem Sieg unermeßlich viel Zeit. (S. 123f.)

Ein dritter Konflikt tritt im Zusammenhang Wolfgangs väterlichen Bemühungen um seinem Töchterchen Bianca auf. Während Bianca im Hallenbad Schwim-men lernen soll, beobachtet Wülff die Auswirkungen einer Fetischierung des Leistungssports, wiederum ein Beispiel dafür, daß Humanität angesichts 'höherer Ziele' keine Rolle mehr spielte. Wolfgang beschimpft einen unnachgiebig seinen kleinen Sohn quälenden Vater als Faschisten (S. 132) und wird daraufhin ge-richtlich belangt.

Wolfgang, das konfliktscheue "gebrannte Kind", fordert Konflikte heraus, weil er sich der Anpassung an eine ihn überfordernde Gesellschaft entzieht, der Widerstandslose widersetzt sich aus Gründen einfachster Menschlichkeit.

Wolfgangs Ehe scheitert, weil seine Frau an einem "Versager" keinen Gefallen findet. Resignation und Rückzug in eine private Mittelmäßigkeit sind Wolfgangs Antwort auf eine Umgebung, die Härte und Rücksichtslosigkeit als Mittel zum 'höheren Zweck' heiligt. Er kann damit immerhin – dies zeigt der Text am Ende – ein bescheidenes, fast biedermeierliches Glück verwirklichen.

Es geht seinen Gang ist aus der Perspektive des Protagonisten und im Rückblick erzählt. Ohne jede Beschönigung stellt sich Wolfgangs reduzierte Persönlichkeit und die Enge des Alltags einer jungen Familie im Plattenbau dar, ihre Kleinbürgerlichkeit, ihr Sprachjargon spiegeln sich mit großer Treue. Aber auch die traumatischen Erlebnisse, die Ängste und Leiden werden deutlich, wobei durch den leicht flapsigen Erzählstil jedes Pathos vermieden wird. Obgleich den Forderungen des sozialistischen Realismus (positiver Held, übergeordnete Erzählinstanz, Darstellung des Kampfes um eine bessere Welt, konstruktive Grundhaltung, Perspektive) gerade nicht entsprechend,[13] bietet der Roman ein überaus realistisches Bild. Nach einhelliger Ansicht mehrerer Zeitzeugen spiegelt dieses Buch die Wirklichkeit der DDR der späten 70er Jahre wie kaum ein anderes.[14] Loest begreift seinen Entschluß, in diesem Roman auch heiße Eisen anzufassen, als Weigerung, sich dem "inneren Zensor" zu beugen.[15] Gegen Zurechtrückungen im Sinn der sozialistisch-konstruktiven 'Perspektive' wehrt sich bereits Wolfgang im Roman: "was ich gesehen habe, hab ich gesehen, was ich gehört habe, hab ich gehört, was ich gedacht habe, hab ich gedacht, und da *möchte bitte keiner kommen und sagen, alles wäre ganz anders gewesen.*" (S. 15)

Mit der Wende von 1989 liegt, so möchte es scheinen, die DDR-Literatur als abgeschlossenes Textkorpus vor. Dem ist aber – noch? – nicht so. Es zeigt sich, daß mit der Fortdauer der DDR-Erfahrung und eines vom Westen immer noch differierenden Lebensgefühls auch die DDR-Literatur weiterlebt, freilich

---

13 Die Einwände (vgl. E. Loest: *Der vierte Zensor. Vom Entstehen und Sterben eines Romans in der DDR*. Köln: Ed. Deutschland Archiv 1994) laufen sämtlich darauf hinaus, daß Wülffs Erfahrungen nicht exemplarisch seien und infolge dessen der Roman durch Einführung eines positiven Widerparts oder einer korrigierenden Erzählinstanz die Verhältnisse ins rechte Licht hätte rücken müssen. Noch grundsätzlicher der Chef-Kritiker Werner Neubert: Die Problematik des Romans gehe "am Wesen der Beziehung von Individuum und Gesellschaft im Sozialismus vorbei". In: *Sonntag*, 30.7.1978, Nr. 31. Zit. in: *Der vierte Zensor*, S. 44.

14 Vgl. *Der vierte Zensor*, S. 76: "Günter Gaus [...] schickte Diplomatenkollegen in aller Welt [...] dieses Buch; aus ihm, so schreibt er dazu, könnten sie die DDR erkennen wie aus keinem noch so genauen Bericht." Friedrich Dieckmann: Der Realist als Frontkämpfer. Über Erich Loest. In: *Sinn und Form* 49 (1996), H. 2, S. 316–321, hier S. 319: "In ihm erzählt dieses Land sich gleichsam selbst. Wenn künftige Zeiten einmal etwas von diesem saxoborussischen Staats- und Gesellschaftsunternehmen unter russischem Protektorat wissen wollen, werden sie das nirgendwo anschaulicher und prägnanter tun können". (Die Formulierung schließt sich – wohl bewußt – an Aussagen über Fontanes Romane als Repräsentanten ihrer Zeit an.)

15 *Der vierte Zensor*, S. 9.

vor allem in der älteren und mittleren Schriftstellergeneration.[16] Eine immer noch unterschiedliche Identität wird gerade bei der sog. Vereinigungs- und Wendeliteratur besonders deutlich (s. unten Kap. 15). Trotz des deutsch-deutschen Literaturstreites der frühen 90er Jahre (s. oben Einführung) und trotz mancherlei politischer Kompromittierungen sind die Schriftsteller der ehemaligen DDR weiterhin geachtete Mitglieder der res publica litteraria. Die Angst prominenter DDR-Autoren, mit dem Staat würden dessen Literatur und nach Möglichkeit dessen Literaten auch gleich abgetan, bestätigte sich nicht. Im Gegenteil, DDR-Autoren erhielten in den Jahren nach der Wiedervereinigung hohe Auszeichnungen (z.B. ging der Büchnerpreis 2000 an Volker Braun!). Mit großem Interesse aufgenommen wurden persönliche Aufarbeitungen wie Günter de Bruyns Autobiographie *Zwischenbilanz* (1992) und *Vierzig Jahre* (1995), Wolfgang Hilbigs Stasi-Roman *"Ich"* (1995) oder Kurt Drawerts Vaterbuch *Spiegelland* (1992). Drawerts Prosa überzeugt nicht zuletzt durch ihre eigenwillige fragmentarische, nicht lineare, assoziative Komposition. Von den Forderungen des sozialistischen Realismus ist hier nichts mehr übrig. Neue Namen tauchten auf, teils junge Autoren, die erst zur Schriftstellerei gestoßen waren und nun die Erfahrungen, Möglichkeiten und Meinungen der jüngsten Generation vorlegten, teils unbekannte Autoren und solche, die bislang für die Schublade produziert hatten. Sieht man von der 'Ostalgie' ab, die eine Zeitlang die Produktion beherrschen wollte, so zeigt sich, daß die Jüngeren (Judith Hermann, Julia Franck, Thomas Brussig, Jenny Erpenbeck) eine ganz andere DDR-Erinnerung haben. Ihre Bücher sind keine kritische littérature engagée, geschweige denn sozialistisch geprägt wie diejenigen der Biermann-Generation. War DDR-Literatur ehemals im wesentlichen Literatur, die – so oder so – auf ihre Gesellschaft reagierte, sie entweder kritisierte oder einen gesellschaftlichen Auftrag übernahm, so ist davon nicht mehr viel übrig. 'Die Gesellschaft' ist heute vielleicht gar nicht mehr auszumachen, und 'gebraucht' wie ehedem wird Literatur heute nicht mehr. Die jungen Autoren aus dem Osten haben sich auf den postmodernen Pluralismus, auf die Erfordernisse eines ungeschützten Marktes und die Wünsche der Leser erstaunlich schnell eingestellt. Von Trauer über einen 'Verlust der Mitte' keine Spur! Gemeinsame Produktionen wie der Roman *Gisela* (1999) der Ulmerin Anke Stelling und des Leipzigers Robby Dannenberg, beides Studenten des Leipziger Deutschen Literaturinstituts (ehemals Johannes-R.-Becher-Institut), zeigen, daß die Grenzen allmählich schwinden – was für das Niveau der Literatur freilich nicht unbedingt positiv sein muß.

---

16 Aufschlußreiches zum Weiterleben des Biotops DDR in: Margarete Mitscherlich/Brigitte Burmeister: *Wir haben ein Berührungstabu*. Hamburg: Klein 1991. Zu weit geht Iris Radisch in ihrem sehr locker geschriebenen Essay: Zwei getrennte Literaturgebiete. Deutsche Literatur der neunziger Jahre in Ost und West. In: *Wir sind umgezogen! Nach gegenüber. DDR-Literatur der neunziger Jahre.* T+K Sonderband. Hg. v. H.L. Arnold. München: Ed. T+K 2000, die behauptet, daß wir es "in Deutschland mit zwei Literaturen zu tun haben, die nichts sonst, nur das eine gemein haben: Sie existieren völlig getrennt voneinander." (S. 23).

SCHWEIZ

Gibt es eine Schweizer Mentalität? Die meisten Schweizer würden wahrscheinlich selbst antworten: Es ist die Mentalität eines neutralen Zwergstaates, der
abseits des Weltgeschehens liegt. "Wär kennt das Land / wo alles us Chäs isch /
alles zämen us Chäs?", beginnt eine Nummer des Kabarettisten Franz Hohler;[17]
dort, wo alles aus Käse ist und man sich an sich selbst satt sieht, schwindet das
Interesse an der Welt. Diese ereignet sich draußen. In seiner wunderbaren
Glosse: "Wenn der Liebe Gott Schweizer wäre" bringt es Hugo Loetscher auf den
Punkt: "Einiges spricht tatsächlich dafür, daß der Liebe Gott Schweizer sein
könnte – weit weg von allem und nur zuschauen, das ist doch ebenso göttlich
wie schweizerisch."[18] Verschont geblieben von den beiden letzten Kriegen, von
den Greueln des Faschismus, von wirtschaftlichen Zusammenbrüchen, leben die
Schweizer in einer beispiellosen Sicherheit. Sie haben allen Grund, mit sich
zufrieden zu sein. Die Autoren der Schweiz freilich sind dieser Selbstgenügsam-
keit ebenso wie dem idyllisch-heroischen Schweiz-Mythos immer sehr kritisch
gegenübergestanden. Sie betrachten es als ein Schweizer Hauptübel, sich aus
der Zeitgeschichte herauszuhalten. Geschichtslosigkeit, Selbstzufriedenheit, politischer Filz, Devisenschiebereien, Fremdenhaß, Naturmißbrauch sind die Haupt-
kritikpunkte, die die Schweizer ihrem eigenen Staat und sich selbst zur Last
legen.[19]

Diese Kritik setzte v.a. in den 70er Jahren ein. Damals war auch für die
Schweiz, wie anderswo, die Zeit der Brüche und Aufbrüche. Im Angesicht des
Todes rechnete Fritz Zorn (Pseudonym für Fritz Angst) in *Mars* (posthum 1977)
mit der gutbürgerlichen Schweizer Gesellschaft radikal ab. Der Dorfschullehrer
Hermann Burger wehrte sich gegen die Enge seiner erdrückenden Welt, indem
er die Sprache zerschlug (*Schilten*, 1979), wurde aber ein Opfer seiner Schwermut
und beging 1989 Selbstmord. Reto Hänny fühlte sich nach den Studentenrevol-
ten in Zürich "fremd wie in Grönland" (*Ruch*, 1979). 1970 definierte Paul Nizon
in seinem "Diskurs in der Enge" "Heimweh" als Leiden an der Heimat.[20] Christoph Geiser wehrte sich mit seinen frühen Büchern *Zimmer mit Frühstück* (1975),
Grünsee (1978) und *Brachland* (1980) gegen das Establishment und die Lebenslüge der großbürgerlichen Familie, setzt deren Verfall mit dem gesellschaftlichen
Niedergang parallel und spiegelt in deren Krankheit die Morbidität des Staates.

"Zu den Grundbedingungen des Schweizer Künstlers gehört die 'Enge'
und was sie bewirkt: die Flucht."[21] Paul Nizon ging nach Paris, Urs Jaeggi und

---

17 Franz Hohler: *Das Kabarett Buch*. Darmstadt/Neuwied: Luchterhand 1987, S. 53.
18 In: Hugo Loetscher: *Der Waschküchenschlüssel und andere Helvetica*. Zürich: Diogenes 1983,
   S. 121–125, hier S. 123.
19 Vgl. z.B. Adolf Muschg: *Die Schweiz am Ende, am Ende die Schweiz. Erinnerungen an mein
   Land vor 1991*. Frankfurt a.M.: Suhrkamp 1990.
20 *Diskurs in der Enge – Verweigerers Steckbrief. Schweizer Passagen*. Hg. v. P. Henning. Frankfurt a.M.: Suhrkamp 1990. Darin: Diskurs in der Enge, S. 137–226.
21 Paul Nizon: *Diskurs* (wie Anm. 20), S. 167.

Matthias Zschokke zogen um nach Berlin, wo auch Geiser größtenteils lebt. Viele kamen aber wieder zurück: Adolf Muschg aus Tokio, Göttingen, Ithaka/N.Y., Silvio Blatter aus Amsterdam und Norddeutschland, Thomas Hürlimann aus Berlin, Christoph Geiser aus den USA und Australien. Auch Hugo Loetscher, der Weltenbummler, kehrt immer wieder nach Zürich zurück.

Die Anfang der 80er Jahre von autochthonen Revolten geschüttelte Schweiz war literarisch höchst produktiv; weltoffene Literarizität verband sich mit einer neuen Rückbesinnung auf den schwierigen Begriff Heimat. Die Schweiz mit ihrer Geschichte und ihrer Gesellschaft war wieder für viele ein lohnendes Thema. Max Frisch veröffentlichte *Der Mensch erscheint im Holozän* (1979), eine der Speerspitzen der Postmoderne, Dürrenmatt setzte mit der Novelle *Der Auftrag* (1986) und der Dorfgeschichte *Durcheinandertal* (1989) Maßstäbe und wurde mit seinen Essays zum Gewissen der Nation. Und es war die Zeit der Monumenalwerke. Gerold Späth beschrieb in seinem opus magnum *Barbarswila* (1988) in fünf Büchern und 49 Kapiteln den Tag einer Schweizer Kleinstadt, Silvio Blatter setzte seine *Freiamt*-Romane fort (1978.1983.1988, Otto F. Walter verfaßte mit *Zeit des Fasans* (1988) den mehr 600 Seiten umfassenden Heimat-Roman einer Epoche. Ist hier eingetreten, was Paul Nizon in seiner schon erwähnten Rede den "Ausstieg in die Überhöhung" (S. 167) nennt?

Von Provinzialismus kann keine Rede mehr sein. Befreit von zwanghafter Selbststilisierung und Selbstverleugnung kann der Blick frei werden auf das problematische Ich (Christoph Geiser: *Wüstenfahrt*, 1984), aber auch die persönlichen Prägungen durch Landschaft, Heimat und Eigenstaatlichkeit. Manche Kritiker, wie Beatrice von Matt[22], sehen allerdings in den 90er Jahren schon wieder einen neuen Lokalpatriotismus. Im Mittelpunkt steht freilich die Schweiz als Land, als Landschaft und Lebensform, nicht der eidgenössische Staat. 1991 verweigerten die Schweizer Literaten demonstrativ die Beteiligung an den 700-Jahrfeiern der Eidgenossenschaft. Der Staat ist den Schriftstellern suspekt geworden, das Alltagsleben, die Familien, die Landschaft dafür umso interessanter.

Hugo Loetscher, ein vorzüglicher Kenner Lateinamerikas, sieht die Schweiz nicht nur von innen, sondern auch von außen. Als Journalist der *Weltwoche* und der *Neuen Zürcher Zeitung* ist er nicht nur weitgereist, sondern bereichert seine Schriftstellerei auch durch journalistische Aspekte und Stile. Schriftstellerische Schranken zwischen Essayismus, Journalistik und der 'littérature pure' möchte er nicht sehen. So setzte er etwa *Herbst in der Großen Orange* (1982) aus Textteilen zusammen, die wie selbständige Reportagen wirken (Schauplatz ist Los Angeles). Die Breite seiner schriftstellerischen Tätigkeit ist ihm besonders wichtig. Dieses Bemühen spiegelt auch seine autobiographische Prosa *Der Immune* (1975, überarb. Neuausg. 1985). In diesem Buch, das das Leben seiner Hauptfigur vom Säuglingsalter bis zum Tod verfolgt, stehen tagebuchartige Eintragungen neben Erzählungen, Essays, Reiseerinnerungen, Märchen, Collagen, historischen

---

22 *Antworten. Die Literatur der deutschsprachigen Schweiz in den 80er Jahren.* Hg. v. B. v. Matt. Zürich: Vlg. NZZ 1991, S. 18f.

Reminiszenzen (z.B. die Besetzung des Odéon in Paris). Die Erzählform wechselt, es wechseln die Schauplätze, die Zeitspanne reicht von den 30er bis zu den frühen 70er Jahren. Die Studentenunruhen in Paris spielen genauso eine Rolle wie Zustände auf Kuba und der Medienalltag in einer Zeitung und im Fernsehstudio. Obgleich scheinbar Lebensgeschichte, kann von Biographie oder Entwicklungsroman, keine Rede sein, denn der Text verweigert einen linearen, kausallogischen oder gar finalen Aufbau. Statt dessen ist das Anknüpfungsprinzip die Assoziation, also Ähnlichkeit, Gegensatz, Variation, Metapher.

Die Papiere des Immunen (1986) setzten mit der Fiktion ein, der Immune sei nun gestorben oder ermordet worden, und der Erzähler habe seinen Nachlaß zu verwalten. Das Erzähler-Ich und die Kunstfigur des Immunen (letztlich eine Ausprägung des Autor-Ich) befinden sich in härtester Konkurrenz. Erzählt wird wieder von den verschiedensten Dingen, in den verschiedensten Tonlagen und von zwei Seiten (Immuner/Erzähler als ergänzender Kommentator). Der Text legt seine Fabulierkunst als Fiktion offen. "Im Augenblick, als ich dies sagte, wurde mir klar, wie leicht es sein wird, mich der Lüge zu überführen – als ob nicht auch die Wahrheit etwas wäre, das wir erfinden." (S. 7) Eingelegte Passagen spielen in der Antike, in der frühen Neuzeit oder im 18. Jahrhundert. Wieder befinden wir uns in der Spannung zwischen Heimat und Ausland, schweizerisch-katholisch-ländlicher Enge und der Weite Asiens und Lateinamerikas. Dazu kommen Essays. Sprachlich-stilistisch werden alle Register gezogen.

Heimat und Fremde sind die Pole in Loetschers Erzählen. Aus fremder Perspektive ist unser Vertrautes fremd. Schließlich sind wir überall auf der Welt Ausländer, mit Ausnahme unserer kleinen Heimat. "Die Entdeckung der Schweiz" heißt eines der autobiographisch initiierten Kapitel im Roman *Der Immune* (S. 144–159). Einstmals hatten die Weißen die Länder Südamerikas entdeckt; "Wer hat die Schweiz entdeckt?" wird der Immune in Kolumbien gefragt. "Uns gab es schon immer", kommt ihm als Antwort doch nicht gut genug vor und er läßt die Schweiz entdeckt werden, von Indios selbstredend. Das Märchen folgt der kulturkritischen Perspektivenverkehrung der *Lettres persanes* von Montesquieu. Nun ist die Schweiz das sagenhafte El Dorado, dessen Reichtümer freilich nicht zu erringen sind, weil sie von den "goldhütenden Gnomen"[23] in ihren "Tempelbezirken" unzugänglich aufbewahrt werden. Auch andere Merkmale des Landes, von der Uhrenindustrie bis zu den chemischen Fabriken, spießt der Text verfremdend auf. Die Indios nehmen Mißstände, üble Gewohnheiten, Wahnideen wahr, die den an sie gewöhnten Schweizern längst kein Ärgernis mehr sind, weshalb es fraglich erscheint, ob sie sich je mit ihren "Entdeckern" gegen die "goldhütenden Gnome" verbünden werden, um an die sagenhaften Schätze ihres Landes zu kommen.

Das Stilmittel, das es möglich macht, sich selbst gegenüber zu stehen, ist die Ironie; das Mittel, anderen den Spiegel vorzuhalten, ist die Satire. Loetscher

---

23 Der Ausdruck ist ein Zitat: T.R. Fehrenbach: *The Gnomes of Zurich*. London: Frewin 1966.

beherrscht beides.[24] Das Problem der 1,5 Millionen Ausländer in seinem Land, ein anhaltendes Diskussionsthema, behandelt er in der Glosse "Helvetische Flurbereinigung" mit radikaler Gründlichkeit. Ausgehend von dem Satz "alles Fremde ist Bedrohung" wird die Schweizer Natur von Überfremdung gereinigt, so daß am Ende nur noch die Frage übrigbleibt, "ob wir, aus Respekt vor dem Land, wie es einmal war, nicht besser selber auswandern würden".[25]

Wilhelm Solms resümiert in seinem Essay über "Schweiz-Visionen Schweizer Dichter", *Kein schöner Land* von Silvio Blatter sei für ihn *"der* große Heimatroman der deutschsprachigen Gegenwartsliteratur."[26] Das Genre Heimatliteratur – vgl. auch *Zeit des Fasans, Barbarswila* oder Kurt Martis *Dorfgeschichten* (1983) – hat in der Schweiz wieder Fuß gefaßt. Der Begriff 'Heimat' freilich hat die Assoziation "heile Welt" ganz und gar verloren. "Meine Romane", so schreibt Silvio Blatter in einem Beitrag "Dichtung als Heimat", "siedle ich im aargauischen Freiamt (Europa) an, weil ich *dort* geboren worden und aufgewachsen bin. Ich kenne die Gegend".[27] Die Lokalisierung hat also (auch) schriftstellerische Gründe. Schreibend wird Heimat weniger reproduziert als geschaffen. Blatter verweist auf die Ähnlichkeit seiner Bücher mit Romanen von Johnson, Böll und anderen und erläutert sie als "die Verwandtschaft von Büchern, von Sprache, von Literatur als möglicher Heimat."[28] Blatter verklärt nicht; darauf verweist schon der Titel "Kein schöner Land", ein Zitat, das als solches Distanz schafft. Es sind folgerichtig auch keineswegs zur Identifikation einladende Stellen, an denen das entsprechende Lied gesungen wird. In gleicher Weise ist die Darstellung der Schweiz in den Freiamtbüchern keineswegs immer sympathiegelenkt. Blatter breitet aber auch keine Klischees aus, wie sie sonst zum Genre gehören, ebensowenig drängt er dem Leser seine spezielle Sicht auf. Jede der Figuren hat vielmehr ihre je eigene Vorstellung von Heimat. Es gibt keine stereotype Heimatromanhandlung, ja überhaupt keine einheitliche Handlung, keine hierarchische Schichtung des Erzählgangs und keine Werturteile. 'Heimat' ist nicht etwas Festlegbares, sondern eher eine Idee, eine Hoffnung: Es ist der Gegensatz zu Entfremdung und Einsamkeit, ein Stück Übereinstimmung zwischen Subjekt und Objekt. Weil dies für jeden einzelnen Menschen etwas anderes sein muß, deshalb geht Blatter den Lebensgeschichten seiner Figuren nach. Sein Markenzeichen ist die genaue, detailrealistische Beschreibung – Relikt seiner literarischen Anfänge als Autor von Arbeitswelt-Literatur.[29] Der Ort dieser Hoffnung auf Heimat, die Schweiz, wird von all den Figuren als gefährdet erlebt. Das Leben in moderner Zivilisation

---

24 Seine satirischen Glossen *Helvetica* und *Helvetische Profile* wurden von verschiedenen Zeitungen und vom Rundfunk verbreitet.
25 In: *Der Waschküchenschlüssel* (wie Anm. 18), S. 19–22.
26 Schweiz-Visionen Schweizer Dichter. In: *Geschichten aus einem ereignislosen Land.* Hg. v. W. Solms. Marburg: Hitzeroth 1989, S. 118–135, hier S. 134.
27 In: *Dichtung und Heimat. Sieben Autoren unterlaufen ein Thema.* Hg. v. W. Solms. Marburg: Hitzeroth 1990, S. 167–194, hier S. 188.
28 Ebd., S. 186.
29 Vgl. *Schaltfehler.* Erzählungen. Zürich: Flamberg 1972.

führt zur Entfremdung. Zersiedelung, Industrialisierung und Fremdenverkehr bedrohen die Natur. Das soll nicht heißen, daß früher alles besser war. Vielmehr rächen sich jetzt die Sünden von früher.

Freiamt ist eine katholisch-konservative Enklave im Kanton Aargau. In ihr liegt Bremgarten an der Reuß, die Heimat Blatters, das Zentrum der Romane. Der 1. Band, *Zunehmendes Heimweh* (1978), ist nach den Tagen einer Woche gegliedert. Portraitiert werden dabei mehrere Personen mit ihrer Geschichte. Doch sind die einzelnen Geschichten miteinander verknüpft. Heimweh steht für Sehnsucht nach Geborgenheit angesichts wachsender Einsamkeit. Der Text schildert, wie Karriere- und Konsumdenken zwischenmenschliche Beziehungen zerstören, wie die Jungen bindungslos sind, die Alten vereinsamen. Die folgenden Bücher erweitern die Perspektive in die 80er Jahre hinein. Jetzt stehen Familien im Vordergrund: In *Kein schöner Land* (1983) die Familie Villiger,[30] in *Das sanfte Gesetz* (1988) die Familie Wolf. Der Gegenwart setzt Blatter in *Kein schöner Land* Bilder aus Pieter Brueghels Zyklus "Die Jahreszeiten" entgegen, nach denen die fünf Teile benannt sind. Pablo, einem Maler, dienen sie als Vorlagen, die er "malerisch ins Freiamt übersetzt" (S. 99). Der Lehrer Hans Villiger, der in *Zunehmendes Heimweh* schon über den Freiämtersturm 1841 geschrieben hatte, und in *Das sanfte Gesetz* einen Bericht über das Jahr 1799 ausgraben wird, sorgt wiederum für die historische Dimension und recherchiert über die Rolle des Bezirkes in der Zeit zwischen den beiden Weltkriegen. Um seiner Beziehung zur Heimat willen sucht er deren Geschichte ausfindig zu machen. Seine Aufsätze sind, durch Schrägdruck gekennzeichnet, in den Erzähltext eingelegt.

Besonders in *Kein schöner Land* begegnet die Schweiz als ein Land, das höchst ambivalente Reaktionen und Gefühle auslöst, das Einheimische zum Auswandern zwingt und Einwanderern neue Heimat schenkt, das Liebe und Haß auf sich zieht, in dem es sich aus den unterschiedlichsten Gründen leben läßt oder auch nicht. Positiver getönt ist *Das sanfte Gesetz*, heiter, ironisch, kulinarisch. Die Familie Wolf ist eine erfolgreiche Geschäftsfamilie mit verschiedenen Betrieben in verschiedenen Branchen, auch einem Restaurant und einem Weingut in der Toskana. Das Leben der Wolfschen Großfamilie wird lebhaft und realistisch geschildert. Aber auch Ereignisse wie das Unglück von Tschernobyl werden nicht ausgespart.

Das blaue Haus (1990) ergänzt die Freiamtbücher. Jetzt steht die Familie Zinn im Mittelpunkt, deren Schicksale über fünf Generationen verfolgt werden. Geschichte und Geschichten, die sich über ganz Europa und bis nach Amerika hin ausbreiten, werden an persönlichen Schicksalen lebendig. Damit ist der Text fast etwas zu dicht gepackt, der erzählerische Ansatz jedoch ist glücklich getroffen: Der Vater Zinn erzählt seiner elfjährigen Tochter von den Vorfahren. Das

---

30 Zu dem Lehrer Hans Villiger, der einige Zeit in Amsterdam gelebt hat, lassen sich autobiographische Bezüge feststellen. Blatter lebte 1975 in Amsterdam und war vor 1970 Lehrer in seiner Heimat.

erinnert, ebenso wie der ständige Wechsel zwischen Gegenwart und Vergangenheit, an Johnsons *Jahrestage*. Erzählen holt die Vergangenheit in die Gegenwart herein, bewahrt sie, selbst wenn ihre materiellen Spuren schon getilgt sind. "Die Erinnerung ist unsere Verbindungsleine zur Gerechtigkeit." (S. 256).

Blatters Freiamt ist kein hermetisch begrenztes Ländchen. Seine Protagonisten leben zwischendurch in den USA, sie kommen aus den Philippinen oder Lateinamerika, sprechen eine internationale Jugendsprache. Es sind moderne Menschen mit sehr einprägsam geschilderten und sehr individuellen Gefühlen. Das Personal ist nicht in Helden und Nebenpersonen strukturiert, sondern besteht aus einer Vielzahl von Beteiligten gleicher Wichtigkeit. Der Text verzichtet auf Pathos, Katastrophen und dramatische Höhepunkte. Mit Ausnahme von *Zunehmendes Heimweh*, in dem nach einem Kriminellen gefahndet wird, sind die Romane handlungsarm; es sind keine Aktions-, sondern Beschreibungstexte, wenngleich die Beschreibungen nicht so minutiös vorgehen wie bei Handke, sondern größeren Abstand und Überblick bewahren. Wichtig sind die Menschen, weshalb Beschreibung von Gefühlen und Gedanken, erlebte Rede und innerer Monolog eine große Rolle spielen. Aus der Fülle von persönlichen Sichtweisen und Schicksalen entsteht in diesen Büchern ein Schweiz-Panorama, das historisch und politisch erweitert ist und somit nicht im Subjektiven stecken bleibt.

Manchmal mag man den Eindruck haben, daß die Selbstproblematisierung einen zu großen Platz einnimmt in der helvetischen Literatur. Vergleicht man freilich mit spezifisch deutschen Themen wie Vergangenheitsbewältigung, deutsche Teilung oder Wende, so relativiert sich der Eindruck stark. Völlig unbestreitbar ist der herausragende Beitrag der Schweiz zur gemeinsamen deutschsprachigen Gegenwartsliteratur. Dabei fällt die Gelassenheit wohltuend auf, mit der etwa Hugo Loetscher von einer "Literatur deutscher Ausdrucksweise" spricht, von einem "Nebeneinander, das nicht kulturelle Autonomie propagiert, sondern Dialektik und Interdependenz".[31]

ÖSTERREICH

> Dieses ganze Österreich ist ja nichts anderes als ein Kunsthistorisches Museum, ein katholisch-nationalsozialistisches, fürchterliches. *Demokratieheuchelei*, sagte er. Ein chaotischer Mist ist dieses heutige Österreich, dieser lächerliche Kleinstaat, der vor Selbstüberschätzung trieft und der jetzt, vierzig Jahre nach dem sogenannten *Zweiten Weltkrieg*, nur als ein total amputierter seinen absoluten Tiefpunkt erreicht hat.[32]

Österreichischer Selbsthaß ist keine Seltenheit, wenn er auch nicht oft ein solches Ausmaß erreicht wie bei Thomas Bernhard. Seltsamerweise paart sich dieser Haß seit jeher mit Liebe. Dieses Phänomen ist freilich nicht auf Österreich

---

31 *Vom Erzählen erzählen. Münchner Poetikvorlesungen*. Mit einer Einführung von W. Frühwald. Zürich: Diogenes 1988, S. 132.
32 Thomas Bernhard: *Alte Meister*. Komödie. Frankfurt a.M.: Suhrkamp 1985, S. 307.

beschränkt. Es findet sich auch anderswo. Überhaupt ist Vorsicht geboten, will man *die* österreichische Literatur oder *das* Österreichische schlechthin definieren. Entsprechende Versuche, wie sie von Grillparzer bis Greiner immer wieder unternommen wurden, stehen in der Gefahr, Mythen zu schaffen oder zu untermauern.

Besser geht man pragmatisch einzelnen Erscheinungen nach. Hierher gehört, daß Österreichs Literaturgeschichtsschreibung ganz besonders empfindlich gegen 'stille Annexion' ist – vielleicht, weil das österreichische Nationalgefühl lange brüchig und unsicher war.[33] Seit der Trennung vom Reich 1806 schwankte Österreich zwischen Abgrenzungs- und Profilierungssucht einerseits und Deutschtümelei andererseits. Durch die Auflösung der Vielvölkermonarchie mußte sich die Frage der nationalen Identität des verbliebenen Restes wiederum ganz neu stellen. Das Problem Österreich beschäftigte folglich Literaten und Literaturwissenschaft immer wieder. Als Angehörige eines kleinen Staates leben Österreichs Schriftsteller in der verständlichen Angst, übersehen oder vom größeren Nachbarn geschluckt zu werden.

Schwierig ist das Verhältnis Österreichs zu seiner jüngeren Vergangenheit. Vor allem Thomas Bernhard hat es immer wieder unternommen, die Verdrängung der Jahre 1934–45 bloßzulegen. Er war es auch, der die Anti-Heimatliteratur auf "übertreibungskünstlerische" Höhen gebracht hat (vgl. *Auslöschung*, 1986). Österreich ist geradezu das Land des Anti-Heimatromans, insbesondere des negativen Dorf-Romans geworden. Da sind Franz Innerhofer mit seiner autobiographischen Holl-Trilogie, Erich Hackl mit seiner für Steyr beschämenden Dokumentation *Abschied von Sidonie*, Christoph Ransmayr mit *Morbus Kitahara* und seinem KZ-Dorf Moor, Josef Winkler mit *Der Ackermann aus Kärnten*, Norbert Gstrein mit *Einer* und dem vom Fremdenverkehr verwüsteten Tirol, Handke mit seiner Schilderung des Heimatdorfes seiner Mutter in *Wunschloses Unglück* und schließlich Robert Schneider mit seinen Vorarlberger Kretins in *Schlafes Bruder*. Ein Ambiente zum Grausen, die Alpenrepublik als Alptraum. Selbstzufriedenheit kann man also der österreichischen Literatur nicht vorwerfen.

Für die Lebendigkeit und Vielfalt der österreichischen Literatur spricht, daß sie – anders als es in der Schweiz lange der Fall war – keine großen Einzigen zugelassen hat, die man mit Österreich identifiziert. Peter Handke ist nicht *der* Repräsentant Österreichs. Und daß sich Thomas Bernhard noch testamentarisch dagegen verwahrte, posthum dazu gemacht zu werden, zeigt, wie gut er die Tendenz zur Verehrung toter Dichter kannte. Genützt hat es ihm trotzdem nicht: Nach dem Tode wurde der Vielgescholtene zum Vielgelobten und – ungeachtet des Testaments – zum Vielgespielten.

Zur österreichischen Szene gehört seit langem die Avantgarde, die gerade in diesem Land starken Rückhalt hat. Die Wiener Gruppe und die Anfänge der

---

33 Vgl. die Reaktion Klaus Zeyringers (Text und Kontext: Österreichische Literatur. Ein Konzept. In: *JDSG* 40 (1996), S. 438–448) z.B. auf Wilfried Barners *Geschichte der deutschen Literatur* (1994).

Konkreten Poesie datieren bereits aus den 50er bzw. 60er Jahren, wobei man ganz bewußt an verdrängte literarische Phänomene der Zwischenkriegszeit anknüpfen wollte. 1973 formierte sich die Grazer Autorenversammlung, die in Opposition zum konservativen österreichischen PEN-Club entstand.[34] Sie etablierte sich als Diskussionsplattform für neue Schreibweisen, aber auch für politisches Engagement. Ihr Publikationsorgan *manuskripte* wurde seit seiner Gründung 1960 die bekannteste Zeitschrift für österreichische Gegenwartsliteratur. Zu den Gründern der Grazer Autorenversammlung gehörten so unterschiedliche Schriftsteller wie H.C. Artmann, Gert Jonke, Klaus Hoffer, Peter Handke (ausgetreten 1977), Gerhard Roth (ausgetreten 1978), Barbara Frischmuth, Ernst Jandl und Michael Scharang. Besonders letzterer vertrat, nach Abkehr von seiner experimentellen Phase,[35] mit Nachdruck die littérature engagée, was sich auch seit 1974 in den Beiträgen zu *manuskripte* niederschlug.

Aus der Fülle der Bücher, die eine Formel für das Problem der österreichischen Literaturtradition suchen, seien wenigstens zwei herausgegriffen: Ulrich Greiners *Der Tod des Nachsommers* (1979) und Robert Menasses *Die sozialpartnerschaftliche Ästhetik* (1990). Greiner stellt eine ungebrochene Kontinuität fest: Konfliktscheu, Harmoniestreben, "Wirklichkeitsverweigerung und Handlungsverzicht" (S. 15). Der Untergang der Habsburger bedeute für Österreich ein bleibendes Trauma, eine politische Literatur sei demzufolge nicht österreichisch. Vielmehr verursache die "politische Windstille" eine "bohèmehafte, apolitische, artifizielle Literatur", es herrsche die Form statt der Politik, statt der Geschichte. Erstaunlicherweise läßt sich Greiner dabei nicht anfechten von der Fülle politisch engagierter, realistischer Arbeiterliteratur der 70er Jahre: Franz Innerhofer (*Schöne Tage*), Gernot Wolfgruber (*Niemandsland*), Helmut Zenker (*Kassbach*) und Michael Scharang (*Charly Traktor*).[36] Solche Literatur ist aber im ursprünglichen Wortsinn österreichisch, denn sie reagiert auf die konkreten Verhältnisse in ihrem Land.

"Sozialpartnerschaft" (Zusammenschluß von Regierung und Interessensverbänden zum Zweck der Vermeidung sozialpolitischer Konflikte) ist als Symbol sozialdemokratischer Leisetreterei das Unwort für die politische Linke, das Michael Scharang schon 1973 in seinem Roman *Charly Traktor* ausgebuht und später immer wieder in seiner politischen Essayistik aufgespießt hat (*Die List der Kunst*, 1986; *Das Wunder Österreich* 1991). Robert Menasses These, das Modell Sozialpartnerschaft auf die Ästhetik zu übertragen, ist in der Österreich-Literatur viel zitiert worden. Menasse zufolge beeinflußte die Idee von der Sozialpartnerschaft auch die Denkmuster der literarischen Produktion. Dies habe dazu geführt,

---

34 Zur Grazer Autorenversammlung vgl. Helmut Zenker und Gustav Ernst: Zur GAV. In: *wespennest* 14 (1974), H. 5, S. 25–32 sowie Roland Innerhofers Dokumentation *Die Grazer Autorenversammlung (1973–1983). Zur Organisation einer "Avantgarde"*. Köln: Böhlau 1985.

35 *Schluß mit dem Erzählen und andere Erzählungen*. Neuwied: Luchterhand 1970.

36 Innerhofer ist für Greiner (S.108–121) ein "Alleingänger". Mit Scharang macht er ein Interview, das seine Thesen bestätigt (S. 180–198).

daß sich in Österreich ein ausgeprägter Avantgardismus einerseits und ein konfliktscheuer und geschichtsfeindlicher Konservativismus andererseits formiert habe. Diese These, die der Greiners durchaus nahe steht, hat Menasse in seinem zweiten Essayband *Das Land ohne Eigenschaften* (1992, überarb. 1995) witzig-ironisch ausgebaut und damit auch in ihrem Erklärungsanspruch relativiert. Österreich beschreibt Menasse als das Land des Entweder-und-Oder, des Dabeisein-wollens, aber auch des Sich-Heraushaltens aus der Verantwortung.

Menasses letzter Essayband scheint deswegen besonders erwähnenswert, weil er die nicht endenwollende Debatte um die literarische Besonderheit Österreichs auf die Ebene des Skurrilen und Satirischen hebt. Damit wird der verbissene Ernst der 80er Jahre überwunden. Vom Anti-Heimatroman bis zur ausfälligen, essayistischen Heimatschelte hat die österreichische Literatur zuweilen wenig Gutes an ihrem Land gelassen. Zurecht warnt Michael Scharang vor allzuviel Hingabe an die Klage: sie führt zur Mystifizierung des "bösen Österreich" und zur Resignation.[37] – Die Formel für die österreichische Literatur wird sich also nicht finden lassen.[38] Es fragt sich auch, was damit gewonnen wäre. In Österreich geschriebene deutschsprachige Literatur ist – ebenso wie die in der Schweiz entstandene – ein integrativer Bestandteil der gesamten deutschsprachigen Literatur. Ob Haslinger, Handke, Bernhard, Winkler, Mayröcker, Scharang, Innerhofer, Ransmayr, Hoffer oder Hackl, all diese in früheren Kapiteln erwähnten Autoren mußten nicht als Österreicher eigens kenntlich gemacht werden, teilen sie doch über weite Strecken mit ihren Kollegen aus Deutschland die gleichen Probleme, Schreibweisen und Themen.

Die Last einer unaufgearbeiteten Vergangenheit führt Ransmayrs *Morbus Kitahara* (1995) dem Leser in überwältigender Weise vor Augen. Ransmayrs Sprachkunst, die in diesem Buch genauso in Bann schlägt wie in *Die letzte Welt*, versetzt uns in das Dorf Moor an einem österreichischen See, einstmals ein Fremdenverkehrsdorf, jetzt aber durch den Krieg zerstört, durch die Existenz eines Steinbruchs für Zwangsarbeiter aus einem KZ entehrt. Die Anspielung auf das KZ Mauthausen, Außenstelle Mursee, läßt sich nicht verkennen. In Moors Granitsteinbruch sind an die 12 000 Menschen ums Leben gekommen. Das Dorf ist die Heimat Berings. Dort ist er in einer Bombennacht geboren, Kind einer seither religiösem Wahn verfallenen Mutter und eines Vaters, der erst Jahre nach der Geburt seines Kindes aus der Kriegsgefangenschaft in Afrika zurückkommt. Nicht der Weltkrieg selbst, sondern der nachfolgende sog. Frieden hat für Moor verheerende Auswirkungen. Von verschiedenen Besatzungsmächten durch-

---

37 Baumeister Österreichs. In: *Die List der Kunst. Essays*. Darmstadt/Neuwied: Luchterhand 1986, S. 58–63. Demgegenüber ist Scharangs Beitrag: Österreichische Literatur und österreichische Realität. In: *Realismus – welcher? Sechzehn Autoren auf der Suche nach einem literarischen Begriff*. Hg. v. P. Laemmle. München: Ed. T+K 1976, S. 109–111, sehr bitter und pauschalierend.

38 Vgl. dazu v.a. die Thesen Zeyringers in: *Österreichische Literatur 1945–1998. Überblicke, Einschnitte, Wegmarken*. Innsbruck: Hayman 1999, S. 55–58.

zogen, kommt es endlich unter die Herrschaft der Amerikaner und eines Kommandanten namens Elliott. Elliott verordnet für Moor tätige Reue und Buße. In den Steinbruch beim Steinernen Meer läßt er mit meterhohen Lettern einmeißeln:

> HIER LIEGEN / ELFTAUSENDNEUNHUNDERTDREIUNDSIEBZIG TOTE / ERSCHLAGEN VON DEN EINGEBORENEN DIESES LANDES / WILLKOMMEN IN MOOR. (S. 33)

Viermal im Jahr veranstaltet er sog. Parties im Steinbruch, bei denen Szenen des Lagerlebens nachgestellt werden. Für Moor verordnet er: Zurück in die Steinzeit. Maschinen, Motoren etc. werden demontiert. – In dieser Welt der ewigen Sühne wächst Bering auf, wird Schmied, müht sich auf seinem schmutzigen Anwesen ab, das mehr einem Schrottplatz als einem Hof gleicht. Er wird vollends zum Outlaw, als er einen Marodeur erschießt, einen Angehörigen einer jener Banden, die Moor regelmäßig heimsuchen.

Die zweite Hauptperson neben Bering ist Ambras, ein ehemaliger Zwangsarbeiter, Schützling Elliotts, jetzt Aufseher des Steinbruchs. Bering wird sein Leibwächter. Noch eine Frau gesellt sich dazu, Lily, ebenfalls eine Ausgestoßene, Tochter eines Schergen von einst. Sie haust im Steinernen Meer, schmuggelt und führt gegen die Marodeure einen Partisanenkrieg. Diese drei verlassen Moor, als nach Jahren der nie enden wollenden Sühne, der qualvollen, aber inzwischen schon zum Ritual erstarrten Erinnerung ("Niemals vergessen") eine Atombombe in Japan fällt, der Nachkrieg zu Ende zu sein scheint ist und Moor von der Landkarte verschwinden soll. Es soll einem Truppenübungsplatz weichen. Ambras, Bering und Lily gehen nach Brasilien. Aber dort finden sie wieder nur ihre Erinnerungen vor. Eine Fahrt zu einer ehemaligen Gefängnisinsel wird ihnen zum Verhängnis: Versehentlich erschießt Bering seine brasilianische Geliebte. Zusammen mit Ambras irrt er herum in den Steinruinen des ehemaligen Gefängnisses, einem zweiten Steinbruch von Moor. Da wird Ambras von den Erinnerungen eingeholt: Er stürzt sich in die Tiefe und zieht Bering, der ihn mit dem Kletterseil gesichert hat, mit in die Tiefe. Daß ein schleichendes Buschfeuer beide verbrennt, weiß der Leser schon aus dem ersten Kapitel. Dieses präsentiert ihm das surreale Bild der beiden Leichen in einer Gegend, die als "deserte", unbewohnt, gekennzeichnet ist.

Morbus Kitahara ist ein Zeitroman und zugleich ein zeitloses Buch. Es spielt in einer auf ein Vierteljahrhundert ausgedehnten Zeitspanne zwischen dem Ende eines historisch unbestimmbaren Krieges und neuer "Konsolidierung", in einer Zeit des Entsetzens über das, was geschehen war, der unverarbeiteten oder nicht zu verarbeitenden Erinnerungen, der verordneten Sühne. Trotz deutlicher NS-Referenz entspricht das, was an historischen Vorgaben im Roman anzutreffen ist, nur teilweise der wirklichen Geschichte. Denn natürlich dauerte es keine 25 Jahre, bis nach dem 2. Weltkrieg die Bombe in Japan fiel, und natürlich hatte nie ein amerikanischer Kommandant so lange Jahre den Oberbefehl über einen österreichischen Ort inne. Die scheinbar historischen Hinweise auf einen "Frieden von Oranienburg" und den Juristen Stellamour (vgl. Morgenthau) sind entsprechend unscharf. Wie *Die letzte Welt* changiert auch dieser Roman zwischen historischer Realität und zeitentrückter mythologischer Phantasie.

Auch die räumlichen Bezüge sind realistisch und unrealistisch zugleich: Moor ist zwar ein exemplarisches Dorf, gleichwohl gehört es ins Salzkammergut; sein Steinbruch ist dem Steinbruch Ebensee des KZ Mauthausen nachgezeichnet, trotzdem liegt Moor außerhalb der Welt. Nur dort in Moor herrscht das Sühneregime, während in den umliegenden Orten inzwischen das Wirtschaftswunder ausgebrochen ist.

Wie bereits in *Die letzte Welt* ist in diesem Buch wieder den Steinen eine führende Rolle zugewiesen. Sie stehen für die Härte des Zeitalters, unter ihrer Last werden die Menschen erdrückt (Bering Vater liegt bei einer "Party" unter einem Stein und kann nicht weiter), sie führen Ambras und Bering ins Verderben, sie allein scheinen am Ende übrigzubleiben. "Zurück in die Steinzeit" lautete Elliotts Ordre, und sie hatte etwas Ironisches an sich: Ohnehin waren nach den Bombenangriffen nur mehr Steinwüsten und vom Feuer versteppte Flächen übrig. Wie im Ovid-Roman ist auch hier wieder der Mensch in inniger Verbindung zum Tier gesehen: Bering ist ein Vogelmensch, der die ersten Lebensjahre Vogellaute ausgestoßen hat, Ambras wird "der Hundkönig" genannt, wobei der Hund die Verkörperung des Bösen schlechthin ist. Einst von allen Hunden gehetzt, ist Bering nun selbst im Besitz von Macht, ist Chef über den Steinbruch, in dem er einst Zwangsarbeiter war. Die klassische moralische Erzählinstanz, die das Gute belohnt und das Böse bestraft, fehlt: Lily, Tochter eines Mörders und selbst ein skrupelloses Flintenweib, überlebt als einzige. Bering, persönlich schuldlos und genug beschädigt vom Krieg, wird mehrfach wider Willen zum Mörder. Täter- und Opfer-Status sind unentwirrbar geworden.

Morbus Kitahara ist ein artifizielles Buch, zweifellos, aber kein unpolitisches. Freilich handelt es sich auch nicht einfach um engagierte Literatur, sondern um einen Roman, der das Nachdenken über Geschichte ins Mythologische erweitert. Österreich ist durchaus nicht die Insel der Seligen, nicht eine verträumte Ecke der Welt. Es reicht bis nach Brasilien.

Während Ransmayrs Roman gewissermaßen eine weltumspannende Perspektive hat, bleibt *Einer* (1988), das vielbeachtete Debüt von Norbert Gstrein, ganz in der Enge eines Fremdenverkehrsdorfes in Tirol. Hauptfigur der Erzählung ist der Außenseiter Jakob, der bereits als Kind auffällig war, introvertiert, linkisch, schweigsam, gehemmt, dabei ohne Zweifel intelligent, ein guter Schüler, aber ohne die Möglichkeit, Kapital aus seinen Fähigkeiten zu schlagen. Schon im Internat ohne Durchsetzungsvermögen, bleibt er ewig ein Versager, im beruflichen, wie im persönlichen Leben. Nicht nur Jakob hat abgewirtschaftet, auch sein Dorf. Der Fremdenverkehr hat es zerstört. Die sieben Kapitel sind sieben Stationen fortschreitender Auflösung. – Gstrein erzählt vorrangig aus der Perspektive von Jakobs Bruder, wechselt aber höchst virtuos die Perspektiven, Außen- und Innensicht sowie die Zeitebenen. Sein Anti-Heimatroman von dem kleinen Touristendorf ringt einem nicht sehr originellen Thema durch die Art der

Darstellung ganz neue Seiten ab. Radikal verabschiedet wird nämlich nicht nur die Heimatverherrlichung des Genres, sondern auch von dessen Darstellungsweise bleibt nichts mehr übrig. Gstrein ersetzt den noch bei Innerhofer und den linken Kritikern üblichen Realismus (vgl. Kap. 2) durch eine raffinierte Artistik. Daß sich diese mit einer leichten Anspielung auf die Gattung Kriminalgeschichte gut verträgt, ist mehr als ein Zugeständnis an den Publikumsgeschmack. Vielmehr unterstreicht der ungeklärte Mordverdacht gegen Jakob, daß in dessen Leben wie überhaupt in dieser Erzählung prinzipiell vieles offen bleibt.

Unverwechselbar österreichisches Ambiente spiegelt *Groß in Fahrt* (1998) des in Klagenfurt lebenden Alois Brandstetter wider. Der Germanist Brandstetter, der "Präzision" das bestimmende Element von regionaler Literatur nennt,[39] fängt das Typische durch individuelle Sprechweisen ebenso wie durch spezifische Themen ein. Daß dabei das Individuelle fast schon an die Parodie und das Spezifische an die Satire heranreicht, vergrößert das Lesevergnügen nur noch. In *Groß in Fahrt* gibt sich der, wie so oft bei Brandstetter, hemmungslos schwadronierende Erzähler als pensionierter Griechischlehrer zu erkennen, erzählt aber vorwiegend die Geschichten seines Bruders Franz. Der Text ist ohne durchgehende Handlung und errichtet auch kein tragendes Illusionsgebäude, bietet aber immer wieder kleine, oft sehr amüsante Handlungsstücke, meist Anekdoten. Dem satirischen Charakter kommt eine starke Wirklichkeitsreferenz zugute. Die zahlreichen Seitenhiebe auf Persönlichkeiten des öffentlichen Lebens, Orte, gesellschaftliche und politische Zustände sind nie ernstlich verletzend oder peinlich. Dies ist angesichts der Tabulosigkeit der Gegenwartsliteratur immerhin bemerkenswert. Das eigentliche Lesevergnügen bietet die Sprache des selbstironischen Erzählers. Ihre Assoziationen, Wortspiele und Kalauer stellen den roten Faden bereit, der von einem Thema zum anderen führt. Daneben weiß der sich als Bildungsphilister apostrophierende Gymnasiallehrer eine Fülle von Zitaten und preziösen Wendungen einzustreuen. Seine literarischen Anspielungen reichen von den griechischen Klassikern über die Bibel bis zum Mittelhochdeutschen und umfassen das gesamte Gebiet der deutschsprachigen Literaturgeschichte. Einen Roman im eigentlichen Sinne kann man das Buch nicht nennen. Seine Schwachstellen liegen vielmehr genau da, wo so etwas wie eine Rahmenhandlung konstruiert werden soll: am Anfang und am Schluß.

Brandstetters monologische Prosa ist weitestgehend im Perfekt gehalten. Dies signalisiert in etwa Unbeholfenheit und Schwerfälligkeit, da das Leittempus des von Mittel- oder Norddeutschen dominierten Romangenres der vergangenen Jahrhunderte stets das Präteritum/Imperfekt war – ein Tempus, das der Süddeutsche mündlich nicht verwendet. Vielleicht darf diese literarische Besonderheit als österreichisches Spezifikum, als Insistieren auf den eigenen Sprachgewohnheiten vermerkt werden, findet sie sich doch auch beispielsweise in Marlene Streeruwitz' Erzählprosa.

---

39 Vgl. sein Vorwort zur Anthologie *Daheim ist daheim. Neue Heimatgeschichten.* Salzburg: Residenz 1973.

14. Das Deutschlandbild des geteilten Landes

> Was ist des Deutschen Vaterland?
> Ist's Preußenland, ist's Schwabenland?
> Ist's wo am Rhein die Rebe blüht?
> Ist's wo am Belt die Möwe zieht?
> O nein! nein! nein!
> Sein Vaterland muß größer sein.

Dieses Gedicht von Ernst Moritz Arndt, das in die Zeile mündet: "Das ganze Deutschland soll es sein", stammt aus dem Jahr 1813. So glühend ließ sich damals die Sehnsucht nach dem einen, gesamten deutschen Vaterland aussprechen. Patriotische Töne sind uns Deutschen nach dem 2. Weltkrieg gründlich vergangen. Die deutsche Teilung, letztlich eine Folge der Niederlage, wurde im offiziellen Sprachgebrauch zwar nicht akzeptiert, aber von der Mehrzahl der Deutschen als eine Art gerechter Strafe angesehen. Obgleich die Politiker Westdeutschlands in ihren Sonntagsreden die Formel von der "Wiedervereinigung in Frieden und Freiheit" im Munde zu führen hatten, wurde in der Alltagsrealität die Hoffnung, ja selbst der Wunsch, die Teilung Deutschlands zu überwinden, umso geringer, je länger man sich an den status quo gewöhnte. Dazu ein paar Daten: Schon 1971 waren die meisten Deutschen (65%) davon überzeugt, daß sich die Bürger der DDR und der BRD auseinandergelebt hatten. Die Wiedervereinigung wurde 1965 noch von 45% der westdeutschen Bevölkerung als wichtigstes politisches Thema eingestuft, 1970 nur mehr von 12%, 1978 nur mehr von 1% der Bevölkerung. Zu der psychischen Anstrengung, sich als Bürger der westlichen Bundesrepublik *und* zugleich des ganzen Deutschland zu fühlen, war so gut wie niemand bereit oder in der Lage, Junge noch weniger als Alte. Gleichwohl waren 75% der Bevölkerung dafür, daß die Forderung nach Wiedervereinigung im Grundgesetz stehenbleiben sollte.[1]

Von den Wünschen der DDR-Bevölkerung konnte man sich im Westen wenig Vorstellungen machen, wenn, dann allenfalls widersprüchliche. Einerseits kannte man die Zahlen der sog. Republikflüchtigen, andererseits schien ein ausgeprägtes Bewußtsein eigener Identität vorhanden zu sein. Demographische Erhebungen waren nicht bekannt.

---

1 Vgl. Martin u. Sylvia Greiffenhagen: *Ein schwieriges Vaterland*. München: List 1979, bes. S. 423f., Elisabeth Noelle-Neumann u. Renate Köcher: *Die verletzte Nation*. Stuttgart: Dt. Vlg.-Anst. 1987.

Für die Literatur stand die Frage nach Deutschland, nach der Einheit und dem nationalen Selbstverständnis zunächst keineswegs im Vordergrund. Im Vergleich zu den Lasten der Geschichte erschienen die Lasten der Gegenwart unbedeutend. Quälend waren Fragen wie: Sind wir Deutsche vielleicht als Volk für faschistoide Ideen besonders zugänglich? Gehören Faschismus, Totalitarismus irgendwie zu uns? In der DDR setzte die Auseinandersetzung mit der deutschen faschistischen Vergangenheit relativ spät ein (vgl. oben Kap. 8). Die Erbediskussion insgesamt war ein schwieriges Kapitel, weil die Staatsideologie dazu neigte, eine sozialistisch-fortschrittliche Tradition der umfassenderen Wahrheit der deutschen Geschichte vorzuziehen. So wurde z.B. die Metternichzeit eklektizistisch als Vormärz rezipiert. Erst in den 80er Jahren konnte das Gespräch über die preußische Tradition in der DDR beginnen. Diese heißen Eisen griff Hans Joachim Schädlich in einem Buch an, mit dessen Vorarbeiten er noch in der DDR begann und das die heikle Frage nach den Untiefen deutscher Tradition und Identität stellen sollte.[2]

Als Schädlich *Tallhover* 1986 veröffentlichte, lebte er schon längst nicht mehr im Osten. Als Mitunterzeichner der Biermann-Resolution 1976 mißliebig geworden, war er ein Jahr später in den Westen gegangen, "in die Heimat emigriert", wie Biermann das ausdrückte. Dort litt er zunächst unter erheblichen Schreibhemmungen – kein Einzelfall bei Autoren, die die DDR verlassen hatten.[3] *Tallhover* ist kein "realistischer" und kein mimetischer Text. Sein Protagonist ist eine Kunstfigur: der Prototyp des deutschen Geheimpolizisten. Geboren am 23.3.1819 in der Stunde, als der Student Ludwig Sand den Staatsrat und Dichter August von Kotzebue ermordete, ist Ludwig Tallhover gleichsam die Reinkarnation Kotzebues, des Erzvaters der deutschen Spitzel. Am 11.2.1955 beantragt Tallhover seine Hinrichtung. Falls er 1955 wirklich zu Tode kommen sollte, was recht unwahrscheinlich ist, so wäre er 136 Jahre alt geworden. Mit anderen Worten: Tallhover ist eine zeitlose Figur. Er ist einfach der Diener der sog. "Dienste" (Geheimdienste) schlechthin, er tut für jeden Staat sein Bestes und ist sehr begabt für seinen Beruf. Sein genaues Gespür, seine lange Erfahrung sagen ihm untrüglich, wo ein Feind der Obrigkeit sitzt. Leider hören die Politiker zu wenig auf ihn, und so läuft – seiner Ansicht nach – vieles schief. In dieser Hinsicht präsentiert sich Tallhover fast als tragikomische Figur.

Das Weltbild des Spitzels kennt keine Individuen und schon gar keine Gefühle. Mitmenschliche Beziehungen, Freundschaften oder Liebe kommen für ihn selbst nicht in Frage, bei anderen interessieren sie ihn nicht. Für ihn bemißt sich der Wert eines Menschen nach seiner Interessantheit für oder wider den Staat. Den Tod von Stalins Sohn am elektrischen Zaun des Lagers Sachsenhausen

---

2   Vgl. (Ian Wallace): Gespräch mit Hans Joachim Schädlich. In: *Deutsche Bücher* 21 (1991), S. 158–172, hier S. 167: "Ich hatte schon ungefähr im Sinn, daß das kein DDR-Buch wäre, sondern eher ein ... man könnte ja sagen deutsches. [...] Geschichte einer Erscheinung in Deutschland."
3   Gespräch mit Schädlich (wie Anm. 2), S. 167f.

kommentiert er: "Was nützt ein toter Dschugaschwili. [...] Was man mit ihm hätte erreichen können, das weiß keiner." (S. 211).

Der Geheimdienst als Zeiten, Gesinnungen und historische Staaten übergreifendes Institut ist für Tallhover eine Art göttliche Größe. Die Bezeichnung "Dienst" dreht die wahren Verhältnisse sarkastisch um; diese sog. Dienste sind die unangefochtenen Herrscher über alles, Menschen und Behörden, und haben sich vor niemandem zu rechtfertigen.[4] So kommt es, daß Tallhover selbst sich am Ende seines Lebens zur Verantwortung gezogen fühlt für alles, was er im Laufe der Geschichte nicht verhindern konnte. Ironischerweise legt er, der treue Staatsdiener, sich zur Last, nicht aus besserer Einsicht ungehorsam gewesen zu sein, nicht die Interessen der Staatssicherheit über die des Staates gestellt zu haben. Hatte er doch jeweils den richtigen Riecher, sei es 1842 im Falle Herweghs oder 50 Jahre später sofort bei einem gewissen Uljanow, besser bekannt unter dem Namen Lenin. Die Unruhen um den 17. Juni 1953 machen ihn zum ersten Mal richtig krank. Er ist empört, daß die deutsche Armee nicht selbst mit diesen Elementen fertig geworden ist. Allzu offene Reden führen zu seiner Absetzung. Nun wendet er seine kriminalistische Energie gegen sich selbst und macht sich in seinem "Keller", seinem Inneren, den Prozeß. Dieser endet mit dem Todesurteil, zu dessen Vollstreckung er freilich Hilfe braucht. Der Ausgang bleibt offen.

Schädlichs Buch besteht zum größten Teil aus Aktennotizen der Behörde oder geheimdienstlichen Mitteilungen und hat demzufolge auch deren spröden Lakonismus. Die Sprache des Staatsapparates, der Berichterstattung, des Verdachts ist zu allen Zeiten die gleiche. Menschliche Gesichter verkümmern zu Aktennummern, und zwar auf Seiten der Spitzel wie der Bespitzelten. Denn jeder mißtraut jedem. Wenn Tallhover angesichts der Verhältnisse in der DDR fragt: "vertrauen sie ihren eigenen Leuten? Vertrauen ihnen ihre eigenen Leute?" (S. 243), so könnte er die gleichen Zweifel auch 1842, 1895, 1917 oder 1933 angemeldet haben.

Schädlich fügt sich mit diesem "deutschen Buch" ein in eine Reihe von Versuchen deutscher Selbstbesinnung. Sie alle gewannen ihren deutschen Stoff aus der Auseinandersetzung mit der Geschichte. Erinnerungsarbeit, so scheint es, war über lange Zeit das einzig mögliche Modell, deutsche Identität zu diskutieren.[5] "Oft muß ich", bekennt Grass, "Anlauf in entlegenen Jahrhunderten nehmen, um wieder gegenwärtig zu sein."[6] Doch die Gegenwart hielt anstelle eines Deutschlandbildes eine Leerstelle bereit. Eine Vision fehlte, an ihre Stelle

---

4 Vgl. Tallhovers Bewunderung für den Hauptankläger bei den Moskauer Prozessen 1937: "Das lernen wir von Wyschinski. [...] Die Anklage ist begründet, weil sie erhoben wird." (S. 188).

5 Hans Kügler: Deutschlandbilder – Die Frage nach der nationalen Identität im Spiegel der deutschen Nachkriegsliteratur. In: *DD* 21 (1990), S. 392–411, hier S. 400, weist zurecht darauf hin, daß dieses Modell das der Psychoanalyse war.

6 *Kopfgeburten oder Die Deutschen sterben aus.* Darmstadt/Neuwied: Luchterhand 1982 (= SL 356), S. 118.

trat die tägliche Realität. Dieser pragmatische Zustand, der die 70er und 80er Jahre prägte, wird eingefangen in Peter Schneiders *Der Mauerspringer* (1982), einem Buch, das den deutsch-deutschen Alltag mit all seinen Widersprüchlichkeiten darstellt.

Als Paradigma bot sich Berlin an, die Stadt, die beiden deutschen Staaten gehörte, Symbol der Gemeinsamkeit und der Trennung. Der erste Blick auf die Stadt erfolgt aus der Vogelperspektive. Der Ich-Sprecher, wie Schneider selbst ein seit 20 Jahren in Berlin ansässiger Schriftsteller, nähert sich mit dem Flugzeug der Stadt, die von oben wie *eine* aussieht. Nach der Landung, auf dem Boden der Realität, sieht alles ganz anders aus. Die Populationen unterscheiden sich sogar dem Gesichtsausdruck, sogar der Gestik nach. Der schriftstellernde Ich-Sprecher macht sich auf die Suche nach einer Utopie, der Geschichte eines 'Gesamtdeutschen', eines Menschen, "der sein Ich verliert und anfängt, niemand zu werden", nämlich ein "Grenzgänger zwischen beiden deutschen Staaten" (S. 23). Statt *einer* Geschichte ergeben sich fünf, sämtlich skurrile Erzählungen von Leuten, die der Zweistaatlichkeit eins auswischen wollen, die Fehler im System der deutschen Teilung suchen. Sie fühlen sich, je perfekter dieses System wird, umso intensiver angeregt, Lücken zu finden – aus Jux, aus Lust, aus Haß. Sie springen wiederholt über die Mauer, um drüben in der Psychiatrie auf Staatskosten zu leben, überwinden die Mauer mit Hilfe eines Seils, um drüben ins Kino zu gehen, verheddern sich im Hin und Her zwischen den Teilstaaten so, daß am Ende nicht mehr zu entwirren ist, um welchen es sich handelt. Das einzig Realistische an diesen bewußt absurden Geschichten ist, daß sie nahezu alle schlecht ausgehen: am Ende siegt doch die Staatsgewalt, welcher Seite auch immer. Absurd und unrealistisch müssen diese Geschichten ja sein, denn sie verkörpern die Vision, daß die Grenze überwindbar sei. Das aber ist sie nicht, nicht die konkrete Berliner Mauer und die konkreten Grenzbefestigungen und noch viel weniger die innere Grenze. "Die Mauer im Kopf einzureißen wird länger dauern, als irgendein Abrißunternehmen für die sichtbare Mauer braucht" (S. 117) – im Jahr 1982 eine prophetische Aussage.

Für diese "Mauer im Kopf" bietet Schneiders Text eine Fülle von Belegen. Das Buch, dessen fiktive Geschichten von der Überwindung der Grenze träumen, zeigt an der Wirklichkeit des Alltags, "in welchem Maß dieser äußere Gegensatz in das Verhalten und in die Reflexe jedes einzelnen eingedrungen war." (S.15). Da ist der Schriftsteller Robert, der in den Westen gegangen ist, aber sich hier nicht heimisch fühlen kann, obwohl er längst alles beherrscht, was ein Westdeutscher beherrschen muß und besser. Robert hat die Obsession, hinter allen Vorgängen von oben absichtsvoll geschmiedete Pläne zu vermuten. "Der Vorteil dieses Wahnes ist, daß an allem, was geschieht, etwas Äußeres Schuld hat. [...] Robert ist niemals selber schuld. – Indem ich diesen Einwand denke, kehrt er sich um. Wer hat eigentlich Vorteile von welcher Denkweise?" (S. 92). Ein anderer Schriftsteller-Kollege, noch im Osten lebend, aber schon für die nächste Zeit wegen Dissidententum auf seine Umsiedlung vorbereitet, stolpert beständig über die "besitzanzeigenden Fürwörter 'ihr' und 'wir' und 'bei uns' und 'bei euch'" (S. 117). Seine Sprache konterkariert seine Vorsätze. Scharfsinnig analysiert Schneider Gesprächsabläufe, stereotype Argumentationsmuster, Ausweichstrategien, die tiefsitzende Positionen, unterschiedliche Erfahrungen und Befangenheit sichtbar werden lassen – auch bei ihm selbst. Treffend schreibt er z.B. über das Phänomen bei den Linken, wenn sie mit einem Ostdeutschen sprechen, die Fehler des anderen Lagers mit dem Hinweis auf die Fehler im Westen zu überbieten.

Schneiders Buch verfügt über keine erzählerische Einheit. Anekdoten, Geschichten verschiedener Sprecher, Witze, Beobachtungen, kleine Genrebilder und Reiseberichte werden aneinandergehängt. Im Unterschied zu Ost-West-Geschichten wie Johnsons *Zwei Ansichten* (1965) oder Christa Wolfs *Der geteilte Himmel* (1963) gehören Schneiders Figuren nirgendwo hin, sie sind Heimatlose. Auch der Ich-Sprecher möchte sich am liebsten keinem der beiden deutschen Teile zuordnen und erprobt den Gedanken: "Was wäre aus mir geworden, wie würde ich denken, wie sähe ich aus, wenn" (S. 16). Johnsons und Wolfs Geschichten waren Romeo- und Julia-Geschichten vom Scheitern an der innerdeutschen Grenze. Schneiders Ich-Sprecher erzählt diese Ost-West-Liebesgeschichte ganz neu und anders: Er hat seine Freundin in den Westen gebracht. Die Vereinigung der beiden Teile Deutschland scheint geglückt. "Das Bild, das ich mir anfangs von Lena machte, entsprach dem undeutlichen Wunsch nach Vervollständigung" (S. 94). Doch auch diese Utopie zerbricht an der Unverrückbarkeit eingefahrener Vorurteile. Der Erzähler verliert Lena an Robert, den aus dem Osten geflüchteten Schriftsteller.

Schneiders Text, der eine Komödie werden sollte, hat mehr von einer Tragödie an sich – nicht weil er die Sonntagsreden vom Drama der deutschen Teilung wiederholt, sondern indem er sich dem Alltag ungeschönt stellt. Seine Berliner Lebensbilder sind dort aufgenommen, wo man die Gemeinsamkeit *und* die Trennung nicht übersehen kann, wo man alltäglich mit beidem konfrontiert wird. "Je weiter weg von der Grenze, desto ungenierter bildet das jeweilige halbe Volk sich ein, ein ganzes zu sein." (S. 8). Bitter bemerkt der übergesiedelte Schriftsteller Robert: "Wen kümmert die Teilung außer ein paar Politikern, die auch nur so tun, weil sie von Leuten gewählt werden wollen, die erwarten, daß sich wenigstens die Politiker für die deutsche Frage interessieren." (S. 21). "In Deutschland, scheint es, heilt die Zeit die Wunden nicht, sie tötet das Schmerzempfinden." (S. 31).

Welche Perspektive bleibt also? Der Ich-Sprecher des Buches kann sich weder mit einem Teil Deutschlands noch – was wegen der Verschiedenheit widersinnig wäre – mit beiden identifizieren. So bleibt einzig die Sprache als Substitut für Nationalgefühl (S. 124f.). Mit dieser Ansicht steht Schneider nicht allein. Die These von der Kultur- und Sprachnation wurde zumindest seit den frühen 80er Jahren von den Vordenkern der Linksparteien vertreten. Sie waren sich darüber einig, daß man nach der Desavouierung der Rede von Volk und Nation im sog. Dritten Reich den Gedanken an einen Nationalstaat aufgeben müsse.[7] Die gleiche These fand ihren stärksten literarischen Anwalt in Günter Grass.

---

7   Vgl. *Reden über das eigene Land. Deutschland*. München: Bertelsmann 1984. Darin die Rede von Otto Schily (damals noch bei den Grünen), S. 33–51.

Wenn Grass im *Treffen in Telgte* (1979) die Literaten des 17. Jahrhundert sich versammeln läßt, so ist diesen politisch nichts gemeinsam, sie kommen aus den unterschiedlichsten Heimatländern. Das Reich, ohnehin nur ein schwaches gemeinsames Dach, liegt am Ende des Dreißigjährigen Krieges vollends in Trümmern. Alle aber sprechen die gleiche Sprache, und die deutsche Literatur ist ihr gemeinschaftliches Anliegen. Historisch gesehen ist Grass' Theorie vom Primat des gemeinsamen Sprachbandes unverrückbar richtig. Ein kulturell begründetes Nationalgefühl gab es längst, bevor die Deutschen 1870 einen Nationalstaat vorweisen konnten. Grass freilich wendet diese Erkenntnis auf die Gegenwart an. Hier beginnt das Problem. In der Zeit vor 1870 bestand Deutschland aus regional bestimmten Vaterländern, mit denen sich die Bewohner so stark identifizierten, daß diese Verbundenheit teilweise bis heute tiefer wurzelt als das Gefühl, Deutscher zu sein. Diese deutsche Vielstaatlichkeit war gewachsen und nicht, wie die beiden deutschen Staaten nach dem 2. Weltkrieg, ideologisch determiniert.

Grass' These von der deutschen Kulturnation, die in zwei deutschen Staaten lebt, macht aus dem Verlust der Nationalität einen Gewinn. Einen Nationalstaat im Bismarckschen Sinne *dürfe* es für Deutschland in Zukunft gar nicht mehr geben.

> Von Herder bis Hebel, von Trakl bis Storm. Pfeift auf die Grenzen. Wünscht nur die Sprache geräumig. Seid anders reich. Schöpft ab den Profit. Denn Besseres (über die Drahtverhaue hinweg) haben wir nicht. Einzig die Literatur (und ihr Unterfutter: Geschichte, Mythen, Schuld und andere Rückstände) überwölbt die beiden sich grämlich abgrenzenden Staaten. Laßt sie gegeneinander bestehen – sie können nicht anders –, doch zwingt ihnen, damit wir nicht weiterhin blöde im Regen stehen, dieses gemeinsame Dach, unsere nicht teilbare Kultur auf.[8]

Paradoxerweise traf Grass' These in eine Zeit, als sich die Ansicht, es gäbe analog zu den zwei Staaten inzwischen zwei deutsche Literaturen, bei Autoren und Literaturwissenschaftlern durchzusetzen begann (vgl. oben Kap. 13). Heinrich Böll: "Nicht nur politisch, auch was Kunst und Literatur anbetrifft, ist die Spaltung perfekt. [...] Kaum zwei Literaturen sind weiter voneinander entfernt als die beiden der Hälften Deutschlands, von denen man nur in sentimentalen Augenblicken sagen kann, daß sie die gleiche Sprache sprächen."[9]

Einige DDR-Autoren fühlten sich von Grass' Gedanken einer Kulturnation vereinnahmt. Hermann Kant nahm die von der ostdeutschen (Aufbauverlag) differierende westliche (Luchterhand) Auswahl in seiner Sammlung *Unterlagen* (1982) zum Anlaß, im Vorwort zu betonen, "daß die in der DDR entstehenden Geschichten, Gedichte und Stücke in ihrer Summe längst etwas Eigenes haben und in Zustimmung und Widerspruch die Zeichen ihrer Herkunft tragen." (S. 9).

---

8 *Kopfgeburten*, S. 119.
9 Zit. nach Wilhelm Voßkamp: Zwei deutsche Staaten – eine deutsche Literatur? Eine Rede zum 17. Juni. In: *DD* 19 (1988), S. 308–323, hier S. 308.

Neuerdings wird ja wieder bestritten, was eine Weile schon ausgemacht schien, daß nämlich die Literatur der Bundesrepublik Deutschland und die der Deutschen Demokratischen Republik zwei in ihrem Charakter unterschiedliche Literaturen seien. In dem hier vorgelegten Bändchen darf man getrost einen Beitrag zu diesem Streit erblicken. [...] Indem man es nun mit einer Auswahl aus einer Auswahl zu tun hat und indem sich die eine von der anderen so unterscheidet, wie und *weil* sich Publikum, Lesehaltungen, gesellschaftlicher Platz und Selbstverständnis der Literatur in der BRD einerseits und der DDR andererseits voneinander unterscheiden, scheint mir die These von den zwei Literaturen Unterstützung zu erfahren. (S. 7)

Auch wenn von Stephan Hermlin andere Töne zu hören waren – "Letzten Endes bin ich [...] beheimatet in der deutschen Dichtung und der deutschen Musik, in der bin ich zuhause"[10] –, so war das Ausweichen in die Kulturidee keine Antwort auf die pragmatisch-politische Frage nach der staatlichen Zukunft, ganz zu schweigen von den offensichtlichen Leiden, die durch die Zweistaatlichkeit immer wieder hervorgerufen und von Kulturoptimisten großzügig vernachlässigt wurden.

Ein anderes, und in seiner Art unerwartetes Konzept legte 1988 Martin Walser vor. Sein Vortrag "Über Deutschland reden", gehalten am 30. Oktober 1988 in der Reihe der Münchner *Reden über das eigene Land*, mündete in einen Skandal. Walser hatte in einer Weise an der deutschen Einheit festgehalten, wie es für einen Linken, als der er stets galt, bislang unerhört war. Walsers Thesen lassen sich folgendermaßen zusammenfassen:

1. Die Gespaltenheit der Nation ist "eine andauernde Quelle der Vertrauensvernichtung".[11]

2. Der Deutsche, der sich mit keinem der beiden Teile identifizieren kann, befindet sich in einem Identifikationsnotstand. Er weiß nicht, wo er hingehört.

3. Wir verdrängen schuldhaft ein Nationalgefühl, das in Wirklichkeit sehr wohl vorhanden ist oder vorhanden sein könnte.

4. Die antifaschistischen Kundgebungen sind erstarrt. "Darüber müssen einmal Geschichtsschreiber sich wundern: wie viele bedeutende Leute Jahrzehnte nach der Erledigung des Faschismus ihren Zorn *und* ihr gutes Gewissen lebenslänglich durch antifaschistische Regungen belebten."[12]

---

10 Wo sind wir zuhause? Gespräch mit Klaus Wagenbach, Frühjahr 1979. In: Stephan Hermlin: *In den Kämpfen dieser Zeit*. Berlin: Wagenbach 1995, S. 26–36, hier S. 33.
11 Diese Formulierung findet sich schon in Walsers Essay: Händedruck mit Gespenstern (1979). In: *Über Deutschland reden. Aufsätze und Reden*. Frankfurt a.M.: Suhrkamp 1988 (= es 1553), S. 7–23, hier S. 15.
12 *Über Deutschland reden*. In: Ebd., S. 76–100, hier S. 86.

Insbesondere die letzten beiden Thesen lösten sehr kontroverse Diskussionen aus. Allein in der *Zeit* bekam man drei Erwiderungen zu lesen,[13] u.a. von Jurek Becker, der schrieb: "Ich behaupte ja nicht, daß eine faschistische Machtergreifung vor der Tür steht. Aber diese Sache zum Schnee von gestern zu erklären, dazu gehört schon eine stark schönfärberische Energie."[14] Die Walser-Bubis-Debatte von 1999 war hier in frappierender Weise vorweggenommen. Walser hatte mit seiner Rede in irritierender Weise das Problem des geteilten Deutschland emotionalisiert. Er evozierte "Vaterlandsgefühl", er sprach von dem zerschnittenen "Vaterlandsleichnam" und forderte: "wir müssen die Wunde namens Deutschland offenhalten".[15] Solche Sätze paßten nicht zu einer Zeit, da man sich an die Existenz zweier deutscher Staaten längst gewöhnt hatte, und jeder Versuch, hieran etwas ändern zu wollen, als revanchistisch galt.

Daß Walser von der Geschichte im nachhinein bestätigt werden sollte, konnte keiner ahnen. Er selbst hatte ja über die Frage der deutschen Nation in den 60er und frühen 70er Jahren noch ganz anders gedacht; erst unter dem Eindruck der Ereignisse 1975–79, besonders angesichts der Spionage-Affäre um Willy Brandt, hatte sich seine Meinung geändert, zögernd und tastend zunächst – 1979 sprach er von seinem "Bedürfnis nach geschichtlicher Überwindung des Zustands Bundesrepublik" noch als "Gespenst"[16] – in späteren Jahren aber immer nachdrücklicher. Die Folge war, daß man ihm vorwarf, er sei ins rechte Lager abgewandert.

Im Grunde war die Rede von 1988 die logische Fortsetzung der poetischen Idee, die Walser ein Jahr zuvor seiner Novelle *Dorle und Wolf* zugrunde gelegt hatte.[17] Im Mittelpunkt dieser Novelle steht der DDR-Spion Wolf Zieger, ein Spion aus Überzeugung. Er will mit seinen Mitteilungen über westliche Technologie sozusagen die deutsche Teilung überwinden. Ursprünglich freilich war Wolf zu seiner Spionage auf andere Weise gekommen: Er hatte als Musikstudent in Leipzig seinen Professor geohrfeigt, und war daraufhin von den Behörden unter Druck gesetzt worden.

> Erst als er herüben war, suchte er nach Gründen für das, was er tun sollte. Er erlebte, wie die zwei deutschen Teile auseinanderstrebten, immer bösartiger wurden gegeneinander. Immer verständnisloser, empfindungsloser, wahrnehmungsloser. Den einen Teil über den anderen informieren hieß Landes-

---

13 Nr. 47, 18.11.1988 (J. Becker), Nr. 49, 2.12.1988 (P. Glotz), Nr. 36, 1.9.1989 (F.J. Raddatz)

14 *Die Zeit*, Nr. 47, 18.11.1988.

15 *Über Deutschland reden* (wie Anm. 11), S. 89 (Selbstzitat aus einer 1977 in Bergen-Enkheim gehaltenen Rede). Bereits 1984 hatte Werner Herzog bei seiner Rede in der gleichen Reihe zu einem noch drastischerem Bild gegriffen und Deutschland mit einer schönen Frau verglichen, die in ihrem eigenen Blut liegt. *Reden über das eigene Land. Deutschland*. München: Bertelsmann 1984, S. 72–97, hier S. 96f.

16 Händedruck mit Gespenstern (wie Anm. 11)S. 23.

17 *Dorle und Wolf. Eine Novelle*. Frankfurt a.M.: Suhrkamp 1987. Alle Zitate nach dieser Ausgabe.

verrat. In beiden Teilen. Welches Land verriet man denn da? Deutschland nicht ... (S. 44)

Wolf leidet an der deutschen Teilung geradezu körperlich, er empfindet sie wie eine Art Phantomschmerz. Er weiß, daß er die fehlende Hälfte nicht ergänzen kann, aber er kann auch seinen Schmerz nicht unterdrücken. Wolfs Dasein ist also zerrissen zwischen seinem Leben im Westen und seinem Arbeiten für den Osten. Gespalten ist auch sein Privatleben.[18] Seine Frau Dorle, die er liebt, betrügt er regelmäßig mit deren Kollegin Sylvia, obgleich er keine allzu große Lust dazu hat. Die Treffen mit der sinnlichen Sylvia dienen seiner Arbeit: Sylvia beliefert ihn als Angestellte des Verteidigungsministeriums mit Material.

Walsers Formulierungen aus der *Rede über Deutschland*, sein Wort vom "Identifikationsnotstand" und von der "Vertrauensvernichtung", finden am Fall dieses Protagonisten ihre Erläuterung. Wolf "sehnte sich nach Gefühlen, denen er zustimmen konnte. Er konnte nicht ewig im Zustand der Selbstablehnung leben. Der zunehmenden Selbstablehnung. Geteilt wie Deutschland, dachte er." (S. 43). "Wir sind Halbierte", denkt Wolf in Betrachtung der Passanten auf einem deutschen Bahnsteig. "Die anderen Hälften liefen in Leipzig hin und her [...] Und keiner würde, fragte man ihn, sagen, ihm fehle seine Leipziger Hälfte, sein Dresdener Teil, seine mecklenburgische Erstreckung, seine thüringische Tiefe." (S. 55).

Wolfs Zwangslage nimmt schließlich unerträgliche Formen an, als seine Frau Dorle schwanger wird. Er beschließt, sein Leben in Ordnung zu bringen und liefert sich selbst der Staatsanwaltschaft aus, um Dorles willen, aber ebenso um seiner selbst willen: um herauszukommen aus dem "Niemandsland" (S. 52, 116 u.ö.) des Doppellebens.[19] Die Strafe, die Wolf erhält, übersteigt seine Erwartungen bei weitem. Genüßlich führt ihm der Richter seine Schuld, aber auch die Lächerlichkeit seiner Lage vor: Seine Informationen waren all die Jahre nutzlos, er selbst war längst enttarnt. Für Wolfs Motive kann der Vorsitzende kein Verständnis aufbringen, denn ihm fehlt es – wie konnte es anders sein – an Schmerzempfindung für die deutsche Teilung. Der Richter, so Wolf, "hatte ihm gezeigt, wie man in einem Teil lebt, als wäre es das Ganze" (S. 175). Wolf aber bekehrt sich nicht zu einem pragmatischen Realismus. Ungeachtet aller Sympathielenkung zugunsten des Protagonisten wird spätestens jetzt klar, daß Zieger – auch – ein unrealistischer Spinner ist, zu dem der Text an manchen Stellen auf ironische Distanz geht.[20] In der Übertriebenheit seiner Ideen stellt sich aber,

---

18 Walser tut fast etwas zu viel des Guten, wenn er noch ein weiteres Symbol für Wolfs Halbiertheit einfügt: Wolf, der ehemals gute Pianist, spielt nur mehr mit einer Hand, der rechten oder der linken.

19 Die Formulierung erinnert stark an Peter Schneiders Wortgebrauch. Auch Schneider bezeichnet in *Mauerspringer* den Deutschen der Zwischenstaatlichkeit als einen Niemand, seinen Ort als das Niemandsland.

20 Wolf glaubt am Schluß der Novelle, er werde schreibend gleich "abheben". "Abheben", "liften" kennzeichnet in Walsers Diktion das Übermächtigwerden des Ideellen vor dem Realen – vgl. *Mein Schiller* (Dankrede zur Verleihung des Schiller-Gedächtnispreises,

wenn auch in Verzerrung, das Leiden dar, das von der Mehrheit der Deutschen nicht mehr empfunden oder doch verdrängt wurde. In seiner Zelle wendet sich Wolf seiner zur reinen Idee gewordenen Hoffnung, die Trennung endgültig aufheben zu können, um so intensiver zu. Bezeichnenderweise soll dies durch Schreiben, durch Briefe an seine Frau, ins Werk gesetzt werden. Wolfs Eheproblematik ist mit der Deutschland-Problematik gleichgeschaltet: Erst hatte der ostdeutsche Staat Wolf dazu gebracht, Dorle zu betrügen, nun trennt der westdeutsche Staat ihn von Frau und Kind. Das Erzählen, die Literatur – so muß man den Schluß der Novelle wohl verstehen – sind das einzige, wodurch das hergestellt werden kann, was die politische Wirklichkeit verweigert: die Einheit.

Der Schluß von Walsers Novelle scheint noch einmal das Grasssche Konzept von der Einheit in Sprache und Literatur zu zitieren. Er bricht es aber ironisch. Das Deutschlandbild dieser Novelle läßt sich nicht auf das Kulturell-Geistige reduzieren, es ist sinnlich-konkret. Die eigentliche Besonderheit von Walsers Buch liegt in der Verwendung einer stark emotionalen Bildlichkeit im Zusammenhang mit der deutschen Frage. Die Beziehung des einzelnen zum Vaterland mit Liebe, Freundschaft, Religion, Ehe zu vergleichen, ja sie womöglich noch über diese Gefühle zu stellen, war für die Deutschen des 19. Jahrhunderts ebenso selbstverständlich gewesen, wie es nach 1945 mit einem Tabu belegt war. Walsers Ehe-Metaphorik in *Dorle und Wolf* hat – wenigstens teilweise – dieses Tabu durchbrochen.

Walser hat seine Geschichte Novelle genannt; wir wissen bereits aus der Betrachtung seiner früheren Novelle *Ein fliehendes Pferd*, wie genau er es mit den Gattungsvorgaben nimmt (vgl. oben Kap. 4). Der Text weist die gattungsgemäß geforderte "unerhörte Begebenheit" auf und knüpft thematisch an Traditionen der Künstlernovelle (Wolf als verhinderter Pianist) und der politisch-allegorischen Novelle an. Dergleichen Anspielungsreichtum und Ideenbefrachtung verlangt nach Entlastung. Walser findet sie – wie in seiner ersten Novelle – wieder in einer Kreisbewegung des Textes: Am Ende beginnt der Anfang. Wolf erzählt Dorle sein Leben.

"Wenn sich das Gespräch um Deutschland dreht, weiß man aus Erfahrung, daß es ungut verlaufen wird. [...] Das Ende ist Trostlosigkeit", hatte Walser in seiner Rede über Deutschland gesagt.[21] Diese Trostlosigkeit war das Resultat von Ratlosigkeit. Walser betont in seinen essayistischen Beiträgen, in sich selber gespalten zu sein.[22] Daß er aus dieser Ratlosigkeit heraus eine mit emotionaler

---

1980, in: *Liebeserklärungen*. Frankfurt a.M.: Suhrkamp 1983, S. 155–171, z.B. S. 170) und die Anspielungen auf die *Jungfrau von Orleans* in der vorliegenden Novelle (z.B. S. 32). Auf die Beziehung zwischen *Dorle und Wolf* und Walsers Schiller-Interpretation hat Paul F. Reitze hingewiesen: Die Heilige Jungfrau von Bonn. In: *Die Welt*, 21.3.1987. Ironische Distanz mag übrigens schon in dem Namen der Hauptfigur stecken: Wolf Zieger läßt an die Märchenantagonisten Ziege und Wolf denken.

21 *Über Deutschland reden* (wie Anm. 11), S. 79.

22 Vgl. *Über Deutschland reden* (wie Anm. 11), S. 88: "Ich könnte nicht einen einzigen praktischen Schritt nennen zur Überwindung des tragikomischen Un-Verhältnisses

Metaphorik befrachtete Novelle schrieb, hat ihm die Kritik übel genommen. Martin Lüdke drückte seinen Einwand ziemlich krud aus, als er in der *Zeit* schrieb: "Martin Walser ist auf die deutsche Frage gestoßen und darum, so scheint es, auf den Hund gekommen."[23] Mag man dem Text auch künstlerische Schwächen vorwerfen, so fällt doch auf, daß die in ihm vorgetragenen *politischen* Thesen so wenig Echo fanden, obgleich auch kritisch eingestellte Rezensenten wie etwa Martin Lüdke dem Buch zuerkannten, ein sonst gern verdrängtes Problem aufgegriffen zu haben.

Diese mangelnde Resonanz hängt wohl damit zusammen, daß Walser die Deutschlandproblematik als Ehe- und Treueproblematik darbietet und sie auf der Ebene des Gefühls behandelt. Für die weit überwiegende Mehrheit der Deutschen war 1987 Deutschland kein Gefühlskomplex und Walsers Metaphorik daher peinlich. Zwei Jahre später sahen die Dinge freilich ganz anders aus.

1991 brachte Walser seine zweite poetische Bearbeitung des deutsch-deutschen Problems heraus: *Die Verteidigung der Kindheit*. Obwohl zwei Jahre nach der Wende erschienen, handelt es sich um ein Buch, das zwar das Leiden an Deutschlands Teilung sehr spürbar macht, dessen Protagonist sich aber an der Wiedervereinigung nicht mehr freuen kann. Sie kommt für ihn zu spät.

Alfred Dorn, der Held in *Die Verteidigung der Kindheit*, muß seine Heimat Dresden opfern, um sich beruflich qualifizieren zu können: Wegen seiner apolitischen Haltung kam er als Jurastudent in Leipzig auf keinen grünen Zweig. Er wechselt 1953 an eine Westberliner Universität über, leidet unter den stets neuen Schikanen für Grenzgänger und bleibt schließlich im Westen hängen. Hier aber, in Berlin und später in Wiesbaden, führt er das Leben eines Entwurzelten, das in den letzten Jahren sogar peinlich absurde Züge annimmt. Nun würde man Walsers Roman freilich mißverstehen, führte man Dorns Scheitern einzig auf die Trennung von der sächsischen Heimat zurück. Trotz seiner einprägsamen Szenen von Passierschein-Bürokratie, Postdebakeln und Zollkontrollen begnügt sich der Text nicht mit der politischen Oberfläche. Dorns Probleme sitzen tiefer, sind letztlich Produkt seiner von früh auf durch traumatische Ereignisse gestörten Persönlichkeit. Dorn hat ein Verlusttrauma: Die Bomben auf Dresden nahmen ihm nicht nur seine prägende Umgebung, sondern auch ganz konkrete persönliche Erinnerungsstücke; dazu kam der drohende Verlust der Eltern durch Trennung und Scheidung. Dorn reagiert mit übermäßigem Klammern und obsessivem Sammeln. Seine starke Liebe zur Vaterstadt ist nur ein Teilaspekt seiner pathologischen Mutterbindung. Diese wiederum gründet in seiner Unfähigkeit, Vergangenes und Verlorenes zurückzulassen, sei es das Dresden vor der Bombardierung, sei es die eigene Kindheit. Jenseits des psychopathologischen Aspekts bleibt Dorn aber doch auch ein exemplarischer Typus. In seiner hohen

---

zwischen den beiden Deutschländern." (Selbstzitat aus einer Rede von 1977). Vgl. *Dorle und Wolf*: "Tragikomödie Deutschland" (S. 164).

23 Nichts Halbes, nichts Ganzes. Martin Walsers deutsch-deutsche Novelle. In: *Die Zeit*, 27.3.1987.

Sensibilität, seiner Feinsinnigkeit, Weichheit und Ich-Schwäche eine echte Walserfigur, verkörpert er eben jenes Leiden an Deutschland, jene Leidensfähigkeit, die der Masse der (West-)Deutschen fehlte: Die zunehmende Undurchlässigkeit der Grenze, die Demütigungen durch die DDR-Bürokratie und die Kälte der westlichen Konsumgesellschaft sind für ihn mehr als schlimme Accessoires, sie bedrohen seine Existenz, brechen seine Persönlichkeit. So verzerren sich in Dorn berechtigte Anliegen und edle Gefühle ins Krankhafte. Seine Mutterliebe muß sich in einem tempelgleichen, marmornen Grabmonument manifestieren, sein Kampf gegen Geschichtslosigkeit und Vergessen desavouiert sich selbst in einem wahnhaften und gigantischen Museumsprojekt.

Walser hat die Figur des 1929 geborenen, 1953 in den Westen übersiedelten und 1987 an einer Überdosis Schlaftabletten verstorbenen Dresdners nicht frei erfunden: In drei großen Kisten war ihm schon vor der Wende der Nachlaß eines Juristen zur Verfügung gestellt worden. Aus den hier vorgefundenen Fotos und Dokumenten sowie aus den Ergebnissen persönlicher Recherchen formte er die Lebensgeschichte seiner Figur Alfred Dorn: Muttersöhnchen und (fast) pianistisches Wunderkind, Einserabiturient und Viererjurist, potentieller Schriftsteller und verhinderter Homosexueller, ein wunderbares Kind, das zu allen Hoffnungen berechtigte, und dann ein mehr als wunderlicher Mann und eine gescheiterte Existenz.

Die eigentliche deutsch-deutsche Leistung dieses Romans liegt in der Art, wie der Autor sich in seine Figur eingelebt hat. Hier wird DDR-Alltag von den Kleinigkeiten der Schule, des Hauses, der Umgebung bis hin zu sprachlichen Besonderheiten mit einer solchen Genauigkeit vorgeführt, daß man glauben möchte, der Text müsse von einem Dresdner abgefaßt sein. Alle Tugenden der dokumentarischen Arbeitsweise führt Walser hier vor, als wollte er die Ideale seiner schriftstellerischen Jugend (vgl. sein Vorwort zu E. Runges *Bottroper Protokollen*) noch einmal legitimieren. Größte Gewissenhaftigkeit und Gründlichkeit der Recherchearbeit lassen ein Bild von überzeugender Authentizität entstehen. In seiner Person hat der Autor Walser mit diesem Roman die deutsche Teilung überwunden, indem er sich als Meersburger Alemanne in einen Dresdner Sachsen verwandelt hat. Damit steht der Roman fast einmalig da in einer nach wie vor in vieler Hinsicht getrennten Literatur.

15. Wiedervereinigung

Häufig hört man die Klage, Literatur fände in der heutigen Gesellschaft keine Resonanz und sie reagiere auch ihrerseits nicht auf gesellschaftliche Aktualität. Solchen Behauptungen widerspricht die große Aufmerksamkeit, die Autoren und Lesepublikum der Wiedervereinigung der beiden Teile Deutschlands entgegenbrachten. Nicht nur ist eine Fülle von Essays erschienen, auch Romane und Erzählungen, die in irgendeiner Weise jene Zeit, ihre Stimmungen und Ereignisse reflektieren, liegen in großer Zahl vor. Teils verwenden sie die Wendezeit als Hintergrund für die Darstellung eines anderen erzählerischen Anliegens (Jurek Beckers *Amanda Herzlos*, 1992). Teils läßt sich ein Wiederaufleben dokumentarischer Schreibweisen beobachten, so daß eine fiktionale Darstellung zeitgeschichtliches Material integriert (Erich Loests *Nikolaikirche*, 1995). Eine dritte Möglichkeit besteht darin, politische und gesellschaftliche Ereignisse zwar nicht direkt zu thematisieren, aber sie als Bedingung für das Erzählte durchscheinen oder chiffriert zu Wort kommen zu lassen (Monika Marons *Animal triste*, 1996). Diese letztgenannte Variante ist vom literarischen Standpunkt aus besonderes interessant, weil sie ihr Material aus tieferen Schichten holt.

Der Ruf nach *dem* Wenderoman[1] freilich hat etwas Bedenkliches. Wer ihn so vehement fordert und hier und da auch schon entdeckt zu haben glaubt, übersieht die Komplexität und individuelle Brisanz des Gegenstandes, dem unmöglich ein einzelnes Werk gerecht werden kann. Er betrachtet überdies den Schriftsteller als *den* Repräsentanten und berufenen Interpreten seiner Epoche – eine Rolle, die zwar von Herweghs bis zu Honeckers Zeiten den Dichtern immer wieder zugewiesen wurde, die aber gerade durch Erfahrung inzwischen hätte suspekt werden müssen – man denke nur an die gesinnungsmäßige Verpflichtung der Literatur im Sozialismus.

Es sieht gegenwärtig so aus, als kümmere die Wiedervereinigung westdeutsche Schriftsteller weniger.[2] Dies verwundert nicht, änderte sich doch für sie fast nichts an ihrer persönlichen Lebensführung. Schriftsteller aus den neuen Bundesländern hingegen hatten seit 1989 die Veränderung ihrer Lebensverhältnisse und eine ideelle Neuorientierung zu verkraften. Keineswegs ist es mit der Enttar-

---

1 Vgl. Stephan Reinhardt: Sechs Jahre Wende und kein Roman. In: *BZ*, 28.10.1995.
2 Vgl. Andreas Isenschmid: Literatur nach der "Wende" – die Situation im Westen. In: *NDL* 41 (1993), H. 8 ,S. 172–178, bes. S. 175. Helge Malchow/Hubert Winkels: *Die Zeit danach. Neue deutsche Literatur*. Köln: Kiepenheuer & Witsch 1991, S. 11.

nung von Stasi-Mitarbeit getan; "Trauerarbeit" und Verlustbewältigung ist zu leisten.[3] Literatur kann und muß der Ort sein, wo es (noch) möglich ist, Ängste zu thematisieren, den Verlust gewohnter Lebensformen und hochgehaltener Hoffnungen zu beklagen, das Problem ins Auge zu fassen, daß man sich auf der womöglich "schwächeren Seite" befindet. Angesichts des totalen Bonitätsverlusts der DDR sehen deren ehemalige Bürger auch ihre eigene Vergangenheit entwertet. Andererseits bedeutet die Wende auch eine ungeahnte Möglichkeit zum Neuanfang; also wird die Literatur nicht nur zurück, sondern auch in die Zukunft blicken – wozu sich freilich gegenwärtig noch nicht sehr viele Schriftsteller in der Lage sehen.

Bedenkt man, daß die Wende die Bürger in den neuen Bundesländer wesentlich stärker betroffen und die dortige Literatur das Thema stärker aufgegriffen hat, so muß die Fixierung der westdeutschen Öffentlichkeit auf "ihren" Repräsentanten Günter Grass peinlich wirken. Die Mediengesellschaft neigt dazu, Fachvertreter zu benennen, die jeweils für ihre Sparte zuständig sind. Nun legte 1995 dieser vermeintliche Repräsentant der deutschen Schriftstellerei ein dickes Buch vor, das noch dazu von einem beispiellosen Werbefeldzug begleitet worden ist.[4] Auch Literatur bewährt sich nicht mehr (nur) durch Qualität, sondern durch Vermarktung. Kein Wunder, daß die Rede ging von *dem* erwarteten Wenderoman. Die Schärfe der Verrisse und Verdammungen, die *Ein weites Feld* trafen, hängt wohl mit den überspannten Erwartungen zusammen. Für den Warencharakter von Literatur ist dies freilich kein Unglück, steigern doch Verrisse den Absatz.

Den Wenderoman gibt es bis heute nicht. Statt des großen Romans. in dem uns ein großer Meister unsere Situation letztgültig erklärt, gibt es viele Stellungnahmen und Sichtweisen. Verständlicherweise sind diese nicht ausgewogen und abgeklärt, sondern, v.a. wenn sie von ehemaligen DDR-Bürgern stammen, stark emotional und nicht selten trist grundiert. Neue Utopien sind nicht in Sicht. Verlust der Wohnung und des Arbeitsplatzes, Entfremdung von Freunden und Familienangehörigen, Orientierungslosigkeit bestimmen das Lebensgefühl. Ein Arsenal von Symbolen oder Metaphern steht zur Verfügung, um die neue Fremdheit dingfest zu machen: Wohnung, Dekor, Kleidung, Raum- und Zeitgefüge (*Die Überfliegerin*), Geschlechterbeziehung oder Körpermetaphorik (*Unter dem Namen Norma, Animal triste, Nox*), biographische Verwicklungen (*Abschied von den Feinden, Schubumkehr*). Da sich "Heimat" für die Angehörigen der skeptischen 68er-Generation einzig als sprachlich-literarische Identität manifestiert (vgl. oben Kap. 15), haben auch literarische Reminiszenzen Metaphernwert (*Ein weites Feld, Die Birnen von Ribbeck, Der Spaziergang von Rostock nach Syrakus*). Jüngere Autoren

---

3   Dies betont unter Hinweis auf tiefenpsychologische Sachverhalte sowie auf Margarethe u. Alexander Mitscherlichs *Die Unfähigkeit zu Trauern* (München: Piper 1977) zurecht Julia Kormann: *Literatur und Wende. Ostdeutsche Autorinnen und Autoren nach 1989.* Wiesbaden: Dt. Universitätsverlag 1999, S. 97 u.ö.

4   Es sollen 4500 Leseexemplare verschickt worden sein.

(Thomas Brussig, Ingo Schulze) freilich können DDR-Vergangenheit und Wende-Gegenwart auch von einer flapsigen Seite nehmen. Ihre Generation war nicht mehr so ideologisch befrachtet, da für sie der Sozialismus Normalität war. Zu dynamisch, um Zeit für Nostalgie zu haben, zu jung, um sich als Verlierer zu fühlen, haben sie sich in der neuen Lässigkeit, der postmodernen Unverbindlichkeit schon eingerichtet.

Nicht vergessen sollte man, daß nicht nur die beiden deutschen Teilstaaten mit neuen Gegebenheiten zurecht kommen mußten, sondern auch deren Nachbarn, vornehmlich die östlichen in Österreich oder Ungarn. In sehr verschlüsselter Weise verarbeiten Bücher von Robert Menasse oder Terézia Mora die Situation nach dem Fallen des Eisernen Vorhangs.

Bereits 1991 erschien Friedrich Christian Delius' Erzählung *Die Birnen von Ribbeck*.[5] Trotz ihres geringen Umfangs behandelt der Text die Probleme der Wiedervereinigung umfassender als manch dicker Schmöker: westliche "Hilfsbereitschaft" und östliche Kolonialisierungsfurcht, klischeehafte Selbst- und Fremdbilder, Fremdheit trotz gleicher Sprache, ja trotz der Berufung auf ein gemeinsames literarisches Erbe. Man merkt der Erzählung an, daß ihr Autor auch ein bedeutender Lyriker ist. Sehr überzeugend sind die Exaktheit der Sprachbehandlung, die Rigorosität der Komposition – der Text bricht als ein einziger Redeschwall hervor, ohne Punkt und Pause, auch durch die vielen Biere und Schnäpse, die der Sprecher zwischendurch braucht, kaum merklich unterbrochen.

Die Fabel ist nach bewährt postmoderner Art aus einem Stück Literatur abgeleitet, Fontanes bekanntem Gedicht von "Herrn Ribbeck auf Ribbeck im Havelland", dem Kinder- und Birnenfreund. Im realen Dorf Ribbeck erscheint eines Tages nach der Wende ein Omnibus voll mit Menschen aus dem Westen. Sie bringen Biergartengarnituren mit, Bänke und Tische, Bier und Birnenschnaps westlicher Provenienz und einen Birnbaum Sorte 'Gräfin von Paris', für das Havellandklima zwar ungeeignet und in der Fruchtqualität nicht attraktiv, aber teuer und stattlich; den pflanzen sie und feiern hernach mit den Dorfbewohnern. Monologisierender Sprecher des Textes ist ein Dorfbewohner, der ungeschönt von Ribbeck und seinen Bewohnern berichtet. Da wird die Sage Fontanes entmythologisiert – nicht nur, weil aus einem Sarg keine Birnbäume wachsen, sondern weil einerseits die von Ribbeck harte Feudalherren waren und es andererseits auch den Bauern nichts nützt, mit Birnen abgespeist zu werden. Gleichwohl profitiert Ribbeck seit Fontanes Ballade von diesen Versen, das *Gedicht* spendet Segen, nicht der alte Herr von Ribbeck – eine wenig versteckte Hommage an die Literatur. Die negativen Erfahrungen überwiegen gleichwohl: Feudalherrschaft, Nationalsozialismus, Krieg, russische Invasion, Diktatur des Proletariats – alles war mit Leid und Härten verbunden. Hier wird nicht rückschauend verklärt, auch und schon gar nicht die DDR mit ihrem Spitzelwesen,

---

5 Alle Zitate nach der Taschenbuch-Ausgabe Reinbek: Rowohlt 1996 (= rororo 22015).

ihrer Abgeschottetheit nach außen, ihrem drückenden Ertrags-Soll, ihrer schlechten Verwaltung. Die Erzählungen sind nicht von ungefähr so lebensecht: Delius hat sie den Leuten von Ribbeck abgehorcht und er dankt ihnen zu Beginn des Buches für ihre Kooperation. Bei aller Freude, endlich frei von der Leber weg sprechen zu können, drückt sich in den Reden des Wortführers auch tiefe Skepsis gegenüber der jetzigen Situation aus. Sie kommt ihm wie eine Besetzung vor, symbolisch verdichtet in diesem Fest, bei dem die Ribbecker "bestaunt [werden] wie Eingeborene" (S. 13), beschenkt wie Kinder. Delius' Sprecher schafft es, das ganze Spektrum von Gefühlen in seinem Wortschwall unterzubringen, die Bitterkeit über die arroganten Wessis, über die Absatzprobleme von Ostprodukten, über die Grundstücksspekulationen und die generelle Unsicherheit der Bodenbesitzrechte.

Fontanes Birnbaum und die mit ihm verknüpfte Sage werden in Delius' Text als poetische Erfindung enttarnt. Umso mehr erweisen sie sich als geniale Metaphern für die Darstellung der Geschichte *und* Zukunft von Ribbeck. Der alte Baum war 1911 von einem Blitz gefällt worden – Hinweis auf die mit dem 1. Weltkrieg untergegangene alte Welt. Der Grundherr hatte kein Interesse an diesem Birnbaum, aber die Leute pflegten ihre Lokaltradition und pflanzten einen neuen Baum – nicht die Herren, das Volk ist Träger und Wahrer der Geschichte. Der Stumpf des alten Birnbaums wurde geborgen und existiert noch – ein potentielles Objekt für Trophäenjäger aus dem Westen. "Bitte nicht drängeln, bitte nicht mitnehmen, wegkaufen, wegräubern, wie es eure Art zu sein scheint, seit ihr uns nicht mehr Brüder und Schwestern nennt und uns verbindlich und zuversichtlich umarmt mit Eigentumsrecht, Erbrecht, Verkaufsrecht", diese Bitte glaubt der Ribbecker Sprecher seinem Bericht über den alten Baum sofort hinterherschicken zu müssen (S. 48). Der zweite Baum, den die Bewohner gepflanzt hatten, fiel den Russen zum Opfer. Die haben ihn abgehackt "aus bösem Willen gegen Ribbeck" (S. 61). Wieder ist damit eine leidvolle Epoche bezeichnet. Heimlich aber haben die Leute von Ribbeck längst selbst einen neuen Baum gepflanzt, einen inzwischen gut eingewurzelten Wildling. Daß er ganz ignoriert wird – "aber niemand will wissen, was es schon gibt oder gab, als finge die Welt ganz von vorn an" (S. 30) –, versinnbildlicht die Mißachtung der DDR nach der Wende:

> da steht er jetzt, Birnbaum Nummer drei, spendet wenig Schatten und keine Birnen, nicht schön gewachsen, aber ein Birnbaum aus Ribbeck und nicht vornehm, wie Nummer vier, die wir jetzt begießen, die "Gräfin von Paris", die bekanntlich nach Rüben schmeckt,
> so gibt es, auch wenn ihr das nicht hören wollt, längst einen Birnbaum hier, nun sind es zwei, warum auch nicht, dem alten Ribbeck wärs recht, oder sollten wir anfangen, unsern Baum zu veredeln, unsern Wildling als Unterlage für euer Edelreis, aber da müßte ein Experte anreisen und klären, ob die beiden Pfropfpartner einander vertragen, müßte beiden Bäumen Wunden zufügen mit Kopuliermesser und Kopulierhippe (S. 61f.)

Delius' Erzählung, das sei noch einmal betont, zeichnet sich dadurch aus, daß sie zwar aus der Ost-Perspektive geschrieben ist, daß diese Sicht aber bewußt verschiedenste Gefühlslagen mit all ihrer Widersprüchlichkeit einbezieht. Dahinter steht die pragmatische und unideologische Klarsicht des Autors. Es wäre "recht kurzsichtig", so Delius in einem Gespräch im Erscheinungsjahr der Erzählung, "es sich im Einheitsgedanken gemütlich zu machen. Aber ebenso kindisch, über die Einheit zu jammern".[6] Ein weiser Spruch Fontanes, der in der Ribbecker Wirtsstube hängt, könnte weiterhelfen: "Alles Alte, soweit es Anspruch darauf hat, sollen wir bewahren, aber das Neue recht eigentlich lieben" (S. 115).

Günter Grass' *Ein weites Feld* erschien 1995 und ist ein Wälzer von 781 Seiten. Trotz des Umfangs erscheint mir das Buch aber weniger differenziert als die schmale Erzählung von Delius, auch weniger lebensnah. Trotz seines Plaudertons ist es ein hochgelehrtes Buch. Reflexionen, Anspielungen, Arabesken und Abschweifungen bestimmen den Text. Dementsprechend gibt es weniger Handlung als Geschehen. Zentrale Stellen sind jeweils die Gespräche der beiden Hauptpersonen, Fonty und Hoftaller. Fonty ist der Spitzname für einen ehemaligen DDR Kulturbund-Vortragsreisenden namens Theo Wuttke. Wuttke hat wegen unpassender Äußerungen im Zusammenhang mit der Biermann-Ausbürgerung seine Tätigkeit beim Kulturbund aufgeben müssen und wurde – obwohl eigentlich schon über der Altersgrenze – Aktenträger im Berliner "Haus der Ministerien", bekanntlich das ehemalige Göringsche Reichsluftfahrtministerium. Nach der Wende übernimmt ihn das gleiche Haus, jetzt Sitz der Treuhand, als freien Mitarbeiter. Dieses Gebäude symbolisiert also – ähnlich, aber nicht so historisch ausladend wie der Birnbaum bei Delius – die Fährnisse der deutschen Geschichte. Ort und Zeit des Romans sind das Berlin der Jahre 1989–91, aber diese Jahre stellen nur die eine Ebene dar. Fonty-Wuttke, geboren genau 100 Jahre nach Theodor Fontane und – wie sich gegen Ende erweist, mutmaßlich dessen illegitimer Ururenkel – hat sich Zeit seines Lebens mit diesem seinem "Einundalles", Fontane, "dem Unsterblichen", befaßt. Nicht nur identifiziert er sich mit ihm, sondern er ist in der Tat seine Reinkarnation – der Roman nimmt also das epitheton ornans "der Unsterbliche" beim Wort. Wuttkes Existenz ist so unentwirrbar verflochten mit derjenigen Fontanes, daß der Fontane-Kenner oft schon weiß, wie es jetzt in Fontys Leben weitergehen muß. Übergangslos wie der Paternoster-Aufzug im Haus der Ministerien befördert uns das Buch anhand der Wiedergängergeschichte durch die Stockwerke der Geschichte.

Dieser Paternoster wird so oft ins Spiel gebracht, daß seine Symbolfunktion nicht zu übersehen ist: Er ist zugleich ein Rad der Fortuna, das Glück und Unglück mal nach oben, mal nach unten schaufelt, und zugleich ein Hinweis auf die ewige Wiederkehr des Immergleichen, mithin Voraussetzung für das Erzählprinzip, die Gegenwart in der Vergangenheit zu spiegeln. Da diese metaphorische Funktion des Paternoster von keinem Leser übersehen werden kann, ist es etwas irritierend, daß das Buch auf S. 526 meint, darüber aufklären zu müssen, der Paternoster sei "Symbol der ewigen Wiederkehr". Fast ist man erleichtert, wenn

---

6 Gespräch mit Helmut Peitsch. In: *WB* 37 (1991), H. 8, S. 1224–1245, hier S. 1244f.

zum Schluß just dieser allzu vielbemühte Paternoster ein Raub der Flammen wird, die Fonty mit seinem zündenden Fontane-Vortrag entfacht hat (ein weiteres Beispiel für spielerisches Beim-Wort-Nehmen).

Fonty hat einen "Tagundnachtschatten" namens Hoftaller. Auch er ist eine zeitenthobene Figur: der wiedererstandene Tallhover aus Hans Joachim Schädlichs gleichnamigen Buch.[7] Je nachdem, ob er "Hoftaller" oder "Tallhover" liest, weiß der Leser, ob er sich im Text gerade in der Gegenwart des Jahres 1989 oder in einer weit zurückliegenden Vergangenheit befindet.

Grass' Roman erntet also ein weites Feld intertextueller Bezüge ab: Fontanes Leben, Werk und Korrespondenz sowie das Buch Schädlichs – von den vielen anderen Prätexten ganz zu schweigen.[8] Grass bemüht sich außerordentlich, seine Leser über das monumentale Werk Fontanes zu unterrichten, das wenige präsent haben werden. Zuletzt (S. 744–57) läßt er noch einmal aus Anlaß von Fontys großem Auftritt im Haus der Treuhand in einer Art musikalischer Engführung alle Romane des großen Realisten Revue-passieren. Gleichwohl wird man ohne gute Kenntnisse der Werke Fontanes und auch seines Lebens, wie auch von Schädlichs *Tallhover*, viele Anspielungen nicht verstehen und viele witzige Pointen verpassen (z.B. S. 37).

Tallhover/Hoftaller hat gegenüber seinem Original bei Schädlich entschieden menschlichere Züge angenommen. Er ist nicht gerade edel und gut, aber doch hilfreich und in seiner Erscheinungsform als Hoftaller sogar kommod.[9] Von einem gefährlichen Erzspitzel hat er nichts mehr an sich. Dies führt zu einigen textimmanenten Widersprüchen. Hoftallers Drohgehabe ("Wir können auch anders …") stößt ins Leere, und die Abneigung der Familie Wuttke gegen ihn ist nicht nachzuvollziehen. Schließlich verdankt sie ihm, Fontys "altvertrautem Kumpan" (S. 515), mehrfach den Erhalt des Familienoberhaupts. Aber diese intuitive Aversion der Wuttkeschen Angehörigen fungiert wohl ihrerseits als Literaturzitat und weist Tallhover als Fonty-Fausts Mephisto aus, vor dem Gretchen schaudert.

Das Buch lebt erzähltechnisch von Rösselsprüngen durch die Epochen, von der unmittelbaren Konfrontation der Zeiten. Die Übergänge sind im Fluß der Rede absolut nahtlos, jedenfalls bei Fonty. Für Tallhover wird wenigstens

---

7 Tallhover taucht bereits in der 1994 erschienen "deutschen Geschichte" *Der Burgwart der Wartburg* von Hans Christoph Buch auf.

8 Vgl. Manfred Misch: "… eine Fülle von Zitaten auf Abruf". Anspielungen und Zitate in Günter Grass' "Ein weites Feld". In: *Deutschsprachige Gegenwartsliteratur.* Hg. v. H.-J. Knobloch u. H. Koopmann. Tübingen: Stauffenburg 1997, S. 153–166.

9 An der Verwendung und Verfremdung Tallhovers zerbrach die langjährige Freundschaft zwischen Schädlich und Grass. Der Briefwechsel zwischen den beiden Autoren zeigt, daß Schädlichs Protest gegen das DDR-Bild in *Ein weites Feld* und insbesondere gegen die Verballhornung seiner Figur bei Grass auf taube Ohren stieß. Vgl. Hans Joachim Schädlich: *Tallhover – ein weites Feld.* Autobiographische Notiz. In*: "In Spuren gehen …".* FS für Helmut Koopmann. Hg. v.a. Bartl u.a. Tübingen: Niemeyer 1998, S. 41–50. Schädlich findet seine Figur "populistisch verkehrt, also verfälscht […] durch die Verharmlosung des Stasi-Systems" (S. 50).

zwischen seinen beiden Namen unterschieden. "Fontys Hang zum alles ein-beziehenden Rückgriff" (S. 72), seine Obsession, alles zu vergleichen ("So ist mein Wuttke nun mal. Muß alles vergleichen" S. 464), ist Stärke und Schwäche des Textes. Seine Stärke, weil sie dem Vergnügen bereitet, der seinen Fontane kennt und an Verballhornungen Spaß hat; seine Schwäche aber, weil sie die erzählerische Idee des "Alles schon mal dagewesen" allzu obstinat wiederholt und die Gleichsetzung von historischen Ereignissen, v.a. der Bismarckschen Reichsgründung und der Wiedervereinigung rund 120 Jahre später, dadurch nicht überzeugender wird.

Die Handlung von *Ein weites Feld* ist fast nebensächlich. Wuttke erlebt in langen Gängen durch Berlin mit seinem "Tagundnachtschatten" die deutsche Wiederver-einigung, vom Abriß der Mauer bis zur Ermordung des Treuhandpräsidenten Rohwedder 1991. Fonty ist mit einer treusorgenden, ihn aber nicht sehr wert-schätzenden Frau namens Emilie/Emmi verheiratet und fühlt sich wie sein "Un-sterblicher" besonders hingezogen zu seiner Tochter Martha, genannt Mete. Seine Söhne sind seit Kindertagen im Westen und wollen mit ihm nichts zu tun haben. Hoftaller/Tallhover hat ausfindig gemacht, daß Wuttke/Fonty als Soldat in Frank-reich ein uneheliches Kind gezeugt hat und führt ihm seine entzückende Enkel-tochter zu. Erstaunlicherweise spricht sie fließendes und elaboriertes Deutsch, ein bißchen antiquiert, aber umso passender zu "grand-père", dessen alter ego sie in nahezu allen Stücken ist. Das Happy-End des Buches ist, daß Fonty zu seiner Enkeltochter nach Frankreich zieht. Von dort schickt er glückliche Postkarten.

Erzählt wird im klassischen Präteritum aus der gleichsam erhöhten Position eines allwissenden Erzählers. Die Erzählinstanz gibt sich zwar einen Namen: "wir vom Archiv"; dies kann aber nicht darüber hinwegtäuschen, daß es im Grunde der "Geist der Erzählung" ist, der "wir" sagt. "Wir vom Archiv" – damit sind die Mitarbeiter des Berliner Fontane-Archivs gemeint, wobei sich mitunter aus dem Kollektiv eine einzelne Person als Ich-Sprecher isoliert.

Natürlich war lange vor dem Erscheinen von *Ein weites Feld* der literarisch interessierten Öffentlichkeit klar, daß der homo politicus Günter Grass der deutschen Wiedervereinigung sehr skeptisch gegenübersteht. Grass hat sich seit den 60er Jahren gegen eine politische Wiedervereinigung ausgesprochen (vgl. oben Kap. 14). Nach 1989 verstärkte sich diese Haltung womöglich noch. Wie-derholt bezeichnete er die Wiedervereinigung, die er 1992 mit *Unkenrufen* be-dachte, auch in seinen Reden und Aufsätzen als nationales Unglück, das einzig ökonomischen Interessen diene.[10] Grass, der den Gedanken der Kulturnation

---

10 *Deutscher Lastenausgleich. Wider das dumpfe Einheitsgebot.* Reden und Gespräche. Frank-furt a.M.: Luchterhand 1990. – *Ein Schnäppchen namens DDR. Letzte Reden vorm Glockenge-läut.* Frankfurt a.M.: Luchterhand 1990. *Rede vom Verlust. Über den Niedergang der politi-schen Kultur im geeinten Deutschland.* Göttingen: Steidl 1992. Im Februar 1997 hielt Grass in Dresden eine vielbeachtete *Rede über den Standort* (Göttingen: Steidl 1997). Hier wiederholte er seine Ansicht, der Westen habe vom Osten Besitz ergriffen "wie von erobertem Feindesland" (S. 29). "Auf niederschmetternde Weise sind meine schlimm-sten Übertreibungen von der Wirklichkeit überboten worden." (S. 15).

anstelle des Nationalstaats favorisierte, lag vornehmlich die Aufarbeitung von deutscher Schuld am Herzen. Gerade deshalb, so Grass 1990 in seiner Frankfurter Poetikvorlesung *Schreiben nach Auschwitz*, wäre eine Fortdauer der Teilung als "bleibendes Brandmal unserer Geschichte" für die Deutschen heilsam.[11] Soweit die persönliche Ansicht des Schriftstellers Grass. Sie sollte aber nicht kurzschlüssig für die Interpretation eines Romans als eines eigengesetzlichen und fiktionalen Werkes herangezogen werden.

Der Roman verzeichnet zu einem großen Teil die Ansichten und Gespräche von Fonty und Hoftaller. Kommentare der Erzählinstanz ("Wir können das nicht glauben") sind selten. Es geht also nicht an, Grass wegen des Wortlauts der Repliken in seinem Buch Agitation gegen die Wiedervereinigung und Verharmlosung der DDR vorzuwerfen, wie das geschehen ist. Wenn beispielsweise nach einem Gespräch mit seinem Sohn Vater Wuttke sagt: "Was heißt hier Unrechtsstaat! Innerhalb dieser Welt der Mängel lebten wir in einer kommoden Diktatur. Glaub mir, Emmi, da drüben, ob nun in Wuppertal oder Bonn, wird auch nur mit Wasser gekocht" (S. 324f.), so ist diese Aussage aus dem erzählerischen Zusammenhang und vor dem Hintergrund des sehr belasteten Vater-Sohn-Verhältnisses zu verstehen. Fonty selbst steht seinem Staat keineswegs unkritisch gegenüber. Seine "ironischen Anspielungen auf die sozialistische Gegenwart", waren, zum Leidwesen seiner Frau, stets nur schlecht unter dem historischen Deckmantel versteckt (S. 203). Und so ist es durchaus verständlich, daß er sich über die neue Zeit freut. "Eine neue Zeit bricht an. Ich glaube, eine bessere und glücklichere [...]. Und je freier man atmet, je mehr lebt man!" – so hatte er auf dem Alexanderplatz gesagt (S. 137). Vor allem freut er sich, daß die "schreckliche und einengende Zeit der ausgewählten Reisekader" vorbei sei (S. 138). Fontys spätere, sehr bitteren und skeptischen Äußerungen anläßlich der stürmischen Einheitsfeiern in Berlin, sein von historischen Anspielungen durchsetztes und von Hoftallers Unkenrufen durchsetztes Krakeelen (S. 472ff.) über die "Einheit der Raffkes und Schofelinskis" (S. 411) wird dann stark relativiert von den Ansichten seiner Enkelin Madeleine. Sie beharrt aus verschiedenen Gründen auf den Vorzügen der Einheit (S. 470f.).

Aussagekräftiger als der Wortlaut der Repliken sind Sympathielenkung und Perspektivierung. Aus ihnen ergibt sich das Bild, das dem Leser vermittelt werden soll. Der Blickwinkel von *Ein weites Feld* ist im wesentlichen derjenige von Fonty und Hoftaller, von DDR-Kleinbürgern. Die beschränkten Verhältnisse, unter denen sie leben, werden mit der Grass eigenen Virtuosität geschildert. Keiner der beiden Protagonisten ist überzeugter Kommunist. Beide fühlen sich aber ihrem Staat verbunden, so daß die Währungsunion, das Auftauchen westlicher Geschäftsleute vom Typ des Wuttkeschen Schwiegersohnes, schließlich der 'Anschluß' für sie eine Art Degradierung darstellen. Selbst Emmi Wuttke klagt: "Wer sind wir denn, daß man uns dauernd als arme Schlucker behandelt."

---

11 *Schreiben nach Auschwitz*. Frankfurter Poetik-Vorlesung. Frankfurt a.M.: Luchterhand 1990, S. 42.

(S. 327). Die Westdeutschen spielen in diesem Buch eine klägliche Rolle, sind unsympathische Figuren und bestätigen das Stereotyp vom gefühlskalten und geldgierigen Westmenschen. Da sind die Söhne, die keinen Funken Kindesliebe für ihre Eltern haben, sondern sich nur für Geschäft und Beruf interessieren; da ist der Schwiegersohn Grundmann, ein Bauunternehmer, der im Osten das große Geld zu machen hofft, ein Angeber, den der Autor zur Strafe am Ende sang- und klanglos durch einem Verkehrsunfall verschwinden läßt. – Auf der anderen Seite stehen die Ostdeutschen. Charakterisiert werden sie durch besonders herzliche Bande untereinander (z.B. "Wir vom Archiv") oder durch ein von der Wende verursachtes bitteres Schicksal. Professor Freundlich, Jude von Geburt, Fontys Freund und Briefpartner, den er absichtsvoll mit Friedlaender, Fontanes Brief-freund, verwechselt, verkraftet sein Evaluierungsverfahren psychisch nicht und erschießt sich, weil im neuen Staat kein Platz für Juden sei. Höhepunkt des Unheils ist die Ermordung des Treuhandpräsidenten Rohwedder, zu dem Fonty ein herzliches Verhältnis hatte. Für Wuttke selbst brachte die Wende nur kurz-fristig eine Verbesserung, als er nämlich in der ersten Zeit freier Mitarbeiter der Treuhand war. Später ist für ihn dort kein Bleiben mehr. Auch die neue Reise-freiheit kann er nicht genießen: Zweimal verhindert Hoftaller mit triftigen Gründen, daß Wuttke auf Fontanes Spuren nach Schottland entschwindet. Das einzig Schottische, das ihm gegönnt ist, ist ein Besuch bei McDonald's. Die Freiheit wird als Freiheit zum Kommerz entlarvt. Erst als seine französische Enkeltochter ihn erlöst, ist Fonty wirklich frei.

Der Text bestätigt allzu viele klischeehafte Urteile. Er transportiert die Vor-stellung, daß nach der Wiedervereinigung Freiheit und Besserung der Le-bensverhältnisse in Deutschland nicht möglich sind und demonstriert dies im wesentlichen am Beispiel der Familie Wuttke. Das Buch leidet unter seiner Beschränkung im Spektrum der Ansichten. Fonty fehlt in seiner Rolle als Kom-mentator der Nation ein Gegenpart. Hoftaller kommt wegen seiner extremen Position dafür nicht in Frage; Emmi Wuttke steuert, wenn sie zu Wort kommt, nur die hausbackene Perspektive bei. Dem Buch, das so sehr von Gesprächen lebt, daß sich der Vergleich mit Thomas Manns *Zauberberg* aufdrängt, diesem Gesprächsbuch fehlt der Kontrapunkt. Statt zwei unterschiedliche Stimmen zu hören, ist der Leser gefangen in den Ansichten Fontys, der seine Gegenwartssicht von seinen Vergangenheitserfahrungen wie von Terzenparallelen begleiten läßt.

Damit soll nun nicht gesagt sein, daß Grass' Roman nicht sehr gut geschrieben und nicht unterhaltsam zu lesen sei. Wuttkes Leben erzählt sich im Plauderton. Grund zu Aufregung, Zorn und Bitterkeit[12] über die DDR-Verhältnisse findet der Text wenig, dazu gab es offenbar zu selten Anlässe, oder Fonty hat bereits das Fontanesche "Entsage!" verinnerlicht. Als aber mit der Vergrößerung Deutsch-

---

12 Dies bemerkt Marcel Reich-Ranicki in seinem Brief an Grass ("… und es muß gesagt werden". In: *Der Spiegel*, 21.8.1995) allerdings zurecht. Wiederabdruck in: *Der Fall Fonty. "Ein weites Feld" von Günter Grass im Spiegel der Kritik*. Hg. v. O. Negt. Göttingen: Steidl 1996, S. 79–87.

lands Fontys Lebensraum immer kleiner zu werden scheint, eröffnet sich ihm, dem über 70jährigen, dank seiner französischen Enkeltochter noch eine neue Perspektive. Dieser Neuanfang bedeutet freilich Flucht und Resignation: In Deutschland, so die Botschaft, kann man nicht glücklich leben.

Erich Loests *Nikolaikirche*, im gleichen Jahr wie *Ein weites Feld* erschienen (1995), ist im Leipzig der Jahre 1985–89 angesiedelt. Loests außerordentlich gründliche Vertrautheit mit dieser Stadt machte es möglich, in so souveräner Weise Historisches mit Fiktionalem zu verbinden. Im Mittelpunkt der Handlung steht eine einzige Familie; von ihr weg laufen die Verbindungsfäden zu einer ganzen Reihe von anderen Figuren, deren Schicksale als Nebenhandlungen angebunden werden. Das engmaschig geknüpfte Netz von Personen, die sich gegenseitig kennen, treffen oder irgendwie miteinander verbunden sind, erweckt den (nicht selten beklemmenden) Eindruck einer großen Sippe – ein Lebensgefühl, das wohl typisch war für die ehemalige DDR und das sich, positiv gewendet, in dem bereits erwähnten Klischee vom warmen Nest DDR erhalten hat.

Patriarch und Über-Ich der Leipziger Familie Bacher ist Alfred Bacher. In Retrospektiven, die bis in die Zeit der Weimarer Republik zurückreichen, wird dem Leser General Bacher als eine sozialistische Lichtfigur vorgestellt: Er war im 2. Weltkrieg Partisanenkämpfer, hatte mehrere Jahre in Rußland gelebt, Schulungen mitgemacht, war schließlich als hochdekorierter Volkspolizei-General 1988 gestorben. Er ist eine jener Heldenfiguren, die wir schon aus Monika Marons *Stille Zeile sechs* oder Christoph Heins *Horns Ende* kennen (vgl. oben Kap. 8). Bachers Witwe Marianne verklärt sein Andenken. Krisen werden zunächst nur in der zweiten Generation sichtbar. Die Tochter Astrid Protter, Architektin in der Abteilung Stadtplanung, reagiert psychisch auf die zunehmenden Belastungen an ihrem Arbeitsplatz: Ungereimtheiten, unsinnige Verordnungen, Schönfärberei (vgl. S. 177). Sie muß sich beurlauben lassen und kommt in eine Klinik. Auch ihre Familie befindet sich in einem desolaten Zustand. Ihr Mann Harald trinkt. Die Tochter Silke läßt sich zuhause nicht mehr sehen. Es dauert lange, bis Astrid versteht, woran sie eigentlich leidet:

> Ich finde es seltsam, daß ich erst vor kurzem darauf gekommen bin, warum ich so kaputt war: Ich hab daheim so geredet und auf Arbeit so, mit Silke anders als in der Parteigruppe, habe Zeug unterschrieben, bei dem schon die Fragestellung falsch war. (S. 324)

Loests Buch zeichnet die Geschichte von Astrid Protters langsamer Befreiung aus der Familientradition kommunistischer Linientreue, Tüchtigkeit, Tadellosigkeit. Es ist zugleich die Geschichte ihrer Gesundung. Auf ihren alten Arbeitsplatz zurückgekehrt, muß sie schon bald wieder gehen, weil sie durch Proteste gegen die Wahlfälschungen 1989 unliebig geworden ist. Schritt für Schritt nähert sie sich innerlich den Friedensgruppen um die Leipziger Kirche St. Nikolai an und findet hier einen neuen Sinn für ihr Leben. Gleiches gilt für ihren Mann und ihre Tochter. Bei der Demonstration am 9. Oktober 1989 in Leipzig sehen wir die Familie vereint, sie gehen Arm in Arm, untergehakt.

Astrids Bruder Alexander ist Hauptmann bei der Stasi. Sein Leben und seine Karriere stehen ganz im Zeichen des großen Vaters. Ein Ausscheren aus der Linie ist für ihn undenkbar. Er steht bis zuletzt seinen Mann für die Staatssicherheit, obgleich er etliche Anfechtungen durchzumachen hat. Seine Mutter muß er observieren, seine Schwester hält sich in den kirchlichen Gruppen auf, die seiner besonderen Obhut übergeben wurden. Am meisten schmerzt ihn, daß das Mädchen Claudia, das er liebt und heiraten möchte, sich ebenfalls als Angehörige von Umwelt- und Bürgerrechtsgruppen erweist. So kommen auch Alexander Bacher Zweifel:

> Warum importierten die Freunde immer mehr Weizen aus Kanada und gaben einen Teil nur gegen hartes Geld an die DDR ab? Vater, ist es richtig, daß wir das sowjetische Erdöl mit Dollars bezahlen müssen? Sag doch mal Vater! [...] Was ist das für ein Ding, das berühmte Klassenbewußtsein? Claudia ist klein-bürgerlich verkorkst, und warum bin ich anders als Astrid? Was wird aus Silke und warum läßt sich Mutter jeden Monat ein Paket von Feind Linus schicken? Guter Albert, allmächtiges Vorbild, Straßennamensgeber, wie geht es mit uns weiter? (S. 335)

Die Witwe Bacher ins Blickfeld zu bringen, gibt dem Roman Gelegenheit zu Rückblenden. Marianne Bacher hatte vor ihrem Mann, zeitweilig aber auch während der Ehe, einen Liebhaber namens Linus Bornowski. Bornowski, von Beruf Pressefotograf, war ein Jugendfreund von Alfred Bacher. Bornowski hatte sich nach dem Westen abgesetzt und dort Fotos veröffentlicht, die für das kommunistische Lager kompromittierend waren. Er wurde in den Osten entführt und zu vieljähriger Haft in Bautzen verurteilt. Gleichwohl schickt Linus Bornowski, inzwischen wieder im Westen, nach Alfred Bachers Tod dessen Witwe Päckchen und trifft sich mit ihr.

Die Schicksale der Familie Bacher werden parallelisiert mit dem Verfall des Staates. Der Blick konzentriert sich auf Leipzig. Hier sieht Loest das eigentliche Zentrum der sanften Revolution, die zur Wiedervereinigung führte. Die Vorgänge dort waren sein Schreibimpuls.

> Das wichtigste Datum im Herbst 1989 ist der 9. Oktober, dieser Montag, an dem die hochgerüstete DDR vor 70 000 Leipziger Demonstranten in die Knie ging. Gegen alles, gestand später der Volkskammerpräsident der DDR, Sindermann, war die Staatsmacht gewappnet, nur nicht gegen Kerzen und Gebete. Montag für Montag hatten sich von den Friedensgebeten in St. Nikolai aus Menschen in immer größerer Zahl für ihre Forderungen in Gefahr begeben. "Wir sind das Volk", hatten sie gerufen. "Neues Forum zulassen" und "Gorbi hilf". Wenn sie eingekesselt worden waren, hatten sie gesungen: "Brüder, zur Sonne, zur Freiheit. Brüder, zum Lichte empor." Da hatte der Polizeiknüppel am Koppel bleiben müssen. Aus den Demonstrationszügen hatte es gehallt: "Stasi in den Tagebau" und "Die Internationale erkämpft das Menschenrecht".[13]

---

13 Loest in: *Neue Zeit*, Oktober 1993. Zit. Klaus-Dieter Sommer: Es ging seinen Gang. Erich Loest: Nikolaikirche. In: *NDL* 43 (1995), H. 6, S. 164–166, hier S. 165.

Loest vermeidet in *Nikolaikirche* simple Schwarz-weiß-Zeichnung. So ist der mit der großen Demonstration am 9. Oktober befaßte General durchaus differenziert portraitiert, er hat Angst, ist über das friedliche Ende erleichtert, aber auch erbittert über die Handlungsunfähigkeit des Staates. Umgekehrt menschelt es auch auf der Seite der Bürgerrechtler. Loests Stärke sind, wie schon in seinen früheren Büchern, die Alltagsszenen und das konsequente Herleiten der jeweils gegenwärtigen Aktionen, Meinungen und Gefühle aus den Traditionen, Erfahrungen und Belastungen, die jeder einzelne mitbringt. Debatten hat er vermieden, aber in zunehmendem Maß Dokumentarisches, Faktisches eingebaut. So demonstriert Loests Roman, daß die DDR wegen ihrer eigenen Morschheit zusammengebrochen war, nicht etwa, weil revolutionäre Umtriebe ihr den Garaus gemacht oder die Programme der Bürgerrechtler die bessere Politik versprochen hätten. Die DDR ging unter, weil sie im Laufe der Zeit selbst für ihre treuesten Diener unglaubwürdig geworden war, und – bitter für die Beamten des Ministeriums für Staatssicherheit – weil der veränderte Gang der Zeit ein hartes Durchgreifen wie ehedem in den 50er, 60er oder 70er Jahren nicht mehr möglich erscheinen ließ.

Loests Buch ist spannend und gut zu lesen; trotz der Zeitsprünge findet sich der Leser zurecht, was ihm durch die finale Anlage und das konservative Erzähl-Präteritum erleichtert wird. Aufgrund des Chronikcharakters krankt die Darstellung aber an ihrer Stoffülle. Neben den Schicksalen der Familie Bacher hat der Leser die Fährnisse einer großen Zahl von Figuren zu memorieren, die freilich wunderlicherweise alle mit der Familie Bacher auf die eine oder andere Weise zusammenhängen. So entsteht ein Breitwandgemälde fast nach Art der großen Romane des 19. Jahrhunderts, bei dem sich alle Figuren zu einer großen Familie zu gruppieren scheinen. Der etwas märchenhafte Eindruck, jeder, ganz gleich welcher Couleur, hänge mit jedem zusammen, ist sicher von Loest absichtlich erzeugt. Wir sind *ein* Volk, riefen die Demonstranten beschwörend, um zu verhindern, daß Soldaten und Polizisten auf ihre eigenen Angehörigen schießen müßten. Eben diese Situation findet im engen familiären Rahmen Alexander Bacher vor, dessen Mutter, Schwester, Schwager und Freundin zu Objekten seiner Observierungstätigkeit werden.

Sehr überzeugend vermittelt Loests Buch, wie ungemein präsent die Stasi alle Bereich des Lebens bestimmte, wie gut der Überwachungsapparat funktionierte und wie selbstverständlich er von Fachleuten mit jahrelanger Erfahrung gehandhabt wurde, durchaus auch mit hohem Arbeitsethos, wie im Fall von Alexander Bacher. Überzeugend ist auch die Verflechtung des Persönlichen mit dem Politischen dargestellt. Wir sehen nicht fertige Figuren, sondern können deren Entwicklungsgang verfolgen. Das mag in manchen Punkten vereinfacht oder plakativ wirken, im Falle der "Heilung" von Astrid Protter und ihrer Familie auch etwas *zu* glücklich. Loests Gesamtkonzeption ist eher populär. Daß es dem Autor darum zu tun war, das Publikum zu erreichen, das beweist schon die Tatsache, daß er parallel dazu den Film entstehen ließ.[14] In der Tat wünscht man

---

14 1995, Regisseur Frank Beyer. Im Film reicht die Handlung nur bis 1988 zurück, er
   verzichtet auf die weiten Rückblenden des Romans.

dem Buch seiner Authentizität wegen viele Leser. Authentisch nämlich wirkt es, obgleich Loest nicht dabei war im Leipzig des Jahres 1989. Er hatte aber bis 1981 in der DDR gelebt, kannte ihre Strukturen aus leidvoller Erfahrung genau und hatte für den Roman genau recherchiert. Die Stadt Leipzig ernannte Loest aufgrund seiner literarischen Leitung zum Ehrenbürger.

Der geborene Ostberliner Reinhard Jirgl trat erst nach 1989 als Schriftsteller hervor. Zu DDR-Zeiten hatte Jirgl insgesamt neun Romane in seiner Schublade liegen. *Abschied von den Feinden* (1995) beschreibt nicht die Vorgänge um die Wende, sondern handelt in sehr erschütternder Weise von deren Voraussetzungen und Folgen. Das DDR-Szenario ist mit einer Schonungslosigkeit gezeichnet, wie sie erst nach der Wende möglich war. Zu DDR-Zeiten hätte solche Literatur sicher nicht verlegt werden können.

Von verschiedenen Stimmen, deren Namen wir nicht erfahren, wird die Geschichte zweier Brüder erzählt. Es sind widersprüchliche Meinungen und Perspektiven, die hier zu Wort kommen. Zerrissenheit bestimmt die gesamte Darstellung, denn auch die, von denen dieses Buch handelt, sind Zerrissene: zwei Brüder, die als Kleinkinder von der Mutter getrennt wurden und in ein ostdeutsches Erziehungsheim kamen. Die Mutter wurde – einfaches Mittel der Menschenbeseitigung – in die Psychiatrie abgeschoben, der Vater setzte sich in Richtung Westen ab; er war ein SS-Mann gewesen. Auch der ältere Bruder geht aus dem Osten weg, was für ihn auch Flucht vor einer Frau bedeutet, die er und sein Bruder lieben. Der jüngere Bruder wird Stasi-Spitzel; dazu konnte die Stasi ihn als Angehörigen eines Republikflüchtigen erpressen. Nach Öffnung der Grenzen reist der ältere Bruder in die ehemalige Heimat und ermordet – dies legt der Text nahe, ohne daß es zur Gewißheit würde – die Frau. Ort des Geschehens ist die Kleinstadt, in der die Brüder bei sudetendeutschen Adoptiveltern aufgewachsen waren, bevor sie nach Jahren wieder zu ihrer Mutter nach Berlin kamen. Eine der Erzählstimmen gehört einem typischen Klein- und Spießbürger aus diesem Städtchen. Am Ende steht eine "Auflösung": der ältere Bruder, dessen Selbsthaß immer wieder deutlich geworden war, zieht sich in ein kleines Dorf seiner frühen Kindheit zurück, um sich dort in Materie zurückzuverwandeln, ebenso wie sich alles in diesem Ort auflöst.

Äußerste Brutalität und das Fehlen menschlicher Wärme bestimmen die Seh- und Darstellungsweise. Die deutsch-deutsche Einheit – so erfährt der Leser gleich zu Beginn – hat nur dazu geführt, daß sich Schrecken und Greuel ungehindert ausbreiten können. "Die eine Mauer ist verschwunden – die Grenzen rücken wieder einmal auf. Und Landschaften für anderen Tod breiten sich weithin aus." (S. 12). Hinter den 321 Seiten des Buches steht eine Grundhaltung von tiefem Pessimismus und schwärzester Depression: "Dasein ist Schwelbrand, ein Fieber", lautet die Grunderfahrung (S. 37). Wie eine Erläuterung für diese Aussage wirkt der Bericht eines Kleinbürgers über ein Pferd, das auf der Flucht vor einem Flächenbrand in den Bereich der Grenzsicherung mit ihren Selbstschußanlagen geraten ist. Jede Bewegung des im Stacheldraht gefangenen Pferdes löst neue Schüsse aus, bis das Tier endlich von den Flammen eingeholt wird.

> Da haben wir ihn zum 1. Mal gerochen: Den Geruch der von Fremdem kommt
> Das ist mehr als Brandgeruch – […] das ist der Geruch des Todes=selber Und ist
> nicht mehr verschwunden seitdem Wie auch die Fliegen nicht mehr ver-
> schwinden … So als läge überall Aas verstreut hier im Land … Totes das nicht
> verschwinden kann Das Land seit die-Grenze verschwunden ist es ist ja nun
> größer geworden und weiter Aber wie solln wir sagen?Riechen Sie nichts
> Diesen Geruch der immer da ist u immer bleiben wird (S. 45)

Diese Eposode steht symbolisch für Grauen und Todesverfallenheit, die den Text
beherrschen. Zwei Leitmotivkomplexe unterstützen dies: Zum einen sind es die
Atmosphäre von Verwesung, angezeigt durch die überall auftretende Fliegen-
plage und den alles bestimmenden Ekel. Zum anderen ist es die Grunderfahrung
von Menschenverachtung. Die Grausamkeiten der spanischen Eroberer in
Südamerika, eine ausführlich zitierte Leseerfahrung der Brüder, bilden das
Pendant zu den scheußlichen Zuständen in dem psychiatrischen Heim, in das die
Mutter abgeschoben worden war. Menschenverachtend ist der Fremdenhaß der
Kleinstädter, menschenverachtend sind aber auch die westdeutschen Praktiken
nach der Wiedervereinigung, exemplarisch dargestellt in einer dramatisch
aufgebauten Szene in einem Westverlag: ein Ostautor bietet dort sein Manuskript
an.

Abschied von den Feinden stellt als literarisches Kunstwerk hohe Anforderungen
an den Leser. Orthographie und Stil sind eigenwillig und gestatten kein schnelles
Erfassen des Textes. Dazu kommt der deprimierende Gesamteindruck. In ihm –
so wird man vermuten dürfen, ohne die Eigengesetzlichkeit von Literatur billig
zu entschärfen – ballt sich die Summe der schmerzlichen Erfahrungen seines
Autors zusammen. Seine eigenen Eltern hatten ihn in ein Kinderheim gesteckt
und sich in den Westen abgesetzt.

Robert Menasse ist Österreicher und jüdischer Abstammung. Beides, wie auch
sein mehrjähriger Aufenthalt in São Paolo (Menasse war dort Dozent für Literaturtheorie), finden unmittelbaren Niederschlag in seinem dritten Buch, *Schubumkehr* (1995). Die Kritik lobte es als den "österreichischen Wenderoman".[15] Mit
Wende hat auch der Titel zu tun. Schubumkehr ist ein Terminus aus der Luft-
fahrt und bedeutet plötzliche Veränderung der Schubkraftrichtung. Bei einem
auf dem Boden rollenden Flugzeug wird dadurch Bremswirkung erreicht; befindet sich das Flugzeug aber noch in der Luft, sind die Folgen fatal: Absturz oder
– noch wahrscheinlicher – Zerbersten in Folge der Heftigkeit der entgegengesetzt
wirkenden Kräfte.

Dieses Auseinanderfliegen ist in Menasses Buch an dem kleinen Dorf Komprechts an der böhmisch-österreichischen Grenze zu beobachten. Obwohl man
sich im Jahre 1989 befindet, ist das Dorf noch richtig hinterwäldlerisch; "auf der
einen Seite: Modernisierung, Euphorie, Dynamik; auf der anderen Seite: Ängste,
Aufleben archaischer Mythen und überlebter Ideologien." (S. 180f.). Komprechts

---

15 Andreas Breitenstein in: *NZZ*, 24. 2. 1995.

hatte bislang von einem Steinbruch und einer Glasfabrik gelebt. Beide sind aber so gut wie bankrott. Daher beschließt der Bürgermeister mit dem sprechenden Namen Adolf König, "Komprechts 2000" zu kreieren, den Anschluß an die Zukunft, die radikale Dorferneuerung mit Öko-Fremdenverkehr, einem modernen Image für eine abgespeckte Glasfabrik und einem Steinbruchmuseum. Erfaßt vom Erneuerungsrausch wird das Dorf touristengerecht gemacht mit begradigten Ufern und Promenade-Anlagen. Statt der bislang schlampig vor sich hin wachsenden Landschaft gibt es nun einen "gestrafften Busen der Natur" (S. 139). Die Witwe eines Steinbrucharbeiters, die alte Nemec, die sich auf die Sagen und Vorbedeutungen versteht, soll ihr Haus räumen, dort soll das Museum hinein. Dann aber kommt den Planern von Komprechts 2000 die Öffnung der Grenze zu Böhmen in die Quere. Nun liegt das Dorf nicht mehr am Rand der Welt, ist kein abgeschiedenes Fleckchen für Öko-Touristen mehr. In der Glasfabrik mit ihrer reduzierten Beschäftigtenzahl werden Tschechen eingestellt, weil sie billigere Arbeitskräfte sind. Höhepunkt und Katastrophe werden eingeleitet von der Rückbesinnung auf alten Aberglauben. Jemand hat die teuflische Idee, das Opfer, das sich der Braunsee (nomen est omen!) nach Ablauf von acht Jahren wieder holen wird, am besten ein Gastarbeiterkind, nur wenigstens keinen Touristen sein zu lassen. Versehentlich aber trifft es den Sohn des Bürgermeisters. Dieser selbst stirbt: Er ist von der alten Frau Nemec mit Pilzen vergiftet worden. Das Dorf Komprechts, so wie es war, gibt es nicht mehr. Es ist der politischen, gesellschaftlichen und ökologischen Schubumkehr zum Opfer gefallen.

Dem Schicksal des Dorfes ist das Leben eines jungen Mannes parallel geschaltet. Roman Gilanians, Akademiker, 35 Jahre alt, ist dem Menasse-Leser schon als Held des ersten Romans des gleichen Autors bekannt: *Sinnliche Gewißheit* (1988). Roman ist nach längerem Auslandsaufenthalt in São Paolo wieder nach Österreich zurückgekehrt und fatalerweise zu seiner Mutter gezogen, an die ihn eine pathologische Haßliebe bindet. Romans Mutter hat zum Entsetzen ihres Sohnes ein alternatives biologisches Leben begonnen. Sie hat einen wesentlich jüngeren Mann geheiratet und ist mit ihm aus Wien fort in das Dorf Komprechts gezogen. Dort führt sie einen ökologischen Bauernhof. Roman hält dies alles für verrückt. Da er aber trotzdem im Bauernhaus seiner Mutter lebt und sich von ihr versorgen läßt, wird er in wachsendem Maß gereizt, gerät mit sich ins Unreine, ja wird sich selbst entfremdet. Er wird zunehmend gleichgültig, auch seine eigene Geschichte, die er weitgehend verdrängt oder vergessen hat, kümmert ihn nicht; er arbeitet nicht. Die Welt um sich sieht er nur noch von einer Beobachterposition, z.B. vom Hochsitz aus. Sein Blickwinkel ist stark eingeengt, andere Menschen kommen nicht an ihn heran. Sein zunehmendes Regredieren bis zur Bettlägerigkeit erinnert an Menasses Kalauer vom "Rück-Entwicklungsroman" – eine Persiflage von Lukács Romantheorie, wie er sie in *Selige Zeiten, brüchige Welt* (1991) versucht hat. Das Medium tritt an die Stelle der mitmenschlichen Beziehung: Statt zu leben, filmt Roman mit einer Videokamera, aber nicht, um ein Filmkunstwerk zu machen, sondern um sich vor dem Erleben zu drücken.

Der Wechsel von Brasilien nach Europa, von der Großstadt ins Dorf und zu den Rockschößen der Mutter, hatte auf Roman die Wirkung einer Schubumkehr und machte sein Leben zu einem Trümmerhaufen. An Ende könnte für ihn und seine Mutter alles besser werden oder doch so, wie es zu Anfang war: Die Mutter ist von ihrem Biotrip wieder in die Niederungen des Alltags zurückgekehrt: Die erhoffte Komprechtser Naturbelassenheit erwies sich als durchsetzt mit allen Scheußlichkeiten der Zivilisation und des Betrugs, der Ehemann ist inzwischen zu einer jüngeren Frau übergelaufen. Roman fliegt wieder nach Südamerika; wie Grass' Fonty flieht er in ein Land, das nicht von der Wende betroffen ist. Romans letztes Videoband blieb leer. Zwei Polizisten – sie allein scheinen von der allgemeinen Schubumkehr ganz unberührt – schauen sich die Filme an und versuchen eine Deutung des leeren letzten Bandes mit der Aufschrift "Okt. 89 ENDE". "Vielleicht ist er, wie soll ich sagen, aufgewacht. Alptraum aus und zu Ende. Und er hat deshalb auf seine letzte leere Kassette einfach draufgeschrieben: ENDE." (S. 196).

Der Text steht – ebenso wie Grass' *Ein weites Feld* und Loests *Nikolaikirche* – unter der Leitung eines allwissenden Erzählers, allerdings mit wechselnder Fokussierung und Perspektive. Manche Abschnitte stellen Roman in den Mittelpunkt, manche protokollieren die Gespräche bei der Vorführung seiner Filme, manche konzentrieren sich auf andere Figuren. *Schubumkehr* ist trotz seines Mangels am Linearität ein gut lesbares, oft witzig-ironisches und sehr lebensnahes Stück Literatur. Ein bißchen frönt es dem zeitgenössischen Hang zum Zitat: Schnitzlers *Reigen*, Kleists *Familie Schroffenstein* und Walter Benjamins Geschichtsengel lassen sich wiedererkennen. Und etwas Hommage auf die Literatur als solche darf auch nicht fehlen. Nicht nur heißt der Held des Textes so wie die Gattung. Ironisch eingeflochten wird auch eine Art Spiel im Spiel: Der Text beginnt mit einer Laientheater-Aufführung im Dorf, die sich um die Legende rankt, der Teufel habe dem Grundherren, Graf Wenzel – verkörpert vom Bürgermeister – unermeßlichen Reichtum versprochen, Geld aus Steinen. War dies bereits Literatur als Deutung, ja Vorwegnahme der Wirklichkeit, so noch mehr am Ende in dem neuen Theaterstück "Gründerjahre" des Schriftstellers Trisco. Der aber muß für seine Prophetie büßen: Er wird von der Polizei verhört und in Beugehaft genommen. Besser hatte es da doch Robert Menasse. Er bekam bereits vor der Veröffentlichung für seinen Roman den mit 12.000 DM dotierten Marburger Literaturpreis.

Nur als Grundierung schimmert die politische Wirklichkeit der Grenzöffnung durch den Text von Terézia Moras Erzählungen in *Seltsame Materie* (1999). Dies hängt nicht zuletzt damit zusammen, daß diese Einzeltexte überhaupt wenig Wirklichkeitsreferenz aufweisen. Ort und Zeit lassen sich nur ahnen: Immer wieder scheint es sich um die Jahre um 1989 in der Grenzregion am Neusiedler See zu handeln. Allgegenwärtig sind Grenze, Grenzsicherung, Grenzübertritt, Flucht. Handlung aber kennen diese Erzählungen kaum, vielmehr berichten sie von Zuständen, von gleichbleibenden Verhältnissen. Zu diesem Eindruck des Statischen trägt auch das durchgehende Erzähltempus Präsens bei. Finalität,

Stringenz, Logik sucht man vergebens, statt Linearität findet man harte Schnitte. Das Personal ist wenig psychologisch ausgearbeitet, meist fehlen sogar die Namen, die Sprache erscheint lakonisch, wenngleich metaphorisch sehr originell, die Sätze sind häufig defizient. Alles dies läßt einen traumhaften Eindruck entstehen, bei dem eine Grundstimmung vorherrscht: Tristesse. Das Leben dieser Grenzbewohner ist düster und beengt, durch einen Wechsel von hüben nach drüben ändert sich nichts, die Grenze selbst ist vor und nach ihrer Öffnung Schauplatz allerlei finsterer Machenschaften. Einstmals durch den Eisernen Vorhang an den Rand der Welt gedrängt, bleiben diese Menschen auch nach der Wende Außenseiter. Das Gefühl der Beklemmung wird durch die Geschichtslosigkeit der Erzählungen unterstrichen. Sie kennen weder eine äußere noch eine innere Zeit, sondern treten auf der Stelle. Hoffnungen und Utopien verbieten sich unter diesen Bedingungen von selbst. Die Öffnung des Eisernen Vorhangs hat keine Öffnung der Menschen und ihrer Lebensbedingungen mit sich gebracht.

Während aus dem Westen stammende Autoren einen eher zitathaften Zugang zu einem ihnen weitgehend unbekannten Teil Deutschlands suchen, zeichnen sich Ostautoren durch größere emotionale Unmittelbarkeit aus. In den drei Büchern der Schriftstellerinnen, die nun betrachtet werden sollen, erscheint die Veränderung der politischen Verhältnisse zwar weniger direkt, ist aber sehr präsent als emotionaler Hintergrund oder wirkt als Chiffre mit bedrängender Intensität.

Die Erzählung *Die Überfliegerin* (1995) der Chemnitzerin Angela Krauß besticht durch sehr präzise, in ihrer Beobachtung ungemein anschauliche und innovative Sprache. Daß bei ihrer Bildlichkeit bisweilen die normale Syntax auf der Strecke bleibt, wird man hinnehmen, ebenso wie man sich in die Sprunghaftigkeit der Assoziationen einliest. Auf eine durchgehende Handlung muß der Leser dieses Ich-Romans verzichten. Nicht nur bekennt die Sprecherin von sich: "Vor 5 Jahren zerfiel ich in meine Einzelteile" (S. 31), auch der Text zerfällt in verschiedene Abschnitte, die sich allenfalls an der Perlenschnur einer potentiellen Flugreise aufreihen lassen. Es beginnt in Leipzig, der II. Teil wechselt über nach Amerika, der III. nach Rußland. "Fliegen ist schön" (S. 53, 93), kann die Protagonistin zu Beginn der Abschnitte konstatieren, nachdem sie auf den ersten Seiten sehnsüchtig gemeint hatte: "Fliegen wäre schön" (S. 9). Fliegen steht hier für totale Lebensveränderung, für den weiten Weg in eine neue Existenz, die durch die Wende möglich, aber auch bitter nötig geworden war. Nichts nämlich ist mehr so, wie es war. "Eines Morgens wachte ich auf an einem mir unbekannten Ort, der mit einigen vertrauten Zeichen sich stellte, als sei es der alte." (S. 39). Nachdem sie ihre alte Welt demontiert, ihr Familientraditions-Sofa zerlegt und Generationen von Tapeten von ihren Wänden abgerissen hat, besichtigt die Ich-Sprecherin die Neue Welt. Auch sie selbst verändert sich mit, fast scheint sie sich in einen Mann zu verwandeln, so groß ist der Kulturschock in Amerika. "Wenn nicht einmal ich selbst so und nicht anders bin, wie kann es dann die Welt sein?" (S. 89). Abschnitt III versetzt die Erzählerin nach Rußland.

"Ich träumte von zuhause", heißt es sibyllinisch zu Beginn dieses Textes. Rußland ist viel vertrauter als Amerika. Mit der Präsenz der Russen war die Ich-
Sprecherin verbunden, diese waren ein bestimmender Faktor für das Leipzig der
DDR. Ihr Weggang steht allegorisch für die eingetretene Wende ("Die Russen
sind fort" – S. 14). In Rußland findet sich die Erzählerin in den Armen ihrer
langjährigen Brieffreundin, die sich freilich radikal verändert hat: Statt am
Küchentisch einer sibirischen Industriestadt sitzt sie nun hinter ihrem Chauffeur
in einem Moskauer Chrysler. Auch der Rußland-Abschnitt steht unter dem
Zauberwort für die Wende: "Die Russen sind fort" (S. 95). Zwar gibt es noch die
alten Mütterchen, die Kramläden und Heiligenbilder, aber trotz ihrer lieblichen
Sprache und Sentimentalität regiert die Einwohner im neuen Rußland einzig das
Geld. Nur eine rasende Autofahrt, schnell wie ein Flug, kann die Erzählerin vor
der Vereinnahmung durch diese Welt retten.

Eine Fabel im eigentlichen Sinn besitzt die Erzählung nicht. Trotz etlicher
lokaler Referenzen hat der Text einen Einschlag ins Phantastische, auch in jenen
Passagen, die nicht als Träume ausgewiesen sind. Auch schreibt die Erzählung
trotz etlicher autobiographischer Bezüge keine Wirklichkeit nach; sie versprach-
licht Befindlichkeiten. Die Wende wird hier nicht "bewältigt"; noch weiß die
Protagonistin kaum etwas mit dem neuen Leben anzufangen. Schon der Titel
mit seiner leicht negativen Konnotation von Weltfremdheit und mangelndem
Realitätssinn deutet dies an. Aber es ist ein Text, der nach vorn blickt. Da die
Überfliegerin stets nach Westen unterwegs ist, besteht zumindest die Aussicht auf
eine neue Ankunft in Deutschland.

Ganz rückwärtsgewandt ist hingegen Monika Marons *Animal triste* (1996).
Auch hier fehlt das sichere Gerüst einer Fabel, denn die Erzählerin ist unzuver-
lässig: Trotz ihrer wiederholten Versicherungen, gar kein Gedächtnis mehr zu
haben, besteht der Text einzig aus Erinnerungen, wobei freilich deren Glaubwürdigkeit ganz ungewiß ist. Dem Text fehlen einige wichtige Parameter: Es gibt
keine Datierung. Erzählt wird irgendwann, vielleicht 20–40 Jahre nach der
Wende. Die Erzählerin selbst scheint sich in einem zeitentrückten Zustand zu
befinden; sie behauptet von sich, steinalt zu sein. Sie lebt phantastischerweise
ohne Kontakt zur Außenwelt und ohne optischen Kontakt zu sich selbst, hat sie
doch alle Spiegel in ihrer Wohnung zerschmettert. Ganz unsicher ist schließlich
das tragische Endes der Beziehung der Erzählerin zu ihrem verheirateten Geliebten Franz, einem aus dem Westen gekommenen Spezialisten. Dieser gerät,
nachdem er die endgültige Trennung von der Ich-Erzählerin beschlossen hatte,
unter einen Bus oder wird von ihr in den Tod gestoßen. In krassem Gegensatz
zur binnenzeitlichen und erzählerischen Unsicherheit steht die starke örtliche
Referenz des Textes; der Berliner Stadtplan ist eindeutig wiederzuerkennen. Aber
auch eine ganze Reihe von präzisen historischen Reminiszenzen der vermeintlich
gedächtnislosen Ich-Sprecherin binden die Erzählung an die Wirklichkeit an.

Der Text ist außerordentlich komplex und sperrt sich gegen eine einsinnige
Erklärung. Auf den ersten Blick erscheint in diesem Roman die Ost-West-Tren-
nung – wie schon bei Christa Wolfs *Der geteilte Himmel* (1963) – am Beispiel einer

gescheiterten Liebesbeziehung zwischen einer Ost-Frau und einem West-Mann erzählt zu werden. Von der selbstverständlichen Romantik des frühen Romans Christa Wolfs ist aber nichts mehr zu spüren. Eher ist *Animal triste* eine Anti-Liebesgeschichte. Ihre Weisheit lautet: "Was erreichbar war, mußte falsches Glück sein" (S. 56), weil "die Liebe nur außerhalb des wirklichen Lebens existieren könne, was unweigerlich zur Vernichtung der Liebenden führe." (S. 58). Konsequenterweise bleibt die Liebesbeziehung zwischen der Ich-Erzählerin und Franz in einer Zwischenwelt; sie wird nicht "offiziell", sondern ist verbannt in die Zone des streng Privaten. Mit Notwendigkeit endet diese Beziehung im Tod – es bleibt keine andere Wahl, um die Liebe zu perpetuieren und somit das Selbstversprechen einzulösen, "mein Leben als eine nicht endende, ununterbrochene Liebesgeschichte fortzuführen" (S. 13). Die Liebe zu Franz, eine "Liebe auf Leben und Tod" (S. 93) wie die von Orpheus oder Tristan, wird befrachtet mit der Erwartung existentieller Sinnstiftung. Wenn die Ich-Erzählerin behauptet, aus Liebe zu Franz all ihr Vorleben vergessen zu haben, so deutet dies ein weiteres Mal auf den Prätext, der der Darstellung unterlegt ist: Es ist der Mythos vom Liebeszauber. Assoziationen an Vorzeitig-Urtümliches erwecken die immer wieder erwähnten "fleischfressenden Pflanzen" des Liebesnestes ebenso wie der leitmotivisch wiederkehrende Brachiosaurus. Franz bedeutet für die Protagonistin ein so fundamentales Lebenselixier, daß mit seinem Verschwinden auch ihr Lebenslicht verlöscht. Sie vegetiert nur noch.

Ist die deutsch-deutsche Wiedervereinigung in diesem Buch nur Bedingung für die Möglichkeit, daß Franz und die Protagonistin sich treffen ("Manchmal glaube ich sogar, daß auch die Mauer in Berlin nur eingerissen wurde, damit Franz mich endlich finden konnte", S. 51) oder spielen die politischen Verhältnisse noch eine andere Rolle? Tatsächlich steht der Liebe zwischen Franz und der Protagonistin mehr im Weg als eine schon bestehende Ehe. Bereits in der ersten Hälfte des Romans (S. 107) inszeniert die Ich-Erzählerin eine kitschig religiös-stalinistische Szene aus dem Fundus ihrer Kindheitserinnerungen, was offenbar das Ausbleiben der Besuche von Franz zur Folge hat. Sie selbst ist weit davon entfernt, den Sozialismus zu verklären; im Gegenteil spricht sie von der seinerzeitigen Regierung als "Gangsterbande" (S. 30). Gleichwohl zeigt die Szene die fundamentale Fremdheit zwischen den beiden Liebenden, die nicht zu überwinden ist. Ein zweites verstört Franz: Es ist der Unbedingtheitsanspruch seiner Geliebten, der sie außerhalb des normalen Lebens, der persönlichen Geschichte und der Verantwortung stellt. Diese Absolutheitsforderung kann er nicht mittragen.

Die Erzählung legt nahe, daß die Hinwendung zum Liebesideal für die Protagonistin Kompensation für die verlorenen Jahre im sozialistischen Unterdrückungssystem bedeutet. Immerhin fällt der Zusammenbruch des kommunistischen Staates mit dem Entschluß zusammen, von nun an der Liebe zu leben, um nicht das Wesentliche zu versäumen (S. 23). Offenbar zu dieser Zeit zerbricht auch ihre langjährige Ehe. Vom Untergang der "Bandenherrschaft" und der Liebe zu Franz an datiert sie eine neue Zeit (vgl. S. 51), eine neue Identität. Zugleich aber knüpft die Absolutheitsforderung der Liebe zu Franz auch an die sozialistischen Jugendideale der frühen Zeit an, "als wir noch genau wußten, was wir unbedingt wollten" (S. 142). Die Liebe ist somit auch ein Surrogat für die verlorenen sozialistischen Ideale. Auch sie aber versagt vor dem Anspruch, der "Seele diese Düsternis" zu nehmen (S. 57). Vielmehr sagt das Sprichwort, auf das der Titel anspielt: "Post coitum animal triste" (nach der körperlichen Liebe ist das Geschöpf traurig). *Animal triste* entzaubert den Mythos der absoluten Liebe, indem es als eine Anti-Liebesgeschichte die Feier eines sehr hohen Ideals scheitern läßt. Nicht nur war die Liebe zu Franz nicht zu verwirklichen, auf die Ebene des Wirklichen zu heben, sondern selbst die Erinnerung an sie ist voller Brüche. Das Ideal der ewigen Dauer der Liebe war nur durch ein Verbrechen, nur durch Tod aufrechtzuerhalten und verurteilt auch die Zurückgebliebene zu einem todesähnlichen Zustand. Das Absolute ist destruktiv – sei es im politischen oder im privaten Bereich.[16]

Auch *Unter dem Namen Norma* (1994)[17] von Brigitte Burmeister scheint mit der Geschlechterdifferenz als Parabel für soziologische und politische Unterschiede zu operieren.[18] Der Text freilich ist zu vielschichtig, als daß er mit dieser Feststellung zureichend beschrieben wäre. Polyvalenz auf allen Ebenen ist geradezu sein hervorstechendes Merkmal.

Ein erstes wesentliches Charakteristikum besteht schon in der mehrfachen Spiegelung historischer Ereignisse: Die Protagonistin mit dem auf Frankreich hindeutenden Namen Marianne übersetzt eine Biographie von Saint-Just. Die Französische Revolution als Urmutter aller Umwälzungen erscheint als Gegenbild der Veränderungen von 1989. Aber auch in Details werden Vorstellungen von Saint-Just zitiert, so etwa die Idee, eine neue Gesellschaft müsse erbaut werden

---

16 Diese Interpretation unterlegt R. Schmidt in: "The gender of thought". In: *Whose story? – Continuities in contemporary German-language literature.* Hg. v.a. Williams u.a. Bern u.a.: Lang 1998, S. 219–247, hier S. 230.

17 Alle Zitate nach der 2. Aufl. Stuttgart: Klett-Cotta 1996.

18 Daraus verweist auch Katharina Döbler: Der Osten bleibt weiblich. "Unter dem Namen Norma", ein Wende-Roman von Brigitte Burmeister. In: *Die Zeit*, 4.11.94. – Ohne den Titel und die Autorin zu nennen, hat Michael Rutschky Burmeisters Roman verrissen, indem er ihm vorwarf, mit anthropologischen Klischees zu spielen (Das übergroße Ereignis, die geteilten Erzähler. Mutmaßungen über den Roman der "Wende". In: *NDL* 43 (1995), H. 4, S. 228–234, hier S. 233f.): "Der Osten, Ostdeutschland, die DDR: das ist die Frau. Sie hütet und pflegt den Osten als Hortus conclusus eines antiken Miethauses in Berlin-Mitte (d.h. -Ost); oder als besonders kostbares Stück aus dem literarischen Erbe, Novalis. Der Westen dagegen, das ist der Mann [...]. Als Mann ist der Ostmann durch den männlichen Westen grundsätzlich leichter korrumpierbar. Die Gesellschaften, anhand derer Lévi-Strauss seine Anthropologie aufbaute, verwenden Geschlechterdifferenzen zur Strukturierung des ganzen kulturellen Feldes; wer eine beliebige Differenz mit derjenigen der Geschlechter verknüpft, bringt ihre Grundsätzlichkeit und Unüberwindlichkeit ins Spiel. [...]. Und mir scheint, daß es in unseren Exempeln Rousseau ist, der das Spiel macht: Der Westen ist zugleich der Inbegriff von Künstlichkeit, also negativ Kultur; während der Osten, die Frau, den positiven Naturzustand wenigstens noch als verlorenen erahnt."

auf dem Fundament von Freundschaft als Solidargemeinschaft von gleich zu gleich statt auf der Ehe als einem Bündnis von Ungleichen. Auf dieser Basis schließen Marianne und ihrer Freundin Norma ihren Bund (S. 270f., 279f). Ein zweiter historischer Fluchtpunkt ist die Zeit des 2. Weltkrieges und der nationalsozialistischen Herrschaft. Diese Ebene ist vertreten durch Schuhkartons voller Briefe und Karten der nach den USA ausgewanderten Claire Griffith an ihre Schwestern Ella und Minna König in Deutschland. Schließlich stellt die DDR-Zeit eine dritte Bezugsebene dar. Marianne und ihre Freunde erinnern sich an die Vorgänge um den 17. Juni 1953 (S. 66ff.) und an viele Einzelheiten aus dem real existierenden Sozialismus. "17. Juni" ist der 1. Teil des Romans überschrieben, meint damit zugleich aber den Tag des Jahres 1992, an dem die Erzählerin des 1. Teils spricht. Geschichte und Biographie sind verknüpft. Die Erinnerungen kulminieren in der wichtigsten historischen Referenz: der Erinnerung an die Wende selbst, v.a. die Nacht der Maueröffnung am 9. November 1989. "14. Juli" lautet die Überschrift des 2. Teils, als Tag von Mariannes endgültiger Rückkehr nach Berlin wieder ein biographisches und – als Beginn der Französischen Revolution – ein historisches Datum.

Von den beiden Tagen, dem 17. und dem 14. Juni aus laufen Gedanken und Erlebnisse der Protagonistin über die Breitleinwand der Geschichte und Geschichten. Historisches, Biographisches, Politisches vermengen sich. Das Personal ist vielfältig: Neben den Hauptpersonen, Mariannes Ehemann Johannes, ihrem Freund und Geliebten Max, ihrer Freundin Norma, spielen noch die Bewohner von Mariannes Ostberliner Mietshaus eine bedeutende Rolle; ihre Schicksale bieten die ganze Palette von wendebedingten Lebensläufen, von Aufbrüchen und Zusammenbrüchen im ganz normalen Alltag. Daneben gibt es eine bunt zusammengewürfelte Clique, die sich in Berliner Kneipen wiederfindet, sowie schließlich den Kreis der Arbeitskollegen von Johannes im Westen. Schon die Zusammensetzung des Personals zeigt, daß der Westen unterrepräsentiert und eher an den Rand geschoben ist. Johannes arbeitet dort, wird auch von Marianne mehrfach besucht. Das beidseitige Bemühen, den Lebensmittelpunkt wieder zusammenzulegen, scheitert aber. Für Marianne kommt nur der Osten in Frage, hier hat sie ihre Bindungen. Symbolisch für den Lebensraum Ost steht das häßliche alte Mietshaus mit seinem Hinterhof und seiner familiären Atmosphäre. Diese Umgebung verteidigt Marianne wider alle Vernunft als wahres Idyll, gegen das Johannes' "Scheißidylle", der Blick "über Weinhänge und die Rheinebene hinweg, die heitere Ruhe des Gärtchens und die vollkommen schöne Wohnung" (S. 8f.) ihrem Empfinden nach nicht ankommt. Mariannes Sicht der Dinge ist alles andere als objektiv. Ihr Bild vom Westen erscheint klischeehaft verzerrt, ihr Bild vom Osten willentlich verschönt. Die leicht ironische Distanz aber, die der Text bezieht, erlaubt es dem Leser, seine Sympathie nach eigener Entscheidung zu verteilen.

Unter dem Namen Norma ist aus der Perspektive von Marianne Arends geschrieben; doch denkt sich die Ich-Erzählerin auch einmal in ihre Nebenmenschen hinein, läßt sie sogar in erlebter Rede sprechen (z.B. S. 55, 82). Die

Grenzen zwischen den Figuren sind nicht so klar, wie es auf den ersten Blick scheint. Dies gilt v.a. für Norma, deren Name ein Anagramm zu "Roman" darstellt. Sie ist Mariannes lebensnotwendiges alter ego. Mariannes eigene Identität ist gefährdet, sobald sie im Westen lebt, der trotz idealer Bedingungen ihr die "Heimat" nicht ersetzt. Ihre Selbstentfremdung kulminiert in einer Fiktion des eigenen Ich, die als 'unerhörtes Ereignis' zugleich den Höhe- und Wendepunkt des Romans darstellt. An einem Party-Abend bei Johannes tischt sie einer Dame ihre erfundene Lebensgeschichte auf, die genau den Ost-Vorurteilen der rheinischen Arbeitskollegen ihres Mannes entspricht. Sie erfüllt damit zugleich deren latenten Wunsch, etwas über die exotische 'Ostidentität' zu erfahren. Marianne erfindet ein proletarisches Musterleben, das in einer Tätigkeit für die Stasi unter dem Decknamen Norma kulminiert. Diese Geschichte wird Johannes hinterbracht, was zu seiner Trennung von Marianne führt. Die frei fabulierte und bewußt auf Schockwirkung angelegte Geschichte hat freilich auch ein Wahrheitspotential: Sie deckt die weitgehende Identität der Protagonistin mit ihrer Freundin Norma auf.

Es wäre nicht richtig, wollte man *Unter dem Namen Norma* als ausgewogenes Buch bezeichnen. Sicherlich kommt die Position des Ehemanns Johannes viel zu kurz. Meist erscheint sie nur gebrochen, im inneren Monolog Mariannes oder als von ihr erinnerte Rede. Der Leser wird sich schwer tun, Johannes' wahre Ansichten zu rekonstruieren. Demgegenüber hat Marianne jede Gelegenheit, ihre Argumente, Erfahrungen, Hoffnungen von einst und jetzt vorzutragen, ein Kaleidoskop von DDR-Erinnerungen und Post-Wende-Erlebnissen. Das Buch entgeht vielleicht nicht immer der Gefahr einer klischeehaften Sicht, insbesondere des Westens, führt dem Leser in der Geschichte von Mariannes fabuliertem 'Normal-Lebenslauf' aber deutlich vor Augen, wie groß die Gefahr ist, Berichte von der anderen Seite nur als "Projektionsfläche" dessen zu nehmen, "was man im Positiven wie im Negativen bestätigt sehen wollte" – nach Karl Corino eine Gefahr für die gesamte Literatur der Wende.[19] Gegen Ende nimmt die Erzählung immer mehr märchenhafte Züge an. Im Taumel der Harmonie von Freundschaft, Erotik und Willen zum Neuanfang scheint es, als sei eine Utopie Ost nur unter der Flagge der phantastischen Literatur möglich.

Phantastische Züge, mit Ironie und Satire vermengt, tragen auch die Bücher *Johannisnacht* (1996) von Uwe Timm und *Am kürzeren Ende der Sonnenallee* von Thomas Brussig. Timms Roman, dessen Titel auf Shakespeares *Sommernachtstraum* anspielt und in dem es viele Pucksche Verwirrungen gibt, bietet ein Panoptikum ostdeutscher Lebensläufe und die erstaunlichsten Alltagsgeschichten. *Johannisnacht* ist trotz seiner grammatischen Form und trotz seiner Perspektivierung kein Ich-, sondern ein Zeitroman. Der (wie der Autor) aus dem Westen stammende Ich-Erzähler erweist sich als genialer Katalysator für Geschichten. Wohin er

---

19 *Vor und nach der Wende. Die Rezeption der DDR-Literatur in der Bundesrepublik und das Problem einer einheitlichen deutschen Literatur.* In: *NDL* 39 (1991), H. 8, S. 146–164, hier S. 149.

kommt, fördert er neue Skurrilitäten zutage. Mit seiner eigenen Geschichte, den labyrinthischen Verwicklungen um einen Essay über die Kartoffel, stellt der Erzähler die gemeinsame Achse für die an ihr angelagerten vielen anderen Geschichten dar und garantiert die Einheit der Erzählung. Der Schluß versammelt die verschiedenen Protagonisten wie der V. Akt eines Dramas. Trotz des satirischen Einschlags ist der Text nicht distanziert, sondern voller Anteilnahme. Wie sehr er auf jeden einzelnen dieser durchtriebenen Betrüger oder biederen Ostgeschädigten eingeht, beweist das hohe Sprachprofil: Jeder Sprecher bekommt seine Sprache. Statt seine eigene Befindlichkeit in den Vordergrund zu stellen, erweist sich der Erzähler als begierig auf neue Erfahrung in der Welt des ehemaligen Ostens, die für ihn – und für den Leser – immer wieder Überraschungen bereithält. Der Roman problematisiert nicht und beansprucht nicht, Antworten bereitzustellen, aber er wirkt durch seinen Witz, seine Humanität und sein mitmenschliches Interesse gewinnend und läßt die Hoffnung aufkommen, die Mauer in den Köpfen sei doch zu überwinden.

Mag sein, daß das Stilmittel der Komik und Groteske für manche Ostautoren ein Weg ist, sich aus der eigenen Betroffenheit in die Objektivität eines Erzählwerks zu befreien. Ironisch sind Thomas Rosenlöchers *Die Entdeckung des Gehens beim Wandern. Harzreise* (1991) und Ingo Schulzes *Simple Storys* (1998). Diese, im thüringischen Altenburg angesiedelt, bieten einen Reigen von einzelnen Ostschicksalen, fast durchgehend in der 1. Person Singular erzählt, mehrheitlich Geschichten des sog. ganz normalen Alltagswahnsinns. Obwohl es sich um lauter Einzelgeschichten handelt, sind die Protagonisten dieser short cuts immer irgendwie miteinander verwandt oder bekannt, so daß sich der Eindruck einer großen Familie Ost ergibt. Obwohl er witzig erzählt und oft genug Groteskes zu berichten hat, drückt sich der Roman nicht um die Probleme seines Standorts: Arbeitslosigkeit, Orientierungsverlust, Gewalt, Gewinnlertum, Neonazismus, alte Seilschaften, Stasi-Verbindungen. Der Roman wurde zurecht ein Bestseller, denn es gelingt ihm das seltene Kunststück, Balance zu halten zwischen Witz und Ernst, zwischen distanziertem, ja oft lakonischem Erzählen (Gefühle werden kaum thematisiert, der Text beschränkt sich oft auf Andeutungen) und genauer Anteilnahme (die einzelnen Schicksale werden facettenreich dargestellt und beschäftigen die Erzählungen immer wieder).

Von ganz anderem Kaliber ist Thomas Brussigs *Am kürzeren Ende der Sonnenallee*. Brussig, Jahrgang 1965, ist Angehöriger der illusionslosen jungen Generation, die sich mehr für Pop als für Marxismus-Leninismus interessierte und nicht von Idealen zerrieben wurde. Nach seinem Debüterfolg mit *Helden wie wir* (1995) landete er mit seinem zweiten Roman wieder einen Volltreffer, die umgehende Verfilmung spricht dafür. Der Titel meint eine von der Mauer getrennte Berliner Straße. Die im Ostteil wohnhaften jungen Leute stellen eine eingeschworene Clique nach dem Muster von *Emil und die Detektive* dar. Typisiert sind nicht nur die Heranwachsenden, sondern auch die anderen Figuren, vom verknöcherten Wachtmeister über den komischen Westonkel bis zur vollideologisierten Schulleiterin. DDR-typische Szenen sind auf möglichst skurrile Weise dargestellt, wodurch sie lächerlich und in ihrer Substanz entschärft werden. In diesem Text kann man lachen über die allgegenwärtigen Spitzel und über die Selbstschuß-anlagen an der Mauer. Schließlich wandelt sich alles zum Märchen, ein Hinweis auf die Unbegreiflichkeit der "Dinge in diesem Land" (S. 156).

Die äußerst amüsant und leicht geschriebene Erzählung endet, ihren Stil brechend, mit einer Reflexion über ihre eigenen Bedingungen: die 'unerträgliche Leichtigkeit' ihres DDR-Bildes.

> Wer wirklich bewahren will, was geschehen ist, der darf sich nicht den Er-innerungen hingeben. Die menschliche Erinnerung ist ein viel zu wohliger Vorgang, um das Vergangene nur festzuhalten; sie ist das Gegenteil von dem, was sie zu sein vorgibt. Denn die Erinnerung kann mehr, viel mehr: Sie voll-bringt beharrlich das Wunder, einen Frieden mit der Vergangenheit zu schlie-ßen, in dem sich jeder Groll verflüchtigt und der weiche Schleier der Nostalgie über alles legt, was mal scharf und schneidend empfunden wurde.
> Glückliche Menschen haben ein schlechtes Gedächtnis und reiche Erinnerun-gen. (S. 156f.)

Anhang

Begriffserklärungen

Analepse: Rückblende. Sie trägt nach, was dem gegenwärtigen Erzählstand vorausgegangen ist. Vgl. Prolepse. Analepsen sind besonders zu Beginn der Erzählung häufig. In analytischen Erzählungen können sie wirkungsvoll am Ende eingesetzt werden, um bisher verweigerte Informationen nachzutragen.

Authentizität: Divergierend gebrauchter Begriff. Authentisch kann als "wahr" im Gegensatz zu "fiktional", "erfunden" gebraucht werden. Christa Wolf hat den Begriff im Sinne von "nicht notwendig tatsächlich, aber vom Autor persönlich verbürgt" abgewandelt; damit ist eine tiefere Schicht von "Wahrheit" gemeint, die Literatur stets gern beansprucht hat. Hier wird der Gegensatz von "wahr" und "fiktional" aufgehoben. Die Diskussion um Authentizität gehört in den Rahmen der Legitimationsprobleme fiktionaler Literatur.

Autoreferentialität: vgl. Referenz

diegetisch: Diegese meint den Vorgang des Erzählens, des Erschaffens einer Erzählwelt. Diegetisches oder narratives Sprechen ist eine der verschiedenen Funktionen von Sprache.

Ellipse: In der Syntax das Wegbleiben von Satzteilen; im Erzählzusammenhang die Aussparung von Zeitabschnitten. Zeitsprünge werden in der Regel markiert (z.B. "Zwei Tage später").

erlebte Rede: Sonderform der Figurenrede. Sie unterscheidet sich von der indirekten Rede durch das Fehlen der einleitenden inquit-Formel ("Er sagte, er wolle …") und durch den Indikativ, von der direkten Rede und dem inneren Monolog durch die 3. Person und die Vergangenheitsform. Der Blickwinkel ist derjenige der betreffenden Figur, deren Gedanken und Gefühle die Erzählung bloßlegt. Z.B.: "Morgen war Sonntag, und da wollte er sie besuchen." Besonders seit der 2. Hälfte des 19. Jahrhunderts beliebte Gestaltungsart, weil sie der psychologischen Figurencharakteristik entgegenkommt.

Erzählhaltung: Auch Erzählperspektive genannt. Achtung: Unterschiedliche Terminologie bei der Kennzeichnung der verschiedenen Erzählhaltungen! Verschiedene Fragestellungen sind möglich: Auf die Frage nach der Gegenwart des Erzählers unterscheidet man: 1. Ich-Erzählung: Der Erzähler ist selbst Rollensprecher/Figur und erzählt in der 1. Pers. (Thomas Mann: *Felix Krull*). 2. Auktoriale Erzählung: Der Erzähler bringt sich als solcher zur Sprache (Thomas Mann: *Der Erwählte*). 3. Personale/neutrale Erzählung: Der Erzähler tritt weitestgehend zurück (Thomas Mann: *Tonio Kröger*). Hinsichtlich der Person des Erzählers unterscheidet man zwischen Ich- und Er-Erzähler, letzterer kann eine neutrale oder auktoriale Position einnehmen. Fragt man nach dem Vorhandensein des Erzählers in der Kommunikation, so kommt der Ich-Erzähler auch im Inneren Kommunikationssystem (Figur – Figur) vor, seine Präsenz im Äußeren Kommunikationssystem (Erzähler – Rezipient) kann unterschiedlich stark sein (ganz weggefallen in Ingeborg Bachmann: *Malina*); der auktoriale Erzähler kommt deutlich im Äußeren Kommunikationssystem vor, der personale ist so gut wie nicht zu spüren. Fragt man figurenbezogen (wer sieht, wer spricht?) oder rezeptionsbezogen (durch welche Augen sieht/durch welchen Mund hört der Rezipient die Geschichte?), so spricht man von Perspektive bzw. Stimme. Perspektive ist nicht mit Erzählinstanz identisch.

Erzählweise/Redeform: a) Szenisch (viel Dialog), b) berichtend, c) beschreibend, d) kommentierend. Die Redeformen a) und b) transportieren Handlung, nicht jedoch c) und d).

Fabel: Die Ereignisse eines individuellen literarischen Werkes in der Reihenfolge und mit den Verknüpfungen, wie sie in diesem Werk auftreten. Fabel ist die Geschichte eines bestimmten Werkes, verbunden mit kausaler und sinnstiftender Verknüpfung der einzelnen Erzählschritte.

Fiktion: Bezeichnet im Unterschied zu Wirklichkeitsaussagen den Charakter erfundener Aussagen und Erzählungen. Vgl.: ontologischer Status. Da fiktiv/Fiktion leicht die Konnotation "bloß erfunden" hat, zieht man im literarischen Zusammenhang fiktional/Fiktionalität vor. Für halbfiktionale Texte hat sich das Kunstwort Faktion (aus Fiktion + Fakt) eingebürgert.

Finalität: Der zielgerichtete Aufbau einer Handlung. Perfekte Finalität stimmt alle Handlungsschritte auf das intendierte Ende ab und verwendet alle Handlungselemente, um einen logisch befriedigenden Schluß herbeizuführen.

Fokussierung/Perspektivierung: Erzählung aus der Sicht einer Figur. Ein Text mit allwissendem Erzähler ist nicht fokussiert (Überblick statt eingeschränkter Perspektive). Der Fokus oder point of view kann innerhalb einer Erzählung wechseln (Briefroman!). – Vorsicht: Uneinheitliche Terminologie!

Geschichte: Zu ihr gehören: Figuren, Zeiterstreckung, Raumausdehnung. Nichts ist ausgesagt über die Verknüpfung der Erzählelemente. Diese erst macht aus der Geschichte die Fabel.

Handlung: Die absichtsvoll gewählte Überführung einer Situation in eine andere (triadischer Aufbau). Kann sich in Aktion oder in Gespräch vollziehen. Achtung: Oft mit "Fabel" identisch gebraucht. Man unterscheidet einsträngige und mehrsträngige Handlungen und hat auf die Zuordnung (neben- oder untereinander) zu achten. Bei handlungsarmen Werken, bes. wenn die Figuren handlungsunfähig sind (*Warten auf Godot*), liegt "Geschehen" vor.

Illusion: In einer Fiktion inszenierte Täuschung: Beim Rezipienten entsteht der Eindruck, sich in der durch den Autor erschaffenen Welt zu befinden. Er lebt sich in sie hinein. Die Illusion wird verstärkt durch Übereinstimmung mit der Welterfahrung des Lesers (vgl. Referenz), durch Wahrscheinlichkeit in Handlung und Personal; sie kann durchbrochen und gestört werden durch Ironie, Leseransprachen, Unterlegen einer weiteren Fiktionsschicht, in der die Konstruiertheit der ersten zur Sprache kommt.

Intertextualität: vgl. Referenz

Kohärenz: Der befriedigende Zusammenhang der Erzählelemente, wie er in der Erzählweise des Poetischen Realismus wesentlich war. Auch divergierende oder scheinbar widersprüchliche Erzählelemente sollten sich unter dem Dach einer inneren Logik und Strukturierung zusammenfinden. Der Verlust von Kohärenz bringt Chaos und Sinnverlust, fordert den sinnstiftenden oder den spielenden Leser.

Leitmotiv: Terminus aus der Wagnerschen Musik. Geprägte, stereotype Wortfolgen, Selbstzitate, zur Floskel erstarrte Charakterisierung. "Homerisches Leitmotiv" genannt, weil schon bei Homer zu finden ("listenreicher Odysseus"). Bei Tolstoj und Thomas Mann beliebte Technik. Von Thomas Mann zum "symbolischen Leitmotiv" weiterentwickelt: Wiederkehr eines wichtigen Gedankens, wobei die Formulierung variieren kann, wenngleich das Motiv wiedererkennbar sein muß.

Linearität: Die kontinuierliche, vom Leser nachvollziehbare und logische Entwicklung der Handlung und ihrer sprachlichen Darstellung.

Mimesis: Auf Platon und Aristoteles zurückgehender Begriff: Kunst als Nachahmung der Wirklichkeit. Zwischen Gottsched und den Schweizern diskutiert: Nachahmung oder Nachschöpfung? Axiom bleibt, daß auch die erfundene Welt sich an die Erfahrung der wirklichen hält. Heute besteht das Problem nicht wie im 18. Jahrhundert in einer möglichen Integration des Wunderbaren, Unwahrscheinlichen, sondern im Zweifel an der Existenz einer durchschaubaren, allen Individuen in vergleichbarer Weise erfahrbaren und intersubjektiv beschreibbaren Welt.

Montage: Zusammensetzen von Textteilen verschiedener Herkunft. Zu Anfang der Montageliteratur verwendete man – aus Skepsis gegenüber dem Zeugniswert von fiktiver Literatur – nicht-fiktive Dokumente. Bei Montagen in der Gegenwartsliteratur werden Textstücke mit verschiedenem ontologischen Status (vgl. dort) verwendet, auch fiktive "Dokumente". Zu achten ist auf die Art des Einfügens. Es gibt unmerkliche Übergänge und harten Schnitt, die sprachliche und logisch-inhaltliche Anpassung und den Fremdkörper. Harte Schnitte und befremdlich wirkende Einlagen stören die Linearität und Kohärenz, meist auch die Illusion.

Motiv: a) Handlungsantrieb, b) kleinster Teil der Geschichte, des Erzählmaterials, der Handlung.

Nouveau Roman: Diese in den 50er Jahren in Frankreich entstandene Bewegung (dt.: Neuer Roman) hat neue Schreibweisen in der Prosa wesentlich beeinflußt. Angegriffen werden Originalität, Linearität und Geschlossenheit der Figuren. Die Erzählinstanz wird zugunsten eines mitdichtenden Lesers entthront. Handlung und Geschichte sind suspekt, weil sie eine reale Welt außerhalb der Wörter vorspiegeln. Der Nouveau Roman arbeitet intertextuell und autoreferentiell und will erzählerische Verfahrensweisen transparent machen. Hauptvertreter: Nathalie Sarraute, Alain Robbe-Grillet, Claude Simon, Michel Butor.

ontologischer Status: Ontologie fragt nach der Seinsart. Fiktionale Literatur bewegt sich auf einer anderen Realitätsebene als nicht fiktionale Literatur oder Wirklichkeitsaussagen. Aufgrund des ontologischen Status von Fiktion ist es z.B. nicht sinnvoll, für den Satz "Effi Briest schaukelte" die Wahrheitsfrage zu stellen.

Personal: Der interessante, in sich konsistente und lebensnah gezeichnete gemischte Charakter (Lessing) verbürgt Wahrscheinlichkeit, Handlung und Spannung. Desillusionierend sind Typen, "flache" Figuren, merkmalsarme, wenig psychologisch konturierte oder in sich zerfallende Figuren (keine Identität).

Prolepse: Vorgriff. Eine die chronologische Folge der Ereignisse und die Linearität des Erzählens sprengende Vorwegnahme eines narrativen Ereignisses, das zeitlich erst später kommen sollte (vgl. Analepse). Zu beachten sind die Erzähldauer, der Abstand vom gerade erreichten Stand des Erzählens und die Position innerhalb der Erzählung (Anfang, Mitte, Ende).

Referenz: Der Bezugspunkt von Literatur, in der Regel die Wirklichkeit. Wirklichkeitsreferenz schafft Wahrscheinlichkeit. Neben dieser außerliterarischen Referenz kommen als Bezugspunkte aber auch andere literarische Werke in Frage (Intertextualität, Zitate) bzw. das vorliegende Werk selbst (Autoreferentialität). Im letzten Fall konstituiert das Werk selbst die Elemente, aus denen es sich weiterspinnt und nimmt dauernd wieder auf sich selbst Bezug.

stream of consciousness: Völlig freie Wiedergabe der Gedanken und Assoziationen einer Figur ohne die einordnende Formung durch Redeeinleitungen oder Interpunktionen.

Tempus: Weinrich unterscheidet schildernde, besprechende, kommentierende Tempora (vornehmlich Präs., Perf., Fut. I u. II) und erzählende Tempora (Prät., Plusqu., Kondit. I u. II.). Historisches Präs. kann an besonderen Stellen als Durchbrechung des Prät. vorkommen. Seit der Moderne hat sich Präs. als Erzähltempus durchgesetzt. – Das Tempus kann verschiedene Erzählstränge/Handlungen voneinander trennen. Es kann zur Desillusionierung dienen: Erzählpräs. suggeriert u.U. eine unfertige Geschichte, die simultan entsteht.

Abkürzungen

Literatur

Allgemeines

Baumgart, Reinhard: Deutsche Literatur der Gegenwart. Kritiken – Essays – Kommentare. München: Hanser 1994. [bes. Kapitel II u. III]

Baustelle Gegenwartsliteratur. Hg. v. A. Erb. Opladen/Wiesbaden: Westdt. Vlg. 1998. [literaturdidaktisch orientiert]

Demetz, Peter: Fette Jahre, magere Jahre. Deutschsprachige Literatur von 1965 bis 1985. Bearb. u. übers. v. C. Spelsberg. München/Zürich: Piper 1988. [beginnt schon mit der Nachkriegszeit und der Gruppe 47; einzelne Kapitel zu Böll, Wolf, Bernhard, Handke, Muschg, Frisch, Grass, zu DDR, Österreich, Schweiz; übersichtlich und locker geschrieben]

Der deutsche Roman nach 1945. Hg. v. M. Brauneck. Bamberg: Buchner 1993 (= Themen – Texte – Interpretationen 13). [wichtige Aufsatzsammlung, Einzelinterpretationen und thematische Beiträge]

Deutsche Gegenwartsliteratur. Ausgangspositionen und aktuelle Entwicklungen. Hg. v. M. Durzak. Stuttgart: Reclam 1981. [wichtige Aufsatzsammlung, erfaßt die Zeit 1945–1979]

Deutsche Literatur in der Bundesrepublik seit 1965. Untersuchungen und Berichte. Hg. v. P.M. Lützeler u. E. Schwarz. Königstein: Athenäum 1980.

Deutsche Literatur zwischen 1945 und 1995. Eine Sozialgeschichte. Hg. v. H.A. Glaser. Bern u.a.: Haupt 1997. [insgesamt eher kursorischer Überblick. Verzichtet auf Anmerkungen.]

Deutschsprachige Gegenwartsliteratur. Wider ihre Verächter. Hg. v. Ch. Döring. Frankfurt a.M.: Suhrkamp 1995 (= es 1938).

Deutschsprachige Gegenwartsliteratur. Hg. v. H.-J. Knobloch u. H. Koopmann. Tübingen: Stauffenburg 1997 (= Stauffenburg Coll. 44).

Deutschsprachige Literatur der 70er und 80er Jahre. Autoren, Tendenzen, Gattungen. Hg. v. W. Delabar u. E. Schütz. Darmstadt: Wiss. Buchges. 1997.

Die deutschsprachige Literatur der Bundesrepublik Deutschland. Vorgeschichte und Entwicklungstendenzen. Hg. v. B. Balzer u.a. München: Iudicium 1988. [interessante Beiträge u.a. zu den politischen Voraussetzungen und zum Roman der 70er und frühen 80er Jahre]

Die Literatur der DDR. Hg. v. H.-J. Schmitt. München: dtv 1983 (= Hansers Sozialgeschichte der deutschen Literatur Bd. 11).

Durzak, Manfred: Gespräche über den Roman mit Joseph Breitbach, Elias Canetti, Heinrich Böll, Siegfried Lenz, Wolfgang Hildesheimer, Peter Handke, Hans Erich Nossak, Uwe Johnson, Walter Höllerer. Formbestimmungen und Analysen. Frankfurt a.M.: Suhrkamp 1976.

Förster, Nikolaus: Die Wiederkehr des Erzählens. Deutschsprachige Prosa der 80er und 90er Jahre. Darmstadt: Wiss. Buchges. 1999. [viele Einzelinterpretationen, anregend, nicht immer stringent]

Gegenwartsliteratur seit 1968. Hg. v. K. Briegleb und S. Weigel. München: Hanser 1992 (= Hansers Sozialgeschichte der deutschen Literatur Bd. 12). [manchmal enttäuschend flüchtig]

Geschichte der deutschen Literatur von 1945 bis zur Gegenwart. Hg. v. W. Barner u.a. München: Beck 1994 (= Geschichte der deutschen Literatur von den Anfängen bis zur Gegenwart Bd. 12). [gründliche, allgemeine Literaturgeschichte bis 1991]

Hage, Volker: Die Wiederkehr des Erzählers. Neue deutsche Literatur der 70er Jahre. Frankfurt a.M. u.a.: Ullstein 1982.

Ders.: Propheten im eigenen Land. Auf der Suche nach der deutschen Literatur. München: dtv 1999.

Ders.: Schriftproben. Zur deutschen Literatur der 80er Jahre. Reinbek: Rowohlt 1990 (= rororo 8776).

Jenseits des Diskurses. Literatur und Sprache in der Postmoderne. Hg. v. A. Berger u. G.E. Moser. Wien: Passagen 1994.

Jurgensen, Manfred: Erzählformen des fiktionalen Ich. Beiträge zum deutschen Gegenwartsroman. Bern: Francke 1980.

Kohpeiß, Ralph: Der historische Roman der Gegenwart in der Bundesrepublik Deutschland. Ästhetische Konzeption und Wirkungsintention. Stuttgart: M und P 1993.

Kritisches Lexikon zur deutschsprachigen Gegenwartsliteratur. KGL. Hg. v. H.L. Arnold. München: Ed. T+K. Loseblattsammlung.

Lexikon der deutschsprachigen Gegenwartsliteratur seit 1945. Hg. v. D.-R. Moser. 2 Bde. München: Nymphenburger 1997.

Lützeler, Paul M.: Von der Spätmoderne zur Postmoderne. Die Literatur der 80er Jahre. In: GQ 63 (1990), S. 350–358.

Neue Generation – Neues Erzählen. Hg. v. W. Delabar, W. Jung, I. Pergande. Opladen: Westdt. Vlg. 1993. [wichtige, aktuelle Aufsatzsammlung]

Ortheil, Hanns-Josef: Perioden des Abschieds. Zum Profil der neuen und jüngsten deutschen Literatur. In: GQ 63 (1990), S. 367–376.

Pluralismus und Postmodernismus. Literatur- und Kulturgeschichte der 80er und frühen 90er Jahre in Deutschland. Hg. v. H. Kreuzer. 3., wesentl. erw. Aufl. Frankfurt a.M.: Lang 1994 (= Forschungen zur Literatur- und Kulturgesch. 25).

Roman oder Leben. Postmoderne in der deutschen Literatur. Hg. v. U. Wittstock. Leipzig: Reclam 1994.

Schmidt-Dengler, Wendelin: Bruchlinien. Vorlesungen zur österreichischen Literatur 1945–1990. Salzburg: Residenz 1995. [Einzelinterpretationen und Einleitungen zu den Jahrzehnten]

Schnell, Ralf: Geschichte der deutschsprachigen Literatur seit 1945. Stuttgart: Metzler 1993. [sehr gutes, übersichtliches Nachschlagewerk; ansprechende Aufmachung, Bilder]

Spätmoderne und Postmoderne. Beiträge zur deutschsprachigen Gegenwartsliteratur. Hg. v. P.M. Lützeler. Frankfurt a.M.: Fischer 1991 (= Fischer-TB 10957) [Besprechung verschiedener aktueller Romane]

Sprenger, Mirjam: Modernes Erzählen. Metafiktion im deutschsprachigen Roman der Gegenwart. Stuttgart: Metzler 1999. [anregend, weniger hinsichtlich der These als in den Beispielen]

Tendenzen der deutschen Gegenwartsliteratur. Hg. v. Th. Koebner. 2., neuverfaßte Aufl. Stuttgart: Kröner 1984.

Vogt, Jochen: "Erinnerung ist unsere Aufgabe." Über Literatur, Moral und Politik 1945–1990. Opladen: Westdt. Vlg. 1991.

Erzähltheorie

Andreotti, Mario: Die Struktur der modernen Literatur. Neue Wege in der Textanalyse. Einführung. Epik und Lyrik. 2., überarb. Aufl. Bern u.a.: Haupt 1990(= UTB 1127). [behandelt zwar nicht die Gegenwartsliteratur, sondern den Wandel der Erzähltypen bis hin zur Moderne, kann aber gut als Einführung benützt werden; pädagogisch aufbereitet mit Schemata, Kontrollfragen und Arbeitsvorschlägen]

Bauer, Matthias: Romantheorie. Stuttgart: Metzler 1997 (= SM 305). [historische Übersicht über Romantheorie, ausführliche Diskussion der narratologischen Ansätze]

Dieter Kühn. Hg. v. Werner Klüppelholz u. Helmut Scheuer. Frankfurt a.M.: Suhrkamp 1992 (= st 2113).

Genette, Gérard: Die Erzählung. Hg. v. J. Vogt. München: Fink 1994. [Darstellung erzähltechnischer Probleme anhand von M. Proust: *A la recherche du temps perdu;* grundlegend]

Ders.: Fiktion und Diktion. München: Fink 1992. [u.a. zu Stilistik und Sprechakttheorie]

Hamburger, Käte: Die Logik der Dichtung. 2., stark veränd. Aufl. Stuttgart: Klett 1968. [Klassiker, zuerst 1957 erschienen, damals revolutionär; heute in etlichen Punkten, z.B. in der Tempus-Theorie, überholt]

Hawthorn, Jeremy: Grundbegriffe moderner Literaturtheorie. Ein Handbuch. Tübingen/Basel: Francke 1994 (= UTB 1756). [außerordentlich hilfreicher Führer]

Hillebrand, Bruno: Theorie des Romans. Erzählstrategien der Neuzeit. 3., erw. Aufl. Stuttgart: Metzler 1993. [letztes Kapitel: Romanpoetologie nach 1945]

Iser, Wolfgang: Akte des Fingierens. Oder: Was ist das Fiktive im fiktionalen Text? In: Funktionen des Fiktiven. Hg. v. D. Henrich u. W. Iser. München: Fink 1983 (= Poetik und Hermeneutik X), S. 121–151.

Jahn, Manfred: Narratologie. Methoden und Modelle der Erzähltheorie. In: Literaturwissenschaftliche Theorien, Modelle und Methoden. Eine Einführung. Hg. v. A. Nünning. Trier: WVT 1995, S. 29–50. [vermittelt die wichtigsten Modelle von Genette, Todorov, Chatman, Culler, Stanzel, Lanser, Bal etc.; mit guter Literaturübersicht]

Kahrmann, Cordula/Reiß, Gunter/Schluchter, Manfred: Erzähltextanalyse. Eine Einführung. Mit Studien- und Übungstexten. 3., überarb. Aufl. Bodenheim: Athenäum 1993. [bewußt für Studenten konzipiert]

Kleinschmidt, Erich: Der ästhetische Gewinn der Geschichte. Zur Poetik historischen Erzählens in der Moderne. In: ZG 3 (1993), H. 1, S. 120–133. [wichtig zur Verarbeitung von Geschichte, obwohl auf die Moderne konzentriert]

Lämmert, Eberhard: Bauformen des Erzählens. 6., unveränd. Aufl. Stuttgart: Metzler 1975. [immer noch wichtig als Einstieg]

Lützeler, Paul M.: Von der Präsenz der Geschichte. Postmoderne Konstellationen in der Erzählliteratur der Gegenwart. In: Neue Rundschau 104 (1993), H. 1, S. 91–106. [gute und kurze Zusammenfassung von Überlegungen zur Postmoderne]

Martinez, Matias/Scheffel, Michael: Einführung in die Erzähltheorie. München: Beck 1999. [übersichtliche Darstellung des Forschungsstandes, nimmt bes. auf Genette und Lotman Bezug, für Studenten gut geeignet; aktuelle Literaturliste]

Petersen, Jürgen H.: Der deutsche Roman der Moderne. Stuttgart: Metzler 1991. [beschränkt sich nicht auf die klassische Moderne, sondern untersucht deutsche Romane bis ca. 1988 auf moderne Schreibweisen hin]

Ders.: Erzählen im Präsens. Die Korrektur herrschender Tempus-Theorien durch die poetische Praxis in der Moderne. In: Euphorion 86 (1992), H. 1, S. 65–89.

Ders.: Erzählsysteme. Eine Poetik epischer Texte. Stuttgart/Weimar: Metzler 1993. [sehr wichtiger, jedoch in manchen Punkten anfechtbarer Beitrag, der beweist, wieviel auf dem Gebiet der Erzähltheorie noch zu leisten ist]

Ders.: Fiktionalität und Ästhetik. Eine Philosophie der Dichtung. Berlin: Schmidt 1996. [vertieft die Standpunkte von *Erzählsysteme* und *Über Fiktionalität*]

Ders.: Über Fiktionalität und fiktionales Erzählen. Eine Erwiderung. In: Euphorion 89 (1995), S. 95–115.

Rückkehr des Autors. Zur Erneuerung eines umstrittenen Begriffs. Hg. v. F. Jannidis u.a. Tübingen: Niemeyer 1999. [viele interessante Beiträge]

Scheffel, Michael: Formen selbstreflexiven Erzählens. Eine Typologie und sechs exemplarische Analysen. Tübingen: Niemeyer 1997. [interdisziplinär]

Scherpe, Klaus R.: Beschreiben, nicht Erzählen! Beispiele zu einer ästhetischen Opposition. In: ZG N.F. 6 (1996), S. 368–383. [hervorragender Aufsatz, gut zu lesen, sehr informativ; auch als Beitrag zum Kapitel 11, Körpersprache]

Stanzel, Franz K.: Probleme der Erzählforschung 1950–1990. Ein Rückblick. In: Anglia 110 (1992), H. 3/4, S. 424–438.

Ders.: Theorie des Erzählens. 4., durchges. Aufl. Göttingen: Vandenhoeck & Ruprecht 1989 (= UTB 904). [grundlegend]

Stierle, Karlheinz. Die Fiktion als Vorstellung, als Werk und als Schema – eine Problemskizze. In: Funktionen des Fiktiven. Hg. v. D. Henrich u. W. Iser. München: Fink 1983 (= Poetik und Hermeneutik X), S. 173–182.

Stolt, Birgit: "Dichtersprache ist Spielsprache" (Johan Huizinga). [Ein Diskussionsbeitrag zur J.H. Petersen: Erzählsysteme.] In: Euphorion 89 (1995), S. 71–94.

Dies.: Textgestaltung – Textverständnis. Stockholm: Alquist & Wiksell 1990. [bes. das Kapitel "Was ist wahr?", S. 1ff.]

Tales and "their telling difference". FS für Franz K. Stanzel. Hg. v. H. Foltinek u.a. Heidelberg: Winter 1993. [enthält eine Reihe hervorragender Aufsätze]

Tarot, Rolf: Grundzüge erzählerischer Verfahrensweisen. In: Erzählkunst der Vormoderne. Hg. v. R. Tarot. Bern u.a.: Lang 1996 (= Narratio 11), S. 11–50. [zwar entnimmt der Beitrag seine Beispiele der Erzählkunst bis 1900, im wes. Wielands *Agathon*, er ist jedoch als komprimierte, gut verständliche Einführung in die Erzähltheorie zu empfehlen]

Vogt, Jochen: Aspekte erzählender Prosa. Eine Einführung in Erzähltechnik und Romantheorie. 7., neubearb. Aufl. Opladen: Westdt. Verl. 1990.

Weinrich, Harald: Tempus. Besprochene und erzählte Welt. 5. Aufl. Stuttgart 1994. [zuerst 1964 erschienenes, linguistisches Grundlagenwerk]

Žmegač, Viktor: Der europäische Roman. Geschichte seiner Poetik. Tübingen: Niemeyer 1990. [letztes Kapitel: Entwicklung vom Nouveau Roman bis zur Postmoderne]

Einführung

"Es geht nicht um Christa Wolf". Der Literaturstreit im vereinten Deutschland. Hg. v. Th. Anz. München: edition spangenberg 1991.

Akteneinsicht Christa Wolf. Zerrspiegel und Dialog. Eine Dokumentation. Hg. v. H. Vinke. Hamburg: Luchterhand 1993.

Apokalypse. Weltuntergangsvisionen in der Literatur des 20. Jahrhunderts. Hg. v. G.E. Grimm, W. Faulstich, P. Kuon. Frankfurt a.M.: Suhrkamp 1986.

Baumgart, Reinhard: Der neudeutsche Literaturstreit: Anlaß, Verlauf, Vorgeschichte, Folgen. In: Vom gegenwärtigen Zustand der deutschen Literatur. Hg. v. H. Kinder. T+K, H. 113. München: Ed. T+K 1992, S. 72–85.

Briegleb, Klaus: 1968. Literatur in der antiautoritären Bewegung. Frankfurt a.M.: Suhrkamp 1993.

Der deutsch-deutsche Literaturstreit oder "Freunde, es spricht sich schlecht mit gebundener Zunge". Analysen und Materialien. Hg. v. K. Deiritz und H. Krauss. Hamburg u. Zürich: Luchterhand 1991. [zum Fall Christa Wolf]

Die deutsche Literatur. Ein Jahresüberblick. Stuttgart: Reclam 1981–1998.

Maulhelden und Königskinder. Zur Debatte über die deutschsprachige Gegenwartsliteratur. Leipzig: Reclam 1998. [u.a. Wiederabdruck der Beiträge von Uwe Wittstock, Frank Schirrmacher, K.H. Bohrer zu den Fragen Unterhaltungswert, Realitätsbezug, ästhetisches Niveau]

Protest! Literatur um 1968. Eine Ausstellung des Deutschen Literaturarchivs in Verbindung mit dem Germanistischen Seminar der Universität Heidelberg und dem Deutschen Rundfunkarchiv im Schiller-Nationalmuseum Marbach a.N. Hg. v. R. Bentz u.a. Marbach a.N.: Dt. Schillerges. 1998 (= Marbacher Kataloge 51).

Vormweg, Heinrich: Literaturzerstörung. Zur Fortsetzung des sog. Deutschen Literaturstreits. In: Vergangene Gegenwart – gegenwärtige Vergangenheit. Studien, Polemiken und Laudationes zur deutschsprachigen Literatur 1960–1994. Hg. v. J. Drews. Bielefeld: Aisthesis 1994, S. 309–324.

Wittstock, Uwe: Ab in die Nische? Über neueste Literatur und was sie vom Publikum trennt. In: Neue Rundschau 104 (1993), H. 3, S. 45–48.

Realismus

Baumgart, Reinhard: Der blinde Realismus. In: Die verdrängte Phantasie. 20 Essays zu Kunst und Gesellschaft. Darmstadt/Neuwied: Luchterhand 1973 (= SL 129), S. 226–240. [kritischer Blick auf die Leistung sog. realistischer Schreibweisen bis hin zum Werkkreis]

Literatur und Wirklichkeit. Hg. v. U. Timm und G. Fuchs. München: Bertelsmann/AutorenEdition 1976.

Powroslo, Wolfgang: Erkenntnis durch Literatur. Realismus in der westdeutschen Literaturtheorie der Gegenwart. Köln: Kiepenheuer & Witsch 1976.

Realismus – welcher? Sechzehn Autoren auf der Suche nach einem literarischen Begriff. Hg. v. P. Laemmle. München: Ed. T+K 1976. [grundlegend]

Trommler, Frank: Die zeitgenössische Prosa I: Aspekte des Realismus. In: Tendenzen der deutschen Gegenwartsliteratur. Hg. v. Th. Koebner. 2., neuverf. Aufl. Stuttgart: Kröner 1984, S. 178–214.

Dokumentarismus

Baumgart, Reinhard: Sogenannte Dokumentarliteratur. In: Die verdrängte Phantasie. 20 Essays zu Kunst und Gesellschaft. Darmstadt/Neuwied: Luchterhand 1973 (= SL 129), S. 113–129. [wichtiger kritischer Beitrag]

Berghahn, Klaus L: Operative Ästhetik. Zur Theorie der dokumentarischen Literatur. In: Deutsche Literatur in der Bundesrepublik seit 1965. Untersuchungen und Berichte. Hg. v. P.M. Lützeler u. E. Schwarz. Königstein: Athenäum 1980, S. 270–281.

Dokumentarliteratur. Hg. v. H.L. Arnold u. S. Reinhardt. (Edition T+K) München: Boorberg 1973. [Sammlung wertvoller Aufsätze]

Hage, Volker: Die Wiederkehr des Erzählers. Neue deutsche Literatur der 70er Jahre. Frankfurt a.M. u.a.: Ullstein 1982. [darin: S. 66ff.: Das Verschwinden des Autors im Material. Literarische Collagen]

Literarische Collagen. Texte. Quellen. Theorie. Hg. v. V. Hage. Stuttgart: Reclam 1981. [Anthologie mit einl. Essay]

Miller, Nikolaus: Prolegomena zu einer Poetik der Dokumentarliteratur. München: Fink 1982 (= Münchner Germanistische Beiträge 30). [Theorie]

Schütz, Erhard: "Dichter der Gesellschaft". Neuer deutscher Journalismus oder Für eine erneuerte Asphaltliteratur. In: Vom gegenwärtigen Zustand der deutschen Literatur. Hg. v. H. Kinder. T+K, H. 113. München: Ed. T+K 1992, S. 63–71.

Uecker, Matthias: Aus dem wirklichen Leben. Die Wiederkehr des Dokumentarismus. In: Neue Generation – Neues Erzählen. Hg. v. W. Delabar u.a. Opladen: Westdt. Vlg. 1993, S. 139–154.

Voßkamp, Wilhelm: Literatur als Geschichte? Überlegungen zu dokumentarischen Prosatexten von Alexander Kluge, Klaus Stiller und Dieter Kühn. In: Basis 4 (1973), S. 235–250.

Weidauer, Friedemann J.: "Neue Geschichten". Die Umarbeitung der Vergangenheit in Dokumentarromanen Alexander Kluges und Alfred Anderschs. In: Monatshefte 87 (1995), H.2, S. 216–235. [sehr guter Artikel]

Neue Subjektivität

Beicken, Peter: Neue Subjektivität: Zur Prosa der 70er Jahre. In: Deutsche Literatur in der Bundesrepublik Deutschland seit 1965. Hg. v. P.M. Lützeler u. E. Schwarz. Königstein: Athenäum 1980, S. 164–181.

Gerlach, Ingeborg: Abschied von der Revolte. Die Literatur der 70er Jahre. Würzburg: Königshausen & Neumann 1994.

Kämper-van den Boogaard, Michael: Ästhetik des Scheiterns. Studien zu Erzähltexten von Botho Strauß, Jürgen Theobaldy, Uwe Timm u.a. Stuttgart: Metzler 1992.

Koebner, Thomas: Die zeitgenössische Prosa II: Erfahrungssuche des Ich. Perspektiven des Erzählens seit 1968. In: Tendenzen der deutschen Gegenwartsliteratur. Hg. v. Th. Koebner. 2., neuverf. Aufl. Stuttgart: Kröner 1984, S. 215–250. [zu Subjektivität, Generationenkonflikt, Frauenliteratur]

Kreuzer, Helmut: Neue Subjektivität. Zur Literatur der 70er Jahre in der Bundesrepublik Deutschland. In: Ders.: Aufklärung über Literatur. Ausgewählte Aufsätze. Hg. v. P. Seibert u.a. Bd. I. Heidelberg: Winter 1992, S. 221–253.

Autobiographie

Bronsen, David: Autobiographien der 70er Jahre. Berühmte Schriftsteller befragen ihre Vergangenheit. In: Deutsche Literatur in der Bundesrepublik Deutschland seit 1965. Hg. v. P.M. Lützeler u. E. Schwarz. Königstein: Athenäum 1980, S. 202–214.

Holdenried, Michaela: Im Spiegel ein Anderer. Erfahrungskrise und Subjektdiskurs im modernen autobiographischen Roman. Heidelberg: Winter 1991.

Literatur aus dem Leben. Autobiographische Tendenzen in der Gegenwartsliteratur. Beobachtungen, Erfahrungen, Belege. Hg. v. H. Heckmann. München: Hanser 1984.

Salzmann, Madeleine: Die Kommunikationsstruktur der Autobiographie. Mit kommunikationsorientierten Analysen der Autobiographien von Max Frisch, Helga M. Novak und Elias Canetti. Bern u.a.: Lang. 1988 (= Zürcher germanist. Studien 11).

Schwab, Sylvia: Autobiographik und Lebenserfahrung. Versuch einer Typologie deutschsprachiger autobiographischer Schriften zwischen 1965 und 1975. Würzburg: Königshausen & Neumann 1981 (= Epistemata 4). [zahlreiche Einzeluntersuchungen]

Sill, Oliver: Zerbrochene Spiegel. Studien zur Theorie und Praxis modernen autobiographischen Erzählens. Berlin/New York: de Gruyter 1991. [Theorie; Einzelbetrachtungen zu Canetti, Jürgens, Schneider, Härtling, Novak]

Biographische Literatur

Baumgart, Reinhard: Die biographische Phantasie. In: Ders.: Glücksgeist und Jammerseele. Über Leben und Schreiben, Vernunft und Literatur. München: Hanser 1986, S. 106–132.

Gruettner, Mark: Die Rezeption historischer Dichterfiguren in der deutschsprachigen Literatur der 70er Jahre. In: WW 42 (1992), H. 1, S. 76–93.

Sudau, Ralf: Werkbearbeitung, Dichterfiguren. Traditionsaneignung am Beispiel der deutschen Gegenwartsliteratur. Tübingen: Niemeyer 1985 (= Studien zur dt. Lit. 82). [mit einer Auflistung der einschlägigen Werke S. 294ff.]

Zimmermann, Bernhard: Dichterfiguren in der biografischen Literatur der 70er Jahre. In: Deutsche Literatur in der Bundesrepublik Deutschland seit 1965. Hg. v. P.M. Lützeler u. E. Schwarz. Königstein: Athenäum 1980, S. 215–229.

Mythos

Barner, Wilfried: Mythenrenaissance in der Erzählprosa der Gegenwart. In: Chinesisch-deutsches Germanistentreffen 1988. Dokumentation der Tagungsbeiträge. Bonn: DAAD 1989, S. 97–106. [knappe Zusammenfassung]

Blumenberg, Hans: Arbeit am Mythos. Frankfurt a.M.: Suhrkamp 1979. [grundlegend]

Bock-Lindenbeck, Nicola: Letzte Welten – Neue Mythen. Der Mythos in der deutschen Gegenwartsliteratur. Köln u.a.: Böhlau 1999. [zu Köhlmeier, Merkel, Nick, Ransmayr, Nadolny, Stern, Heidenreich, Krausser, Muschg, Stein; gute Übersicht über die Sekundärliteratur]

Bormann, Alexander von: Mythos und Subjekt-Utopie. Bemerkungen zur gegenwärtigen Mythos-Diskussion. In: L'80. Demokratie und Sozialismus. Politische und literarische Beiträge (1985), H. 34, S. 29–45. [gut geschrieben, sehr informativ]

Gellhaus, Axel: Das allmähliche Verblassen der Schrift. Zur Prosa von Peter Handke und Christoph Ransmayr. In: Poetica 22 (1990), S. 106–142.

Gottwald, Herwig: Mythos und Mythisches in der Gegenwartsliteratur. Studien zu Christoph Ransmayr, Peter Handke, Botho Strauß, George Steiner, Patrick Roth und Robert Schneider. Stuttgart: Heinz 1996 (= Stuttgarter Arbeiten zur Germanistik 333). [kluge und dichte Interpretationen]

Mythos und Moderne. Begriff und Bild einer Rekonstruktion. Hg. v. K.H. Bohrer. Frankfurt a.M.: Suhrkamp 1983 (= es 1144).

Terror und Spiel. Probleme der Mythenrezeption. Hg. v. M. Fuhrmann. München: Fink 1971. [hochkarätige Beiträge aus versch. wiss. Disziplinen]

Wilke, Sabine: Poetische Strukturen der Moderne. Zeitgenössische Literatur zwischen alter und neuer Mythologie. Stuttgart: Metzler 1992. [zu Müller, Wolf, Strauß, Ende, Ransmayr]

Vergangenheitsbewältigung

Bossinade, Johanna: Auf der Suche nach einer Sprache. Vergangenheitsbewältigung und Literatur. In: Literatur im Zeitbezug – deutsche Fragen: Versuch über die letzten 40 Jahre. Hg. v. K. Ermert. Loccum 1989 (= Loccumer Protokolle 65), S. 75–94.

Butzer, Günter: Fehlende Trauer. Verfahren epischen Erinnerns in der deutschsprachigen Gegenwartsliteratur. München: Fink 1998 [zu Bobrowski, Johnson, Weiss, Bernhard, Handke; mit umfangreichem Literaturverzeichnis]

Deutsche Nachkriegsliteratur und der Holocaust. Hg. v. S. Braese u.a. Frankfurt a.M./New York: Campus 1998. [Autorenbeiträge und Forschungsliteratur]

Dinter, Ingrid: Unvollendete Trauerarbeit in der DDR-Literatur. Ein Studium der Vergangenheitsbewältigung. New York u.a.: Lang 1994 (= DDR-Studien/East German Studies 7). [gute Darstellung, Einzelkapitel zu Seghers, Noll, Fühmann, Wolf]

Ehlers, Hella: Erinnerungsarbeit gegen Vergessen und "Entsorgung". On the treatment of the experience of German fascism in prose works of the last decade in the Federal

Republic. In: German literature at the time of change 1989–1990. German unity and German identity in literary perspective. Hg. v. A. Williams u.a. Bern u.a.: Lang 1991, S. 225–242. [zu Lenz, Schnurre, Hofmann, Meckel, Schneider, Heidenreich]

Generationenkonflikt

Aulls, Katharina: Verbunden und gebunden. Mutter-Tochter-Beziehungen in sechs Romanen der 70er und 80er Jahre. Frankfurt a.M. u.a.: Lang 1993. [allg. Teil, Einzeluntersuchungen zu Wohmann, Drewitz, Behrens, Novak, Mitgutsch, Jelinek]
Deutsche Väter. Über das Vaterbild in der deutschsprachigen Gegenwartliteratur. Hg. v. K. Ermert u. B. Striegnitz. Loccum: Evang. Akademie 1981.
Gehrke, Ralph: Literarische Spurensuche. Elternbilder in Schatten der NS-Vergangenheit. Opladen: Westdt. Verl. 1992. [unterscheidet verschiedene Erzähltypen]
Klages, Norgard: Look back in anger. Mother-daughter relationships in women's autobiographical writings of the 1970s and 1980s. New York u.a.: Lang 1995. [psychoanalytisch und feministisch interessiert; zu Schwaiger, Jelinek, Mechtel, Plessen, Reschke, Rehmann, Zeller, Edvardson]
Langenhorst, Georg: Vatersuche in deutschen Romanen der letzten 20 Jahre. Zur Renaissance eines literarischen Urmotivs. In: Literatur für Leser 17 (1994), H. 1, S. 23–44. [konzise Erläuterungen zu einer größeren Anzahl von Werken]
Mauelshagen, Claudia: Der Schatten des Vaters. Deutschsprachige Väterliteratur der siebziger und achziger Jahre. Frankfurt a.M. u.a.: Lang 1995 (= Marburger Germ. Studien 16).
Schneider, Michael: Väter und Söhne, posthum. In: Ders.: Den Kopf verkehrt aufgesetzt. Darmstadt/Neuwied: Luchterhand 1981, S. 8–64. [zeitkritischer Essay aus der Feder eines Autors]
Seeba, Hinrich C.: Erfundene Vergangenheit. Zur Fiktionalität historischer Identitätsbildung in den Väter-Geschichten der Gegenwart. In: GR 66 (1991), N. 4, S. 176–182. [informative, wenn auch nicht immer ausgewogene Darstellung]
Türkis, Wolfgang: Beschädigtes Leben. Autobiographische Texte der Gegenwart. Stuttgart: Metzler 1990. [zu Merkel, Vesper, Gauch, Schneider, Kersten, Schwaiger, Plessen; wertvolle Literaturangaben]
Vogt, Jochen: Er fehlt, er fehlte, er hat gefehlt … Ein Rückblick auf die sogenannten Vaterbücher. In: Deutsche Nachkriegsliteratur und der Holocaust. Hg. v. S. Braese u.a. Frankfurt a.M./New York: Campus 1998, S. 385–399.

Frauenliteratur

Bibliographie der deutschsprachigen Frauenliteratur 1994. Hg. v. R. Kroll und S. Wehmer. Herbolzheim: Centaurus 1995. [wurde nicht fortgesetzt]
Kublitz-Kramer, Maria: Literatur von Frauen der 90er Jahre. In: Der Deutschunterricht 51 (1999), H. 4, S. 46–58. [konzis und aktuell]
Nagelschmidt, Ilse: Frauenliteratur vor und nach der Wende. In: Die Rezeption der deutschsprachigen Gegenwartsliteratur nach der Wende 1989. Hg. v. N. Honsza u. Th. Mechtenberg. Wroclaw: FRI 1997, S. 59–82.
Post-war women's writing in Germany. Feminist critical approaches. Hg. v. C. Weedon. Providence (RI): Berghahn 1997. [Übersicht über BRD, DRR, Österreich, Schweiz 1945–90]
Schmidt, Ricarda: Westdeutsche Frauenliteratur in den siebziger Jahren. 2., überarb. Aufl. Frankfurt a.M.: R.G. Fischer 1990.

Dies.: Arbeit an weiblicher Subjektivität. Erzählende Prosa der 70er und 80er Jahre. In: Deutsche Literatur von Frauen. Hg. v. G. Brinker-Gabler. München: Beck 1988, Bd. 2, S. 459–477, 541f. und 575. [gute Übersicht]

Weiblichkeit und weibliches Schreiben. Poststrukturalismus. Weibliche Ästhetik. Kulturelles Selbstverständnis. Hg. v. I. Weber. Darmstadt: Wiss. Buchges. 1994. [Webers Einleitung und Schluß bieten eine Auseinandersetzung mit den franz. Post-Strukturalistinnen; umfangreiche Literaturliste]

Weigel, Sigrid: Die Stimme der Medusa. Schreibweisen in der Gegenwartsliteratur von Frauen. Dülmen-Hiddingsel: tende 1987. [historische Übersicht, theoretische und werkanalytische Beiträge, engagiert geschrieben]

Wiggershaus, Renate: Neue Tendenzen in der Bundesrepublik Deutschland, in Österreich und in der Schweiz. In: Frauen Literatur Geschichte. Schreibende Frauen vom Mittelalter bis zur Gegenwart. Hg. v. H. Gnüg u. R. Mörmann. Stuttgart: Metzler 1985, S. 416–433, 542f. [Überblick bis ca. 1985]

Körpersprache

Heitmüller, Elke: SM-Körper – Authentizität – Digitalisierung. In: Ästhetik und Kommunikation 23 (1994), H. 87, S. 14–21. [Hintergrundinformation]

Kamper, Dietrich: Körperlichkeit – die Überholung des Körpers, mündlich und schriftlich. In: Das schnelle Altern der neuesten Literatur. Hg. v. J. Hörisch u. H. Winkels. Düsseldorf: Claassen 1985.

Loenhoff, Jens: Körper, Sinne und Text. Kommunikationstheoretische Anmerkungen zum Verhältnis von Körper und Schrift. In: Literalität und Körperlichkeit. Hg. v. G. Krause. Tübingen: Stauffenburg 1997, S. 275–283.

Magenau, Jörg: Der Körper als Schnittfläche. Bemerkungen zur Literatur der neuesten "Neuen Innerlichkeit". Texte von Reto Hänny, Ulrike Kolb, Ulrike Draesner, Durs Grünbein, Thomas Hettche, Marcel Beyer und Michael Kleeberg. In: Baustelle Gegenwartsliteratur. Die neunziger Jahre. Hg. v. A. Erb. Opladen: Westdt. Verl. 1998, S. 107–121. [aufschlußreich]

Nieraad, Jürgen: Die Spur der Gewalt. Zur Geschichte des Schrecklichen in der Literatur. Lüneburg: zu Klampen 1994. [geht bis zur Antike zurück]

Winkels, Hubert: Stimmkörper. Zu Marcel Beyers Häutungen. In: Ders.: Leselust und Bildermacht. Literatur, Fernsehen und Neue Medien. Frankfurt a.M.: Suhrkamp 1999, S. 127–145. [zu "Menschenfleisch" und "Flughunde"]

Ders.: Einschnitte. Zur Literatur der 80er Jahre. 2., erw. u. bearb. Aufl. Frankfurt a.M.: Suhrkamp 1991 (= st 1804). [sehr gute Beiträge und Textausschnitte zu Hettche, Duden, Kirchhoff, Goetz]

Experimentelle und erzählfreie Prosa

Fahmüller, Eva-Maria: Postmoderne Veränderungen. Zur deutschen Erzählkunst um 1990. München: Iudicium 1990. [u.a. über Ror Wolf]

Fludernik, Monika: Distorting language at its roots: (Late)modernist and postmodernist experiments with narrative language. In: Sprachkunst. Beiträge zur Literaturwissenschaft 27 (1996), H. 1, S. 109–125. [systematisch und klar]

Hartung, Harald: Experimentelle Literatur und konkrete Poesie. Göttingen: Vandenhoeck & Ruprecht 1975.

Heimann, Bodo: Experimentelle Prosa der Gegenwart. München: Oldenbourg 1978. [guter und knapper Überblick]

Mann, Ekkehard: Das Verstehen des Unverständlichen. Weshalb "experimentelle" Literatur manchmal Erfolg hat. In: Systemtheorie und Hermeneutik. Hg. v. H. de Berg u. M. Prangel. Tübingen/Basel: Francke 1997, S. 263–287.

Besonderheiten deutschsprachiger Literaturen: DDR, Schweiz, Österreich

Diskussion zu "Wieviele deutsche Literaturen". In: JDSG 40 (1996), S. 435–484; JDSG 41 (1997), S. 551–563. [mehrere Beiträge aus verschiedenen Ländern]
Hinck, Walter: Haben wir heute vier deutsche Literaturen oder eine? Plädoyer einer Streitfrage. In: Ders.: Germanistik als Literaturkritik. Frankfurt a.M.: Suhrkamp 1983, S. 291–315. [urspr. 1981; wichtiges Plädoyer für *eine* deutsche Literatur]
Vier deutsche Literaturen? Hg. v. K. Pestalozzi, A. v. Bormann, Th. Koebner. Tübingen: Niemeyer 1986 (= Kontroversen, alte und neue. Akten des VII. Internationalen Germanisten-Kongresses Göttingen 1985, Bd. 10). [Diskussionsstand der 80er Jahre]

DDR

Emmerich, Wolfgang: Kleine Literaturgeschichte der DDR. 1945–1995. Erweiterte Neuausgabe Leipzig: Gustav Kiepenheuer 1996. [Standardwerk]
Ders: Die andere deutsche Literatur. Aufsätze zur Literatur aus der DDR. Opladen: Westdt. Vlg. 1994.
Kulturbetrieb und Literatur in der DDR. Hg. v. G. Rüther. Köln: Vlg. Wiss. u. Politik 1987. [fundamentale kulturpolitische Informationen]
Kurz, Gerhard: Die Literatur in der Deutschen Demokratischen Republik und in der Bundesrepublik in den letzten 15 Jahren: Annäherungen. In: Chinesisch-deutsches Germanistentreffen. Dokumentation der Tagungsbeiträge. Bonn: DAAD 1989, S. 70–78.
Literatur in der DDR. Rückblicke. T+K Sonderband. Hg. v. H.L. Arnold u. F. Meyer-Gosau. München: Ed. T+K 1991.
Literaturpolitik und Literaturkritik in der DDR. Eine Dokumentation. Hg. v. H. Fischbeck. Frankfurt a.M.: Diesterweg 1976.
Rosenberg, Rainer: Was war DDR-Literatur? Die Diskussion um den Gegenstand in der Literaturwissenschaft der Bundesrepublik Deutschland. In: ZG 5 (1995), S. 9–21. [Darstellung der wechselnden Standpunkte zur Frage nach zwei deutschen Literaturen]
Weisbrod, Peter: Literarischer Wandel in der DDR. Untersuchungen zur Entwicklung der Erzählliteratur in den siebziger Jahren. Heidelberg: Groos 1980. [zu Kulturpolitik und neuem Erzählverhalten]
Wir sind umgezogen! Nach gegenüber. DDR-Literatur der neunziger Jahre. T+K Sonderband. Hg. v. H. L. Arnold. München: Ed. T+K 2000.
Wittstock, Uwe: Von der Stalinallee zum Prenzlauer Berg. Wege der DDR-Literatur 1949–1989. München/Zürich: Piper 1989. [viele wichtige Beiträge]

Schweiz

Aeschbacher, Marc: Tendenzen der schweizerischen Gegenwartsliteratur (1964–1994). Exemplarische Untersuchung zur Frage nach dem Tode der Literatur. Bern u.a.: Lang 1997. [11 knappe Einzelbesprechungen, ausführlicher kategorialer Teil, wichtig v.a. die Literaturliste]
Blick auf die Schweiz. Zur Frage der Eigenständigkeit der Schweizer Literatur seit 1970. Hg. v. R. Acker und M. Burkhard. Amsterdam: Rodopi 1987 (= Amst. Beitr. z. neueren Germ. 22). [interessante Aufsatzsammlung]
Drafz, Helge: Heimatkunde als Weltkunde. Provinz und Literatur in den 80er Jahren. In: Neue Generation – Neues Erzählen. Deutsche Prosa-Literatur der 80er Jahre. Hg. v. W. Delabar u.a. Opladen: Westdt. Vlg. 1993, S. 77–101. [zur sog. Heimatliteratur]

Egyptien, Jürgen: Zwischen Autobiographik, Parabolik, Postmoderne und Pararealismus. Zur deutschsprachigen Prosa in der Schweiz der 80er Jahre. In: Neue Generation – Neues Erzählen. Deutsche Prosa-Literatur der 80er Jahre. Hg. v. W. Delabar u.a. Opladen: Westdt. Vlg. 1993, S. 219–236.

Ders.: Homosexualität und Mythos, Krankheit und Gesellschaft. Zur deutschsprachigen Erzählliteratur der Schweiz. In: Deutschsprachige Literatur der 70er und 80er Jahre. Autoren, Tendenzen, Gattungen. Hg. v. W. Delabar und E. Schütz. Darmstadt: Wiss. Buchges. 1997, S. 184–216.

Matt, Beatrice von: Frauen schreiben die Schweiz. Aus der Literaturgeschichte der Gegenwart. Frauenfeld: Huber 1998. [Biobibliographien]

Sandberg, Beatrice: Deutschschweizer Autoren der Gegenwart. Identitätskrise und Standortbestimmung im neuen Europa. In: Kulturelle Identitäten in der deutschen Literatur des 20. Jahrhunderts. Hg. v. H. Detering u. H. Krämer. Frankfurt a.M. u.a.: Lang 1998 (= Osloer Beitr. z. Germ. 19), S. 157–174.

Österreich

Liessmann, Konrad Paul: Verteidigung der Lämmer gegen die Schafe. Ein Spaziergang über die österreichische Literaturweide. In: Deutschsprachige Gegenwartsliteratur. Wider ihre Verächter. Hg. v. C. Döring. Frankfurt a.M.: Suhrkamp 1995, S. 82–107.

Ders.: Konstruktion und Erfahrung. Anmerkungen zur Prosa von Robert Menasse, Norbert Gstrein und Alois Hotschnig. In: Neue Generation – Neues Erzählen. Hg. v. W. Delabar u.a. Opladen: Westdt. Vlg. 1993, S. 195–206.

Schmidt-Dengler, Wendelin: Bruchlinien. Vorlesungen zur österreichischen Literatur 1945–1990. Salzburg: Residenz 1995. [Einzelinterpretationen zu einer Reihe von wichtigen Werken]

Sonnleitner, Johann: Wirklichkeiten – eine produktive Verlustgeschichte. Zur österreichischen Literatur der 80er Jahre. In: Neue Generation – Neues Erzählen. Hg. v. W. Delabar u.a. Opladen: Westdt. Vlg. 1993, S. 207–217.

Thuswaldner, Anton: Österreichische Verhältnisse. In: Deutschsprachige Gegenwartsliteratur. Wider ihre Verächter. Hg. v. C. Döring. Frankfurt a.M.: Suhrkamp 1995, S. 108–119.

Zeyringer, Klaus: Österreichische Literatur 1945–1998. Überblicke, Einschnitte, Wegmarken. Innsbruck: Hayman 1999. [umfassende thematische Aufarbeitung, Übersicht über Literaturbetrieb, zu einzelnen Werken sehr knapp]

Ders.: Innerlichkeit und Öffentlichkeit. Österreichische Literatur der achtziger Jahre. Tübingen/Basel: Francke 1992 [thematische Übersicht, keine Einzelinterpretationen].

Ders.: Text und Kontext: Österreichische Literatur. Ein Konzept. In: JDSG 40 (1996), S. 438–448.

Deutsche Teilung

Braun, Michael: "Kein Deutschland gekannt zeit meines Lebens". Grass, Walser, Enzensberger und die deutsche Frage. In: Universitas 50 (1995), H. 11, S. 1090–1101. [sehr gute Übersicht]

Fetz, Gerald A.: Martin Walser, Germany and the German Question. In: Leseerfahrungen mit Martin Walser. Neue Beiträge zu seinen Texten. Hg. v. H. Doane u. G. Bauer Pickar. München: Fink 1995 (= Houston German Studies 9), S. 11–28. [wichtiger Beitrag]

Koebner, Thomas: Von der Schwierigkeit zu sagen, wer wir sind. Die Suche nach der nationalen Identität in der deutschen Literatur heute. In: Neue Rundschau 100 (1989), S. 96–118. [interessante Übersicht]

Kügler, Hans: Deutschlandbilder. Die Frage nach der nationalen Identität im Spiegel der deutschen Nachkriegsliteratur. In: DD 21 (1990), S. 392–411. [sehr aufschlußreich]

Parkes, Stuart: "Leiden an Deutschland". Some writers' views of Germany and the Germans since 1945. In: German literature at the time of change 1989–1990. German unity and German identity in literary perspective. Hg. v. A. Williams. Bern u.a.: Lang 1991, S. 187–206. [wissensreicher Artikel]

Peitsch, Helmut: Die problematische Entdeckung nationaler Identität. Westdeutsche Literatur am Beginn der 80er Jahre. In: DD 18 (1987), S. 373–392. [zu Walser, Grass, Schneider]

Wienroeder-Skinner, Dagmar: Aspekte der Zweistaatlichkeit in deutscher Prosa der 80er Jahre. Heidelberg: Winter 1993. [gute Gesamtdarstellung, mehrere Einzelinterpretationen]

Wiedervereinigung

Dietrich, Kerstin: "DDR"-Literatur im Spiegel der deutsch-deutschen Literaturdebatte. "DDR"-Autorinnen neu bewertet. Frankfurt a.M.: Lang 1998 [zu Königsdorf; Maron, Lange-Müller, Langhoff; unterscheidet die Akzeptanz der Wende nach Generationen]

Kormann, Julia: Literatur und Wende. Ostdeutsche Autorinnen und Autoren nach 1989. Wiesbaden: Dt. Universitätsvlg. 1999. [u.a. zu Rosenlöcher, Hensel, Königsdorf; monographische Bearbeitung der Thematik]

Krauss, Hannes: Literatur – Wende – Literatur. In: Der Deutschunterricht 51 (1999), H. 4, S. 37–45. [sehr kursorische, aber reichhaltige Übersicht]

Schmidt, Karl-Wilhelm: Geschichtsbewältigung. Über Leben und Literatur ehemaliger Autoren in der wiedervereinigten Bundesrepublik. Eine Bestandsaufnahme kulturpolitischer Debatten und fiktionaler, essayistischer sowie autobiographischer Publikationen seit der Vereinigung. In: Pluralismus und Postmodernismus. Literatur- und Kulturgeschichte der 80er und frühen 90er Jahre in Deutschland. Hg. v. H. Kreuzer. 3., wes. erw. Aufl. Frankfurt a.M. u.a.: Lang 1994 (= Forschungen zur Literatur- und Kulturgesch. 25), S. 287–318.

Schmidt, Ricarda: "The gender of thought". Recollection, imagination, and eroticism in fictional conceptions if East and West German identity. In: Whose story? Continuities in contemporary German-language literature. Hg. v. A. Williams u.a. Bern u.a.: Lang 1998, S. 219–247. [über Burmeister, Maron, Hein, Becker]

Soldat, Hans-Georg: Die Wende in Deutschland im Spiegel der zeitgenössischen deutschen Literatur. In: GLL 50 (1997), S. 133–154. [Primärliteratur bis 1996 nahezu vollständig erfaßt]

Wehdeking, Volker: Die deutsche Einheit und die Schriftsteller. Literarische Verarbeitung der Wende seit 1989. Stuttgart u.a.: Kohlhammer 1995. [umfassende Arbeit mit Rückblick bis 1971, berücksichtigt auch Lyrik, Drama u. Essay]

Wende-Literatur. Bibliographie und Materialien zur Literatur der deutschen Einheit. Hg. v. J. Fröhling u.a. Frankfurt a.M. u.a.: Lang 1996. [enthält u.a. Bibliographie, Rezensionen ausgewählter Bücher]

Register

Literaturwissenschaft

Uwe Durst

Theorie der phantastischen Literatur

2001, 370 Seiten, 4 Abb., DM 108,–/€ 54,–/SFr 97,–
ISBN 3-7720-2766-0

Was ist und wie funktioniert phantastische Literatur? Diese strukturalistische Untersuchung entwickelt eine allgemeine Theorie der Phantastik. Im Gegensatz zu bisherigen Arbeiten wird dabei das Wunderbare nicht als Abweichung von der Wirklichkeit begriffen, sondern als Bloßlegung literarischer Verfahren, deren immanente Wunderbarkeit durch Traditionsbildung unkenntlich und heimlich geworden ist. Uwe Durst geht ausführlich auf die Veränderungen des Genres im 20. Jahrhundert ein und erörtert das Verhältnis der phantastischen Literatur zu anderen Genres, wie Kriminalerzählung, Science Fiction usw. Ein abschließendes Kapitel widmet sich der parodistischen Bedeutung der Phantastik. Die Arbeit, die mit erheblichen Korrekturen die Forschungslinie Tzvetan Todorovs fortsetzt, entwirft eine operable genologische Systematik. Sie überwindet das Begriffschaos und stellt der Forschung ein präzises Instrumentarium zur Verfügung.

A. Francke Verlag · Tübingen und Basel
Postfach 2560 · D-72015 Tübingen · Fax (07071) 7 52 88
Internet: http://www.francke.de · E-Mail: info@francke.de

Literaturwissenschaft

Bernhard Greiner

Kleists Dramen und Erzählungen

Experimente zum ›Fall‹ der Kunst

UTB 2129 S, 2000, X, 460 Seiten, DM 39,80/€ 19,90/SFr 37,–
UTB-ISBN 3-8252-2129-6

Eine neue Lektüre der Dramen und Erzählungen Kleists
sowie der zentralen Essays wird vorgelegt, die zeigt, wie
diese Texte die leitenden Orientierungen der Kunstperiode in immer neuen literarischen Versuchsanordnungen
befragen – zum Fall machen und zu Fall bringen – und
hieraus dem Drama wie der Erzählung ganz neue Bahnen
eröffnen. Die als »gebrechlich« erwiesene Welt des ästhetischen Konzepts der Kunstperiode wird selbstreflexiv in
einer »gebrechlichen« ästhetischen Praxis, womit Kleists
Texte schon die Aporie der klassischen Moderne entfalten, Kunst nur noch aus dem Aufweis ihrer Unmöglichkeit machen zu können. Die vorgelegten Interpretationen sind je für sich lesbar, ergeben zusammen aber eine
umfassende Infragestellung der Kunst, deren ästhetische
Innovationskraft bis in die Gegenwart fortwirkt.

Preisänderungen vorbehalten

A. Francke

Literaturwissenschaft

Moritz Baßler (Hrsg.)

New Historicism

Literaturgeschichte als Poetik der Kultur

UTB 2265 S, 2., aktualisierte Auflage 2001,
280 Seiten, 11 Abb., DM 29,80/€ 14,90/SFr 27,50
UTB-ISBN 3-8252-2265-9

Der New Historicism Stephen Greenblatts und anderer amerikanischer Literaturwissenschaftler war in den 1980er Jahren der entscheidende Impuls für den *cultural turn*, die anhaltende kulturwissenschaftliche Neu-Orientierung der Geisteswissenschaften. In seiner methodischen Synthese von poststrukturalistischem Textualitätskonzept, Foucaultscher Diskursanalyse und ethnographischen Ansätzen sowie vor allem auch in seiner materialreichen, anekdotischen und sehr lesbaren Darstellungsweise zählt er nach wie vor zu den interessantesten Methoden in der gegenwärtigen Theorielandschaft. Der Band führt mit einer ausführlichen Einleitung des Herausgebers in den New Historicism ein. Er stellt die wichtigsten Gründungstexte der Bewegung erstmals in Übersetzung zur Verfügung. Weitere Texte des Readers dokumentieren die Diskussion um die Methode in den USA und Deutschland. Eine ausführliche, für die Neuausgabe aktualisierte Auswahlbibliographie erschließt die einschlägige Literatur.

Preisänderungen vorbehalten

A. Francke

UTB
FÜR WISSEN SCHAFT
im A. Francke Verlag

Die deutschsprachige Lyrik von 1880 bis zur Gegenwart

Ein Überblick in drei Arbeitsbüchern

Dieter Hoffmann

Arbeitsbuch
Deutschsprachige Lyrik
1880–1916

UTB

A. Francke

Die drei Arbeitsbücher „Deutschsprachige Lyrik" von Dieter Hoffmann stellen ein einzigartiges Kompendium der deutschen Dichtkunst in den letzten 120 Jahren dar. Sie sind didaktisch so konzipiert, daß sie für das Selbststudium oder als Seminargrundlage, aber auch für den Unterricht in der Sekundarstufe bestens geeignet sind: Knapp und kompetent referiert Hoffmann die wesentlichen Entwicklungen der lyrischen Epochen und veranschaulicht sie anhand einer Vielzahl ausgewählter Gedichte, die jeweils mit Sacherläuterungen und Arbeitsaufgaben versehen sind. Damit bieten die Arbeitsbücher zugleich eine umfangreiche Anthologie der wichtigsten lyrischen Texte seit 1880. Zur Erschließung der Gedichte dienen in allen drei Bänden ausführliche Interpretationshilfen und Musterinterpretationen, Kurzbiographien zu den Autorinnen und Autoren, Hinweise zur weiterführenden Lektüre sowie Personen- und Sachregister.

Der erste Band (1880–1916) führt in die Lyrik vom Naturalismus bis zum Expressionismus ein und ordnet die verwirrende Vielfalt der lyrischen Strömungen. Band 2 (1916–1945) widmet sich der Lyrik vom Dadaismus bis zum Ende des Zweiten Weltkriegs und behandelt dabei ausführlich auch die Zeit des Nationalsozialismus. Der dritte Band schließlich (1945 bis heute) reicht von Gedichten aus der unmittelbaren Nachkriegszeit bis zu aktuellen Beispielen aus den 90er Jahren.

Dieter Hoffmann

- Arbeitsbuch Deutschsprachige Lyrik 1880–1916
  Vom Naturalismus bis zum Expressionismus
  UTB 2199 M, 2001, 486 Seiten, 13 Abb.,
  DM 45,80/€ 22,90/SFr 41,50 · UTB-ISBN 3-8252-2199-7

- Arbeitsbuch Deutschsprachige Lyrik 1916–1945
  Vom Dadaismus bis zum Ende des Zweiten Weltkriegs
  UTB 2200 M, 2001, 490 Seiten, 15 Abb.,
  DM 45,80/€ 22,90/SFr 41,50 · UTB-ISBN 3-8252-2199-7

- Arbeitsbuch Deutschsprachige Lyrik seit 1945
  UTB 2037 M, 1998, 410 Seiten,
  DM 39,80/€ 19,90/SFr 37,00 · UTB-ISBN 3-8252-2199-7